Mitbestimmung unter wirtschaftlichem Primat

Perspektiven

SCHRIFTENREIHE DES BMW GROUP ARCHIVS

BAND 7

Mitbestimmung unter wirtschaftlichem Primat

Die Mitbestimmung im BMW-Stammwerk München 1945–1987

Von

Mario Riederer

DE GRUYTER
OLDENBOURG

ISBN 978-3-11-222397-0
ISBN 978-3-11-222399-4 (PDF)
ISBN 978-3-11-222400-7 (E-PUB)
DOI https://doi.org/10.1515/9783112223994

Library of Congress Control Number: 2026933766

Bibliografische Information der Deutschen Nationalbibliothek
Die Deutsche Nationalbibliothek verzeichnet diese Publikation in der Deutschen Nationalbibliografie; detaillierte bibliografische Daten sind im Internet über http://dnb.dnb.de abrufbar.

De Gruyter Oldenbourg und Walter de Gruyter GmbH sind Teil von De Gruyter Brill.
www.degruyterbrill.com

Fragen zur allgemeinen Produktsicherheit: productsafety@degruyterbrill.com

Einbandabbildung: Vertriebsvorstand Hahnemann bei einer symbolischen Schlüsselübergabe an den Betriebsratsvorsitzenden Golda anlässlich eines Produktionsjubiläums 1965 © BWM-Archiv
Druck: CPI books GmbH, Leck

MIX
Papier | Fördert gute Waldnutzung
FSC® C083411

Inhalt

Abbildungsverzeichnis

 | HTTPS://DOI.ORG/10.1515/9783112223994-203

Dank

Dieses Buch ist die überarbeitete Fassung meiner Dissertation, die im Sommersemester 2024 von der Ludwig-Maximilians-Universität München, Fakultät für Geschichts- und Kunstwissenschaften, angenommen wurde.

Eberhard von Kuenheims Charakterisierung der betrieblichen Mitbestimmung bei BMW, „zum Schluss war[en] es einzelne Menschen", trifft in gewisser Hinsicht auch auf meine Promotion zu. Die Doktorarbeit schreibt man selbst, die Promotion aber ist eine echte Teamleistung. Ich möchte mich deshalb bei einer ganzen Reihe von Personen bedanken.

Zuallererst ist hier natürlich mein Doktorvater Martin H. Geyer zu nennen. Er hat dieses Projekt von der ersten Idee über die herausfordernde Phase der Finanzierungssicherung bis hin zur Fertigstellung mit großer Energie begleitet. Die gemeinsamen kritischen Gespräche, das hartnäckige Hinterfragen meiner Ideen und das Aufzeigen neuer Blickwinkel und Interpretationen haben diese Arbeit nicht nur ermöglicht, sondern auch zu dem Buch gemacht, das es jetzt ist. Ebenfalls möchte ich Dietmar Süß, meinem Zweitbetreuer, danken, der mich unter anderem auf die Verbindung zwischen Kurt Golda und Wilhelm Hoegner hingewiesen hat. Zu diesem akademischen Kreis gehören ebenfalls Karl Siebengartner und Andre Lindörfer. Der regelmäßige Austausch mit ihnen hat mich nicht nur in der gesamten Bearbeitung begleitet, sondern besonders auch in den schwierigeren Phasen bestärkt.

Besonders möchte ich mich bei meinen zwei „Master"-Korrekturlesern bedanken: Ewald Blocher und Felix Lieb. Beide haben ihre Promotion lange vor mir abgeschlossen, und ich konnte so von ihren unschätzbaren Erfahrungen profitieren. Obwohl zwischen Berlin und München eine nicht unerhebliche Entfernung besteht, hat die Freundschaft und der enge Austausch mit Ewald darunter nie gelitten, im Gegenteil. Felix habe ich seit dem ersten Semester unwahrscheinlich viel zu verdanken. Er ist die personifizierte Konstante meines Studiums. Gemeinsam haben wir ungezählte Stunden in der Bibliothek, in Seminaren, Übungen und auch beim Fußball erlebt. Vor allem aber war er von Anfang an mein ärgster Kritiker, hat sämtliche Texte von mir zerpflückt und so um Welten besser gemacht.

Eine ganze Reihe von Personen, Kollegen und Freunden bei BMW haben ebenfalls zu diesem Buch beigetragen. Ohne den langjährigen Gesamtbetriebsratsvorsitzenden Manfred Schoch wäre nicht nur meine Teilnahme am BMW-Doktorandenprogramm nicht möglich gewesen, sondern vor allem hätte dieser Arbeit ohne seine Bereitschaft, das Betriebsratsarchiv für die Wissenschaft zu öffnen, das unabdingbare Quellenfundament gefehlt. Dem damaligen

 | HTTPS://DOI.ORG/10.1515/9783112223994-204

BMW-Archivleiter und meinem Betreuer Fred Jakobs möchte ich für seine bedingungslose Unterstützung und die gewährten Freiräume danken. Dabei hatte er stets ein offenes Ohr für Fragen und hat mich an seinem enzyklopädischen BMW-Wissen teilhaben lassen. Mit Andreas Harz habe ich das Büro geteilt, er hat meine Klagen über die Reisekostenabrechnung und die Begeisterung über neue Quellenfunde aus erster Hand miterlebt. Besonders habe ich aber immer die Gespräche über historische Skurrilitäten und andere Dinge geschätzt, die eine willkommene Zerstreuung und Abwechslung zwischen dem Lesen der Archivakten waren. Rainer Wenleder möchte ich für seine Unterstützung bei der Drucklegung und vor allem für die gemeinsamen Joggingrunden nach der Arbeit danken, beides hat ganz erheblich zum Gelingen dieser Promotion beigetragen. Mit Manfred Grunert und Florian Triebel teile ich die Begeisterung über die Geschichte von BMW, mit derselben haben beide meine Arbeit gegengelesen und mit ihren Ideen bereichert. Bei Doreen Busch möchte ich mich besonders dafür bedanken, dass sie mir die Tür zu meiner nächsten beruflichen Entwicklung geöffnet hat sowie für die Bereitschaft, die Finalisierung dieser Dissertation nach Kräften zu unterstützen.

Ganz entscheidend für das Vollenden der Promotion waren meine Freunde und Familie. Nathalie Gleixner, Dominik Ruf und Philipp Schneider bereichern mein Leben seit der ersten Klasse und gehen mit mir durch dick und dünn. Die vielen gemeinsamen Stunden, sei es in einem Restaurant, bei einer Brettspielpartie oder bei einem Wochenende auf einer Hütte, haben immer wieder dafür gesorgt, dass ich den notwendigen Raum für neue Ideen hatte. Christoph Küpper und Ognjen Radisic-Aberger habe ich im BMW-Doktorandenprogramm kennengelernt, gemeinsam haben wir nicht nur sämtliche Hindernisse einer Promotion überwunden, sondern vor allem von den unterschiedlichen Herangehensweisen und Blickwinkeln profitiert. Wenn sich zwei Ingenieure und ein Historiker treffen, dann könnte das der Auftakt zu einem schlechten Witz sein, hier war es der Beginn einer echten Freundschaft.

Meine Eltern haben mich die gesamte Promotion hinweg nach Kräften unterstützt. Bei meiner Mutter konnte ich im Schwarzwald jederzeit der Hektik der Großstadt München entfliehen und habe dort die Ruhe zur Vollendung dieser Dissertation gefunden. Mein Vater war mir ein ständiger und vor allem durch seine eigenen Erfahrungen als BMW-Betriebsrat ein unwahrscheinlich wertvoller Begleiter. Nur durch sein Wissen und seine Kontakte haben sich viele Rätsel lösen oder Türen öffnen lassen. Umso schöner war es für mich, dass ich ihn in dieser Arbeit selbst zu Wort kommen lassen konnte.

Zu guter Letzt möchte ich mich bei meinem ehemaligen Abteilungsleiter Markus Appelhans † bedanken. Mit viel Überzeugungsarbeit und erheblichem persönlichem Einsatz und Ehrgeiz hat er sich dafür stark gemacht, dass diese Arbeit im Rahmen des BMW-Doktorandenprogrammes entstehen konnte. Kurz nach seinem Ruhestand konnte ich ihm noch von der Vollendung der Dissertation berichten. Leider war es mir nicht vergönnt, ihm das fertige Buch persönlich zu überreichen. Ohne ihn gäbe es dieses Buch nicht, und ich wäre nicht dort, wo ich nun bin. Danke Markus!

Ihm möchte ich dieses Buch widmen.

München im August 2025 *Mario Riederer*

KAPITEL 1

Einleitung

Am 9. Dezember 1959 standen die Aktionäre auf der Hauptversammlung der Bayerischen Motoren Werke AG (BMW) in der Alten Kongresshalle in München vor der Wahl, entweder einer Übernahme durch Daimler-Benz zuzustimmen oder eine mögliche Insolvenz ihres Unternehmens zu akzeptieren. Während andere deutsche Automobilhersteller von einem Produktionsrekord zum nächsten eilten, hatten sich die BMW-Fahrzeuge der 1950er Jahre als wenig erfolgreich erwiesen. Die Belegschaft musste permanente Kurzarbeit und Entlassungen ertragen. 1959 hatten die Verluste bei BMW derartige Ausmaße erreicht, dass der Vorstand eine Übernahme durch Daimler-Benz für alternativlos hielt.

Doch es kam anders. Der Großindustrielle Herbert Quandt glaubte an die Strahlkraft der Marke BMW und an den sich damals in der Entwicklung befindlichen Mittelwagen. Er entschloss sich, in das angeschlagene Unternehmen zu investieren, und ermöglichte so dessen erstaunlichen Wiederaufstieg. Bereits 1966 war aus dem ehemaligen Übernahmekandidaten ein solventes Automobilunternehmen geworden, das den kriselnden niederbayerischen Fahrzeughersteller Glas übernahm. 1973, mitten in der Ölpreiskrise, eröffnete BMW das neu errichtete Werk Dingolfing. BMW erschloss sich den globalen Markt und setzte einen immer größeren Anteil der Produktion im Ausland ab. Mit dem stetig steigenden Produktionsvolumen entstanden weitere Werke in Deutschland und Europa.

Das Ende der 1950er Jahre fast insolvente Unternehmen entwickelte sich bis zum Anfang der 1990er Jahre zu einem *Global Player*. Ohne die enge Zusammenarbeit des Betriebsrates mit der Unternehmensleitung und Herbert Quandt wäre weder die Rettung des Unternehmens noch sein anschließender Erfolg möglich gewesen. Wie es dazu kam, ist das Thema dieses Buches.

Die bundesdeutsche Automobilindustrie und die Mitbestimmung

Bis heute hat die Automobilindustrie in Deutschland einen großen Stellenwert. Die aufgeregten Reaktionen von Politik, Wirtschaft und Gesellschaft im Herbst 2024 auf die Ankündigung des Volkswagenkonzerns, der als „Seismo-

 | HTTPS://DOI.ORG/10.1515/9783112223994-001

graf der deutschen Wirtschaft“ gilt,[1] die seit 30 Jahren gültige Beschäftigungsgarantie aufzukündigen, unterstreichen dies.[2] In einem Artikel der Wochenzeitung *Die Zeit* zur Krise von Volkswagen wird das Unternehmen sogar zum Teil einer jeden deutschen Familie stilisiert, da es „für jede Generation das passende Auto“ gehabt habe.[3]

Die Automobilindustrie und im Besonderen Volkswagen mit dem VW Käfer sind sowohl in der Selbstwahrnehmung der Deutschen als auch in der Fremdwahrnehmung zu Symbolen für das Wirtschaftsmodell der Bundesrepublik Deutschland geworden.[4] Automobile wurden nach dem Zweiten Weltkrieg zur „Insignie des Wiederaufstiegs“ eines neuen demokratischen Staates.[5] Das Auto stand nicht nur für die Leistungsfähigkeit der bundesdeutschen Wirtschaft, sondern auch für den zunehmenden Wohlstand der Gesellschaft und ermöglichte bisher ungekannte individuelle Mobilität.[6] Damit einher ging die Entwicklung der Automobilbranche zur wichtigsten Industrie, zur „Leitbranche der deutschen Volkswirtschaft“.[7]

Weniger Aufmerksamkeit findet die Tatsache, dass die deutschen Automobilunternehmen auch von entscheidender Bedeutung für die Entwicklung der betrieblichen Mitbestimmung in Deutschland sind. Die Industrie war hier beispielgebend für andere Branchen,[8] was vor allem in dem hohen gewerkschaftlichen Organisationsgrad begründet ist.[9] Die IG Metall konnte ihre Forderungen immer wieder durchsetzen, weil an den Fließbändern der Automo-

---

1 Max Hägler: Auslaufmodell. Der Käfer, der Golf, der Bulli, der Passat: Volkswagen hatte für jede Generation das passende Auto, in: Die Zeit vom 05.09.2024.

2 Christina Kunkel: Hinter der roten Linie, in: Süddeutsche Zeitung vom 04.09.2024.

3 Hägler, Auslaufmodell.

4 Bernhard Rieger: The People's Car. A Global History of the Volkswagen Beetle, Cambridge, Mass., 2013, S. 2 f.

5 Ingo Köhler: Das Automobil in der Wirtschaftsgeschichte der Bundesrepublik Deutschland 1945–1960, in: Rolf Spilker (Hrsg.), Richtig in Fahrt kommen. Automobilisierung nach 1945 in der Bundesrepublik Deutschland, Bramsche, 2012, S. 18–33, hier S. 24.

6 Ingo Köhler: Auto-Identitäten. Marketing, Konsum und Produktbilder des Automobils nach dem Boom, Göttingen, 2018, S. 103–140.

7 Manfred Grieger: Kleine Geschichte des Automobils in Deutschland, in: Aus Politik und Zeitgeschichte 69, 2019, H. 43, S. 12–18, hier S. 12.

8 Thomas Haipeter: Arbeit und Kapital in der deutschen Automobilindustrie. Kontinuität und Wandel der industriellen Beziehungen, in: Stephanie Tilly/Florian Triebel (Hrsg.), Automobilindustrie 1945–2000. Eine Schlüsselindustrie zwischen Boom und Krise, München, 2013, S. 329–361, hier S. 329.

9 Wolfgang Streeck: Successful Adjustment to Turbulent Markets: The Automobile Industry, in: Peter J. Katzenstein (Hrsg.), Industry and Politics in West Germany. Toward the Third Republic, Ithaca, N.Y, 1989, S. 113–156, hier S. 123; Dimitrij Owetschkin: Vom Verteilen zum Gestalten. Geschichte der betrieblichen Mitbestimmung in der westdeutschen Automobilindustrie nach 1945, Bielefeld, 2016, S. 12.

bilindustrie ihre Mitgliederzahl besonders hoch war und die Produktion beispielsweise durch Streiks besonders leicht zum Stocken oder Erliegen gebracht werden konnte.[10] Umgekehrt prägten die Beschäftigten dieser Industrie wiederum die IG Metall durch ihre starken Betriebsräte und Vertrauensleute im Betrieb.[11]

Auch das Ende des konjunkturellen Nachkriegsbooms ab den 1970er Jahren konnte den Erfolg der deutschen Automobilindustrie und damit der Mitbestimmung nicht bremsen. Im Gegensatz zu Großbritannien, wo die Branche einen rasanten Absturz erlebte, wozu auch die traditionell eher konflikt- denn konsensorientierten industriellen Beziehungen beigetragen haben,[12] gilt die deutsche Mitbestimmung als einer der Gründe dafür, dass die Industrie auch in den 1970er und 1980er Jahren florierte.[13] Die höheren Energie- und Kraftstoffkosten sowie die Verunsicherung der Verbraucher durch den wirtschaftlichen Einbruch infolge der Ölpreiskrise trafen die bundesdeutsche Automobilindustrie zwar ebenfalls,[14] aber im Gegensatz zur Schwerindustrie oder dem Schiffbau ging sie aus dem Strukturwandel gestärkt hervor.[15] Die Mitbestimmung der Betriebsräte und Gewerkschaften ermöglichte es, unumgängliche Rationalisierungen und Produktivitätserhöhungen gemeinsam mit der Belegschaft umzusetzen.[16] Dies bildete die Grundlage für den Aufstieg der deutschen Autoindustrie-Unternehmen zu international führenden Premiumherstellern.[17]

---

10 Haipeter, 2013, Arbeit und Kapital in der deutschen Automobilindustrie, S. 335.

11 Witich Roßmann: Akteure im Betrieb – Betriebspolitik als Basis von Organisationsentwicklung und Gewerkschaftsmacht, in: Jörg Hofmann/Christiane Benner (Hrsg.), Geschichte der IG Metall. Zur Entwicklung von Autonomie und Gestaltungskraft, Frankfurt am Main, 2019, S. 331–386, hier S. 379.

12 Roy Anthony Church: The Rise and Decline of the British Motor Industry, Cambridge, 1995.

13 Morten Reitmayer: Das ökonomische Feld. Sozialraumanalyse und Betrieb, in: Knud Andresen/Michaela Kuhnhenne/Jürgen Mittag/Johannes Platz (Hrsg.), Der Betrieb als sozialer und politischer Ort. Studien zu Praktiken und Diskursen in den Arbeitswelten des 20. Jahrhunderts, Bonn, 2015, S. 53–72, hier S. 68; Streeck, 1989, Successful Adjustment to Turbulent Markets: The Automobile Industry, S. 136.

14 Köhler, 2018, Auto-Identitäten, S. 64.

15 Lutz Raphael: Jenseits von Kohle und Stahl. Eine Gesellschaftsgeschichte Westeuropas nach dem Boom, Bonn, 2019, S. 47.

16 Ebenda, S. 402.

17 Ulrich Herbert: Geschichte Deutschlands im 20. Jahrhundert, München, 2023, S. 51; 899.

BMW als Nachzügler – auch in der betrieblichen Mitbestimmung?

Diese Erfolgsgeschichte ist nicht ganz die von BMW. Das Münchner Unternehmen hatte große Startschwierigkeiten. Die Aufnahme der Produktion gelang erst Anfang der 1950er Jahre, während der Rest der Branche seit Ende der 1940er Jahre auf den Markt zurückkehrte.[18] Anstatt von der florierenden Wirtschaft der 1950er Jahre zu profitieren, rutschte BMW in einen Abwärtsstrudel. Tiefpunkt war die eingangs erwähnte Hauptversammlung 1959 und die drohende Übernahme durch Daimler-Benz.[19] Es folgte der Einstieg von Herbert Quandt, woraufhin der wirtschaftliche Wiederaufstieg begann.[20]

Diese Startschwierigkeiten machen BMW zu einem äußerst interessanten Untersuchungsgegenstand, gerade auch mit Blick auf die betriebliche Mitbestimmung. Dimitrij Owetschkin identifizierte in seiner Studie über die betriebliche Mitbestimmung in der westdeutschen Automobilindustrie vier unterschiedliche Phasen: In der unmittelbaren Nachkriegszeit bis in die Mitte der 1950er Jahre lag der Fokus auf dem Wiederaufbau der Betriebe und der Etablierung der neuen Betriebsräte. Fließend entwickelte sich die Mitbestimmung im „Wirtschaftswunder" bis zur Ölpreiskrise weiter, die Betriebsräte interpretierten ihre Aufgabe nun vor allem als „Schutz- und Verteilungspolitik".[21] Mit den wirtschaftlichen Turbulenzen der 1970er Jahre verschob sich der Schwerpunkt der betrieblichen Mitbestimmung darauf, Arbeitsplätze zu erhalten und die Arbeitsbedingungen zu verbessern. Für die 1980er und 1990er Jahre beobachtet Owetschkin, dass die Sicherung von Beschäftigung und ganzer Standorte weiterhin im Mittelpunkt stand, aber auch die Moderation, also das abfedernde Begleiten der zunehmenden Rationalisierung der Produktion. Die Betriebsräte schlüpften dabei immer stärker in die Rolle von Co-Managern.[22] Wegen fehlender Quellen hat Owetschkin BMW in seiner Untersuchung nicht berücksichtigt.[23]

Wie entwickelte sich nun aber die Mitbestimmung in einem Unternehmen wie BMW, das schon vor den 1970er Jahren Krisenerfahrung hatte? Wie verhält sich ein Betriebsrat, wenn die Zukunft seines Unternehmens, und damit

18 Jürgen Seidl: Die Bayerischen Motorenwerke (BMW) 1945–1969. Staatlicher Rahmen und unternehmerisches Handeln, München, 2002, S. 98–100.

19 Manfred Grunert/Florian Triebel: Ein Jahrhundert BMW. Das Unternehmen seit 1916, Berlin, 2019, S. 39–50.

20 Seidl, 2002, Die Bayerischen Motorenwerke (BMW) 1945–1969, S. 256–371.

21 Owetschkin, 2016, Vom Verteilen zum Gestalten, S. 15.

22 Ebenda, S. 14–16.

23 Ebenda, S. 23 f.

der Arbeitsplätze, auf Messers Schneide steht? Nicht das „Wirtschaftswunder“, sondern Krise prägte das Handeln der Arbeitnehmervertreter von BMW in den 1950er Jahren. Dafür gibt es in dieser Zeit nicht viele historische Beispiele, was mit dem *Survivor Bias* zu erklären ist.[24] Unternehmensgeschichtliche Arbeiten haben hier fast zwangsläufig einen blinden Fleck, da fast nur Quellen und Unterlagen wirtschaftlich erfolgreicher Unternehmen erhalten sind. Erfolgsfaktoren werden dadurch tendenziell stark überbewertet, die Hintergründe und die Bewältigung von Krisen oder Rückschlägen vernachlässigt. Dieses Urteil lässt sich genauso auf die Geschichte der Mitbestimmung in Unternehmen übertragen.[25]

Die vorliegende Studie überspannt den Zeitraum von 1945 bis 1987. Diese 42 Jahre decken fast vollständig die Zeit vom Ende des Zweiten Weltkrieges bis zur Wiedervereinigung ab und ermöglichen es so, die großen Linien der betrieblichen Mitbestimmung in der Automobilindustrie nachzuvollziehen und mit den Ereignissen bei BMW in München zu vergleichen. In diesen mehr als 40 Jahren begleitete der Betriebsrat des Stammwerkes den Wiederaufbau, den Niedergang der 1950er Jahre und den anschließenden späten Erfolg des Unternehmens. Ist die einleuchtende These von Owetschkin, dass die Phasen der Mitbestimmung in der westdeutschen Automobilindustrie Hand in Hand mit der Branchenentwicklung verliefen,[26] auch auf ein Unternehmen mit einem Entwicklungspfad wie BMW übertragbar? Oder anders gefragt, ist es wirklich die Branchenentwicklung allein, welche die betriebliche Mitbestimmung und die Handlungsmotive eines Betriebsrates in einem Unternehmen formt? Folgt man diesem Gedankengang weiter, stellt sich die Frage, welche Faktoren überhaupt für das Handeln von Betriebsräten entscheidend sind. Dies lässt sich nur mit einem konkreten Blick in den jeweiligen Betrieb, also auf der Mikroebene, beantworten. Was prägt auf dieser Ebene das Handeln der Akteure? Gab es informelle Regeln oder agierten sie allein von den Umständen getrieben? Veränderten sich die Ziele und das Handeln der Akteure durch die Unternehmenskrise? Und wie reagierte ein krisenerfahrener Betriebsrat auf die krisenhaften wirtschaftlichen Veränderungen seit den 1970er Jahren?

Der Betriebsrat des BMW-Werks München steht aus zwei Gründen im Mittelpunkt der Darstellung: Das Münchner Werk ist nicht nur das älteste, damit

24 Jan-Otmar Hesse/Sebastian Teupe: Wirtschaftsgeschichte. Entstehung und Wandel der modernen Wirtschaft, Frankfurt am Main, 2019, S. 91.

25 Eine der wenigen Ausnahmen ist die Arbeit von Walter Vollmer zur Montanmitbestimmung in der Bergbaukrise, vgl. Walter Vollmer: Montanmitbestimmung und Unternehmenskultur während der Bergbaukrise 1958–1968, Essen, 2013.

26 Owetschkin, 2016, Vom Verteilen zum Gestalten, S. 14.

Stammwerk und gleichzeitig der Sitz der Unternehmenszentrale, sondern zu ihm ist auch ein umfangreicher Quellenkorpus vorhanden, auf den sich die vorliegende Darstellung stützt. Andere Werke wie Berlin, Allach, Dingolfing und Landshut spielen daher in dieser Arbeit nur eine untergeordnete Rolle und dienen vor allem der Vervollständigung und als Kontrastfolie zum Werk München.[27] Ausländische oder nach 1987 gegründete Werke fließen ebenfalls nicht in die Untersuchung mit ein.

Methodisches Vorgehen

Um die genannten Forschungsfragen zu beantworten, wird das Konzept der betrieblichen Sozialordnung von Hermann Kotthoff angewandt, beschreibt dieses doch die „historisch gewachsene […] ‚soziologische DNA' eines Betriebs".[28] Die Grundannahme lautet, dass die Machtverhältnisse im Betrieb zwischen Arbeitnehmern und Arbeitgeber zugunsten des Letzteren verteilt sind. Dass Betriebe nicht in Streik und Arbeitsverweigerung versinken, setzt deshalb voraus, dass die Arbeitnehmer diese grundsätzliche Machtverteilung anerkennen. Damit gehen wiederum Verpflichtungen des Arbeitgebers einher, beispielsweise, dass er die Wünsche und Forderungen der Arbeitnehmer anerkennt und diesen regelmäßig, wenn auch nicht immer, nachkommt, da die Mitarbeiter sonst die grundsätzliche Machtverteilung infrage stellen.[29] Dieses gegenseitige akzeptierte Abhängigkeitsverhältnis prägt die Sozialordnung im Betrieb und speist sich vor allem aus verschiedenen Interaktionen, Handlungen und Interpretationen, „die Freiwilligkeit, Zustimmung und Vertrauen bewirken und zumindest eine rudimentäre soziale Bindung […] entstehen lassen", trotz der prinzipiell unterschiedlichen Interessen.[30] Das Kon-

27 Das Werk Berlin wurde 1938 von Siemens gekauft. Das Werk Allach wurde 1936 von BMW zu Rüstungszwecken gebaut und wurde 1965 an MAN verkauft. Die Werke Dingolfing und Landshut kamen durch die Übernahme der Hans Glas GmbH 1966/67 zu BMW.

28 Hermann Kotthoff: Betriebliche Sozialordnung, in: Hartmut Hirsch-Kreinsen/Heiner Minssen (Hrsg.), Lexikon der Arbeits- und Industriesoziologie, Baden-Baden, 2017, S. 91–95, hier S. 93.

29 Hermann Kotthoff: „Betriebliche Sozialordnung" als Basis ökonomischer Leistungsfähigkeit, in: Jens Beckert/Christoph Deutschmann (Hrsg.), Wirtschaftssoziologie. Kölner Zeitschrift für Soziologie und Sozialpsychologie, Sonderheft 49/2009, Wiesbaden, 2010, S. 428–446, hier S. 431.

30 Kotthoff, 2017, Betriebliche Sozialordnung, S. 91; Marcus Falke/Wenzel Matiaske: Betriebliche Sozialordnungen und Mitarbeiterverhalten, Mering, 2018, S. 32; vgl. hierzu auch Johannes Berger: Warum arbeiten die Arbeiter? Neomarxistische und neodurkheimianische Erklärungen?, in: Zeitschrift für Soziologie 24, 1995, H. 6, S. 407–421, hier S. 420.

zept der betrieblichen Sozialordnung fragt nach dieser sozialen Bindung und den Austauschbeziehungen zwischen den beiden Akteuren, die ihre Konflikte trotz aller Gegensätze immer mit der Gewissheit austragen (müssen), dass sie durch ihre Zugehörigkeit zum Betrieb in einem Boot sitzen. Beide Seiten wissen, dass sie, wenn die Konflikte beigelegt sind, wieder zusammenarbeiten müssen.[31]

Aus diesen regelmäßigen Interaktionen entsteht die betriebliche Sozialordnung als ein System formeller und informeller Regeln, um sowohl das Handeln des anderen vorhersehbarer zu machen als auch eine langfristige Kooperation zu ermöglichen.[32] Da die Interaktionen der Gegenwart weitestgehend auf den Erfahrungen in der Vergangenheit aufbauen, haben historische Kontexte eine große Bedeutung.[33] Diese Arbeit untersucht die betriebliche Sozialordnung vor allem aus der Arbeitnehmerperspektive.

Die betriebliche Sozialordnung spielt eine entscheidende Rolle dabei, wie effektiv ein Betriebsrat die Anliegen der Arbeitnehmerschaft vertreten und durchsetzen kann.[34] Diese informellen Regeln zwischen Betriebsrat und Arbeitgeberseite decken insbesondere die Bereiche der betrieblichen Mitbestimmung ab, die nicht durch rechtliche Vorgaben geregelt sind. Für Betriebsräte ist das Verständnis dieser ungeschriebenen Regeln von fundamentaler Bedeutung, um die Erfolgschancen ihrer Initiativen realistisch bewerten zu können.[35] Damit ist der Betrieb weit mehr als ein Ort der Produktion von Gütern oder Dienstleistungen, er wird zu einem eigenen „sozialen Handlungsfeld".[36] Dieses Handlungsfeld ist nicht nur durch den strukturellen Gegensatz

---

31 Kotthoff, 2017, Betriebliche Sozialordnung, S. 92.

32 Falke/Matiaske, 2018, Betriebliche Sozialordnungen und Mitarbeiterverhalten, S. 30.

33 Kotthoff, 2010, „Betriebliche Sozialordnung" als Basis ökonomischer Leistungsfähigkeit, S. 433.

34 Bernd Frick: Die Funktionsfähigkeit der bundesdeutschen Betriebsverfassung: quantitative und qualitative Evidenz im Überblick, in: Industrielle Beziehungen: Zeitschrift für Arbeit, Organisation und Management 4, 1997, H. 3, S. 172–195, hier S. 186.

35 Wolfgang Däubler/Michael Kittner: Geschichte der Betriebsverfassung, Frankfurt am Main, 2020, S. 479 f.

36 Thomas Welskopp: Der Betrieb als soziales Handlungsfeld. Neuere Forschungsansätze in der Industrie- und Arbeitergeschichte, in: Geschichte und Gesellschaft 22, 1996, H. 1, S. 118–142; Thomas Welskopp: Produktion als soziale Praxis. Praxeologische Perspektiven auf die Geschichte betrieblicher Arbeitsbeziehungen, in: Knud Andresen/Michaela Kuhnhenne/Jürgen Mittag/Johannes Platz (Hrsg.), Der Betrieb als sozialer und politischer Ort. Studien zu Praktiken und Diskursen in den Arbeitswelten des 20. Jahrhunderts, Bonn, 2015, S. 29–52; zu dieser mikropolitischen Herangehensweise vgl. auch Karl Lauschke/Thomas Welskopp: Einführung. Mikropolitik im Unternehmen: Chancen und Voraussetzungen beziehungsanalytischer Ansätze in der Industrie- und Arbeitergeschichte, in: Karl Lauschke/Thomas Welskopp (Hrsg.), Mikropolitik im Unternehmen.

von Arbeit und Kapital und deren Strategien, damit umzugehen, definiert, sondern auch durch die angesprochenen informellen Umgangsregeln. Die betriebliche Sozialordnung ist damit eine Realität ganz eigener Art.[37] Kotthoff konnte durch seine Forschungen in Betrieben mehrere Idealtypen von Betriebsräten identifizieren.[38] Die Anwendung dieser Typen auf den Betriebsrat bei BMW sollen in dieser Studie jedoch nur dazu dienen, den Wandel in der Mitbestimmung nachvollziehbar zu machen. Sie werden im jeweiligen Kapitelzusammenhang eingeführt und erläutert.[39]

Um die langfristige Perspektive der betrieblichen Sozialordnung mit einer kurzfristigeren zu ergänzen, kommt das Konzept der Mikropolitik zur Anwendung. Die Mikropolitik lenkt den Blick auf das konkrete Handeln der Akteure und schließt somit gut an den Ansatz der betrieblichen Sozialordnung an, der wiederum die Spielregeln der Mikropolitik definiert. Das ist in diesem Fall fast schon wörtlich zu nehmen, da die Spieltheorie im Ansatz der Mikropolitik eine entscheidende Rolle einnimmt.[40] Gemeint ist damit jedoch kein unterhaltsames Spiel in der Freizeit, vielmehr geht es um eine zielgerichtete Auseinandersetzung, die von formellen als auch informellen Regeln begrenzt wird. Bezogen auf die vorliegende Arbeit „spielen" der Betriebsrat, die Gewerkschaft, die Belegschaft und die Unternehmensführung um die Verteilung der Ressourcen bei BMW. Die Spielregeln sind dabei keineswegs starr, sondern haben vielmehr evolutionären Charakter. Sie können sich durch die Handlungen der Akteure verändern, außerdem verschwinden oder neu geschrieben werden.[41]

Arbeitsbeziehungen und Machtstrukturen in industriellen Großbetrieben des 20. Jahrhunderts, Essen, 1994, S. 7–15; Thomas Welskopp: Arbeit und Macht im Hüttenwerk. Arbeits- und industrielle Beziehungen in der deutschen und amerikanischen Eisen- und Stahlindustrie von den 1860er bis zu den 1930er Jahren, Bonn, 1994.

37 Raphael, 2019, Jenseits von Kohle und Stahl, S. 368.

38 Vgl. Hermann Kotthoff: Betriebsräte und Bürgerstatus. Wandel und Kontinuität betrieblicher Mitbestimmung, München, 1994.

39 Die Typen: 1. Der ignorierte Betriebsrat, 2. Der isolierte Betriebsrat; 3. Der Betriebsrat als Organ der Geschäftsführung; 4. Der standfeste Betriebsrat; 5. Der Betriebsrat als konsolidierte Ordnungsmacht; 6. Der Betriebsrat als aggressive Gegenmacht; 7. Der Betriebsrat als kooperative Gegenmacht.

40 Lena Foerster: Hochofen, Maloche und „Gastarbeiter". Ausländerbeschäftigung in Unternehmen der Eisen- und Stahlindustrie des Ruhrgebiets in den 1950er bis 1980er Jahren, Stuttgart, 2021, S. 25 f.

41 Dietmar Süß: Mikropolitik und Spiele. Zu einem neuen Konzept für die Arbeiter- und Unternehmensgeschichte, in: Jan-Otmar Hesse (Hrsg.), Kulturalismus, neue Institutionenökonomik oder Theorienvielfalt. Eine Zwischenbilanz der Unternehmensgeschichte, Essen, 2002, hier S. 123; Jan-Otmar Hesse/Christian Kleinschmidt/Karl Lauschke: Einleitung. Herausforderungen und Perspektiven der Unternehmensgeschichte, in: Jan-

Die anonyme Fabrik, aus der am Ende scheinbar störungsfrei und ungehindert Autos rollen, wird so zum Handlungsort der innerbetrieblichen Akteure, die „Produktion […] [zum] soziale[n] Interaktionsprozess".[42] Dort wird um „Konsens und Konflikt, Kooperation und Kontrolle, Macht und Aushandlung" gerungen und es werden „Allianzen und Gegnerschaften" geschmiedet.[43] Die Mikropolitik macht so den Betrieb greifbarer, sie sprengt die Illusion eines streng hierarchischen Sozialsystems und schärft den Untersuchungsblick auf die Handlungsoptionen der Akteure.[44] Die Kombination der beiden Konzepte betriebliche Sozialordnung und Mikropolitik ermöglicht es, einerseits die großen Linien und Charakteristika der Mitbestimmung bei BMW nachzuzeichnen, andererseits aber auch die situationsbedingten Handlungen der Akteure zu analysieren.

Fünf Thesen

Erstens: Gerade die großen Linien und Charakteristika der Mitbestimmung unterscheiden BMW erheblich vom Rest der westdeutschen Automobilbranche. Die oben skizzierte Phaseneinteilung von Owetschkin lässt sich nicht auf BMW übertragen. Vielmehr nahm die Mitbestimmung bei BMW einen sich stark davon unterscheidenden Entwicklungspfad und ist in gewisser Weise von der eigenen Branche losgelöst. Die krisenhaften 1950er Jahre sind hierbei entscheidend.

Während sich in anderen Automobilunternehmen Betriebsräte als „Zulagenmaschine" verstanden[45] und sich vor allem um finanzielle Interessen der Arbeitnehmer kümmerten, lässt sich bei BMW für die erste Hälfte der 1950er Jahre eine Krise der Mitbestimmung diagnostizieren. Diese ging der Unternehmenskrise voraus, wurde aber auch von ihr befeuert. Besonders ins Auge fällt hierbei der kräftige Zuwachs einer lautstarken Minderheit von kommunistischen Betriebsräten, die ein Grund dafür waren, dass der Betriebsrat bei BMW in München in mehrere rivalisierende Gruppen zerfiel. Erst ab 1956 fand

---

Otmar Hesse (Hrsg.), Kulturalismus, neue Institutionenökonomik oder Theorienvielfalt. Eine Zwischenbilanz der Unternehmensgeschichte, Essen, 2002, S. 9–15, hier S. 11 f.

42 Lauschke/Welskopp, 1994, Einführung, S. 10.

43 Welskopp, 2015, Produktion als soziale Praxis, S. 37; Lauschke/Welskopp, 1994, Einführung, S. 10.

44 Süß, 2002, Mikropolitik und Spiele, S. 135.

45 Werner Milert/Rudolf Tschirbs: Die andere Demokratie. Betriebliche Interessenvertretung in Deutschland, 1848 bis 2008, Essen, 2015, S. 393.

eine Konsolidierung um den neuen Betriebsratsvorsitzenden und Sozialdemokraten Kurt Golda statt.

Zweitens: Der wichtigste Faktor für die Ausformung der Mitbestimmung bei BMW ist jedoch die eskalierende Unternehmenskrise ab der zweiten Hälfte der 1950er Jahre. Die Betriebsräte und ihre Wähler waren direkt von den Folgen der Krise betroffen, sie litten unter Kurzarbeit und/oder Entlassungen bzw. hatten diese zu genehmigen. In der Folge verschoben sich die Handlungsmotive des Betriebsrates dauerhaft. Betriebliche Sozialpolitik und finanzielle Zusatzleistungen wurden sekundär, stattdessen rückte der langfristige Erhalt der Arbeitsplätze in den Fokus. Um diesem Selbstverständnis gerecht werden zu können, erlegte sich der BMW-Betriebsrat ein wirtschaftliches Primat auf: Nur ein wirtschaftlich erfolgreiches Unternehmen konnte die Beschäftigung auf Dauer sichern. Dies beeinflusste wiederum das Verhältnis der Arbeitnehmer- zur Arbeitgeber- bzw. Kapitalseite. Es entwickelte sich eine gewisse Kongruenz der Interessen. Durch das wirtschaftliche Primat des Betriebsrates entstand ab 1960 eine gegenseitige normative Erwartungs- und Zielsicherheit.

Drittens: Diese Haltung des Betriebsrates sollte weit über die 1960er Jahre hinaus Bestand haben und blieb bis in die 1980er Jahre hinein unverändert. Sie prägte als leitendes Handlungsmotiv die Mitbestimmung in dieser Phase fundamental, wenn sich auch die Themen veränderten. Eine echte „Nach dem Boom"-Erfahrung, also einen wirtschaftlichen Strukturbruch bei gleichzeitigem „soziale[m] Wandel von revolutionärer Qualität"[46] infolge der ersten Ölpreiskrise gab es bei BMW nicht. Stattdessen waren die Akteure mit Krisenbewältigung vertraut und frühzeitig zu einer Anpassung in der Lage. Die von den Unternehmenshistorikern Florian Triebel und Manfred Grunert geäußerte Vermutung, dass der Erfolg von Unternehmen sich aus einer überwundenen Krise erklären lassen kann,[47] ist deshalb mit Blick auf BMW nur zu beantworten, wenn man die Arbeitnehmervertretung und ihre Krisenerprobtheit in die Analyse miteinbezieht.

Viertens: Die Entwicklung der betrieblichen Mitbestimmung bei BMW ist besonders davon geprägt, dass die Entscheidungsträger eine hohe personelle Kontinuität aufwiesen. Kurt Golda, die zentrale Persönlichkeit in dieser Unter-

46 Anselm Doering-Manteuffel/Lutz Raphael: Der Epochenbruch in den 1970er-Jahren. Thesen zur Phänomenologie und den Wirkungen des Strukturwandels „nach dem Boom", in: Knud Andresen/Ursula Bitzegeio/Jürgen Mittag (Hrsg.), „Nach dem Strukturbruch"? Kontinuität und Wandel von Arbeitsbeziehungen und Arbeitswelt(en) seit den 1970er-Jahren, Bonn, 2011, S. 25–40, hier S. 30.

47 Florian Triebel/Manfred Grunert: Krisenerfahrung bei der BMW AG. Zur Typologie des Phänomens Unternehmenskrise, in: Jahrbuch für Wirtschaftsgeschichte / Economic History Yearbook 2006, H. 2, S. 19–30, hier S. 19.

suchung, stand von 1956 bis zu seinem Ruhestand 1987 ununterbrochen an der Spitze des Betriebsrates. Eberhard von Kuenheim war von 1970 bis 1993 der Vorstandsvorsitzende von BMW. Nicht zu unterschätzen ist außerdem die Rolle Herbert Quandts, der ab 1960 bis zu seinem Tod 1982 als Hauptanteilseigner maßgeblichen Einfluss auf die Geschicke des Unternehmens nahm. Deshalb mag die These, dass das Ende des „Booms“ zu „umfangreichen Umstrukturierungen auf allen Ebenen in Unternehmen“ geführt habe, in vielen Fällen zutreffend sein.[48] Für die Mitbestimmung bei BMW gilt sie jedoch nicht. Vielmehr hatte sich bei BMW seit den 1960er Jahren eine betriebliche Sozialordnung herausgebildet, in welcher der Betriebsrat eine aktive Rolle spielte. Er agierte bereits als „Co-Manager“, d. h. er wurde in den Managementprozess aktiv miteinbezogen, was Arbeitnehmer und Arbeitgeber andernorts infolge der Ölpreiskrise erst mühsam erlernen mussten.

Fünftens: Bis Mitte der 1950er Jahre hatte sich bei BMW zunächst eine konfrontative betriebliche Sozialordnung herausgebildet. Diese prägte das mikropolitische Handeln der Akteure. Mit der zunehmenden Unternehmenskrise verschoben sich jedoch die Gewichte, die bestehende betriebliche Sozialordnung begann zu kollabieren. Dazu trug einerseits der Ansehensverlust des Vorstandes bei, dem es nicht gelang, das Ruder in wirtschaftlicher Hinsicht herumzureißen. Andererseits sammelten sich der Betriebsrat und die Belegschaft hinter dem neuen Vorsitzenden Kurt Golda, der durch eigenmächtiges Handeln in der Krise weit in die Prärogative des Vorstandes eingriff und sogar den betrieblichen Kontext verließ, um seine Ziele zu erreichen. Die betriebliche Sozialordnung war zu diesem Zeitpunkt in Auflösung begriffen, stattdessen prägten mikropolitische Handlungen das Geschehen. Aus diesem Vorgehen erwuchs in den 1960er Jahren eine neue betriebliche Sozialordnung, die auf den Erfahrungen der Unternehmenskrise basierte. Diese betriebliche Sozialordnung erwies sich als so prägend, dass sie strukturell wurde und sich auch auf neue Akteure, die die Unternehmenskrise nicht selbst miterlebt hatten, übertrug. Die Mitbestimmung bei BMW unterlag so im Untersuchungszeitraum mehreren „Häutungen“, durch die der Betriebsrat zu einem bestimmenden Faktor im Unternehmen werden sollte, wie sich in der weiteren Untersuchung noch zeigen wird.

48 Anselm Doering-Manteuffel/Lutz Raphael: Nach dem Boom. Perspektiven auf die Zeitgeschichte seit 1970, Göttingen, 2012, S. 118–121, hier S. 118.

Der Betriebsrat als Teil der Mitbestimmung

Der Betriebsrat ist Teil der Mitbestimmung und eine „Schlüsselinstitution" in den industriellen Beziehungen in Deutschland.[49] Um sich dieser Einrichtung, dem Amt des Betriebsratsmitglieds und seinen Aufgaben anzunähern, soll zunächst ein Blick auf das deutsche System der Mitbestimmung und dessen Geschichte geworfen werden. „Mitbestimmung" ist ein Begriff, der im allgemeinen Sprachgebrauch oft mit der Mitwirkung, Teilhabe und Beteiligung von Arbeitnehmern im wirtschaftlichen Bereich assoziiert wird. Gleichzeitig lässt sich Mitbestimmung im Arbeitskontext mit vielen anderen Dingen verbinden, wie etwa Arbeitnehmervertretung, Tarifvertrag, Gewerkschaft, Aufsichtsrat und Vertrauenskörper, um nur einige Beispiele zu nennen. An dieser Vielzahl von Assoziationen wird bereits deutlich, dass keine allgemein verbindliche Definition von Mitbestimmung existiert.[50] Dennoch lassen sich die verschiedenen Arten der Mitbestimmung insgesamt in drei Bereiche oder Ebenen unterteilen, die jeweils spezifische Aufgaben wahrnehmen. Dabei gehen diese Ebenen fließend ineinander über und es bestehen zum Teil erhebliche personelle Verflechtungen.[51]

Die oberste Ebene bildet die überbetriebliche Mitbestimmung oder der Arbeitsmarkt. Gewerkschaftsvertreter und Arbeitgebervertreter verhandeln hier Tarifverträge, in denen unter anderem Vergütungen und die Arbeitszeit geregelt werden. Dieser Vorgang ist von der Tarifautonomie geschützt. Das bedeutet, dass diese Verhandlungen ohne staatliche Eingriffe stattfinden, jedoch nicht in einem rechtsfreien Raum.[52] Gemeinsam mit der Mitbestimmung formt die Tarifautonomie die „Wirtschafts- und Sozialverfassung Deutschlands".[53]

Auf der mittleren Ebene ist die Unternehmensmitbestimmung angesiedelt. Sie beschreibt die Arbeit des Aufsichtsrates. Der Aufsichtsrat kontrolliert die Arbeit der Geschäftsführung bzw. des Vorstandes des jeweiligen Unternehmens. Er setzt sich aus Vertretern der Kapitalseite und gewählten Arbeitneh-

49 Walther Müller-Jentsch: Mitbestimmung. Arbeitnehmerrechte im Betrieb und Unternehmen, Wiesbaden, 2019, S. 13.

50 Ebenda, S. 1.

51 Zu den drei Ebenen der Mitbestimmung, vgl. ebenda, S. 2.

52 Dietmar Süß: Kumpel und Genossen. Arbeiterschaft, Betrieb und Sozialdemokratie in der bayerischen Montanindustrie, 1945 bis 1976, München, 2003, S. 202; zur Tarifautonomie umfangreich, vgl. Walther Müller-Jentsch: Tarifautonomie. Über die Ordnung des Arbeitsmarktes durch Tarifverträge, Wiesbaden, 2022.

53 Ralph Greifenstein/Leo Kißler: Mitbestimmung im Spiegel der Forschung. Eine Bilanz der empirischen Untersuchungen 1952–2010, Berlin, 2010, S. 13.

mervertretern zusammen, d. h. Betriebsräten und von der jeweiligen Gewerkschaft entsandten Personen. Größe und Zusammensetzung des Aufsichtsrates werden vom Betriebsverfassungsgesetz bzw. Mitbestimmungsgesetz definiert. Der Aufsichtsrat ist für das ganze Unternehmen zuständig, im konkreten Fall von BMW für alle Standorte und Werke.

Die unterste Ebene ist die betriebliche Ebene, in dieser Untersuchung das Stammwerk von BMW in München. Sie stellt den genuinen Handlungsbereich eines Betriebsrates dar. Dieser hat mehrere Interessen gleichzeitig zu vertreten. Der Betriebsratsvorsitzende des BMW-Werks in Berlin, Willy Fritz, beschrieb diese Schwierigkeit 1955 mit folgenden Worten: „Ein Betriebsrats-vors. in München sagte mir mal folgendes: Fritz als Vorsitzer, bist du der Büttel der Geschäftsleitung, bist du der Büttel deiner eig. Betriebsratskollegen, bist du der Büttel aller Kollegen, bist du der Büttel deiner eig. Gewerkschaft.“[54] Damit sprach Fritz die schwierige Gratwanderung an, die das Amt Betriebsrat erfordert: Ein Betriebsrat ist nicht nur den Interessen seiner Wähler, der Mitarbeiter, sondern auch dem Betriebswohl und oft auch der eigenen Gewerkschaft verpflichtet. Als Vorsitzender eines Betriebsrates hat man, wie Fritz wusste, zusätzlich noch die Interessen der anderen Betriebsräte zu beachten. Ein Betriebsrat befindet sich demnach stets zwischen den Interessen des Betriebes und denen der Mitarbeiter, die er aber beide zu vertreten hat. Diese „Grenzrolle“ ist dabei „charakteristisch für den deutschen Betriebsrat“ und unterscheidet ihn beispielsweise von den englischen *Shop Stewards*, die nur die Interessen der Belegschaft vertreten.[55] So entsteht für einen Betriebsrat ein „Zwang zur Vermittlung“, um seiner Aufgabe effektiv nachkommen zu können: „Die Belegschaft verleiht ihm [dem Betriebsrat, M. R.] Legitimität, die Gewerkschaft unterstützt ihn in Beratungsleistungen, der Arbeitgeber gewährt ihm Einfluss.“[56]

Die Rolle eines Betriebsrates wird deshalb oft als „Grenzinstitution“ oder, wenig schmeichelhaft, als „januskköpfige Institution“ beschrieben, die aber gerade deshalb kompromissfördernd wirkt.[57] Mag dies auf den ersten Blick

---

54 Willy Fritz: Rede des Berliner Betriebsratsvorsitzenden Fritz auf der Betriebsversammlung im März 1955, 02.03.1955, BMW UA-2614-1, hier S. 9.

55 Milert/Tschirbs, 2015, Die andere Demokratie, S. 165.

56 Britta Rehder: Legitimitätsdefizite des Co-Managements. Betriebliche Bündnisse für Arbeit als Konfliktfeld zwischen Arbeitnehmern und betrieblicher Interessenvertretung, in: Zeitschrift für Soziologie 35, 2006, H. 3, S. 227–242, hier S. 228.

57 Süß, 2003, Kumpel und Genossen, S. 126; Walther Müller-Jentsch: Der Betriebsrat – Karriere einer janusköpfigen Institution, 2012. http://denk-doch-mal.de/wp/walther-mueller-jentsch-der-betriebsrat-karriere-einer-januskoepfigen-institution/, zuletzt aufgerufen: 30. November 2020.

als Schwäche erscheinen, so gilt gerade diese Zwischenstellung mittlerweile als Grund für den Erfolg der Institution Betriebsrat.[58] Dadurch werden die großen Konflikte auf die überbetriebliche Ebene verlagert und begrenzt, sodass sich ein Betriebsrat auf die betrieblichen Themen konzentrieren kann.[59] Dort ereignen sich seit der Einführung von Betriebsräten durch das Betriebsrätegesetz von 1920 die „Sternstunden der Betriebsräte", und zwar in der „unspektakuläre[n], geduldige[n] Alltagsarbeit".[60] Dabei sind Betriebsräte mit einer Vielzahl von Themen beschäftigt, die von der Akkordbewertung, Attesten, Getränkeautomaten, Leistungsbeurteilungen über Überstunden bis hin zu Versetzungen reichen können. In einem Arbeitsplatzreport eines Hallenbetriebsrates von BMW aus dem Jahr 1977 werden an einem Tag allein 18 behandelte Themen aufgezählt.[61] Diese Themen wären für die überbetriebliche Mitbestimmung der Gewerkschaften viel zu granular, weshalb die Betriebsräte das kleine, aber notwendige Zahnrad sind, die das große Rad der Mitbestimmung mit in Schwung halten.

Forschungsstand

Die Geschichte der Mitbestimmung ist mit der Wirtschafts- und Unternehmensgeschichte eng verflochten. Dennoch zeichnete sich die Unternehmensgeschichte bislang durch einen starken Fokus auf die Aufarbeitung des unternehmerischen Wirkens im Nationalsozialismus sowie einzelner Unternehmens- bzw. Unternehmerbiografien aus.[62] Diese Verengungen geraten immer stärker in die Kritik. Stattdessen werden Plädoyers laut, die Unter-

---

58 Greifenstein/Kißler, 2010, Mitbestimmung im Spiegel der Forschung, S. 19; Owetschkin, 2016, Vom Verteilen zum Gestalten, S. 16 f.

59 Werner Milert/Rudolf Tschirbs: Vom Wert der Mitbestimmung. Betriebsräte und Aufsichtsräte in Deutschland seit 1945, Düsseldorf, 2016, S. 10.

60 Milert/Tschirbs, 2015, Die andere Demokratie, S. 165.

61 Diese Themen sind: Akkord, Arbeitsverweigerung, Atteste, Ausfallzeiten von Maschinen, Autos für Werksangehörige, Getränkeautomaten, Investitionen, Leistungsbeurteilung, Lohnerhöhungen, Meinungsverschiedenheiten, Schicht, Überstunden, Unfälle, Urlaub, Versetzungen, Waschräume, Wohnheime und Zeitaufnahmen, br: Arbeitsplatzreport: Der lange Marsch des Hein Dietrich Kipp, bayernmotor 12/77, 27.07.1977, BMW UI-2025-18.

62 Knud Andresen/Ingo Köhler: Sozial- Unternehmensgeschichte. Ein (un-)gleiches Paar, in: Nina Kleinöder/Christian Marx/Boris Gehlen/Juliane Czierpka (Hrsg.), Neue Perspektiven der Unternehmensgeschichte, Paderborn, 2024, S. 19–36, hier S. 19 f; Ralf Ahrens/Friedericke Sattler: Clio-Guide: Unternehmensgeschichte, 2023–2024. https://guides.clio-online.de/guides/themen/unternehmensgeschichte/2023, zuletzt aufgerufen: 3. Oktober 2025, S. 1.

nehmensgeschichte in eine Gesellschaftsgeschichte einzubinden. Christian Marx und Sabine Pitteloud fordern eine engere Zusammenarbeit von Unternehmens- und Zeitgeschichte, da viele Phänomene der Zeitgeschichte direkt mit Unternehmen verbunden sind.[63] Über den „Transmissionsriemen" des Unternehmens ließen sich die Wechselwirkungen der Ökonomie mit der Politik sowie den sozialen und kulturellen Veränderungen besser zeigen.[64] An diese Forderung schließen Knud Andresen und Ingo Köhler an. Sie betonen die gesellschaftliche Rolle von Unternehmen als „multidimensionale Arenen der erwerbs- und konsumbasierten sozialen Interaktion, deren gesamtgesellschaftlich prägender Einfluss weit über die systemischen Grenzen der Organisation hinausgehen".[65] Um weitergehende Fragestellungen der jüngsten Zeitgeschichte, wie zum Beispiel die nach Verlauf und Folgen des Strukturwandels, befriedigend zu beantworten, müssen ökonomisch fundierte Erklärungen mit der Gesellschaftsgeschichte verknüpft werden.[66]

Die skizzierten Anknüpfungspunkte zwischen Unternehmens- und Gesellschaftsgeschichte überlappen sich in dieser Studie im Untersuchungsgegenstand der betrieblichen Mitbestimmung bei BMW. Dabei möchte die vorliegende Darstellung besonders einen Beitrag zu der Debatte um die Ausprägung der wirtschaftlichen und gesellschaftlichen Veränderungen seit den 1970er Jahren leisten. Anselm Doering-Manteuffel und Lutz Raphael sind dazu mit der These hervorgetreten, dass sich in diesem Jahrzehnt ein „soziale[r] Wandel revolutionärer Qualität" ereignet habe.[67] Dies rief sowohl Zustimmung als auch Widerspruch hervor. Thomas Fetzer etwa sieht die Entstehung des Co-Managements bei Opel in Deutschland ab 1974 als ein „element of crisis legacy".[68] Frank Bösch stimmt der Analyse Doering-Manteuffels und Raphaels hinsichtlich der wirtschaftlichen Krisen in den 1970er Jahren zwar zu, betont jedoch, dass gleichzeitig an anderer Stelle, wie zum Beispiel im Konsum oder

63 Christian Marx/Sabine Pitteloud: Zeitgeschichte und Unternehmensgeschichte. Un dialogue manqué?, in: Nina Kleinöder/Christian Marx/Boris Gehlen/Juliane Czierpka (Hrsg.), Neue Perspektiven der Unternehmensgeschichte, Paderborn, 2024, S. 124–150, hier S. 125.

64 Ebenda, S. 141.

65 Andresen/Köhler, 2024, Sozial- Unternehmensgeschichte, S. 31.

66 Boris Gehlen/Sibylle Lehmann-Hasemeyer: Über sieben Brücken musst Du gehen? Zum Verhältnis von Unternehmens- und (quantitativer) Wirtschaftsgeschichte, in: Nina Kleinöder/Christian Marx/Boris Gehlen/Juliane Czierpka (Hrsg.), Neue Perspektiven der Unternehmensgeschichte, Paderborn, 2024, S. 1–18, hier S. 11.

67 Doering-Manteuffel/Raphael, 2011, Der Epochenbruch in den 1970er-Jahren, S. 30.

68 Thomas Fetzer: Reversing Gear: Trade Union Responses to Economic Crises at Opel (1974–1985), in: Business History 59, 2017, H. 1, S. 141–157, hier S. 152.

der Popkultur, das Jahrzehnt zu einem Boom geführt habe.[69] Dies hat etwa Sina Fabian mit ihrer Untersuchung zum deutschen Konsumverhalten seit 1970, das keineswegs zurückging, belegt.[70] Neuere Studien kommen zu einem noch differenzierteren Ergebnis und zeigen, dass sich der Strukturwandel schon in den 1960er Jahren abzuzeichnen begann.[71] Mit dem Untersuchungszeitraum von 1945 bis 1987, der „Wirtschaftswunder" und „Strukturwandel" miteinschließt, ermöglicht die vorliegende Arbeit mit ihrer langfristigen Perspektive, die Mitbestimmung bei BMW nachzuzeichnen und dabei die angrenzenden Jahrzehnte einzubeziehen.[72]

Anselm Doering-Manteuffel und Lutz Raphael führen den Korporatismus als einen der Gründe an, dass es in der Bundesrepublik in den 1970er Jahren geringere Umwälzungen gab als in anderen Ländern.[73] Der Begriff Korporatismus stammt aus der Politikwissenschaft und beschreibt die Beteiligung gesellschaftlicher Gruppen an Entscheidungen der Politik. Dabei ist zwischen dem autoritären, dem erzwungenen und dem liberalen Korporatismus zu unterscheiden, wobei letzterer auf Freiwilligkeit beruht.[74] Synonym sind die Begriffe Sozialpartnerschaft, Konzertierung oder kooperativer Sozialismus gebräuchlich.[75] Die soziale Marktwirtschaft bzw. der „rheinische Kapitalismus" der Bundesrepublik sind stark vom Korporatismus geprägt. Kennzeichen sind ein langfristig ausgerichtetes Handeln der Unternehmen, die Einbindung der Sozialpartner, Arbeitgeberverbände und Gewerkschaften durch die Unternehmensmitbestimmung und eine staatliche Sozialpolitik.[76] Beson-

---

69 Frank Bösch: Boom zwischen Krise und Globalisierung. Konsum und kultureller Wandel in der Bundesrepublik der 1970er und 1980er Jahre, in: Geschichte und Gesellschaft 42, 2016, S. 354–376, hier S. 355.

70 Sina Fabian: Boom in der Krise. Konsum, Tourismus, Autofahren in Westdeutschland und Großbritannien 1970–1990, Göttingen, 2015.

71 Gina Fuhrich: Humanisierung oder Rationalisierung? Arbeiter als Akteure im Bundesprogramm „Humanisierung des Arbeitslebens" bei der VW AG, Stuttgart, 2020, S. 10 f.

72 Einen ähnlich langen Zeithorizont untersucht gleichfalls Stina Rike Barrenscheen-Loster, die jedoch das mittlere Management, dessen Professionalisierung und die Veränderung der Führungsstile in den Blick nimmt, vgl. Stina Rike Barrenscheen-Loster: Neue Arbeitswelten, alte Führungsstile? Das mittlere Management in westdeutschen Großunternehmen (1949–1989), Frankfurt am Main, 2023.

73 Doering-Manteuffel/Raphael, 2011, Der Epochenbruch in den 1970er-Jahren, S. 27.

74 Klaus Schubert/Martina Klein: Das Politiklexikon. Korporatismus 2020. https://www.bpb.de/kurz-knapp/lexika/politiklexikon/17752/korporatismus/, zuletzt aufgerufen: 8. September 2024.

75 Andrea Rehling: Konfliktstrategie und Konsenssuche in der Krise. Von der Zentralarbeitsgemeinschaft zur Konzertierten Aktion, Baden-Baden, 2011, S. 15.

76 Eckart Conze: Die Suche nach Sicherheit. Eine Geschichte der Bundesrepublik Deutschland von 1949 bis in die Gegenwart, München, 2009, S. 162 f; Werner Plumpe: Industrie-

ders das wirtschaftspolitische Wirken und die gesellschaftspolitische Rolle der Gewerkschaften hat großes Forschungsinteresse hervorgerufen.[77] Der Gegenpart der Gewerkschaften, die Unternehmerverbände, ist dagegen weniger dicht erforscht. Philipp Müllers Studie über den Korporatismus der Unternehmerverbände in Deutschland und Frankreich betritt hier weitestgehend Neuland.[78]

Die Mitbestimmung ist ein Teil dieses deutschen Korporatismus und erfreut sich eines regen Forschungsinteresses. Um die ideelle Entwicklung der Mitbestimmung nachvollziehen zu können, sind zwei Studien grundlegend, „Die andere Demokratie" von Werner Milert und Rudolf Tschirbs sowie die „Geschichte der Betriebsverfassung" von Michael Kittner und Wolfgang Däubler.[79] Ein klarer Schwerpunkt der Forschung liegt auf der Ausgestaltung der Mitbestimmung in der Bundesrepublik. Erst kürzlich ist der Sammelband „Betriebsräte in deutschen Unternehmen von der Weimarer Republik bis heute" erschienen, der die Bedeutung der Betriebsräte für die bundesdeutsche Demokratie betont, aber auch andere Zeithorizonte wie die Weimarer Repub-

---

land Deutschland 1945 bis 2008, in: Hans-Peter Schwarz (Hrsg.), Die Bundesrepublik Deutschland. Eine Bilanz nach 60 Jahren, München, 2008, S. 379–404, hier S. 404.

77 Rehling, 2011, Konfliktstrategie und Konsenssuche in der Krise, S. 20; zur Entwicklung des deutschen Korporatismus bis 1945, vgl. Hans-Peter Ullmann: Interessenverbände in Deutschland, Frankfurt am Main, 1988; Fritz Blaich: Staat und Verbände in Deutschland zwischen 1871 und 1945, Wiesbaden, 1979; Stefan Berger/Wolfgang Jäger/Ulf Teichmann (Hrsg.): Gewerkschaften im Gedächtnis der Demokratie. Welche Rollen spielen soziale Kämpfe in der Erinnerungskultur?, Bielefeld, 2022; Wolfgang Schroeder: Die Rolle der Gewerkschaften im „Rheinischen Kapitalismus", in: Hans Günter Hockerts/Günther Schulz (Hrsg.), Der „Rheinische Kapitalismus" in der Ära Adenauer, Paderborn, 2016, S. 97–120; Kurt Thomas Schmitz: Die IG Metall nach dem Boom. Herausforderungen und strategische Reaktionen, Bonn, 2020; Jörg Hofmann/Christiane Benner (Hrsg.): Geschichte der IG Metall. Zur Entwicklung von Autonomie und Gestaltungskraft, Frankfurt am Main, 2019; Theo Pirker: Die blinde Macht. Erster Teil 1945–1952. Die Gewerkschaftsbewegung in Westdeutschland, München, 1960; Theo Pirker: Die blinde Macht. Zweiter Teil 1953–1960. Die Gewerkschaftsbewegung in Westdeutschland, München, 1960.

78 Philipp Müller: Zeit der Unterhändler. Koordinierter Kapitalismus in Deutschland und Frankreich zwischen 1920 und 1950, Hamburg, 2019, S. 32.

79 Milert/Tschirbs, 2015, Die andere Demokratie; Däubler/Kittner, 2020, Geschichte der Betriebsverfassung; Die Geschichte der Betriebsverfassung ist mittlerweile bereits in der zweiten Auflage erhältlich, vgl. Wolfgang Däubler/Michael Kittner/Josef Cerny: Geschichte und Zukunft der Betriebverfassung, Frankfurt am Main, 2022; zum ideellen Fundament der Mitbestimmung, aber immer noch grundlegend, vgl. Hans Jürgen Teuteberg: Geschichte der industriellen Mitbestimmung in Deutschland. Ursprung und Entwicklung ihrer Vorläufer im Denken und in der Wirklichkeit des 19. Jahrhunderts, Tübingen, 1961.

lik in den Blick nimmt.[80] Statt Mitbestimmung wurde im Nationalsozialismus die „Betriebsgemeinschaft“ propagiert. Dieses autoritäre Konzept der Betriebsführung, dessen Wurzeln auf Vorüberlegungen der Ruhrindustrie beruhten, ist eng mit der propagandistischen Vorstellung der „Volksgemeinschaft“ verwoben.[81] Über die Betriebsgemeinschaft hinaus steht die gesamte Neuordnung der Arbeitswelt im Nationalsozialismus im Fokus der Forschung. Exemplarisch sind hier der Tagungsband „Industrielle Arbeitswelt und Nationalsozialismus“ und Matthias Freses umfangreiche Arbeit zur Betriebspolitik im „Dritten Reich“ zu nennen.[82]

Mit Blick auf die Vertretung der Arbeitnehmerinteressen im nationalsozialistischen Betrieb durch die Vertrauensräte ist besonders Sören Edens Untersuchung „Verwaltung einer Utopie“ hervorzuheben. Eden kommt zu dem Schluss, dass die Vertrauensräte aufgrund ihrer schwachen Position im Betrieb nie in die Rolle einer echten Arbeitnehmervertretung schlüpfen konnten. Stattdessen übernahmen die Betriebsobmänner der Deutschen Arbeitsfront (DAF), der nach der Zerschlagung der Gewerkschaften gegründeten Einheitsorganisation von Arbeitnehmern und Arbeitgebern, zunehmend diese Funk-

80 Stefan Berger/Andrea Hohmeyer (Hrsg.): Betriebsräte in deutschen Unternehmen von der Weimarer Republik bis heute, Köln, 2024; Petra Weber: Gescheiterte Sozialpartnerschaft – gescheiterte Republik. Industrielle Beziehungen, Arbeitskämpfe und der Sozialstaat – Deutschland und Frankreich im Vergleich (1918–1933/39), München, 2010; Werner Plumpe: Betriebliche Mitbestimmung in der Weimarer Republik. Fallstudien zum Ruhrbergbau und zur Chemischen Industrie, München, 1999; Hans-Joachim Bieber: Zwischen Kasernenhof und Rätesystem. Der schwierige Weg zu gesetzlichen Regelung industrieller Mitbestimmung in Deutschland vom 19. Jahrhundert bis 1933, in: Hans G. Nutzinger (Hrsg.), Perspektiven der Mitbestimmung. Historische Erfahrungen und moderne Entwicklungen vor europäischem und globalem Hintergrund, Marburg, 1999, S. 11–125; Johannes Bähr: Staatliche Schlichtung in der Weimarer Republik. Tarifpolitik, Korporatismus und industrieller Konflikt zwischen Inflation und Deflation 1919–1932, Berlin, 1989; Michael Ruck: Weimarer Republik: Aufstieg und Absturz – Konsolidierung und Untergang der Gewerkschaften, in: Jörg Hofmann/Christiane Benner (Hrsg.), Geschichte der IG Metall. Zur Entwicklung von Autonomie und Gestaltungskraft, Frankfurt am Main, 2019, S. 55–77.

81 Frank Becker/Daniel Schmidt: Einleitung – Das „Dritte Reich“ als Arbeitsgesellschaft. Forschungsperspektiven auf das Verhältnis von „Betriebs-“ und „Volksgemeinschaft“, in: Frank Becker/Daniel Schmidt (Hrsg.), Industrielle Arbeitswelt und Nationalsozialismus. Der Betrieb als Laboratorium der „Volksgemeinschaft“ 1920–1960, Essen, 2020, S. 7–12, hier S. 7; Dietmar Süß: „Ein Volk, ein Reich, ein Führer“. Die deutsche Gesellschaft im Dritten Reich, München, 2017, S. 82 f.

82 Frank Becker/Daniel Schmidt (Hrsg.): Industrielle Arbeitswelt und Nationalsozialismus. Der Betrieb als Laboratorium der „Volksgemeinschaft“ 1920–1960, Essen, 2020; Matthias Frese: Betriebspolitik im „Dritten Reich“. Deutsche Arbeitsfront, Unternehmer und Staatsbürokratie in der westdeutschen Großindustrie 1933–1939, Paderborn, 1991.

tion.[83] Die nationalsozialistischen Vorstellungen von Arbeit und der Arbeitswelt verschwanden nicht sofort mit dem Zusammenbruch des NS-Regimes. Der Topos der Betriebsgemeinschaft bewahrte über 1945 hinaus Gültigkeit, da er an die älteren, bürgerlichen Normen von Arbeit und Leistung anknüpfte. Er findet sich in Form des Leistungsprinzips im wirtschaftlichen Aufschwung nach dem Zweiten Weltkrieg wieder, wie Malte Thießen zeigen kann.[84] Besonders das Volkswagenwerk in Wolfsburg kann exemplarisch hierfür gelten. Marcel Glaser und Alexander Kraus arbeiten heraus, dass der Begriff „Schicksalsgemeinschaft“ ideologische Muster des Nationalsozialismus fortführte und so „Orientierung und Integration“ in der neuen bundesrepublikanischen Demokratie bot.[85]

Dennoch richtet sich ein Großteil des Forschungsinteresses weiterhin auf die demokratische betriebliche Mitbestimmung und ihre Ausgestaltung.[86] Zwei Namen sind hier besonders hervorzuheben: Walther Müller-Jentsch und Hermann Kotthoff. Müller-Jentsch prägte den Begriff der „Konfliktpartnerschaft“, um das Miteinander von Betriebsräten und Unternehmensseite zu

83 Sören Eden: Die Verwaltung einer Utopie. Die Treuhänder der Arbeit zwischen Betriebs- und Volksgemeinschaft 1933–1945, Göttingen, 2020, S. 254–258; vgl. hierzu ebenfalls Matthias Frese: Nationalsozialistische Vertrauensräte. Zur Betriebspolitik im „Dritten Reich“, in: Gewerkschaftliche Monatshefte 43, 1992, 4–5, S. 281–297.

84 Malte Thießen: In der Leistungsdiktatur: Arbeiten, Anderssein und Bessersein in der „Volksgemeinschaft“, in: Frank Becker/Daniel Schmidt (Hrsg.), Industrielle Arbeitswelt und Nationalsozialismus. Der Betrieb als Laboratorium der „Volksgemeinschaft“ 1920–1960, Essen, 2020, S. 13–27, hier S. 24; Malte Thießen: Schöne Zeiten? Erinnerungen an die „Volksgemeinschaft“ nach 1945, in: Frank Bajohr/Michael Wildt (Hrsg.), Volksgemeinschaft. Neue Forschungen zur Gesellschaft des Nationalsozialismus, Frankfurt am Main, 2009, S. 165–187.

85 Marcel Glaser/Alexander Kraus: Von der „Volksgemeinschaft“ zur „Schicksalsgemeinschaft von Werk und Stadt“. Wolfsburg und das Volkswagenwerk 1945–1963, in: Frank Becker/Daniel Schmidt (Hrsg.), Industrielle Arbeitswelt und Nationalsozialismus. Der Betrieb als Laboratorium der „Volksgemeinschaft“ 1920–1960, Essen, 2020, S. 241–260, hier S. 259 f.

86 Vgl. Karl Lauschke: Vom Meilenstein demokratischer Neuordnung zum Auslaufmodell. Erinnerungsgeschichte der Montanmitbestimmung, in: Stefan Berger/Wolfgang Jäger/Ulf Teichmann (Hrsg.), Gewerkschaften im Gedächtnis der Demokratie. Welche Rollen spielen soziale Kämpfe in der Erinnerungskultur?, Bielefeld, 2022, S. 459–479; Isaf Gün/Benedikt Hopmann/Reinhold Niemerg (Hrsg.): Gegenmacht statt Ohnmacht. 100 Jahre Betriebsverfassungsgesetz: der Kampf um Mitbestimmung, Gemeineigentum und Demokratisierung, Hamburg, 2020; Martin Behrens/Heiner Dribbusch (Hrsg.): Industrial Relations in Germany. Dynamics and Perspectives, Baden-Baden, 2019; Wolfgang Streeck: Von Konflikt ohne Partnerschaft zu Partnerschaft ohne Konflikt: Industrielle Beziehungen in Deutschland, in: Industrielle Beziehungen 23, 2016, H. 1, S. 47–60; Klaus Neumann: Freiheit am Arbeitsplatz. Betriebsdemokratie und Betriebsräte in Deutschland und Schweden (1880–1950), Frankfurt, 2015.

beschreiben,[87] Kotthoff entwickelte wie schon erwähnt eine Betriebsratstypologie und sein Konzept der betrieblichen Sozialordnung.[88] Blickt man auf die verschiedenen Branchen, so hat sich die Forschung besonders mit der Montanindustrie beschäftigt. Hier ist besonders auf die Untersuchungen von Karl Lauschke, Dietmar Süß und Thomas Welskopp hinzuweisen.[89] Die betriebliche Mitbestimmung in einer Krise hat dagegen weniger Beachtung gefunden, Walter Vollmers Studie zur Mitbestimmung in der Bergbaukrise ist eine Ausnahme.[90]

Die Diskussion um das Ende des „Booms" und die Folgen für das deutsche Wirtschaftsmodell haben auch die Veränderungen in den Arbeitswelten und damit einhergehend die Rolle der Betriebsräte und Gewerkschaften in den Blick der Forschung gerückt.[91] Hier bilden die Automobilunternehmen als

87 Vgl. Walther Müller-Jentsch: Theorien Industrieller Beziehungen, in: Industrielle Beziehungen / The German Journal of Industrial Relations 3, 1996, H. 1, S. 36–64; Müller-Jentsch, 2019, Mitbestimmung; Walther Müller-Jentsch/Peter Ittermann: Industrielle Beziehungen, Daten, Zeitreihen 1950–1999, Frankfurt am Main, 2000; Walther Müller-Jentsch: Konfliktpartnerschaft und andere Spielarten industrieller Beziehungen, in: Industrielle Beziehungen 23, 2016, H. 4, S. 518–531; Walther Müller-Jentsch: Seven Decades of Industrial Relations in Germany. Stability and Change through Joint Learning Processes, in: ER 40, 2018, H. 4, S. 634–653; Walther Müller-Jentsch/Beate Seitz: Betriebsräte gewinnen Konturen: Ergebnisse einer Betriebsräte-Befragung im Maschinenbau, in: Industrielle Beziehungen: Zeitschrift für Arbeit, Organisation und Management 5, 1998, H. 4, S. 361–386; Müller-Jentsch, Der Betriebsrat – Karriere einer janusköpfigen Institution. http://denk-doch-mal.de/wp/walther-mueller-jentsch-der-betriebsrat-karriere-einer-januskoepfigen-institution/, zuletzt aufgerufen: 30. November 2020.

88 Vgl. Kotthoff, 1994, Betriebsräte und Bürgerstatus; Hermann Kotthoff: Betriebsräte und betriebliche Reorganisation. Zur Modernisierung eines ‚alten Hasen', in: Arbeit 4, 1995, H. 4, S. 425–447; Hermann Kotthoff: Mitbestimmung in Zeiten interessenpolitischer Rückschritte: Betriebsräte zwischen Beteiligungsofferten und „gnadenlosem Kostensenkungsdiktat", in: Industrielle Beziehungen: Zeitschrift für Arbeit, Organisation und Management 5, 1998, H. 1, S. 76–99; Kotthoff, 2010, „Betriebliche Sozialordnung" als Basis ökonomischer Leistungsfähigkeit; Hermann Kotthoff: Betriebliche Mitbestimmung im Spiegel der jüngeren Forschung, in: Industrielle Beziehungen / The German Journal of Industrial Relations 20, 2013, H. 4, S. 323–341; Kotthoff, 2017, Betriebliche Sozialordnung.

89 Karl Lauschke: Die Hoesch-Arbeiter und ihr Werk. Sozialgeschichte der Dortmunder Westfalenhütte während der Jahre des Wiederaufbaus 1945–1966, Essen, 2000; Süß, 2003, Kumpel und Genossen; Welskopp, 1994, Arbeit und Macht im Hüttenwerk.

90 Vollmer, 2013, Montanmitbestimmung und Unternehmenskultur während der Bergbaukrise 1958–1968.

91 Vgl. Hartmut Berghoff: The End of Long-Established Certainities: The Transformation of Germany Inc. since the Late 1980s, in: Sebastian Voigt (Hrsg.), Since the Boom. Continuity and Change in the Western Industrialized World after 1970, Toronto, Buffalo, London, 2021, S. 237–265; Lutz Raphael: Gewinner und Verlierer in den Transformationen industrieller Arbeitswelten Westeuropas nach dem Boom, in: Christian Marx/Morten Reitmayer (Hrsg.), Gewinner und Verlierer nach dem Boom. Perspektiven auf die

gewerkschaftliche Hochburgen und prägender Industriezweig in Deutschland neben der Montanindustrie den zweiten Schwerpunkt. Die jeweiligen Fragestellungen oszillieren dabei zwischen den vielfältigsten Themenfeldern: vom Auto als Konsumgut und Statusobjekt[92] über die Produktion oder Finanzierung[93] und die Rolle der Branche in der deutschen Wirtschaftsgeschichte allgemein[94] bis hin zur Internationalisierung der Unternehmen in all ihren Aspekten.[95]

Zur Entwicklung der betrieblichen Mitbestimmung in der Automobilindustrie ist Dimitrij Owetschkins unternehmensübergreifende Studie hervorzuheben.[96] Darin analysiert er die betriebliche Mitbestimmung bei Volkswagen, Ford, Opel und Daimler-Benz umfassend. So gelingt es ihm, die großen

---

westeuropäische Zeitgeschichte, Göttingen, 2020, S. 57–81; Anselm Doering-Manteuffel/Lutz Raphael: Nach dem Boom. Neue Einsichten und Erklärungsversuche, in: Anselm Doering-Manteuffel/Lutz Raphael/Thomas Schlemmer/Morten Reitmayer (Hrsg.), Vorgeschichte der Gegenwart. Dimensionen des Strukturbruchs nach dem Boom, Göttingen, 2016, S. 9–34; Karl Lauschke: Mehr Demokratie in der Wirtschaft. Die Entstehung des Mitbestimmungsgesetzes von 1976, Düsseldorf, 2006.

92 Vgl. Köhler, 2018, Auto-Identitäten; Grieger, 2019, Kleine Geschichte des Automobils in Deutschland; Rolf Spilker (Hrsg.): Richtig in Fahrt kommen. Automobilisierung nach 1945 in der Bundesrepublik Deutschland, Bramsche, 2012; Reiner Flik: Automobil-Konsum in der Bundesrepublik Deutschland in den 1950er-Jahren, in: Rolf Spilker (Hrsg.), Richtig in Fahrt kommen. Automobilisierung nach 1945 in der Bundesrepublik Deutschland, Bramsche, 2012, S. 162–173.

93 Vgl. Markus J. Heibler: Unternehmens- und Arbeitsstrukturen von Automobilkonzernen im Wandel. Die Beispiele Daimler, Volkswagen und General Motors, Bamberg, 2010; Patrick Kresse: Finanzierung von Wiederaufbau und Expansion. Cashflows westdeutscher Automobilhersteller zwischen 1948–1960, in: Jahrbuch für Wirtschaftsgeschichte / Economic History Yearbook 2010, S. 65–88.

94 Vgl. Stephanie Tilly/Florian Triebel (Hrsg.): Automobilindustrie 1945–2000. Eine Schlüsselindustrie zwischen Boom und Krise, München, 2013; Robert Boyer/Michel Freyssenet: Produktionsmodelle. Eine Typologie am Beispiel der Automobilindustrie, Berlin, 2003; Stephanie Tilly: „Die guten Zeiten ... sind vorbei". Zum Verhältnis von Automobilindustrie, Politik und Automobilverband in den 1970er Jahren, in: Morten Reitmayer/Ruth Rosenberger (Hrsg.), Unternehmen am Ende des „goldenen Zeitalters". Die 1970er Jahre in unternehmens- und wirtschaftshistorischer Perspektive, Essen, 2008, S. 209–232.

95 Vgl. Knud Andresen: Moralische Ökonomie. Bundesdeutsche Automobilunternehmen und Apartheid, in: Zeithistorische Forschungen / Studies in Contemporary History 13, 2016, H. 2, S. 231–253; Annika Biss: Die Internationalisierung der Bayerischen Motoren Werke AG. Vom reinen Exportgeschäft zur Gründung eigener Tochtergesellschaften im Ausland 1945–1981, Berlin, 2017; Annika Biss: BMW in Südafrika. Unternehmerische Aktivität im Spannungsfeld der südafrikanischen Apartheidpolitik und des Kalten Krieges, in: Christian Kleinschmidt/Dieter Ziegler (Hrsg.), Dekolonisierungsgewinner. Deutsche Außenpolitik und Außenwirtschaftsbeziehungen im Zeitalter des Kalten Krieges, Berlin, 2018, S. 171–188.

96 Owetschkin, 2016, Vom Verteilen zum Gestalten.

Linien der Mitbestimmung in der Autoindustrie nachzuzeichnen. Durch den Zuschnitt seiner Arbeit finden zwei entscheidende Aspekte jedoch weniger Beachtung: Erstens betrachtet er Unternehmen, die in seinem Untersuchungszeitraum zwar durchaus wirtschaftliche Schwierigkeiten durchlebten, aber keine existenzbedrohende Krise, bei der das Fortleben des Unternehmens ernsthaft gefährdet gewesen wäre.[97] Zweitens kann ein mehrere Unternehmen vergleichender Ansatz nicht in demselben Maße wie eine betriebsspezifische Arbeit wie die vorliegende auf die individuellen Entwicklungen eingehen. Insofern ist die vorliegende Darstellung auch komplementär zu Owetschkins Studie zu verstehen.

Die Literaturdichte zu den einzelnen Automobilunternehmen ist dabei sehr ungleich verteilt. Am umfangreichsten erforscht ist das Unternehmen Volkswagen, das mit seinem ikonischen VW Käfer zu einem Symbol des wirtschaftlichen Wiederaufstiegs Deutschlands wurde.[98] Nicht nur zur allgemeinen Unternehmensgeschichte,[99] sondern auch zur Produktion,[100] zum Einsatz von migrantischen Arbeitnehmern[101] und zur Mitbestimmung bei VW[102]

---

97 Florian Triebel: Rezension zu: Owetschkin, Dimitrij: Vom Verteilen und Gestalten. Geschichte der betrieblichen Mitbestimmung in der westdeutschen Automobilindustrie nach 1945, 2017. https://www.hsozkult.de/publicationreview/id/reb-23870, zuletzt aufgerufen: 1. April 2020.

98 Vgl. Rieger, 2013, The People's Car.

99 Vgl. Manfred Grieger: Volkswagen. Das Erfolgsunternehmen am Mittellandkanal, in: Niedersächsisches Ministerium für Inneres und Sport (Hrsg.), Das Niedersachsenbuch 2005, Wolfsburg, Hameln, 2005, S. 107–122; Markus Lupa: Spurwechsel auf britischen Befehl. Der Wandel des Volkswagenwerks zum Marktunternehmen 1945–1949, Wolfsburg, 2010; Ralf Richter: Ivan Hirst. Britischer Offizier und Manager des Volkswagen Aufbaus, Wolfsburg, 2013; Glaser/Kraus, 2020, Von der „Volksgemeinschaft" zur „Schicksalsgemeinschaft von Werk und Stadt".

100 Vgl. Reinhard Doleschal/Rainer Dombois: Wohin läuft VW? Die Automobilproduktion in der Wirtschaftskrise, Reinbek bei Hamburg, 1982; Manfred Grieger: Der neue Geist im Volkswagenwerk. Produktinnovation, Kapazitätsabbau und Mitbestimmungsmodernisierung 1968–1976, in: Morten Reitmayer/Ruth Rosenberger (Hrsg.), Unternehmen am Ende des „goldenen Zeitalters". Die 1970er Jahre in unternehmens- und wirtschaftshistorischer Perspektive, Essen, 2008, S. 31–66; Martina Heßler: Die Halle 54 bei Volkswagen und die Grenzen der Automatisierung. Überlegungen zum Mensch-Maschine-Verhältnis in der industriellen Produktion der 1980er-Jahre, in: Zeithistorische Forschungen / Studies in Contemporary History 11, 2014, H. 1, S. 56–76.

101 Vgl. Anne von Oswald: Volkswagen, Wolfsburg und die italienischen „Gastarbeiter" 1962–1975, in: Archiv für Sozialgeschichte 42, 2002, S. 55–79.

102 Vgl. Werner Widuckel: Paradigmenentwicklung der Mitbestimmung bei Volkswagen, Wolfsburg, 2004; Knud Andresen: Mitbestimmen. Die Entwicklung der Interessenvertretung bei Volkswagen in Braunschweig 1945–2002, Braunschweig, 2005; Ute Engelen: Demokratisierung der betrieblichen Sozialpolitik? Das Volkswagenwerk in Wolfsburg und Automobiles Peugeot in Sochaux 1944–1980, Baden-Baden, 2013; Thomas Haipeter:

wurde umfangreich geforscht. Jüngst ist hier die Studie von Peter Leßmann-Faust zum VW-Betriebsrat zwischen 1945 und 1975 hinzugekommen. Der Autor zeigt, welche Hürden zu nehmen waren, um eine erfolgreiche betriebliche Mitbestimmung in einem Betrieb und einer Belegschaft ohne gewerkschaftliche Tradition zu etablieren. Nicht nur galt es nationalsozialistische Prägungen zu überwinden, sondern auch eine Belegschaft von dem Nutzen einer Gewerkschaft zu überzeugen, die durch gute Bezahlung und betriebliche Sozialpolitik wenig Grund für das Engagement in der IG Metall sah. Erst im Zuge der wirtschaftlichen Schwierigkeiten 1966/67 und in den frühen 1970er Jahren gelang es, eine gewerkschaftliche Tradition bei Volkswagen zu verankern.[103] So zahlreich die Darstellungen zu Volkswagen sind, so rar sind sie zum Tochterunternehmen Audi bzw. Auto Union gesät.[104]

Die Geschichte von Daimler-Benz, umgangssprachlich unter der bekanntesten Marke Mercedes bekannt, hat vor allem Wilfried Feldenkirchen gut dokumentiert.[105] Daneben existieren noch einige weitere Untersuchungen, die sich z. B. mit der Unternehmensmitbestimmung oder der Rolle von Gewerkschaftlern beim Wiederaufbau des Unternehmens befassen.[106] Für die vorliegende Arbeit ist die Veröffentlichung des Gesamtbetriebsrates zur Geschichte der Mitbestimmung am wichtigsten, die zwar keine wissenschaftliche Arbeit dar-

---

Interessenvertretung bei Volkswagen. Neue Konturen einer strategischen Mitbestimmung, Hamburg, 2019.

103 Peter Leßmann-Faust: „Wenig zu bestellen in Wolfsburg?". IG Metall und Betriebsrat im Volkswagenwerk (1945–1975), Frankfurt, New York, 2024.

104 Vgl. Mathias Pfaffel: Vom selbständigen Unternehmen zum integrierten Konzernstandort. Die AUDI NSU AUTO UNION AG in Neckarsulm 1969–1984, Stuttgart, 2019; Thomas Schlemmer: Vier Ringe für Ingolstadt. Die Auto Union zwischen Neubeginn und Krise 1945 bis 1958, in: Rolf Spilker (Hrsg.), Richtig in Fahrt kommen. Automobilisierung nach 1945 in der Bundesrepublik Deutschland, Bramsche, 2012, S. 86–101.

105 Vgl. Wilfried Feldenkirchen: „Vom Guten das Beste". Von Daimler und Benz zur DaimlerChrsyler AG. Die ersten 100 Jahre 1883–1983, München, 2003.

106 Vgl. Anna Engbert: Industrielle Beziehungen in der Automobilindustrie. Die Daimler-Benz AG 1949–1966/67, in: Stephanie Tilly/Florian Triebel (Hrsg.), Automobilindustrie 1945–2000. Eine Schlüsselindustrie zwischen Boom und Krise, München, 2013, S. 285–299; Jörg Neuheiser: Leistungsdruck! Hetze! Stress? Daimler-Werkszeitungen und die auffällige Unauffälligkeit des Stress-Begriffs in der betrieblichen Kommunikation, in: Zeithistorische Forschungen / Studies in Contemporary History 11, 2014, H. 3, S. 462–471; Dirk Erb: Gewerkschafter bauen das Benzwerk wieder auf: das Beispiel Gaggenau, in: Chaja Boebel/Frank Heidenreich/Lothar Wentzel (Hrsg.), Neuanfang 1945. Belegschaften und Betriebsräte setzen die Produktion in Gang, Hamburg, 2019, S. 85–92.

stellt, aber dennoch wertvolle Einblicke in die Entwicklung des Betriebsrates gibt.[107]

Die Forschungslage zu Ford in Deutschland ist sehr viel einseitiger, hier konzentrieren sich die Untersuchungen vor allem auf den „wilden Streik" der migrantischen Arbeitnehmer bei Ford in Köln in den 1970er Jahren.[108] Die Jubiläumsschrift zu 60 Jahre Betriebsrat im Standort Köln bietet einen Überblick über die Geschichte des Betriebsrates, genügt jedoch nicht wissenschaftlichen Ansprüchen, was aber auch nicht die Intention der Autoren war.[109] Thomas Fetzers Studie zu Ford ist insofern von Bedeutung, da er mit seinem Vergleich der Mitbestimmung bei Ford in Großbritannien und Deutschland nationale Grenzen überschreitet und so eine transnationale Perspektive einnimmt.[110] Mit Abstand am geringsten ist die Literaturdichte zu Opel, hier gibt es nur zwei erwähnenswerte Beiträge, wobei einer vom Betriebsrat des Unternehmens stammt und ein weiterer von Owetschkin.[111]

107 Vgl. Gesamtbetriebsrat der Daimler AG (Hrsg.): 125 Jahre Arbeit und Leben in den Werken von Daimler und Benz. Die Geschichte der Beschäftigten und ihrer Interessenvertretung, Ludwigsburg, 2011.

108 Vgl. Jörg Huwer: „Gastarbeiter" im Streik. Die spontane Arbeitsniederlegung bei Ford Köln im August 1973, in: Geschichte im Westen 22, 2007, S. 223–249; Hans-Günter Kleff: Täuschung, Selbsttäuschung, Enttäuschung und Lernen. Anmerkungen zum Fordstreik im Jahre 1973, in: Jan Motte/Rainer Ohliger (Hrsg.), Geschichte und Gedächtnis in der Einwanderungsgesellschaft. Migration zwischen historischer Rekonstruktion und Erinnerungspolitik, Essen, 2004, S. 251–257; Günter Hinken: Vom „Gastarbeiter" aus der Türkei zum gestaltenden Akteur. Mitbestimmung und Integration von Arbeitsmigranten bei Ford in Köln, in: Jan Motte/Rainer Ohliger (Hrsg.), Geschichte und Gedächtnis in der Einwanderungsgesellschaft. Migration zwischen historischer Rekonstruktion und Erinnerungspolitik, Essen, 2004, S. 259–272; Vergangene Zeiten und zukünftige Aufgaben. Vom „Wilden Streik" bei Ford zur gleichberechtigten Teilhabe in Betrieb und Gesellschaft?, in: Jan Motte/Rainer Ohliger (Hrsg.), Geschichte und Gedächtnis in der Einwanderungsgesellschaft. Migration zwischen historischer Rekonstruktion und Erinnerungspolitik, Essen, 2004, S. 273–285.

109 Vgl. Betriebsrat der Ford-Werke Köln (Hrsg.): 60 Jahre Betriebsrat Ford Werke Köln, Köln, 2006.

110 Vgl. Thomas Fetzer: Walking out of the National Workplace. Industrial Disputes and Trade Union Politics at Ford in Britain and Germany in the 1970s and 1980s, in: Hubert Bonin/Yannick Lung/Steven Tolliday (Hrsg.), Ford, 1903–2003. The European History, Paris, 2003, S. 393–415.

111 Vgl. Dimitrij Owetschkin: Die Wandlungen der betrieblichen Mitbestimmung in der Automobilindustrie in den 1970er-Jahren. Das Beispiel Opel Rüsselsheim, in: Knud Andresen/Michaela Kuhnhenne/Jürgen Mittag/Johannes Platz (Hrsg.), Der Betrieb als sozialer und politischer Ort. Studien zu Praktiken und Diskursen in den Arbeitswelten des 20. Jahrhunderts, Bonn, 2015, S. 115–135; Betriebsrat der Adam Opel AG, Standort Rüsselsheim (Hrsg.): Betriebsratswahlen Opel Rüsselsheim 1945–2002, Rüsselsheim, 2002.

Die Geschichte des Betriebsrates von BMW ist weitgehend ein Forschungsdesiderat. Eine Ausnahme stellt die kürzlich erschienene Veröffentlichung „Krise im Wirtschaftswunder" von Mario Boccia dar.[112] Boccia zeigt darin, dass der wirtschaftliche Boom der 1960er Jahre nicht nur positive Seiten hatte, sondern BMW vor multiple Schwierigkeiten stellte, zum Beispiel bei der Gewinnung neuer Arbeitskräfte auf einem weitgehend leer gefegten Arbeitsmarkt. Der Fokus der Darstellung liegt auf der Produktion des Unternehmens im Werk München im Zeitraum von 1960 bis 1973. Da der Betriebsrat ein entscheidender Faktor bei der Umsetzung der Produktionspolitik war, fragt Boccia diesbezüglich nach seiner Zusammenarbeit mit der Unternehmensführung und danach, wie die Belegschaft seine Rolle dahingehend bewertete. Boccia kommt zu dem Schluss, dass sich schon „an der Schwelle zum ‚Strukturbruch' das betriebspolitische Vorgehen der Unternehmensleitung richtungsweisend verändert hatte".[113] Problemstellungen, die gemeinhin mit den Folgen des Strukturwandels verbunden werden, waren bei BMW bereits zuvor präsent. Die herausgearbeiteten Beweggründe des Betriebsrates (Sicherung der Arbeitsplätze und wirtschaftlicher Erfolg von BMW) decken sich zwar mit den Ergebnissen der vorliegenden Darstellung,[114] Boccia kann aufgrund des Zuschnittes und einer anderen Fragestellung jedoch nur einen selektiven Blick auf die Mitbestimmung bei BMW werfen. Er beleuchtet beispielsweise nicht, wie sich die Handlungsmotive des Betriebsrates entwickelten.

Neben Boccia bilden andere Darstellungen zur BMW-Geschichte wichtige Stützen dieser Arbeit. Zu nennen sind hier vor allem die zum Teil populärwissenschaftlichen Überblickswerke von Horst Mönnich sowie Manfred Grunert und Florian Triebel bzw. Darstellungen zur Geschichte von BMW aus der Unternehmenskommunikation.[115] Darüber hinaus befassen sich mehrere Dissertationen im Detail mit einzelnen Zeitabschnitten: Die Gründungsphase beleuchtet Christian Pierer,[116] Till Lorenzen widmet sich den nachfolgenden 1920er Jahren und dem beginnenden Wandel zum Rüstungsunternehmen.[117] Die Zeit des Nationalsozialismus und der umfangreiche Einsatz von Zwangs-

112 Mario Boccia: Krise im „Wirtschaftswunder". Fordistische Betriebspolitik und Produktionsarbeit bei BMW von 1960 bis 1973, Berlin, 2024.

113 Ebenda, S. 348.

114 Ebenda, S. 343.

115 Vgl. Grunert/Triebel, 2019, Ein Jahrhundert BMW; BMW Group, Konzernkommunikation und Politik: Stationen einer Entwicklung, München, 2011; Horst Mönnich: BMW. Eine deutsche Geschichte, München, 2004.

116 Christian Pierer: Die Bayerischen Motoren Werke bis 1933. Eine Unternehmensgründung in Krieg, Inflation und Weltwirtschaftskrise, München, 2011.

117 Till Lorenzen: BMW als Flugmotorenhersteller 1926–1940. Staatliche Lenkungsmaßnahmen und unternehmerische Handlungsspielräume, München, 2008.

arbeitern bei BMW ist Thema der Darstellung von Constanze Werner.[118] Für den Wiederaufbau nach dem Zweiten Weltkrieg und zum Verständnis der Unternehmenskrise in den 1950er Jahren ist Jürgen Seidls Buch grundlegend.[119] Wie nach der Unternehmenskrise ein global agierendes Unternehmen entstand, hat Annika Biss gezeigt.[120] Außerdem beschäftigen sich eine Reihe von Manuskripten und Aufsätzen mit der Personalpolitik,[121] migrantischen Arbeitnehmern,[122] der Krisenerfahrung bei BMW,[123] der Marktforschung[124] oder der Humanisierung und Flexibilisierung bei BMW.[125]

Quellen

Diese Arbeit stützt sich auf unterschiedliche Quellenbestände. Insbesondere zwei Quellenkorpora, die eine direkte BMW-Provenienz aufweisen, sind dabei von zentraler Bedeutung. Zum einen ist das Archiv des BMW-Betriebsrates in München zu nennen. Dessen Unterlagen waren bisher für eine wissenschaftliche Aufarbeitung gesperrt und konnten im Rahmen dieser Untersuchung erstmalig gesichtet, ausgewertet und so der Forschung zugänglich gemacht werden. Die dort überlieferten Dokumente decken den Untersuchungszeitraum der Arbeit vollständig ab und reichen von Betriebszeitungen des Betriebsrates und anderer meist kommunistischer Gruppierungen bis hin zu Aushängen und Stenogrammen von Aufsichtsratssitzungen. Der Vergleich dieser Stenogramme mit den offiziellen Aufsichtsratsprotokollen ermöglichte es, Konflikte und diskutierte Themen im Aufsichtsrat sehr genau zu rekonstruieren.

Von besonderem Wert erwiesen sich Redemanuskripte für die Betriebsversammlungen im Berliner BMW-Werk, die vom dortigen Betriebsratsvorsitzen-

118 Constanze Werner: Kriegswirtschaft und Zwangsarbeit bei BMW, München, 2006.

119 Seidl, 2002, Die Bayerischen Motorenwerke (BMW) 1945–1969.

120 Biss, 2017, Die Internationalisierung der Bayerischen Motoren Werke AG.

121 Vgl. Tanja Schmidhofer: Personalpolitik in Zeiten chronischen Arbeitskräftemangels. BMW in den sechziger Jahren, 2000.

122 Vgl. Verena Nitsche: „Geräuschlose Integration?“. Zur Situation der „Gastarbeiter“ bei BMW von 1955 bis 1973, 19.03.2012.

123 Vgl. Triebel/Grunert, 2006, Krisenerfahrung bei der BMW AG.

124 Vgl. Florian Triebel: Vom „Marketingloch“ zur Wiederentdeckung der sportlichen Mittelklasse – vom Produktionsregime zur Marketingorientierung bei BMW, in: Jahrbuch für Wirtschaftsgeschichte / Economic History Yearbook 2010, H. 1, S. 37–63.

125 Vgl. Bernhard Dietz: Von der Humanisierung zur Flexibilisierung der Arbeit. Der „Wertewandel“ in der Wirtschaft der 1980er-Jahre am Beispiel von BMW, in: Nina Kleinöder/Stefan Müller/Karsten Uhl (Hrsg.), „Humanisierung der Arbeit“. Aufbrüche und Konflikte in der rationalisierten Arbeitswelt des 20. Jahrhunderts, Bielefeld, 2019, S. 185–211.

den Willy Fritz stammen. Sie decken einen Zeitraum von 1952 bis 1958 ab. Fritz' Reden bieten eine einzigartige Kombination aus Perspektiven: Sie zeigen die Sicht eines externen Akteurs auf die Geschehnisse im Werk München, der aber gleichzeitig selbst Teil der Mitbestimmung im Unternehmen war und im ständigen Austausch mit den Münchner Betriebsratskollegen stand.

Einen Schwerpunkt der überlieferten Dokumente bilden die Unterlagen von Kurt Golda. Insbesondere die selbstverfassten Memoranden und Aktennotizen ermöglichten tiefe Einblicke in sein Handeln und seine persönliche Haltung zu unterschiedlichsten Themen und Personen zwischen 1956 und 1987. Sein Umgang mit der Unternehmensleitung ließ sich aus diversem, aber nicht durchgängig überliefertem Schriftverkehr mit unterschiedlichen Vorstandsmitgliedern oder Führungskräften herausarbeiten.

Der Quellenbestand des Betriebsratsarchives erwies sich für diese Untersuchung gleichzeitig als essenziell und problematisch. Durch die fast ausschließliche Überlieferung von und über Golda entstanden „blinde Flecken" im Quellenbestand. Zu den eklatantesten gehört hier sicherlich das Fehlen sämtlicher Protokolle über die Betriebsratssitzungen. Über die Diskussionen und mögliche Meinungsverschiedenheiten innerhalb des Gremiums sind deshalb keine Aussagen möglich, das Betriebsratsgremium unterhalb des Vorsitzenden Golda bleibt so bedauerlicherweise eine Blackbox. Unterlagen des gewerkschaftlichen Vertrauenskörpers sind ebenfalls nicht überliefert. Dieses Ungleichgewicht in den verfügbaren Quellen barg die Gefahr, ausschließlich Goldas Positionen rekonstruieren zu können. Diesem Manko wurde durch die Sichtung von Quellen aus anderer Provenienz entgegenzusteuern versucht. Dennoch ließ sich diese Unwucht in der Überlieferung nicht komplett ausgleichen.

Der zweite große Quellenkorpus stammt aus dem BMW Group Archiv. Er umfasst z. B. Aufsichtsrats- und Vorstandsprotokolle, wodurch es möglich war, der Betriebsratsperspektive die Arbeitgebersicht gegenüberzustellen. Ein weiterer wichtiger Quellenbestand waren die Unterlagen rund um die Betriebsversammlungen, insbesondere die Reden der Betriebsratsvorsitzenden und der Vorstandsmitglieder, sowie Notizen zu Besprechungen zwischen Betriebsrat und Unternehmensvertretern. Einen wertvollen Blickwinkel bot die Werkszeitung *bayernmotor*, die immer wieder über Entscheidungen des Betriebsrates berichtete.

Um die gewerkschaftliche Perspektive, aber auch die Verbindungen in die Sozialdemokratie zu beleuchten, wurden zudem Bestände des Archivs der sozialen Demokratie (AdsD) in Bonn ausgewertet. Insbesondere im Nachlass von Hans-Jochen Vogel, dem Oberbürgermeister von München (1960 bis 1972) sowie späteren Bundesminister in unterschiedlichen Funktionen (1972 bis

1981), befinden sich Quellen, die das Bild um wichtige externe Einblicke ergänzten. Die Nutzung der politischen Kontakte in die SPD während der Unternehmenskrise 1959 konnte insbesondere durch Bestände des Archivs des Instituts für Zeitgeschichte München-Berlin weiter ausgeleuchtet werden.

Um die Situation im Werk Allach mit all seinen Implikationen darzustellen, war die Überlieferung im Bayerischen Hauptstaatsarchiv von großem Wert. Aus den Beständen des Staatsarchivs München ließ sich die Einschätzung des Betriebsrates zur ehemaligen Führungsriege von BMW im Rahmen der Entnazifizierung rekonstruieren.

Da die Überlieferung aus dem Betriebsratsarchiv und dem Archiv der BMW Group stark auf die Person Goldas konzentriert ist, waren die Bestände des Archivs der Münchner Arbeiterbewegung zu oppositionellen Gruppierungen wie der „Arbeitersache" oder zu der Werkszeitung der Deutschen Kommunistischen Partei, *Die Zündung*, von besonderer Bedeutung. Sie ermöglichten eine Innenperspektive auf die Geschehnisse im BMW-Werk München, ohne dass die betreffenden Akteure gleichzeitig Teil des Betriebsrates unter Golda waren.

Die Familie Quandt war ein wichtiger Faktor in der Mitbestimmung bei BMW nach 1959. Die Bestände des Archivs des Günter-Quandt-Hauses gaben wertvolle ergänzende Einblicke, um den Einstieg von Herbert Quandt bei BMW und das Verhältnis zwischen ihm und Kurt Golda zu beleuchten.

Des Weiteren wurden diverse Zeitungsartikel aus regionalen und überregionalen Zeitungen ausgewertet. Hervorzuheben sind hier die Artikel aus dem kommunistischen *Bayerischen Volksecho*, die insbesondere für die erste Hälfte der 1950er Jahre eine gewinnbringende Ergänzung der werksinternen Quellen waren und so eine wenn auch stark gefärbte Außenperspektive auf die Geschehnisse in den BMW-Werken München und Allach ermöglichten.

Zeitzeugen-Interviews haben die schriftlichen Quellen um die persönlichen Sichtweisen der Akteure ergänzt. Sie gliedern sich in zwei Gruppen. Die erste Gruppe umfasst eine Reihe von Interviews, die der Schriftsteller Horst Mönnich in den Jahren 1984 und 1991 für sein Buch über BMW mit Kurt Golda geführt hatte.[126] Die Aufnahmen sind im BMW Group Archiv überliefert.

Die zweite Gruppe umfasst fünf offene Interviews, die der Verfasser im Laufe des Jahres 2022 mit unterschiedlichen Persönlichkeiten geführt hat.

126 Mönnich, 2004, BMW.

Die Gespräche mit Peter Bock[127] und Franz Maget[128] halfen dabei, die Sicht der SPD auf BMW zu erfassen. Dr. Thomas Klebe[129] brachte die Perspektive der IG Metall auf die Geschehnisse um den 35-Stunden-Streik im Jahr 1984 ein. Der ehemalige Betriebsrat Volkmar Rohrbach[130] und der ehemalige Vorstandsvorsitzende Eberhard von Kuenheim[131] berichteten von ihren persönlichen Erfahrungen in der Mitbestimmung bei BMW.

Untersuchungszeitraum und Aufbau

Der Untersuchungszeitraum erstreckt sich von 1945 bis 1987. Diese Eckdaten wurden aus mehreren Gründen gewählt. Der Startpunkt 1945 ergibt sich aus dem Neuanfang der Mitbestimmung nach dem Zusammenbruch des NS-Regimes. Der Endpunkt 1987 fällt mit der Verabschiedung des langjährigen Betriebsratsvorsitzenden Kurt Golda zusammen, der dieses Amt seit 1956 bekleidete. Da sein Nachfolger Manfred Schoch von 1987 bis 2022 im Amt

---

127 Peter Bock war Betriebsrat bei Siemens und später Betriebsratsvorsitzender bei Epcos und im selben SPD-Ortsverein wie Kurt Golda aktiv. Durch seine Betriebsratstätigkeit kannte er Golda nicht nur beruflich, sondern auch über die Verbindung des Ortsvereins und als Parteigenosse.

128 Franz Maget ist ein SPD-Politiker aus München, der nicht nur in der bayerischen Landes- und Münchner Kommunalpolitik sehr aktiv war, sondern auch seit den 1970er Jahren Mitglied im SPD-Ortsverein Milbertshofen ist und damit in dem Ortsverein, in dessen Gebiet das Stammwerk München liegt. Durch das Gespräch mit ihm konnte das Wechselspiel zwischen SPD-Ortsverein und Betriebsrat fundierter dargestellt und eine zusätzliche externe Perspektive auf die Mitbestimmung bei BMW gewonnen werden.

129 Dr. Thomas Klebe ist als Jurist für Arbeitsrecht für Arbeitnehmer viele Jahre für Betriebsräte, aber auch in Aufsichtsräten und für Gewerkschaften tätig gewesen, insbesondere in leitender Funktion für die IG Metall. 1982 kam er als Jurist zum Vorstand der IG Metall und war dort für Betriebspolitik zuständig. 1984 war er für die bayerischen Bezirke der IG Metall verantwortlich und hat so die Auswirkungen des 35-Stunden-Streiks und das Verhalten des BMW-Betriebsrates unter Kurt Golda in diesem Streik erlebt.

130 Volkmar Rohrbach war BMW-Mitarbeiter von 1975 bis 2021 und von 1987 bis 2021 Betriebsrat im Werk München. Sein Vater Josef Rohrbach war ebenfalls bei BMW tätig und von 1958 bis 1984 Betriebsrat im Werk München. Er konnte, sowohl aus eigener Erfahrung als Mitarbeiter als auch durch Erzählungen seines Vaters, zur erlebten Mitbestimmung wertvolle Einblicke gewähren. Durch seine eigene Erfahrung als Betriebsrat, obwohl sie nicht mehr in den Untersuchungszeitraum fällt, war es ihm auch möglich, bestimmte Handlungen des Betriebsrates differenzierter zu beurteilen.

131 Eberhard von Kuenheim war von 1970 bis 1993 der Vorstandsvorsitzende der BMW AG und in dieser Zeit der aktive Gegenpart des Betriebsrates und konnte so die Perspektive der Unternehmensseite einbringen.

war, ist der Großteil des vorhandenen Quellenmaterials aufgrund von Sperrfristen nicht einsehbar, was einer gesamtheitlichen Bewertung seines Handelns und seiner Person entgegengestanden hätte. In Schochs Amtszeit vollzogen sich darüber hinaus umfangreiche Veränderungen bei BMW, wie zum Beispiel die Eröffnung von Werken in den USA und China oder die letztlich gescheiterte Integration der Rover Group, sodass der Schlusspunkt 1987 auch thematisch gerechtfertigt ist.

Die Darstellung ist in den ersten Kapiteln chronologisch aufgebaut. In Kapitel 2 wird die Nachkriegszeit im Stammwerk München dargestellt. Dem folgt in Kapitel 3 das Werk Allach, denn die Ereignisse dort hatten nachhaltigen Einfluss auf die weitere Entwicklung der Mitbestimmung bei BMW. Kapitel 4 analysiert neben der wirtschaftlichen Entwicklung von BMW auch die Mitbestimmung in der ersten Hälfte der 1950er Jahre, die in diesem Zeitraum vor allem von Konflikten innerhalb des Betriebsrates und mit der Unternehmensleitung geprägt war. Kapitel 5 schildert die Konsolidierung des Betriebsrates in der Unternehmenskrise und beschreibt, wie sich aus dieser Krisenerfahrung heraus ein neues System der Mitbestimmung unter Kurt Golda etablierte. Das darauffolgende Kapitel 6 durchbricht die chronologische Ordnung und folgt einem thematischen Aufbau. Es behandelt die 27 Jahre der Mitbestimmung unter Kurt Golda nach der überstandenen Unternehmenskrise, die so einen in sich weitgehend homogenen Zeitraum bilden. Dabei werden verschiedene Aspekte des betriebsrätlichen Handelns analysiert und über den gesamten Zeitraum ab 1960 in den Blick genommen.

KAPITEL 2

„Trümmerbetriebsräte" zwischen Demontage und Entnazifizierung: das Werk München in der Nachkriegszeit, 1945–1949

> Wir [Betriebsräte Augustin Kaiser, Heinrich Gassner, Franz Denk] waren uns bei der Übernahme unserer Funktionen darüber klar, daß wir nach Ablauf unserer Amtszeiten, ales [sic] andere als Lorbeeren ernten würden, denn die düstere Zeit und die gewiß nicht rosige Lage unseres Werkes war nicht dazu angetan, Erfolge von ausschlaggebender Bedeutung zu erreichen. Alle diese so ziemlich hoffnungslosen Ansichten hinderten uns nicht, das Erbe der Vernichtungspolitik des Dritten Reiches anzutreten. [...] Wir richteten unser Hauptaugenmerk darauf, die Entnazifizierung des Betriebes durchzuführen, um dadurch ein gesundes Fundament für das neu aufzubauende Werk zu schaffen. [...] Diese Illusionen wurden umso gründlicher zerstört, da am 1.10.45 der Befehl des damaligen Oberkommandierenden General Eisenhower die Stilllegung des Werkes anordnete. Wir erhoben bei allen erreichbaren deutschen Behörden [Widerspruch, M. R.] und machten auf Folgen einer vollständigen Stilllegung unseres Werkes aufmerksam. [...] Bis heute sind allerdings alle diese Bemühungen erfolglos geblieben [...].[1]

Dieser kurze Auszug einer Rede von drei Betriebsräten auf der Betriebsversammlung im Werk München vom Anfang des Jahres 1946 benennt die Handlungsfelder, welche die neu entstehende Mitbestimmung nach dem Krieg kennzeichneten: die schwierige Versorgungslage für die Mitarbeiter und das Unternehmen, die Entnazifizierung der Belegschaft, in der Betriebsräte deutschlandweit eine wichtige Rolle einnahmen, und zu guter Letzt das schwierige Verhältnis zu den amerikanischen Besatzungsbehörden. Der Redeausschnitt ist damit ein direktes Spiegelbild der „Zusammenbruchsgesellschaft" der unmittelbaren Nachkriegszeit.[2]

Die Situation in den Betrieben des besiegten Deutschlands stellte sich überall ähnlich dar: Die Werke wurden unter die Kontrolle der Siegermächte

1 Rede der Betriebsräte Kaiser, Gassner und Denk auf der Betriebsversammlung im Werk München, ca. Januar 1946, BMW UA-156-1.

2 Hans-Ulrich Wehler: Deutsche Gesellschaftsgeschichte 1914–1949. Vom Beginn des Ersten Weltkriegs bis hin zur Gründung der beiden deutschen Staaten, München, 2008, S. 951.

 | HTTPS://DOI.ORG/10.1515/9783112223994-002

gestellt und/oder ganz oder teilweise demontiert.[3] Im Falle von BMW waren hiervon besonders die Werke in der Sowjetischen Besatzungszone bzw. das Werk in Berlin betroffen. Während im West-Berliner Werk sämtliche technischen Einrichtungen demontiert wurden, sind die beiden neuen Flugzeugmotorenwerke Basdorf-Zühlsdorf und Dürrerhof, nördlich von Berlin bzw. Eisenach gelegen, komplett in die UdSSR verbracht worden. Das Werk Eisenach wurde in eine sowjetische Aktiengesellschaft umgewandelt und verstaatlicht. Das war keine Ausnahme, sondern vielmehr ein Mittel der Sowjetunion, um Reparationsforderungen direkt aus der laufenden Produktion decken zu können.[4] Der Verlust der Werke in der Sowjetischen Besatzungszone war weniger aus materiellen Gründen ein harter Einschnitt für BMW. Viel schwerer wog der Entzug von Fachwissen durch den Verlust von Unterlagen und Plänen vor allem zur Automobil- und Motorradfertigung.[5] Damit blieben BMW nur noch die drei Werke Berlin, Allach und das Stammwerk München. Über das allein für Rüstungszwecke ab 1936 errichtete Werk Allach konnte das Unternehmen jedoch nur sehr eingeschränkt verfügen, weil hier das Karlsfeld Ordnance Depot (KOD), eine Reparaturwerkstätte für die US-Armee, eingerichtet wurde, die bis 1955 dort verblieb.[6] Die Einnahmen von BMW aus dem KOD spielten allerdings eine entscheidende Rolle dabei, die zivile Fertigung in München neu aufzubauen.[7]

Die Siegermächte wollten mit der Besetzung und Demontage von Wirtschaftsbetrieben vor allem Deutschlands militärisches Potential reduzieren;

---

3 Susanne Hilger: Zwischen Demontage und Wiederaufbau. Unternehmen und alliierte Besatzungspolitik nach dem Zweiten Weltkrieg am Beispiel der Firma Henkel, Düsseldorf, in: Zeitschrift für Unternehmensgeschichte 46, 2001, H. 2, S. 198–220, hier S. 203; Ulrike Herrmann: Deutschland, ein Wirtschaftsmärchen. Warum es kein Wunder ist, dass wir reich geworden sind, Bonn, 2020, S. 34.

4 Seidl, 2002, Die Bayerischen Motorenwerke (BMW) 1945–1969, S. 13. Grunert/Triebel, 2019, Ein Jahrhundert BMW, S. 35; 173–175. vgl. Mönnich, 2004, BMW, S. 595–656. Zur Wirtschaftspolitik und deren Entwicklung allgemein vgl. Werner Abelshauser: Deutsche Wirtschaftsgeschichte. Von 1945 bis zur Gegenwart, Bonn, 2011, S. 74. Zur Rolle der sowjetischen Aktiengesellschaften in der SBZ bzw. DDR vgl. Rainer Karlsch/Johannes Bähr: Die Sowjetischen Aktiengesellschaften (SAG) in der SBZ/DDR. Bildung, Struktur und Probleme ihrer inneren Entwicklung, in: Karl Lauschke/Thomas Welskopp (Hrsg.), Mikropolitik im Unternehmen. Arbeitsbeziehungen und Machtstrukturen in industriellen Großbetrieben des 20. Jahrhunderts, Essen, 1994, S. 214–255.

5 Zur Entwicklung des Münchner Werkes und des Allacher "KZ-Werkes" während des Nationalsozialismus vgl. Werner, 2006, Kriegswirtschaft und Zwangsarbeit bei BMW, S. 168–190; zur Entwicklung Allachs nach Kriegsende: Seidl, 2002, Die Bayerischen Motorenwerke (BMW) 1945–1969, S. 32.

6 Seidl, 2002, Die Bayerischen Motorenwerke (BMW) 1945–1969, S. 16.

7 Biss, 2017, Die Internationalisierung der Bayerischen Motoren Werke AG, S. 72.

die Demontagen wurden aber auch als Reparationen gesehen.[8] Ob und inwiefern Betriebe die Erlaubnis erhielten, die Produktion wieder aufzunehmen, hing von der jeweiligen Besatzungsmacht ab. Der Zeitpunkt konnte sich ebenfalls stark unterscheiden: VW und Daimler-Benz durften bereits 1945 wieder in den Automobilbau einsteigen.[9] Da war das Unternehmen BMW jedoch noch beschlagnahmt, gestattet war lediglich eine kleine Notproduktion.[10] Die konkreten Bedingungen für den Wiederaufbau und den Start einer ersten Produktion wurden dabei auch von den erlittenen Bombenschäden geprägt. Am 30. April 1945, dem Tag der Besetzung der Werke München und Allach[11] sowie der Befreiung Münchens durch amerikanische Truppen, war das Werk München etwa zur Hälfte zerstört. Die vorhandenen Maschinen waren jedoch weitestgehend unbeschädigt geblieben.[12] Das Werk Allach hatte insgesamt nur sehr leichte Schäden davongetragen.[13]

Mit der Ankunft der US-Amerikaner im Stammwerk stand die BMW-Belegschaft nicht nur vor den Trümmern der Werkshallen, sondern musste auch um die Zukunft ihrer Beschäftigung bangen. Wie sie sich zu diesem Zeitpunkt zusammensetzte, ist aus den Unterlagen des BMW Group Archivs nicht zu rekonstruieren. Allerdings implodierte die Anzahl der Mitarbeiter im Werk München von rund 14.000 zu Kriegsende auf 859 Ende 1945.[14] Genauso rasant verschwanden die vielen tausend Zwangsarbeiter aus der Überlieferung. Was mit ihnen nach ihrer Befreiung geschah, ist nicht bekannt. Zu ihrem weiteren Schicksal äußert sich Constanze Werner in ihrer Studie zur Zwangsarbeit bei BMW nicht.[15]

Zum zweiten Mal innerhalb von 30 Jahren und nach der zweiten deutschen Kriegsniederlage war die Zukunft von BMW als Flugmotorenhersteller vollkommen offen.[16] Mit der Besetzung des Werkes ging die Internierung der ver-

---

8 Hilger, 2001, Zwischen Demontage und Wiederaufbau, S. 206.

9 Lupa, 2010, Spurwechsel auf britischen Befehl, S. 18; Gesamtbetriebsrat der Daimler AG (Hrsg.), 2011, 125 Jahre Arbeit und Leben in den Werken von Daimler und Benz, S. 108.

10 Seidl, 2002, Die Bayerischen Motorenwerke (BMW) 1945–1969, S. 16–19.

11 Mirja Wagner: Die BMW-Werke 1945–1949 unter den drei Besatzungsmächten USA, UdSSR und Großbritannien. Magisterarbeit, München, 2005, S. 26.

12 Werner, 2006, Kriegswirtschaft und Zwangsarbeit bei BMW, S. 354.

13 Wagner, 2005, Die BMW-Werke 1945–1949 unter den drei Besatzungsmächten USA, UdSSR und Großbritannien, S. 25.

14 Vgl. Zusammenstellung der BMW Mitarbeiter getrennt nach Standorten 1924 bis 1944, in: BMW UA-741-1; Seidl, 2002, Die Bayerischen Motorenwerke (BMW) 1945–1969, S. 23.

15 Werner, 2006, Kriegswirtschaft und Zwangsarbeit bei BMW.

16 Nach dem Ende des Ersten Weltkrieges hatte BMW nach seiner Gründung 1916/17 kein Geschäftsmodell mehr, da die Fertigung von Flugmotoren verboten wurde. Das Unternehmen wandelte sich durch den Lizenzbau von Eisenbahnbremsen, Motoren im Allge-

bliebenen Vorstandsmitglieder auf dem Werksgelände einher.[17] Kurz darauf, am 8. Mai 1945, wurden Vorstand und Aufsichtsrat aufgelöst, alle Mitglieder verloren ihre Ämter.[18] Jegliche Kontinuität in der obersten Geschäftsführung des BMW-Konzerns war damit auf einen Schlag beendet. Die Führungsriege, die BMW während der Zeit des Nationalsozialismus vorgestanden hatte, war entmachtet. Es sollte ihr, mit einer Ausnahme, nicht gelingen, wieder in den Vorstand zurückzukehren.[19] Nur eine geringe Zahl von höheren Führungskräften blieb im Unternehmen:[20] Kurt Donath war leitender Mitarbeiter der Brandenburgischen Motorenwerke, als BMW diese im Jahr 1938 übernommen hatte. Im Januar 1941 wurde er Betriebsdirektor des Spandauer Werkes, 1942 holte man ihn nach München und ernannte ihn dort zum Geschäftsführer der BMW-Flugmotoren GmbH. Er leitete bis zum Kriegsende die Flugmotorenfertigung im Stammwerk.[21] Zusammen mit Heinrich Krafft von Dellmensingen[22] und Otto Lampertsdorfer gehörte er nach dem Krieg zur behelfsmäßigen Unternehmensleitung und prägte den Wiederaufbau. Donath war für technische Belange, Dellmensingen für Verwaltung und Buchhaltung und Lampertsdorfer für personalpolitische Entscheidungen zuständig.[23]

Zwar erhielt das Werk relativ schnell, am 28. Juli 1945, wieder eine Erlaubnis zur Produktion, was zunächst allerdings nur die Reparatur von Fahrzeugen der US-Armee und Aufräumarbeiten umfasste. Am 29. August 1945 wurde diese Genehmigung auf eine erste zivile Produktion etwa für landwirtschaftliche Maschinen, Fahr- und Motorräder, Küchenutensilien und Ersatzteile erwei-

---

meinen und der Aufnahme der Motorradproduktion 1923 komplett, bis man in den 1920er Jahren wieder Flugmotoren produzieren durfte, vgl. Pierer, 2011, Die Bayerischen Motoren Werke bis 1933, S. 63–102.

17 Seidl, 2002, Die Bayerischen Motorenwerke (BMW) 1945–1969, S. 16 f.

18 Werner, 2006, Kriegswirtschaft und Zwangsarbeit bei BMW, S. 358 f.

19 Grunert/Triebel, 2019, Ein Jahrhundert BMW, S. 498 f. Die einzige Ausnahme stellt Fritz Fiedler dar, der für die technische Gesamtleitung des Werkes Eisenach zuständig war. Er war seit dem 12. Juni 1941 stellvertretendes Vorstandsmitglied und seit dem 6. Februar 1945 ordentliches Vorstandsmitglied, verließ aber mit Kriegsende das Unternehmen. Erst zum 1. Januar 1951 kehrte Fiedler zurück zu BMW und übernahm die Leitung der Automobilentwicklung, am 1. Februar 1951 wird er schließlich erneut zum stellvertretenden Vorstandsmitglied berufen.

20 Biss, 2017, Die Internationalisierung der Bayerischen Motoren Werke AG, S. 74.

21 Grunert/Triebel, 2019, Ein Jahrhundert BMW, S. 505; vgl. Lorenzen, 2008, BMW als Flugmotorenhersteller 1926–1940, S. 141–252; vgl. Werner, 2006, Kriegswirtschaft und Zwangsarbeit bei BMW, S. 15–60; vgl. Biographie Donath, BMW UN-201-1,

22 Krafft trat 1938 bei BMW als Jurist ein und verantwortete ab 1940 bis zum Kriegsende die Rechtsabteilung, Grunert/Triebel, 2019, Ein Jahrhundert BMW, S. 505; vgl. Biographie Heinrich Krafft von Dellmensingen, BMW UN-186-1.

23 Seidl, 2002, Die Bayerischen Motorenwerke (BMW) 1945–1969, S. 18–20.

tert.[24] Dies erwies sich jedoch aufgrund der Beschlagnahmung des Werkes am 1. Oktober 1945 innerhalb kürzester Zeit als obsolet, denn damit ging der Befehl einher, dass beide BMW-Werke im Großraum München zu demontieren seien bzw. die Verschiffung der Maschinen vorzubereiten sei.[25] Da in Allach das Karlsfeld Ordnance Depot als Reparaturstätte für die US-Armee eingerichtet worden war, war dieser Standort weitaus weniger betroffen als das Stammwerk München. Nur die wenigsten Maschinen wurden hier wirklich demontiert, sondern zur Nutzung an die US-Armee überwiesen.[26]

In dieser unklaren und unsicheren Situation bildete sich die Keimzelle für die betriebliche Mitbestimmung in Deutschland. Die direkte Nachkriegszeit war von den wirtschaftlichen Nöten der deutschen Bevölkerung und der noch nicht endgültig festgelegten Besatzungs- und Demontage- respektive Wirtschaftspolitik der Siegermächte geprägt. Zwar gab es in Deutschland keine „Stunde Null"[27], dennoch lag die Wirtschaft nach Kriegsende am Boden. Als besonders hemmender Faktor, sie wieder in Gang zu bringen, erwies sich das zusammengebrochene Transportsystem.[28]

Angesichts der Versorgungsschwierigkeiten entschieden sich die westlichen Besatzungsmächte dafür, die Gründung von Betriebsräten zu gestatten. Dieser Schritt sollte dazu beitragen, den sozialen Frieden in den Unternehmen zu wahren. Obwohl die Westalliierten diese Gremien zu Beginn äußerst skeptisch beurteilten, da sie sie als Quelle eines möglichen revolutionären Umsturzes oder Widerstandes gegen die Besatzung sahen, obsiegte schließlich der Pragmatismus.[29] Betriebsräte wurden verpflichtet, sich strengstens auf den betrieblichen Bereich zu beschränken.[30] Diese ersten sukzessive entstehenden Betriebsräte orientierten sich am Betriebsrätegesetz von 1920, da

24 Ebenda, S. 16 f.

25 Ebenda, S. 18–20.

26 Wagner, 2005, Die BMW-Werke 1945–1949 unter den drei Besatzungsmächten USA, UdSSR und Großbritannien, S. 49.

27 Vgl. Abelshauser, 2011, Deutsche Wirtschaftsgeschichte, S. 22–28; Peter Birke/Heiner Dribbusch: Bewegtes „Wirtschaftswunder", in: Horst Steffens/Torsten Bewernitz/Gunnar Gawehn (Hrsg.), Durch Nacht zum Licht? Geschichte der Arbeiterbewegung 1863–2013; Katalog zur Großen Landesausstellung Baden-Württemberg, Mannheim, 2013, S. 239–267, hier S. 240.

28 Hilger, 2001, Zwischen Demontage und Wiederaufbau, S. 201 f; Abelshauser, 2011, Deutsche Wirtschaftsgeschichte, S. 115.

29 Milert/Tschirbs, 2015, Die andere Demokratie, S. 340; zur Entstehung erster Arbeitnehmervertretungen nach Kriegsende vgl. Lutz Niethammer/Ulrich Borsdorf (Hrsg.): Arbeiterinitiative 1945. Antifaschistische Ausschüsse und Reorganisation der Arbeiterbewegung in Deutschland, Wuppertal, 1976.

30 Milert/Tschirbs, 2015, Die andere Demokratie, S. 340.

ein neuer rechtlicher Rahmen noch fehlte.[31] Diesen schuf erst das Kontrollratsgesetz Nr. 22 von 1946, das allerdings nicht in die deutsche arbeitsrechtliche Tradition passte, weil die Betriebsräte nur noch den Arbeitnehmer- und nicht auch gleichzeitig den Unternehmensinteressen verpflichtet waren.[32]

Dieses Kontrollratsgesetz war eine Reaktion der Besatzungsmächte auf die landesweite Ausbreitung von Betriebsräten.[33] Sowohl Gewerkschaften als auch Betriebsräte äußerten Kritik an den neuen Regelungen. Während die Gewerkschaften einwandten, dass die Betriebsräte keine klar definierten Rechte besäßen, bemängelten Letztere, dass sie wieder auf rein soziale Aufgaben zurückgeworfen würden und weniger Einflussmöglichkeiten auf die Unternehmensführung hätten.[34] Das Kontrollratsgesetz Nr. 22 blieb dennoch der maßgebliche juristische Rahmen für die Mitbestimmung bei BMW bis zur Verabschiedung des Bayerischen Betriebsrätegesetzes von 1950, das 1952 vom bundesweiten Betriebsverfassungsgesetz abgelöst wurde. Aus gewerkschaftlicher Perspektive war die betriebliche Mitbestimmung den größeren Zielen der Sozialisierung der Schlüsselindustrien sowie einer Rahmenplanung und Demokratisierung der Wirtschaft untergeordnet.[35] Das führte zu einer gewissen Konzeptlosigkeit hinsichtlich der betrieblichen Ebene der Mitbestimmung. Noch im Frühjahr 1952, kurz vor der Verabschiedung des Betriebsverfassungsgesetzes, konnten die Gewerkschaften keinen in sich geschlossenen Forderungskatalog zur betrieblichen Mitbestimmung abgeben.[36] (Mehr zu den Auswirkungen des Betriebsverfassungsgesetzes in Kapitel 4.2)

Bei der Neugründung der Gewerkschaften wiederum spielten Betriebsräte eine entscheidende Rolle, da sie größeren Einfluss auf die Besatzungsmächte und die Belegschaften hatten, sowie außerdem Zugriff auf betriebliche Ressourcen wie Büromaterial.[37] Trotzdem entstanden die Gewerkschaften unerwartet schnell aus den Trümmern des Nationalsozialismus und alte Verbindungen der Arbeiterbewegung wurden reaktiviert.[38] Theo Pirker spricht in diesem Zusammenhang vom „Wunder der Organisation".[39] Aus den schlechten Erfahrungen der Weimarer Zeit heraus waren sich die Vordenker der neuen Gewerkschaften einig, dass es statt Richtungs- nur noch Einheitsge-

---

31 Ebenda, S. 334.
32 Ebenda, S. 363.
33 Neumann, 2015, Freiheit am Arbeitsplatz, S. 386 f.
34 Milert/Tschirbs, 2015, Die andere Demokratie, S. 364.
35 Ebenda, S. 352–354; 357.
36 Ebenda, S. 414–416.
37 Ebenda, S. 350; Pirker, 1960, Die blinde Macht. Erster Teil 1945–1952, S. 31.
38 Pirker, 1960, Die blinde Macht. Erster Teil 1945–1952, S. 24.
39 Ebenda, S. 22.

werkschaften geben sollte, um eine Zersplitterung der Interessen zu verhindern.[40] Ab August 1945 kristallisierte sich auch in der Politik der Alliierten eine klarere Linie hinsichtlich der Gewerkschaften heraus. Die Amerikaner diskutierten intensiv über zwei verschiedene Ansätze: 1. das „*grassroots*“-Prinzip, einen dezentralen Aufbau der Gewerkschaften aus den Betrieben heraus, und, dem entgegengesetzt, 2. einen zentralen Aufbau mit eigenen Dachverbänden in den Besatzungszonen. Letzterer setzte sich schließlich durch, weil die Westalliierten so den Einfluss des Freien Deutschen Gewerkschaftsbunds (FDGB) aus der Sowjetischen Besatzungszone besser glaubten begrenzen zu können.[41] Außerdem war es so einfacher zu kontrollieren, dass die Gewerkschaften sich nicht politisch oder gesellschaftlich engagierten. Sie sollten vielmehr primär die Betriebsräte kontrollieren und einhegen.[42] Mit dem Kontrollratsgesetz Nr. 22 wurden die Betriebsräte als erste frei gewählte Gremien nach dem Untergang des „Dritten Reiches“ zu den Wegbereitern einer neuen Demokratie in Deutschland.[43] Betriebsräte waren damit, noch vor Gewerkschaften und politischen Parteien, das erste demokratische Element auf deutschem Boden nach 1945.[44]

Der erste Betriebsrat für das Stammwerk München, der sich spätestens ab dem 3. August 1945 nachweisen lässt, reiht sich in diese Betriebsratsgründungen der direkten Nachkriegszeit ein.[45] Möglich ist aber durchaus, dass sich, wie in anderen Betrieben auch, schon zuvor ein Betriebsrat konstituiert hatte, als „Träger des spontanen Willens der Arbeitnehmerschaft zur gewerkschaftlichen Organisation“.[46] Mit seiner offiziellen Konstituierung Anfang August entstand der BMW-Betriebsrat sogar noch vor der einen Monat später vom bayerischen Arbeitsministerium verabschiedeten „Wahlordnung für die Wahl von Betriebsobleuten“, die als erstes deutsches Dokument über

40 Karl Lauschke: Vom Wiederaufbau zur Wiedervereinigung – Bedingungen in der Gewerkschaftsentwicklung in der Bundesrepublik, in: Jörg Hofmann/Christiane Benner (Hrsg.), Geschichte der IG Metall. Zur Entwicklung von Autonomie und Gestaltungskraft, Frankfurt am Main, 2019, S. 89–97, hier S. 90.

41 Neumann, 2015, Freiheit am Arbeitsplatz, S. 382 f.

42 Däubler/Kittner, 2020, Geschichte der Betriebsverfassung, S. 288–291.

43 Milert/Tschirbs, 2016, Vom Wert der Mitbestimmung, S. 7; 15.

44 Milert/Tschirbs, 2015, Die andere Demokratie, S. 329–332; Der erste deutsche Betriebsrat nach 1933 wurde sogar schon 1944 in Aachen gegründet, Milert/Tschirbs, 2015, Die andere Demokratie, S. 335.

45 1. Besprechung der Werksleitung mit dem Betriebsrat am Freitag, 03.08.1945, 03.08.1945, BMW UA-2612-1.

46 Pirker, 1960, Die blinde Macht. Erster Teil 1945–1952, S. 32; vgl. hierzu auch die spontane Gründung eines Arbeiterausschusses noch im April 1945 bei Hoesch, Lauschke, 2000, Die Hoesch-Arbeiter und ihr Werk, S. 33.

Arbeitnehmervertretungen nach dem Krieg gilt.[47] Die Überlieferung zu diesem ersten Betriebsrat bei BMW ist jedoch äußerst schmal, sodass keine Aussagen zur Konstituierung selbst möglich sind. Da die Besatzungsmächte wie oben beschrieben Betriebsräten eher misstrauisch gegenüberstanden, ist unwahrscheinlich, dass im Werk München vor August 1945 ein offizielles Gremium existierte. Zu diesem ersten Betriebsrat ist lediglich gesichert, dass er in geheimer Wahl gewählt wurde und diese Wahl sowohl vom Arbeitsamt als auch von der Militärregierung überwacht wurde. Zu seinen Mitgliedern sind nur sechs Namen überliefert, die Hälfte ohne Vornamen: Franz Denk, Hr. Grichtmeier, Hr. Huber, Heinrich Gassner, Hr. Karl und Augustin Kaiser.[48] Ob es sich dabei um das gesamte Gremium oder nur einen Teil handelt, ist nicht klar. Ebenso unbekannt ist, ob sich diese Männer bereits vor 1933 als Betriebsräte engagiert hatten. Einzig bei Augustin Kaiser lässt sich nachweisen, dass er von 1924 bis 1933 im Angestelltenrat war.[49] Bei dem „Werkzeuglagerverwalter"[50] Franz Denk liegt zumindest die Vermutung nahe, lässt sich doch einem Schreiben an eine Entnazifizierungsspruchkammer entnehmen, dass er damals bereits in der freien Arbeiterbewegung engagiert war.[51]

Aufgrund der dünnen Quellenlage zu diesem ersten Nachkriegsbetriebsrat ist es zudem mehr oder minder unmöglich, eine fundierte Beurteilung abzugeben,[52] inwiefern auf alte Weimarer Traditionen zurückgegriffen wurde.[53] Hinsichtlich der politischen Orientierung lässt sich der Münchner Betriebsrat

---

47 Milert/Tschirbs, 2015, Die andere Demokratie, S. 349. Erste provisorische Betriebsräte entstanden bayernweit schon direkt nach Kriegsende, wie z. B. bei AEG in Nürnberg, Rudi Schmidt: Die Nachkriegszeit (1945–1949), in: Jörg Hofmann/Jürgen Wechsler (Hrsg.), Vom Wiederaufbau zur Arbeit 4.0. IG Metall Bayern: 70 Jahre Fortschritt durch Tarifpolitik, Hamburg, 2017, S. 22–51, hier S. 30.

48 1. Besprechung der Werksleitung mit dem Betriebsrat am Freitag, 03.08.1945, 03.08.1945, BMW UA-2612-1.

49 Wahlergebnis des Angestelltenrates 1931, 10.06.1931, BMW UA-209-1; Berufsmäßiger Lebenslauf des Augustin Kaiser, nach 1962, BMW UA-209-1.

50 Mönnich, 2004, BMW, S. 627.

51 Franz Denk: Schreiben des BMW-Betriebsrats Franz Denk an den öffentlichen Kläger der Spruchkammer X Herrn Rathgeber vom 26.02.1947, 26.02.1947, BMW UA-2601-1.

52 Das erste vollständig überlieferte Betriebsratswahlergebnis aus dem BMW Werk München stammt aus dem Jahr 1947, vgl. Ergebnisse der BR-Wahl 1947, BMW UA-81-1, Alle Informationen zu den vorherigen Betriebsräten setzen sich aus Informationsschnipseln diverser Akten aus den Jahren 1945/46 zusammen. Erschwerend kommt hinzu, dass es wohl eine erhebliche Fluktuation innerhalb des Gremiums gab, vgl. Rede der Betriebsräte Kaiser, Gassner und Denk auf der Betriebsversammlung im Werk München, ca. Januar 1946, BMW UA-156-1.

53 In anderen Betrieben war dies durchaus die Regel, vgl. Milert/Tschirbs, 2015, Die andere Demokratie, S. 335. Süß, 2003, Kumpel und Genossen, S. 29. Milert/Tschirbs, 2016, Vom Wert der Mitbestimmung, S. 15. Owetschkin, 2016, Vom Verteilen zum Gestalten, S. 55.

als der Arbeiterbewegung nahestehend einordnen, wie auch viele Betriebsräte anderer Firmen.[54] Heinrich Gassners politischer Hintergrund geht aus einem Artikel der kommunistischen Zeitung *Bayerisches Volksecho* aus dem Jahr 1953 hervor.[55] Hier wird erwähnt, dass bei der Betriebsratswahl 1951 im BMW Werk München vier kommunistische Betriebsräte gewählt wurden. Bei dieser Wahl traten zwei Listen an, die Liste 2 gewann genau vier Plätze. Einer ihrer Kandidaten war Gassner.[56] Dass es bei BMW in München eine nicht geringe Sympathie für den Kommunismus gab, zeigt eine Aussage von Kaiser: Soziale Belange seien für seine Kandidatur weniger wichtig, vielmehr müsse ein zu starker kommunistischer Einfluss im Betriebsrat verhindert werden.[57] Dieser verhältnismäßig stark ausgeprägte Einfluss von kommunistischen Betriebsräten sollte für das Werk in München bis Mitte der 1950er Jahre prägend bleiben (vgl. Kap. 4.2).

Dass die Betriebsräte in ganz Deutschland verschiedenste politische Strömungen abbildeten, hatte zunächst wenig bis keine Auswirkungen auf die Art und Weise, wie sie ihr Amt ausfüllten:[58] Sie versuchten vielmehr in einer „innerbetrieblichen Not- und Aufbaugemeinschaft" zusammen mit der Unternehmensführung alles Erdenkliche zu tun, um sowohl die Not der Belegschaft zu lindern als auch das Unternehmen wiederaufzubauen.[59] Ähnlich äußerten sich die Betriebsräte Denk, Gassner und Kaiser, als sie den Wiederaufbau des Werkes als bedeutendste Aufgabe für den Betriebsrat identifizierten: Dies sei Voraussetzung für eine bessere Zukunft für die Belegschaft und das Unternehmen.[60] Umso schwerer wogen daher die angeordneten Demontagen – trotz

---

54 Fichter/Michael: Von der Volksgemeinschaft zur Sozialpartnerschaft: Betriebe und Betriebsvertretung im Raum Stuttgart, 1945–1950, in: 1999. Zeitschrift für die Sozialgeschichte des 20. und 21. Jahrhunderts 5, 1990, H. 3, S. 80–97, hier S. 82 f.

55 EB: Gemaßregelter KPD-Betriebsrat wiedergewählt! Glänzende Antwort der Belegschaft der BMW auf willkürliche Entlassung des Kollegen Schletzbaum, in: Bayerisches Volksecho vom 15.05.1953.

56 Vgl. Ergebnisse der BR-Wahl 1951, BMW UA-2645-1,

57 Berufsmäßiger Lebenslauf des Augustin Kaiser, nach 1962, BMW UA-209-1; dazu passt auch, dass sich die KPD in ihrer Reorganisation auf die Betriebe fokussierte, Lauschke, 2000, Die Hoesch-Arbeiter und ihr Werk, S. 234.

58 Milert/Tschirbs, 2015, Die andere Demokratie, S. 337.

59 Milert/Tschirbs, 2016, Vom Wert der Mitbestimmung, S. 20; Süß, 2003, Kumpel und Genossen, S. 36–38; Fichter/Michael, 1990, Von der Volksgemeinschaft zur Sozialpartnerschaft: Betriebe und Betriebsvertretung im Raum Stuttgart, 1945–1950, S. 96; Owetschkin, 2016, Vom Verteilen zum Gestalten, S. 49 f; Däubler/Kittner, 2020, Geschichte der Betriebsverfassung, S. 282.

60 Rede der Betriebsräte Kaiser, Gassner und Denk auf der Betriebsversammlung im Werk München, ca. Januar 1946, BMW UA-156-1.

der Tatsache, dass sie rückblickend für die westdeutsche Wirtschaft nur einen marginalen Verlust zur Folge hatten.[61]

1 Zusammenarbeit zum beiderseitigen Nutzen: Betriebsrat und Werksleitung

Die Erfahrungen während des Nationalsozialismus hatten die Arbeitgeberseite in vielen Betrieben erkennen lassen, dass ihnen ohne Mitbestimmung eine Sensorik für die Wünsche und Sorgen der Belegschaft, aber auch ein Mittel zur Behebung von innerbetrieblichen Konflikten fehlte.[62] Dies wird in der ersten Besprechung des BMW-Betriebsrates mit der Werksleitung am 3. August 1945 deutlich, in deren Verlauf der Vorstand Theodor Scholl[63] sich erfreut darüber äußerte, dass es der Belegschaft nun mithilfe des Betriebsrates möglich sei, ihre Interessen der Werksleitung mitzuteilen und mit eigenen Ideen am Wiederaufbau von BMW mitzuwirken.[64] In diesem ersten Treffen erhielt der Betriebsrat ein Vetorecht bei Neueinstellungen, falls die einzustellende Person aus der NS-Zeit politisch vorbelastet war und das Veto mit schriftlicher Zeugenaussage begründet werden konnte. Dasselbe Recht galt bei bereits im Unternehmen beschäftigten Mitarbeitern, die entlassen werden konnten.[65] Dieses erste Treffen bildete den Auftakt für regelmäßige Besprechungen rund um betriebliche Probleme. Das Format wurde bis 1957 fortgesetzt, allerdings mit einem klaren Schwerpunkt im Zeitraum 1945 bis 1949.[66]

Die Themen in diesen Besprechungen waren sehr vielseitig, wobei sich die Schwerpunkte im Laufe der Zeit veränderten. In den ersten Jahren bis zur Währungsreform dominierten wenig überraschend die Fragen nach Wohnraum und Verpflegung für die Belegschaft sowie danach, wie man die Mitarbeiter in ihrem Lebensunterhalt unterstützen könnte. Der Betrieb als Verhand-

---

61 Wehler, 2008, Deutsche Gesellschaftsgeschichte 1914–1949, S. 949.

62 Däubler/Kittner, 2020, Geschichte der Betriebsverfassung, S. 276.

63 Direktor der BMW AG. Ab 06.02.1945 ord. Vorstandsmitglied der BMW AG und Geschäftsführer der BMW Flugmotoren GmbH. Kaufmännische Leitung Werk I und Konzern. Am 16.08.1945 in Ruhestand, vgl. Biographie Theodor Scholl, BMW UN-639-1.

64 1. Besprechung der Werksleitung mit dem Betriebsrat am Freitag, 03.08.1945, 03.08.1945, BMW UA-2612-1.

65 Ebenda.

66 Vgl. BMW UA-2615-1; BMW UA-2612-1, ein Grund für die niedrigere Frequenz in den 1950er Jahren waren, mit hoher Wahrscheinlichkeit, die erheblichen Konflikte zwischen Betriebsrat und Unternehmen. Dazu im entsprechenden Kapitel mehr.

lungsort wurde damit zur „Grundlage des materiellen Überlebens“.[67] Auch weil die Beschaffung von Gütern wichtiger war als Geldzahlungen, besorgten Unternehmen selbst Lebensmittel für ihre Mitarbeiter, und Betriebsräte verbesserten am offiziellen Markt vorbei die Versorgungslage.[68] Beispielhaft dafür seien für BMW eine Holzsammelaktion im Werk, eine Lebensmittel-Sonderverteilung durch die Kantinenverwaltung[69] und die Verpachtung von Kleingärten genannt.[70] Die betriebsunabhängig schlechte Versorgungslage spiegelte sich auch in der Massendemonstration auf dem Münchner Königsplatz und einem Proteststreik Münchner Metallarbeiter im Januar bzw. Mai 1948 wider.[71] Wie dramatisch die Situation gewesen sein muss, verdeutlicht die Tatsache, dass der Betriebsrat erlaubte, Lebensmittelzulagen zu entziehen, wenn Mitarbeiter unentschuldigt fehlten.[72]

Den allgemeinen Mangel schilderten sechs Mitarbeiter, unter ihnen Franz Denk, retrospektiv wie folgt: „1946 haben wir im Versuch im Sägemehlofen unser Mittagessen zubereitet – Brot und Kartoffeln, je nachdem, was der eine oder andere gerade aufgetrieben hatte. Die Kartoffeln haben wir auf Drähte gesteckt und in den mehr schwelenden als brennenden Ofen hineingehalten.“[73] Für umso mehr Unmut und Unverständnis sorgte die Forderung der Besatzungsbehörden, dass auch am Samstag zu arbeiten sei, um den Zeitplan der Reparationen einzuhalten.[74] Die schlechte Versorgungslage hatte schließlich auch eine Verminderung der Arbeitsleistung zur Folge, sodass der Betriebsrat bei der Werksleitung nach einer zusätzlichen Erschwerniszulage verlangte.[75] Es gelang dem Betriebsrat jedoch nicht durchzusetzen, dass allen Belegschaftsmitgliedern die Möglichkeit eines unbezahlten Ernteurlaubs gewährt wurde. Nur für einige Sonderfälle, „wenn es sich um Arbeit

67 Birke/Dribbusch, 2013, Bewegtes „Wirtschaftswunder“, S. 241; vgl. hierzu auch Lauschke, 2000, Die Hoesch-Arbeiter und ihr Werk, S. 82 f.

68 Herbert, 2023, Geschichte Deutschlands im 20. Jahrhundert, S. 555 f.

69 2. Besprechung der Werksleitung mit dem Betriebsrat am Freitag, 10.08.45, 10.08.1945, BMW UA-2612-1.

70 6. Besprechung der Werksleitung mit dem Betriebsrat am Montag, 11.03.1946, 11.03.1946, BMW UA-2612-1.

71 IG Metall Verwaltungsstelle München/Alois Laus (Hrsg.): 90 Jahre Gewerkschaft Metall München 1891–1981, München, 1981, S. 72. Inwiefern BMW von dem Proteststreik betroffen war, ist nicht überliefert.

72 13. Besprechung der Werksleitung mit dem Betriebsrat am Donnerstag, 24.10.1946, 30.10.1946, BMW UA-81-1.

73 bm-magazin, 1978, BMW UI-2027-14, hier S. 10.

74 o.V./Franz Denk?: Rede des Betriebsrats auf der Betriebsversammlung München, 21.04.1947, BMW UA-156-1, hier S. 1; 9–10.

75 16. Besprechung der Werksleitung mit dem Betriebsrat am Mittwoch, 14.05.1947, 14.05.1947, BMW UA-2612-1.

bei nahen Verwandten handelt, die in besonders schwieriger Lage sind", konnte eine Einigung mit der Werksleitung hierzu verhandelt werden.[76] Wie dringlich dieses „lebenswichtigste" Problem der schlechten Lebensmittelversorgung nach einer Lösung verlangte, geht aus einem Appell des Betriebsrates an die Gewerkschaften hervor, ihren Einfluss über den Weltgewerkschaftsbund bei den Besatzungsmächten geltend zu machen, damit „die junge Demokratie keine Totgeburt werden sol [sic]" und es aufgrund des Lebensmittelmangels nicht zu einer politischen Radikalisierung komme.[77] Die Versorgung der Belegschaft mit Gegenständen des täglichen Bedarfs (z. B. Schuhe, Kleidung usw.) war gleichfalls eine drängende, wenn auch „undankbare Aufgabe",[78] da die Nachfrage das Angebot bei weitem überstieg. Man versuchte, das Wenige bevorzugt auf die am stärksten Betroffenen, wie Ausgebombte, Vertriebene oder zurückgekehrte Kriegsgefangene, zu verteilen.[79]

Reichlich Diskussionsstoff in jenen Besprechungen mit der Werksleitung bot die Gestaltung der Löhne und Gehälter bzw. die Auszahlung von Zuschlägen oder die Neu- bzw. Eingruppierung von Mitarbeitern. Die Inflation in Kombination mit dem von den Besatzungsmächten verhängten Lohnstopp hatte zur Folge, dass die bezahlten Löhne und Gehälter deutschlandweit nicht zum Leben ausreichten.[80] Im weiteren Verlauf der Gespräche sollten zu den diskutierten Themen noch Urlaub und Sozialleistungen hinzukommen. Aufgrund der sehr unterschiedlichen Zahl der Sitzungen pro Jahr (Höchstwert 13 Sitzungen 1948, Minimum eine Sitzung im Jahr 1957 bzw. gar keine Sitzung im Jahr 1954) fällt es schwer, die Gewichtung der Themen ausgewogen zu beurteilen. Der augenscheinlich kooperative Charakter der Besprechungen festigte sich jedoch mit der Zeit, eine gute Zusammenarbeit blieb das Ziel.[81] Diese enge Kooperation, die sich so auch in vielen anderen Betrieben ausgebildet hatte, sollte jedoch nicht darüber hinwegtäuschen, dass die allgemeine Ernährungssituation und die Demontagen der Betriebe dieses Vorgehen alternativlos erscheinen ließen.[82]

---

76 17. Besprechung der Werksleitung mit dem Betriebsrat am Mittwoch, 25.06.1947, 14.07.1947, BMW UA-2612-1.

77 o.V./Franz Denk?, Rede des Betriebsrats auf der Betriebsversammlung München, 21.04.1947, BMW UA-156-1, S. 1; 9–10.

78 Ebenda, S. 5.

79 Ebenda.

80 Milert/Tschirbs, 2015, Die andere Demokratie, S. 390; Birke/Dribbusch, 2013, Bewegtes „Wirtschaftswunder", S. 241.

81 27. Besprechung der Werksleitung mit dem Betriebsrat am Freitag, 11.06.1948, 11.06.1948, BMW UA-2612-1.

82 Milert/Tschirbs, 2015, Die andere Demokratie, S. 387.

Die Arbeit der „Kartoffelbetriebsräte"[83] ging jedoch schon über die unmittelbaren Notlagen der Nachkriegszeit hinaus. Der Betriebsrat von BMW unternahm erste Schritte, einen genaueren rechtlichen Rahmen zu Löhnen und eine Betriebsordnung zu schaffen. Es gelang, einen eigenen BMW-Haustarif zu vereinbaren wie auch einen ersten Entwurf für eine neue Betriebsordnung zu verhandeln. Nicht ohne Stolz verkündete der zweite Vorsitzende des Betriebsrates Franz Denk auf der Betriebsversammlung im April 1947, dass die neuen Löhne an der Spitze der Münchner Betriebe seien, wenn auch mit der Einschränkung, dass selbst diese Löhne nicht mit der Teuerung Schritt halten könnten. Aber es sei gelungen, „unsere Hauptforderungen [nach einem, M. R.] Mitbestimmungsrecht bei Ein- u. Ausstellungen, Einschaltung der Betriebsräte im Akkordwesen und der Akkordpreise und der sozialen Betreuung der Belegschaft" in der neuen Betriebsordnung festzuschreiben.[84] Die Inkraftsetzung der neuen Betriebsordnung zog sich noch bis 1948. Dort fand die Mitwirkung der Betriebsräte bei den Ein- und Ausstellungen keine Erwähnung mehr. Vielmehr wurde auf eine nicht ausgeführte Betriebsvereinbarung hierzu verwiesen, deren Bestimmungen zur Anwendung kommen sollten.[85] Inwiefern dort eine Mitwirkung des Betriebsrates bei Neueinstellungen und Entlassungen verankert war, ist nicht klar. Das Fehlen dieses Rechts muss jedoch angesichts der vollmundigen Ankündigungen auf der Betriebsversammlung als Rückschritt gelten. Auch hinsichtlich der Akkordarbeit waren keine weiteren Rechte des Betriebsrates festgehalten. Einzig bei der sozialen Betreuung wurde die Zuständigkeit der Arbeitnehmervertretung festgeschrieben.[86] Die Diskrepanz zwischen den Erfolgsmeldungen Franz Denks und der tatsächlich verabschiedeten Betriebsordnung lässt sich aus den Quellen nicht mehr rekonstruieren, könnte aber ein Hinweis auf die sich auflösende „Notgemeinschaft auf Zeit" der direkten Nachkriegszeit sein.

Neben der alles überschattenden Ernährungslage prägten vor allem das Verhältnis zur Besatzungsmacht und die Demontagepolitik die Jahre nach 1945. Für BMW erwies sich dabei als besonders nachteilig, dass der Betrieb sich kriegsbedingt auf die Fertigung von Flugmotoren konzentriert hatte. Dadurch war BMW nicht nur zu einem der wichtigsten Rüstungsbetriebe

83 Ebenda, S. 386; vgl. für den Fall Daimler-Benz: Gesamtbetriebsrat der Daimler AG (Hrsg.), 2011, 125 Jahre Arbeit und Leben in den Werken von Daimler und Benz, S. 106.

84 o.V./Franz Denk?, Rede des Betriebsrats auf der Betriebsversammlung München, 21.04.1947, BMW UA-156-1, S. 4 f.

85 Betriebsordnung der Bayerischen Motoren Werke AG (1948), 30.07.1948, BMW UU-182-10.

86 Ebenda.

des Deutschen Reiches geworden und ein bevorzugtes Ziel für Luftangriffe, sondern galt den Alliierten auch als ein „Exempel für die Entmilitarisierung".[87]

Die Beschlagnahme des gesamten Werkes am 1. Oktober 1945 auf Befehl des amerikanischen Militärgouverneurs Dwight D. Eisenhower beendete mit einem Schlag die „Illusionen" der Belegschaft, des Betriebsrates, der Werksleitung sowie auch der Stadt München, dass die Amerikaner bald wieder eine neue Friedensproduktion bei BMW gestatten würden.[88] Die Finanzen des Unternehmens wurden eingefroren, die Auszahlung von Löhnen und Gehältern gestoppt, sämtliche Arbeitsverträge erloschen.[89] Die nun einsetzenden Demontagen im Werk München bedeuteten einen erheblichen Aderlass für das Unternehmen und sollten bis in das Jahr 1949 andauern. Allein die Inventur der zu demontierenden Maschinen dauerte bis zum Jahresende 1945. Die Lohnkosten der für die Demontage herangezogenen BMW-Arbeiter musste zwar das Unternehmen nicht selbst tragen, denn sie wurden von der Zentralverwaltung für die Reparationsämter beglichen. Dennoch waren die materiellen Verluste erheblich. 1947 hatte das Werk München fast seine gesamten Produktionskapazitäten verloren und musste bis zum Juni 1949 2.598 Maschinen (21 Prozent des Gesamtbestandes) im Wert von 9,2 Mio. RM abschreiben.[90] In Allach war der quantitative Verlust geringer, der qualitative jedoch sehr viel höher: 24 Prozent des gesamten Demontageverlusts von BMW machten Allacher Demontagen im Wert von 13,3 Mio. RM aus.[91] Selbst in der Demontagebilanz von ganz Bayern sticht BMW heraus: In den beiden bayerischen Werken mussten 4.112 Maschinen demontiert werden, das waren fast 28 Prozent aller bayerischen Demontagen.[92] Auf den gesamten Konzern mit allen Standorten bezogen, erlitt BMW einen Demontageverlust von über 55,7 Mio. RM.[93]

---

87 Seidl, 2002, Die Bayerischen Motorenwerke (BMW) 1945–1969, S. 14; zu BMW während des Zweiten Weltkrieges vgl. Werner, 2006, Kriegswirtschaft und Zwangsarbeit bei BMW.

88 Rede der Betriebsräte Kaiser, Gassner und Denk auf der Betriebsversammlung im Werk München, ca. Januar 1946, BMW UA-156-1.

89 Ebenda; Seidl, 2002, Die Bayerischen Motorenwerke (BMW) 1945–1969, S. 18–20.

90 Wagner, 2005, Die BMW-Werke 1945–1949 unter den drei Besatzungsmächten USA, UdSSR und Großbritannien, S. 29–35; Werner, 2006, Kriegswirtschaft und Zwangsarbeit bei BMW, S. 356 f.

91 Seidl, 2002, Die Bayerischen Motorenwerke (BMW) 1945–1969, S. 29.

92 Ebenda, S. 32.

93 Ebenda, S. 31. In diesen Wert sind alle (ehemaligen) Werke inkludiert: Dürrerhof, Eisenach (Stadt- und Automobilwerk), Berlin, Zühlsdorf, München, Allach, Blaichach/Immenstadt.

Die Demontagen prägten über mehrere Jahre hinweg das Unternehmen und weckten bei den Mitarbeitern auch einen gewissen Widerstand und „Eigensinn“[94] gegen den Abbau des eigenen Arbeitsplatzes; es wurden etwa zum Abtransport vorgesehene Maschinen unter einem Haufen Schrott versteckt.[95] Die Demontagen riefen wiederholt den Betriebsrat und die Lokalpolitik auf den Plan. Für den überparteilichen Aktionsausschuss aus Milbertshofen, bestehend aus Vertretern der CSU, der SPD und der KPD, war 1946 der Erhalt der „Arbeitsstätte BMW eine Lebensfrage“.[96] Deshalb bat dieser Ausschuss die Besatzungsbehörden, BMW wieder eine Friedensproduktion zu erlauben.

Der Münchner Stadtteil Milbertshofen war aufgrund seines hohen Anteils an BMW-Mitarbeitern von der Situation besonders betroffen. In Anbetracht der schwerwiegenden Folgen der Weltwirtschaftskrise der 1930er Jahre und der „hieraus mitentstandenen politischen Ereignisse, die für die gesamte zivilisierte Welt katastrophale Folgen hatte[n]“, bat der Aktionsausschuss darum, zumindest so viele Arbeitsplätze in der Industrie zu erhalten, um ein vernünftiges Überleben der Bevölkerung zu ermöglichen.[97] Besonders mit dem neuen Kontrollratsgesetz Nr. 22 vom April 1946[98] und den dort festgelegten Aufgaben für Betriebsräte, die u. a. vorsahen, dass diese mit den Behörden an einer Demilitarisierung der Betriebe zusammenzuarbeiten hätten, sei es doch nun wohl möglich sicherzustellen, dass bei BMW nur zivile Güter gefertigt würden.[99] Bemerkenswert ist, dass in diesem Schreiben Arbeit für die Bevölkerung nicht nur als ein Mittel zum Überleben galt, sondern als Bollwerk gegen politischen Extremismus, in diesem Fall besonders von rechts. Dabei könnte es sich aber auch um ein strategisches Argument handeln, um bei den US-Amerikanern mehr Gehör zu finden. Festzuhalten ist jedoch, dass bei BMW eine ähnliche Haltung vorherrschte wie in den Betrieben in anderen Teilen Deutschlands: Die Demontagen waren insbesondere für die Arbeiterschaft ein drängendes Problem, weil man sich ohne eine starke Industrie keine Zukunft vorstellen konnte.[100]

---

94 Vgl. Alf Lüdtke: Eigen-Sinn. Fabrikalltag, Arbeitererfahrungen und Politik vom Kaiserreich bis in den Faschismus, Hamburg, 1993.

95 Solche Vorkommnisse wurden Rohrbach von älteren Kollegen in seiner Lehrzeit erzählt, vgl. Mario Riederer: Gespräch mit Volkmar Rohrbach, 06.12.2022.

96 Pflüger (CSU)/Schiegerl (SPD)/Stöckl (KPD): Schreiben des Aktionsauschuß des Stadtteiles München-Milbertshofen an die Besatzungsbehörden, 13.11.1946, BMW UA-209-1.

97 Ebenda.

98 Gesetz Nr. 22 des Kontrollrats in Deutschland, Betriebsräte, 10.04.1946,

99 Pflüger (CSU)/Schiegerl (SPD)/Stöckl (KPD), Schreiben des Aktionsauschuß des Stadtteiles München-Milbertshofen an die Besatzungsbehörden, 13.11.1946, BMW UA-209-1.

100 Herbert, 2023, Geschichte Deutschlands im 20. Jahrhundert, S. 573.

In welchem Umfang dieser Aktionsausschuss personelle Überschneidungen mit dem neuen Münchner BMW-Betriebsrat hatte oder mit ihm zusammenarbeitete, ist unklar. Dass der Betriebsrat nur sechs Tage später ebenfalls ein Schreiben an den Obersten Kontrollrat in Berlin richtete,[101] dem wiederum ein Schreiben des Aktionsausschusses beilag, belegt, dass es Kontakte gab.[102] Auch dieser Brief bat darum, eine Friedensproduktion zu erlauben, und argumentierte, dass das Werk zu Friedenszeiten 5.000 bis 6.000 Personen einen Lebensunterhalt geboten und somit inklusive deren Familienmitgliedern bis zu 18.000 Menschen ein Auskommen ermöglicht habe. Die Absender gingen noch einen Schritt weiter und verwiesen auf die Folgen der Demontagen für die Zuliefererbetriebe und deren Belegschaft, sodass nach der „vorgesehenen Auseinandernehmung des Betriebes [...] sich schätzungsweise 30.000 Menschen [...] in ihrer Existenz ernstlich bedroht sehen", wenn für diese Personen keine alternativen Überlebensmöglichkeiten geschaffen würden.[103] Zudem wurden die Weltwirtschaftskrise und das daraus resultierende Elend für den Aufstieg von „politische[n] Hasardeure[n]" verantwortlich gemacht.[104] Zusätzlich zu diesen weitgehend mit dem Schreiben des Aktionsausschusses identischen Argumenten versuchten sich die Betriebsräte Franz Denk, Heinrich Gassner, Johann Hauch, Hans Höhn und Augustin Kaiser als Fackelträger einer neuen Demokratie zu positionieren. Sie sahen es

> als [...] erste und oberste Pflicht, neben der Pflege des demokratischen Gedankens für die Schaffung bezw. Erhaltung von Arbeitsstätten einzutreten, die eine ausreichende Lebensgrundlage [...] bieten. [...] Wir, die Funktionäre der politisch-demokratischen Partei [sic], der Gewerkschaften und als Betriebsräte wollen alles tun, um der arbeitenden Bevölkerung den richtigen Weg zum Verstehen und Versöhnung der Völker zu zeigen [...].[105]

---

101 Franz Denk/Heinrich Gassner/Johann Hauch/Johann Höhn/Augustin Kaiser: Abschrift eines Schreiben des Betriebsrates des BMW Werks Milbertshofen an den Obersten Kontrollrat, 19.11.1946, BMW UA-209-1.

102 In einem Schreiben an den bay. Gewerkschaftsbund im Oktober 1947 wird erwähnt, dass das Schreiben des Aktionsausschusses dem Schreiben vom 19. November 1946 beilag, vgl. Heinrich Gassner/Franz Denk/Augustin Kaiser: Schreiben des Betriebsrats BMW Werk München an den bayerischen Gewerkschaftsbund, Sonderbüro für Demontagefragen, Betr.: Demontage der Anlagen der BMW, Werk München-Milbertshofen (incl. Fragebogen über den Betrieb), 22.10.1947, BMW UA-209-1.

103 Denk/Gassner/Hauch/Höhn/Kaiser, Abschrift eines Schreiben des Betriebsrates des BMW Werks Milbertshofen an den Obersten Kontrollrat, 19.11.1946, BMW UA-209-1.

104 Ebenda.

105 Ebenda.

Dies sei aber nur dann möglich, wenn es auch genügend Arbeit und Lebensmittel gebe. Eine Produktionserlaubnis für BMW sei der „Lichtblick“, der Hoffnung geben würde, dass „[d]as Leben [...] noch wert [ist] gelebt zu werden!“[106]

Beide Schreiben betonen die überragende Bedeutung eines Arbeitsplatzes, nicht nur aus finanzieller und materieller Sicht, sondern auch als Lebensinhalt. Dies lässt sich auf die Kriegszeit zurückführen, als der Betrieb für deutsche Werksangehörige zu einem „Ort[...] der intensivierten Vergemeinschaftung“, einem Ort scheinbarer Normalität und Stabilität inmitten des zunehmenden Chaos wurde.[107] So erschien der pünktliche Arbeitsbeginn der damaligen BMW-Mitarbeiterin Anneliese Wiesenbauer als „ein Stück heile Welt“, was die Kriegsbedingungen erträglicher machte.[108] Diese Zentrierung auf den Betrieb setzte sich in der Nachkriegszeit fort, weil die Unternehmen nun die entscheidenden Orte für die Versorgung des täglichen Bedarfs waren.[109] Dies war mit einer der Gründe, weshalb gerade Betriebsräte das erste demokratische Element nach dem Zusammenbruch des „Dritten Reiches“ waren.[110] Die Betriebsräte verstanden sich somit als entschiedene Vorkämpfer der Demokratie und des Erhalts von Arbeitsplätzen, um die Zukunft der Belegschaft zu gewährleisten.[111] Sehr deutlich wird dieses in die Zukunft gerichtete Selbstverständnis in einem Schreiben des Betriebsrates an das vormalige Vorstandsmitglied Max Wrba von 1946, in dem festgehalten ist, dass der Wiederaufbau und Erhalt der Arbeitsstätten für den Betriebsrat eine größere Priorität habe als eine Beurteilung des individuellen Verhaltens in der NS-Vergangenheit.[112]

Der BMW-Betriebsrat beließ es jedoch nicht dabei, an die Besatzungsmächte zu appellieren, sondern wandte sich auch an die Gewerkschaften als wieder entstehende überbetriebliche Arbeitnehmervertretungen.[113] Der Baye-

---

106 Ebenda.

107 Wehler, 2008, Deutsche Gesellschaftsgeschichte 1914–1949, S. 964.

108 bm-magazin, 1978, BMW UI-2027-14, S. 13.

109 Birke/Dribbusch, 2013, Bewegtes „Wirtschaftswunder“, S. 241.

110 Milert/Tschirbs, 2015, Die andere Demokratie, S. 329–332.

111 Ein ähnliches Selbstverständnis hatten aber auch andere Betriebsräte in der Automobilindustrie, vgl. Owetschkin, 2016, Vom Verteilen zum Gestalten, S. 82 f.

112 Schreiben des BMW-Betriebsrates München (ohne Unterschriften) an Max Wrba, 29.01.1946, StAM SpKa Karton 2012, Wrba Max.

113 Franz Denk/Augustin Kaiser: Schreiben der Betriebsräte Denk und Kaiser an den vorläufigen Ausschuss der bayerischen Gewerkschaften, Betr.: BMW-Reparationsproblem, 17.02.1947, BMW UA-209-1. Zum Wiederaufbau der Metallgewerkschaft und dem Kampf gegen die Demontage vgl. Vorstand der Industriegewerkschaft Metall (Hrsg.): 100 Jahre Industriegewerkschaft. 1891 bis 1991; vom Deutschen Metallarbeiter-Verband zur Industriegewerkschaft Metall; ein Bericht in Wort und Bild, Köln, 1991, S. 321–376. Zum Wiederaufbau der Gewerkschaften in München allgemein, vgl. Michael Schwab: Alle Kraft für den Aufbau. Gewerkschaften in München 1945/46, München, 2021.

rische Gewerkschaftsbund wurde inständig gebeten, sich der Konsequenzen einer vollkommenen Demontage des Werkes bewusst zu werden und sich für dessen Erhalt einzusetzen. Die Belegschaft sei „fast vollzählig [gewerkschaftlich] organisiert[...]“, dennoch habe sich weder ein Gewerkschaftsvertreter noch ein Funktionär „der sozialistischen Parteien“ für die Folgen der Demontagen bei BMW, für das Unternehmen und die Umgebung interessiert.[114] Die Betriebsräte Augustin Kaiser und Franz Denk vermuteten als Grund hierfür, dass die Gewerkschaften fälschlicherweise davon ausgegangen seien, BMW sei ein reiner Rüstungsbetrieb gewesen. Dies entspreche aber nicht der Wahrheit, vielmehr sei BMW schon „seit vielen Jahren mit reiner Friedensarbeit, wie es der Kraftfahrzeugbau darstellte [...], beschäftigt“ gewesen. Erst durch den Krieg sei BMW gezwungen gewesen, nur noch Rüstungsaufträge zu übernehmen. Der Wunsch des Münchner Betriebsrates sei es keineswegs, das Werk nur für die Aktionäre oder „eine bestimmte Unternehmerclique“ zu erhalten, es gehe dem Gremium vielmehr um den Erhalt der Arbeitsplätze und die Möglichkeit eines wirtschaftlichen Aufschwungs.[115]

Diese Quelle ist in mehrfacher Hinsicht bemerkenswert. Denk und Kaiser bedienen sich mit ihrem Hinweis auf die „Friedensarbeit“ ganz eindeutig derselben Argumentationslinie wie die Unternehmensführung gegenüber den Besatzungsmächten, die von BMW als „peace-time plant“ spricht, um die Bedeutung der Firma für die Wirtschaft zu betonen. Dieser Begriff fällt in einem umfangreichen Schreiben von BMW an die amerikanischen Besatzungsbehörden mit 23 Anlagen, darunter der oben erwähnte Text des Aktionsausschusses sowie ein Brief des bayerischen Wirtschaftsministers Ludwig Erhard.[116] Zwar wird hier vor allem aus Sicht der deutschen und bayerischen Wirtschaft gesprochen, dennoch ist die Quintessenz dieselbe, die auch Erhard

114 Für den Oktober 1947 lässt sich ein Organisationsgrad von 77 Prozent nachweisen, Gassner/Denk/Kaiser, Schreiben des Betriebsrats BMW Werk München an den bayerischen Gewerkschaftsbund, Sonderbüro für Demontagefragen, Betr.: Demontage der Anlagen der BMW, Werk München-Milbertshofen (incl. Fragebogen über den Betrieb), 22.10.1947, BMW UA-209-1.

115 Denk/Kaiser, Schreiben der Betriebsräte Denk und Kaiser an den vorläufigen Ausschuss der bayerischen Gewerkschaften, Betr.: BMW-Reparationsproblem, 17.02.1947, BMW UA-209-1.

116 o. V.: Schreiben von BMW an das Office of Military Government of Bavaria (OMGB) mit 23 Anlagen, 15.11.1946, BMW UA-96-1. Die Befürworter eines Erhalts von BMW, deren Einschätzung sowohl in den Anlagen als auch im Schreiben selbst deutlich zum Ausdruck kommt, sind die folgenden: Ludwig Erhard, bayerischer Wirtschaftsminister; die Economic Division des OMGB und die Transport Branch; die Association of Motor-Vehicle-Industry of Bavaria (Landesverband bayerischer Kraftfahrzeughersteller?); das Bayerische Staatsministerium für Ernährung und Landwirtschaft; der Sonderbevollmächtigte für Ernährung und Landwirtschaft im Länderrat des amerikanischen Besat-

in seinem Schreiben auf den Punkt bringt: „[I]t is unbearable that BMW should be completely lost for our economy."[117]

Es ist zweifellos richtig, dass BMW neben Flugmotoren Automobile und Motorräder gefertigt hat, Letztere auch für die Wehrmacht. Allerdings waren die Flugmotoren bis 1945 unbestreitbar das entscheidende Produktionsfeld. Das wird besonders deutlich, wenn man die Umsätze der BMW AG, der Muttergesellschaft, die für Automobile und Motorräder zuständig war, den Umsätzen der 1934 in die BMW Flugmotoren GmbH ausgegliederten Flugmotorensparte gegenüberstellt.[118] 1934 erzielte der gesamte BMW-Konzern einen Umsatz von 81,2 Mio. RM. Die AG erwirtschaftete davon 44,4 Mio. RM, die Flugmotoren GmbH 36,8 Mio. RM. Bis 1941 sollte sich dieses Verhältnis massiv umkehren: Bei einem konzernweiten Umsatz von 376,5 Mio. RM entfielen auf die Flugmotorensparte 309,9 Mio. RM, auf die AG nur 66,6 Mio. RM.[119] Damit war die Kraftfahrzeugsparte für nur 17 Prozent des Gesamtumsatzes verantwortlich. Das Argument (BMW München als „Friedenswerk") lässt sich noch weiter entkräften: Im Stammwerk München ist bis 1952 kein einziges Automobil gefertigt worden, im Zeitraum von 1923 bis 1941 wurden dort neben den Flugmotoren nur Motorräder gebaut. Aber selbst damit blieb die Flugmotorensparte auch im Werk München der primäre Unternehmensbereich.[120]

Die Betriebsräte verwiesen aus einem anderen Grund als die Unternehmensleitung auf die Friedensproduktion. Sie wollten Arbeitsplätze erhalten und der Belegschaft so ein Überleben ermöglichen. Dennoch zeigt sich in dieser Rhetorik die große Interessenkongruenz von Betriebsrat und Unternehmensleitung nach dem Krieg, und zudem, wie schnell und bereitwillig die Belegschaft 1945 die nunmehr nachteilige Vergangenheit als Flugmotorenhersteller abstreifte. Sie adaptierte das bis heute vorherrschende neue Traditionsbild und Selbstverständnis des Unternehmens als reiner Automobil- und Motorradhersteller.[121] Ein weiterer Beleg für den Versuch, sich von der Vergangenheit zu lösen, ist das Schreiben des Münchner Betriebsrates an

---

zungsgebietes; indirekt, wegen des Bedarfs an BMW-Motorrädern: die Polizei, die Eisenbahn und die Post; Aktionsausschuss Milbertshofen; Betriebsrat BMW München.

117 Ebenda.

118 Zur Gründung der BMW Flugmotorenbau GmbH: Werner, 2006, Kriegswirtschaft und Zwangsarbeit bei BMW, S. 32–40; Lorenzen, 2008, BMW als Flugmotorenhersteller 1926–1940, S. 154–159.

119 Vgl. Tabelle 23: Umsatz BMW AG, GmbH München, GmbH Eisenach, Bramo, in: Lorenzen, 2008, BMW als Flugmotorenhersteller 1926–1940, S. 480.

120 Grunert/Triebel, 2019, Ein Jahrhundert BMW, S. 166–175.

121 Werner, 2006, Kriegswirtschaft und Zwangsarbeit bei BMW, S. IX.

den Betriebsrat der Wacker Werke in Burghausen: Hier wird die Auszeichnung von BMW als nationalsozialistischer „Kriegsmusterbetrieb" als „Klimbim" abgetan, die keine große Bedeutung für die Geschäftsleitung oder die Belegschaft gehabt habe.[122] Diese retrospektive Bewertung passt freilich nicht recht zu den großen Feierlichkeiten anlässlich der Verleihung des Titels „Kriegsmusterbetrieb" am 1. Mai 1943 an das BMW Werk München während einer großen Feier im Kongreßsaal des Deutschen Museums. Die werkseigene Zeitschrift berichtete, im Werk selbst wurde ein großes Plakat mit der Auszeichnung aufgehängt.[123]

Ebenfalls bemerkenswert in dem Schreiben von Kaiser und Denk ist die subtile Drohung, dass die BMW-Belegschaft fast vollständig gewerkschaftlich organisiert sei. Darin spiegelt sich das direkt nach dem Krieg noch vorhandene erhebliche Machtgefälle zugunsten der Betriebsräte im Verhältnis zu den Gewerkschaften.[124] Unausgesprochen stand im Raum, dass die Gewerkschaften aufgrund der hohen Mitgliederzahl bei BMW verpflichtet seien, im Sinne der Belegschaft zu handeln, ebenso wie die „sozialistischen Parteien". Dieser Plural ist ein Hinweis auf die Zusammenarbeit innerhalb des Betriebsratsgremiums über parteipolitische Grenzen und Differenzen hinweg:[125] Die unterschiedlichen parteipolitischen Hintergründe innerhalb des BMW-Betriebsrates (Augustin Kaiser als dezidierter Antikommunist und Heinrich Gassner sowie Johann Hauch als dem Kommunismus zumindest nahestehend) dürften es nicht erlaubt haben, nur eine der beiden sozialistischen Parteien SPD oder KPD anzusprechen.

Auch im Jahr 1947 blieb die Bedrohung der Arbeitsplätze durch die Demontagen weiterhin präsent. Zwar erhielt das Werk München im März 1946 erneut eine Produktionserlaubnis, jedoch nur für eine Notproduktion von Küchen-

122 Heinrich Gassner/Franz Denk: Schreiben des BMW-Betriebsrates München an den Betriebsrat der Dr. Alexander-Wacker-Werke, Burghausen, vom 25.06.1947, 25.06.1947, BMW UA-2601-1.

123 Vgl. BMW Werkszeitschrift Heft 4/6 (April – Juni 1943), 1943, BMW UU-2399-10.

124 Roßmann, 2019, Akteure im Betrieb – Betriebspolitik als Basis von Organisationsentwicklung und Gewerkschaftsmacht, S. 362; Milert/Tschirbs, 2015, Die andere Demokratie, S. 392; zur Entwicklung der Gewerkschaften in der BRD im allgemeinen: Lauschke, 2019, Vom Wiederaufbau zur Wiedervereinigung – Bedingungen in der Gewerkschaftsentwicklung in der Bundesrepublik.

125 Zur Bedeutung von kommunistischen Betriebsräten in der direkten Nachkriegszeit u. a. Till Kössler: Arbeiter und Demokratiegründung in Westdeutschland nach 1945. Das Beispiel der kommunistischen Bewegung, in: Zeithistorische Forschungen / Studies in Contemporary History 3, 2006, H. 2, S. 188–209, hier S. 196. Zu VW im Speziellen: Lupa, 2010, Spurwechsel auf britischen Befehl, S. 60; für die westdeutsche Automobilindustrie im Überblick: Owetschkin, 2016, Vom Verteilen zum Gestalten, S. 72 f.

utensilien, landwirtschaftlichem Gerät, Ersatzteilen und Ähnlichem. Eine Fertigung, die ein langfristiges Überleben von BMW sicherstellte, z. B. die Produktion von Motorrädern, blieb dagegen zunächst untersagt.[126] Der Werksleiter Kurt Donath eröffnete dem Betriebsrat im Juni 1947, dass ab August Mitarbeiter aus der Notproduktion neue Aufgaben in der Demontage bekämen. Die Notproduktion sollte trotzdem weiterhin fortgesetzt werden, ob aber alle Mitarbeiter nach dem Ende der Demontagen weiterhin beschäftigt werden könnten, sei noch unklar.[127] Leider ist die Reaktion des Betriebsrats oder der Belegschaft auf die Ankündigung nicht überliefert.

Die Arbeitnehmervertreter ließen sich trotz ihrer bisher erfolglosen Bemühungen nicht davon abbringen, weiter für eine Friedensproduktion bei BMW zu kämpfen. Sie wandten sich am 22. Oktober 1947 abermals an die bayerischen Gewerkschaften, nachdem bereits am 20. Oktober ein Treffen aller Betriebsratsvorsitzenden, deren Betriebe von Demontagen betroffen waren, mit dem Bayerischen Gewerkschaftsbund stattgefunden hatte.[128] Auch hier standen die bekannten Argumente im Mittelpunkt: der Erhalt der Arbeitsplätze, der wirtschaftliche Aufschwung und der Neuaufbau der Demokratie, deren Basis eine wirtschaftlich tragfähige Zukunft der Bevölkerung sein müsse. Das Schreiben ist allerdings das erste Dokument, in dem der Betriebsrat ganz konkret eine zivile Produktion für BMW skizzierte: Man wollte Motorräder bauen und eventuell sogar auch einmal Automobile. Der Motorradbau würde sogar erlauben, die Belegschaft von 1.000 auf 2.000 Personen zu verdoppeln. Hier griff der Betriebsrat auf die Argumentation der Unternehmensleitung gegenüber den amerikanischen Besatzungsbehörden zurück, die bereits im November 1946 erfolglos darum gebeten hatte, wieder eine Motorradproduktion zu gestatten.[129] Trotzdem wurde bereits seit dem Frühjahr 1946 heimlich an der Entwicklung eines neuen Motorrads gearbeitet.[130] Es ist davon auszu-

---

126 Seidl, 2002, Die Bayerischen Motorenwerke (BMW) 1945–1969, S. 19. Laut Seidl ist unklar, wann BMW schließlich wieder eine Erlaubnis zur Fertigung von Motorrädern bekommen hat, Ebd.

127 17. Besprechung der Werksleitung mit dem Betriebsrat am Mittwoch, 25.06.1947, 14.07.1947, BMW UA-2612-1.

128 Gassner/Denk/Kaiser, Schreiben des Betriebsrats BMW Werk München an den bayerischen Gewerkschaftsbund, Sonderbüro für Demontagefragen, Betr.: Demontage der Anlagen der BMW, Werk München-Milbertshofen (incl. Fragebogen über den Betrieb), 22.10.1947, BMW UA-209-1.

129 o. V., Schreiben von BMW an das Office of Military Government of Bavaria (OMGB) mit 23 Anlagen, 15.11.1946, BMW UA-96-1.

130 Seidl, 2002, Die Bayerischen Motorenwerke (BMW) 1945–1969, S. 55–57. Seidl widerspricht sich hier in Bezug auf die Produktionserlaubnis selbst. Auf S. 20 bestätigt er, dass in der Produktionserlaubnis aus dem März 1946 keine Motorräder erlaubt waren

gehen, dass der Betriebsrat im Einverständnis mit der Unternehmensleitung seine Kontakte in die Gewerkschaften hat spielen lassen, um auf diesem Weg auf die Besatzungsbehörden wegen einer Produktionserlaubnis Einfluss zu nehmen. Die offizielle Erlaubnis muss im Herbst/Winter 1947/48 erteilt worden sein, da sonst die öffentliche Präsentation des neuen Motorrads, der BMW R24, auf dem Genfer Autosalon im Frühjahr 1948 nicht möglich gewesen wäre.[131]

In einer weiteren Passage des Schreibens an die Gewerkschaften sprachen die BMW-Betriebsräte zum ersten Mal das zweite Münchner Werk in Allach an. Aufgrund der zuvor stark bemühten Behauptung, dass BMW kein originärer Rüstungsbetrieb gewesen sei, verwundert es, dass hier dann eingeräumt wird, dass „Allach [...] ausschließlich zur Erfüllung von Rüstungsaufgaben [...] errichtet und [...] ausgebaut wurde".[132] Hier offenbart sich eine gewisse Ambivalenz in der Argumentation des Betriebsrates. Während das Stammwerk München zum „Friedenswerk" stilisiert wurde, war man sich sehr wohl bewusst, dass sich eine ähnliche Einordnung für Allach nicht halten ließ, weshalb man „im Hinblick auf die Desorganisierung ehemaliger Rüstungsbetriebe für die Erhaltung dieser Anlagen kein Wort verlieren" wollte.[133] Stattdessen wurde wieder das Argument der Beschäftigungsmöglichkeit für 5.000 Personen herangezogen, insbesondere aufgrund des hohen Anteils von Vertriebenen. BMW könne, sollte Allach geschlossen werden, nur einen Teil der dortigen Belegschaft in Lohn und Brot nehmen, und das auch nur, wenn es den Gewerkschaften und den staatlichen Stellen gelinge, eine Erlaubnis für eine Automobilproduktion bei BMW zu erhalten.[134]

Durch diese gesamte Korrespondenz, die sich für den Erhalt von BMW bzw. einen Stopp der Demontagen einsetzt, ziehen sich mehrere Gemeinsamkeiten

---

und auch keine spätere derartige Erlaubnis im Bezug auf Motorräder bekannt ist. Auf S. 55 bezieht er sich jedoch genau auf diese Produktionserlaubnis, um den Beginn der Motorradentwicklung zu begründen. Nach oben zitierten Dokumenten muss aber diese Produktionserlaubnis sehr viel später im Herbst/Winter 1947/48 erteilt worden sein, insofern ist dieser Auftrag an die Entwicklungsabteilung trotz [!] der fehlenden Erlaubnis erfolgt. Aufgrund der Präsenz der amerikanischen Luftwaffe im Werk München erscheint es aber zumindest unwahrscheinlich, dass die Entwicklung der R24 komplett ohne Wissen bzw. stillschweigende Billigung der Amerikaner geschehen konnte.

131 Ebenda.

132 Gassner/Denk/Kaiser, Schreiben des Betriebsrats BMW Werk München an den bayerischen Gewerkschaftsbund, Sonderbüro für Demontagefragen, Betr.: Demontage der Anlagen der BMW, Werk München-Milbertshofen (incl. Fragebogen über den Betrieb), 22.10.1947, BMW UA-209-1.

133 Ebenda.

134 Ebenda.

wie ein roter Faden hindurch. Zum einen hatte, wenig überraschend, der Erhalt der Arbeitsplätze für den Münchner Betriebsrat höchste Priorität. Arbeit galt als notwendiges Mittel zum Überleben. Immer wieder findet sich zudem das geschickt eingesetzte Argument, sie sei zudem das unabdingbare Fundament für den Aufbau einer neuen Demokratie. Als deren Vorreiter sahen sich die Betriebsräte selbst.[135] Um sein Ziel der Beschäftigungssicherung zu erreichen, schöpfte der Betriebsrat sämtliche Möglichkeiten aus, die ihm zur Verfügung standen. Er beugte wie die Unternehmensleitung auch die eigene Firmengeschichte, indem er sich die neue Identität von BMW als Motorrad- und Automobilhersteller auf die Fahnen schrieb und die Vergangenheit als Flugmotorenhersteller kleinredete. Zum anderen aktivierte er sämtliche Hebel außerhalb des Betriebs, um Unterstützung für die eigenen Interessen zu gewinnen. Im konkreten Fall zielte dies auf die Lokalpolitik und die Gewerkschaften, wobei vor angedeuteten Drohungen nicht zurückgeschreckt wurde. Der Hinweis auf die hohe Mitgliederzahl bei BMW sollte die Gewerkschaften mehr oder minder zwingen, aktiv zu werden.

Der Kontakt des Betriebsrates des Münchner Werks zu den amerikanischen Besatzungstruppen blieb keineswegs auf die Demontagen beschränkt. Vielmehr ergaben sich durch die Anwesenheit der US-Amerikaner im besetzten Münchner Werk bis 1952 im alltäglichen Arbeitsleben Konflikte, aber auch Zusammenarbeit.[136] Zu einer Kooperation zwischen BMW und der US-Armee kam es etwa beim Werksarzt. Die Amerikaner hatten für ihre Arbeit auf dem Münchner Werksgelände einen Arzt eingestellt, der sich nach Verhandlungen und einer Genehmigung durch den Betriebsrat auch um die BMW-Mitarbeiter kümmern durfte.[137]

Ganz anders stellten sich die Konflikte um die Torkontrollen 1947/48 dar. Diese galten dem Betriebsrat in sozialpolitischer Hinsicht als „traurigstes Kapitel", an Wichtigkeit nur von der Entnazifizierung und der Ernährungslage übertroffen.[138] Bis 1952 war BMW auf den Ostteil des Stammwerkes beschränkt, der Rest unterstand der US-Armee.[139] Die Zugänge zum Werksge-

---

135 Zum Zusammenhang von Demokratie und Wirtschaft vgl. auch Tim B. Müller: Demokratie und Wirtschaftspolitik in der Weimarer Republik, in: Vierteljahrshefte für Zeitgeschichte 62, 2014, H. 4, S. 569–601.

136 Wagner, 2005, Die BMW-Werke 1945–1949 unter den drei Besatzungsmächten USA, UdSSR und Großbritannien, S. 36 f.

137 22. und 23. Besprechung der Werksleitung mit dem Betriebsrat am Mittwoch, 29.09./26.11.1947, 08.10./18.12.1947, BMW UA-81-1.

138 o.V./Franz Denk?, Rede des Betriebsrats auf der Betriebsversammlung München, 21.04.1947, BMW UA-156-1, S. 5 f.

139 Wagner, 2005, Die BMW-Werke 1945–1949 unter den drei Besatzungsmächten USA, UdSSR und Großbritannien, S. 36 f.

lände teilte man sich. Wohl um Diebstahl vom Werksgelände zu verhindern, wurden die BMW-Mitarbeiter beim Verlassen aufs Strengste kontrolliert.[140]

Der Umfang und die Gründlichkeit dieser Kontrollen durch die amerikanische Militärpolizei führten bei der Belegschaft und im Betriebsrat zu großem Unmut, der sich in einer Betriebsversammlung vehement äußerte. Ein Betriebsratsvertreter echauffierte sich aufs Heftigste über diesen „menschenunwürdigen Zustand", man fühle sich behandelt „wie gemeine Verbrecher".[141] In Verhandlungen versuchte der Betriebsrat gemeinsam mit dem Generaltreuhänder, der Gewerkschaft (hier kann in der Quelle aufgrund des Gründungsdatums nur der Bayerische Gewerkschaftsbund gemeint sein) und dem Arbeitsministerium eine Lockerung der Kontrollen zu erreichen. Da es in der amerikanischen Kommandostruktur zu steten Wechseln kam, verbesserte sich die Lage nicht dauerhaft. Ein anderer Lösungsansatz wäre eine räumliche Abtrennung der beiden Werksteile mit getrennten Zugängen gewesen, aber auch das lehnten die Amerikaner ab. Im Juli 1947 bat der Betriebsrat die Werksleitung, sich nochmals mit den befehlshabenden Offizieren in Verbindung zu setzen.[142] Ob bei diesen erneuten Gesprächen ein Durchbruch gelang oder doch das Schreiben an die Militärregierung Wirkung zeigte, bleibt unklar. Kurz darauf übernahm der BMW-Werksschutz die Torkontrollen.[143] Das bedeutete jedoch nicht, dass die Überprüfungen lockerer wurden, aber zumindest entfiel die sprachliche Barriere. Eine großzügigere Kontrolle war auch 1948 noch nicht möglich, wie die Werksleitung dem Betriebsrat auf Nachfrage mitteilte, weil sonst das Risiko bestünde, dass der Provost Marshal, der Befehlshaber der zuständigen Militärpolizei, die Kontrollen dem BMW-Werksschutz wieder entziehen könnte. Deshalb wurde an dem strengen Vorgehen festgehalten.[144]

Auch in dieser Angelegenheit zeigte sich wieder die typische Kooperation von Betriebsräten und Betriebsleitungen in der Nachkriegszeit, die gemeinsam versuchten, eine Lösung mit den amerikanischen Stellen zu erwirken.

---

140 Da der Diebstahl von Werkseigentum für den Schwarzmarkt üblich war, ist davon auszugehen, dass bei BMW dasselbe galt, vgl. hierzu exemplarisch die Westfalenhütte: Lauschke, 2000, Die Hoesch-Arbeiter und ihr Werk, S. 88 f.

141 o.V./Franz Denk?, Rede des Betriebsrats auf der Betriebsversammlung München, 21.04.1947, BMW UA-156-1, S. 5 f.

142 17. Besprechung der Werksleitung mit dem Betriebsrat am Mittwoch, 25.06.1947, 14.07.1947, BMW UA-81-1.

143 18. Besprechung der Werksleitung mit dem Betriebsrat am Dienstag, 15.07.1947, 16.07.1947, BMW UA-81-1.

144 24. Besprechung der Werksleitung mit dem Betriebsrat am Donnerstag, 05.02.1948, 24.02.1948, BMW UA-81-1, ein *provost marschall* war der Befehlshaber der Militärpolizei.

Die Wortwahl des Betriebsrates auf der Betriebsversammlung im April 1947 und der Aufwand, den er betrieb, um die Kontrollen zu lockern, machen sichtbar, wie wichtig das Thema für die Belegschaft war. Dass der Betriebsrat die Missstände auf einer Betriebsversammlung derart anprangerte, zeigt zudem, dass er die Belegschaft zumindest im Punkt der Torkontrollen geschlossen hinter sich hatte. Ohne diesen Rückhalt wäre ein derartiger Konflikt mit der Besatzungsmacht äußerst unklug gewesen. Das Verhalten des Betriebsrates in diesem Konflikt belegt wieder einmal die Machtbeziehungen zwischen Belegschaft, Unternehmensleitung und Besatzungsmacht, wobei die Betriebsräte weitgehend ohne rechtlichen Rahmen agieren mussten.[145]

2 Anspruch und Wirklichkeit – Entnazifizierung bei BMW

Neben der gesellschaftlichen Notlage und dem Kampf gegen die Demontagen prägte besonders die Entnazifizierung in den Betrieben die Arbeit der Betriebsräte. Mit der Entnazifizierung versuchten die Alliierten, im Nationalsozialismus politisch aktive Personen aus der deutschen Gesellschaft zu entfernen und den Einfluss der nationalsozialistischen Ideologie, sei es in Kultur, Presse, Rundfunk, staatlichen Stellen oder Justiz, zu beenden. Die Bevölkerung musste in Fragebögen etwaige frühere Mitgliedschaften in NS-Organisationen sowie ihre Tätigkeiten darin offenlegen. Auf dieser Grundlage kam es zu Verfahren vor eigens eingerichteten Spruchkammern, die Angeklagte je nach Schwere der Schuld in fünf Kategorien einordneten, vom Hauptschuldigen bis zum Entlasteten. Die Betriebsräte beteiligten sich aktiv an der Entnazifizierung, wenn es darum ging, belastete Personen aus ihren Firmen zu entfernen, denn sie verfassten regelmäßig Gutachten über (ehemalige) Mitarbeiter.[146]

---

145 Milert/Tschirbs, 2015, Die andere Demokratie, S. 347.

146 Zum Thema der Entnazifizierung vgl. Hanne Leßau: Entnazifizierungsgeschichten. Die Auseinandersetzung mit der eigenen NS-Vergangenheit in der frühen Nachkriegszeit, Göttingen, 2020; Chaja Boebel/Lothar Wentzel: Einleitung, in: Chaja Boebel/Frank Heidenreich/Lothar Wentzel (Hrsg.), Neuanfang 1945. Belegschaften und Betriebsräte setzen die Produktion in Gang, Hamburg, 2019, S. 7–23; Frank Heidenreich: Nach Krieg und Faschismus: Arbeiterpolitik und Betriebsräte 1945, in: Chaja Boebel/Frank Heidenreich/Lothar Wentzel (Hrsg.), Neuanfang 1945. Belegschaften und Betriebsräte setzen die Produktion in Gang, Hamburg, 2019, S. 24–57, hier S. 56; zur Entnazifizierung in Bayern vgl. Lutz Niethammer: Die Mitläuferfabrik. Die Entnazifizierung am Beispiel Bayerns, Berlin, 1982; Karl-Ulrich Gelberg: Entnazifizierung und Wiedergutmachung, in: Alois Schmid/Max Spindler (Hrsg.), Handbuch der bayerischen Geschichte, München, 2003, S. 725–737; zur Entnazifizierung bei anderen Automobilherstellern: Gesamtbetriebsrat der

Die Entnazifizierung brachte die Betriebsräte in eine Zwickmühle und führte zu ersten Konflikten mit der jeweiligen Geschäftsleitung. Die Betriebsräte sahen sich dem Dilemma ausgesetzt, dass sie die Entnazifizierung ihrer Betriebe einerseits durchaus ernsthaft angehen wollten. Andererseits ging es ihnen aber auch darum, ihr Unternehmen unbedingt zu erhalten. Personal aus der oberen Führungsebene mit Gutachten zu belasten, stand diesem Ziel diametral entgegen, da deren Fachwissen essenziell war.[147] Genaue formale Kriterien legten die BMW-Betriebsräte bei der Entnazifizierung nicht an. Es ging ihnen jedoch vor allem um die besonders aktiven Nationalsozialisten, eine Parteimitgliedschaft der NSDAP allein war beispielsweise kein Grund für eine negative Beurteilung.[148] Neben der Entlassung von besonders belasteten Personen aus den Betrieben galt es zudem zu verhindern, dass ehemalige Nationalsozialisten als neue Mitarbeiter in den Betrieb kamen. Die Forderung nach einem Mitspracherecht bei der Einstellung (das den Betriebsräten in der Weimarer Republik noch verwehrt worden war) war deshalb eines der großen Ziele, auf das die Betriebsräte gegenüber den Arbeitergebern bestanden. Die Betriebsleitungen und auch die Besatzungsmächte leisteten Widerstand dagegen, waren jedoch moralisch und politisch gegenüber den Betriebsräten im Nachteil. Deutschlandweit sorgten Streiks und Proteste der Belegschaften für die Durchsetzung des Mitbestimmungsrechts bei der Einstellung. Dies wurde allerdings meist nicht schriftlich festgehalten. In der restlichen Automobilindustrie hatte das zur Folge, dass belastete Personen, die während der Entnazifizierung entlassen wurden, später wieder in die Betriebe zurückkehrten.[149]

Inwiefern es bei BMW in München zu Streiks kam, um diese Forderung durchzusetzen, lässt sich nicht mehr nachvollziehen. Sie war jedoch bereits in der ersten Sitzung des neu gewählten Betriebsrates mit der Werksleitung im Werk München am 3. August 1945 Thema.[150] Direktor Theodor Scholl erklärte dem Betriebsrat die „Durchkämmaktion" der Militärregierung, mit

---

Daimler AG (Hrsg.), 2011, 125 Jahre Arbeit und Leben in den Werken von Daimler und Benz, S. 103–105; Lupa, 2010, Spurwechsel auf britischen Befehl, S. 32.

147 Fichter/Michael, 1990, Von der Volksgemeinschaft zur Sozialpartnerschaft: Betriebe und Betriebsvertretung im Raum Stuttgart, 1945–1950, S. 90–93; Owetschkin, 2016, Vom Verteilen zum Gestalten, S. 61 f.

148 Schreiben des BMW-Betriebsrates München an die Spruchkammer VII München vom 02.12.1946, 02.12.1946, BMW UA-2601-1. Die Mitgliedschaft wurde zwar den Spruchkammern nicht verschwiegen, aber vonseiten des BMW-Betriebsrates führte dies nicht zwangsläufig zu einer negativen Beurteilung der Person. Milert/Tschirbs, 2015, Die andere Demokratie, S. 344.

149 Owetschkin, 2016, Vom Verteilen zum Gestalten, S. 61 f.

150 1. Besprechung der Werksleitung mit dem Betriebsrat am Freitag, 03.08.1945, 03.08.1945, BMW UA-2612-1.

der die gesamte Belegschaft, aber auch neu einzustellende Personen, auf ihre politische Einstellung zu prüfen waren. Darüber hinaus wurde dem Betriebsrat das aktive Recht zugestanden, die Entlassung einer Person zu fordern, unter der Voraussetzung, dass diese Forderung schriftlich und mit Zeugenaussagen bestätigt der Werksleitung zuging.[151] Das hieß nicht, dass der Betriebsrat ein uneingeschränktes Mitspracherecht bei Einstellungen erhielt. Vielmehr beschwerte sich der Betriebsrat im Mai 1946 bei der Werksleitung über die Wiedereinstellung von belasteten Personen. In dem konkreten Fall ging es um einen Schreinermeister, dessen geplante Wiedereinstellung zu heftigem Widerstand in der Belegschaft der Schreinerei führte. Diese sei nicht bereit, die Rückkehr eines Vorgesetzten zu akzeptieren, der NSDAP-Mitglied gewesen sei, außerdem sei besagter Schreinermeister bekannt dafür, seine eigenen und andere Mitarbeiter im Werk zu schikanieren. Falls die Werksleitung auf einer Wiedereinstellung bestehe, werde die komplette Schreinereibelegschaft geschlossen kündigen.[152] Inwiefern diese Drohung von Erfolg gekrönt war, lässt sich nicht mehr nachvollziehen, sie macht jedoch deutlich, dass es sowohl dem Betriebsrat als auch der Belegschaft mit ihrer Forderung nach einer Entfernung von Belasteten aus dem Werk ernst war. Erst im Frühjahr 1947 gelang es schließlich, die Mitbestimmung bei Einstellungen und Entlassungen im Entwurf der neuen Betriebsordnung zu verankern.[153]

Dieses Engagement bei der Entnazifizierung belegen auch die öffentlichen Verlautbarungen des Betriebsrates, dass es sein Ziel sei, „ein gesundes Fundament für das neu aufzubauende Werk zu schaffen“. Als „Leitmotiv“ galt dabei „Strafe für die wirklich Schuldigen, welche durch Taten und Denunziationen ihre Mitarbeiter ins Unglück stürzten“.[154] Diesen Anspruch erhob in ähnlicher Weise auch der Betriebsrat von Daimler-Benz.[155] Der Fokus auf die „wirklich Schuldigen“ wirkte auch auf die einfachen Arbeiter wiederum entlastend, die ihre eigenen Verwicklungen hatten.

---

151 Ebenda.

152 Franz Denk/Heinrich Gassner/Augustin Kaiser/Johann Höhn/Johann Hauch: Schreiben des BMW-Betriebsrats München an die Geschäftsleitung von BMW, Werk 1 vom 21.05.1946, 21.05.1946, BMW UA-2601-1.

153 o.V./Franz Denk?, Rede des Betriebsrats auf der Betriebsversammlung München, 21.04.1947, BMW UA-156-1; vgl. hierzu ebenfalls Franz Denk/Augustin Kaiser: Bestätigung des BMW-Betriebsrates München bzgl. der Wiedereinstellung Emil Perls, ca. 1947, BMW UA-2601-1.

154 Rede der Betriebsräte Kaiser, Gassner und Denk auf der Betriebsversammlung im Werk München, ca. Januar 1946, BMW UA-156-1; o.V./Franz Denk?, Rede des Betriebsrats auf der Betriebsversammlung München, 21.04.1947, BMW UA-156-1, S. 6 f.

155 Gesamtbetriebsrat der Daimler AG (Hrsg.), 2011, 125 Jahre Arbeit und Leben in den Werken von Daimler und Benz, S. 105.

Eine Vorstellung davon, wie umfangreich das Vorhaben der Entnazifizierung bei BMW angegangen wurde, geben die ca. 600 von der Belegschaft ausgefüllten Fragebögen im August 1945, die an die Militärregierung gingen. Von den bereits bearbeiteten 200 Bögen hatten 50 zu einer Entlassung geführt.[156] Im April 1947 summierte sich die Zahl der Gutachten des BMW-Betriebsrates für Spruchkammerverfahren und andere staatliche Stellen bereits auf ca. 500 Fälle.[157] Hierbei warb der Münchner Betriebsrat aktiv um Unterstützung bei der Belegschaft, die er per Aushang aufforderte, sich durch Aussagen an der Entnazifizierung zu beteiligen.[158] Trotz der Rührigkeit des Betriebsrates bei der Ausstellung von Gutachten und Ähnlichem für Spruchkammerverfahren scheinen die aktiven Rückmeldungen aus der Belegschaft eher spärlich ausgefallen zu sein. Es kam sogar zu Akten des Widerstands. In der Betriebsversammlung vom April 1947 beschwerte sich der Redner des Betriebsrates, aller Wahrscheinlichkeit nach der Betriebsratsvorsitzende Franz Denk, dass in der Belegschaft zwar geschimpft werde, sich die Rückmeldungen für Spruchkammerverfahren aber sehr in Grenzen hielten. Außerdem seien die Aushänge mit der Bitte um Stellungnahme zu Spruchkammerverfahren mit „Denunzianten gesucht“ und „Wir wollen unsere Kameraden nicht denunzieren“ beschmiert worden.[159] Diesen Schmierereien trat Denk mit entschiedener Härte entgegen:

> Ich betrachte normaler Weise [sic] den Denunzianten als gemeines Subjekt, aber in diesem Falle ist es keine Denunziation, sondern eine Abrechnung für ein gegen die gesamte Menschheit begangenes Verbrechen. Ich möchte alle Kollegen dazu auffordern, derartige Schmierfinken nicht lange zu melden, sondern ihnen an Ort und Stelle eine Quittung in Gestalt von Prügel zu verabreichen.[160]

Trotz aller Aufrufe des Betriebsrates blieben die Rückmeldungen aus der Belegschaft weiter gering; in der Betriebsversammlung von 1948 wurde angedeutet, dass diese Zurückhaltung mit der Notwendigkeit einer namentlichen

156 2. Besprechung der Werksleitung mit dem Betriebsrat am Freitag, 10.08.45, 10.08.1945, BMW UA-2612-1.

157 o.V./Franz Denk?, Rede des Betriebsrats auf der Betriebsversammlung München, 21.04.1947, BMW UA-156-1, S. 6 f.

158 Bekanntmachung des Münchener Betriebsrats von BMW vom 21.08.46, 21.08.1946, BMW UA-2601-1.

159 o.V./Franz Denk?, Rede des Betriebsrats auf der Betriebsversammlung München, 21.04.1947, BMW UA-156-1, S. 6 f.

160 Ebenda.

Unterschrift unter der Zeugenaussage in Zusammenhang stehen könnte.[161] Aber auch innerhalb des Betriebsrates wurde der Erfolg der Entnazifizierung als unzureichend angesehen. Bereits Anfang 1946 gestanden Gassner, Denk und Kaiser ein, dass die Entnazifizierung „nicht immer restlos gelungen“ sei, da hierfür die Gesetze zu lückenhaft seien.[162] Die geringen Rückmeldungen aus der Belegschaft mögen auch mit dieser Einschätzung zusammenhängen.

Der Betriebsrat setzte seine Bemühungen dennoch fort. Aus den Jahren 1945 bis 1948 ist eine Vielzahl von Dokumenten und Stellungnahmen überliefert, die einen guten Überblick über die Entnazifizierung geben und auch von einem regen Austausch mit Betriebsräten aus anderen Werken zeugen.[163] All diese Quellen belegen die entschiedene Haltung und einen klaren Willen zur Entnazifizierung. So wurde dem ehemaligen Leiter des Gesundheitsdienstes bei BMW eine positive Bescheinigung verweigert, da es aufgrund der zerstreuten ehemaligen Belegschaft unmöglich sei, positive Einschätzungen von Unbelasteten über ihn zu erhalten.[164] Ein anderes Mal wurde es als „unter unserer Würde [gesehen, M. R.][,] für einen alten Kämpfer [ein NSDAP-Mitglied schon vor 1933, M. R.] gegen rote Elemente einen Freibrief zu geben“.[165] Dieses Schreiben ist auch das einzige überlieferte, das als Beleg dafür gelten kann, dass die Betriebsratsmitglieder im Rahmen der Entnazifizierung „alte Rechnungen“ aus der NS-Zeit beglichen.

---

161 o.V./Franz Denk?: Rede des Betriebsrats auf der Betriebsversammlung im Werk München, ca. Mai 1948, BMW UA-156-1, hier S. 2.

162 Rede der Betriebsräte Kaiser, Gassner und Denk auf der Betriebsversammlung im Werk München, ca. Januar 1946, BMW UA-156-1.

163 Heinrich Gassner/Franz Denk: Schreiben des Betriebsrates von Siemens & Halske AG, Wernerwerk München, vom 24.03.1948 an den BMW-Betriebsrat München, 24.03.1948, BMW UA-2601-1; Gassner/Denk, Schreiben des BMW-Betriebsrates München an den Betriebsrat der Dr. Alexander-Wacker-Werke, Burghausen, vom 25.06.1947, 25.06.1947, BMW UA-2601-1, auch in anderen Unternehmen, wie Daimler-Benz, waren die Betriebsräte sehr aktiv bei der Entnazifizierung, vgl. Gesamtbetriebsrat der Daimler AG (Hrsg.), 2011, 125 Jahre Arbeit und Leben in den Werken von Daimler und Benz, S. 103–105. Bemerkenswert erscheint in diesem Zusammenhang die Tatsache, dass bei Volkswagen die Entnazifizierung bereits 1946 abgeschlossen wurde. Bei BMW dagegen blieb das Thema bis mindestens 1948 virulent, Lupa, 2010, Spurwechsel auf britischen Befehl, S. 32.

164 Franz Denk/Augustin Kaiser: Schreiben BMW-Betriebsrat München an Dr. Bernhard Marc vom 16.01.1946, 16.01.1946, BMW UA-2601-1.

165 Franz Denk/Johann Hauch: Schreiben des BMW Betriebsrats München an Herrn Wachter vom 04.07.1946, 04.07.1946, BMW UA-2601-1. Zu dem Adressaten des Schreibens, Herrn Wachter, ist aber nichts Näheres bekannt.

In bestimmten Fällen setzte man sich auch aktiv für eine Verurteilung ein[166] oder stemmte sich gegen eine Amnestie. So war der Betriebsrat dagegen, dass für den ehemaligen Mitarbeiter Max Mauerer die Weihnachtsamnestie von 1946 gelten sollte. Mit dieser Amnestie, die zum 15. Februar 1947 in Kraft trat, wurden Kriegsversehrte und wirtschaftlich schwache Personen, die nicht bereits in die Gruppen Hauptschuldige, Belastete oder Minderbelastete eingeteilt worden waren, von der Entnazifizierung ausgenommen.[167] In sehr deutlichen Worten stellte sich der Betriebsrat gegen diese Entlastung von Mauerer. So wurde er als „Schmarotzer", als „tonangebende[r] Trabant[...] des Obmannes [Chlodwig, M. R.] Schmid" und „wortführende[r] Verbreiter der Lehre Hitlers" charakterisiert. Er „war eine derart widerliche Gestalt, daß selbst der Vertrauensrat in den letzten Jahren des Krieges sich [...] abwandte, da er bestimmt keine Zierde für die Belegschaft war".[168]

Umgekehrt gab es aber auch Fälle, in denen sich der Betriebsrat dafür einsetzte Urteile zu revidieren, wie z. B. bei Hans Seufert.[169] Seufert war mit seinem Sühnebescheid zum Betriebsrat gekommen. Dabei stellte sich heraus, dass der BMW-Betriebsrat nicht angehört und das ausgesprochene Urteil vom Gremium für zu hart empfunden wurde, weil Seufert während der NS-Zeit politisch nicht aktiv gewesen war.[170] In einem anderen Fall wurde die Spruchkammer darum gebeten, das Verfahren gegen den Rennfahrer Josef „Sepp" Müller[171] vorzuziehen, da er aus Sicht des Betriebsrates unbelastet war. Müllers Rennerfolge seien die einzigen Gründe für seine Mitgliedschaften in der NSDAP und im Nationalsozialistischen Kraftfahrkorps gewesen, Dienst habe

166 Franz Denk/Johann Hauch: Schreiben des BMW Betriebsrats München an die Spruchkammer München vom 12.09.1946, 12.09.1946, BMW UA-2601-1.

167 Paul Hoser: Entnazifizierung, 2013. https://www.historisches-lexikon-bayerns.de/Lexikon/Entnazifizierung, zuletzt aufgerufen: 9. November 2021; Gelberg, 2003, Entnazifizierung und Wiedergutmachung, S. 730. Zur Weihnachtsamnestie im Detail vgl. Niethammer, 1982, Die Mitläuferfabrik, S. 436–441.

168 Heinrich Gassner/Franz Denk/Johann Hauch: Schreiben der BMW-Betriebsräte, Werk München an die Spruchkammer X, ohne Datumsangabe, ca. Juni 1947, BMW UA-2601-1.

169 Seufert arbeitete seit 1925 für BMW und war in der Abteilung Flugmotoren-Prüfstand sowie als Außenmonteur in vielen Ländern für BMW tätig. Ab 1935 hatte er die Leitung der Prüfstände im Werk Eisenach inne. Nach dem Krieg war er in der Motorenentwicklung am Prüfstand beschäftigt, ab 1952 war er Leiter der Abteilung für luftgekühlte Motorradmotoren, Biographie Hans Seufert, vgl. BMW UN-188-1.

170 Heinrich Gassner/Franz Denk: Schreiben des BMW-Betriebsrats München an die Geschäftsstelle der Spruchkammer VIII vom 26.01.1948, 26.01.1948, BMW UA-2601-1.

171 Motorradrennfahrer, 1935–1939 Beifahrer von Kraus und Stelzer. Sieger der 6-Tage-Fahrt. Deutscher Meister in der Seitenwagen-Klasse bis 1000 ccm, 1947 (mit Wenshofer), 1948 (mit Karl Fuchs und Karl Rührschneck), 1949 (mit Karl Rührschneck) und 1951 (mit Hermann Huber), vgl. BMW RN-615-1.

er in Letzterem nie geleistet und sich auch ansonsten eher kritisch gegenüber den Nationalsozialisten verhalten. Müller soll auch seine privilegierte Position bei den internationalen Renneinsätzen dazu genutzt haben, Kollegen mit Informationen aus dem Ausland zu versorgen, um die deutsche Zensur zu umgehen. Ein schnelles Verfahren sei schließlich auch im Interesse des Werkes, weil man Müller in der nächsten Rennsaison wieder für BMW fahren lassen wollte.[172] Letzteres ist ein gutes Beispiel dafür, dass das Betriebsinteresse im Zweifel mögliche Verfehlungen aus der NS-Zeit mehr als ausglich. Da keine anderen Quellen zu Müllers Verhalten vorhanden sind, ist es nicht möglich, die Einschätzung des Betriebsrates zu überprüfen.

Eine weitaus größere Bedeutung als die Entnazifizierung der gewöhnlichen Mitarbeiter hatte die Beurteilung der leitenden Mitarbeiter bei BMW, nicht nur bei der Belegschaft selbst, sondern z. T. auch in der Presse. Die Überlieferung hierzu ist zwar fragmentarisch, nichtsdestotrotz sind einige Unterlagen zu den ehemaligen Vorstandsmitgliedern Franz Josef Popp, Max Wrba und Fritz Hille vorhanden, zum Teil mit persönlichen Aussagen von BMW-Betriebsräten. Eine weitere zentrale Figur, die große Beachtung bei den Zeitgenossen erfuhr, war der Hauptbetriebsobmann Chlodwig Schmid.[173] Im Folgenden sollen nicht die juristischen Einzelheiten der Verfahren im Detail analysiert, sondern vor allem die Positionen der Belegschaft herausgearbeitet werden.

Franz Josef Popp war 1916 im Auftrag des österreichisch-ungarischen Militärs zu den Rapp Motoren Werken geschickt worden und maßgeblich an deren Umfirmierung zu BMW beteiligt. Er wurde 1917 Geschäftsführer und 1918 Generaldirektor von BMW. Von 1922 bis 1942 war er Vorstandsvorsitzender und, nachdem er aufgrund von Differenzen mit dem Reichsluftfahrtministerium (RLM) gezwungenermaßen sein Amt niedergelegt hatte, von 1942 bis 1945 Aufsichtsratsmitglied. In all diesen Funktionen war Popp bis 1942 die Schlüsselfigur bei BMW und an allen maßgeblichen Unternehmensentscheidungen aktiv beteiligt.[174] Nach Kriegsende versuchte er nochmals, in seine alte Stellung als Vorstandsvorsitzender zurückzukehren, scheiterte damit jedoch.[175]

---

172 Heinrich Gassner/Franz Denk: Schreiben des BMW-Betriebsrat München an die Spruchkammer X vom 19.11.1947, 19.11.1947, BMW UA-2601-1.

173 Zu den Aufgaben und der Rolle der Betriebsobmänner, besonders im Verhältnis zu den NS-Vertrauensräten, vgl. Eden, 2020, Die Verwaltung einer Utopie, S. 251–278.

174 Biographie Franz Josef Popp, vgl. BMW UN-236-1; Grunert/Triebel, 2019, Ein Jahrhundert BMW, S. 502; zu den Ereignissen, die zur Entmachtung Popps führten, vgl. Werner, 2006, Kriegswirtschaft und Zwangsarbeit bei BMW, S. 65–86.

175 Werner, 2006, Kriegswirtschaft und Zwangsarbeit bei BMW, S. 360 f.

Es dauerte bis 1947, bevor sich Popp in einem Spruchkammerverfahren zu verantworten hatte, was die *Süddeutsche Zeitung* zum Anlass nahm, einen polemischen Artikel über ihn zu veröffentlichen. Bei der Entnazifizierung werde scheinbar mit zweierlei Maß gemessen, hieß es dort, da Popp, obwohl Profiteur der nationalsozialistischen Aufrüstung, weder Hunger leide noch bei den Aufräumarbeiten helfen müsse, ganz anders als der „kleine Mann“, der entlassen worden sei.[176] Im März 1947 nahm der Betriebsrat des Werkes München zum ersten Mal in einer eidesstattlichen Erklärung Stellung zu Popp.[177] Über die persönlichen Ansichten Popps zum Nationalsozialismus könnten keinerlei Angaben gemacht werden, weil Popp immer Distanz zur Belegschaft gehalten habe. Sämtliche Urteile des Betriebsrates über ihn könnten allein auf seinen öffentlichen Auftritten und Reden basieren. Deshalb enthalte man sich einer Beurteilung von Popps Rolle in der Aufrüstung und könne keinen Beitrag zu seinen Konflikten mit dem RLM oder anderen Stellen leisten. Dies überrascht insofern, da der Betriebsrat in der Beurteilung der Vorstände Fritz Hille und Max Wrba weitaus strengere Maßstäbe anlegte und diesen vorwarf, die Verlagerungen zu Kriegsende nicht verhindert zu haben.[178] Popp blieb dagegen der nachvollziehbare Vorwurf erspart, dass er sich nicht gegen die Aufrüstung gewehrt habe, ein Hinweis darauf, dass hier tatsächlich mit zweierlei Maß gemessen wurde. Hinsichtlich seiner Reden sei Popp, so der Betriebsrat weiter, abgesehen von einer Rede zu Beginn des „Dritten Reiches“, kein Vorwurf zu machen. Etwaige Folgen hätten die Reden für die Belegschaft nicht gehabt, bekannte Unterstützer der Arbeiterbewegung seien nicht entlassen worden. Niemandem seien Nachteile dadurch entstanden, kein Mitglied der NSDAP gewesen zu sein, allein die Mitgliedschaft in der DAF sei obligatorisch gewesen. Diese Aussagen lassen sich nicht durch andere Quellen überprüfen. Hinsichtlich des Einsatzes von Zwangsarbeitern und KZ-Häftlingen wurde Popp in allen Punkten freigesprochen, da er zuvor aus dem Vorstand ausgeschieden sei.[179] Popps Position im Aufsichtsrat wurde hier geflissentlich ignoriert. Diese Einschätzung blieb auch 1948 auf erneutes Nachfragen des Gene-

---

176 spitz: Theorie und Praxis, Dritte Folge unserer Rubrik für gerechte Säuberung und ehrlichen Wiederaufbau. Fromm und Popp, in: Süddeutsche Zeitung vom 24.05.1946.

177 Franz Denk/Johann Hauch/Johann Höhn: Eidesstattliche Erklärung (25.03.1947) des BMW Betriebsrates München zu Popp, 25.03.1947, BMW UA-2601-1.

178 Heinrich Gassner/Franz Denk: Eidesstattliche Erklärung des Betriebsrates der Bayerischen Motoren Werke AG zum Spruchkammerverfahren des Falles Fritz Hille, 19.08.1947, StAM SpKa Karton 4589, Hille Fritz; Schreiben des BMW-Betriebsrates München (ohne Unterschriften) an Max Wrba, 29.01.1946, StAM SpKa Karton 2012, Wrba Max.

179 Denk/Hauch/Höhn, Eidesstattliche Erklärung (25.03.1947) des BMW Betriebsrates München zu Popp, 25.03.1947, BMW UA-2601-1.

ralanklägers wegen eines Berufungsverfahrens unverändert.[180] Die Aussage des Betriebsrates zu den Zwangsarbeitern war für Popp außerordentlich günstig, vor allem, weil unter seiner Ägide sehr wohl die ersten Zwangsarbeiter in Eisenach eingesetzt worden waren.[181] Im ersten Verfahren wurde Popp im August 1947 als Hauptschuldiger eingeordnet, der Einsatz von Zwangsarbeitern floss in das Urteil jedoch nicht ein. Schon einen Monat später kam es zu einer Revision, bei der Popp als Mitläufer eingestuft und zu 2.000 RM Strafe verurteilt wurde.[182] In diesem neuen Verfahren im September 1947 bekräftigte der BMW-Betriebsrat Augustin Kaiser in seiner Zeugenaussage den Inhalt der eidesstattlichen Erklärung. Er bestätigte, dass trotz des Betriebsrats-Aufrufes an die BMW-Belegschaft keine Beschwerden über Popp vorgetragen worden seien, was allerdings auch in der zerstreuten Belegschaft begründet liegen könne. Kaiser bezog sich in seiner Aussage auf eine Rede Popps von 1933/34, die sehr antimarxistisch gewesen sei, „sodaß ich mir gesagt habe, es kommt eine Säuberung im Betrieb. Es kam aber nichts. Daß er [Popp, M. R.] mit der Seele nicht dabei war wurde damit erwiesen, daß alle im Betrieb bleiben konnten."[183]

Einen anderen, inoffiziellen Einblick in die Haltung des Betriebsrates zu Popp gewährt eine Diskussion mit Marx, einem SPD-Sekretär. Hier sprach sich der Betriebsrat eindeutig gegen die Rückkehr des Vorstandsvorsitzenden aus:

> Die übereinstimmende Auffassung [...] des Betriebsrates ist, dass Popp nach gar keiner Richtung hin, sich anders gegeben hat, als seine Tätigkeit vom grosskapitalistischen Standpunkt eingestellt zu sehen. Nach Übereinstimmung der anwesenden Kollegen kann eine Rückkehr des Herrn Popp [...] nicht infrage kommen.[184]

Popp war aus der Sicht der Arbeitnehmervertreter ausschließlich am wirtschaftlichen Gewinn interessiert. Arbeitnehmer sollten keine Mitsprache

180 Franz Denk/Augustin Kaiser: Schreiben des BMW-Betriebsrats München an den Herrn Generalankläger beim Kassationshof im Bayer. Staatsministerium für Sonderaufgaben bzgl. Berufungsverhandlung gegen Popp, 10.02.1948, StAM SpKa Karton 1341, Popp F.J.

181 Der erste Zwangsarbeitereinsatz im BMW-Konzern fand bereits 1939 im Werk Eisenach statt, vgl. Werner, 2006, Kriegswirtschaft und Zwangsarbeit bei BMW, S. 244 f.

182 Ebenda, S. 369 f.

183 Anlage 1 zum Protokoll der mündlichen Verhandlung vom 19.09.47 gegen Franz-Josef Popp, Zeugenaussagen, 19.09.1947, StAM SpKa Karton 1341, Popp F.J.

184 G. Schiefer: Niederschrift über eine Besprechung mit dem SPD Sekretär Marx mit den Kollegen des Betriebsrates der BMW am 05.11.1947, 05.11.1947, BMW UA-2601-1.

haben. Dies hatte Popp selbst in einem Brief, in dem es um seine Rückkehr zu BMW ging, an eine namentlich nicht genannte Person nur ein paar Tage zuvor selbst geschrieben.[185] Er meinte, dass zwar der Generaltreuhänder Dr. Hans Karl von Mangoldt-Reiboldt seine Rückkehr begrüßen würde, Betriebsrat und Belegschaft sich jedoch dagegen aussprechen würden, da in seinem Spruchkammerverfahren „Unsinn [...] verzapft wurde". Er war sich aber sehr sicher, dass diese Ablehnung allein dem Einfluss der Gewerkschaften und der SPD in der Belegschaft zu verdanken war. Hier müsse man zuerst ansetzen, um zu sehen, wie sich beide Organisationen zu seiner Rückkehr stellen würden. Popp bat deshalb den Adressaten des Briefes darum, vorzufühlen. Vorher wolle er auf keinen Fall mit dem Betriebsrat Kaiser darüber sprechen, weil er „es selbstverständlich vermeiden [möchte], den Betriebsrat sozusagen um schönes Wetter zu bitten. Das habe ich wahrlich nicht nötig und ich glaube, dass die Leute glücklich und zufrieden sein sollen, wenn ich dieses schwere Amt in dieser noch schwereren Zeit übernehme."[186] Aus diesen Zeilen spricht neben einer gehörigen Portion Hybris auch eine vollkommene Verkennung der neuen Verhältnisse, ganz besonders hinsichtlich von Popps Haltung zum Betriebsrat Kaiser, den er nicht als gleichrangig, sondern eindeutig als subaltern betrachtete, ebenso wie die Arbeitnehmervertretung im Allgemeinen.

Popp musste seine Ambitionen schnell begraben, wie sich einem späteren Schreiben des Betriebsrates an das Bayerische Landesamt für Vermögensverwaltung und Wiedergutmachung entnehmen lässt, in dem der Betriebsrat seine Sicht der Dinge hinsichtlich einer Rückkehr Popps rekapitulierte.[187] Hier wurde sehr eindeutig klargestellt, dass Popps Vorfühlen beim Bayerischen Gewerkschaftsbund und der SPD auf wenig Gegenliebe stieß und eine Rückkehr auch für den „Arbeitsfrieden" im Unternehmen mehr als abträglich gewesen wäre. Dieses „nicht [...] zeitgemäße[...] Interesse" an BMW veranlasste den Betriebsrat zu einem Gespräch mit Popp im Dezember 1947, woraufhin dieser schließlich von seinem Rückkehrwunsch absah. Aufschlussreich ist hier vor allem das Argument des Betriebsrates, dass man sich auch aus Unternehmensinteresse einer Wiederanstellung widersetze. Die Causa Popp hatte in der Öffentlichkeit, in der Presse, bei den Gewerkschaften und der SPD so viel Staub aufgewirbelt, dass man die Angelegenheit unbedingt beenden

185 Franz-Josef Popp: Schreiben Franz-Josef Popps an einen ungenannten Herrn Doktor, 16.10.1947, StAM SpKa Karton 1341, Popp F.J.

186 Ebenda.

187 Heinrich Gassner/Franz Denk/Augustin Kaiser: Schreiben des BMW-Betriebsrates München an das bayerische Landesamt für Vermögensverwaltung und Wiedergutmachung vom 22.11.1948, 22.11.1948, BMW UA-2601-1.

wollte, um weiteren Schaden für BMW, besonders als Reparationsbetrieb, zu vermeiden.[188] Im Vergleich zur Korrespondenz mit den Spruchkammern fällt auf, dass im inneren Zirkel des Betriebsrates Popps Verwicklungen mit dem NS-Staat keine Rolle mehr spielten, ebenso wenig wie der Einsatz von Zwangsarbeitern. Die beiden entscheidenden Argumente waren nunmehr die schädliche Öffentlichkeitswirkung und sein ablehnendes Verhalten der Arbeitnehmervertretung gegenüber.

Der Betriebsrat machte Popp hinsichtlich seiner politischen Einstellung und Handlungen damit keinen Vorwurf – wobei unklar ist, warum die Zwangsarbeiter-Frage keine Rolle für die Beurteilung spielte. Stattdessen spielte Popps Herr-im-Hause-Standpunkt eine Rolle, die als Gefährdung des Betriebsfriedens gesehen wurde, aber auch seine öffentliche Wahrnehmung und ehemalige Rolle bei BMW, die als nachteilig für das Unternehmen und damit für dessen Erhalt und den der Arbeitsplätze galt.

Im Vergleich zu Popp zog das Verfahren gegen das Vorstandsmitglied Max Wrba weit weniger Aufmerksamkeit auf sich. Wrba war 1937 zu BMW gekommen und von 1938 bis 1945 im Vorstand. Dabei übernahm er verschiedene Aufgaben, hauptsächlich im Personalbereich, und die Leitung der Fabrikation. In dieser Funktion war er in stetem Austausch mit dem RLM. Ab 1940 bzw. 1942 übernahm er schrittweise das Personalwesen und war ab 1941 Geschäftsführer der Flugmotoren GmbH. In dieser Funktion blieb er bis zum Mai 1945.[189] Der Betriebsrat attestierte Wrba mehrfach, man könne seine Reden so interpretieren, dass er der nationalsozialistischen Ideologie nicht nahegestanden habe. Ebenso wurde ihm ein nicht zu beanstandendes Verhalten gegenüber der deutschen Belegschaft bestätigt. Dies werde auch an der geringen Rückmeldung auf einen Aufruf des Betriebsrates bzgl. Wrbas (nur eine) deutlich.[190] Allerdings wurden zwei konkrete Vorwürfe vorgebracht: Zwar könne der Betriebsrat keine Berichte aus erster Hand zum Verhalten Wrbas gegenüber den Zwangsarbeitern liefern, aber anhand einer Bekanntmachung Wrbas aus dem Jahr 1943 mit Bestrafungen von Zwangsarbeitern ließen sich „schwerwiegende Differenzen“ mit diesen ausmachen. Das Strafmaß schwankte hierbei, je nach Vergehen, zwischen mehreren Wochen oder einigen Tagen Haft in

188 Ebenda.

189 Biographie Max Wrba, vgl. BMW UN-280-1; Grunert/Triebel, 2019, Ein Jahrhundert BMW, S. 503.

190 Schreiben des BMW-Betriebsrates München (ohne Unterschriften) an Max Wrba, 29.01.1946, StAM SpKa Karton 2012, Wrba Max; Heinrich Gassner/Franz Denk/Augustin Kaiser/Johann Hauch/Johann Höhn: Schreiben des BMW-Betriebsrats München an den öffentlichen Kläger bei der Spruchkammer X München betr. Dr. Max Wrba vom 03.12.1947, 03.12.1947, BMW UA-2601-1.

einem Konzentrationslager oder Arbeitserziehungslager. Inwiefern Wrba nun für diese Bekanntmachung persönlich verantwortlich zeichnete, könne der Betriebsrat nicht endgültig beantworten. Dazu würden schlicht die Belege fehlen. Die Betriebsräte zogen sich auf den Standpunkt zurück, dass man Wrba selbst befragen müsse.[191] Außerdem warfen sie ihm vor, dass er sich nicht gegen die Verlagerungen zu Kriegsende gewehrt habe. Damit habe er sich die Linie der nationalsozialistischen Kriegswirtschaftspolitik zu eigen gemacht, ohne dabei die langfristigen, unternehmerischen und möglichen personalpolitischen Folgen für die Friedenszeit zu bedenken.[192] Das Verfahren endete für Wrba mit der Einstufung in die Gruppe IV (Mitläufer).[193]

Ebenso wenig wie Popp ließ sich also Wrba als klarer Anhänger der NS-Ideologie ausmachen oder mit Vorwürfen der Belegschaft konfrontieren. In anderen Punkten unterschieden sich die Beurteilungen des Betriebsrates zu den beiden Personen jedoch eklatant. Wrba wurden fehlender unternehmerischer Weitblick und mangelndes Verantwortungsgefühl für die Zukunft des Unternehmens und seiner Mitarbeiter vorgeworfen. Damit übertrug man ihm indirekt eine Verantwortung für den Status quo nach dem Krieg. Zudem wurde ihm sein Verhalten gegenüber den Zwangsarbeitern zur Last gelegt. Hier offenbart sich die besondere Janusköpfigkeit der Betriebsräte in der unmittelbaren Nachkriegszeit: Während der Betriebsrat gegenüber den Besatzungsbehörden vehement versuchte, das Werk als „Friedenswerk" zu deklarieren, um so die Arbeitsplätze und das Auskommen der Belegschaft sicherzustellen, warf er gleichzeitig Wrba vor, BMW einseitig auf die Rüstungspolitik festgelegt zu haben. München konnte demnach mitnichten das idealisierte „Friedenswerk" gewesen sein. Beim Thema der Zwangsarbeit verhielt sich der Betriebsrat dagegen sehr defensiv; er verschwieg die Zwangsarbeiter und deren Behandlung nicht, zog sich aber auf die Linie zurück, nichts beweisen zu können, weil keine Betroffenen mehr zu erreichen seien. Bei den Tausenden von Zwangsarbeitern bei BMW, die über Jahre hinweg in der Produktion eingesetzt wurden und im Werk sichtbar waren, ist es unmöglich, dass der Beleg-

---

191 Heinrich Gassner/Franz Denk/Augustin Kaiser/Johann Hauch/Johann Höhn: Schreiben des BMW-Betriebsrats München an den öffentlichen Kläger bei der Spruchkamer X, München bzgl. Max Wrba, 03.12.1947, StAM SpKa Karton 2012, Wrba Max; Heinrich Gassner/Franz Denk: Abschrift durch den BMW-Betriebsrat München von der Bekanntmachung 41/43 der Betriebsführung, betr. Bestrafungen (11.09.1943), 02.12.1947, StAM SpKa Karton 2012, Wrba Max.

192 Schreiben des BMW-Betriebsrates München (ohne Unterschriften) an Max Wrba, 29.01.1946, StAM SpKa Karton 2012, Wrba Max.

193 Werner, 2006, Kriegswirtschaft und Zwangsarbeit bei BMW, S. 369; Spruch der Spruchkammer X, München gegen Max Wrba, 27.08.1948, StAM SpKa Karton 2012, Wrba Max.

schaft deren Behandlung vollkommen entgangen ist. Die Gründe für die Zurückhaltung des Betriebsrates sind nicht genau zu rekonstruieren, aber es ist davon auszugehen, dass dieses Thema nicht zu sehr in den Mittelpunkt gerückt wurde, um sich selbst und die Belegschaft zu entlasten. Ein weiterer Faktor war, dass die Bedeutung der Entnazifizierung hinter der alltäglichen Not im zerstörten Deutschland und der Angst vor der Demontage des eigenen Betriebs zurücktrat. Wie bei der Demontage auch wird hier das opportunistische, für die Zeit der „Trümmerbetriebsräte“[194] typische Verhalten sichtbar: Um die übergeordneten Ziele des Wiederaufbaus bzw. des Erhalts des Werkes zu sichern, zeigten sie sich moralisch flexibel, um gegensätzliche Positionen und Einschätzungen vereinen und vertreten zu können.

Während die Urteile des Betriebsrates über Franz Josef Popp und Max Wrba noch als vergleichsweise milde angesehen werden können, fällt die Bewertung von Fritz Hille und Chlodwig Schmid weit eindeutiger aus. Hille hatte bereits bei den Bayerischen Flugzeugwerken und den Heinkel-Flugzeugwerken im kaufmännischen Bereich gearbeitet, bevor er 1935 als kaufmännischer Vorstand zu BMW wechselte. Außerdem wurde er Geschäftsführer der ausgegliederten Flugmotorentochtergesellschaft von BMW. 1942 kam es zum Streit mit dem bisherigen Vorstandsvorsitzenden Popp über die langfristige Planung und Ausrichtung des BMW-Konzerns, der mit der Demission Popps und Hilles Berufung zum Vorstandsvorsitzenden endete. Hille blieb in dieser Position bis Ende 1944, wurde aber schließlich auf politischen Druck wegen der unzureichenden Lieferung von Flugmotoren entlassen.[195] Unter seiner Führung stieg der Einsatz von Zwangsarbeitern bei BMW massiv an.[196]

Als Fritz Hille Anfang 1947 in einem ersten Verfahren als Minderbelasteter eingestuft wurde, löste dies im Werk Empörung aus. Der Betriebsrat sah sich zu einem scharfen Protestschreiben an das Staatsministerium für Sonderaufgaben veranlasst.[197] Franz Denk, aller Wahrscheinlichkeit nach zu dieser Zeit der stellvertretende Betriebsratsvorsitzende, und Johann Hauch kritisierten, es könne nicht sein, dass der Betriebsrat zum wiederholten Male bei Spruchkammerverfahren von unbedeutenden NSDAP-Mitgliedern Aus-

---

194 Milert/Tschirbs, 2015, Die andere Demokratie, S. 338.

195 Biographie Fritz Hille, vgl. BMW UN-278-1; Grunert/Triebel, 2019, Ein Jahrhundert BMW, S. 503.

196 Grunert/Triebel, 2019, Ein Jahrhundert BMW, S. 100.

197 Spruch der Spruchkammer Starnberg im Verfahren gegen Fritz Hille, mündliche Verhandlung am 02.04.1947, 15.04.1947, StAM SpKa Karton 4589, Hille Fritz; Franz Denk/Johann Hauch: Schreiben des BMW-Betriebsrats München an den Staatssekretär Höltermann im Staatsministerium für Sonderaufgaben, 14.04.1947, StAM SpKa Karton 4589, Hille Fritz.

künfte geben müsse, dies gleichzeitig bei Personen in herausgehobener Stellung nicht geschehe und man erst nach dem Urteilsspruch von der Einstufung erfahre. „Derartige Vorfälle erzeugen in der Belegschaft eine besonders starke Erregung und es wird begreiflicher Weise [sic] an der Unparteilichkeit der Spruchkammern gezweifelt.“[198] Konkret war man mit dem Urteil über Hille nicht einverstanden, schließlich sei in seinen Reden im Unternehmen und seinen Aufsätzen in der Werkszeitung eine klar befürwortende Haltung zum Nationalsozialismus zu erkennen gewesen. Hille habe die „Ziele[…] des Nationalsozialismus […] gefördert“ und als Vorstandsvorsitzender „die Unterhandlungen mit Milch, Speer und sonsigen [sic] leitenden Herren der totalen Kriegsführung“ geführt. Die BMW-Belegschaft wünsche daher eine Revision.[199] Und tatsächlich kam Bewegung in die Sache. Unklar muss allerdings bleiben, ob hier allein das Schreiben von Denk und Hauch der Anlass war. Im August 1948 gaben der Betriebsratsvorsitzende Heinrich Gassner und Franz Denk eine eidesstattliche Erklärung zu Hille ab.[200] Sie thematisierten abermals Hilles Nähe zur nationalsozialistischen Idee bzw. seine ideologische Überzeugtheit. Darüber hinaus legten sie ihm vor allem zwei maßgebliche Vorwürfe zur Last: Wie Wrba wurde Hille attestiert, dass er sich nicht gegen die einseitige Ausrichtung des Unternehmens auf die Rüstung gewehrt habe. Damit habe er

> nach Ansicht der Belegschaftsvertretung und der heutigen Belegschaft keinen Beweis eines freien, wirtschaftspolitischen Denkens, bezw. weitsichtiger Überlegungen erbracht, die man immerhin von einer Geschäftsführung, die nicht dem totalen Krieg und Nationalsozialismus verschrieben war, hätte erwarten können.[201]

Zusätzlich wurde der Zwangsarbeitereinsatz, der unter Hille weiter zunahm, deutlich drastischer beschrieben als bei Wrba. Aufgrund fehlenden Kontaktes zu Betroffenen war der Betriebsrat jedoch auch in diesem Fall wieder der Meinung, keine valide Beurteilung abgeben zu können. Er verwies auf andere Spruchkammerverfahren, z. B. das von Chlodwig Schmid, in denen festgestellt

---

198 Denk/Hauch, Schreiben des BMW-Betriebsrats München an den Staatssekretär Höltermann im Staatsministerium für Sonderaufgaben, 14.04.1947, StAM SpKa Karton 4589, Hille Fritz.

199 Ebenda.

200 Gassner/Denk, Eidesstattliche Erklärung des Betriebsrates der Bayerischen Motoren Werke AG zum Spruchkammerverfahren des Falles Fritz Hille, 19.08.1947, StAM SpKa Karton 4589, Hille Fritz.

201 Ebenda.

wurde, dass im Werk Allach Zwangsarbeiter geschlagen und sogar gehängt worden waren. Inwiefern Hille in diese Vorgänge persönlich verwickelt sei, sei unklar. Zusätzlich fanden KZ-Häftlinge, die bei BMW arbeiten mussten, Erwähnung. Wie deren Einsatz bzw. Anforderung vonseiten des Unternehmens ablief, war dem Betriebsrat jedoch nicht bekannt. Aufsicht und Unterbringung seien Aufgabe der SS und anderer NSDAP-Organe gewesen.[202] Trotz dieser schweren Vorwürfe blieb die Spruchkammer bei ihrem Urteil. Außerdem widersprach sie dem Vorwurf, dass der Betriebsrat im ersten Verfahren nicht gehört worden sei.[203] Schlussendlich wurde Hille im Dezember 1948 sogar als Mitläufer noch günstiger eingestuft.[204]

Stellt man die Einschätzungen zu Wrba und Hille einander gegenüber, so mussten sich beide dem Vorwurf stellen, sich nicht gegen die nationalsozialistische Rüstungspolitik gestemmt zu haben. Anhand der verfügbaren Quellen lassen sich jedoch zwei entscheidende Unterschiede ausmachen. In Hilles Entnazifizierungsverfahren wurde der Betriebsrat von sich aus mit einem Protestschreiben aktiv und forderte eine Revision des Urteils. Dies und die erwähnte „starke Erregung“ der Belegschaft über das erste Urteil sind deutliche Hinweise darauf, dass Hille eine sehr viel größere Schuld zur Last gelegt wurde als Wrba. Vergrößert wurde diese Schuld noch dadurch, dass es Wissen über konkrete Misshandlungen und sogar Tötungen von Zwangsarbeitern und den Einsatz von KZ-Häftlingen unter Hilles Ägide gab. Zwar wird wie bereits bei Wrba hierzu festgestellt, dass man zur persönlichen Schuld und Verwicklung Hilles nichts sagen könne, aber der Vorwurf einer unterschwelligen Billigung der Vorkommnisse wird bei Hille konkreter.

Besonders kritisch und aktiv verfolgte der Betriebsrat die Entnazifizierung von Chlodwig Schmid. Schmid war gelernter Mechaniker und hatte vor seiner Zeit bei BMW im Luftschiffbau und bei der Waffenfabrik Mauser gearbeitet. Seit 1930 war er NSDAP-Mitglied. 1923 trat er in die BMW AG ein. Zunächst war er Lagerverwalter, anschließend Werkzeugausgeber. 1933 wurde er zum Betriebsobmann des Münchner Werkes berufen, 1934 zum Hauptbetriebsobmann für den gesamten BMW-Konzern.[205]

Die Entnazifizierung von Schmid stieß über die Werksgrenzen hinaus auf Interesse. So berichtete die *Süddeutsche Zeitung* in dem sarkastischen Artikel „Der harmlose Clodwig [sic]“ im Juni 1946 über Schmids Rolle bei BMW und

---

202 Ebenda.

203 Beschluß der Spruchkammer Starnberg über eine Wiederaufnahme des Verfahrens gegen Hille, 19.04.1948, StAM SpKa Karton 4589, Hille Fritz.

204 Endgültiger Spruch der Spruchkammer Starnberg im Verfahren gegen Hille, 06.12.1948, StAM SpKa Karton 4589, Hille Fritz.

205 Biographie Chlodwig Schmid, vgl. BMW UN-1016-1,

seine Vergehen. Besonders empörte sich der Autor darüber, dass Schmid, der für tot gehalten wurde, es geschafft habe, 20 Unterschriften vorzulegen, die seine nichtnationalsozialistische Gesinnung bestätigten. Darüber würde sich die große Zahl von Münchnern, die unter ihm zu leiden gehabt hätten, doch sehr wundern. Mit bitterer Ironie wurde gefragt, ob Schmid womöglich gar kein NSDAP-Mitglied gewesen sei? Am Ende sei er „nur ein ganz ‚harmloser' Henkersknecht der Gestapo" gewesen.[206] Für die vorliegende Untersuchung hat der Fall Schmid zum einen wegen dieses öffentlichen Interesses besonderes Gewicht, und zum anderen, da zwei persönliche Aussagen von Betriebsräten überliefert sind. Franz Denk kannte Schmid sogar persönlich, denn dieser war bis 1933 sein Vorgesetzter gewesen.[207]

Denk schilderte in einer eidesstattlichen Erklärung, die von fünf Betriebsratsmitgliedern unterzeichnet wurde, dass Schmid zunächst der Arbeiterbewegung nahegestanden hatte und sogar SPD-Mitglied gewesen sei. Ende der 1920er Jahre habe er sich jedoch hiervon gelöst, sei 1930 in die NSDAP eingetreten und habe begonnen, für den Nationalsozialismus im Betrieb zu werben. Mit der Machtübernahme der Nationalsozialisten und seiner neuen Aufgabe als Betriebsobmann habe Schmid sein Verhalten verändert und den Nationalsozialismus aggressiv propagiert. Bei Nichtkonformität habe er Verweise oder Geldstrafen ausgesprochen, ein Fernbleiben zu den Veranstaltungen am 1. Mai habe dem Vertrauensrat nunmehr als „Verbrechen" gegolten und „wurde mit allen zur Verfügung stehenden Mitteln bestraft".[208] Diese Aussage steht im eklatanten Widerspruch zu den bereits oben genannten Versicherungen, dass es bei BMW keine Drangsalierungen von Nicht-NSDAP-Mitgliedern gegeben habe. Unter Schmid soll sich außerdem eine Form des Nepotismus etabliert haben, da Beförderungen und Werkswohnungen nur noch an Personen vergeben worden seien, die der Partei oder einer NS-Organisation angehörten. Bei Widerstand bzw. Nichtanerkennung seiner Autorität soll Schmid dies sofort an die Gestapo gemeldet haben, wodurch Belegschaftsmitglieder in Untersuchungshaft kamen oder zur Wehrmacht eingezogen wurden. Im Allgemeinen wurde der Umgang mit Beschwerdeführern aus der Belegschaft als „äußerst rauh [sic]" beschrieben und konnte auch „brutale Formen" annehmen.[209]

206 Pol.: Theorie und Praxis, 5. Folge unserer zeitgemäßen Betrachtungen. Der harmlose Clodwig, in: Süddeutsche Zeitung vom 20.06.1946.

207 Franz Denk/Augustin Kaiser/Heinrich Gassner/Johann Höhn/Johann Hauch: Eidesstattliche Erklärung von Franz Denk zum Entnazifizierungsverfahren von Chlodwig Schmid, 09.08.1946, StAM SpKa Karton 1631, Chlodwig Schmid.

208 Ebenda.

209 Ebenda.

Die Unternehmensleitung nahm Schmid dagegen angeblich nicht für voll, er sei nur ein nützliches „Paradestück“ und als politischer Türöffner wichtig gewesen.[210] Inwiefern Schmid eine aktive, persönliche Rolle bei den Misshandlungen von Zwangsarbeitern in Allach und Eisenach spielte, war dem Betriebsrat nicht bekannt. Franz Denk und der Betriebsrat schlossen mit dem eindeutigen Urteil, dass die Belegschaftsmitglieder „Schmid als Aktivisten [betrachten]“ und „großen Wert darauf [legen], daß er die verdiente Strafe erhält“.[211] Diese Vorwürfe erneuerte Denk auch öffentlich in Schmids Spruchkammerverfahren.[212] Die Meinung der Belegschaft über Schmid sei sehr schlecht und im Werk werde oft die Frage gestellt, „[w]ie lange läuft der Schmid noch herum, warum wird er nicht eingesperrt?“[213] Eduard Messthaler, ein BMW-Betriebsrat aus dem Werk Allach, sagte ebenfalls aus.[214] Messthaler konnte zwar über keine persönlichen Erfahrungen berichten, hielt Schmid jedoch für die Vorkommnisse im Betrieb für verantwortlich, ohne dabei konkret zu werden. Er bestätigte Misshandlungen von Zwangsarbeitern und sah Schmid, wie die Belegschaft auch, als „Aktivist im wahrsten Sinne des Wortes“.[215] Damit übernahmen die Betriebsräte vollumfänglich die Vorwürfe aus obigem SZ-Artikel.[216]

In Summe sagten inklusive Messthaler und Denk 15 Personen gegen und nur drei für Schmid aus. Schmid wies alle Vorwürfe von sich, einzig seine Versuche, die Mitarbeiter von den nationalsozialistischen Ideen zu überzeugen, gestand er ein. Letztlich urteilte die Spruchkammer, dass Schmid als Hauptschuldiger einzuordnen sei. Schmid galt der Spruchkammer als „die Kurbel des politischen Motors bei BMW“ und zentrale Figur „eines über den riesen [sic] Konzern geworfenes politisches Spinnennetz, dessen Fäden bei dem Betroffenen zusammen liefen“.[217] Das verhängte Strafmaß betrug vier Jahre Arbeitslager und den Einzug seines Vermögens.[218] Über das Urteil und die direkt daran anschließende Verhaftung Schmids berichtete die *Süddeutsche*

210 Ebenda.

211 Ebenda.

212 Protokoll des Spruchkammerverfahrens gegen Chlodwig Schmid, 23.09.1946, StAM SpKa Karton 1631, Chlodwig Schmid.

213 Ebenda.

214 Ebenda.

215 Ebenda.

216 Pol., Theorie und Praxis, 5. Folge unserer zeitgemäßen Betrachtungen.

217 Protokoll des Spruchkammerverfahrens gegen Chlodwig Schmid, 23.09.1946, StAM SpKa Karton 1631, Chlodwig Schmid.

218 Ebenda.

Zeitung ebenfalls.[219] Im Laufe des Jahres 1947 wurde das Verfahren wieder neu aufgenommen. Schließlich musste sich der Betriebsrat auf der Betriebsversammlung im April 1947 sogar dafür rechtfertigen, dass Schmid trotz der deutlichen Formulierungen in dem Gutachten des Betriebsrates immer noch zu gut weggekommen sei. Dem wurde entgegengehalten, dass aus der Belegschaft selbst nur sehr wenige Angaben gekommen seien und man nach wie vor zu den Aussagen aus dem Gutachten stehe.[220] Diese Sichtweise bekräftigte wenig später auch die Werksleitung. Schmid hatte um deren Stellungnahme zu seinem Urteil gebeten. Kurt Deby (Oberingenieur der technischen Werksleitung und Leiter der Demontage) und Heinrich Krafft von Dellmensingen (kaufmännische Leitung) entlasteten Schmid mit der Angabe, dass ihnen keine tätlichen Übergriffe Schmids auf Zwangsarbeiter bekannt seien. Auch nach dem Aufruf des Betriebsrates an die Belegschaft, sich zu diesem Thema zu melden, seien keine Zeugen vorgetreten.[221] Im nächsten Verfahren wurde Schmid im November 1948 in die Gruppe der Belasteten eingeteilt und zu 21 Monaten Arbeitslager verurteilt, die aber aufgrund seiner bisherigen Internierungszeit seit 1946 bereits abgegolten waren. Außerdem wurden nur 10 Prozent seines Vermögens eingezogen.[222] Bei einer abermaligen Revision 1949 wurde Schmid schließlich als Mitläufer eingeordnet.[223]

Die Einschätzung der Öffentlichkeit und der Belegschaft bzw. des Betriebsrates sind im Falle Schmids sehr viel eindeutiger und einheitlicher. Alle Akteure legten großen Wert darauf, dass Schmid im Spruchkammerverfahren zur Rechenschaft gezogen wurde. Auch die Aussagen und Stellungnahmen des Betriebsrates waren weit weniger defensiv als bei Popp, Wrba oder Hille. Sie beriefen sich auch nicht auf Hörensagen ohne Beweise. Diese konkreten Anschuldigungen spiegelten sich auch in dem ersten Urteil aus dem September 1946 wider, das Schmid als Hauptschuldigen einordnete. Umso verwun-

---

219 o. V.: Chlodwig im Arbeitslager. Die Spruchkammer urteilt, in: Süddeutsche Zeitung vom 27.09.1946.

220 o.V./Franz Denk?, Rede des Betriebsrats auf der Betriebsversammlung München, 21.04.1947, BMW UA-156-1; dies scheint kein BMW-Spezifikum gewesen zu sein. Denselben Vorwurf musste sich auch der Hoesch-Betriebsrat anhören, dem vorgeworfen wurde, „daß wir die Kleinen packen und die Großen unbescholten lassen." Lauschke, 2000, Die Hoesch-Arbeiter und ihr Werk, S. 112.

221 Kurt Deby/Heinrich von Krafft-Dellmensingen: Stellungnahme der BMW Geschäftleitung (v. Krafft, Deby) zum Urteilsspruch über Chlodwig Schmid, 06.05.1947, StAM SpKa Karton 1631, Chlodwig Schmid.

222 Zweiter Spruch im Entnazifizierungsverfahren gegen Chlodwig Schmid, 03.11.1948, StAM SpKa Karton 1631, Chlodwig Schmid.

223 Dritter Spruch im Entnazifizierungsverfahren gegen Chlodwig Schmid, 01.06.1949, StAM SpKa Karton 1631, Chlodwig Schmid.

derlicher ist die Ambivalenz der Belegschaft, die einerseits dem Betriebsrat ein zu mildes Gutachten vorwarf und auf eine Verurteilung Schmids Wert legte, während sie selbst nur sehr wenige Aussagen vortrug. Dies mag mit der starken Fluktuation infolge des Kriegsendes und in der Nachkriegszeit zusammenhängen. Oder Schmid war ein bereitwillig genutzter Sündenbock, um vom eigenen Verhalten abzulenken.

Will man die Ereignisse bei BMW in der Nachkriegszeit im Münchner Werk rekapitulieren, lassen sich mehrere Dinge festhalten. Grundsätzlich sind die Unterschiede zur allgemeinen Entwicklung in den Unternehmen und den Betriebsräten in Deutschland gering. Es standen zunächst pure Notwendigkeiten im Mittelpunkt, vor allem das Überleben des Betriebes und die Erhaltung der Arbeitsplätze. Auch bei BMW konstituierte sich der Betriebsrat sehr schnell, und wie seine Pendants andernorts bemühte er sich zunächst, die Grundbedürfnisse der Belegschaft sicherzustellen. Dies reichte von der Beschaffung von Wohnraum über die Bereitstellung von Gegenständen des täglichen Bedarfs bis hin zur Versorgung mit Lebensmitteln. Später kamen die Betriebsordnung und die Entlohnung zur Sprache, im Mittelpunkt standen dennoch weiterhin die elementaren Bedürfnisse. Der Betriebsrat setzte dabei auf enge Kooperation mit der Unternehmensführung. Eine besondere Interessenkongruenz zwischen Arbeitnehmervertretern und Werksleitung bestand im gemeinsamen Wunsch, das Werk zu erhalten und eine neue Friedensproduktion aufzubauen. Hier aktivierte der Betriebsrat sämtliche ihm zur Verfügung stehenden Ressourcen und Kontakte. Neben direkten Appellen an die amerikanische Besatzungsmacht nutzte er Verbindungen in die Lokalpolitik und zum Bayerischen Gewerkschaftsbund. Das übergreifende, sicherlich auch instrumentelle Argument war dabei immer, dass der Neuaufbau eines demokratischen Staatswesens nur möglich sei, wenn der Bevölkerung auch ein vernünftiges wirtschaftliches Auskommen ermöglicht werde. Deshalb müsse das Werk München erhalten bleiben. Gegenüber dem Bayerischen Gewerkschaftsbund verwies der Betriebsrat sogar auf den hohen gewerkschaftlichen Organisationsgrad der Belegschaft, um Druck auszuüben. Damit fallen die BMW-Betriebsräte nicht aus der „Norm“, sondern sind ein weiteres Beispiel für die „Trümmerbetriebsräte“, die deutschlandweit mit ähnlichen Problemlagen konfrontiert waren und für vergleichbare Ziele kämpften.

Einzig aus der speziellen Lage, in der sich das Unternehmen BMW fand, lassen sich Unterscheidungen zu anderen Unternehmen herausarbeiten. Die Amerikaner erlaubten eine Friedensproduktion im Münchner Werk erst verhältnismäßig spät, und wegen der Demontagen musste sie weitgehend ohne vorhandene Produktionsmittel aufgebaut werden. Dies beeinflusste nicht nur die Entwicklung der Firma, sondern langfristig auch die Entwicklung der Mitbestimmung bei BMW. Dazu gehört auch, dass das Werk München bis 1952 besetzt war und BMW nicht vollumfänglich zur Verfügung stand. Insofern begann sich in dieser Zeit erst langsam eine neue betriebliche Sozialordnung herauszubilden. Sie war hauptsächlich von den Umständen der Nachkriegszeit geprägt: Klassische Themen einer Arbeitnehmervertretung waren (noch) nicht so wichtig und der gesetzliche Rahmen fehlte noch. Dadurch war alles im Fluss und es konnten sich noch keine eingespielten Handlungsmuster etablieren. Die Entscheidungen des Betriebsrates waren von den individuellen Erfahrungen und Optionen geprägt, sodass mikropolitische Beweggründe überwogen. Einzig die Kooperation zwischen Unternehmensführung und Betriebsrat mit dem Ziel, das Unternehmen bzw. die eigenen Arbeitsplätze zu erhalten, lässt sich als handlungsleitende Konstante herausfiltern. Damit ähnelte der BMW-Betriebsrat anderen Betriebsräten, wie z. B. bei Hoesch.[224]

Die Betriebsräte aus diesem Zeitabschnitt einem der Betriebsratstypen nach Kotthoff klar zuzuordnen, ist nicht möglich, da sich sowohl der Betriebsrat als auch das Unternehmen in einer Sondersituation befanden. Am ehesten zeigte der BMW-Betriebsrat Elemente einer „kooperativen Gegenmacht", ohne aber diese Beschreibung vollumfänglich zu erfüllen. Dieser Typus zeichnet sich dadurch aus, dass sich sowohl der Betriebsrat als auch die Geschäftsleitung von einer Zusammenarbeit mehr erhofften als von einem Konflikt. Auch das Merkmal, dass der Betriebsrat eine ambivalente, also je nach Nutzen unterstützende oder distanzierende Haltung gegenüber der Gewerkschaft einnimmt, trifft für BMW zu, wenn auch vor allem mit der Forderung, den BMW-Betriebsräten bei ihren Forderungen unter die Arme zu greifen.[225]

Anhand der Entnazifizierung gelingt es nicht nur, das Verhalten des Betriebsrates zu analysieren, sondern es können auch vorsichtige Rückschlüsse auf die Mitarbeiter direkt gezogen werden. Dabei gab die Belegschaft ein durchaus zwiespältiges Bild ab. Einerseits drohte eine ganze Abteilung beispielsweise geschlossen mit der Kündigung, sollte ein ehemaliges NSDAP-Parteimitglied als ihr Vorgesetzter zurückkehren. Auch kam es zu Unmut über ein zu mildes Gutachten des Betriebsrates im Rahmen der Spruchkammerprozesse. Andererseits gab es aus der Belegschaft wenig Rückmeldungen zu Aufrufen im Kontext der Entnazifizierungsverfahren, teilweise opponierte sie sogar gegen diese Aufrufe mit Schmierereien. Das war jedoch kein spezifisches Charakteristikum von BMW.[226] Der Betriebsrat selbst war hingegen rege an der Entnazifizierung beteiligt. Er schrieb nicht nur Gutachten, auch

224 Lauschke, 2000, Die Hoesch-Arbeiter und ihr Werk, S. 117 f.
225 Kotthoff, 1994, Betriebsräte und Bürgerstatus, S. 303–312.
226 Birke/Dribbusch, 2013, Bewegtes „Wirtschaftswunder", S. 242.

einzelne Mitglieder sagten aus, trotz frühzeitiger Zweifel an der Effektivität der Maßnahmen. Neben den Gutachten setzte er sich gleichermaßen aktiv für die Verurteilung bestimmter Personen ein oder sprach sich für eine vorgezogene Urteilsfindung aus, weil der Betreffende alsbald wieder für BMW tätig werden sollte, und forderte damit implizit eine mildere Verurteilung. Dieses Engagement wurde besonders bei den Verfahren über die vormalige Unternehmensführung deutlich, die nicht nur von der Belegschaft, sondern auch von der Öffentlichkeit aufmerksam verfolgt wurden. Allerdings zeigten sich hier abermals die so typischen Widersprüche, die das Handeln der Betriebsräte in der Nachkriegszeit prägten. Was den Einsatz und die Behandlung von Zwangsarbeitern anging, urteilte der Betriebsrat beispielsweise sehr unterschiedlich, aber immer aus einer äußerst defensiven Position heraus mit dem Argument, dass man mit keinem direkten Betroffenen sprechen könne.

Auch hinsichtlich des Verhältnisses der Unternehmensführung zum NS-Staat berief man sich, wenig glaubhaft, auf Unwissenheit. Eine echte Be- oder Verurteilung unterblieb, mit der Ausnahme von Chlodwig Schmid. Besonders im Hinblick auf die Behandlung der Zwangsarbeiter ist diese Unwissenheit anzuzweifeln, war deren umfangreicher Einsatz doch im ganzen Unternehmen nicht zu übersehen. Deutlich kritisiert wurde dagegen die einseitige Ausrichtung des Unternehmens auf die Kriegswirtschaft, die nach Kriegsende die Existenz von Unternehmen und Arbeitsplätzen bedrohte. Hier stellte der Betriebsrat eine Kontinuität her, welche die Krise der Nachkriegszeit den damaligen Entscheidern direkt zur Last legte. Umso widersprüchlicher wirkt es, wenn das Werk München gegenüber den Gewerkschaften und den amerikanischen Besatzungsbehörden als „Friedenswerk" stilisiert wird. Insofern entsprachen die Vorgänge bei BMW in München und im Betriebsrat den Tendenzen der Zeit.

KAPITEL 3

Das Werk Allach: Ein standfester Betriebsrat mit zwei Kontrahenten, 1945–1955

Die US-Armee hatte bereits früh den Entschluss gefasst, das Werk Allach als Reparaturwerkstatt für Fahrzeuge zu nutzen. So erteilte sie bereits im Juni 1945 der dortigen Werksleitung, Wilhelm Dorls und Lorenz Dietrich, den Auftrag, das Werk auf diesen Einsatz vorzubereiten. Am 4. Juli 1945 wurde das Karlsfeld Ordnance Depot (KOD) eingerichtet.[1] Betriebsbereit war es aber erst im September 1945. Um zu verhindern, dass das Werk unter die Bestimmungen der Potsdamer Konferenz fallen und somit die für das KOD notwendigen Anlagen und Maschinen demontiert würden, wurde es am 3. August, rückwirkend zum 26. Juni 1945, von der US Army beschlagnahmt.[2] Am 5. Oktober 1945 überantwortete die US-Armee BMW den Betrieb des KOD. BMW hatte dafür zu sorgen, dass sowohl genügend Maschinen als auch Personal vorhanden waren, um die Aufträge zu erfüllen. Jedoch behielt sich die US-Armee vor, den Umfang der Aufträge jederzeit zu reduzieren oder diese gar ganz auszusetzen.

Der Allacher Maschinenpark wurde nur moderat demontiert, es herrschte kein Mangel an Rohstoffen.[3] Damit unterschied sich die Situation im Allacher Werk ganz erheblich von der in München. Auch die rechtliche Lage war eine andere. Die amerikanischen Besatzungsbehörden vertraten den Standpunkt, dass Allach mit Geldern des Reiches aufgebaut worden sei und als reines Rüstungswerk fungiert habe. Damit begründeten sie die Beschlagnahmung und betrachteten das Werk als nicht mehr zu BMW gehörig. BMW beharrte hingegen darauf, dass es nach wie vor Unternehmenseigentum sei.[4] Dass das Allacher Werk den Auftrag als Reparaturwerkstatt vom 5. Oktober 1945 zu einer Zeit erhalten hatte, als es der US-Armee noch untersagt war, mit deutschen Unternehmen Geschäfte zu machen, machte alles noch komplizierter.[5] Erst

1 Wagner, 2005, Die BMW-Werke 1945–1949 unter den drei Besatzungsmächten USA, UdSSR und Großbritannien, S. 43–45.

2 Seidl, 2002, Die Bayerischen Motorenwerke (BMW) 1945–1969, S. 16 f.

3 Ebenda, S. 21 f; Wagner, 2005, Die BMW-Werke 1945–1949 unter den drei Besatzungsmächten USA, UdSSR und Großbritannien, S. 43–45.

4 Werner, 2006, Kriegswirtschaft und Zwangsarbeit bei BMW, S. 363–365.

5 Wagner, 2005, Die BMW-Werke 1945–1949 unter den drei Besatzungsmächten USA, UdSSR und Großbritannien, S. 45–48.

im Herbst 1948 schuf ein rechtlich unverbindliches *agreement* eine fundiertere Grundlage für die Zusammenarbeit. Allerdings verweigerte die US-Armee ihre Unterschrift mit Rücksicht auf die unklare rechtliche Situation.[6] Nichtsdestotrotz sollte das *agreement* als Basis der Zusammenarbeit dienen.[7] Diese unklare Regelung sollte im späteren Verlauf auch erheblichen Einfluss auf das Personal in Allach haben.

1 Die Zusammensetzung der Belegschaft und permanente Konflikte mit der US-Armee

Die unsichere rechtliche Lage machte für BMW eine langfristige Konzeption für das Werk nahezu unmöglich. Besonders in der Personalplanung erwies sich dies als nachteilig, weil es nicht gelang, eine Stammbelegschaft an das Werk zu binden.[8] Nichtsdestotrotz stieg die Mitarbeiterzahl von 1945 bis 1946 rasant von 725 auf 7.000 Personen.[9] Die Herkunftsorte waren dabei sehr heterogen, was vor allem auf die Art der Gründung bzw. den Ausbau des Werkes im Krieg und die dadurch fehlende Stammbelegschaft zurückzuführen war.[10] Nach Kriegsende kamen die Mitarbeiter aus den unterschiedlichsten Ländern Europas und verschiedenen sozialen Schichten. Es ergab sich „ein buntes Bild der verschiedensten Auffassungen“, was auch zu Konflikten führte.[11] Einen besonders großen Teil der Belegschaft stellten die 3.000 Vertriebenen dar.[12] Dieser hohe Anteil war durchaus im Interesse von BMW; so machte bspw. der Freistaat Bayern die vorrangige Einstellung von Vertriebenen zu einer Voraussetzung bei der Gewährung von Krediten.[13] Mit dem

---

6 Seidl, 2002, Die Bayerischen Motorenwerke (BMW) 1945–1969, S. 33 f.

7 Headquarter KOD an BMW Werksleitung, betr.: KOC-BMW Agreement vom 25.10.1948, 24.01.1949, BMW UA-103-1.

8 Seidl, 2002, Die Bayerischen Motorenwerke (BMW) 1945–1969, S. 16 f.

9 Denkschrift des Betriebsrates der BMW AG, Werk Allach, über die jetzige Lage des Werkes und die Entwicklung in der Zukunft, 15.04.1950, BMW UA-156-1, hier S. 4.

10 Die fehlende Stammbelegschaft könnte auch ein Grund für die komplett fehlende Überlieferung zur Entnazifizierung sein. Zur Geschichte des Werkes Allachs und dem Zwangsarbeitereinsatz dort vgl. Werner, 2006, Kriegswirtschaft und Zwangsarbeit bei BMW, S. 168–190.

11 Welche Konflikte konkret gemeint sind, wird in dieser Denkschrift des Betriebsrates nicht ausgeführt, Denkschrift des Betriebsrates der BMW AG, Werk Allach, über die jetzige Lage des Werkes und die Entwicklung in der Zukunft, 15.04.1950, BMW UA-156-1, S. 7.

12 Seidl, 2002, Die Bayerischen Motorenwerke (BMW) 1945–1969, S. 35.

13 Ebenda, S. 88.

Beginn der 1950er Jahre gelang es, die Personalsituation einigermaßen zu beruhigen.[14] Die Zusammensetzung der Belegschaft hatte, wie bei anderen Unternehmen der Automobilindustrie, Einfluss auf die Themen der Mitbestimmung im Werk.[15] Im Gegensatz zum Münchner Betriebsrat gibt es zur Gründung des Allacher Betriebsrates keinerlei Überlieferung, es bleibt also unklar, wie er sich zwischen Besatzungsmacht und Unternehmensleitung konstituierte. In den Quellen wird der Allacher Betriebsrat sogar erst ab 1950 sichtbar.

Der Allacher Betriebsrat befand sich in „einem Dreieck mit zwei Kontrahenten“, Besatzungsmacht und Werksleitung, was seine Arbeit nicht leichter machte.[16] Bis Herbst 1949 schien das Miteinander in Allach funktioniert zu haben. Das änderte sich mit der Berufung von Lieutenant-Colonel Robert Masters als neuem Leiter des KOD im November 1949. Der Betriebsrat empfand dies als „einschneidende Zäsur“.[17] Unter Masters waren sowohl die Beziehungen zwischen US-Armee und Betriebsrat als auch zwischen US-Armee und BMW erheblichen Belastungen ausgesetzt. Der Betriebsrat sah sogar „wichtige Fragen des Sozial-, Arbeits-, und Tarifrechts für die Belegschaft gefährdet“.[18] Innerhalb kürzester Zeit brachte Masters sowohl die Belegschaft und den Betriebsrat als auch die Unternehmensleitung gegen sich auf, indem er zum Beispiel die Arbeitsqualität kritisierte und die Nutzung des BMW-Zeichens verbot.[19] Außerdem ließ er Schreibtische und andere Büromöbel an einem Samstag auf unerlaubte Gegenstände kontrollieren. Dazu zählten auch Besteck, Brotzeitdosen und Lebensmittel. Besonders die Letzteren kritisierte er, da dies Ungeziefer anlocke. Für die Mitarbeiter war die Durchsuchung unübersehbar, denn die unerlaubten Gegenstände waren auf die Schreibtische gelegt worden.[20] Masters betrachtete die Büroausstattung als US-Regierungseigentum, BMW bestritt dies.

---

14 Denkschrift des Betriebsrates der BMW AG, Werk Allach, über die jetzige Lage des Werkes und die Entwicklung in der Zukunft, 15.04.1950, BMW UA-156-1, S. 7.

15 Owetschkin, 2016, Vom Verteilen zum Gestalten, S. 92–94; ebenso aber auf einer allgemeineren Ebene, vgl. Kotthoff, 1994, Betriebsräte und Bürgerstatus, S. 30.

16 Kurt Volkmann: Protokoll einer Besprechung am 02.02.1950 im H. Q. des KOD, 02.02.1950, BMW UA-103-1, hier S. 6.

17 Denkschrift des Betriebsrates der BMW AG, Werk Allach, über die jetzige Lage des Werkes und die Entwicklung in der Zukunft, 15.04.1950, BMW UA-156-1, S. 8–12.

18 Ebenda.

19 Seidl, 2002, Die Bayerischen Motorenwerke (BMW) 1945–1969, S. 34 f; Schriftverkehr bzgl. Durchsuchung von Schreibtischen, 25.09.1950–26.10.1950, BMW UA-103-1.

20 Schriftverkehr bzgl. Durchsuchung von Schreibtischen, 25.09.1950–26.10.1950, BMW UA-103-1.

Die Allacher Werksleitung versuchte die Wogen zu glätten, indem sie darauf hinwies, dass Besteck in der Kantine nicht zur Verfügung gestellt werde. Außerdem sei es in der deutschen Industrie Usus, am Arbeitsplatz auch private Dinge aufzubewahren.[21] Der Betriebsrat zeigte sich über das Vorgehen höchst irritiert und verärgert. Die Durchsuchung in Abwesenheit allein hätte schon erheblichen Unmut in der Belegschaft erzeugt. Würde nun auch der Vorwurf der unsauberen Verhältnisse bekannt, wäre der Ärger noch sehr viel größer. Solche Überprüfungen sollten laut Betriebsrat, wenn überhaupt, nur in Anwesenheit der zu überprüfenden Person und zusätzlich eines Betriebsrates und/oder Vertrauensmannes erfolgen.[22] Ein Beschwerdebrief des Betriebsrates an den Land Commissioner for Bavaria Frantz Loriaux fasste diesen Vorfall als große Belastung für die Zusammenarbeit von Deutschen und Amerikanern auf, schließlich könne „man nur etwas verteidigen [...], was jedem als verteidigungswert erscheint". Diese Verteidigung sollte „gemeinsam Arm in Arm und ohne Deklassierung und Misstrauen geschehen".[23] Dass es gerade in einem Betrieb mit amerikanischer Beteiligung zu solchen Misstönen zwischen Amerikanern und Deutschen kam, konnte freilich nicht im Interesse der USA sein und war ein gefundenes Fressen für kommunistische Parteigänger im beginnenden Kalten Krieg. Masters hatte Betriebsrat und Belegschaft mit seinem Misstrauensbeweis auf eine subalterne Position verwiesen. Implizit wurde dem Land Commissioner nun mitgeteilt, man könne unter diesen Umständen nicht erwarten, dass die Allacher Belegschaft für das freiheitlich-demokratische und kapitalistische System der USA Partei ergreife. Der Allacher Betriebsrat löste den Konflikt damit aus dem betrieblichen Kontext und hob ihn auf die ideologische Ebene der Ost-West-Konfrontation des Kalten Krieges.

Der Argwohn zwischen Betriebsrat und Masters schlug sich auch in der temporären Suspendierung des Betriebsrates Walter Hohberg nieder. Masters hatte Hohberg zu sich nach Hause eingeladen, wo die beiden auch Betriebsratsthemen diskutierten. Dazu war Hohberg als Einzelner laut Geschäftsordnung des Betriebsrates allerdings nicht befugt. Außerdem wurde Hohberg vorgeworfen, (Falsch-)Informationen aus dem Betriebsrat an Masters durchzustecken, weshalb Hohberg für 25 Betriebsratssitzungen suspendiert und ein

21 Ebenda.
22 Ebenda.
23 Ebenda.

Gewerkschaftsverfahren eingeleitet wurde. Masters wertete diese Entscheidung des Betriebsrates als „unfreundliche Geste“ gegenüber seiner Person.[24]

Diese Konflikte wurden auch außerhalb des Werkes bekannt. Kommunistische Zeitungen versuchten sie für eine Radikalisierung der Belegschaft zu nutzen. Dass dies nicht im Interesse der USA sein könne, versuchte der Bezirksleiter der IG Metall in Bayern Erwin Essl auf einem Treffen mit dem Betriebsrat und den Besatzungsbehörden zu verdeutlichen.[25] Die kommunistische Zeitung *Bayerisches Volksecho* behandelte das Werk Allach im Zeitraum von 1952 bis 1954 insgesamt neun Mal. Dabei war das Feindbild mitnichten nur die USA. Auch der Betriebsrat sah sich harscher Kritik ausgesetzt, insbesondere im Zuge der Diskussion über eine Wiederbewaffnung Westdeutschlands. Das *Volksecho* unterstellte dem Allacher Betriebsrat hier, insbesondere dem Vorsitzenden Kurt Volkmann, eine „amerikahörige Einstellung“.[26] Die Wiederbewaffnungsdebatte erstreckte sich vom Ende 1940er Jahre bis in die erste Hälfte der 1950er Jahre und fand ihren Schlusspunkt in der Gründung der Bundeswehr Ende 1955. 1952 stand noch die Gründung einer Europäischen Verteidigungsgemeinschaft im Raum, gegen die aus verschiedenen politischen Richtungen und von der Sowjetunion heftig opponiert wurde, um eine Westbindung der Bundesrepublik zu verhindern.[27] Am 10. Februar 1952 kam es in München zu einer außerordentlichen Landesbezirkskonferenz des DGB, die den Aufbau einer militärischen Organisation in der Bundesrepublik per Resolution einstimmig ablehnte.[28] Mit dieser „Bayerische[n] Rebellion“ positionierten sich die Delegierten klar gegen den Willen der führenden Gewerkschaftsfunktionäre.[29] Der Allacher Betriebsrat lehnte die Resolution öffentlich ab mit der Begründung, dass die Wiederbewaffnung eine politische Entscheidung sei und deshalb keine Angelegenheit der Betriebsräte und Gewerkschaften, sondern der Parteien.[30] Das *Volksecho* berichtete über eine Versammlung

---

24 Schriftverkehr Masters/Betriebsrat Allach bzgl. Betriebsrat Hohberg, 07.07.1950–06.12.1950, BMW UA-103-1.

25 Volkmann, Protokoll einer Besprechung am 02.02.1950 im H. Q. des KOD, 02.02.1950, BMW UA-103-1, S. 2.

26 Volkskor: Entlassung von 500 BMW-Arbeitern bevorstehend, in: Bayerisches Volksecho vom 28.06.1952, S. 2.

27 Zur gesamten Wiederbewaffnungsdiskussion vgl. Heinrich August Winkler: Der lange Weg nach Westen. Deutsche Geschichte II. Vom „Dritten Reich“ bis zur Wiedervereinigung, München, 2014, S. 144–166.

28 IG Metall Verwaltungsstelle München/Laus (Hrsg.), 90 Jahre Gewerkschaft Metall München 1891–1981, S. 86 f.

29 Pirker, 1960, Die blinde Macht. Erster Teil 1945–1952, S. 233–236.

30 Kurt Volkmann/Hahn: Entschliessung des Betriebsrat des Werkes Allach, 14.02.1952, BMW UA-81-1; damit vertrat der Allacher Betriebsrat das Legalitätsprinzip, welches spä-

von IG-Metall-Vertrauensleuten, auf der diese Stellungnahme heftig kritisiert und dem Betriebsrat unterstellt wurde, dass die Ablehnung der Resolution wohl mit dem amerikanischen Einfluss in Allach in Zusammenhang stehe.[31]

Das *Volksecho* nahm zudem die personalpolitischen Entscheidungen im Allacher Werk zum Anlass, um den ideologischen Gegner zu attackieren. Wiederholt berichtete das Blatt, dass es in Allach auf Druck der US-Armee zu Entlassungen gekommen sei.[32] Die kommunistische Orientierung der Entlassenen habe dabei auch eine Rolle gespielt, bei der Entlassung des Mitarbeiters Georg Biberger sei sie gar als Kündigungsgrund genannt worden.[33] Dieser Vorwurf ist nicht von der Hand zu weisen. In der Tat gab es eine Klausel in der Arbeitsordnung von Allach, die die Belegschaft darauf verpflichtete, sich sowohl im Betrieb als auch außerhalb „in einer Weise [zu] benehmen, die ein gutes Licht auf Sie und die US-Besatzungsmacht wirft. Sie sind verpflichtet […], die Gesetze der deutschen und amerikanischen Behörden Folge [sic] zu beachten und den Geist der Zusammenarbeit mit Ihren Kollegen und in der Öffentlichkeit zu pflegen." Bei Verstößen drohten Abmahnungen oder gar die fristlose Kündigung.[34]

Mit dieser schwammigen Formulierung war freilich ein Abmahnungs- oder Kündigungsgrund leicht zu finden. Der Vorwurf der politischen Selektion der Belegschaft ist also plausibel und passt auch in den Zeitgeist der

---

ter auch von den DGB Gewerkschaften übernommen wurde, vgl. IG Metall Verwaltungsstelle München/Laus (Hrsg.), 90 Jahre Gewerkschaft Metall München 1891–1981, S. 86 f.

31 Volkskor: Unfaßbarer Beschluß des Betriebsrates der BMW Allach. Vertreterversammlung IG Metall München verteidigt Beschluß der DGB-Landesdelegiertenkonferenz vom 10.2., in: Bayerisches Volksecho vom 15.03.1952, S. 2; zum Widerstand in der IGM Bayern gegen die Wiederbewaffnung vgl. Horst Klaus: Die Entwicklung von Grundsätzen zur Aufstellung von Tarifforderungen, in: Jörg Hofmann/Jürgen Wechsler (Hrsg.), Vom Wiederaufbau zur Arbeit 4.0. IG Metall Bayern: 70 Jahre Fortschritt durch Tarifpolitik, Hamburg, 2017, S. 98–104, hier S. 99.

32 BVE: Gg. Biberger „fristlos" und mit „Kündigungsfrist" von der BMW-Leitung entlassen, in: Bayerisches Volksecho vom 30.06.1952; o. V.: Georg Biberger klagte vor dem Arbeitsgericht gegen die Werksleitung, in: Bayerisches Volksecho vom 21.10.1952; EB: BMW-Arbeiter leisten Widerstand!, in: Bayerisches Volksecho vom 24.02.1954; EB: Hexenjagd bei BMW Allach. Gesinnungsschnüffelei a la McCarthy soll Belegschaft weich machen, in: Bayerisches Volksecho vom 27.02.1954; EB: McCarthy wütet in BMW, in: Bayerisches Volksecho vom 08.03.1954; EB: Amis jagen Betriebsräte davon. Erst kamen die Kommunisten dran, jetzt Terror gegen alle, in: Bayerisches Volksecho vom 12.03.1954; EB: BMW Allach – aufgepaßt!, in: Bayerisches Volksecho vom 23.04.1954.

33 BVE, Gg. Biberger „fristlos" und mit „Kündigungsfrist" von der BMW-Leitung entlassen; zur Entlassung weiterer Personen vgl. folgende Artikel: Volkskor, Entlassung von 500 BMW-Arbeitern bevorstehend, S. 2; EB, McCarthy wütet in BMW.

34 Headquarters Munich Military Post: Einführung in die Arbeitsbedingungen, undatiert, BMW UA-103-1, hier S. 2.

McCarthy-Ära,[35] ebenso wie ein Fragebogen für die Angestellten über deren Lebenslauf, Familie, Mitgliedschaften in Organisationen usw.[36] Dieser „viel zu weitgehende[...] Fragebogen [...], der sogar nach Verwandten in der Ostzone [...] frage", war für den Allacher Betriebsrat eine weitere Grenzüberschreitung. Er befürchtete sogar einen neuen, „noch inquisitorischer[en]" Fragebogen.[37] Der bayerische Ministerrat diskutierte diese Entlassungen und ihren möglichen politischen Hintergrund ebenfalls, konnte sie aber nicht rückgängig machen.[38]

Grundlage all dieser Konflikte war immer die offene Frage nach den Besitzverhältnissen des Allacher Werkes. Solange sie nicht geklärt war, blieben die jeweiligen Rechte und Pflichten unklar. Jürgen Seidl hat den genauen Hergang der juristischen Auseinandersetzungen, die Kreise bis in die Bayerische Staatskanzlei und nach Bonn zogen und zu der umfangreiches Material im Bayerischen Hauptstaatsarchiv vorhanden ist, bereits beschrieben.[39] Für diese Arbeit ist nur entscheidend, dass der Rechtsstreit weit über die Schließung des KOD 1955 andauerte und erst 1959 endete.[40] Für die Arbeitnehmer(-vertretung) blieb dieser Schwebezustand mit all seinen Folgen also bis zum Ende des KOD bestehen, obwohl auch versucht wurde, über die Politik Einfluss zu nehmen. So schrieb der Betriebsrat direkt an den Parteivorsitzenden der SPD Kurt Schumacher, der sich daraufhin an den amerikanischen Hohen Kommissar John Jay McCloy wandte:[41]

---

35 Zur McCarthy-Ära und der beginnenden ideologischen Konfrontation im Kalten Krieg vgl. Bernd Stöver: Der Kalte Krieg 1947–1991. Geschichte eines radikalen Zeitalters, München, 2011, S. 227–237.

36 EB, Hexenjagd bei BMW Allach.

37 Protokoll der Aufsichtsratssitzung vom 01.03.1954, 06.04.1954, BMW UA-143-2, hier S. 8 f.

38 Vgl. Andreas Wirsching/Margit Ksoll-Marcon: Die Protokolle des Bayerischen Ministerrats, 1945–1962. Das Kabinett Ehard III, 18. Dezember 1950 bis 14. Dezember 1954, Berlin, Boston, 2023, S. LXXIX.

39 Vgl. Seidl, 2002, Die Bayerischen Motorenwerke (BMW) 1945–1969, S. 33–48; zur Überlieferung im Bay. Hauptstaatsarchiv vgl. Korrespondenz zwischen BMW, Vertretern der bayerischen Landesregierung, dem bayerischen Ministerpräsidenten Ehard und amerikanischen Stellen, Oktober 1946–März 1950, BayHStA StK 14557; Korrespondenz und Sitzungsunterlagen zwischen BMW, amerikanischen Stellen und Vertretern der bay. Landesregierung (Wirtschaftsministerium), 1948–1950, BayHSta MWi 13328; Hundt/Prietsch: Schreiben der Werksleitung an das Sachverständigen-Komitee zur Klärung der zwischen KOD und BMW bestehenden Differenzen auf wirtschaftlichem Gebiet, 21.03.1950, BayHStA MWi 13330; außerdem ein umfangreiches Konvolut zu dem Rechtsstreit hier: BayHStA MWi 13329,

40 Seidl, 2002, Die Bayerischen Motorenwerke (BMW) 1945–1969, S. 42.

41 Schreiben Kurt Schumachers an McCloy, 14.11.1950, AdsD 1/ARAA002799.

> Praktisch gibt es jetzt sehr viele Schwierigkeiten und Unerträgliches. Keiner weiss mehr, ist die US-Army Arbeitgeber oder ist sie Kunde. Das Verhältnis der Arbeiter zur Werksleitung wird immer stärker zersetzt. Die Arbeiter und Angestellten sind sich darüber klar, dass ihr formal zu den BMW bestehendes Arbeitsverhältnis für sie immer wertloser wird. Der eigentliche Partner ist Lt. Col. Masters, und dieser steht in der Ausübung seiner tatsächlichen wie auch der angemassten Rechte auf einem völlig autoritären Standpunkt. Dadurch steigert sich die Unruhe im Betrieb und die Sorge um den Arbeitsplatz von Tag zu Tag. Alle antidemokratischen Kräfte [gemeint sind die Kommunisten, M. R.], deren Politik eine Verschlechterung des Verhältnisses der deutschen Arbeitnehmer zu den Amerikanern ist, ziehen daraus ihren Nutzen.[42]

Deutlich wird, wie belastend die unklare Situation für die Beschäftigten gewesen sein muss. Schumachers Intervention blieb nicht ohne Wirkung. Im Januar 1951 besuchte eine Kommission bestehend aus drei amerikanischen Offizieren und zwei Gewerkschaftsvertretern Allach, mit denen die Beschwerden des Betriebsrates diskutiert wurden.[43]

Im Gespräch wurden die unterschiedlichen kulturellen Hintergründe zwischen Amerikanern und Deutschen deutlich. Dem besten Produktionsergebnis des Jahres stand Masters' Vorwurf der ungenügenden Leistung gegenüber. Er drohte sogar damit, in Zukunft nur noch amerikanische Vorgesetzte einzusetzen, wenn keine Besserung eintrete. Während der Betriebsratsvorsitzende Kurt Volkmann sich darüber beschwerte, für diese Kritik an seiner Belegschaft nie einen Beleg bekommen zu haben, reagierten die amerikanischen Offiziere amüsiert auf Masters' Drohung. Für sie war das ein adäquates Verhalten, um die Arbeiter zu noch besserer Leistung anzutreiben.[44] Wenig überraschend reagierte Volkmann sehr verärgert.[45] Trotzdem war er froh, dass durch Schumacher überhaupt Bewegung in die Sache gekommen war. Aus seiner Bitte an Schumacher, seinen Antwortbrief nicht nach Allach, sondern an den SPD-Ortsverein zu senden, spricht aber auch sein fortwährendes Misstrauen den

42 Ebenda, S. 3. Kurt Schumacher war am 15.12.1949 im Werk Allach für eine Rede über das Petersberger Abkommen, die prinzipiellen Umstände dürften ihm also persönlich bekannt gewesen sein, vgl. Artikel im Südostkurier, Jahrgang 4, Nr. 149, Seite 12, 1949, AdsD 2/KSAA000049.

43 Schreiben des Allacher Betriebsratsvorsitzenden Kurt Volkmann an Kurt Schumacher bzgl. Werk Allach, 06.01.1951, AdsD 1/ARAA002831.

44 Ebenda.

45 Ebenda.

Amerikanern gegenüber, schwingt doch hier der Vorwurf einer Verletzung des Briefgeheimnisses mit.[46]

Trotz aller Versuche zur Vermittlung blieben die Beziehungen zwischen dem Allacher Betriebsrat und der US-Armee äußerst angespannt. Die Schwierigkeiten mit Masters nahmen nicht ab. Essl vermutete dahinter gar „reine Böswilligkeit",[47] Siggi Neumann vom Referat der Betriebsorganisation der SPD beschrieb die Führung des Werkes als „im Stil[e] eines Kolonialregimes" und schlug eine kleine Anfrage im Bundestag vor.[48] John McCloy gestand gegenüber Schumacher ein, dass die deutsche Kritik an den Problemen in Allach berechtigt sei, die alle in der verfahrenen rechtlichen Situation wurzelten. Er bat Schumacher und den Betriebsrat bis zu deren Klärung um Geduld.[49]

Für die Belegschaft bedeutete das etwa, dass es zu unterschiedlichen Ansprüchen auf Sozialleistungen kam[50] und es unklar war, ob überhaupt deutsches Arbeitsrecht gelte. Mit der Unsicherheit, ob das Werk zum Arbeitgeberverband der Bayerischen Metall- und Elektroindustrie VBM gehörte, ging die Frage einher, inwiefern überhaupt Tarifverträge galten.[51] Letzteres war einer der Gründe, weshalb im Werk Allach im „Bayernstreik" 1954 nicht gestreikt wurde bzw. der Streik nicht erlaubt war, trotz einer Zustimmung von 95 Prozent der Belegschaft.[52] 1954 gab es vonseiten der US-Armee auch die Überlegung, die Belegschaft des Allacher Werkes über eine andere Firma zu beschäftigen, was der Betriebsrat entschieden ablehnte, weil dadurch die Ansprüche der Belegschaft gegenüber BMW verloren gehen würden. Man vertrat die Position, dass die Belegschaft zwar für die US-Armee arbeite, der Arbeitgeber aber nach wie vor BMW sei. Entsprechend sei das deutsche Arbeitsrecht anzuwenden.[53]

---

46 Ebenda.

47 Abschrift eines Briefes von Erwin Essl (IG Metall) an Frantz Loriaux, Labor Affairs Division, 14.03.1951, AdsD 1/ARAA002827.

48 Schreiben Siggi Neumanns (Referat Betriebsorganisation SPD) an Kurt Schumacher, 06.04.1951, AdsD 1/ARAA002827.

49 Übersetzung eines Schreibens von McCloy an Schumacher, 11.06.1951, AdsD 2/KSAA000310.

50 Korrespondenz des Allacher Betriebsrates mit Kurt Schumacher bzgl. Werk Allach, 1950–1951, AdsD 1/ARAA002798.

51 Rosa Schaumberger: Aktennotiz zur Sitzung der Betriebsräte des Werkes I u. II im Gewerkschaftshaus, 26.09.1951, BMW UA-2615-1.

52 Abstimmungsergebnisse einzelner bek. Betriebe, ca. Juli 1954, BMW UA-2688-1; Seidl, 2002, Die Bayerischen Motorenwerke (BMW) 1945–1969, S. 66.

53 Protokoll der Aufsichtsratssitzung vom 01.03.1954, 06.04.1954, BMW UA-143-2, S. 8 f; Seidl, 2002, Die Bayerischen Motorenwerke (BMW) 1945–1969, S. 66.

Das Werk Allach und die Auseinandersetzungen mit Robert Masters stehen exemplarisch für eine konfrontative Beziehung zwischen dem lokalen Vertreter der Besatzungsmacht und einem deutschen Unternehmen bzw. dessen Belegschaft und Betriebsrat in der Nachkriegszeit. In anderen Betrieben, wie z. B. bei Volkswagen in Wolfsburg, entwickelte sich mit dem dortigen britischen Offizier Ivan Hirst eine harmonische Zusammenarbeit. In beiden Fällen wird die große Abhängigkeit der Werke von den alliierten Treuhändern deutlich, in Wolfsburg im positiven, in Allach im negativen Sinne.[54]

2 Ringen um den Erhalt von Arbeitsplätzen

Neben all diesen rechtlichen und zwischenmenschlichen Problemen waren das Werk Allach und dessen Belegschaft von einem jederzeit möglichen Abzug der US-Armee bedroht.[55] Heikel war für BMW vor allem, dass man in diesem Fall nicht genügend Arbeit für das Personal und die Nutzung der Maschinen garantieren konnte. Da das KOD zeitweise der größte metallverarbeitende Betrieb Bayerns war,[56] rief dies auch die Politik auf den Plan. Bereits 1949 wandte sich der BMW-Aufsichtsratsvorsitzende Hans Karl von Mangoldt-Reiboldt an den bayerischen Wirtschaftsminister Hanns Seidel.[57]

Im Frühjahr 1950 sollten sich die Befürchtungen bewahrheiten, als die US-Armee zum ersten Mal ihren Abzug aus dem Werk für das kommende Jahr ankündigte.[58] In einer umfangreichen Denkschrift stellte der Betriebsrat seine Sichtweise hierzu dar:

> Zusammenfassend muß gesagt werden, daß das Werk Allach nach seinem Aufbau [1936–1945, M. R.] […] niemals den Intentionen der Firma BMW entsprungen wäre. Die Aufblähung […] war nach dem Zusammenbruch in ein Nichst [sic] zusammengefallen. Der Auftrag der [US] Armee pumpte das Werk Allach wieder übernormal auf und heute stehen wir vor der Tatsache, daß das Werk

---

54 Richter, 2013, Ivan Hirst, S. 119.

55 Seidl, 2002, Die Bayerischen Motorenwerke (BMW) 1945–1969, S. 21 f.

56 Karl Adolf Müller: Das Karlsfeld Ordnance Depot (KOD) 1945–1955 im requierierten Werk II (Allach) der Bayerischen Motorenwerke AG (BMW) oder die KOD-Zeit 1945–1955, 1978, BMW UA-1232-1, hier S. 21; der Besuch des bayerischen Arbeitsministers Krehle und des Wirtschaftsministers Seidel bei einer Betriebsversammlung im März 1950 unterstreicht die Bedeutung für die bayerische Wirtschaft ebenfalls vgl. Seidl, 2002, Die Bayerischen Motorenwerke (BMW) 1945–1969, S. 36.

57 Hans Karl von Mangoldt: Mangoldt an Wirtschaftsminister Seidel, 29.04.1949, BayHStA MWi 13326, hier S. 4.

58 Mönnich, 2004, BMW, S. 711–713.

> […] nach Auslauf der amerikanischen Aufträge wie ein großer Körper ohne Blut sein wird. Diese nach modernsten Gesichtspunkten geplante Produktionsstätte darf jedoch nicht verfallen […]. Den [finanziellen, M. R.] Verpflichtungen der Firma BMW, die sie aus dem Betriebsrat unbekannten Gründen, aber seiner Ansicht zumindest sehr leichtsinnig übernommen hat, kann sie nach dem Ausscheiden der [US] Armee […] nicht mehr nachkommen. Damit hat sie [die Firma BMW, M. R.] das Recht verwirkt, hier noch Forderungen zu stellen, wenn sie auf der anderen Seite nicht in der Lage ist, gerechte Forderungen der Arbeiter zu erfüllen. Die Arbeiterschaft des Werkes ist entschlossen ihr Geschick in die eigenen Hände zu nehmen und verlangt, bei den zukünftigen Beratungen über das Schicksal des Werkes […] entscheidend mitbeteiligt zu werden […] und erhebt an alle Stellen die Forderung, die Mitwirkung der Belegschaft anzunehmen und ihr Hilfe in jeder Art und Weise angedeihen zu lassen. Die Denkschrift ist der klare Beweis dafür, daß die BMW ihrer Aufgabe, für Beschäftigung zu sorgen und aus eigener Kraft zu wirtschaften, nicht nachkommen kann und es müssen neue Wege beschritten werden, um zu dem Ziel zu gelangen, das uns allen vorschwebt: Vollbeschäftigung, gerechter Lohn für gute Leistungen und Mitbeteiligung der Belegschaft an der Gestaltung ihres ferneren Schicksals.[59]

Diese Position vertrat der Betriebsrat nicht nur intern, sondern auch in der Öffentlichkeit auf einer Kundgebung im Circus Krone[60] und gegenüber staatlichen Stellen.[61] Insofern kann man diese Forderung nach einer Beteiligung in den Kontext der parallel stattfindenden Diskussion über die zukünftige (Montan-)Mitbestimmung in der Bundesrepublik einordnen.[62] Einen Vorschlag,

---

59 Denkschrift des Betriebsrates der BMW AG, Werk Allach, über die jetzige Lage des Werkes und die Entwicklung in der Zukunft, 15.04.1950, BMW UA-156-1, S. 25 f.

60 Mönnich, 2004, BMW, S. 719.

61 Robert Michalke: BMW-Betriebsrat Allach an Wirtschaftsminister Seidel, 21.04.1950, BayHStA MWi 13326.

62 Zur Einführung der Montan-Mitbestimmung bzw. des BetrVG 1952 vgl. Milert/Tschirbs, 2015, Die andere Demokratie, S. 393–421; Däubler/Kittner, 2020, Geschichte der Betriebsverfassung, S. 341–352; Abelshauser, 2011, Deutsche Wirtschaftsgeschichte, S. 355–360; aus der Retrospektive besonders interessant hinsichtlich der Bewertung des BetrVG 1952 als Niederlage der Gewerkschaften: Werner Milert: Fluides Gedächtnis. Betriebsräte in der gewerkschaftlichen Erinnerungskultur, in: Stefan Berger/Wolfgang Jäger/Ulf Teichmann (Hrsg.), Gewerkschaften im Gedächtnis der Demokratie. Welche Rollen spielen soziale Kämpfe in der Erinnerungskultur?, Bielefeld, 2022, S. 431–457; Peter J. Katzenstein: Stability and Change in the Emerging Third Republic, in: Peter J. Katzenstein (Hrsg.), Industry and Politics in West Germany. Toward the Third Republic, Ithaca, N.Y, 1989, S. 307–353, hier S. 343; Stefan Müller/Lothar Wentzel: Die Verhältnisse klären, das Handeln stärken. Die Bildungsarbeit des Deutschen Metallarbeiter-Verbandes und

was mit dem Werk Allach passieren sollte, hatte der Betriebsrat auch schon: Die geplante Autoproduktion von BMW sollte nach Allach kommen.[63] Konkreter beschrieb Kurt Volkmann im August 1950 in der IG-Metall-Zeitung *Metall* die damit verbundenen Vorstellungen. Das Ziel war, rund 2.600 bis 3.000 Personen mit der Produktion von BMW-Automobilen Arbeit zu verschaffen. Zusätzlich sollte zunächst auch der Reparaturbetrieb der Amerikaner erhalten werden, das würde weitere 3.000 Personen beschäftigen. Dazu müsste der Freistaat Bayern BMW allerdings einen Kredit in Höhe von 10 Mio. DM gewähren, wobei diese Summe laut dem bayerischen Wirtschaftsminister Seidel nicht vorhanden sei. Deshalb sollte ein längerer Verbleib der Amerikaner verhandelt werden.[64] Der Allacher Betriebsrat verstand sich demnach als aktiv handelnder, gestaltender Akteur und wartete nicht passiv ab, um auf etwaige Entscheidungen der Amerikaner und des Unternehmens zu reagieren.

Die Möglichkeit einer Freisetzung von mehreren tausend Personen infolge einer Schließung des KOD veranlasste Hanns Seidel, sich direkt an Hochkommissar McCloy zu wenden, um die genauen Pläne der Amerikaner zu erfahren. Nur so sei auch von bayerischer Seite eine Planung möglich, wie das Werk in der Zukunft verwendet werden sollte. Von besonderer Brisanz war für Seidel dabei der hohe Anteil an Vertriebenen in der Belegschaft, die bei der gegenwärtigen wirtschaftlichen Lage nicht so schnell wieder eine neue Stelle finden würden.[65] Deshalb bat er McCloy so schnell wie möglich um Informationen, um zu verhindern, dass es aufgrund schlechter Kommunikation ohne Not zu Entlassungen komme, mit dementsprechenden sozialen Folgen, die wiederum auf die Amerikaner und die Staatsregierung zurückfallen würden.[66] Essl ver-

---

der IG Metall, in: Jörg Hofmann/Christiane Benner (Hrsg.), Geschichte der IG Metall. Zur Entwicklung von Autonomie und Gestaltungskraft, Frankfurt am Main, 2019, S. 438–464, hier S. 445; Milert/Tschirbs, 2015, Die andere Demokratie, S. 419; zeitgenössisch und dahingehend interessant, weil der Allacher Betriebsrat Michalke den Entwurf des BetrVG 1952 gutheißen würde, wenn denn nur der Inhalt des Gesetzes der Öffentlichkeit besser erklärt würde, Volkskor, Unfaßbarer Beschluß des Betriebsrates der BMW Allach, S. 2.

63 Denkschrift des Betriebsrates der BMW AG, Werk Allach, über die jetzige Lage des Werkes und die Entwicklung in der Zukunft, 15.04.1950, BMW UA-156-1, S. 14 f.

64 Kurt Volkmann: Schwierigkeiten und Möglichkeiten in den BMW-Werken München, in: METALL, 03.08.1950, BMW UA-449-1; in diesem Zusammenhang ist wohl auch die Bemerkung Goldas zu verstehen, dass er die Automobilproduktion nach Allach holen wollte, aber München schließen. Mönnich, 2004, BMW, S. 1012 f; bm-magazin, 1978, BMW UI-2027-14, S. 25.

65 Hanns Seidel: Bay. Wirtschaftsminister Seidel an den Hochkommisar McCloy, 21.04.1950, BayHStA MWi 13326, hier S. 2 f.

66 Ebenda, S. 4.

suchte ebenfalls sein Möglichstes, um ein Gespräch mit McCloy zum Thema Allach zu arrangieren. Er schrieb an A. V. Kern vom Office of Labor, Verbindungsmann zwischen den deutschen und amerikanischen Gewerkschaften, und an Hans Böckler, den Vorsitzenden des DGB.[67] Der Brief an Kern ist damit auch ein Beispiel für die transnationalen Kontakte zwischen den amerikanischen und deutschen Gewerkschaften.[68]

Das Krisentreffen vom 22. Mai 1950 mit 18 Vertretern der US-Armee, des bayerischen Staates, des DGB und der IG Metall sowie von BMW und der Allacher Arbeitnehmervertretung dürfte mit diesen Bemühungen in Zusammenhang gestanden haben. Bei dieser Besprechung bekräftigte der BMW-Technikvorstand Kurt Donath das Interesse von BMW an einem Verbleib des KOD in Allach aufgrund der finanziellen und personellen Situation.[69] Masters selbst berichtete, dass er wiederholt den entscheidenden Stellen vorgeschlagen habe, sämtliche Ordnance Depots der Amerikaner aus ganz Europa in Allach zu konzentrieren. Darauf wollte er weiter hinwirken.[70] Ähnlich wie bei den bereits beschriebenen innerbetrieblichen Konflikten betonte der Allacher Betriebsratsvorsitzende Kurt Volkmann, wie bedeutend der Erhalt von Arbeitsplätzen war, um Unzufriedenheit und eine politische Radikalisierung der Belegschaft zu verhindern. Ganz besonders aufgrund der großen Anzahl der Vertriebenen und der hohen Arbeitslosigkeit sei der Erhalt des Allacher Werkes auch eine politische Frage, denn „[o]ur political work is dif-

---

67 Erwin Essl (IG Metall Bezirksleitung München) an Hans Böckler (DGB) / Erwin Essl an A. V. Kern, Office of Labor, 05.05.1950, AdsD 5/IGM160103.

68 Hierzu umfangreich: Werner Link: Deutsche und amerikanische Gewerkschaften und Geschäftsleute 1945–1975. Eine Studie über transnationale Beziehungen, Düsseldorf, 1978.

69 Minutes of Meeting held at the request of the Chief, Labor Affairs Division, Office of the Land Commissioner for Bavaria, 22.05.1950, BayHStA MWi 13326, hier S. 3 f. Die Teilnehmer waren: Frantz G. Loriaux, Chief Labor Affairs Division, Office of the Land Commissioner for Bavaria; Jacob Fullmer, Chief, Industry Branch, Economic Affairs, Office of the Land Commissioner for Bavaria; Lt. Col. Robert E. L. Masters, Commanding Officer, Karlsfeld Depot; aus dem bayerischen Wirtschaftsministerium der Minister Hanns Seidel und der Ministerialrat Josef Drexl; der ehemalige bayerische Innenminister Josef Seifried (SPD); aus dem bayerischen Arbeitsministerium der Minister Heinrich Krehle und der Ministerialdirektor Richard Oechsle; Lorenz Hagen, Bezirksleiter des DGB für Bayern, und sein Stellvertreter Gustav Schiefer; Josef Wachter, Gewerkschaftssekretär der IG Metall in Bayern; aus dem Vorstand von BMW: Kurt Donath, Hanns Grewenig, Heinrich Krafft von Dellmensingen; als Vertreter des Werks Allach: Direktor Werner Prietsch, Prokuristen Max Poehlein und Hugo Krambeck; Kurt Volkmann, Betriebsratsvorsitzender von Allach.

70 Dieser Vorschlag Masters kann dabei auch ein Hinweis darauf sein, dass die Konflikte zwischen Masters und dem Betriebsrat sich nicht auf das Werk Allach als solches bezogen, sondern allein auf das Miteinander im Werk, ebenda, S. 7; 15.

ficult enough […]. If any arguments are brought up and we are not in position to answer to the point then our position is endangered. The other side will immediately take advantage of this.“[71] Volkmann positionierte den Betriebsrat damit nicht mehr als eine reine Arbeitnehmerinteressenvertretung, sondern sah das Gremium auch als ein politisches Instrument, das als Gegengewicht gegen den Kommunismus Bedeutung hatte.[72] Abgesehen vom gemeinsamen Ziel, das Werk Allach zu erhalten, trafen die Anwesenden keine konkreten Beschlüsse. Die Unsicherheit über das Schicksal des Werkes blieb bestehen. Essl war im Juni 1950 sogar von der endgültigen Entscheidung zur Schließung überzeugt.[73] Volkmann forderte noch im August 1950 den vollen Einsatz der bayerischen Staatsregierung, um dem entgegenzuwirken.[74] Durch den Ausbruch des Koreakrieges wurde das Thema jedoch auf unbestimmte Zeit vertagt, weil bei den Amerikanern nun wieder ein erhöhter Bedarf an Reparaturleistungen entstand und ein Abzug damit nicht mehr zur Diskussion stand.[75]

BMW stritt weiterhin, mit staatlicher Unterstützung, um das Eigentumsrecht, ausbleibende Mietzahlungen der US-Armee für die Nutzung des KOD und die langfristige Zukunft des Werkes. Erst 1953 wurde ein Vergleich geschlossen. Die Differenz zwischen dem eigentlich von BMW geforderten Betrag von rd. 36 Mio. DM und dem tatsächlichen gezahlten Betrag von 10,6 Mio. DM blieb allerdings gewaltig. Bis dahin blieb das Thema Allach ungelöst und beschäftigte besonders 1952 die bayerische Landespolitik.[76] In einer Sitzung des Wirtschaftsausschusses des Bayerischen Landtages im Oktober 1952 wurde ausführlich darüber diskutiert. Aus der Sicht des Bayernpartei-Abgeordneten August Geislhöringer war Allach eine „Angelegenheit wirtschaftspolitisch und sozialpolitisch […] ersten Ranges“, für den SPD-Abgeordneten Martin Albert waren die Zustände „unerträglich“ und bedurften einer schnellen Lösung.[77] Für Wirtschaftsminister Seidel war vor allem die nach wie vor tickende arbeitsmarktpolitische Bombe ein Problem: Die bei einer kurzfristig jederzeit möglichen Schließung Entlassenen wären nicht so

71 Ebenda, S. 13–15.

72 Dieses politische Selbstverständnis lässt sich auch bei anderen Betriebsräten, wie z. B. Ford, nachweisen, vgl. Owetschkin, 2016, Vom Verteilen zum Gestalten, S. 82 f.

73 Neidhardt: Aktenvermerk, betr.: BMW-Werk, Mü-Allach, Besuch von Dr. Drexl und Dr. Neidhardts bei Dr. Ritscher, 23.06.1950, BayHStA MWi 13326.

74 Volkmann, Schwierigkeiten und Möglichkeiten in den BMW-Werken München, in: METALL, 03.08.1950, BMW UA-449-1.

75 Seidl, 2002, Die Bayerischen Motorenwerke (BMW) 1945–1969, S. 37.

76 Ebenda, S. 37–40.

77 Protokoll der 61. Sitzung des Ausschusses für Wirtschaft und Verkehr des Bayerischen Landtages, 17.10.1952, BayHStA MF 79874, hier S. 11 f.

schnell bei anderen Arbeitgebern unterzubringen.[78] Es sei also unabdingbar, dass die US-Armee endlich ihre langfristigen Pläne bekanntgebe, damit sich sowohl der Freistaat als auch BMW vorbereiten könnten. Dazu gehöre auch die Schaffung einer vertraglichen Grundlage, um BMW das zustehende Geld und den Mitarbeitern eine grundlegende Arbeitsplatzsicherheit zu gewähren.[79] Der Wirtschaftsausschuss schlug schließlich vor, und diesem Vorschlag folgte auch der Landtag, dass die bayerische Landesregierung über die Bundesregierung Einfluss auf die US-Armee nehmen sollte, einen Vertrag mit BMW zu schließen, der zum einen die Mietzahlungen an BMW regelte und in dem zum anderen festgelegt werden sollte, dass ein Abzug der US-Armee langfristig angekündigt werden müsse.[80] Um seiner Forderung besonderen Nachdruck zu verleihen, beschloss der Wirtschaftsausschuss bei nur einer Enthaltung, danach die Tagesordnung zu schließen, „da der behandelte Komplex wichtig genug sei, ihn zum Inhalt einer Protestsitzung zu machen".[81] Die Bundesregierung wurde trotz der Bitte des Bayerischen Landtags nicht tätig, um keine Spannungen in den diplomatischen Beziehungen zu den USA entstehen zu lassen.[82] Vielleicht war in Bonn aber auch schon der Beschluss der US-Armee, zum Januar 1953 abziehen zu wollen, bekannt.[83] Letztlich verschob sich der Abzug bis zum 30. Juni 1955. Zwar beauftragte der Aufsichtsrat von BMW noch den Vorstand, eine Zwischenlösung zu finden, um die Belegschaft zu halten,[84] die darauf zielenden Verhandlungen blieben jedoch ohne Erfolg.[85]

Demzufolge wurden allein im Juni 1955 über 3.000 Arbeitnehmer freigestellt.[86] Der Entschluss der Münchner Werke zu einer gemeinsamen Personalpolitik, der die bevorzugte Einstellung von entlassenem Personal des anderen Werkes vorsah,[87] ermöglichte es, dass 1954 immerhin 110 Allacher in das

78 Ebenda, S. 8 f.

79 Ebenda, S. 9 f.

80 Seidl, 2002, Die Bayerischen Motorenwerke (BMW) 1945–1969, S. 38 f.

81 Protokoll der 61. Sitzung des Ausschusses für Wirtschaft und Verkehr des Bayerischen Landtages, 17.10.1952, BayHStA MF 79874, S. 18.

82 Seidl, 2002, Die Bayerischen Motorenwerke (BMW) 1945–1969, S. 39.

83 Vgl. Hanns Seidel: Wirtschaftsminister Seidel an den BMW-Vorstand, 30.10.1952, BayHStA MWi 13327; Hanns Seidel: Wirtschaftsminister Seidel an Ministerpräsident Hans Erhard, 30.10.1952, BayHStA MWi 13327.

84 Protokoll der Aufsichtsratssitzung vom 01.09.1954, 03.11.1954, BMW UA-155-2, hier S. 13.

85 Seidl, 2002, Die Bayerischen Motorenwerke (BMW) 1945–1969, S. 42.

86 Bericht Allach (1955), Herbst 1955, BMW UA-155-2, hier S. 1.

87 Schriftverkehr zwischen Betriebsräten Allach und München mit dem Vorstand bzgl. gemeinsamer Personalpolitik, 03./22.07.1952, BMW UA-81-1.

Werk München wechselten. Mehr sei dem Münchner Betriebsratsvorsitzenden Albert Michl zufolge nicht möglich gewesen.[88] An anderer Stelle heißt es, dass zwischen 200 und 250 Allacher wechseln konnten.[89] Der Rest der Belegschaft wurde zum überwiegenden Teil von MAN angestellt, die die nördliche Hälfte des Allacher Werksgeländes 1955 erwarb.[90] Im verbliebenen südlichen Teil des Geländes richtete BMW zunächst einen kleinen Werkzeugbau mit rund 150 Mitarbeitern ein.[91]

Vergleicht man die Entwicklung des Stammwerkes und des Allacher Werkes, wird deutlich, dass sich die Startbedingungen fundamental unterschieden. Während das Stammwerk eine bis 1922 zurückreichende Geschichte hatte und sich eine Stammbelegschaft hatte bilden können, wurde das Allacher Werk während des Krieges für die Massenfertigung von Flugmotoren aus dem Boden gestampft. Eine Stammbelegschaft konnte sich damit vor 1945 nicht etablieren. Eine wichtige Rolle spielten die US-Armee und die Einrichtung des KOD. Zwar war die US-Armee auch im Stammwerk präsent, dieses war auf sie wirtschaftlich aber nicht angewiesen. Allach hingegen stand ohne die Aufträge der US-Armee vor dem Aus, denn BMW konnte eine Beschäftigung für die vielen tausend Mitarbeiter nicht gewährleisten. Die unklare rechtliche Situation bildete dabei die Wurzel aller Probleme, seien es die Konflikte des Betriebsrates mit Robert Masters oder die Gefahr eines plötzlichen Abzugs der Armee. Beides prägte die Mitbestimmung vor Ort. Dabei zeigte sich der Betriebsrat als selbstbewusster Akteur. Besonders der Betriebsratsvorsitzende Kurt Volkmann scheute die Auseinandersetzung nicht und bediente sich umfangreicher außerbetrieblicher Ressourcen, wenn er vor Ort kein Gehör fand. Die Korrespondenz mit Kurt Schumacher und anderen Vertretern der SPD sowie mit Vertretern der IG Metall zeugt hiervon.

Der Allacher Betriebsrat verstand sich nicht nur als reine Arbeitnehmervertretung. Über die Kontakte in die SPD und in die Gewerkschaft sah er sich als ein demokratisches Organ. Am deutlichsten wird dies in dem wiederholten Hinweis auf die Gefahr der politischen Radikalisierung der Belegschaft durch den Kommunismus, unabhängig davon, ob es um Konflikte mit Masters oder die Arbeitsplatzsicherung ging. Indem der Betriebsrat die Interessen der Belegschaft gegenüber den Amerikanern verteidigte, konnte er sich einerseits als wirkmächtige Arbeitnehmervertretung darstellen und anderer-

88 o. V.: Rede auf der Betriebsversammlung im Werk München, 15.07.1954, BMW UA-156-1, hier S. 1 f.

89 bm-magazin, 1978, BMW UI-2027-14, S. 25.

90 Seidl, 2002, Die Bayerischen Motorenwerke (BMW) 1945–1969, S. 44–47.

91 Bericht Allach (1955), Herbst 1955, BMW UA-155-2, S. 3.

seits als antikommunistische Verteidigung der liberalen Weltanschauung profilieren. Inwiefern diese politische Ausrichtung der Einflussnahme der Amerikaner auf die Zusammenstellung der Belegschaft zu verdanken war, aus der sich wiederum der Betriebsrat rekrutierte, muss unklar bleiben. Insbesondere hinsichtlich der politischen Positionierung unterschied sich damit der Allacher Betriebsrat erheblich vom Betriebsrat des Stammwerkes, was, wie zu zeigen sein wird, zu erheblichen Konflikten zwischen den beiden Gremien führte.

Die Situation im Allacher Werk schlug sich auch in der besonderen betrieblichen Sozialordnung nieder, die in den zehn Jahren des Bestehens des KOD (1945–1955) entstand. Die unklare rechtliche Lage des Werkes beeinflusste die Mitbestimmung grundlegend, denn es eröffneten sich dadurch ganz andere Kooperations- oder Konfrontationsfelder. Darüber hinaus gab es keine klassische Gegenüberstellung von Arbeitnehmer- und Arbeitgeberinteressen, denn die US-Armee spielte eine entscheidende, wenn nicht sogar die entscheidende Rolle im Werk. Analog zur Nachkriegszeit hatten Arbeitnehmer und Arbeitgeber das gemeinsame Interesse, das KOD im Werk zu halten. Die bestimmende Konfliktlinie lässt sich stattdessen eher zwischen den amerikanischen Vertretern und den Deutschen ziehen. Überwölbt wurde dieses machtpolitische Dreieck (Betriebsrat – Unternehmen/Betriebsleitung – US-Armee) von den ideologischen Gegensätzen des Kalten Krieges. Durch die Anwesenheit der Amerikaner hatten innerbetriebliche Konflikte eine sehr viel weitreichendere Dimension, galt es doch, Anhängern des Kommunismus keine Angriffsfläche zu bieten. Die Ablehnung des Kommunismus einte die US-Amerikaner und den Betriebsrat und konnte von Letzterem in der besonderen Situation des Kalten Krieges auch zur Wahrnehmung seiner Interessen instrumentalisiert werden. Insofern ist es sogar fraglich, ob für Allach überhaupt von einer rein „betrieblichen" Sozialordnung gesprochen werden kann. Schließlich lässt sich die Situation ohne Berücksichtigung der außerbetrieblichen Faktoren, der Requirierung des Werkes als Reparaturbetrieb und der Gegensätze des Kalten Krieges überhaupt nicht erklären. Genau diese Faktoren prägten das Handeln des Betriebsrates auf der Mikroebene des Betriebs.

Vergleicht man das Wirken des Allacher Betriebsrates mit den Betriebsratstypen nach Kotthoff, dann trifft am ehesten der Typ des respektierten, standfesten Betriebsrates zu. Die Beschreibungen dieses Typs lassen sich direkt auf Allach übertragen: Es gab dort definitiv „eine Art der Kooperation und des Miteinander-Zurandekommens [...], die durch häufige konfliktäre Elemente geprägt war".[92] Allein schon durch die vielen Kontakte in die Arbeiterbewe-

92 Kotthoff, 1994, Betriebsräte und Bürgerstatus, S. 65.

gung und durch den Kampf in „einem Dreieck mit zwei Kontrahenten"[93] wird das Selbstverständnis „als konsequenter Vertreter der Arbeitnehmerinteressen" sichtbar. Volkmann und seine Kollegen „pochte[n] [...] mit Nachdruck auf [ihre, M. R.] [...] Rechte", genauso wie sich ihr Handeln durch „Zivilcourage, Geradlinigkeit, Eindeutigkeit und Standfestigkeit in den häufigen Streitereien mit dem Management, [...] sowie [...] eine sehr starke Orientierung an Recht und Gesetz" auszeichnete".[94]

Die Bedeutung des Allacher Betriebsrates für die weitere Entwicklung der Mitbestimmung bei BMW geht aber darüber hinaus. Er kann als Keimzelle und Laboratorium für die spätere Mitbestimmung im Werk München unter Kurt Golda ab 1956 gelten, dessen Amtsführung starke konsenskapitalistische Züge trug (vgl. Kap. 5 und Kap. 6). Nach Kriegsende legten die Westalliierten, insbesondere die Amerikaner, die Grundzüge des künftigen westdeutschen Wirtschaftssystems und des Grundgesetzes fest.[95] Die Besatzungszeit wurde zu einer „Inkubationszeit" für die Entwicklung der Bundesrepublik ab 1949.[96] Dazu gehörte auch eine wachsende Einflussnahme der Amerikaner auf sozialdemokratische und gewerkschaftliche Vertreter.[97] Das angestrebte Idealbild war dabei der *New Deal Liberalism*: „Die Grundidee dieses wirtschaftspolitischen Konsenses war, daß Wachstum und Produktivität Klassenkonflikte obsolet machten und dafür sorgten, daß Arbeitgeber und Gewerkschaften sich um den Anteil von Lohn und Gewinn nicht zu streiten brauchten."[98] Das langsame Einsickern dieser Ideen trieb den Wandel der Gewerkschaften und der SPD stark an und führte zu konsenskapitalistischen Arbeitsbeziehungen. Kennzeichnend dafür ist, dass Arbeitgeber und Arbeitnehmer die jeweiligen Interessen als legitim anerkennen und aufgrund dieser Erkenntnis zu Kompromissen bereit sind. Das führte in der Bundesrepublik zu Stabilität

---

93 Volkmann, Protokoll einer Besprechung am 02.02.1950 im H. Q. des KOD, 02.02.1950, BMW UA-103-1, S. 6.

94 Kotthoff, 1994, Betriebsräte und Bürgerstatus, S. 65.

95 Anselm Doering-Manteuffel: Dimensionen von Amerikanisierung in der deutschen Gesellschaft, in: Julia Angster/Eckart Conze/Fernando Esposito/Silke Mende/Anselm Doering-Manteuffel (Hrsg.), Konturen von Ordnung. Ideengeschichtliche Zugänge zum 20. Jahrhundert, Berlin, Boston, 2019, S. 306–356, hier S. 306.

96 Udo Wengst: Weichenstellungen in der Besatzungszeit, in: Hans-Peter Schwarz (Hrsg.), Die Bundesrepublik Deutschland. Eine Bilanz nach 60 Jahren, München, 2008, S. 121–134, hier S. 134.

97 Dominik Geppert: Die Ära Adenauer, Darmstadt, 2022, S. 77.

98 Julia Angster: Konsenskapitalismus und Sozialdemokratie. Die Westernisierung von SPD und DGB, München, 2003, S. 84.

und verhinderte die Stärkung politischer Ränder, insbesondere des Kommunismus.[99]

Entscheidend war dabei, dass „[d]er Konsenskapitalismus [...] ein Element der Systemstabilisierung im Kalten Krieg [war]; er ließ nur ein Entweder-Oder zu. Wer ihn als Gewerkschafter akzeptierte, mußte programmatische Auffassungen marxistischer Provenienz und die Orientierung am Modell der Wirtschaftsdemokratie preisgeben."[100] Diese langsame Angleichung der westdeutschen Arbeiterbewegung an das amerikanische ökonomische Modell dauerte bis in die 1960er Jahre an und gipfelte im Godesberger Programm der SPD von 1959 bzw. dem Düsseldorfer Programm des DGB von 1963. Mit diesen Programmen ließen Partei und Gewerkschaften ihre alten klassenkämpferischen und antikapitalistischen Traditionen hinter sich und integrierten sich endgültig in die neue Realität der Bundesrepublik mit sozialer Marktwirtschaft und liberaler Demokratie.[101]

Der Allacher Betriebsrat mit seinen stark antikommunistischen Zügen, seinem Selbstverständnis als demokratisches Organ und der unübersehbaren amerikanischen Präsenz im Werk lässt sich hier einordnen. Zwar wurden auf den vorigen Seiten vor allem Konflikte mit den Amerikanern beschrieben, doch ist dies vor allem durch die Quellenlage bedingt. Über das kooperative Miteinander ist nur sehr wenig bekannt. Und selbst die beschriebenen Hinweise auf Auseinandersetzungen sind wenig zahlreich, bedenkt man, dass es sich hier um den Gesamtzeitraum von 1945 bis 1955 handelt. Auch scheint die Zusammenarbeit mit den Amerikanern vor der Berufung von Masters sehr viel einvernehmlicher gewesen zu sein. Nur so ist die Wortwahl des Betriebsrates zur Kommandoübernahme von Masters als „einschneidende Zäsur" zu erklären.[102] Es ist also durchaus plausibel, davon auszugehen, dass die alltäglichen Beziehungen im Werk weniger konfliktreich, sondern eher kooperativ waren.

Zwei personelle Kontinuitätslinien lassen sich ziehen: das Duo Siggi Neumann und Eduard „Edi" Meßthaler sowie Kurt Golda. Siggi Neumann war Gründer des SPD-Betriebsgruppenreferats, strikter Antikommunist und ein

---

99 Conze, 2009, Die Suche nach Sicherheit, S. 167; Anselm Doering-Manteuffel: Wie westlich sind die Deutschen? Amerikanisierung und Westernisierung im 20. Jahrhundert, Göttingen, 1999, S. 92 f.

100 Doering-Manteuffel, 1999, Wie westlich sind die Deutschen?, S. 92 f.

101 Ebenda, S. 90 f; vgl. hierzu ebenfalls bis 1960, Pirker, 1960, Die blinde Macht. Zweiter Teil 1953–1960, S. 293–300.

102 Denkschrift des Betriebsrates der BMW AG, Werk Allach, über die jetzige Lage des Werkes und die Entwicklung in der Zukunft, 15.04.1950, BMW UA-156-1, S. 8–12.

wichtiger Akteur, der die Entwicklung zum Konsenskapitalismus betrieb.[103] Wie bereits beschrieben, war er direkt mit den Allacher Angelegenheiten befasst.[104] Sein Nachfolger im SPD-Betriebsgruppenreferat war 1954 Edi Meßthaler, seit März 1946 Betriebsrat in Allach.[105] Hier lässt sich also eine direkte persönliche Verbindung nachweisen, und es ist davon auszugehen, dass die Allacher Erfahrung bei Meßthalers Berufung eine Rolle spielte. Kurt Golda, der in Kapitel 5 näher porträtiert wird, war die zweite persönliche Verbindung. Er trat als 24-Jähriger 1949 ins Werk Allach ein und wurde dort 1950 das erste Mal in den Betriebsrat gewählt, war Vorsitzender der Betriebsjugendgruppe und ab spätestens 1954 stellvertretender Betriebsratsvorsitzender.[106] In dieser Zeit lernten sich Golda und Meßthaler im Betriebsrat Allach kennen und hielten auch darüber hinaus noch lange den Kontakt, wie ein Brief aus den 1970er Jahren belegt.[107] Diese Verbindung mit Meßthaler sowie die gemeinsamen Allacher Jahre sprechen dafür, dass Goldas Sozialisierung in der Mitbestimmung von den Allacher Erfahrungen geprägt wurde. Die ab 1956 von Golda gelebte Mitbestimmung bei BMW hat ihre Wurzeln damit im Werk Allach.

Für den weiteren Gang dieser Untersuchung spielt die Geschichte des Werkes Allach nach 1955 hinsichtlich der Mitbestimmung keine entscheidende Rolle mehr. Sie wird nachfolgend dennoch kurz zusammengefasst. Mit dem Abzug der US-Armee 1955 schrumpfte das Werk auf ein paar hundert Mitarbeiter zusammen, die zunächst einen kleinen Werkzeugbau betrieben. Die nördliche Hälfte des Geländes kaufte noch im selben Jahr MAN. 1957 wurden in Allach in der BMW Triebwerkbau GmbH die Triebwerkaktivitäten von BMW konzentriert. 1960 kam der Zuschlag für die Starfighter Triebwerkferti-

---

103 Christoph Kleßmann: Betriebsparteigruppen und Einheitsgewerkschaft. Zur betrieblichen Arbeit der politischen Parteien in der Frühphase der westdeutschen Arbeiterbewegung 1945–1952, in: Vierteljahrshefte für Zeitgeschichte 31, 1983, H. 2, S. 272–307, hier S. 281; Doering-Manteuffel, 1999, Wie westlich sind die Deutschen?, S. 97; vgl. hierzu auch Pirker, der Neumann ebenfalls als programmatisch rechten Sozialdemokraten identifiziert. Pirker, 1960, Die blinde Macht. Zweiter Teil 1953–1960, S. 35; Kössler ordnet Neumann ebenfalls als „treibende Kraft der antikommunistischen Kampagne" in den Gewerkschaften ein, Till Kössler: Abschied von der Revolution. Kommunisten und Gesellschaft in Westdeutschland 1945–1968, Düsseldorf, 2005, S. 210.

104 Schreiben Siggi Neumanns (Referat Betriebsorganisation SPD) an Kurt Schumacher, 06.04.1951, AdsD 1/ARAA002827.

105 Konvolut Meßthaler, 1954–1985, AdsD Sammlung Personalia 6SAMP006800 Eduard Meßthaler.

106 o. V.: Lebenslauf Kurt Golda, 18.07.1985, BMW UA-2613-1; o. V.: BMW-Allach unter dem Besatzerstiefel, in: Bayerisches Volksecho vom 15.05.1954.

107 Kurt Golda: Brief Kurt Goldas an Eduard Meßthaler, SPD-Landesverband Bayern, 25.04.1972, BMW UA-2647-1.

gung. Im Zuge der Unternehmenskrise und der anschließenden Sanierung 1959/60 war die Triebwerkbau GmbH ein begehrtes Faustpfand und wurde 1960 zu 50 Prozent an MAN verkauft. Die Erlöse daraus spielten eine bedeutende Rolle bei der Sanierung von BMW. 1965 wurden schließlich auch die restlichen 50 Prozent an MAN verkauft.[108] Das aktuelle Nachfolgeunternehmen der Allacher Triebwerkfertigung von BMW ist MTU Aero Engines.

108 Zur gesamten Geschichte des Werkes Allach von 1936–1965, vgl. BMW UW-11-1; zur Geschichte der BMW Triebwerkbau GmbH vgl. BMW UG-23-1,

KAPITEL 4

Parteipolitik und systematische Marginalisierung: der Betriebsrat München, 1950–1956

1 Wirtschaftliche Entwicklung des Stammwerkes München

Die wirtschaftliche Lage von BMW zwischen 1945 bis 1959 wirkte sich direkt auf die Gestaltung der Mitbestimmung aus und darauf, welche Themen sie prägten. Deshalb soll sie hier kurz dargestellt werden.

Wie bereits beschrieben (vgl. Kap. 2) hatte das Kriegsende zur Folge, dass BMW mehrere Werke verlor, womit das Unternehmen nicht nur erhebliche Produktionskapazitäten, sondern auch einen immensen personellen Erfahrungsschatz hinsichtlich der Automobil- und Motorradentwicklung und Produktion einbüßte. In den Münchner Werken waren bis Kriegsende nur Flugmotoren und bis 1941 Motorräder produziert und entwickelt worden. Da das Allacher Werk von der US-Armee genutzt wurde, fokussierten sich nach 1945 alle Bemühungen des Neuanfangs auf das Stammwerk in München-Milbertshofen.

BMW war hier von denselben Widrigkeiten der Nachkriegszeit – Kriegsschäden und Demontagen – betroffen wie andere deutsche Automobilunternehmen.[1] Diese konnten allerdings ihre Erfahrung in der Massenproduktion von Autos und LKWs aus den Kriegsjahren nutzen, um schnell in eine kostengünstige Serienproduktion zu kommen.[2] Volkswagen nahm auf Betreiben der britischen Besatzungsmacht die Produktion schon ab Dezember 1945 wieder auf, Opel, Ford und Daimler-Benz starteten die Fertigung in der zweiten Hälfte des Jahres 1947, Borgward effektiv ab 1948, die Auto-Union ab 1949.[3]

1 Köhler, 2012, Das Automobil in der Wirtschaftsgeschichte der Bundesrepublik Deutschland 1945–1960, S. 19.

2 Stephanie Tilly/Florian Triebel: Einführung, in: Stephanie Tilly/Florian Triebel (Hrsg.), Automobilindustrie 1945–2000. Eine Schlüsselindustrie zwischen Boom und Krise, München, 2013, S. 1–21, hier S. 4.

3 Rieger, 2013, The People's Car, S. 122; Grieger, 2019, Kleine Geschichte des Automobils in Deutschland, S. 16; zwar begann man bei Borgward schon 1946 mit der Produktion von LKWs, eine effektive Serienproduktion wurde aber erst 1948 aufgenommen, Peter Kurze: Die Automobilproduktion der Carl F.W. Borgward GmbH um 1950, in: Rolf Spilker (Hrsg.), Richtig in Fahrt kommen. Automobilisierung nach 1945 in der Bundesrepublik Deutschland, Bramsche, 2012, S. 132–151, hier S. 132; zu DKW/Auto-Union vgl. Schlemmer, 2012, Vier Ringe für Ingolstadt; Jörg Sprengelmeyer: „DKW ist wieder da!". Die Fahrzeuge der Auto Union

 | HTTPS://DOI.ORG/10.1515/9783112223994-004

Das Angebot beruhte zu Beginn auf Vorkriegsmodellen.[4] Der Großteil der westdeutschen Produktion konzentrierte sich auf „die großen Vier", die sich den Markt mehr oder minder aufteilten: Daimler-Benz produzierte Modelle für die Oberklasse, Opel und Ford bauten Mittelklassewagen und VW prägte mit dem VW Käfer das Kleinwagensegment.[5] Der Erfolg der westdeutschen Autoindustrie spiegelte sich in den Produktionszahlen wider, die bereits 1951 die der Zwischenkriegszeit übertrafen.[6] Besonders der VW Käfer als am meisten verkauftes Auto prägte so die Wahrnehmung der Zeit und wurde zu einem Symbol des „Wirtschaftswunders" und der frühen Bundesrepublik.[7] Autos wurden zu einem „prägende[n] Element der bundesdeutschen Gesellschaft", die Automobilindustrie entwickelte sich zur „Leitbranche der deutschen Volkswirtschaft".[8] Umso mehr avancierte der Besitz eines Autos in der Bevölkerung zu einem großen Wunsch, den sich immer mehr Menschen mit steigendem Wohlstand erfüllen wollten und konnten.[9]

1949 bis 1958, in: Rolf Spilker (Hrsg.), Richtig in Fahrt kommen. Automobilisierung nach 1945 in der Bundesrepublik Deutschland, Bramsche, 2012, S. 102–131.

4 Tilly/Triebel, 2013, Einführung, S. 4.

5 Köhler, 2018, Auto-Identitäten, S. 53 f; Klaus Busch: Strukturwandlungen der westdeutschen Automobilindustrie. Ein Beitrag zur Erfassung und Deutung einer industriellen Entwicklungsphase im Übergang vom produktionsorientierten zum marktorientierten Wachstum, Berlin, 1966, S. 113; Halwart Schrader/Jean Pierre Bardou/Jean-Jacques Chanaron/Patrick Fridenson/James M. Laux: Die Automobilrevolution. Analyse eines Industrie-Phänomens, Gerlingen, 1989, S. 124.

6 Tilly/Triebel, 2013, Einführung, S. 4; einen detaillierten, knappen Überblick zur Entwicklung des westdeutschen Automobilmarktes bis 1965 liefert Köhler, vgl. Köhler, 2018, Auto-Identitäten, S. 41–60; umfassend zu diesem Thema vgl. Nils Beckmann: Käfer, Goggos, Heckflossen. Eine retrospektive Studie über die westdeutschen Automobilmärkte in den Jahren der beginnenden Massenmotorisierung, Vaihingen/Enz, 2006.

7 Christopher Kopper: Der Durchbruch des PKW zum Massenkonsumgut 1950–1964, in: Jahrbuch für Wirtschaftsgeschichte / Economic History Yearbook 2010, S. 19–36, hier S. 27 f; 1991, S. 126; Rieger, 2013, The People's Car, S. 126; Erhard Schütz: Volkswagen, in: Etienne Francois/Hagen Schulze (Hrsg.), Deutsche Erinnerungsorte. Bd. 1, München, 2001, S. 352–369; Grieger, 2005, Volkswagen.

8 Grieger, 2019, Kleine Geschichte des Automobils in Deutschland, S. 12.

9 Christopher Neumaier/Andreas Ludwig: Individualisierung der Lebenswelten. Konsum, Wohnkultur und Familienstrukturen, in: Frank Bösch (Hrsg.), Geteilte Geschichte. Ost- und Westdeutschland 1970–2000, Bonn, 2015, S. 239–282, hier S. 241; Frank Trentmann: Empire of Things. How We Became a World of Consumers, from the Fifteenth Century to the Twenty First, London, 2016, S. 301; Heidrun Edelmann: Vom Luxusgut zum Gebrauchsgegenstand. Die Geschichte der Verbreitung von Personenkraftwagen in Deutschland, Frankfurt am Main, 1989, S. 226.

Den Einstieg in die Motorisierung bildete für die meisten zunächst die Anschaffung eines Motorrads.[10] Diesen Markt versuchte BMW nach dem Auslaufen der Notproduktion zu bedienen und brachte Ende 1948 die BMW R24 heraus.[11] Diese Rückkehr auf den Motorradmarkt verlief erfolgreich und sowohl die Typen- als auch die Produktionszahlen stiegen rasch. Wurden bei BMW 1949 noch 9.140 Motorräder produziert, erhöhte sich diese Zahl im Jahr 1954 auf 29.500.[12] Bereits nach drei Jahren konnte im Dezember 1951 das Jubiläum der 50.000 Maschine nach dem Krieg gefeiert werden.[13] Der Wiedereinstieg von BMW in den Motorradmarkt war damit ausgesprochen erfolgreich. Das Motorradgeschäft erzielte im Zeitraum von 1948 bis 1956 einen Umsatz von 341 Mio. DM, was 52 Prozent des Gesamtumsatzes entsprach.[14] Umso stärker traf BMW der Einbruch des Motorradmarktes ab 1955/56, ganz besonders, da dieser Rückgang zeitlich mit dem Ende des KOD in Allach und den daraus resultierenden fehlenden Einnahmen zusammenfiel.[15] Im Vergleich zum Vorjahr reduzierte sich die Zahl der verkauften Motorräder 1955 um 22 Prozent auf 22.246. Dieser Absturz verstärkte sich 1956, als mit nur noch 13.241 Motorrädern erstmals nicht die gesamte Produktion verkauft werden konnte.[16] Damit fielen die Hauptstützen des BMW-Geschäfts weg bzw. reduzierten sich deutlich.

Neben den Motorrädern beschäftigte sich BMW ab 1947 mit dem Aufbau einer Automobilfertigung.[17] Die Unternehmensleitung entschied sich dafür, einen Oberklassewagen zu bauen. Einerseits fehlte das Geld, um eine Serienproduktion für einen Kleinwagen umzusetzen, andererseits war man der Meinung, dass ein Großwagen besser zur Vorkriegslinie von BMW passte. Mit den Gewinnen dieses hochpreisigen Fahrzeuges in einer kleinen Stückzahl sollte dann die Entwicklung und Produktion eines Mittelwagens finanziert werden.[18] Dabei stand das Unternehmen nicht nur vor der Schwierigkeit, einen

---

10 Köhler, 2012, Das Automobil in der Wirtschaftsgeschichte der Bundesrepublik Deutschland 1945–1960, S. 28 f.

11 BMW Group, Konzernkommunikation und Politik, 2011, Stationen einer Entwicklung, S. 35; einen detaillierten Überblick über den BMW-Motorradbau 1945–1956 liefert Seidl, vgl. Seidl, 2002, Die Bayerischen Motorenwerke (BMW) 1945–1969, S. 54–69.

12 Grunert/Triebel, 2019, Ein Jahrhundert BMW, S. 560 f.

13 Seidl, 2002, Die Bayerischen Motorenwerke (BMW) 1945–1969, S. 62.

14 Ebenda, S. 123.

15 Feldenkirchen, 2003, „Vom Guten das Beste“, S. 198; Seidl, 2002, Die Bayerischen Motorenwerke (BMW) 1945–1969, S. 41; 67.

16 Seidl, 2002, Die Bayerischen Motorenwerke (BMW) 1945–1969, S. 67.

17 Zum Aufbau des Automobilbaus bei BMW 1947–1952 vgl. ebenda, S. 69–89.

18 Ebenda, S. 70; Florian Triebel: Die Bayerischen Motoren Werke während der Rezession 1966/67 und der Ölpreiskrise 1973/74, in: Stephanie Tilly/Florian Triebel (Hrsg.), Auto-

erfolgreichen Wagen zu entwickeln, sondern auch vor der, ohne Unterlagen und echte Fachkräfte eine Produktion im bisherigen Flugmotorenwerk München neu aufzubauen.[19] Der ab 1952 gefertigte BMW 501 sowie die später hinzugekommenen anderen Großwagen konnten die Erwartungen schließlich auch in keiner Weise erfüllen.[20] Durch ihre hohen Preise fuhr das Unternehmen in eine Sackgasse und man konnte nicht am boomenden Geschäft der Kleinst- und Kleinwagen partizipieren.[21] Neben der konservativen Optik, die zum Spitznamen „Barockengel" führte, hatte der BMW 501 noch dazu mit Qualitätsproblemen und Untermotorisierung zu kämpfen.[22] Für 1955 hatte der Vorstand mit 25.000 gefertigten Einheiten geplant. Diese Stückzahlen erwiesen sich als vollkommen illusorisch; bis zum Ende der 1950er Jahre wurden insgesamt nur etwa 10.000 Stück gebaut.[23] Die gesamte Großwagenfertigung erwies sich für BMW als finanzielles Fiasko und erreichte nie die schwarzen Zahlen.[24] Nur durch die Gewinne aus dem Motorradbau und die Mieteinnahmen für das Werk Allach war es BMW überhaupt möglich, nicht komplett in die Verlustzone zu rutschen.[25] Im November 1959 resümierte der damalige Vorstandsvorsitzende Heinrich Richter-Brohm zur Großwagenfertigung, dass sie „das schlechteste Geschäft gewesen [sei], was je eine Automobilfabrik gemacht hat. [...] Wir haben mit diesem grossen Wagen [...] 70 Mio Verluste in Kauf nehmen müssen, d. h. bei jedem grossen Wagen haben wir dem Kunden noch ein paar Tausend Mark nachgeworfen."[26] Insofern kann es

mobilindustrie 1945–2000. Eine Schlüsselindustrie zwischen Boom und Krise, München, 2013, S. 111–153, hier S. 113; Triebel, 2010, Vom „Marketingloch" zur Wiederentdeckung der sportlichen Mittelklasse – vom Produktionsregime zur Marketingorientierung bei BMW, S. 43 f.

19 Grunert/Triebel, 2019, Ein Jahrhundert BMW, S. 39.

20 Neben dem BMW 501 wurde noch der BMW 502 angeboten, dessen besonderes Merkmal sein leistungsstarker V8-Motor war. Beide Modelle gab es sowohl als Coupé, als Cabriolet und als Limousine. 1956 wurde der BMW 503 als Cabrio und als Coupé in das Portfolio aufgenommen. Im gleichen Jahr begann auch die Produktion des Roadsters BMW 507.

21 Schrader/Bardou/Chanaron/Fridenson/Laux, 1989, Die Automobilrevolution, S. 70.

22 Seidl, 2002, Die Bayerischen Motorenwerke (BMW) 1945–1969, S. 100; Grunert/Triebel, 2019, Ein Jahrhundert BMW, S. 41.

23 Grunert/Triebel, 2019, Ein Jahrhundert BMW, S. 41.

24 Ebenda, S. 42.

25 Seidl, 2002, Die Bayerischen Motorenwerke (BMW) 1945–1969, S. 124 f.

26 Heinrich Richter-Brohm: Rede des Vorstandsvorsitzenden Richter-Brohm auf der Betriebsversammlung im Werk München im November 1959, 17.11.1959, BMW UA-510-1, hier S. 6.

nicht verwundern, dass auch die Belegschaft die Rentabilität dieser Fertigung 1957 sarkastisch als „interessant" bezeichnete.[27]

Um das einbrechende Motorrad- und das schwächelnde Automobilgeschäft auszugleichen, erwarb BMW 1954 die Lizenz für die Fertigung der Isetta bei der italienischen Firma ISO und begann 1955 mit der Produktion.[28] Mit diesem Kleinstwagen, der als Motocoupé vermarktet wurde, wollte man vor allem die Anlagen auslasten und sich ein zusätzliches Standbein im wachsenden Kleinstwagenbereich aufbauen. Daneben ermöglichte die Fertigung auch, die Facharbeiter weiterhin an die Firma zu binden, was besonders in Zeiten des Fachkräftemangels im „Wirtschaftswunder" von großer Bedeutung war. Des Weiteren erlaubte es die Isetta-Fertigung, Mitarbeiter aus dem schrumpfenden Motorradbereich, aber auch aus dem Werk Allach übernommene Kollegen in der Automobilfertigung zu schulen.[29] Diese Qualifikation der Facharbeiter sollte sich insbesondere im weiteren Verlauf der Unternehmensgeschichte als von größter Bedeutung erweisen. Und in der Tat traf die Isetta auf großen Zuspruch. Die Nachfrage war so groß, dass etwa der Werksurlaub im August 1956 eingeschränkt wurde, um die Produktionsausfälle zu minimieren.[30] Bis 1962 wurden mehr als 160.000 Isettas verkauft. Finanziell lohnend war die Fertigung der Isetta nicht, ihre Bedeutung liegt wie beschrieben viel mehr in der Auslastung der Fabrik und der Bindung von Fachkräften.[31] Ein langanhaltender Erfolg war der Isetta dann auch nicht beschieden. Schon 1958 sank der Absatz, weil der Markt für derartige Kleinstfahrzeuge gesättigt war.[32]

Die andauernde finanzielle Schieflage des Unternehmens führte schließlich 1957 unter dem neuen Vorstandsvorsitzenden Heinrich Richter-Brohm zu einer Strategieänderung. Er setzte durch, dass „nur das entwickelt werden [darf, M. R.], was sich auch gut verkaufen lässt!".[33] Er stieß sofort die Erstellung eines „Zukunftsprogramms" an. Erstmals basierend auf Marktforschungsergebnissen sah es vor, einen Mittelwagen mit ausgeprägter sportlicher Note zu entwickeln und so schnell wie möglich auf den Markt zu bringen. Die gro-

27 Kurt Golda: Rede von Kurt Golda auf der Betriebsversammlung im Werk München im Juli 1957, 11.07.1957, BMW UA-510-1, hier S. 23.

28 Seidl, 2002, Die Bayerischen Motorenwerke (BMW) 1945–1969, S. 102–105.

29 Grunert/Triebel, 2019, Ein Jahrhundert BMW, S. 42; 103.

30 o. V./Albert Michl: Geschäftsbericht 1956/2 zur Betriebsversammlung am 11.07.1956, 11.07.1956, BMW UA-156-1, hier S. 1–17.

31 Triebel, 2010, Vom „Marketingloch" zur Wiederentdeckung der sportlichen Mittelklasse – vom Produktionsregime zur Marketingorientierung bei BMW, S. 53.

32 Seidl, 2002, Die Bayerischen Motorenwerke (BMW) 1945–1969, S. 152.

33 Protokoll der Entwicklungsbesprechung, 21.10.1957, BMW UA-438-1.

ßen Wagen sollten dagegen alsbald auslaufen.[34] Bis dieser Mittelwagen in Produktion ging, sollten vor allem die BMW Isetta und der BMW 600, ein auf Basis der Isetta entwickelter Kleinwagen, das Geschäft tragen.[35] Der unerwartet ausbleibende Erfolg des BMW 600 verschlimmerte die wirtschaftliche Bredouille weiter. Die Rückgänge in den Verkaufszahlen durch die ganze Produktpalette hindurch führten 1958 dazu, dass fast ein Viertel der Jahresproduktion von BMW unverkauft blieb.[36] In dieser verzweifelten Situation entschloss man sich, einen neuen Kleinwagen auf Basis des BMW 600 zu entwickeln, diesmal allerdings mit einer konventionellen Karosserieform: den BMW 700. Die Produktion startete im Oktober 1959 und verlief ausgesprochen gut.[37]

Das Kundenecho zum BMW 700 war sehr positiv. Auch die Belegschaft war zuversichtlich, dass dieses Fahrzeug ein Erfolg werden würde.[38] Die Verluste hatten sich bis dahin allerdings so erhöht, dass Aufsichtsrat und Vorstand Ende 1959 nur noch die Übernahme durch Daimler-Benz als Ausweg sahen.[39] Für die Belegschaft war diese Zeit der Unternehmenskrise von fortwährender Kurzarbeit und Massenentlassungen gekennzeichnet und hatte dementsprechend direkte Rückwirkungen auf die Entwicklung der Mitbestimmung bei BMW.

2 Parteipolitik lähmt den Betriebsrat

Im Januar 1950 war noch nicht abzusehen, dass sich die wirtschaftliche Entwicklung des Unternehmens im Laufe des Jahrzehnts derart verschlechtern würde. In der Betriebsversammlung in München rekapitulierte der Betriebsrat nochmals die bisherige Entwicklung des Werkes, die vom erfolgreichen Wiederaufbau der Motorradproduktion geprägt war. Allerdings waren dafür auch

---

34 Zum Zukunftsprogramm vgl. Triebel/Grunert, 2006, Krisenerfahrung bei der BMW AG, S. 24–27; vgl. Seidl, 2002, Die Bayerischen Motorenwerke (BMW) 1945–1969, S. 136–141; Triebel, 2010, Vom „Marketingloch“ zur Wiederentdeckung der sportlichen Mittelklasse – vom Produktionsregime zur Marketingorientierung bei BMW, S. 54 f; zur Marktforschung bei BMW, vgl. Florian Triebel: Marktforschung bei BMW 1957–1967, in: Christian Kleinschmidt/Florian Triebel (Hrsg.), Marketing. Historische Aspekte der Wettbewerbs- und Absatzpolitik, Essen, 2004, S. 67–83.

35 Seidl, 2002, Die Bayerischen Motorenwerke (BMW) 1945–1969, S. 139 f.

36 Ebenda, S. 153.

37 Ebenda, S. 156.

38 Grunert/Triebel, 2019, Ein Jahrhundert BMW, S. 332; Flugblatt der KPD über die Sanierung von BMW, ca. 1959/60, BMW UA-2618-1.

39 Richter-Brohm, Rede des Vorstandsvorsitzenden Richter-Brohm auf der Betriebsversammlung im Werk München im November 1959, 17.11.1959, BMW UA-510-1.

sämtliche Barmittel und Kredite verwendet worden. Trotz ihres Erfolgs erwirtschafteten die Motorräder noch keinen ausreichenden Gewinn. Dennoch war die Arbeitnehmervertretung mit Blick auf die Zukunft positiv gestimmt: Die gesamte Belegschaft konnte in den absatzschwächeren Wintermonaten voll beschäftigt werden, es bestand die Aussicht auf eine Erweiterung des Produktkatalogs um ein hubraumstärkeres Motorrad und die Entwicklungsarbeiten im Automobilbereich schritten voran.[40] Diese Zuversicht zeigte sich auch 1951 auf der Betriebsversammlung in der öffentlichen Interaktion mit der Werksleitung. Denn der Betriebsrat war der Meinung, dass es nur durch eine gemeinsame und verständnisvolle Zusammenarbeit zwischen der Belegschaft und der Unternehmensseite gelingen könne, die Schwierigkeiten beim Aufbau der Automobilproduktion zu überwinden:

> Verschiedene Kollegen werden vielleicht der Meinung sein, diese Worte [gemeint ist die Aufforderung zur Zusammenarbeit, M. R.] könnte der Arbeitgeber nicht anders sprechen. Denen möchte ich zurufen, jawohl, in diesem Punkte ziehen wir an einem Strang. Der Betrieb ist uns im Arbeitsleben mit das Nächste das uns interessieren muss [...].[41]

Dieser mündlich angestrebte kooperative, partnerschaftliche Umgang mit dem Ziel, das Werk wieder aufzubauen, spiegelte sich in den Aussagen des Vorstandes wider, der sich für den Einsatz und die Treue der Belegschaft bedankte und ebenfalls voller Zuversicht auf die gemeinsam zu bewältigenden Aufgaben der Zukunft blickte.[42] Die betriebliche Sozialordnung schien also noch von kooperativen Wünschen geprägt zu sein. Diese Vorstellung sollte aber enttäuscht werden, genauso wie die DGB-Gewerkschaften von dem Betriebsverfassungsgesetz 1952 (BetrVG 1952).

Da das Betriebsverfassungsgesetz von 1952 für zwanzig Jahre den rechtlichen Rahmen der Mitbestimmung in deutschen Betrieben bildete und damit entscheidenden Einfluss auf die Mitbestimmungspraxis in der Automobilindustrie hatte,[43] sollen hier kurz Genese, Inhalt und die Folgen für die Mitbe-

---

40 o. V.: Kurzbericht über die Entwicklung der Gesellschaft BMW AG München für die Betriebsversammlung am 23. und 24.1.1950, 23./24.01.1950, BMW UA-449-1.

41 Produktionsbericht des Betriebsrats zur Betriebsversammlung am 31.07.1951, 31.07.1951, BMW UA-156-1, hier S. 6 f.

42 Rundschreiben Nr. 6/52 des Vorstandes, Betrifft: Weihnachtszuwendung, 13.11.1952, BMW UA-2627-1, hier S. 1.

43 Owetschkin, 2016, Vom Verteilen zum Gestalten, S. 57 f.

stimmung skizziert werden.[44] Das Verhältnis zwischen Gewerkschaften und Betriebsräten wird dabei (noch) nicht näher beleuchtet, sondern erst in späteren Kapiteln, in denen das Verhältnis des BMW-Betriebsrates zur IG Metall erschlossen wird (vgl. Kap. 5.2.6 und 6.5).

Mit dem Betriebsverfassungsgesetz 1952 wurde ein einheitlicher gesetzlicher Rahmen für alle Betriebe in der Bundesrepublik geschaffen. Zuvor galten die Regelungen des Kontrollratsgesetzes Nr. 22 oder die Betriebsratsgesetze der einzelnen Bundesländer.[45] Um die Entstehung und zeitgenössische Bewertung des Betriebsverfassungsgesetzes 1952 zu verstehen, ist es zunächst notwendig, die Einführung der Montanmitbestimmung zu betrachten. Seit 1947 galt in der Stahlindustrie die paritätische Mitbestimmung im Aufsichtsrat. 1950 wollten die westlichen Alliierten die Entflechtung der Grundstoffindustrie neu regeln, überließen die konkrete Ausgestaltung aber der Bundesregierung. Deren erster Entwurf sah eine Aufhebung der paritätischen Mitbestimmung vor, was den entschiedenen Widerstand des DGB, der IG Metall und der Bergbaugewerkschaften heraufbeschwor. Sie riefen zu Urabstimmungen über Streiks auf und erreichten eine Zustimmung von über 90 Prozent. Die Streikbereitschaft in dieser Schlüsselindustrie und ein gleichzeitiger Stahl- und Kohlenmangel zeigten Wirkung, die Bundesregierung unter Konrad Adenauer lenkte ein und die paritätische Mitbestimmung blieb in der Montanindustrie erhalten.[46] Arbeitgeber und Arbeitnehmer waren nunmehr durch einen rechtlich vorgegebenen Rahmen dazu gezwungen, zu einer „Partnerschaft auf Augenhöhe“ zu kommen.[47]

Nach diesem Erfolg wollten die Gewerkschaften dieses Modell auf andere Industriezweige ausweiten. Für die Unternehmen und die Bundesregierung hatten dagegen die Regelungen der Aufgaben und Rechte der Betriebsräte höhere Priorität.[48] Die politischen und gesellschaftlichen Gewichte hatten sich allerdings in der Zwischenzeit zuungunsten der Gewerkschaften verscho-

---

44 Für eine detaillierte Schilderung der Auseinandersetzungen um das BetrVG 1952 vgl. Milert/Tschirbs, 2015, Die andere Demokratie, S. 393–421; Däubler/Kittner, 2020, Geschichte der Betriebsverfassung, S. 341–352; Pirker, 1960, Die blinde Macht. Erster Teil 1945–1952, S. 237–290.

45 Die einzelnen Länder verabschiedeten ihre Betriebsratsgesetze zu unterschiedlichen Zeitpunkten, wie z. B. Rheinland-Pfalz 15.05.1947; Hessen 31.05.1948; Bremen: 10.01.1949; Bayern: 25.10.1950, Däubler/Kittner, 2020, Geschichte der Betriebsverfassung, S. 311.

46 Milert/Tschirbs, 2015, Die andere Demokratie, S. 408; Däubler/Kittner, 2020, Geschichte der Betriebsverfassung, S. 345; Abelshauser, 2011, Deutsche Wirtschaftsgeschichte, S. 357.

47 Bernhard Gotto: Enttäuschung in der Demokratie. Erfahrung und Deutung von politischem Engagement in der Bundesrepublik Deutschland während der 1970er und 1980er Jahre, Berlin, Boston, 2018, S. 30.

48 Milert/Tschirbs, 2016, Vom Wert der Mitbestimmung, S. 30.

ben. Trotz umfangreicher Proteste und einem Zeitungsstreik konnten sich die Gewerkschaften im Frühjahr 1952 mit ihrer Forderung nach einer paritätischen Mitbestimmung nicht mehr durchsetzen.[49] Das lag u. a. darin begründet, dass von Gewerkschaftsseite der Gesetzentwurf ohne eigenen Alternativvorschlag abgelehnt wurde, weshalb es auch keine geeigneten Anknüpfungspunkte für eine Beeinflussung der Öffentlichkeit gab.[50]

Dementsprechend vernichtend wurde das Betriebsverfassungsgesetz 1952 und das Verhalten der Gewerkschaften auf einer Bezirksversammlung der IG Metall München bewertet. Die Verabschiedung des Gesetzes sei „eine Provozierung der Gewerkschaften“ durch den Bundestag, „eine verlorene Schlacht der Spitzenfunktionäre“ und der DGB ein „Opfer seiner Leichtgläubigkeit und Konzeptionslosigkeit“.[51] Der Betriebsratsvorsitzende des Berliner BMW-Werkes Willy Fritz war der Überzeugung, dass das Betriebsverfassungsgesetz 1952 „niemals das Gesetz der Arbeiter und Angestellten sein“ könne, weil es den Arbeitnehmern nicht die ihnen zustehenden Rechte gewähre.[52] Dieser zeitgenössischen Einschätzung, dass das Gesetz als eine Niederlage der Gewerkschaften zu werten ist, schließt sich auch die Forschung an.[53] Pirker spricht von einer Zähmung der Gewerkschaften.[54] Die Gewerkschaften hätten endgültig ihren „illusionären Traum“ begraben müssen, dass es keine Trennung mehr zwischen betrieblicher und überbetrieblicher Mitbestimmung geben würde; stattdessen sei das duale System der deutschen Arbeitsbeziehungen bekräftigt worden.[55] Mit dieser Trennung der betrieblichen Arbeitnehmervertretung von den Gewerkschaften steht das Betriebsverfassungsgesetz 1952 in einer Kontinuität zum Betriebsrätegesetz von 1920. Die Zwitterstellung der Institution Betriebsrat, der zugleich den Arbeitnehmer- als auch den Unternehmensinteressen verpflichtet war, blieb kennzeichnend.[56] Die Hauptfor-

---

49 Milert/Tschirbs, 2015, Die andere Demokratie, S. 414–416.

50 Däubler/Kittner, 2020, Geschichte der Betriebsverfassung, S. 348–352.

51 Protokoll der Außerordentlichen Bezirksversammlung der IG Metall am 18.08.1952 bzgl. des BetrVG 1952, 18.08.1952, BMW UA-2615-1.

52 Fritz, Rede des Berliner Betriebsratsvorsitzenden Fritz auf der Betriebsversammlung im März 1955, 02.03.1955, BMW UA-2614-1, S. 1.

53 Abelshauser, 2011, Deutsche Wirtschaftsgeschichte, S. 360; Däubler/Kittner, 2020, Geschichte der Betriebsverfassung, S. 373; Katzenstein, 1989, Stability and Change in the Emerging Third Republic, S. 343; Milert/Tschirbs, 2015, Die andere Demokratie, S. 419.

54 Pirker, 1960, Die blinde Macht. Erster Teil 1945–1952, S. 285.

55 Milert/Tschirbs, 2015, Die andere Demokratie, S. 417.

56 Hans Günter Hockerts: Konrad Adenauer – ein „Rheinischer Kapitalist“?, in: Hans Günter Hockerts/Günther Schulz (Hrsg.), Der „Rheinische Kapitalismus“ in der Ära Adenauer, Paderborn, 2016, S. 187–202, hier S. 190 f.

derung der Gewerkschaften nach einer generell geltenden paritätischen Mitbestimmung in Unternehmen wurde im Betriebsverfassungsgesetz nicht verankert, sondern nur eine Drittelparität. Im internationalen Vergleich war jedoch auch das schon ein positiver Sonderfall.[57]

Entscheidend war, dass es mit dem neuen Gesetz nun einen einheitlichen rechtlichen Rahmen gab, der die Mitbestimmung in der Bundesrepublik langfristig prägte. Die bisherigen Landesgesetze oder das Kontrollratsgesetz Nr. 22 hatten dagegen keine bleibenden Rückwirkungen auf die gelebte Mitbestimmung vor Ort, stattdessen hatte man sich bis 1952 an dem Betriebsrätegesetz von 1920 orientiert.[58] In den Betrieben selbst führte das Betriebsverfassungsgesetz 1952 zu einer Verrechtlichung und Professionalisierung der Betriebsratsarbeit,[59] eine personelle Zäsur in der Zusammensetzung der Betriebsräte ging damit jedoch nicht einher.[60] Außerdem war die rechtliche Position der Betriebsräte im Vergleich zum Betriebsrätegesetz von 1920 gestärkt worden: Die Mitspracherechte in sozialen Angelegenheiten wurden erweitert, Betriebsvereinbarungen galten nun für alle Mitarbeiter gleichermaßen und durften nicht unterschritten werden.[61] In Bereichen, die der Mitbestimmung unterlagen, waren einseitige Maßnahmen ohne die Zustimmung der Betriebsräte ungültig. Entscheidungen des Arbeitsgerichts waren nun einklagbar, was die Durchsetzungsfähigkeit entscheidend stärkte.[62] Für die konkrete Umsetzung war aber weniger der gesetzliche Mindeststandard von Bedeutung als vielmehr das Verhältnis zwischen der Geschäftsleitung und dem jeweiligen Betriebsrat.[63]

So wurde bei Daimler-Benz die bisherige kooperative Zusammenarbeit fortgesetzt, obwohl der Betriebsrat einige Rechte verlor, die über die Regelungen des Betriebsverfassungsgesetzes 1952 hinausgegangen waren.[64] Der Daimler-Benz-Vorstand selbst begrüßte den neuen gesetzlichen Rahmen und sah

---

57 Engbert, 2013, Industrielle Beziehungen in der Automobilindustrie, S. 287; inwiefern Herrmann zur Meinung kommt, dass mit dem BetrVG 1952 erstmals Arbeitnehmer in Aufsichtsräte einzogen, erscheint schleierhaft, waren doch bereits im Betriebsrätegesetz 1920 Arbeitnehmervertreter in Aufsichtsräten vorgesehen vgl. Herrmann, 2020, Deutschland, ein Wirtschaftsmärchen, S. 118; vgl. Betriebsrätegesetz vom 04. Februar 1920, § 70.

58 Owetschkin, 2016, Vom Verteilen zum Gestalten, S. 57 f.

59 Milert/Tschirbs, 2015, Die andere Demokratie, S. 457.

60 Ebenda, S. 439.

61 Däubler/Kittner, 2020, Geschichte der Betriebsverfassung, S. 367.

62 Ebenda.

63 Vgl. Owetschkin, 2016, Vom Verteilen zum Gestalten, S. 134–138.

64 Gesamtbetriebsrat der Daimler AG (Hrsg.), 2011, 125 Jahre Arbeit und Leben in den Werken von Daimler und Benz, S. 158.

von einem Widerstand dagegen ab, um die gute Kooperation zu erhalten.[65] Die hohe personelle Kontinuität durch den Konzernbetriebsratsvorsitzenden Ernst Schäfer, der von 1952 bis 1971 amtierte, wird dabei sicherlich eine Rolle gespielt haben,[66] genauso wie der hohe gewerkschaftliche Organisationsgrad der Belegschaft.[67] Nur hinsichtlich der Mitbestimmung im Aufsichtsrat verfolgte der Vorstand des Stuttgarter Unternehmens eine Politik der kleinen Schritte. Den Arbeitnehmervertretern wurden zwar immer alle Unterlagen und Informationen zur Verfügung gestellt, teilweise aber zeitlich zu knapp vor der Aufsichtsratssitzung, sodass eine Vorbereitung nicht mehr möglich war.[68] Bei BMW scheint der Informationsfluss offener gewesen zu sein, das zeigt die Korrespondenz des Unternehmens mit dem Gewerkschaftsvertreter Alois Gründl mit vielen wirtschaftlichen Details zum Zustand des Betriebs.[69] Dennoch kam es im Aufsichtsrat von Daimler-Benz im Zeitraum zwischen 1949 und 1967 nie dazu, dass die durch die Drittelparität unterlegene Position der Arbeitnehmervertreter ausgenutzt wurde. Vielmehr wurde Wert darauf gelegt, dass auch die Arbeitnehmerseite den Beschlüssen zustimmte, um Unruhe in der Belegschaft zu vermeiden.[70] Anna Engbert attestiert den Arbeitnehmern damit eine gewisse informelle Macht in der Unternehmensmitbestimmung.[71]

Bei Volkswagen war sowohl die Entwicklung des Unternehmens als auch der Mitbestimmung vor allem von der starken Persönlichkeit des Generaldirektors bzw. Vorstandsvorsitzenden Heinrich Nordhoff geprägt. In der direkten Nachkriegszeit hatte zunächst eine Art „Burgfrieden“ zwischen der Belegschaft und dem Unternehmen geherrscht, der eine gewerkschaftliche Etablierung erschwerte.[72] Hinzu kam, dass sich aufgrund der ständig fluktuierenden und fehlenden (Stamm-)Belegschaft keine geübte Praxis der Mitbestimmung herauskristallisieren konnte.[73] Mit der Berufung Nordhoffs 1948

---

65 Engbert, 2013, Industrielle Beziehungen in der Automobilindustrie, S. 291.

66 Gesamtbetriebsrat der Daimler AG (Hrsg.), 2011, 125 Jahre Arbeit und Leben in den Werken von Daimler und Benz, S. 160.

67 Owetschkin, 2016, Vom Verteilen zum Gestalten, S. 99.

68 Engbert, 2013, Industrielle Beziehungen in der Automobilindustrie, S. 295.

69 Korrespondenz des BMW-Vorstands und Aufsichtsrats mit dem Aufsichtsratsmitglied Alois Gründl (IG Metall), 1953–1955, BMW UA-142-1.

70 Engbert, 2013, Industrielle Beziehungen in der Automobilindustrie, S. 292.

71 Ebenda.

72 Harald Jähner: Wolfszeit. Deutschland und die Deutschen 1945–1955, Bonn, 2019, S. 276.

73 Lupa, 2010, Spurwechsel auf britischen Befehl, S. 7–8; 49; ganz aktuell hierzu Peter Leßmann-Faust, der sehr gut zeigen kann, vor welchen Problemen man dort stand. Die IG Metall und die Betriebsräte mussten nicht nur eine Mitbestimmungstradition schaffen,

kam es zu einer paternalistischen Form der Mitbestimmung,[74] in der der Betriebsrat eine untergeordnete Rolle einnahm und durch interne Konflikte gekennzeichnet war.[75] Für Nordhoff war aber die Beziehung zwischen Arbeitnehmern und Arbeitgeber von „existential and collective importance“, und er arbeitete deshalb mit dem örtlichen IG-Metall-Vertreter Hugo Bork eng zusammen.[76] Dieses Arrangement nutzte beiden Seiten: Nordhoff profitierte von der gemäßigten politischen Einstellung der IG Metall und ihrem Pragmatismus, während es der IG Metall gelang, durch erfolgreiche Tarifverhandlungen die Mehrheit im Betriebsrat zu erringen. Dennoch blieb der Organisationsgrad im Werk gering.[77] Aus dieser Mitbestimmungspraxis entwickelte sich in der Hochphase des Fordismus bei VW das gemeinsame Ziel, dass die Belegschaft am Unternehmenserfolg teilhaben sollte.[78]

Kennzeichen der Mitbestimmung bei Ford in Köln war die fehlende Tarifbindung.[79] Infolgedessen hatte die IG Metall innerhalb des Unternehmens keine große Bedeutung, der Organisationsgrad lag gerade einmal bei 5 Prozent. Insofern war sie auch kein relevanter Tarifpartner und die Betriebsräte schlüpften in diese Rolle. Die Bezahlung sowie die Arbeitsbedingungen wurden in Betriebsvereinbarungen festgehalten.[80]

Zusammenfassend war die Mitbestimmung in der Automobilindustrie in den 1950er und 1960er Jahren von der Fortführung der kooperativen Zusammenarbeit der Nachkriegszeit geprägt, was lokale oder temporäre Spannungen allerdings nicht ausschloss. Die konkrete Praxis war jedoch keineswegs starr, sondern immer ein Spiegelbild der wirtschaftlichen Lage des jeweiligen Unternehmens. Dabei spielte der neue rechtliche Rahmen eine untergeordnete Rolle, das Verhältnis zwischen Betriebsrat und Geschäftsführung hatte hier mehr Bedeutung. Entscheidend war er vielmehr für die zunehmende Professionalisierung der Betriebsräte, was sich auch in einer wachsenden

---

sondern integrierten auch einen nicht zu kleinen Teil von rechten Arbeitnehmervertretern, vgl. Leßmann-Faust, 2024, „Wenig zu bestellen in Wolfsburg?“.

74 Glaser/Kraus, 2020, Von der „Volksgemeinschaft“ zur „Schicksalsgemeinschaft von Werk und Stadt“, S. 250 f.

75 Widuckel, 2004, Paradigmenentwicklung der Mitbestimmung bei Volkswagen, S. 12–14.

76 Rieger, 2013, The People’s Car, S. 139–141.

77 Ebenda; Owetschkin, 2016, Vom Verteilen zum Gestalten, S. 99.

78 Widuckel, 2004, Paradigmenentwicklung der Mitbestimmung bei Volkswagen, S. 15.

79 Betriebsrat der Ford-Werke Köln (Hrsg.), 2006, 60 Jahre Betriebsrat Ford Werke Köln, S. 6–8.

80 Milert/Tschirbs, 2015, Die andere Demokratie, S. 452.

personellen Kontinuität zeigte. Des Weiteren entwickelten sich erste lokale, werksspezifische Mitbestimmungspraktiken.[81]

Die Kooperation auf betrieblicher Ebene übertrug sich auch auf die überbetriebliche Mitbestimmung. Den Tarifparteien gelang es, ein Verhandlungssystem zum Ausgleich der Interessen zu schaffen, was erheblich zur innenpolitischen Stabilität der Bundesrepublik beitrug.[82] Damit spielten die Gewerkschaften in der Entstehung des „Rheinischen Kapitalismus" eine wichtige Rolle,[83] der u. a. als einer der Gründe für die Entstehung des „Wirtschaftswunders" genannt wird.[84]

Für dieses Kapitel sind die zentralen Fragen, wie sich die betriebliche Sozialordnung bei BMW im Vergleich entwickelte, welche Bedeutung der wirtschaftliche Misserfolg dabei hatte und welche langfristigen Folgen sich daraus ergaben. Ein weiterer Schwerpunkt liegt auf der Rolle des Betriebsrates in der Unternehmenskrise in der zweiten Hälfte der 1950er Jahre. Dabei wird zu zeigen sein, dass die Betriebsratswahl 1956 für den Betriebsrat die bedeutendste Wasserscheide im gesamten Untersuchungszeitraum darstellte.

Für BMW lässt sich eine vergleichbare kooperative Zusammenarbeit wie bei den anderen Automobilunternehmen in den 1950er Jahren nicht feststellen. Vielmehr wurde in der ersten Hälfte des Jahrzehnts der Konsens der Nachkriegszeit aufgekündigt. Auch innerhalb des Betriebsrates ergaben sich durch eine starke Präsenz von KPD-Anhängern und deren Rückhalt in der Belegschaft vor allem politisch gefärbte Differenzen. Dass es innerhalb der BMW-Belegschaft in München eine gewisse Nähe zum Kommunismus gab, war zwar auch schon zuvor der Fall gewesen, ein spürbarer Einfluss auf die Mitbestimmung ist jedoch erst im hier behandelten Jahrzehnt nachweisbar.[85]

---

81 Vgl. zu dem gesamten Absatz Owetschkin, 2016, Vom Verteilen zum Gestalten, S. 134–138.

82 Abelshauser, 2011, Deutsche Wirtschaftsgeschichte, S. 355; Geppert, 2022, Die Ära Adenauer, S. 78–80.

83 Schroeder, 2016, Die Rolle der Gewerkschaften im „Rheinischen Kapitalismus", S. 97; hinsichtlich der Entwicklung und Rolle der IG Metall in Bayern, vgl. Rudi Schmidt: Restauration und neue Ordnung (1950–1966), in: Jörg Hofmann/Jürgen Wechsler (Hrsg.), Vom Wiederaufbau zur Arbeit 4.0. IG Metall Bayern: 70 Jahre Fortschritt durch Tarifpolitik, Hamburg, 2017, S. 52–90.

84 Barry Eichengreen/Albrecht Ritschl: Understanding West German Economic Growth in the 1950s, in: Cliometrica 3, 2009, H. 3, S. 191–219, hier S. 215.

85 Einer der Gründe, warum Augustin Kaiser 1945 Betriebsrat wurde, war der Wunsch, den kommunistischen Einfluss in dem Gremium nicht zu stark werden zu lassen, vgl. Berufsmäßiger Lebenslauf des Augustin Kaiser, nach 1962, BMW UA-209-1; in der Weimarer Republik kam es zwar zu erheblichen Konflikten zwischen Belegschaft und Unternehmensleitung, wie z. B. 1932, als es einen wilden Streik der gesamten Belegschaft gab; aber

Erste Risse zeigten sich 1952 in einem öffentlichen Schlagabtausch zwischen der Werksleitung und der KPD-nahen Zeitung *Bayerisches Volksecho*. Der Artikel „30 Millionen für die BMW. BMW Arbeiter seid auf der Hut" vom 18. Februar 1952 berichtete, dass BMW einen Staatskredit von 30 Mio. DM zum Aufbau der Automobilproduktion bekommen habe.[86] Der Verfasser äußerte Zweifel, ob der Kredit allein dafür gedacht sei, und spekulierte, dass das Geld auch dem Wiederaufbau einer Rüstungsfertigung diene. Begründet wurden die Anschuldigungen mit den großen Schwierigkeiten, die andere Betriebe bei der Kreditgewährung hätten und einer Äußerung des Direktors Kurt Donath, der dem Betriebsratsvorsitzenden Hans Höhn verboten habe, Gespräche gegen die Wiederaufrüstung zuzulassen.[87] Diese Vorwürfe sind u. a. vor dem Hintergrund der Wiederbewaffnungsdiskussion zu sehen, die gleichzeitig auch im Werk Allach für Diskussionen sorgten (vgl. Kap. 3.1).

Der Artikel erzeugte offenbar eine gewisse Resonanz in der Belegschaft, denn der Vorstand sah sich zu einem Aushang im Werk veranlasst, in der er der Darstellung des *Volksechos* widersprach.[88] Er erachte es als seine Pflicht, „im Interesse des Betriebsfriedens […] über die wirklichen Vorgänge aufzuklären", weil der Artikel vor Unwahrheiten wimmele, „ohne uns dadurch auf irgendeine Weise in die Differenzen der politischen Parteien oder der Organisationen einzumischen".[89] Weder habe BMW einen Kredit über 30 Mio. DM bekommen, noch habe das Unternehmen irgendetwas mit der Wiederaufrüstung zu tun. Auch dass man dem Betriebsratsvorsitzenden Gespräche über die Wiederaufrüstung verboten habe, sei nicht korrekt. Donath habe Höhn nur darauf aufmerksam gemacht, dass es dem Wiederaufbau des Werkes abträglich sei, wenn es durch die Wiederaufrüstungsdiskussion abermals in den öffentlichen Fokus gerate. Auch für die restliche Belegschaft habe es nie eine Einschränkung der Meinungsfreiheit gegeben. Nur mit dem Betriebsrat gebe es seit 1945 eine Vereinbarung, dass politische Probleme nicht zwischen dem Betriebsrat und BMW zu diskutieren seien, um den Arbeitsfrieden nicht zu stören. Derartige Themen seien Sache der Parlamente, bei BMW werde nur

---

an sich war die Belegschaft wohl weitestgehend unpolitisch, vgl. Pierer, 2011, Die Bayerischen Motoren Werke bis 1933, S. 219–221.

86 Der Originalartikel konnte in den Beständen des *Bayerischen Volksechos* in der Bayerischen Staatsbibliothek nicht gefunden werden, insofern basiert die Inhaltswiedergabe alleine auf dem Abdruck des Artikels auf einem Plakat des Vorstands, in dem die Anschuldigungen des Volksechos zurückgewiesen werden, Vorstand der BMW AG: Plakat An unsere Mitarbeiter und Mitarbeiterinnen, 22.02.1952, BMW UF-3291-1.

87 Ebenda.

88 Ebenda. Zur gleichen Zeit war die Wiederbewaffnung auch in Allach ein Thema und wurde ebenfalls im *Volksecho* behandelt.

89 Ebenda.

um die eigene betriebliche Existenz gerungen. Der Aushang schloss mit dem deutlichen Hinweis, dass man sämtliche gesetzlichen Mittel zur Wahrung des Arbeitsfriedens auszuschöpfen wisse.[90]

Der wiederholte Hinweis auf die Wahrung des Betriebsfriedens und der Hinweis auf die Politik sprechen Bände: Der Vorstand sah den betriebsinternen Frieden durch kommunistische Meinungsmache als erheblich gefährdet an. Diese Ansicht hegte er jedoch nicht exklusiv, auch der Betriebsrat unterstützte diese Position mit einem dementsprechenden Beschluss und verlangte eine Berichtigung im *Volksecho*.[91] Es ist allerdings unwahrscheinlich, dass dieser Beschluss des Betriebsrates einstimmig ausgefallen ist. Der 1951 gewählte Betriebsrat umfasste 15 Personen, die auf zwei Listen kandidiert hatten.[92] Die vier Kandidaten der Liste 2 waren eindeutig als Kommunisten zu identifizieren.[93] Das *Bayerische Volksecho* veröffentlichte kurz darauf in einem umfangreichen Artikel eine Antwort auf den Aushang des BMW-Vorstands.[94] Dieser Aushang wurde Punkt für Punkt besprochen, sodass der Artikel in eine ideologisch stark gefärbte Gegendarstellung mündete. Insbesondere der letzte Punkt mit dem Hinweis auf die BMW zur Verfügung stehenden juristischen Mittel wurde als „klassisch[es]“ Bekenntnis zu einem „Herr-im-Hause-Standpunkt“ gesehen, mit dem eine unterschwellige, einschüchternde Kündigungsdrohung verbunden war. Das übergreifende Thema war jedoch der Verdacht, dass bei BMW die politische Meinungsfreiheit in der Wiederbewaffnungsdiskussion gefährdet sei, festgemacht an der Aussage, dass zwischen Betriebsrat und Unternehmensleitung keine politischen Themen besprochen würden.[95] Nach dem damals geltenden bayerischen Betriebsrätegesetz war jedoch dem Betriebsrat ohnehin jedwede parteipolitische Tätigkeit im Betrieb untersagt.[96] An dieser Stelle wurde der Artikel konfus, weil aus dieser gesetzlich vorgeschriebenen parteipolitischen Neutralität eines Betriebsrates der Schluss gezogen wurde, dass jegliche politische Diskussion im Betrieb verboten sei. Dem Betriebsrat wurde deshalb die „Arbeiterehre“ in Abrede gestellt, weil die

90 Ebenda.

91 BVE: Was geht in den BMW-München-Milbertshofen vor sich?, in: Bayerisches Volksecho vom 20.03.1952.

92 Vgl. Wahlergebnisse in BMW UA-2645-1.

93 In einem Artikel des *Volksechos* von 1953 wird u. a. über die Betriebsratswahl bei BMW berichtet, dass im vorherigen Betriebsrat vier Kommunisten gewesen sind. Ein Betriebsrat, Anton Schletzbaum, wird in dem Artikel besonders herausgegriffen und eindeutig als KPD-Betriebsrat genannt. Schletzbaum war bereits im Betriebsrat von 1951 vertreten, als Vertreter der Liste 2, vgl. EB, Gemaßregelter KPD-Betriebsrat wiedergewählt!

94 BVE, Was geht in den BMW-München-Milbertshofen vor sich?

95 Ebenda.

96 Bayerisches Betriebsrätegesetz vom 25. Oktober 1950, 1950, § 52.

Betriebsräte, insbesondere als IG-Metall-Mitglieder, den Beschluss des DGB Bayern, der eine Wiederbewaffnung ablehnte, unterlaufen würden.[97] Hier wurde also nicht mehr nur der „Klassenfeind", der Unternehmer, attackiert, sondern auch der Betriebsrat als Vertreter der Arbeitnehmer. Die politische Debatte zur Wiederbewaffnung machte bei BMW demnach nicht vor den Werkstoren halt, sorgte intern für Unruhe und wurde auch von außen befeuert. Der Umfang dieser öffentlichen Auseinandersetzung und auch die Reaktion von Unternehmensseite machen deutlich, dass es ab Beginn der 1950er Jahre zu erheblichen Misstönen zwischen Teilen der Belegschaft und der Unternehmensleitung gekommen war.

Eine ähnliche öffentliche und scharfe Auseinandersetzung wiederholte sich 1954/55. Im November 1954 verteilte die KPD zwei leider nicht überlieferte Flugblätter zur Betriebsratswahl.[98] In diesen Flugblättern wurde die Bilanz von BMW für das Jahr 1953 thematisiert und behauptet, dass BMW pro Arbeitnehmer etwa 2.700 DM Profit gemacht habe. Der Vorstand sah sich auch hier zu einem öffentlichen Plakat veranlasst. In diesem stellte er die angenommenen 2.700 DM Profit pro Mitarbeiter, was bei einer Gesamtbelegschaft von 9.648 Personen in einem Gewinn von 26.049.600 DM resultieren würde, der öffentlichen Bilanzangabe mit einem Gewinn von 66.294,42 DM gegenüber. Diese Tatsache sei für jeden, „der eine Bilanz lesen kann, ja für jeden der überhaupt [sic!] lesen kann", aus der Gewinn- und Verlustrechnung von BMW zu entnehmen.[99] Das war im Vergleich zum vorherigen Plakat eine deutliche Verschärfung des Tones. Die polemischen Attacken setzten sich auch in den folgenden Zeilen fort. Den Verfassern des Flugblattes wurde mangelnde Rechtschreibfähigkeit vorgeworfen, seien sie doch „nicht einmal in der Lage, Worte, wie ‚Bilanz' und ‚Metall' richtig zu schreiben. Ist es unter diesen Umständen verwunderlich, daß diese Leute unsere Bilanz weder richtig lesen und noch viel weniger richtig beurteilen können?"[100] Der Vorwurf, dass BMW eine üppige Dividende ausgezahlt habe, was das Unternehmen überhaupt nicht getan hatte, wurde ebenfalls mit mangelnden betriebswirtschaftlichen Kenntnissen

---

97 BVE, Was geht in den BMW-München-Milbertshofen vor sich?

98 Diese Flugblätter sind leider nicht überliefert, allerdings wurde in dem daraus resultierenden Plakat von BMW darauf Bezug genommen und z. T. wörtlich daraus zitiert, vgl. Plakat An unserer Mitarbeiterinnen und Mitarbeiter bzgl. Gewinn- und Verlustrechnung, ca. November/Dezember 1954, BMW UF-3290-1; der Bezug zur Betriebsratswahl lässt sich nicht aus dem Plakat erschließen, sondern aus einem späteren Artikel des *Volksechos*, vgl. o. V.: Die entschleierten Gewinne der BMW, in: Bayerisches Volksecho vom 04.02.1955.

99 Plakat An unserer Mitarbeiterinnen und Mitarbeiter bzgl. Gewinn- und Verlustrechnung, ca. November/Dezember 1954, BMW UF-3290-1.

100 Die fehlerhafte Kommasetzung in diesem Zitat entspricht dem Original, ebenda.

erklärt.[101] Das Plakat schloss mit der sarkastischen Feststellung, dass „[d]ie KPD in Bayern [...] nicht nur kopfzahlmäßig weit zurückzuliegen [scheint]".[102] Noch brisanter wurde das Plakat durch die Tatsache, dass seit Februar 1954 mit Josef Greger ein Kommunist Betriebsratsvorsitzender war.

Die Antwort auf dieses Plakat folgte in einem ganzseitigen Artikel im *Volksecho* im Februar 1955 mit dem Titel „Die entschleierten Gewinne der BMW". Die darin geäußerten Vorwürfe argumentierten vor allem damit, dass der Zuwachs des Anlagevermögens auf dem Rücken der Arbeiter erwirtschaftet worden sei und eigentlich einen Gewinn des Unternehmens darstellten. Dadurch und mittels anderer ‚Bilanztricks' hinsichtlich Grundkapital, Rückstellungen und Lohnsumme verschleiere BMW seine wahren Gewinne.[103] Dem ist entgegenzuhalten, dass der Zuwachs des Anlage- und Investitionsvermögens in dieser Phase eigentlich nicht verwundern kann, weil BMW massiv in den Ausbau der Automobilfertigung investiert hatte und die im November 1952 aufgenommene Produktion des BMW 501 im Jahr 1953 hochlief. Auch sonst lassen sich in der Bilanz von BMW keine zu den Vorwürfen passenden Ungereimtheiten finden.[104]

Es lässt sich festhalten, dass es bei BMW in München in der ersten Hälfte der 1950er Jahre keineswegs zu einer kooperativen Zusammenarbeit zwischen Arbeitnehmern und Arbeitgeber gekommen war. Stattdessen war ein konfrontatives Klima der gegenseitigen Abneigung entstanden, zumindest in Teilen der Belegschaft beziehungsweise der von ihr in den Betriebsrat entsandten Vertreter. Die betriebliche Sozialordnung war gleichermaßen von dieser Konfrontation geprägt. Die drastischen Formulierungen des Vorstandes sprechen hier eine klare Sprache. Diese Spannungen wirkten sich direkt auf den Betriebsrat aus und erreichten 1953 einen Höhepunkt in der Auseinandersetzung um die Entlassung des KPD-Betriebsrates Anton Schletzbaum, die das Verhältnis zwischen Belegschaft und Unternehmen sehr anschaulich beleuchtet.

Schletzbaum, Jahrgang 1922, wurde bei der Betriebsratswahl am 4. September 1951 als Vertreter der kommunistischen Liste 2 in den Betriebsrat gewählt.[105] Dass er ein überzeugter Anhänger des Kommunismus war, veranschaulichte eindrücklich sein knapp drei Wochen später im *Volksecho*

101 BMW zahlte die erste Dividende nach dem Zweiten Weltkrieg erst 1964.

102 Plakat An unserer Mitarbeiterinnen und Mitarbeiter bzgl. Gewinn- und Verlustrechnung, ca. November/Dezember 1954, BMW UF-3290-1.

103 o. V., Die entschleierten Gewinne der BMW.

104 Vgl. Bericht der Bayerischen Motoren-Werke über das 38. Geschäftsjahr 1953, 30.10.1954, BMW UU-32-10.

105 Vgl. Wahlergebnisse in BMW UA-2645-1.

veröffentlichter Brief zum Offenen Brief der SED.[106] Er verpflichtete sich darin öffentlich, den Brief der SED im BMW-Werk München als neu gewählter Betriebsrat mit den Arbeitern zu diskutieren. Schletzbaum verstand sich demnach keineswegs als unpolitischer Arbeitnehmervertreter, sondern äußerte schon früh sein Ansinnen, seine Arbeit als Betriebsrat mit parteipolitischer Betätigung zu verbinden und damit die Bestimmungen des Bayerischen Betriebsrätegesetzes und des späteren Betriebsverfassungsgesetzes 1952 zu ignorieren.

Die Quellen geben keinen Aufschluss darüber, wie er sein Amt konkret ausübte. Schletzbaum taucht erst im März 1953 wieder in der Überlieferung auf, und zwar im *Volksecho*, weil er nach einer Betriebsversammlung fristlos entlassen wurde.[107] Er soll auf der Versammlung den Betriebsratsvorsitzenden Höhn unter Beifall der Belegschaft scharf kritisiert haben. Außerdem ging er einen „Agenten“ verbal an, der angeblich versucht hatte, bestimmte Betriebsratsmitglieder zu diffamieren. Mithilfe eines Spitzels soll die Unternehmensleitung daraus eine Gefährdung des Betriebsfriedens abgeleitet haben.[108] Schon einen Tag später soll es eine Versammlung von Belegschaftsmitgliedern in einer Wirtschaft gegeben haben, in der die Vorwürfe gegenüber Schletzbaum als haltlos erklärt wurden und per einstimmiger Resolution eine Wiedereinstellung Schletzbaums gefordert wurde.[109] Schletzbaum selbst ging juristisch gegen seine Entlassung vor, sie war also noch nicht rechtskräftig.[110] Das hielt ihn jedoch nicht davon ab, 1953 abermals für den Betriebsrat zu kandidieren.

Schletzbaums Wahlergebnis war bemerkenswert. Im Gegensatz zur Wahl 1951 gab es diesmal eine Persönlichkeitswahl. Damit lässt sich die Stimmenzahl für jeden gewählten Kandidaten eindeutig nachweisen. Schletzbaum erhielt die zweitmeisten Stimmen (1.863 Stimmen bei einer Belegschaftsgröße von etwa 4.626) und lag nur 28 Stimmen hinter dem Erstplatzierten, dem Betriebsratsvorsitzenden Höhn (1.891 Stimmen). Den dritten Platz errang Heinrich

106 Welcher Offene Brief genau gemeint ist, wird in dem Artikel nicht genannt. Der Inhalt von Schletzbaums Brief lässt jedoch darauf schließen, dass es in dem Offenen Brief des ZK der SED um die Wiederveinigung ging, BVE: BMW-Betriebsrat zum Offenen Brief der SED. „Mit ganzer Kraft für die Aktionseinheit der Arbeiterklasse“, in: Bayerisches Volksecho vom 27.09.1951.

107 EB: BMW-Betriebsratsmitglied auf die Straße gesetzt, in: Bayerisches Volksecho vom 20.03.1953.

108 Ebenda.

109 o. V.: Kollege Schletzbaum muss wieder eingestellt werden. Die Belegschaft der BMW-Milbertshofen kämpft um ihren Betriebsrat, in: Bayerisches Volksecho vom 27.03.1953.

110 Anton Schletzbaum/Anton Sauermann: Briefwechsel zwischen Anton Schletzbaum (Betriebsrat) und Anton Sauermann, Wahlvorstand, 13.05.1953, BMW UA-2645-1.

Gassner, allerdings mit einem großen Abstand von etwa 300 Stimmen zu Schletzbaum (1.574 Stimmen für Gassner). Gassner war 1951 ebenfalls ein Kandidat der kommunistischen Liste 2.[111] Dieser Erfolg Schletzbaums wurde auch auf der Titelseite des *Volksechos* groß gefeiert: „Gemaßregelter KPD-Betriebsrat wiedergewählt! Glänzende Antwort der Belegschaft der BMW auf willkürliche Entlassung des Kollegen Schletzbaum".[112]

Die Wiederwahl Schletzbaums ist durchaus als deutliches Signal der Belegschaft an das Unternehmen zu verstehen: als schallende Ohrfeige für den Vorstand. Die KPD jubilierte aber nicht nur über die Wiederwahl Schletzbaums, sondern auch über die Verdopplung ihrer Betriebsratssitze. Anstatt vier Sitzen hielten KPD-Betriebsräte nun acht von 25 Sitzen.[113] Das ist insofern von besonderer Relevanz, weil der KPD dieser Erfolg nach dem „Höhepunkt des gewerkschaftlichen Vorgehens gegen die Kommunisten" 1950 bis 1952 und in einer Phase des zunehmenden Integrationsdruckes auf betrieblicher Ebene gelang.[114] Gerade zu Beginn der 1950er Jahre versuchten die Gewerkschaften die Kommunisten durch eine „Politik von demonstrativer Ausgrenzung und partieller Einbindung" einzuhegen.[115] Auch auf politischer und gesellschaftlicher Ebene wurde gegen die KPD vorgegangen. Die Partei hatte nach dem Aufstand vom 17. Juni 1953 jegliche politische Relevanz verloren.[116] Trotzdem war es den Kommunisten bei BMW nochmals gelungen, die Unzufriedenheit in der Belegschaft zu kanalisieren.[117]

Die Werksleitung sah sich noch am Tag der Veröffentlichung des Artikels zu einer Reaktion per Aushang veranlasst. Darin wurden die Gründe für die Entlassung Schletzbaums richtiggestellt. Demnach habe Schletzbaum durch seine Betriebsratstätigkeit seine eigentlichen Arbeitspflichten schleifen lassen und sei auch nicht bereit, dies in Zukunft zu ändern. Das habe Ärger in den Abteilungen und diverse Versetzungen zur Folge gehabt. Dieser „Langmut" der Werksleitung gegenüber Schletzbaum habe in der Belegschaft bereits für Unverständnis gesorgt. Aus der Sicht des Vorstandes brachte Schletzbaum das Fass mit der Behauptung zum Überlaufen, dass auf der Betriebsversammlung am 17. März 1953 ein Redner von Unternehmensseite für genehme Aussagen bestochen worden sei und dieses Bestechungsgeld nach der Versammlung

111 Vgl. Wahlergebnisse in BMW UA-2645-1.
112 EB, Gemaßregelter KPD-Betriebsrat wiedergewählt!, S. 1.
113 Ebenda.
114 Kössler, 2005, Abschied von der Revolution, S. 306–313. Zitat auf Seite 306.
115 Ebenda, S. 314.
116 Herbert, 2023, Geschichte Deutschlands im 20. Jahrhundert, S. 668 f.
117 Kössler sieht gerade in der Kanalisierung des Unmuts in der Belegschaft die Stärke der KPD, Kössler, 2005, Abschied von der Revolution, S. 208.

empfangen habe.[118] Die Firmenleitung sah darin eine „böswillige Verleumdung […] und den aktiven Vorwurf der Bestechung“ sowie den Vorwurf der Bestechlichkeit gegenüber einem Belegschaftsmitglied. Damit habe Schletzbaum den Betriebsfrieden erheblich gestört, zu dessen Einhaltung er insbesondere als Betriebsratsmitglied verpflichtet gewesen sei.[119] Weitere Quellen zu diesem Sachverhalt sind leider nicht bekannt. Schletzbaum tauchte nach der Wahl 1953 nicht mehr im Betriebsrat auf, es ist also davon auszugehen, dass er mindestens den Betriebsrat verlassen hat, vermutlich auch das Unternehmen.

Die Causa Schletzbaum erhält ihre Bedeutung vor allem durch die Ergebnisse der Betriebsratswahl 1953, in der Schletzbaum nicht nur wiedergewählt wurde, sondern die auch zur Folge hatte, dass sich der Stimmenanteil für KPD-Betriebsräte verdoppelte. Damit war ein Drittel des neu gewählten Betriebsrates Kommunisten. Dass diese in Betriebsräten saßen, war an sich nichts Ungewöhnliches.[120] Auch in anderen Betrieben flammten nach dem Ende der Nachkriegszeit Konflikte zwischen gemäßigten Arbeitnehmervertretern und Kommunisten auf.[121] Diese verschwanden jedoch meist wieder und es entwickelte sich in den 1950er Jahren eine „sozialdemokratische Hegemonie“.[122] Dabei spielte die Einführung der betrieblichen Mitbestimmung eine bedeutende Rolle, weil sie eine Beteiligung der Arbeitnehmer gewährleistete und einen rechtlichen Rahmen bereitstellte, der sich schlecht mit kommunistischen Ansichten vereinbaren ließ und deshalb für Enttäuschung bei deren Wählern sorgte.[123] Bei Opel und Ford sank der Anteil an kommunistischen Betriebsräten ebenfalls in der ersten Hälfte der 1950er Jahre ab.[124] Eine vergleichbare Entwicklung lässt sich für BMW in München nicht feststellen, ganz

---

118 Aushänge der Werksleitung bzgl. Schletzbaum, 15./18.05.1953, BMW UA-81-1. Aufgrund des Berichtes des BVE mit dem Thema der Entlassung Schletzbaums vom 20.03.1953 liegt die Vermutung nahe, dass Schletzbaum Höhn die Bestechlichkeit vorwarf. Manuskripte oder andere Quellen sind zu dieser Betriebsversammlung nicht überliefert.

119 Ebenda.

120 Vgl. hierzu mit Fokus auf das Ruhrgebiet, Kössler, 2005, Abschied von der Revolution, S. 187.

121 Süß, 2003, Kumpel und Genossen, S. 97.

122 Milert/Tschirbs, 2015, Die andere Demokratie, S. 456.

123 In der Logik der Systemkonkurrenz des Kalten Krieges spielte die Mitbestimmung eine wichtige Rolle, weil sie die KPD in die BRD integrierte, vgl. Kössler, 2006, Arbeiter und Demokratiegründung in Westdeutschland nach 1945, S. 432. Zur Rolle des Antikommunismus in der BRD aufgrund der Existenz der DDR, vgl. Frank Bösch: Geteilte Geschichte. Plädoyer für eine deutsch-deutsche Perspektive auf die jüngere Zeitgeschichte 12, 2015, H. 1, S. 98–114, hier S. 100.

124 Vgl. Betriebsrat der Adam Opel AG, Standort Rüsselsheim (Hrsg.), 2002, Betriebsratswahlen Opel Rüsselsheim 1945–2002; Betriebsrat der Ford-Werke Köln (Hrsg.), 2006, 60 Jahre Betriebsrat Ford Werke Köln.

im Gegenteil nahm der Einfluss der Kommunisten sogar noch weiter zu, mit direkten Folgen für den Betriebsrat und die Mitbestimmung im Betrieb.

Als sich der 1953er-Betriebsrat kurz nach der Wahl beim Vorstand vorstellte, wurden weitere Animositäten sichtbar. Der Technikvorstand Kurt Donath erläuterte dem Betriebsrat, wie der Vorstand sich die Zusammenarbeit unter dem neuen Betriebsverfassungsgesetz 1952 wünsche. Der Betriebsrat und der Vorstand seien eine „Arbeitsgemeinschaft“ zum Wohle des Werkes. Deshalb sei es unbedingt notwendig, dass sich der Betriebsrat bei seinen Wünschen immer die wirtschaftliche Lage des Unternehmens vor Augen halte. Ziel müsse eine gute Zusammenarbeit zum Vorteil von BMW sein, alles andere sei dagegen sekundär. Insbesondere sollte es dabei bleiben, dass Politik nichts im Betrieb zu suchen habe.[125] Das war ein klarer Hinweis auf die jüngsten Ereignisse um Schletzbaum. Des Weiteren äußerte Donath Zweifel, ob es dem Betriebsrat aufgrund seiner Größe gelingen werde, einen internen Konsens herzustellen, damit dieser dann dem Vorstand vorgetragen werden könne.[126] Der Betriebsrat hatte zu diesem Zeitpunkt 25 Mitglieder und war damit an der oberen Grenze dessen, was das Betriebsverfassungsgesetz 1952 für Betriebe zwischen 4.001 und 5.000 Arbeitnehmern vorsah.[127] Donath gab dem Betriebsrat damit indirekt zu verstehen, dass er eine gewisse Vielstimmigkeit erwartete, aber keine einheitliche Position des gesamten Gremiums; also insgesamt einen uneinigen und schwachen Betriebsrat. Dieser Ansicht hielt der neue und alte Vorsitzende Höhn entgegen, dass sich der Betriebsrat aus erfahrenen Mitgliedern zusammensetze und sich die Größe nur nach dem Gesetz richte. Für den Betriebsrat seien in seinem Handeln zwei Dinge maßgeblich: was ihm nach dem Betriebsverfassungsgesetz 1952 zustehe und was die Wünsche des Gremiums seien. Von der Berücksichtigung der wirtschaftlichen Lage war hier keine Rede. Trotz allem waren auch die Arbeitnehmervertreter der Ansicht, dass eine gute Zusammenarbeit mit dem Vorstand anzustreben sei.[128] Sowohl Donaths als auch Höhns Argument zur Größe des Betriebsrates ist nachzuvollziehen. Infolge des Betriebsverfassungsgesetzes 1952 vergrößerte sich der Betriebsrat von 15 Mitgliedern um zehn Personen

125 Rosa Schaumberger: Vorstellung des Gesamtbetriebsrates beim Vorstand, 17.06.1953, BMW UA-2615-1.

126 Ebenda.

127 Vgl. § 9 Betriebsverfassungsgesetz vom 11. Oktober 1952. BetrVG 1952.

128 Schaumberger, Vorstellung des Gesamtbetriebsrates beim Vorstand, 17.06.1953, BMW UA-2615-1, auch wenn im 1953er-Betriebsrat 13 Personen zum ersten Mal in das Gremium gewählt wurden, trifft Höhns Aussage insofern zu, dass von 15 Personen, aus denen der 1951er-Betriebsrat bestand, zwölf wiedergewählt wurden. Der erfahrenste Mann war Heinrich Gassner, der seit 1945 ununterbrochen im Betriebsrat saß.

auf 25 Mitglieder. 13 Mitglieder waren bereits im vorherigen Betriebsrat Mitglied gewesen, zwölf Mitglieder waren zum ersten Mal in dem Gremium. Das machte diesen Betriebsrat zu einem der jüngsten und unerfahrensten im Untersuchungszeitraum, mit einem Durchschnittsalter von 40,21 Jahren und einer durchschnittlichen Zugehörigkeit von 2,27 Legislaturen, wobei es durchaus einen erfahrenen Kern gab.[129]

Die guten Vorsätze hielten nicht lange. Keine zwei Wochen später genehmigte der Vorstand einen vierten, freigestellten Betriebsrat nur unter der Bedingung, dass dieser die anderen Betriebsräte spürbar entlaste, die sich auf ihre „B e t r i e b s rattätigkeit“ konzentrieren sollten.[130] Das Problem der politischen Nebentätigkeiten von Betriebsräten, die nichts mit BMW zu tun hatten, blieb also virulent. Nach außen wurde versucht, diese Lagerkämpfe und Sticheleien zu überdecken. In einem Artikel der *Münchner Stadtzeitung*, einer Beilage des *Münchner Merkurs*, war sogar davon die Rede, dass es ein gutes Einvernehmen zwischen Betriebsrat und Werksleitung gegeben habe.[131]

Das Verhältnis zwischen Betriebsrat(sparteien) und Vorstand erreichte im Herbst/Winter 1953/54 einen weiteren Tiefpunkt, als der Betriebsratsvorsitzende Höhn gestürzt wurde. Vorangegangen waren eine unaufrichtige Kommunikation des Vorstandes und eigenmächtige Entscheidungen Höhns. Im Herbst 1953 kamen dem Betriebsrat erstmals Gerüchte über anstehende Entlassungen zu Ohren, offiziell war der Betriebsrat aber nicht informiert worden. Zur Aufklärung verlangte der Betriebsrat Ende Oktober eine Besprechung mit dem Vorstand. Auf dieser versicherte die Unternehmensleitung, dass es dem Betrieb gutgehe, die Gerüchte über Entlassungen ohne Substanz seien und nur zur Beunruhigung der Belegschaft in die Welt gesetzt worden seien. Im Vertrauen auf diese Versicherung des Vorstandes widersprach der Betriebsratsvorsitzende Höhn den Gerüchten auf der Betriebsversammlung im November 1953.[132] Damit ließ der Vorstand den Betriebsratsvorsitzenden ins offene Messer laufen, denn schon am nächsten Tag wurde die Entlassung von 150 Mitarbeitern angekündigt. Nicht nur hatte er Höhn hinsichtlich der Entlassungen die Unwahrheit gesagt, sondern es fand auch keine Unterrichtung des Betriebsrates über die wirtschaftliche Lage des Unternehmens statt.

129 Vgl. Wahlergebnisse 1953, BMW UA-2645-1.

130 Sperrung wie Original. Schreiben des BMW-Vorstands an den Betriebsrat bzgl. Freistellung eines vierten Betriebsrats, 29.06.1953, BMW UA-2612-1.

131 Friedrich W. Merz: Artikel der Münchner Stadtzeitung: In Milbertshofen entstehen Motorräder im Takt, 11.09.1953, BayHStA MF 79874.

132 Sofern nicht anders angeführt basiert nachfolgender Abschnitt auf dieser Aktennotiz: Aktennotiz, Betrifft: Entlassungen – Kurzarbeit – Massenentlassungen, 23.02.1954, BMW UA-2620-1.

Die Reaktion des Betriebsrates auf diesen Vertrauensbruch, der seine Glaubwürdigkeit gegenüber der Belegschaft massiv schädigte, wurde in einer rekapitulierenden Aktennotiz höchst sachlich wiedergegeben: Der Betriebsrat habe die Werksleitung auf ihre getätigten Aussagen bzgl. der Entlassungen hingewiesen.[133] Die Hiobsbotschaften nahmen damit aber kein Ende. Am 26. November 1953 teilte der technische Werksleiter Kurt Deby dem Betriebsausschuss mit, der Absatz sei so schlecht, dass man zum 7. Dezember 1953 entweder die Arbeitszeit auf 40 Wochenstunden verkürzen oder 800 Personen entlassen müsse. Die Arbeitnehmerseite machte den Gegenvorschlag, eine 32-Stunden-Woche einzuführen, weil es dann möglich sei, Kurzarbeitergeld zu beantragen. Das würde auch die Entlassungen obsolet machen. Der Vorstand übernahm diesen Vorschlag, allerdings warnte er, dass damit nicht sicher sei, ob weitere Maßnahmen notwendig würden.[134]

Am 4. Dezember 1953 fand eine Besprechung zwischen Deby, dem Betriebsausschuss und einem Vertreter des Arbeitsamtes statt. Dabei wurde mitgeteilt, dass trotz der geplanten Kurzarbeit erste Entlassungen erfolgt seien. Ob weitere Entlassungen notwendig werden würden, hänge von der Geschäftslage ab.[135] Erst am 15. Dezember 1953 erklärte der kaufmännische Direktor Hanns Grewenig dem Betriebsausschuss und den Abteilungsleitern die dramatische Lage des Unternehmens. 7 Mio. DM mussten eingespart werden, weil die Produktions- und Gemeinkosten zu hoch waren. Es drohte ein Abbau der Belegschaft um 18 Prozent, was den Betriebsrat stark beunruhigte. Während der Werksschließung zum Jahreswechsel wurden der Betriebsratsvorsitzende Höhn und seine Stellvertreter Josef Greger und Nikolaus Schelle ins Werk gerufen, um ihnen mitzuteilen, dass der Vorstand eine weitere Massenentlassung von 300 Mitarbeitern beantragt hatte. Zu dieser Entlassungswelle gaben Höhn und Schelle am 7. Januar 1954 die Stellungnahme des Betriebsrates ab.[136] Das Landesarbeitsamt genehmigte die Entlassungen am 12. Januar 1954. Zu diesem Zeitpunkt hoffte der Personalchef Otto Lampersdorfer, womöglich nicht alle 300 Entlassungen zu benötigen.

Diese Hoffnung blieb unerfüllt: Zwei Wochen später, am 28. Januar 1954, teilte der Vorstand dem Betriebsausschuss mit, dass man 200 weitere Perso-

---

133 Ebenda.

134 Aktennotiz betrifft Besprechung am 27. November 1953 zu dem Thema Kurzarbeit und Arbeitszeit zwischen Weihnachten und Neujahr, Ende November 1953, BMW UA-2689-1.

135 Aktennotiz: Betrifft Besprechung am 4. Dezember 1953 zwischen Hr. Hartwig vom Arbeitsamt München, Herrn Deby, Herrn Baldauf und vom Betriebsrat Gassner, Solleder, Schelle, Greger, Höhn und Frau Schaumberger, 09.12.1953, BMW UA-2689-1.

136 Hans Höhn: Betriebsrat BMW Werk München (Höhn und Schelle) an das Arbeitsamt München, 07.01.1954, BMW UA-2689-1.

nen entlassen müsse.[137] Dieser weiteren Massenentlassung stimmten Höhn und Schelle tags darauf zu, ohne sich mit dem restlichen Betriebsrat ins Benehmen zu setzen.[138] Dieser Alleingang führte innerhalb des Betriebsrates zu sehr viel Unmut. Es kam zu einer Revolte gegen Höhn und Schelle. Deren Genehmigung für die Entlassungen wurde durch das Betriebsratsgremium zurückgezogen. Auf dieser Sitzung war Höhn nicht anwesend, da er sich auf einer Fortbildung aufhielt.[139] Was die beiden erfahrenen Betriebsräte veranlasste, ohne Rücksprache den Entlassungen zuzustimmen, bleibt unklar. Höhn war seit 1946 ununterbrochen im Betriebsrat, Schelle seit 1948, mit einer zweijährigen Unterbrechung von 1949 bis 1950. Es ist zumindest sehr erstaunlich, dass sie das politische Risiko eingingen, die anderen Betriebsratsmitglieder zu übergehen. Beiden hätte klar sein müssen, dass sie damit ihre Position gefährdeten. Schon bei den Wahlen zum Vorsitzenden bzw. Stellvertreter hatte Höhn nur 16 von 25 Stimmen erhalten. Auf Schelle entfielen in einer Stichwahl gegen den kommunistischen Betriebsrat Gassner nur 15 von 25 Stimmen, bei acht Stimmen für Gassner und zwei Enthaltungen. Bei den Gegenstimmen dürfte es sich vermutlich u. a. um die acht kommunistischen Betriebsräte gehandelt haben, da sowohl Schelle als auch Höhn diesem Lager nicht angehörten.[140] Höhn schien sich seiner Position zu sicher gewesen zu sein, anders ist seine Teilnahme an der Fortbildung am Tag der Betriebsratssitzung schwer erklärbar. Höhn und Schelle erwiesen dem Betriebsrat mit ihrem eigenmächtigen Vorgehen einen Bärendienst und überlebten ihren Alleingang politisch nicht. Die darauffolgende Umbildung des Betriebsrates, mit der die beantragte Massenentlassung allerdings auch nicht verhindert werden konnte, schwächte das gemäßigte Lager im Betriebsrat und ein kommunistischer Vertreter stand nun an dessen Spitze.

Am 8. Februar 1954 wurde Josef Greger zum neuen Vorsitzenden gewählt. Schelles Position blieb bis auf Weiteres vakant, Höhn schied sogar komplett aus dem Betriebsrat aus.[141] Trotz dieser Personalrochade konnte auch Greger die Massenentlassungen nicht verhindern und musste ihnen am 11. Februar

137 Aktennotiz, Betrifft: Entlassungen – Kurzarbeit – Massenentlassungen, 23.02.1954, BMW UA-2620-1.

138 Josef Greger: Geschäftsbericht für die Betriebsversammlung am 04.03.1954, 04.03.1954, BMW UA-156-1, hier S. 4.

139 Josef Greger: Schreiben Gregers an den Vorstand, betr. Stellungnahme der Betriebsratsvorsitzenden vom 29.01.54 an das Landesarbeitsamt zu weiteren Massenentlassungen, 03.02.1954, BMW UA-81-1; Greger, Geschäftsbericht für die Betriebsversammlung am 04.03.1954, 04.03.1954, BMW UA-156-1, S. 1–5.

140 Vgl. Wahlergebnisse 1951–1954, BMW UA-2645-1.

141 Josef Greger: Schreiben des Betriebsratsvorsitzenden Greger an den Vorstand, 08.02.1954, BMW UA-81-1.

1954 zustimmen.[142] Diese permanenten Entlassungen und Krisen prägten auch die verbleibenden Mitarbeiter massiv und beeinflussten die betriebliche Sozialordnung. Die Angst vor dem Verlust des eigenen Arbeitsplatzes wurde für die Belegschaft zu einem Dauerzustand.

Diese Ereignisse im Winter 1953/54 lassen die einsetzende wirtschaftliche Schieflage von BMW deutlich erkennen, und auch, wie es um die betriebliche Mitbestimmung im Unternehmen bestellt war. Dabei ist insbesondere das Verhalten des Vorstandes gegenüber dem Betriebsrat bezeichnend: Anstatt den Betriebsrat vorab über die wirtschaftliche Misere und die geplanten Entlassungen zu informieren, hielt er Informationen zurück und ließ Gerüchte ins Kraut schießen. Sogar der Betriebsrat begann sich immer stärker auf diese Gerüchte zu verlassen, weil er keine oder zu spät Informationen erhielt.[143] Dass der Wirtschaftsausschuss, das zentrale und gesetzlich vorgeschriebene Gremium zur Information über die wirtschaftliche Lage für den Betriebsrat, sich seit Juni 1953 nicht konstituieren konnte, weil von Unternehmensseite kein Vertreter ernannt wurde, passt dabei ins Bild.[144] Erst auf Nachfrage zu den Entlassungsgerüchten wurde dem Betriebsrat sogar versichert, dass an jenen Gerüchten nichts dran sei. Durch die dennoch erfolgten Entlassungen stellte der Vorstand den Betriebsratsvorsitzenden Höhn am Tag nach der Betriebsversammlung bloß und schadete dem Ansehen des Betriebsrates enorm. Von der gewünschten und oft beschworenen guten Zusammenarbeit konnte nicht die Rede sein. Stattdessen entstand bei der Belegschaft der Eindruck, dass der Betriebsrat „schlafe".[145] Für die neue Führungsspitze des Betriebsrates hatte daher höchste Priorität, rechtzeitig vom Vorstand informiert zu werden.[146] Greger war zwar nach wie vor zur notwendigen Zusammenarbeit bereit, allerdings sei es dafür „notwendig, dass man den Betriebsrat nicht als verlängerten Arm der Werksleitung ansieht, sondern respektiert, dass er als erstes die Belegschaft zu vertreten hat".[147] Auch Greger machte also allein die Arbeitnehmerinteressen zur Maxime seines Handelns.

---

142 Aktennotiz, Betrifft: Entlassungen – Kurzarbeit – Massenentlassungen, 23.02.1954, BMW UA-2620-1.

143 Greger, Geschäftsbericht für die Betriebsversammlung am 04.03.1954, 04.03.1954, BMW UA-156-1, S. 5 f.

144 Aktennotiz, Betrifft: Entlassungen – Kurzarbeit – Massenentlassungen, 23.02.1954, BMW UA-2620-1.

145 Greger, Geschäftsbericht für die Betriebsversammlung am 04.03.1954, 04.03.1954, BMW UA-156-1, S. 5 f.

146 Ebenda.

147 Ebenda, S. 9.

Unter diesen Vorzeichen verschärfte sich im Sommer 1954 der Tarifkampf in der Metallindustrie, der im August 1954 im „Bayernstreik“ gipfelte, dem „härteste[n] Arbeitskampf in der bayerischen Nachkriegsgeschichte“.[148] Die durch das rasante Wirtschaftswachstum verursachte Lohndrift ließ die Kluft zwischen offiziellem Tariflohn und tatsächlich gezahltem Lohn stark auseinanderklaffen, weshalb die IG Metall befürchtete, dass die Bedeutung eines guten Tarifvertrages nicht mehr ersichtlich war. Sie machte es sich in diesem Tarifkampf zum Ziel, die Einkommen signifikant zu verbessern.[149] Die Unterstützung der Gewerkschaftsmitglieder für den unbefristeten Streik, der als Druckmittel für höhere Löhne eingesetzt werden sollte, war bei der Urabstimmung noch recht groß.[150] Das BMW-Werk Allach (vgl. Kap. 3) bildete mit 95,4 Prozent Zustimmung keine Ausnahme, das Werk München wahrscheinlich auch nicht. Für dieses ist die Quellenlage nicht eindeutig. In der Akte, in der sich das Ergebnis der Urabstimmung von Allach befindet, ist eine weitere Urabstimmung vermerkt, jedoch ohne Notiz, welches Unternehmen oder Werk gemeint ist. Aufgrund der Zahl der angegebenen Wahlberechtigten dürfte es sich aber um das Münchner Werk handeln. Die Zustimmung lag bei 94,6 Prozent.[151] Auch hier gab es Störfeuer vonseiten des Unternehmens. Von der harmloseren Sorte war noch die handschriftliche Notiz Donaths an Greger auf einer Ausgabe des *Bayerischen Volksechos*, in der von der Vorbereitung der Urabstimmung bei BMW berichtet wurde, und dass Betriebsräte und Vertrauensleute die Forderungen der IG Metall voll unterstützten. Vorwurfsvoll fragte Donath bei Greger nach, ob das nun die Quittung für das Erlauben der Urabstimmung sei.[152]

Der Streik begann am 9. August 1954 und entwickelte sich schnell zu einem Desaster für die IG Metall. In der besonders streikrelevanten Kugellagerindus-

---

148 Wirsching/Ksoll-Marcon, 2023, Die Protokolle des Bayerischen Ministerrats, 1945–1962, LXXVIII–LXXIX; Pirker spricht vom „größten Lohnstreik der Nachkriegsgeschichte“ (S. 107); zum Ablauf des Streiks vgl. Pirker, 1960, Die blinde Macht. Zweiter Teil 1953–1960, S. 107–126.

149 Rainer Kalbitz: Der Metallarbeiterstreik in Bayern 1954, in: Gewerkschaftliche Monatshefte 55, 2004, H. 9, S. 559–569, hier S. 559; Der Bayernstreik und der Streik von 1995 sind die zwei einzigen Male, dass es in Bayern einen unbefristeten Flächenstreik der IG Metall gab, vgl. Sybille Wankel: Sind Warnstreiks wirksam?, in: Jörg Hofmann/Jürgen Wechsler (Hrsg.), Vom Wiederaufbau zur Arbeit 4.0. IG Metall Bayern: 70 Jahre Fortschritt durch Tarifpolitik, Hamburg, 2017, S. 247–249, hier S. 247.

150 Kalbitz, 2004, Der Metallarbeiterstreik in Bayern 1954, S. 563.

151 Abstimmungsergebnisse einzelner bek. Betriebe, ca. Juli 1954, BMW UA-2688-1.

152 EB: BMW bereitet Urabstimmung vor. „Wir wollen nicht länger Bittsteller sein und nicht ewig verhandeln, sondern aktiv um die Erfüllung der Gewerkschaftsforderungen kämpfen.“, in: Bayerisches Volksecho vom 20.07.1954.

trie endete der Streik bereits zwei Tage später, in anderen Betrieben gab es immer mehr betriebliche Sondervereinbarungen.[153] Allgemein gelang es der IG Metall nur in Betrieben mit gewachsener Gewerkschaftskultur aus der Zeit vor 1933, den Streik durchzuhalten. War das nicht der Fall, bröckelte der Streikwille schnell.[154] Die Arbeitgeber gingen mit allen ihnen zu Verfügung stehenden Mitteln gegen die Streikenden vor. Sie setzten Streikbrecher, z. T. unter Polizeischutz, ein und versuchten die Familien der Streikenden mit Briefen einzuschüchtern. Auch dies trug zum Zusammenbruch des Streiks bei, am Schluss beteiligten sich nur noch etwa 55 Prozent der ursprünglichen Streikenden.[155]

BMW setzte während des Streiks ebenfalls auf Briefe an die Familien und versuchte so eine Woche nach Streikbeginn die Legitimität der Urabstimmung zu untergraben. Nach den Schätzungen des Unternehmens hätten bei der Urabstimmung höchstens 50 Prozent der Belegschaft für den Streik gestimmt.[156] Deshalb sei der Vorstand daran interessiert, die Meinung der gesamten Belegschaft, also nicht nur der IG-Metall-Mitglieder, zum Streik zu erfahren. Unverhohlen wurde damit versucht, einen Keil zwischen den gewerkschaftlich organisierten Teil und den Rest der Belegschaft zu treiben. Dem Brief lag zur Beantwortung ein bereits frankierter Vordruck bei, auf dem vermerkt war, dass die Mitarbeiter mit der Beantwortung keinerlei Konsequenzen zu befürchten hätten. Falls sich eine Mehrheit der Belegschaft für eine Rückkehr zur Arbeit ausspreche, würden alle zurück an die Arbeit gerufen. Die Mitarbeiter sollten bei ihrer Entscheidung auch daran denken, was der fortwährende Streik für BMW, den eigenen Job und die Familie bedeute.[157] Dies war eine indirekte Drohung, dass der Streik dem Unternehmen schade und damit den eigenen Arbeitsplatz gefährde. Im Gegensatz zu anderen Betrieben habe es bei BMW keine körperlichen Auseinandersetzungen mit Streikposten gegeben. Sollte dies noch eintreten, komme es zu fristlosen Entlassungen.[158]

153 Kalbitz, 2004, Der Metallarbeiterstreik in Bayern 1954, S. 563.

154 Süß, 2003, Kumpel und Genossen, S. 189.

155 Kay Ohl: Tarifpolitik als Kernelement autonomer Gewerkschaftsmacht, in: Jörg Hofmann/Christiane Benner (Hrsg.), Geschichte der IG Metall. Zur Entwicklung von Autonomie und Gestaltungskraft, Frankfurt am Main, 2019, S. 229–267, hier S. 242; vgl. hierzu ebenfalls Pirker, 1960, Die blinde Macht. Zweiter Teil 1953–1960, S. 116–118.

156 Rundschreiben: An alle unsere Mitarbeiterinnen und Mitarbeiter, Anfang August 1954, BMW UA-2688-1.

157 Ebenda.

158 Schreiben an die Streikleitung der BMW Werk I, 16.08.1954, BMW UA-2688-1.

Der Streik endete mit einem Schiedsspruch am 31. August / 1. September 1954.[159] Ob es bei BMW zuvor zu einer betrieblichen Sondervereinbarung gekommen war, wie in anderen Betrieben, ist nicht überliefert. Der Streik hatte erhebliche Folgen für das Unternehmen. Für den August war ein Verlust von 1 Mio. DM zu erwarten. Die Erhöhung der Löhne und Gehälter durch den Schiedsspruch verursachte Mehrausgaben von 1,2 bis 1,5 Mio. DM. Aufgrund der engen Kalkulation, die auch keinen Rabatt zuließ, und der gleichzeitig erfolgten Preissenkungen der Konkurrenz war das besonders problematisch.[160] Für die Mitbestimmung bei BMW von größerer Bedeutung war aber, dass von nun an jegliche Gewerkschaftsarbeit im Betrieb während der Arbeitszeit verboten war.[161] Ob es darüber hinaus zu weiteren Maßnahmen kam, ist unklar.

Der „Bayernstreik" war für die IG Metall im Freistaat desaströs. Das lag nicht nur an dem Schiedsspruch, in dem die IG Metall fast keine ihrer Forderungen durchsetzen konnte, sondern auch an der schnell zerbröckelnden Streikfront durch betriebliche Sondervereinbarungen sowie einer kritischen Maßregelungsklausel, die Kündigungen wegen oder infolge des Streiks nicht verhinderte.[162] Das eröffnete den Arbeitgebern die Möglichkeit, unliebsame IG-Metall-Mitglieder zu entlassen.[163] Ein besonders auffälliges Negativbeispiel war Siemens, wo 60 Betriebsräte entlassen wurden, die Sozialleistungen für Streikteilnehmer gekürzt und die Gewerkschaftsarbeit massiv eingeschränkt wurde.[164] Einen dementsprechend großen Aderlass hatte die IG Metall München bei den Mitgliederzahlen zu verzeichnen, erst 1961 wurden wieder die Zahlen von 1954 erreicht.[165] Die langfristigste Folge war der „Bayernmonat". Der ausgehandelte Tarifvertrag hatte eine andere Laufzeit als in anderen Gebieten, weshalb es in Bayern zu einer nach hinten verschobenen Tariflauf-

159 Wirsching/Ksoll-Marcon, 2023, Die Protokolle des Bayerischen Ministerrats, 1945–1962, LXXVIII–LXXIX.

160 Bericht des Vorstands an den Aufsichtsrat vom 31.08.1954, 31.08.1954, BMW UA-155-2, hier S. 1.

161 Josef Zelger: Brief des BMW-Betriebsrats Zelger an Kollegen Kern (Vorstand der IG Metall), 27.09.1954, BMW UA-2614-1.

162 Kalbitz, 2004, Der Metallarbeiterstreik in Bayern 1954, S. 565.

163 Ebenda, S. 566.

164 Werner Milert: Der steinige Weg in die Konfliktpartnerschaft. Die Sozialbeziehungen bei Siemens in den ersten beiden Nachkriegsjahrzehnten, in: Knud Andresen/Michaela Kuhnhenne/Jürgen Mittag/Johannes Platz (Hrsg.), Der Betrieb als sozialer und politischer Ort. Studien zu Praktiken und Diskursen in den Arbeitswelten des 20. Jahrhunderts, Bonn, 2015, S. 159–184, hier S. 172.

165 Kalbitz, 2004, Der Metallarbeiterstreik in Bayern 1954, S. 567.

zeit kam, sodass im Freistaat lange Zeit immer nur die Pilotabschlüsse anderer Bezirke übernommen wurden.[166]

Diese turbulenten Entwicklungen rund um den und im Betriebsrat bei BMW gipfelten in der Betriebsratswahl im Dezember 1954. Dieser Betriebsrat zeichnete sich durch eine vollkommene Zersplitterung der Kräfte aus. Erstmals gab es keine Gemeinschaftswahl, sondern Arbeiter und Angestellte stimmten getrennt ab. Das Ergebnis war, dass bei einer Größe von 19 Personen (die reduzierte Größe war auch ein Kennzeichen für die schrumpfende Belegschaft infolge der wirtschaftlichen Krise) fünf unterschiedliche Listen im Gremium vertreten waren. Die vier Vertreter der Angestellten teilten sich zu je zwei Personen auf die Listen Sauermann bzw. Tessun auf. Inwiefern eine Verbindung zu den Arbeiterlisten bestand, geht aus den Unterlagen nicht hervor. Während die Mitglieder der Liste Tessun vollständig aus Neulingen bestanden, waren von der Liste Sauermann zwei Vertreter bereits im Betriebsrat, unter ihnen der Anfang des Jahres gestürzte zweite Vorsitzende Nikolaus Schelle. Die 15 Sitze für die Arbeiter gingen mit fünf Personen an die Vertreter der Liste 2, ursprünglicher Listenname „Soziale Arbeitsgemeinschaft", und mit sechs Personen an die Liste 3, ursprünglicher Listenname „Gemeinsame Liste der Arbeiter". Hinter der Liste 2 verbarg sich der kommunistische Teil rund um Greger, der Hintergrund der Liste 3 ist unklar. Die restlichen vier Plätze gingen an die Liste 1, ursprünglicher Listenname „Wahlvorschlag der Parteilosen". Zu dieser Liste gehörte auch der im Frühjahr gestürzte Betriebsratsvorsitzende Höhn. Zum neuen Vorsitzenden wurde Albert Michl gewählt, der Liste 1 zugehörig, der zweite Vorsitz ging abermals an Schelle.

Dieses Wahlergebnis ist Spiegelbild der innerbetrieblichen Spannungen und bedarf einer Einordnung. Kössler wertet die Erfolge der Kommunisten in manchen Betrieben des Ruhrgebiets 1954/56 als Protest gegen die „zunehmende Professionalisierung der gewerkschaftlichen Interessenvertretung".[167] Dieses Motiv lässt sich auf BMW nicht übertragen. Der 1954er-Betriebsrat zeichnete sich im Vergleich zu allen anderen im Untersuchungszeitraum durch eine besonders hohe Fluktuation und damit vergleichsweise geringe Erfahrung (durchschnittliche Zugehörigkeit: 2,22 Legislaturen) aus; zwölf Per-

166 Schmidt, 2017, Restauration und neue Ordnung (1950–1966), S. 85; Wolfgang Müller: Ende des „Wirtschaftswunders", erste Krisen und der Kampf um die 35-Stunden-Woche (1967–1989), in: Jörg Hofmann/Jürgen Wechsler (Hrsg.), Vom Wiederaufbau zur Arbeit 4.0. IG Metall Bayern: 70 Jahre Fortschritt durch Tarifpolitik, Hamburg, 2017, S. 132–148, hier S. 144 f.

167 Kössler, 2005, Abschied von der Revolution, S. 421.

sonen (inkl. Nachrücker = 52 Prozent) wurden zum ersten Mal in den Betriebsrat gewählt.[168]

Die Wiederwahl von Höhn und Schelle sticht nach den Ereignissen von Anfang 1954 besonders heraus. Sie zeugt davon, dass beide über ein gewisses Ansehen in der Belegschaft verfügten, das trotz der genehmigten Massenentlassungen nicht zu sehr gelitten hatte. Höhn blieb dem Betriebsrat sogar bis zur Wahl 1964 erhalten, bei der er nicht mehr antrat.[169] Des Weiteren fällt die Zersplitterung der Arbeiter in drei Fraktionen auf. Hierbei standen sich die zwei großen Blöcke der Liste 2 und 3 mit fünf bzw. sechs Personen gegenüber. Daneben gab es noch die Liste 1 mit vier Sitzen rund um Höhn. Bei diesen Mehrheitsverhältnissen verwundert es umso mehr, dass ein Vertreter der kleinen Liste 1, Albert Michl, zum neuen Vorsitzenden gewählt wurde. Michl war ein Kompromisskandidat der Liste 2 um Greger und der Liste 1 um Höhn. Bei 19 Mitgliedern erhielt Michl zwölf Stimmen, sechs Stimmen gingen an Franz Solleder, Vertreter der Liste 3 mit sechs Sitzen, und es gab eine Enthaltung. Daraus folgt, wenn man die nicht zuzuordnende Enthaltung außen vorlässt, dass Michl von allen restlichen Mitgliedern gewählt wurde. Die „Hausmacht" Michls war damit sehr mager, er war immer auf die Zusammenarbeit von Mitgliedern von mehreren Listen angewiesen. Das wusste auch der Vorstand. Das Scheitern einer Einheitsliste für die Betriebsrätewahl wurde schon bald als Fehler erkannt: Die erste Ausgabe von *Der Motor*, einer KPD-Betriebszeitung bei BMW, prangerte dies umfänglich an. Das fehlende Bewusstsein für die gemeinsamen Interessen habe eine Gemeinschaftsliste verhindert. Erste Folgen seien mit der unvollständigen Auszahlung der Weihnachtsgratifikation bereits zu spüren gewesen.[170]

Für die gesamte Legislaturperiode des 1954er-Betriebsrats waren vor allem die wirtschaftlichen Bedingungen prägend, wie Michl aus der Retrospektive im Oktober 1956 feststellte.[171] Dabei schwankte die Stimmungslage von himmelhochjauchzend, wie im Spätsommer 1955, als Michl das Werk München als „Lichtkegel von dem alles ausgeht, was nach dem Kriege unter dem Namen

168 Vgl. Wahlergebnisse in: BMW UA-2645-1.

169 Höhn war Jahrgang 1899, es ist also davon auszugehen, dass er in den Ruhestand ging. Bei der Wahl 1964 wäre er bereits 65 Jahre alt gewesen. Schelle, Jahrgang 1898, trat dagegen im Dezember 1955 aus gesundheitlichen Gründen aus dem Betriebsrat zurück.

170 Die Betriebszeitung *Der Motor* ist auch schon früher erschienen, wie in einem kurzen Geleit in dieser Ausgabe geschrieben wird. Wann das aber war, ist nicht bekannt. „Der Motor", März 1955, BMW UA-2619-1; die Neuauflage des *Motors* wird auch im Bayerischen Volksecho thematisiert, in dem ebenfalls auf die Zersplitterung der Kräfte verwiesen wird, o. V.: Aus den Betriebszeitungen, in: Bayerisches Volksecho vom 15.03.1955.

171 o. V./Albert Michl: Geschäftsbericht 1956/3 zur Betriebsversammlung am 10.10.1956, 10.10.1956, BMW UA-156-1, hier S. 9.

BMW [...] bekannt geworden ist“[172], bezeichnete, bis hin zu Unsicherheit aufgrund erneuter Kurzarbeit und Massenentlassungen ein Jahr später.[173] Über das Verhältnis zum Vorstand fehlen die Quellen, aber es erstaunt zumindest, dass Michl nach zehn Jahren Mitbestimmung im Werk in der Betriebsversammlung davon sprach, dass die Zusammenarbeit immer noch auf „der Basis gegenseitigen Verstehenlernens [!]“ beruhe.[174] Dass es mit dem Verständnis für die Arbeitnehmerinteressen und damit deren Wahrung nicht so weit her gewesen sein kann, wird dagegen vor allem aus Quellen von außerhalb des Münchner Betriebsrates deutlich. Diese illustrieren ebenfalls, wie sich die Zersplitterung des Stammwerk-Betriebsrates auf die Beziehungen zu den anderen Betriebsräten in den Werken Berlin und Allach auswirkte.

Als Quelle von besonderer Bedeutung sind die Reden des Berliner Betriebsratsvorsitzenden und Aufsichtsratsmitgliedes Willy Fritz, die einen Zeitraum von 1952 bis 1958 abdecken. Fritz ging darin regelmäßig auf die Zusammenarbeit mit dem Münchner Werk und seinen Arbeitnehmervertretern ein. Das Werk in Berlin-Spandau war 1939 von den Brandenburgischen Motorenwerken übernommen worden und produzierte bis 1945 Flugmotoren. Nach Kriegsende stellte das Werk zunächst Werkzeugmaschinen her, ab 1949 Motorradteile. Aufgrund seiner Lage und der wirtschaftlichen Misere von BMW war lange unklar, was mit dem Werk passieren sollte. Es wurde mehr aus politischen als aus betriebswirtschaftlichen Gründen erhalten.[175] Erst als 1969 die Motorradfertigung vollständig nach Berlin verlagert wurde, war seine Zukunft auf Dauer gesichert.[176]

Auf die Mitbestimmung im Berliner Werk kann hier nicht genauer eingegangen werden, auch weil die Quellen dazu fehlen. Fritz thematisierte die prekären Zukunftsaussichten in seinen Reden aber immer wieder.[177] Er

172 o. V./Albert Michl: Rede auf der Betriebsversammlung Werk München Nr. 55/3, August/September 1955, BMW UA-156-1, hier S. 1.

173 o. V./Michl, Geschäftsbericht 1956/3 zur Betriebsversammlung am 10.10.1956, 10.10.1956, BMW UA-156-1, S. 1 f.

174 Albert Michl: Bericht des Vorsitzenden zur Betriebsversammlung München am 01.02.1955, 01.02.1955, BMW UA-156-1, hier S. 2.

175 Seidl, 2002, Die Bayerischen Motorenwerke (BMW) 1945–1969, S. 113–117.

176 Zur Geschichte des Werkes vgl. Grunert/Triebel, 2019, Ein Jahrhundert BMW, S. 169; 174;176.

177 Zur Entwicklung des Werk Berlins vgl. Seidl, 2002, Die Bayerischen Motorenwerke (BMW) 1945–1969, S. 107–117. Das Berliner Werk wurde allein aus politischen Gründen erhalten, aus betriebswirtschaftlicher Sicht war das Werk nur eine Belastung für BMW, vgl. Ebd. S. 117.

sprach von „Bettelgängen“ der Berliner Geschäftsleitung nach München,[178] vom „Stern der Ungewissheit“ und der „ewig wiederkehrende[n] Arbeit [des Betriebsrates, M. R.], wenn man sie so bezeichnen will, Entlassungen zu zustimmen“.[179] Insofern kann seine sehr plastische Kritik am Vorstand in München nicht verwundern: „Wir haben ein besonderes Pech das [sic!] unsere große Mutter eine Bayerin ist. Ich von mir aus liebe die Bayern, wie der Esel die Peitsche.“[180] Damit bietet Fritz' Perspektive bei allen üblichen quellenkritischen Vorbehalten, die sich daraus ergeben, einen aufschlussreichen, externen Blick auf München in einer für BMW entscheidenden Zeit. Vorangestellt werden muss zudem, dass er kein Kommunist war, sondern in seinem Werk „auf diese Brüder [SED bzw. FDGB, M. R.] keinen Wert“ legte.[181]

Im Herbst 1953 traf Fritz sich in München mit den Vorstandsmitgliedern Heinrich Krafft von Dellmensingen und Donath sowie mit Kollegen des Münchner Betriebsrates und besprach u. a. die besondere Berliner Situation. Aus den Gesprächen geht deutlich hervor, dass in München dahingehend weitgehend Konzeptlosigkeit herrschte. Wie schlecht der Informationsfluss zwischen München und Berlin war, illustriert der Fakt, dass Fritz wohl zu seinem großen Ärger erst in München vom Produktionsjubiläum des 100.000. Motorrads der Nachkriegszeit erfahren haben will. Angeblich hat sogar der Münchner Betriebsrat von dem Jubiläum nichts gewusst.[182] Das erscheint mit Blick auf die aus diesem Anlass stattfindenden Feierlichkeiten doch ziemlich fragwürdig, wie nachfolgende Abbildung illustriert.

Mit Blick auf die Zusammenstellung des Münchner Betriebsrates war Fritz der Überzeugung, dass der hohe kommunistische Anteil vor allem mit der schlechten Sozialpolitik des Unternehmens zusammenhänge.[183] Abgesehen von den Kantinen, dem Wohnungsbau, den Fahrgeldern und dem Unterstüt-

---

178 Willy Fritz: Rede des Berliner Betriebsratsvorsitzenden Fritz auf der Betriebsversammlung im November 1953, 02.11.1953, BMW UA-2614-1, hier S. 4.

179 Willy Fritz: Rede des Berliner Betriebsratsvorsitzenden Fritz auf der Betriebsversammlung, ca. 1955, BMW UA-2614-1, hier S. 2.

180 Willy Fritz: Rede des Berliner Betriebsratsvorsitzenden Fritz auf der Berliner Betriebsversammlung im Juli 1953, 08.07.1953, BMW UA-2614-1, hier S. 3.

181 Willy Fritz: Rede des Berliner Betriebsratsvorsitzenden Fritz auf der Betriebsversammlung im August 1955, 29.08.1955, BMW UA-2614-1, hier S. 6.

182 Fritz, Rede des Berliner Betriebsratsvorsitzenden Fritz auf der Betriebsversammlung im November 1953, 02.11.1953, BMW UA-2614-1.

183 Willy Fritz: Rede des Berliner Betriebsratsvorsitzenden Fritz auf der Betriebsversammlung 1954, 1954, BMW UA-2614-1, hier S. 4.

ABBILDUNG 4.1 Produktionsjubiläum 100.000. Motorrad (Nachkriegszeit), 25.09.1953, BMW UF-684-1

zungsverein[184] habe „[BMW] in sozialer Hinsicht […] nichts aufzuweisen",[185] es bestehe sogar die Gefahr, dass BMW das unsozialste Werk in Bayern werde.[186]

Bei zwei Gelegenheiten führte die kommunistische Präsenz im Münchner Betriebsrat zu Misstönen mit den Berliner und Allacher Pendants, nämlich bei den Aufsichtsratswahlen 1953 und 1954. Über die Wahl 1953 konnte Fritz direkt Zeugnis ablegen, denn er wurde als Berliner Vertreter zusammen mit dem Gewerkschaftsvertreter Alois Gründl selbst in das Gremium gewählt. Da das Betriebsverfassungsgesetz 1952 eine Drittelbeteiligung der Arbeitnehmer im Aufsichtsrat vorsah,[187] war bei einer Aufsichtsratsgröße von zwölf Personen die Zuwahl von zwei neuen Arbeitnehmervertretern notwendig, um die vorgeschriebenen vier Personen zu erreichen. Es kam dabei nicht zu einer

184 Der BMW-Unterstützungsverein wurde 1932 gegründet. Er war ein freiwilliges Instrument der Sozialpolitik bei BMW und unterstützte Belegschaftsmitglieder bspw. in wirtschaftlicher Not, bei längerer Krankheit, Angehörige im Todesfall und bei Ausscheiden aus dem Betrieb wegen Arbeitsunfähigkeit durch eine Altersunterstützung. Die jeweiligen Ansprüche bzw. deren Höhe orientierten sich dabei an der Dauer der Firmenzugehörigkeit.

185 Fritz, Rede des Berliner Betriebsratsvorsitzenden Fritz auf der Betriebsversammlung im März 1955, 02.03.1955, BMW UA-2614-1, S. 3.

186 Willy Fritz: Rede des Berliner Betriebsratsvorsitzenden Fritz auf der Betriebsversammlung im Dezember 1955, 12.12.1955, BMW UA-2614-1, hier S. 3.

187 Betriebsverfassungsgesetz vom 11. Oktober 1952, vgl. § 76.

Verkleinerung des Aufsichtsrates, um einen betriebsfremden Arbeitnehmervertreter, also einen Gewerkschaftler, zu verhindern,[188] anders als in anderen Unternehmen.[189]

Wahrscheinlich während seines bereits erwähnten Aufenthalts in München im Herbst 1953 nahm Fritz zusammen mit einem weiteren Berliner Betriebsrat an einer gemeinsamen Betriebsratssitzung der Werke München und Allach teil, auf der über die Aufstellung der Kandidaten diskutiert wurde.[190] Der Allacher Betriebsratsvorsitzende Kurt Volkmann schlug dort vor, dass die vier Arbeitnehmerplätze auf je einen Vertreter der Werke und einen Vertreter der Gewerkschaften gleichmäßig verteilt werden sollten. Gegen diesen Vorschlag hatten die Münchner Vertreter Bedenken und es kam zu hitzigen Diskussionen:

> Die Außeinandersetzung [sic!] gestaltete sich derart, das [sic!] wir [Fritz und sein Berliner Kollege, M. R.] Einblick in Dinge bekamen die uns Gott sei Dank fremd sind. Zum allgemeinen Verständnis Kollegen, es saßen sich Ur-Bayern [Werk München, M. R.] und Sudetendeutsche [Anspielung auf den hohen Anteil an Vertriebenen im Werk Allach, M. R.] im Bunde mit Auch-Bayern [Werk Berlin, M. R.] gegenüber. […] Doch es kam wie wir befürchtet hatten, die Milbertshofener Kollegen forderten zwei Sitze. […] In letzter Minute zogen die Milbertshofener die Kandidatur ihres 2 Mannes zurück (es war ein Angestellter ein KPD Mann) es war bestimmt nicht leicht gewesen und es hat schon außerordentlichen Druckes bedurft, sie dazu zu bewegen. Es war in erste Linie der Kollege Volkmann der die Situation retete [sic] […].[191]

Diese Beschreibung lässt darauf schließen, dass es aufgrund politischer Differenzen zu einer Frontbildung des Münchner Betriebsrates gegen den Allacher und Berliner Betriebsrat kam. Nur durch den gemeinsamen Druck der Vertreter der beiden anderen Werke konnten die Münchner zu einem Einlenken überredet werden. Die offizielle Berufung von Fritz in den Aufsichtsrat erfolgte zum 12. Dezember 1953 und damit kurz vor dem Sturz Höhns im Februar 1954. Diese Auseinandersetzungen zwischen den Werken können insofern als eine Art Prolog zu den internen Streitigkeiten im Münchner Betriebsrat gesehen werden.

188 Protokoll der Aufsichtsratssitzung vom 12.12.1953, 01.02.1954, BMW UA-142-2, hier S. 12.
189 Milert/Tschirbs, 2015, Die andere Demokratie, S. 423–425.
190 Fritz, Rede des Berliner Betriebsratsvorsitzenden Fritz auf der Betriebsversammlung 1954, 1954, BMW UA-2614-1, S. 3–5.
191 Ebenda.

Ein ähnliches Schauspiel ereignete sich nur ein Jahr später. Weil Volkmann das Unternehmen verlassen hatte, war eine Stelle im Aufsichtsrat vakant.[192] In einem Brief an Fritz erläuterte der neue Münchner Betriebsratsvorsitzende Josef Greger Unstimmigkeiten über die Kandidatenaufstellung. Zwar war man von Münchner Seite diesmal damit einverstanden, dass der vakante Platz wieder an einen Allacher Vertreter gehen sollte, aber es wurden „gewisse Bedenken“ gegen den vorgeschlagenen Robert Michalke geäußert, ohne dass Greger diese in seinem Brief näher ausführte.[193] Von Münchner Seite wurde Michalke erst nach längerer Diskussion akzeptiert, erhielt aber dennoch keine klare Stimmenmehrheit. Die Kandidatur von Michalke ging nur deshalb durch, weil die Münchner Vertreter keinen Gegenvorschlag einbringen wollten, sich also faktisch enthielten.[194] Michalke war damit der einzige Wahlvorschlag. Umso sprechender ist das Münchner Wahlergebnis: Von 4.331 Wahlberechtigten hatten 3.497 ihre Stimme abgegeben, was einer Wahlbeteiligung von 80 Prozent entspricht. Allerdings waren weniger als die Hälfte der abgegebenen Stimmzettel gültig, 1.571 gegenüber 1.926 ungültigen Stimmen. Bei 1.342 der ungültigen Stimmzettel hatten die Wähler es noch dazu gar nicht für notwendig befunden, den Stimmzettel in den Wahlumschlag zu stecken, und gaben stattdessen einen leeren Umschlag ab.[195] Damit stützten nur 36 Prozent der Münchner Wähler Michalke. Auch hier zeigt sich, wie die politischen Konflikte in München weite Kreise über das Münchner Werk hinaus zogen.

Diese parteipolitischen Differenzen und Grabenkämpfe endeten erst im Zuge der Wahl 1956. Die Hintergründe werden im nächsten Kapitel behandelt. Festzuhalten bleibt, dass es nach 1956 keinen sichtbaren Einfluss der KPD im Betriebsrat mehr gab, was aber nicht mit dem Verschwinden einer linken Opposition gleichzusetzen ist. Die linke Gruppe der „Arbeitersache“ sprach Anfang der 1970er Jahre sogar von einer „Säuberung“ des Betriebsrates 1956.[196] Die Gründe für den plötzlichen Rückgang des KPD-Einflusses liegen vor allem in der Erkenntnis, dass die damit einhergehenden politischen Kon-

192 Protokoll der Aufsichtsratssitzung vom 30.10.1954, 11:00 Uhr, 03.11.1954, BMW UA-155-2, hier S. 2.

193 Josef Greger: Brief Josef Greger (BR München) an den Vorsitzenden des Berliner Betriebsrats Willy Fritz, 13.07.1954, BMW UA-2645-1.

194 Ebenda.

195 Protokoll über die Wahl des Arbeitnehmervertreters [Robert Michalke] in den Aufsichtsrat, 02.12.1954, BMW UA-2645-1.

196 Arbeitsbericht der BMW-Gruppe / Sept. bis Dez. 1970, 1970–1971, AdMA, Bestand 451, Mappe „Arbeitersache BMW/MAN“, hier S. 13.

flikte einer wirksamen Vertretung der eigenen Interessen im Wege standen.[197] Darüber hinaus dürften die weit verbreitete staatliche und gesellschaftliche Ablehnung des Kommunismus sowie das KPD-Verbot 1956[198] ihren Beitrag dazu geleistet haben. Zudem gelang es immer stärker, KPD-Anhänger durch die Mitbestimmung in das System der Bundesrepublik zu integrieren.[199]

Die Erinnerung an den 1954er Betriebsrat wurde im Gedächtnis der Arbeitnehmervertretung von BMW zum mahnenden Beispiel. Noch 1960/61 bat die IG Metall die SPD-Betriebsgruppe, zu verhindern, dass die KPD aus der wirtschaftlichen Schieflage Kapital schlagen könne.[200] 1976 hob Manfred Tögel vom Münchner Betriebsrat auf der internationalen Metallarbeiterkonferenz hervor, dass es vor 1956 keinen einigen Betriebsrat gegeben habe und erst danach eine erfolgreiche Mitbestimmung habe etabliert werden können.[201] Zum Abschied des langjährigen Betriebsratsvorsitzenden Kurt Golda aus dem Betriebsrat 1987 (zu seiner Person siehe Kap. 5.1) und zu seiner Beisetzung 2002 wurden diese schädliche Uneinigkeit und deren Überwindung abermals betont.[202] Diese rückblickende Selbstvergewisserung zeigt, wie langfristig sich die Erfahrung der Zersplitterung in das Gedächtnis der Mitbestimmung bei BMW eingeprägt hatte. Und bereits seit 1958 findet sich der Aufruf, einen geschlossenen Betriebsrat zu wählen, was vor dem Hintergrund des Erlebten eben mehr als eine Wahlkampffloskel war.[203]

---

197 Willy Fritz: Rede des Berliner Betriebsratsvorsitzenden Fritz auf der Betriebsversammlung, 1958, BMW UA-2614-1, hier S. 1.

198 Riederer, 2022, Gespräch mit Volkmar Rohrbach.

199 Kössler, 2006, Arbeiter und Demokratiegründung in Westdeutschland nach 1945, S. 207 f; Herbert, 2023, Geschichte Deutschlands im 20. Jahrhundert, S. 668 f.

200 Flugblatt der KPD Betriebsgruppe BMW: „An die Genossen der SPD-Betriebsgruppe der BMW“, ca. Ende 1960, BMW UA-2618-1.

201 Manfred Tögel: Rede von Manfred Tögel, Sprecher BMW-Betriebsrat, auf der internationalen Metallarbeiter-Konferenz, 17.05.1976, BMW UA-1533-1, hier S. 1–4.

202 mkn: Eine Ära mitgestaltet: Kurt Golda, bayernmotor, 5/87, 05.1987, BMW UI-2035-5, hier S. 2; „Zum Gedenken an Kurt Golda“, in: Der Gesamtbetriebsrat informiert (04/2002), Zeitung des BMW Gesamtbetriebsrats, 04.2002, BMW UA-2613-1.

203 Vgl. SPD-Betriebsgruppe BMW-Milbertshofen: die information: Betrachtungen zur Betriebsrätewahl, 1958, BMW UA-2646-1; SPD-Betriebsgruppe BMW-Milbertshofen: die information: Betrachtungen zur Betriebsrätewahl, 1960, BMW UA-2646-1; SPD-Betriebsgruppe BMW-Milbertshofen, die information: Betrachtungen zur Betriebsrätewahl, 1960, BMW UA-2646-1; SPD-Betriebsgruppe BMW-Milbertshofen, die information: Betrachtungen zur Betriebsrätewahl, 1960, BMW UA-2646-1; Kurt Golda: die information: Betrachtungen zur Betriebsratswahl, 1962, BMW UA-2646-1; Kurt Golda: die information: Betrachtung zur Betriebsratswahl 1965/66/67, 11./.12.1964, BMW UA-2647-1; Kurt Golda: die information: Betrachtungen zur Betriebsratswahl 1967/68/69 (Arbeiterausgabe), 12.1966, BMW UA-2647-1; Kurt Golda: die information: Betrachtungen zur Betriebsratswahl 1970/71/72, 12.1969, BMW UA-2647-1; Kurt Golda: IG Metall: die infor-

Welche Bedeutung die erste Hälfte der 1950er Jahre für die Mitbestimmung bei BMW hatte, ergibt sich vor allem aus dem Kontrast zu anderen Automobilfirmen und den prägenden Erfahrungen aus dieser Zeit. Nicht nur die sich stetig verschlechternde wirtschaftliche Lage des Unternehmens, sondern auch der kommunistische Einfluss im Betriebsrat sowie dessen konflikthaftes Verhältnis zur Leitungsebene stehen in erheblichem Kontrast zum Rest der Branche. Die von Owetschkin für Daimler, Ford, VW und Opel beobachtete Fortführung der Kooperation und Kompromisse aus der Nachkriegszeit lässt sich nicht auf BMW übertragen.[204] Betriebsrat und Vorstand gelang es bei BMW nicht, eine fruchtbare Zusammenarbeit zu etablieren. Die Unternehmensseite zeigte dem Betriebsrat und teilweise sogar der Belegschaft gegenüber Geringschätzung. Das zeigt sich in Werks-Aushängen des Vorstandes, mit denen dieser gegen Artikel im *Bayerischen Volksecho* vorging, und im Verhalten bei dem Sturz Höhns 1953/54. Anstatt gemeinsam mit der Arbeitnehmervertretung Wege aus der schlechten Lage zu finden, gewährte der Vorstand dem Betriebsrat keinen oder zu spät Einblick in die wirtschaftliche Situation und stellte ihn wiederholt vor vollendete Tatsachen. Die Uneinigkeit des Betriebsrates, vielleicht auch eine gewisse Vertrauensseligkeit, erleichterten dieses Verhalten umso mehr.

Die Reaktion der Belegschaft auf diese Politik wurde vor allem an der auch symbolisch wirkenden Wiederwahl Schletzbaums sichtbar; die Rhetorik der KPD fiel bei BMW auf sehr viel fruchtbareren Boden als anderswo. Das war nicht nur eine Folge der wirtschaftlichen Lage, sondern auch des Verhaltens der Unternehmensleitung.[205] Die permanente Gefahr, den Arbeitsplatz verlieren zu können, in Verbindung mit den chronischen Konflikten schufen eine konfrontative betriebliche Sozialordnung. Auf der anderen Seite verstanden sich einige Mitglieder des Betriebsrates erst in zweiter Linie als Arbeitnehmervertreter und stellten parteipolitische Interessen voran.[206] Diese Lähmung machte die wirksame Vertretung der Arbeitnehmerinteressen unmög-

mation: Betrachtungen zur Betriebsratswahl 1973/74/75, 04.1972, BMW UA-2647-1; Kurt Golda: Extrablatt zur BMW Betriebsratswahl April 1975, Werk München, März/April 1975, BMW UA-2656-1; Kurt Golda: Extrablatt zur BMW Betriebsratswahl März 1978 (mehrsprachig), 02./03.1978, BMW UA-2657-1; Kurt Golda: Information zur BMW Betriebsratswahl März 1981 [Werk München], März 1981, BMW UA-2660-1.

204 Owetschkin, 2016, Vom Verteilen zum Gestalten, S. 134.

205 Die Wahl kommunistischer Arbeitnehmervertreter hatte nach Kössler weniger mit politischer Überzeugung der Wähler zu tun als mit der Tatsache, dass die Kommunisten es besonders gut verstanden den Unmut in einer Belegschaft zu artikulieren. Kössler, 2005, Abschied von der Revolution, S. 208.

206 Vgl. hierzu auch die Rede Goldas auf seinem 60. Geburtstag, Kurt Golda. Zur Vollendung des 60. Lebensjahres, 21.09.1985, BMW UI-14-1, hier S. 26.

lich, dem Betriebsrat fehlte die für seine Durchsetzungsfähigkeit notwendige Geschlossenheit. Von der kooperativen betrieblichen Sozialordnung war bei BMW in München in der ersten Hälfte der 1950er Jahre nicht mehr viel übrig, stattdessen standen sich große Teile des Betriebsrates und die Unternehmensleitung konfrontativ und ablehnend gegenüber, während sich gleichzeitig die wirtschaftliche Lage des Unternehmens immer weiter verschlechterte.

Legt man Kotthoffs Typisierung von Betriebsräten an, so trifft für diese Phase am ehesten der Typus des isolierten Betriebsrats zu.[207] Zwar werden bei diesem Typ dem Betriebsrat alle formalen Rechte zugestanden, allerdings ist der Betrieb von einer aggressiven und willkürlichen Kultur der Unterdrückung der Arbeitnehmerinteressen geprägt. Der Betriebsrat wird als Feigenblatt zur Legimitation der Maßnahmen der Arbeitgeberseite missbraucht.[208] In der Tat scheute die Unternehmensleitung gegenüber der Belegschaft vor Einschüchterung nicht zurück und verwies wiederholt auf arbeitsrechtliche Konsequenzen. Die formale Möglichkeit des Betriebsrates zur Mitwirkung wurde durch eine restriktive Informationspolitik, die den Betriebsrat oft genug vor vollendete Tatsachen stellte, wertlos. Die treffendere Begrifflichkeit für den Betriebsrat bei BMW wäre aber zerstrittener und geschnittener Betriebsrat, weil die Geschäftsleitung den Betriebsrat eben nicht für eine Legitimierung ihrer Handlungen instrumentalisierte, sondern ihn mit ihren Handlungen schlicht überfuhr. Das daraus resultierende Betriebsklima führte wiederum dazu, dass kommunistische Positionen Zustimmung fanden.[209] Verstärkt wurde dies durch die interne Lähmung und damit fehlende Handlungsfähigkeit des Betriebsrates. Die Kommunisten hatten zwar nie eine echte Mehrheit, aber doch starken Einfluss. Diese außergewöhnlich starke Rolle, ja sogar Zunahme von kommunistischen Betriebsräten steht im krassen Gegensatz zur Entwicklung in anderen Betrieben, in denen politische Themen im Zuge des Wirtschaftswunders an Bedeutung verloren.[210] Die Gründe hierfür sind vor allem im Verhalten der BMW-Unternehmensführung und der zunehmenden wirtschaftlichen Schieflage zu finden. Sogar innerhalb des Unternehmens wurde diese gegenläufige Entwicklung durch die Konflikte zwischen Berlin/Allach und München deutlich. Die Werke hatten vollständig unterschiedliche Voraussetzungen: Das Werk Berlin hatte durch seine Insellage eine absolute Sonderstellung und das Negativbeispiel des Kommunismus direkt vor den eigenen Werkshallen. In Allach übten die Amerikaner einen

---

207 Vgl. Kotthoff, 1994, Betriebsräte und Bürgerstatus, S. 63.
208 Ebenda.
209 Kössler, 2005, Abschied von der Revolution, S. 424.
210 Owetschkin, 2016, Vom Verteilen zum Gestalten, S. 82 f.

dominanten Einfluss aus und beeinflussten so ebenfalls die Belegschaft und die Mitbestimmung. Im Stammwerk München gab es dagegen keine stabile Mitbestimmung mit sozialdemokratischen Mehrheiten, wie sie in anderen Unternehmen durchaus üblich waren.[211] Während bei den anderen Automobilherstellern bis in die frühen 1950er Jahre das Fundament der weiteren Entwicklung der Mitbestimmung und deren Auslegung geschaffen wurde,[212] begann dieser Prozess bei BMW erst ab 1956 vor dem Hintergrund einer sich stetig verschärfenden Unternehmenskrise.

---

211 Ebenda, S. 72 f; Milert/Tschirbs, 2015, Die andere Demokratie, S. 456; vgl. Süß, 2003, Kumpel und Genossen, S. 97;101.

212 Owetschkin, 2016, Vom Verteilen zum Gestalten, S. 82 f.

KAPITEL 5

Aus der Krise zur Mitverantwortung – die Etablierung des Systems Golda, 1956–1960

1 Entstehung der Mitverantwortung in der Krise

Die Betriebsratswahl vom 29. November 1956 bedeutete für die Mitbestimmung bei BMW eine Zäsur. Der Kontrast könnte besonders im Vergleich zum vorherigen Betriebsrat nicht stärker sein, dessen Zersplitterung und Lähmung überwunden wurde. Zudem setzte eine bis dahin ungekannte personelle sowie inhaltliche Kontinuität ein, verbunden mit einem neuen Selbstverständnis des Betriebsrates. Das Trauma der Unternehmenskrise aus der zweiten Hälfte der 1950er Jahre mit permanenter Kurzarbeit und Massenentlassungen wirkte lange nach. Es nicht noch einmal so weit kommen zu lassen, wurde die entscheidende Handlungsdevise des Betriebsrates. Die prägendste Figur für diese Entwicklung war der neue Betriebsratsvorsitzende Kurt Golda. Was eine existenzbedrohende Krise mit den Mitarbeitern und dem Betriebsrat einer Firma macht und wie er die Rolle eines Betriebsrates aus dieser Erfahrung heraus interpretierte, soll nachfolgend dargestellt werden.

Golda wurde 1925 in Köschlitz bei Merseburg, heute Teil der Stadt Leuna in Sachsen-Anhalt, geboren. Seine Kindheit und Jugend verbrachte er im damaligen Sudetenland in Gablonz an der Neiße, heute Jablonec nad Nisou in Tschechien. Nach einer Lehre als Kaufmann (1940 bis 1942), der Ableistung des Reichsarbeitsdienstes (Januar bis März 1943) und der anschließenden Einberufung in die Wehrmacht geriet er im April 1945 in Norddeutschland in Kriegsgefangenschaft.[1] Nach seiner Entlassung 1947 arbeitete er zunächst als Hilfsarbeiter und anschließend als Wachmann (1948/49). Nach einer knapp

1 Nach Informationen des Bundesarchivs war Golda Teil der 1. Kompanie des Ersatz- und Ausbildungsregiment „Hermann Göring". Am 10. September 1943 wurde er bei Kämpfen bei Salerno schwer verwundet und war bis zum Dezember 1943 im Lazarett. Nach seiner Genesung kam er Mitte Dezember 1943 zur „Ers. Tr. Holland". Die nächste bekannte Information ist seine Gefangennahme in Norddeutschland im April 1945 als Teil des Grenadierregiments 1605 im Range eines Schützen. In den NSDAP-Mitgliederkarteien im Bundesarchiv war weder in der Zentralkartei (R 9361-VIII) noch in der Gaukartei (R 9361-IX) zu Kurt Golda ein Eintrag zu finden. Aufgrund der biografischen Daten Goldas ist es unwahrscheinlich, dass Golda Parteimitglied war, da er wegen seines Einsatzes in der Wehrmacht höchstens eine ruhende Mitgliedschaft hätte haben können.

 | HTTPS://DOI.ORG/10.1515/9783112223994-005

ABBILDUNG 5.1
Portrait Kurt Golda, ca. 1956–1960

einjährigen Arbeitslosigkeit trat er am 19. September 1949 bei BMW in Allach als Schleifer ein (Abbildung 5.1).[2] Bei der dortigen Betriebsratswahl 1950 wurde er erstmals in den Betriebsrat gewählt und war gleichzeitig Vorsitzender der Betriebsjugendgruppe.[3] Spätestens ab 1954 war er außerdem stellvertretender Betriebsratsvorsitzender des Werkes in Allach.[4] Seine Mitbestimmungssozialisation als Betriebsrat erfolgte in diesen Allacher Jahren. Mit der Schließung Allachs wechselte er Mitte 1955 als Schlosser ins Werk München.[5]

Da die Betriebsratswahl 1956 bei den Arbeitern als Persönlichkeitswahl und nicht als Listenwahl durchgeführt wurde, ist die genaue Stimmenanzahl pro Kandidaten überliefert. Bei einer Wahlbeteiligung von 73 Prozent wurden 3.367 Arbeiterstimmen abgegeben, Golda konnte hiervon 1.752, also 52 Prozent, auf sich vereinigen.[6] Welche Gründe über die Hälfte der Münchner BMW-Arbeiter dazu bewogen, den ehemaligen Allacher Golda zu wählen, lässt

2 Portrait Kurt Golda, ca. 1956–1960, BMW UF-1086-1.
3 o. V., Lebenslauf Kurt Golda, 18.07.1985, BMW UA-2613-1.
4 o. V., BMW-Allach unter dem Besatzerstiefel.
5 o. V., Lebenslauf Kurt Golda, 18.07.1985, BMW UA-2613-1.
6 Betriebsratswahlen Werk München 1956–1962, BMW UA-2646-1.

sich nicht mehr eindeutig belegen, dennoch gibt es Indizien. Einer davon dürfte die Schließung Allachs und die teilweise Übernahme des dortigen Personals ins Werk München sein, wodurch sich ein Teil des Machtgefüges innerhalb der Belegschaft verschob. Wie bereits beschrieben, gab es in Allach eine andere Mitbestimmungskultur und die Allacher tendierten wohl deshalb eher zu gemäßigteren Positionen. Zweitens war die Zersplitterung des 1954er-Betriebsrats für die Durchsetzung der Arbeitnehmerinteressen von Nachteil gewesen, was sogar in der KPD-nahen Betriebszeitung *Der Motor* bereits 1955 kritisiert worden war.[7] In einem Rückblick aus dem Jahr 1987 in der Werkszeitung *bayernmotor* äußerte sich der damalige Betriebsrat Hans Winschin ganz ähnlich über die Verhältnisse im Betriebsrat: „Ich war es leid. Nur immer politische Intrigenspiele – das kam so weit, als '53 (oder '54) die Weihnachtsgratifikation von 15 Mark angeboten war, nur noch diskutiert wurde. Am Ende war die Tür zu – da gab es nichts."[8] Das 1956 erfolgte KPD-Verbot sowie die Niederschlagung des Ungarischen Volksaufstandes könnten gleichermaßen Gründe gewesen sein, dass es neben der „Einheitsliste des Vertrauensmännerkörpers" keine eigene KPD-Liste gab, anders als bei den zwei Wahlen zuvor.[9]

Aus demselben Grund wie *Der Motor* empfahl die zur Betriebsratswahl publizierte Zeitung der SPD-Betriebsgruppe, gezielt einzelne Personen aus der Einheitsliste zu wählen, unter ihnen auf Listenplatz eins: das SPD-Mitglied Kurt Golda.[10] In ihrer Wahlzeitung griff die SPD-Betriebsgruppe die bisherige Politik des Betriebsrates frontal an, insbesondere seine kommunistischen Mitglieder. Damit war man genau auf SPD-Parteilinie, die die SPD-Betriebsgruppen als Antidot gegen die kommunistische Arbeit in den Betrieben platzierte.[11] Die Betriebsgruppe bei BMW kritisierte, dass es bisher nicht einmal gelungen sei, die mageren Rechte aus dem Betriebsverfassungsgesetz auszuschöpfen. So wurden alleine 17 arbeitsrechtliche Punkte aufgezählt, deren Einhaltung sowohl gesetzlich als auch per Tarifvertrag festgelegt war, aber bisher nicht durchgesetzt werden konnte, bzw. bei denen die Mitbestimmungsrechte des Betriebsrates übergangen wurden, wie z. B. Versetzungen, Entlassungen, Einstellungen, Urlaub, Arbeitsordnung.[12] Als Gründe für

---

7 „Der Motor", März 1955, BMW UA-2619-1.

8 mkn: Eine Ära mitgestaltet: Kurt Golda, bayernmotor, 5/87, 05.1987, BMW UI-2035-5, hier S. 2.

9 Vgl. Betriebsratswahlen Werk München 1951–1954, BMW UA-2645-1.

10 SPD-Betriebsgruppe BMW-Milbertshofen: die Information: Betrachtungen zur Betriebsrätewahl, November 1956, BMW UA-2646-1.

11 Kleßmann, 1983, Betriebsparteigruppen und Einheitsgewerkschaft, S. 279.

12 „I) Versetzung nach dem BVG; II) Arbeitszeit, Produktionsausfallzeit in Verbindung mit dem Manteltarif; III) Überstunden auf ein gesundes Maß reduzieren; IV) Lohnzahlung

die schlechte Durchsetzungsfähigkeit wurden „[m]enschliche Unzulänglichkeiten und der Mißbrauch der Betriebsvertretung zu parteipolitischen Zwecken“ aufgeführt, wie es „Anhänger[...] der östlichen Ideologie“ getan hätten.[13] Der Betriebsrat sei der falsche Platz für parteipolitische Forderungen, hierfür seien die Gremien der parlamentarischen Demokratie zuständig, da sie dort realisierbar seien. Abschließend wurde die Belegschaft mit einem Verweis auf die Niederschlagung des Ungarischen Volksaufstandes dazu aufgefordert, Stellung zu nehmen „gegen jene Kollegen, die in blinden Glauben alles gutheißen, was aus Moskau kommt und mithin auch im Betrieb ihre Funktionen in erste Linie nach den Weisungen der mit Moskau verbundenen ostzonalen Machthaber auszuführen bereit sind“.[14] Sehr deutlich trat hier ein dem Legalitätsprinzip verbundener Standpunkt hervor, wie 1952 in Allach in Bezug auf die Wiederbewaffnung, sowie eine deutliche Gegnerschaft gegenüber kommunistischen Positionen. Beides waren auch Indizien für die konsenskapitalistische und antikommunistische Stoßrichtung der SPD-Betriebsgruppe.[15] Während in anderen Großbetrieben, wie etwa der Maxhütte oder Kraus-Maffei, SPD-Betriebsgruppen bereits 1950 erfolgreich den kommunistischen Einfluss in den Betriebsräten zurückdrängten, gelang dies bei BMW erst ab 1956.[16]

Neben den arbeitsrechtlichen 17 Punkten befasste sich das Programm der SPD-Betriebsgruppe mit sozialen Themen (Witwenrente, Erholungsheim, Urlaubsgeld, Arbeitsbedingungen) und vor allem den wirtschaftlichen Problemen des Unternehmens. Hier war die Betriebsgruppe bereit, die Verantwortung der Belegschaft und dem Unternehmen gegenüber mitzutragen:

---

bei Feiertagen Bundesgesetz; V) Sozialzulagen bei Ledigen nach dem Tarif; VI) Entlassungen, Aufsuchen eines neuen Arbeitsplatzes und damit Freizeit; VII) Vernünftige Regelung der Arbeitszeit damit letzten Endes des Verdienstes bei Schichtarbeit; VIII) Lohnausgleich im Krankheitsfalle bei alleinstehenden Arbeitnehmern nach Manteltarif; IX) Bessere Fundamentierung der Akkordarbeiten; X) Frauenlohn an Männerlohn angleichen; XI) Jugendschutz, Lehrlingsfragen überwachen besser ausbauen; XII) Einstellungen nach dem BVG; XIII) Auszahlung des Arbeitsentgeltes bei Schichtarbeiten nicht wie bisher nach Arbeitsende; XIV) Urlaubsplanung; XV) Arbeitsordnung – fünf Jahre wird bereits verhandelt, bis heute noch keine Verabschiedung; XVI) Einhaltung der Schwerbeschädigtenquote und Schaffung von Arbeitsplätzen für Schwerbeschädigte; XVII) Aufsuchung der Krankenstation und Bezahlung der dadurch ausgefallenen Arbeitszeit.“

13 SPD-Betriebsgruppe BMW-Milbertshofen, die Information: Betrachtungen zur Betriebsrätewahl, November 1956, BMW UA-2646-1.

14 Ebenda.

15 Vgl hierzu allgemein Doering-Manteuffel, 1999, Wie westlich sind die Deutschen?, S. 92 f; Kleßmann, 1983, Betriebsparteigruppen und Einheitsgewerkschaft, S. 283.

16 Süß, 2003, Kumpel und Genossen, S. 101.

> Durch die paritätische Besetzung im Wirtschaftsausschuss wird es unsere Aufgabe sein, nicht nur die wirtschaftliche Lage des Unternehmens zu kritisieren, sondern jeden Versuch zur Stabilisierung und damit letzten Endes zur *Sicherung der Arbeitsplätze* beizutragen. [...] Wir werden das wenige des Betriebsverfassungsgesetzes voll ausschöpfen und erklären unsere echte Bereitschaft hierzu. *Wir sind auch bereit, die Verantwortung, auch wenn sie hart sein mag, mit zu tragen.* [...] Abschließend möchten wir zu diesem eigentlich wichtigsten Punkt feststellen: *Das wirtschaftliche Problem eines Betriebes ist das wichtigste Aufgabengebiet des Betriebsrates. In diesem Punkt spiegeln sich alle anderen Fragen des Betriebes.* Deswegen werden wir unsere ganze Aufgabe speziell in den kommenden zwei Jahren hierin sehen.[17]

Hier werden die langfristigen Ziele, Intentionen und das Selbstverständnis klar benannt. Es ging um den Erhalt der Arbeitsplätze, die wirtschaftliche Sicherung von BMW und die Bereitschaft, den Weg zu diesem Ziel mitzuverantworten und nicht nur mitzubestimmen. Wie zu zeigen sein wird, sollten diese drei Prinzipien für den Betriebsrat handlungsleitend sein und wichtige Konstanten der Mitbestimmung werden.

Von den zehn von der SPD-Betriebsgruppe empfohlenen Kollegen wurden insgesamt sieben in den Betriebsrat gewählt, fünf hiervon zum ersten Mal. Damit stellte die SPD-Betriebsgruppe ein Drittel der Betriebsratsmitglieder. Die Ziele der Betriebsgruppe fanden demnach Widerhall in der Belegschaft.[18] Die Kandidaten der SPD-Betriebsgruppe kandidierten alle für die IG Metall, die damit insgesamt 19 von 21 Sitzen besetzte. Die restlichen zwei gingen an Vertreter der Deutschen Angestellten-Gewerkschaft (DAG). Ob es auch von anderen Betriebsgruppen o. Ä. derartige Wahlempfehlungen gegeben hat, ist nicht überliefert, in der KPD-Betriebszeitung *Der Motor* wurden zumindest keine abgedruckt.

Für die weitere Stabilisierung des Betriebsrates unter Golda spielte die SPD-Betriebsgruppe eine bedeutende Rolle. Zwar sind von ihr nur drei Flugblätter zu den Betriebsratswahlen 1956, 1958 und 1960 überliefert, allerdings lässt sich aus ihren Wahlempfehlungen, den Wahlergebnissen und auch den späteren Flugblättern zu den Betriebsratswahlen eine Kontinuitätslinie bis 1987 ziehen, die zeigt, dass die Betriebsgruppe die Keimzelle der Stabilisierung des IG-Metall-Betriebsrates unter Golda war. Ab 1962 wurden die Flugblätter nicht mehr unter dem Namen der SPD-Betriebsgruppe herausgegeben, sondern von

17 SPD-Betriebsgruppe BMW-Milbertshofen, die Information: Betrachtungen zur Betriebsrätewahl, November 1956, BMW UA-2646-1, eigene Hervorhebung.

18 Vgl. Betriebsratswahlen Werk München 1956–1962, BMW UA-2645-1.

Kurt Golda selbst bzw. 1972 und 1978 mit dem Signet der IG Metall. Dennoch lässt sich eine direkte zusammenhängende Abfolge und Evolution der Flugblätter nachweisen. Bis auf zwei Ausgaben, 1975 und 1978, die unter dem Titel „Extrablatt zur BMW Betriebsratswahl" abgedruckt wurden, haben alle den Titel „die Information" bzw. „Information". Nicht nur hinsichtlich des Titels, sondern auch beim Layout bzw. Aufbau der Texte ist die Ähnlichkeit nicht von der Hand zu weisen. Sogar einzelne Inhalte waren wort- und satzzeichengleich über mehrere Jahrzehnte hinweg identisch. Seit der Ausgabe zur Wahl 1958 bis zur Ausgabe von 1981, der vorletzten Wahl Goldas, findet sich in den Flugblättern der gleiche Aufruf zu Vertrauen und Geschlossenheit:

> [N]ur ein geschlossener Betriebsrat wird in der Lage sein, die Belegschaft richtig zu vertreten.
>
> Auch der beste Betriebsratsvorsitzende wird nicht in der Lage sein, den Erwartungen der Belegschaft gerecht zu werden, wenn ihm 1. das Vertrauen der Belegschaft, und 2. das Vertrauen des Betriebsrates fehlt.[19]

In der Ausgabe von 1984, dem Jahr der letzten Wahl Goldas, lassen sich dieselben Appelle finden, allerdings in leicht verändertem Wortlaut.[20] Auch die personelle Besetzung des Betriebsrates spiegelt die wachsende Rolle von sozialdemokratischen Vertretern wider. Handelte es sich 1956 bei sieben von 21 gewählten Betriebsratsmitgliedern um Empfehlungen der SPD-Betriebsgruppe, waren es bei den späteren Wahlen 1958 und 1960

19 Vgl. SPD-Betriebsgruppe BMW-Milbertshofen, die information: Betrachtungen zur Betriebsrätewahl, 1958, BMW UA-2646-1; SPD-Betriebsgruppe BMW-Milbertshofen, die information: Betrachtungen zur Betriebsrätewahl, 1960, BMW UA-2646-1; SPD-Betriebsgruppe BMW-Milbertshofen, die information: Betrachtungen zur Betriebsrätewahl, 1960, BMW UA-2646-1; SPD-Betriebsgruppe BMW-Milbertshofen, die information: Betrachtungen zur Betriebsrätewahl, 1960, BMW UA-2646-1; Golda, die information: Betrachtungen zur Betriebsratswahl, 1962, BMW UA-2646-1; Golda, die information: Betrachtung zur Betriebsratswahl 1965/66/67, 11./.12.1964, BMW UA-2647-1; Golda, die information: Betrachtungen zur Betriebsratswahl 1967/68/69 (Arbeiterausgabe), 12.1966, BMW UA-2647-1; Golda, die information: Betrachtungen zur Betriebsratswahl 1970/71/72, 12.1969, BMW UA-2647-1; Golda, IG Metall: die information: Betrachtungen zur Betriebsratswahl 1973/74/75, 04.1972, BMW UA-2647-1; Golda, Extrablatt zur BMW Betriebsratswahl April 1975, Werk München, März/April 1975, BMW UA-2656-1; Golda, Extrablatt zur BMW Betriebsratswahl März 1978 (mehrsprachig), 02./03.1978, BMW UA-2657-1; Golda, Information zur BMW Betriebsratswahl März 1981 [Werk München], März 1981, BMW UA-2660-1.

20 Kurt Golda: Information zur BMW Betriebsratswahl, 3. April 1984, März 1984, BMW UA-2663-1.

alle Mitglieder aus dem Arbeiterbereich.[21] 1969 waren sogar alle Betriebsräte, also inklusive den Angestellten, SPD-Mitglieder, was auch innerhalb der Partei erfreut festgestellt wurde.[22] Golda förderte die enge Verflechtung von Partei- und Betriebsratsmitgliedschaft aktiv. Er informierte die SPD über die Wahlergebnisse und welche Betriebsratsmitglieder Sozialdemokraten waren.[23] Ebenso wie Golda deutete die SPD die Wahlergebnisse als Zeichen der Zustimmung zur Sozialdemokratie, sie galten als „außerordentliche[r] Erfolg für unsere Partei".[24] Auch die linke Opposition im Betrieb betonte diese Kongruenz zwischen Betriebsrat und Partei.[25] Zusammengenommen zeigt dies deutlich, welche Rolle die SPD dabei spielte, dass sich ab 1956 in der Zusammensetzung des Betriebsrates eine zunehmende Kontinuität und Stabilität etablierte. Waren 1956 die Betriebsräte durchschnittlich seit 2,62 Legislaturperioden im Gremium, so erhöhte sich dieser Wert bis 1984 sukzessive auf 4,2.[26]

Diese Konsolidierung war 1956 noch nicht abzusehen. Aber bereits mit der ersten Betriebsversammlung nur ein paar Tage nach der Wahl im Dezember wurde klar, dass dieser neue Betriebsrat nicht mehr bereit war, übergangen zu werden und eine andere, selbstbewusste Tonalität pflegte. Golda rief in seiner ersten Rede auf der Betriebsversammlung die Führungsriege des Werkes dazu auf, „nicht zu vergessen, dass ein Betriebsrat hier im Werk ist, der die Aufgabe hat, über die Einhaltung der tariflichen und gesetzlichen Bestimmungen zu wachen".[27] Allein, dass dieser Hinweis überhaupt notwendig war, zeigt die schwache Stellung des bisherigen Betriebsrates. Er, Golda, werde es nicht mehr tolerieren, dass der Betriebsrat im Vertrauen auf die Zusagen der Unternehmensführung der Belegschaft versichere, dass es keine Entlassungen geben werde – und diese dann nur zwei Wochen später dennoch anstünden.[28] Wahrscheinlich meinte Golda damit die nicht eingehaltenen Zusagen an Höhn. Gleichfalls sei kein Verständnis mehr dafür vorhanden, dass der

---

21 Betriebsratswahlen Werk München 1956–1962, BMW UA-2646-1.

22 Fritz Zschiesche: Brief von Fritz Zschiesche, Referat für Arbeitnehmerfragen (SPD), an Kurt Golda, 22.12.1969, BMW UA-2647-1.

23 Golda, Brief Kurt Goldas an Eduard Meßthaler, SPD-Landesverband Bayern, 25.04.1972, BMW UA-2647-1.

24 Holger Börner: Brief des Bundesgeschäftsführers der SPD, Holger Börner, an Kurt Golda, 08.05.1972, BMW UA-2647-1.

25 Arbeitsbericht der BMW-Gruppe / Sept. bis Dez. 1970, 1970–1971, AdMA, Bestand 451, Mappe „Arbeitersache BMW/MAN", S. 15.

26 Eigene Berechnung anhand der Wahlergebnisse von 1956 bis 1984.

27 Kurt Golda: Bericht des Betriebsrates zur Betriebsversammlung IV. Quartal 1956, Dezember 1956, BMW UA-156-1, hier S. 3.

28 Ebenda, S. 1 f.

Betriebsrat Entscheidungen wie die geplante Kurzarbeit für Januar/Februar 1957 aus der Presse erfahre. Dies sei eine „sehr harte Überraschung" gewesen, da der Vorstand erst im August 1956 verkündet habe, dass es mit einer Massenentlassung von 630 Mitarbeitern und Kurzarbeit erst einmal getan sei.[29] Dementsprechend waren die Besprechungen mit dem Vorstand bzgl. der Genehmigung der Kurzarbeit oder Massenentlassungen keineswegs friedlich: Hinsichtlich der bisherigen und zukünftigen Unternehmensplanungen seien „keine Blumen überreicht" worden.[30] Bei zukünftigen Verhandlungen, bei denen keine Einigung erzielt werden könne, kündigte Golda an, den juristischen Weg zu beschreiten.[31] Golda schloss seine Antrittsrede mit dem Appell, in der Krise zusammenzuarbeiten, und forderte den Vorstand auf, die Opfer der Belegschaft besser zu würdigen:

> Ich möchte zum Schluss sagen, unser Weg ist nicht mit Rosen bestreut. Wir werden in den kommenden Monaten zu tun haben, um aus dieser ernsten Krise herauszukommen. [...] Aber ich möchte schon heute den Vorstand bitten, nicht zu vergessen, wenn die Belegschaft Opfer dieser Art [Kurzarbeit bzw. Massenentlassung, M. R.] auf sich nimmt, dass dies nicht mit der Tatsache des Ansprechens auf der Betriebsversammlung, wie es in der Vergangenheit war, vorbei sein kann.[32]

Golda hatte in dieser programmatischen Rede skizziert, wie sich der neue Betriebsrat die Spielregeln für die Mitbestimmung vorstellte. Er war nicht mehr bereit, von der Unternehmensleitung übergangen und vor vollendete Tatsachen gestellt zu werden. Im Zweifel wollte er die gesetzlich verbrieften Rechte juristisch durchsetzen. Konfrontation war jedoch nicht seine gewünschte Methode, vielmehr strebte er an, in einer echten Zusammenarbeit die Bürde der wirtschaftlichen Situation gemeinsam zu tragen und auch in Vorleistung zu gehen. Besonders vor dem Hintergrund der bisherigen Mitbestimmungskultur ist bemerkenswert, dass die Arbeitnehmervertretung bereit war, einen erneuten Vertrauensvorschuss zu gewähren. Dafür verlangte Golda Anerkennung. Ziel war, eine echte Mitbestimmung, ja sogar Mitverantwortung zu etablieren, wobei die in Vorleistung gegebenen Zugeständnisse der Belegschaft unter der Bedingung gewährt wurden, dass sich das langfristig auch rechnen würde.

---

29 Ebenda, S. 5 f.
30 Ebenda, S. 6 f.
31 Ebenda, S. 3.
32 Ebenda, S. 17 f.

Die Situation der betrieblichen Mitbestimmung änderte sich mit diesen Aussagen natürlich nicht sofort. Die Versäumnisse der vorangegangenen Jahre ließen sich nicht zeitnah lösen. Einige drängende Probleme wurden dennoch relativ schnell besprochen. Die neue Arbeits- bzw. Betriebsordnung, über die bereits seit fünf Jahren verhandelt wurde, inklusive eines Stillstands von drei Jahren, sollte wieder angegangen werden.[33] Die bisherige Betriebsordnung stammte aus dem Jahr 1948 und hatte damit als rechtlichen Bezugspunkt immer noch das Kontrollratsgesetz Nr. 22.[34] Die neue Arbeitsordnung trat im Juni 1958 in Kraft.[35] Damit entsprach sie erstmals seit 1950 bzw. 1952 wieder geltendem Recht.[36] Ihre Komplexität nahm dabei erheblich zu. Während die Betriebsordnung von 1948 dem Thema Einstellung nur fünf kurze Punkte auf eineinhalb Seiten gewidmet hatte, brachte es die neue Arbeitsordnung hier auf acht Paragrafen mit jeweils bis zu sechs Ziffern auf drei Seiten. Explizit Erwähnung fand nunmehr auch die Mitbestimmung des Betriebsrates.[37] Damit war ein solideres Fundament für künftige Auseinandersetzungen geschaffen.

Ein weiteres „Grundsatzproblem" waren Personalangelegenheiten, insbesondere Umgruppierungen, Versetzungen, Entlassungen usw.[38] Trotz der gesetzlichen Vorschriften war der Betriebsrat hier bisher übergangen worden, die jeweilige Abteilung und das Personalbüro hatten alles unter sich geregelt.[39] Innerhalb von drei Monaten waren diese Schwierigkeiten zur Befriedigung des Betriebsrates weitestgehend behoben.[40]

Auch die Belegschaft selbst verließ lange eingetretene Pfade nicht so schnell. Für den neuen BMW 600 kam es am Anfang zu einer Häufung von

33 Kurt Golda: Geschäftsbericht des Betriebsrates zur Betriebsversammlung für das 1. Quartal 1957 am 11.04.1957, 11.04.1957, BMW UA-510-1, hier S. 21; SPD-Betriebsgruppe BMW-Milbertshofen, die Information: Betrachtungen zur Betriebsrätewahl, November 1956, BMW UA-2646-1.

34 Vgl. Betriebsordnung der Bayerischen Motoren Werke AG (1948), 30.07.1948, BMW UU-182-10.

35 Kurt Golda: Rede von Kurt Golda auf der Betriebsversammlung im Werk München im Juli 1958, 17.07.1958, BMW UA-510-1, hier S. 8; Arbeitsordnung der Bayerischen Motoren Werke AG (1958), 19.05.1958, BMW UU-183-10.

36 1950: Bayerisches Betriebsrätegesetz; 1952: Betriebsverfassungsgesetz.

37 Vgl. Betriebsordnung der Bayerischen Motoren Werke AG (1948), 30.07.1948, BMW UU-182-10; vgl. Arbeitsordnung der Bayerischen Motoren Werke AG (1958), 19.05.1958, BMW UU-183-10.

38 Golda, Geschäftsbericht des Betriebsrates zur Betriebsversammlung für das 1. Quartal 1957 am 11.04.1957, 11.04.1957, BMW UA-510-1, S. 9–12.

39 Ebenda.

40 Golda, Rede von Kurt Golda auf der Betriebsversammlung im Werk München im Juli 1957, 11.07.1957, BMW UA-510-1, S. 3.

Überstunden, deren Notwendigkeit der Betriebsrat anzweifelte. Hier appellierte Golda an die Belegschaft, die Überstunden abzulehnen, sofern diese nicht mit dem Betriebsrat abgesprochen seien. Es gebe nämlich keineswegs „ein Gewohnheitsrecht zur Überstundenleistung", und sollte sich hier keine Besserung einstellen, so sehe er sich gezwungen, diese Kollegen namentlich auf der nächsten Betriebsversammlung zu nennen. Es nütze dem Einzelnen ja schließlich nichts, wenn man sich zwar mehr leisten könne, dies aber gleichzeitig auf Kosten der eigenen Gesundheit gehe und potentiell zur Arbeitsunfähigkeit führe.[41]

Ein potentielles Machtmittel war damit für den Betriebsrat wieder verfügbar. Überstunden waren zustimmungspflichtig, und die Möglichkeit des Betriebsrates, diese Zustimmung zu verweigern, erweiterte den Verhandlungsspielraum gegenüber der Unternehmensleitung.

Damit wirbelte Golda viel Staub auf, wie er selbst auf der nächsten Betriebsversammlung bekannte. Sein Appell hatte Gehör gefunden: Die Belegschaft lehnte Überstunden bei ihren Vorgesetzten ab, die Vorgesetzten und der Vorstand meldeten Überstunden nunmehr beim Betriebsrat und begründeten sie auch. Folgender Redeausschnitt zu diesem Thema gibt Einblick in Goldas Amtsverständnis: „Schön, Kolleginnen und Kollegen, damit, dass ich einen wunden Punkt [hier die Überstunden, M. R.] erkenne und aus einer Befürchtung heraus, dass ich durch das Aufgreifen einer schärferen Kritik ausgesetzt bin, kann ich zu einer Heilung niemals beitragen".[42] Golda behielt seine Methode der konstruktiven Kritik bei. Sie war eine der wesentlichen Leitlinien der Betriebsratsarbeit unter seiner Ägide.

Dass sich mit der Betriebsratswahl Ende 1956 erhebliche Veränderungen für die Mitbestimmung ergeben hatten, wurde auch außerhalb des Stammwerkes registriert. Auf der Betriebsversammlung im Berliner Werk im Frühjahr 1957 war der dortige Betriebsratsvorsitzende Willy Fritz voll des Lobes für den anwesenden Golda. Im Gegensatz zum vorigen Münchner Betriebsrat, der „gelähmt" gewesen sei und eine gute Zusammenarbeit habe vermissen lassen, seien jetzt „wesentliche Veränderungen [...] eingetreten, und der Betriebsrat geschlossener und arbeitsfähiger denn je".[43] Fritz und Golda kannten sich bereits aus Goldas Allacher Zeit und Fritz machte sich durchaus Hoffnungen auf eine positive Entwicklung, weil „unsere Allacher Betriebsratskollegen von

41 Kurt Golda: Rede von Kurt Golda auf der Betriebsversammlung im Werk München im November 1957, 12.11.1957, BMW UA-510-1, hier S. 22 f.

42 Kurt Golda: Rede von Kurt Golda auf der Betriebsversammlung im Werk München zum 4. Quartal 1957, 04.02.1958, BMW UA-510-1, hier S. 7–10.

43 Willy Fritz: Rede des Berliner Betriebsratsvorsitzenden Fritz auf der Betriebsversammlung, ca. Frühjahr 1957, BMW UA-2614-1, hier S. 11a.

jeher unsere besten Freunde waren".[44] Hier zeigt sich erneut das seit langem angespannte Verhältnis zwischen den Betriebsräten des Stammwerkes und denen der anderen Werke. Fritz war deshalb vollends überzeugt von Golda, denn „[d]as eine wissen wir, dass er [Golda, M. R.] soweit es in seinem und dem seiner Mitarbeiter Kräfte steht, für uns sprechen und einstehen wird".[45] Letztlich konnte der Münchner Betriebsrat die Berliner Erwartungen nicht komplett erfüllen. Dennoch erhielt er ein Jahr später eine positive Bewertung: Er sei verlässlich und habe vieles bewegt, was bisher nicht der Fall gewesen sei. Diese Entwicklung machte Fritz vor allem daran fest, dass es gelungen sei, die politischen Flügelkämpfe in München zu beenden. Nunmehr habe sich ein geschlossenes Betriebsratsgremium hinter dem gemeinsamen Ziel eines durchsetzungsstarken Betriebsrates versammelt.[46]

Obwohl die innere Zerrissenheit des Betriebsrates überwunden werden konnte, bewertete die Belegschaft in München den neuen Ansatz einer konstruktiven Mitverantwortung nicht uneingeschränkt positiv. So wurden Vorwürfe laut, dass der neue Betriebsrat alle Wünsche der Arbeitgeber durchwinke. Gerüchte machten die Runde, dass Kurzarbeit und Massenentlassungen genehmigt würden.[47] Dem entgegnete Golda, dass es zwar ein Leichtes sei, Dinge zu blockieren oder zu fordern, die kurzfristigen Erfolg zeitigten. Ohne einen konstruktiven Gegenvorschlag sei der Betriebsrat jedoch kein Verhandlungspartner auf Augenhöhe und man müsse sich immer fragen, ob eine Blockadehaltung zur Problemlösung wirklich beitrage.[48] Denn

> [w]enn wir schon bestrebt sind, die Mitbestimmung als oberstes Ziel anzustreben, dann können wir uns nicht da, wo wir die Mitbestimmung haben, der Verantwortung dadurch entziehen, dass wir die andere Seite zum Handeln zwingen und hinterher schimpfen oder gewisse Gleichnisse ziehen. Mitbestimmung bedeutet eben nicht nur, bei einer günstigen Situation die Verantwortung zu tragen, [...] sondern primär in den Fällen, wo es uns um den Kreis nicht angenehm ist, den wir zu vertreten haben.[49]

---

44 Ebenda.

45 Ebenda.

46 Fritz, Rede des Berliner Betriebsratsvorsitzenden Fritz auf der Betriebsversammlung, 1958, BMW UA-2614-1, S. 1.

47 Kurt Golda: Rede von Kurt Golda auf der Betriebsversammlung im Werk München im April 1958, 17.04.1958, BMW UA-510-1, hier S. 30 f; Kurt Golda: Nach dem Geschäftsbericht des Vorstandes [zweite Rede Goldas auf der Betriebsversammlung im Werk München am 10.11.1958], 10.11.1958, BMW UA-510-1, hier S. 2 f.

48 Golda, Rede von Kurt Golda auf der Betriebsversammlung im Werk München im April 1958, 17.04.1958, BMW UA-510-1, S. 30 f.

49 Ebenda, S. 5 f.

Während Goldas erster Amtszeit von 1956 bis 1958 wurde aus einem durchsetzungsschwachen Betriebsrat das genaue Gegenteil. Die Ursachen hierfür sind vielfältig. Grundvoraussetzung war sicherlich die Erkenntnis innerhalb der Belegschaft, dass ein uneiniger, von Parteipolitik zerfressener Betriebsrat die eigenen Interessen nicht wirkmächtig vertreten könne. Der Betriebsrat von 1954 galt als mahnendes Beispiel. Darüber hinaus war auch der starke Rückhalt in der Belegschaft von Bedeutung. Dies zeigte sich nicht nur am Wahlergebnis 1956 und dem Fehlen einer Konkurrenzliste, sondern auch daran, dass die Belegschaft sich an der Durchsetzung von Rechten, beispielsweise in Bezug auf Überstunden, aktiv beteiligte.

Daneben war natürlich die Person Kurt Golda von Bedeutung. Als ehemaliger stellvertretender Betriebsratsvorsitzender von Allach brachte er nicht nur Erfahrung mit, sondern auch ein ganz anderes Amts- und Selbstverständnis als seine Vorgänger. Dies äußerte sich in seinen Verweisen auf die gesetzlichen Bestimmungen und in der Drohung, vor einer juristischen Auseinandersetzung nicht zurückzuschrecken. Zudem sah er Mitbestimmung eben nicht als destruktives Blockademittel, sondern vielmehr als ein konstruktives Instrument, um Arbeitnehmerinteressen durchzusetzen. Dabei ging es ihm um eine Mitverantwortung für die Zukunft der Arbeitsplätze; als notwendige Basis hierfür galt ihm der wirtschaftliche Erfolg des Unternehmens. Damit erkannte er implizit auch die Interessen der Arbeitgeber an, womit er seiner Amtsführung und der Mitbestimmung bei BMW einen konsenskapitalistischen Zug verlieh.[50] Sein Aufruf an die Arbeitgeber, mit den Arbeitnehmervertretern zusammenzuarbeiten, fiel auch deshalb auf fruchtbaren Boden, weil durch Veränderungen im Vorstand 1957 ein Neuanfang möglich war. Deshalb ist Golda durchaus zuzustimmen, wenn er zu seiner ersten Amtszeit das Resümee zog, dass „dem Betriebsrat die Position wieder gegeben [wurde, M. R.], die ihm nach dem Gesetz zusteht".[51] Dass die Belegschaft diese Einschätzung teilte, zeigt seine eindrucksvolle Wiederwahl 1958 mit 92 Prozent der Arbeiterstimmen (inkl. Angestellte, 75 Prozent der Stimmen), bei einer Wahlbeteiligung von 80 Prozent.[52]

Golda war ein Neustart in der Mitbestimmung gelungen. Die bisherige betriebliche Praxis mit einem geschnittenen, übergangenen, fast ignorierten Betriebsrat war passé. Stattdessen präsentierte sich dieser jetzt als selbstbewusster Kämpfer der Arbeitnehmerinteressen, der gleichzeitig auch wirt-

---

50 Vgl. Conze, 2009, Die Suche nach Sicherheit, S. 167.

51 Kurt Golda: Rede von Kurt Golda auf der Betriebsversammlung im Werk München im November 1958, 10.11.1958, BMW UA-510-1, hier S. 12 f.

52 Vgl. Betriebsratswahlen Werk München 1956–1962, BMW UA-2646-1.

schaftliche Belange im Blick behielt. Neue und alte Rechte wurden (wieder) erkämpft, womit sich Einfluss und Handlungsmöglichkeiten des Betriebsrates vergrößerten. Nach der Typologie von Kotthoff präsentierte sich der Betriebsrat unter Golda nunmehr als „standfester Betriebsrat". Dieser Typus ist davon gekennzeichnet, dass die Durchsetzung der gesetzlichen Vorschriften sein wichtigstes Machtinstrument ist. Betriebsrat und Geschäftsleitung arbeiten rein dienstlich zusammen, personelle oder informelle Bezüge gibt es nicht. Das Selbstverständnis des Betriebsrates ist von diesem Kampf für die eigenen Rechte geprägt. Er sucht deshalb den Schulterschluss mit der Belegschaft, um sie im Konfliktfall mobilisieren zu können.[53] Die bisherige konfrontative betriebliche Sozialordnung bei BMW scheint in dieser Zeit auf dem Rückzug. Das lag daran, dass sich durch die neue Zusammensetzung des Gremiums die Basis der Zusammenarbeit fundamental verändert hatte. Nicht nur präsentierte sich der Betriebsrat unter Golda als geschlossene Einheit, auch parteipolitische Differenzen verschwanden aus dem Gremium (wenn auch nie aus dem Unternehmen). Das geschlossene Auftreten ermöglichte es, viele liegengebliebene Anliegen der Belegschaft abzuschließen oder neu zu verhandeln. Dabei war Golda durchaus an einer Zusammenarbeit mit der Unternehmensführung interessiert, ging aber auch in die Konfrontation, wenn es die Durchsetzung der Rechte des Betriebsrates erforderte. Der Betriebsrat war nun wieder in der Lage, seiner eigentlichen Aufgabe als Interessenvertretung der Arbeitnehmer wirksam nachzukommen. Ganz eindeutig veränderten sich dadurch die bisherigen Spielregeln der Mitbestimmung bei BMW. Sie wurden durch das Auftreten und Handeln Goldas, der die bisherige Konfrontationslinie verließ, neu geschrieben. Golda passte sich nicht an die bestehende betriebliche Sozialordnung an, sondern veränderte sie mit seinem selbstbewussten Agieren auf der Mikroebene.

Infolge der anhaltend schwierigen wirtschaftlichen Lage mit Kurzarbeit und Entlassungen stellte sich auch der Vorstand ab März 1957 unter der Führung des neuen Vorstandsvorsitzenden Heinrich Richter-Brohm neu auf. Die Belegschaftsvertreter begrüßten diese Veränderung und weinten den Vorgängern „keine Träne nach".[54] Richter-Brohm hatte Erfahrung in der Industrie und galt als Spezialist für die Sanierung von Unternehmen. Wolfgang Ritscher, als Vorstandsmitglied der Bank für Gemeinwirtschaft einer der externen Vertreter der Arbeitnehmerseite im Aufsichtsrat, holte Auskünfte über Richter-Brohm

53 Kotthoff, 1994, Betriebsräte und Bürgerstatus, S. 275–283.

54 Bericht des Vorstands, ca. Juni 1957, ca. Juni 1957, BMW UA-424-2, hier S. 8; Seidl, 2002, Die Bayerischen Motorenwerke (BMW) 1945–1969, S. 136; Willy Fritz: Rede des Berliner Betriebsratsvorsitzenden Fritz auf der Betriebsversammlung im Januar 1958, 31.01.1958, BMW UA-2614-1, hier S. 2.

ein, die „ein uneingeschränkt positives Urteil" ergaben.[55] Richter-Brohms auf Grundlage von Marktforschungen erstelltes Zukunftsprogramm sah vor, dass BMW so schnell wie möglich einen sportlichen Mittelwagen produzierte. Bis dahin mussten die Isetta und der BMW 600 das Unternehmen über Wasser halten, die großen Wagen sollten dagegen so schnell als möglich auslaufen.[56] Richter-Brohm kam damit auch Forderungen aus der Belegschaft nach, die eine langfristige Unternehmensplanung wollten.[57] Für die erfolgreiche Umsetzung des Programms sah der Vorstand insbesondere die „Einsatzbereitschaft und Firmentreue der Belegschaft" als entscheidend an.[58] Im Juni 1957 befasste sich der Aufsichtsrat erstmals mit den neuen Planungen, vertagte eine Entscheidung aber auf den August, da den Aufsichtsratsmitgliedern die Unterlagen zu spät zugegangen waren.[59] Dennoch machte sich innerhalb der Arbeitnehmervertretung ein gewisser Optimismus breit. Das Protokoll vermerkt explizit die positive Bewertung des Zukunftsprogramms durch Ritscher.[60] Diese Sichtweise vertrat auch Golda auf der Betriebsversammlung im Juli 1957.[61] Im August votierte der Aufsichtsrat einstimmig für das Zukunftsprogramm.[62] Infolgedessen reduzierte der Betriebsrat sogar das Pensum der Verhandlungen mit dem Vorstand, um diesem eine volle Konzentration auf die Planungen und Verhandlungen über die Zukunft des Werkes zu ermöglichen.[63]

Der Betriebsrat als sozialdemokratischer Krisenmanager

Wirtschafts- bzw. Unternehmenskrisen sind ein Kennzeichen des Kapitalismus. Sie belegen den steten Wandel und pausenlose Veränderungsprozesse,

---

55 Wolfgang Ritscher (BMW AR) an Walter Hölkeskamp (IGM) bzgl. Berufung von Richter-Brohm, 17.01.1957, AdsD 5/IGMA280042.

56 Zum Zukunftsprogramm vgl. Triebel/Grunert, 2006, Krisenerfahrung bei der BMW AG, S. 24–27; vgl. Seidl, 2002, Die Bayerischen Motorenwerke (BMW) 1945–1969, S. 136–141; Triebel, 2010, Vom „Marketingloch" zur Wiederentdeckung der sportlichen Mittelklasse – vom Produktionsregime zur Marketingorientierung bei BMW, S. 54 f.

57 Golda, Geschäftsbericht des Betriebsrates zur Betriebsversammlung für das 1. Quartal 1957 am 11.04.1957, 11.04.1957, BMW UA-510-1, S. 21 f.

58 Bericht des BMW Vorstands über die Situation des Unternehmens, Juni 1957, BMW UA-2619-1, hier S. 44.

59 Seidl, 2002, Die Bayerischen Motorenwerke (BMW) 1945–1969, S. 137.

60 Protokoll der Aufsichtsratssitzung vom 26.06.1957, 05.07.1957, BMW UA-424-2, hier S. 5.

61 Golda, Rede von Kurt Golda auf der Betriebsversammlung im Werk München im Juli 1957, 11.07.1957, BMW UA-510-1, S. 23–26.

62 Seidl, 2002, Die Bayerischen Motorenwerke (BMW) 1945–1969, S. 141.

63 Golda, Rede von Kurt Golda auf der Betriebsversammlung im Werk München im November 1957, 12.11.1957, BMW UA-510-1, S. 5 f.

eben die „Häutungen" des kapitalistischen Wirtschaftens.[64] Implizit sind diese Veränderungen auch ein Kennzeichen dafür, dass eine Krise ein ergebnisoffener, ambivalenter Prozess ist, der sowohl positiv als auch negativ verlaufen kann, abhängig von den getroffenen Entscheidungen.[65] Auf ein Unternehmen übertragen bedeutet das, dass eine Krise „als ungeplante[r] und ungewollte[r] Prozess[...] von begrenzter Dauer und Beeinflussbarkeit" zu verstehen ist.[66] Der Ausgang ist dabei unklar und die Bandbreite der Möglichkeiten reicht von einer Insolvenz bis hin zur Überwindung der Krise, was das Unternehmen langfristig wiederum stärken kann.[67] Die Wirkungen von Unternehmenskrisen können also sowohl destruktiv als auch konstruktiv sein: Destruktive Wirkungen wären z. B. ein Vertrauensverlust in die Unternehmensleitung oder ein Ansehensverlust des Unternehmens. Für das Unternehmen konstruktive Folgen wären ein Reputationsgewinn durch eine bestandene Krise sowie eine Trennung von finanziell nicht einträglichen Unternehmensteilen und eine gleichzeitige Fokussierung auf die erfolgreichen Teile. Zudem kann eine Krise als Katalysator für neue Ideen fungieren.[68]

Für die vorliegende Untersuchung sind die Wirkungen einer Unternehmenskrise auf die Mitarbeiter von Bedeutung. Diese spüren die Krise am stärksten, sowohl im Positiven wie im Negativen. Die größte und spürbarste Belastung besteht darin, dass der eigene Arbeitsplatz in Gefahr ist und somit die Lebensgrundlage. Außerdem kann die Motivation sinken und entscheidende Fachkräfte können das Unternehmen verlassen. Auf der Habenseite wären dagegen nach überstandener Krise die (langfristige?) Absicherung der Arbeitsplätze zu nennen, ein möglicher Zuwachs an neuen Mitarbeitern und neue Karrierechancen.[69]

---

64 Werner Plumpe: Das kalte Herz. Kapitalismus: die Geschichte einer andauernden Revolution, Bonn, 2019, S. 34.

65 Ulrich Krystek/Mischa Lentz: Unternehmenskrise: Beschreibung, Ursachen, Verlauf und Wirkungen überlebenskritischer Prozesse in Unternehmen, in: Ansgar Thießen (Hrsg.), Handbuch Krisenmanagement, Wiesbaden, 2014, S. 31–53, hier S. 32 f; Klaus Merten: Krise, Krisemanagement und Krisenkommunikation, in: Ansgar Thießen (Hrsg.), Handbuch Krisenmanagement, Wiesbaden, 2014, S. 155–174, hier S. 156.

66 Krystek/Lentz, 2014, Unternehmenskrise: Beschreibung, Ursachen, Verlauf und Wirkungen überlebenskritischer Prozesse in Unternehmen, S. 33.

67 Ebenda.

68 Adrian Pielken/Ulrich Krystek: Unternehmenskrise und Vertrauenskrise. Konzeptionelle Abgrenzung, Vertrauensbrüche und Wiederherstellungsmechanismen, in: Frank Keuper/Tom Sommerlatte (Hrsg.), Vertrauensbasierte Führung. Devise und Forschung, Heidelberg, 2016, S. 117–141, hier S. 129.

69 Ebenda; Krystek/Lentz, 2014, Unternehmenskrise: Beschreibung, Ursachen, Verlauf und Wirkungen überlebenskritischer Prozesse in Unternehmen, S. 45 f.

Vertrauen ist für das Verhältnis zwischen Mitarbeitern und Unternehmen bzw. dessen Führungspersonal entscheidend.[70] Fehlt oder schwindet das Vertrauen der Belegschaft in die Unternehmensleitung, kann es zu Krisen kommen. Vertrauensverlust ist zudem mögliche Folge einer Krise. Fehlt dieses Vertrauen, dann fehlt möglicherweise auch die Bereitschaft der Belegschaft, an der Bewältigung der Krise mitzuarbeiten. Die Krise nimmt gegebenenfalls einen negativen Ausgang.[71] Deshalb kommt Vertrauensbrüchen in Unternehmenskrisen eine hohe Bedeutung zu. Sie beruhen oft auf Kommunikationsfehlern zwischen dem „Vertrauensnehmer", im Beispiel von BMW der Unternehmensleitung, und dem „Vertrauensgeber", hier den Mitarbeitern bzw. dem Betriebsrat.[72] Ein sehr konkreter Vertrauensbruch war etwa das Verhalten der Unternehmensleitung gegenüber dem Betriebsratsvorsitzenden Höhn hinsichtlich der geplanten Entlassungen 1953/54. Ein Vertrauensbruch kann jedoch reversibel sein.[73] Unternehmenskrisen können also keineswegs nur mit betriebswirtschaftlichen Zahlen erfasst werden, sondern es spielen auch „weiche" Faktoren eine Rolle.[74]

Eine umfassende Darstellung sämtlicher Sanierungspläne bei BMW würde den Rahmen dieser Arbeit sprengen und findet sich bereits ausführlich bei Seidl. Diese Versuche, das Unternehmen wieder auf Kurs zu bringen, werden nur selektiv erwähnt, um das Handeln der Akteure, insbesondere des Betriebsrates, in den richtigen Kontext setzen zu können.[75]

Kurz: Die Umsetzung von Richter-Brohms Zukunftsprogramm scheiterte. Unvorhergesehene Belastungen tauchten in der Fertigung und Produktion durch unerlaubten Vorratsaufbau für die großen Wagen auf, auch der geplante Anlauf des neuen Mittelwagens ließ sich 1958 nicht realisieren und musste nach hinten verschoben werden.[76] Dazu kamen der unerwartet geringe Absatz des BMW 600 und weiter sinkende Verkaufszahlen der großen Wagen. Die

70 Zur Rolle von Vertrauen in Unternehmen, vgl. Ralf Stremmel: Von der „Treue" zum „Vertrauen"? Friedrich Alfred Krupp und seine Beschäftigten (1887 bis 1902), in: Zeitschrift für Unternehmensgeschichte 51, 2006, H. 1, S. 70–92.

71 Pielken/Krystek, 2016, Unternehmenskrise und Vertrauenskrise, S. 117–118; 135.

72 Ebenda, S. 130 f.

73 Ebenda, S. 135.

74 Triebel/Grunert, 2006, Krisenerfahrung bei der BMW AG, S. 30; Stefanie van de Kerkhof: Krisen als Chance oder Gefahr für das Überleben von Unternehmen? Zur Einführung, in: Jahrbuch für Wirtschaftsgeschichte / Economic History Yearbook 2006, H. 2, S. 9–18, hier S. 18.

75 Seidl setzt sich mit den finanziellen Hintergründen äußerst detailliert in einem ganzen Kapitel auseinander. Die Rolle der Arbeitnehmervertretung bleibt dabei aber unberücksichtigt, vgl. Seidl, 2002, Die Bayerischen Motorenwerke (BMW) 1945–1969, S. 128–255.

76 Ebenda, S. 141–148.

kostenneutrale, aber nicht gewinnträchtige Isetta trug ebenfalls nicht zur finanziellen Entlastung bei, noch dazu, weil die bisherigen Einnahmequellen durch den Einbruch des Motorradmarktes und die nun fehlenden Mieteinnahmen für das Karlsfeld Ordnance Depot (KOD) im Werk Allach die Verluste der Wagenfertigung nicht mehr ausgleichen konnten.[77] Deshalb trat der Vorstand die Flucht nach vorne an. Der Plan war, den BMW 600 weiterzuentwickeln und ihm eine konventionellere Karosserieform zu geben (der spätere BMW 700). Dafür wurden neue finanzielle Mittel benötigt. Aber sowohl die Banken als auch der Freistaat Bayern waren sehr zurückhaltend damit, weiteres Geld in ein marodes Unternehmen zu pumpen.[78] Die Jahre 1958/59 waren von diesen fortwährenden Finanzierungsengpässen geprägt. Der Betriebsrat spielte insbesondere bei den Verhandlungen mit der bayerischen Regierung eine entscheidende Rolle, weil die staatlichen Stellen der Unternehmensleitung, insbesondere Richter-Brohm, misstrauten und ihr die Fähigkeit, ein Unternehmen vernünftig zu führen, immer mehr absprachen.[79]

Bei diesen Verhandlungen mit den bayerischen Stellen profitierte Golda sicherlich von den Kontakten aus Allach, damals noch als stellvertretender Betriebsratsvorsitzender, sowie von persönlichen Bekanntschaften und seinem parteipolitischen Engagement in der SPD. So hatte er einen direkten Draht zu Eduard Meßthaler, der nicht nur von 1946 bis 1953 Betriebsrat bei BMW in Allach gewesen war, sondern ab 1953/54 auch das Betriebsgruppensekretariat beim SPD-Parteivorstand leitete.[80] In dieser Rolle nahm er im November 1957 an einem Landestreffen der SPD Bayern teil.[81] Auf eben diesem Treffen sprach auch Golda zur Betriebsgruppenarbeit der SPD.[82] Der halbstündige Vortrag ist leider nicht mehr überliefert, die Ergebnisse der Diskussion dagegen schon: 1. Nach Möglichkeit Einstellung eines hauptamtlichen Mitarbeiters für betriebliche und gewerkschaftliche Fragen; 2. Es solle darauf geachtet werden, dass in den zu wählenden Bezirksvorständen immer ein Mitglied für Betriebs- und Gewerkschaftsfragen zuständig war; 3. Um eine bessere

---

77 Triebel, 2010, Vom „Marketingloch" zur Wiederentdeckung der sportlichen Mittelklasse – vom Produktionsregime zur Marketingorientierung bei BMW, S. 54 f.

78 Seidl, 2002, Die Bayerischen Motorenwerke (BMW) 1945–1969, S. 148; Triebel, 2010, Vom „Marketingloch" zur Wiederentdeckung der sportlichen Mittelklasse – vom Produktionsregime zur Marketingorientierung bei BMW, S. 54 f.

79 Seidl, 2002, Die Bayerischen Motorenwerke (BMW) 1945–1969, S. 197.

80 Konvolut Meßthaler, 1954–1985, AdsD Sammlung Personalia 6SAMP006800 Eduard Meßthaler.

81 Ausschuss für Betriebs- und Gewerkschaftsfragen beim [SPD] Parteivorstand, ca. 1957, AdsD 1/SNAA000020.

82 Einladung des SPD Landesverbandes Bayern zum Landestreffen, 11.11.1957, AdsD 1/SNAA000020.

Koordination der bayerischen SPD-Bezirke zu erreichen, sollte ein Ausschuss für Betriebs- und Gewerkschaftsfragen auf Landesebene geschaffen werden, ebenso auf Bezirksebene; 4. Neuwahl und Neuaufstellung der Betriebs- und Arbeitsgemeinschaftsleitungen; 5. Mehr Werbung unter Betriebsräten; 6. Bessere Schulung der Genossen, die für Betriebs- und Gewerkschaftsarbeit zuständig waren; 7. Der Landesverband sollte in geeigneter Weise die jeweiligen Betriebsgruppenleitungen informieren.[83] Golda war also innerhalb der bayerischen SPD kein Unbekannter. Der Kontakt zu Meßthaler blieb erhalten, so tauschte man sich noch 1972 über die Betriebsratswahlen bei BMW aus.[84]

Erste erfolglose Verhandlungen Goldas mit dem Staatssekretär im Arbeitsministerium Karl Weishäupl (SPD) fanden wohl noch während der zweiten Amtszeit des bayerischen Ministerpräsidenten Wilhelm Hoegner (SPD) 1957 statt. Insbesondere die angeblich erniedrigende Behandlung durch einen namentlich nicht genannten Genossen („wie der letzte Dreck") brannte sich in Goldas Gedächtnis ein.[85] Nachdem andere Finanzierungsmöglichkeiten sich zerschlugen, konzentrierte sich BMW in der zweiten Jahreshälfte 1958 auf die Erlangung oder Verlängerung von Staatsbürgschaften und Staatskrediten. Allerdings hatte sich die Einstellung der bayerischen Behörden auch nach der Ablösung Hoegners durch Hanns Seidel (CSU) im Oktober 1957 nicht zum Positiven verändert. Das bayerische Wirtschaftsministerium beurteilte die von BMW eingereichten Unterlagen als „unzuverlässig" und „mehr [...] Wunsch als [...] Wirklichkeit". Dem gesamten Vorstand fehle die Fachkenntnis, er sei für den „Automobilbau nicht geeignet".[86] Diese vernichtende Bewertung war darauf zurückzuführen, dass BMW seine Geschäftszahlen nicht korrekt und verlässlich zur Verfügung stellte und den Eindruck vermittelte, dass der Staat nur als „Notnagel" gesehen werde. Der Freistaat lehnte schließlich weitere Verhandlungen mit dem BMW-Vorstandsvorsitzenden Richter-Brohm ab[87] und forderte eine Ablösung des Vorstandes im Frühjahr 1959.[88] Dabei waren die staatlichen Stellen durchaus willens, das Unternehmen bzw. die Arbeits-

83 Schriftverkehr zum Landestreffen der SPD Bayern am 30.11. bis 01.12.1957, 11.11.1957–04.12.1957, AdsD 1/SNAA000020.

84 Golda, Brief Kurt Goldas an Eduard Meßthaler, SPD-Landesverband Bayern, 25.04.1972, BMW UA-2647-1.

85 Horst Mönnich/Kurt Golda: Interview Horst Mönnich mit Kurt Golda, BMW UM-1268-10, 01.08.1984, ca. Minute 22:20; In einem weiteren Interview fünf Jahre zuvor hatte Golda ebenfalls von „hässlichen Worten", die er von Staatssekretären und anderen Personen über sich ergehen lassen musste, gesprochen, vgl. Horst Mönnich/Kurt Golda: Transkript Interview Horst Mönnich mit Kurt Golda, BMW UA-1274-1, 30.01.1979, S. 12.

86 Zit. nach Seidl, 2002, Die Bayerischen Motorenwerke (BMW) 1945–1969, S. 185 f.

87 Ebenda, S. 191.

88 Ebenda, S. 197.

plätze zu erhalten. Das vorherrschende Klima des Misstrauens ist jedoch wichtig im Hinterkopf zu behalten, um zu verstehen, warum und wie sich Golda in die Verhandlungen mit den Vertretern des bayerischen Staates selbstständig einmischte.

Der ehemalige Ministerpräsident Hoegner berichtete in einem Brief an den neuen Ministerpräsidenten Seidel von Ende August 1958 von einem Treffen mit Golda und Richter-Brohm. Dabei habe Richter-Brohm Hoegner gebeten, sich bei Seidel für ein Treffen mit Richter-Brohm *und* Golda einzusetzen.[89] Das sagte Seidel zu.[90] Angesichts der Animositäten zwischen BMW-Vorstand und bayerischem Staat erscheint die spätere Schilderung Goldas, dass Seidel Richter-Brohm bei diesem Treffen direkt gesagt haben soll, ihn nur wegen Golda und im Interesse der Belegschaft zu empfangen, durchaus glaubhaft.[91] Parallel liefen Versuche, über den Vertreter der Hausbank im BMW-Aufsichtsrat, Robert Frowein von der Deutschen Bank, weitere Kredite von anderen Banken zu bekommen. Als Voraussetzung hierfür galt allerdings die staatliche Unterstützung bzw. Absicherung von BMW.[92] Goldas zuvor im Aufsichtsrat an die Bankenvertreter gerichteter Appell, sich ihrer Verantwortung bewusst zu werden und die Genehmigung zusätzlicher Kredite nicht weiter zu verschleppen, weil das konträr gegen die gesamten Sanierungsbemühungen laufe, blieb ungehört.[93]

Die Umtriebigkeit Goldas im Kampf für die Staatsbürgschaft zeigte sich abermals im November 1958 in seinem Bemühen, Einfluss auf die Staatsregierung zu nehmen. Am 19. November 1958, vier Tage vor der Landtagswahl, erschien Golda ohne Termin und Vorabsprache in der Staatskanzlei, um mit Seidel zu sprechen. Diese hemdsärmelige, forsche Art überrascht, da Golda kein Anfänger im Umgang mit Politikern war, kann aber auch ein Hinweis auf die zunehmende Verzweiflung der Arbeitnehmer(-vertretung) sein. Seidel war jedoch auf Wahlkampfreise und sein Wirtschaftsminister genauso wenig zu greifen, weshalb Golda schließlich bei der persönlichen Referentin des Wirtschaftsministers, Dr. Sieglinde Odörfer, vorsprach. Sie sicherte ihm zu, sich über den aktuellen Stand zur Staatsbürgschaft zu informieren. Daraufhin sprach Golda mit einem weiteren Vertreter des Wirtschaftsministeriums,

89 Wilhelm Hoegner: Wilhelm Hoegner an Hanns Seidel bzgl. Bitte um Unterredung mit BMW Vorstandsvorsitzenden und Betriebsrat, 26.08.1958, IfZ ED 120/81.

90 Hanns Seidel: Seidel an Hoegner bzgl. Bitte um Unterredung mit BMW Vorstandsvorsitzenden und Betriebsrat, 26.09.1958, IfZ ED 120/81.

91 Mönnich/Golda, 1984, Interview Horst Mönnich mit Kurt Golda, BMW UM-1268-10, ca. Minute 19:20.

92 Seidl, 2002, Die Bayerischen Motorenwerke (BMW) 1945–1969, S. 187 f.

93 Protokoll der Aufsichtsratssitzung vom 20.09.1958, 25.09.1958, BMW UA-104-2, hier S. 12.

Hr. Hessel, den er auf die Bedeutung der Staatsbürgschaft für die Belegschaft und auf die Konsequenzen einer Ablehnung hinwies. Hessel konnte Golda insofern beruhigen, als dass die bayerische Regierung zur baldigen Bürgschaft stehen werde, jedoch auf die Zusammenarbeit mit den Banken angewiesen sei.[94]

Golda ist das ehrliche Bemühen um die Gewährung der staatlichen Unterstützung schwerlich abzusprechen. Er profitierte allerdings auch selbst von seinem Vorgehen, insbesondere bei dem unangekündigten Besuch in der Staatskanzlei. Nur sechs Tage danach, am 25. November 1958, musste er sich erstmals der Wiederwahl als Betriebsratsvorsitzender stellen. In diesem Wahlkampf vermischten sich wegen der offenen Frage der Staatsbürgschaft betriebspolitische Themen mit Landespolitik: Die Fortschritte hinsichtlich der staatlichen Hilfen schrieb die SPD-Betriebsgruppe Wilhelm Hoegner und der SPD-Landtagsfraktion zu, und damit indirekt auch dem Agieren Goldas selbst.[95] In einer knapp 14 Tage vor der Betriebsratswahl stattfindenden Betriebsversammlung, am 10. November 1958, präsentierte Golda sich und den Betriebsrat als im Sinne der Belegschaft aktiv handelnden Akteur. Nachdem er das Vorgehen des Führungspersonals inklusive des Vorstandes kritisiert und mit den „enormen Anstrengungen der Belegschaft" kontrastiert hatte, ging er auf seine eigenen Bemühungen um die Staatsbürgschaft ein.[96] So berichtete er davon, dass der Betriebsrat seine eigenen (politischen) Kontakte zur IG Metall, zur SPD (Hoegner) und zu Ministerpräsident Seidel aktiviert und Verhandlungen geführt habe. Wenig Verständnis brachte er jedoch dafür auf, dass die Verhandlungen so langsam vorangingen und die politischen Mandatsträger – parteiunabhängig – die wirtschaftliche Misere von BMW als Wahlkampfthema ausschlachteten. Schließlich gehe es bei BMW nicht nur um ein paar Mandate, sondern um 7.000 Arbeitsplätze. Trotzdem werde der Betriebsrat weiterhin alles Mögliche versuchen, um die Zusage für die Staatsbürgschaft zu bekommen.[97] Die Rede gipfelte in Goldas Erklärung, Seidel habe ihn dazu ermächtigt, bekanntzugeben, dass berechtigte Hoffnung auf die Staatsbürgschaft bestehe.[98] Diese Aussage rückt den neun Tage später stattfindenden Besuch in der Staatskanzlei in ein anderes Licht. Dass Golda dort die negativen

94 Kurt Golda: Aktennotiz, Betr.: Besprechungen hinsichtlich der Staatsbürgschaft, 19.11.1958, BMW UA-2646-1.

95 SPD-Betriebsgruppe BMW-Milbertshofen, die information: Betrachtungen zur Betriebsrätewahl, 1958, BMW UA-2646-1.

96 Golda, Rede von Kurt Golda auf der Betriebsversammlung im Werk München im November 1958, 10.11.1958, BMW UA-510-1, S. 13 f.

97 Ebenda, S. 21–23.

98 Ebenda, S. 28.

Konsequenzen einer ausbleibenden Staatsbürgschaft so sehr betonte, kann der Befürchtung geschuldet gewesen sein, sich in der Betriebsversammlung zu weit aus dem Fenster gelehnt zu haben. Die Aussage zeigt aber auch, wie sich die internen Machtverhältnisse zwischen Vorstand und Arbeitnehmervertretung zu verändern begannen: Es war der Betriebsrat und nicht der Vorstand, der die Position des bayerischen Ministerpräsidenten zur Staatsbürgschaft verkündete. Das symbolisiert ferner die enorm gestiegene Bedeutung des Betriebsrates, insbesondere als Botschafter der Belegschaft in der Außenwelt.

Die Belegschaft dankte Golda und der SPD-Betriebsgruppe für ihren Einsatz, indem sie Golda Ende November 1958 überdeutlich im Amt bestätigte. Bei dieser getrennten Persönlichkeitswahl erhielt Golda 92 Prozent der abgegebenen Arbeiterstimmen (78 Prozent aller Stimmen), alle 16 gewählten Betriebsräte der Arbeiter waren Empfehlungen der SPD-Betriebsgruppe. Auch bei den fünf Vertretern der Angestellten gab es nur eine Liste, wobei der politische Hintergrund der Betriebsratsmitglieder nicht eindeutig zuzuordnen ist. Nichtsdestotrotz bleibt festzuhalten, dass sich der Betriebsrat gerade in der sich verschärfenden Unternehmenskrise konsolidierte und sich stabile Mehrheitsverhältnisse unter der IG Metall bzw. SPD etablierten. Die politischen Grabenkämpfe waren mit dieser überwältigenden Mehrheit für SPD-Vertreter endgültig überwunden.[99] Vergleicht man dieses Wahlergebnis mit dem von 1956, wird das nochmals deutlicher. Bei der gleichen Betriebsratsgröße von 21 Mitgliedern hatte Golda in diesem Jahr „nur" 52 Prozent der Arbeiterstimmen erhalten. Von den 16 Arbeiterbetriebsräten hatte sieben die SPD-Betriebsgruppe empfohlen. Bei den Angestelltenbetriebsräten gab es neben den drei Vertretern der IG Metall auch zwei, die auf einer Liste der DAG kandidiert hatten.[100] Mit diesem überwältigenden Vertrauensbeweis für den aktuellen Betriebsrat ging die Arbeitnehmervertretung gestärkt in das Jahr 1959.

Während des Winters 1958/59 gingen die Verhandlungen für neue Kredite bzw. Staatsbürgschaften weiter. Als problematisch erwies sich dabei insbesondere das gleichzeitige Interesse der Banken und des Freistaates Bayern, Geschäftsanteile der BMW Triebwerkbau GmbH, also des ehemaligen Werkes Allach, als Absicherung zu bekommen. Hintergrund war, dass für die GmbH eine lukrative Lizenzfertigung von Starfighter-Triebwerken für die Luftwaffe in Aussicht stand. Hier konnte bis Anfang Februar 1959 keine Einigung erzielt werden, weshalb die Banken durch ihren Vertreter im Aufsichtsrat, Ernst Mathiensen, die Zusage für einen Kredit von 35 Mio. DM vom

99 Vgl. Wahlergebnisse 1958, BMW UA-2646-1,
100 Vgl. Wahlergebnisse 1956, ebenda.

Oktober 1958 auf 25 Mio. DM kürzen wollten. Genau an diesen Kredit von 35 Mio. DM war aber die Gewährung der Staatsbürgschaft geknüpft. Platzte er, wäre der bisherige Plan zur Sanierung gescheitert. Verhindert wurde dies durch eine Anpassung des Plans am 12. März. Eine Gewährleistung für die Zusage der Kredite bzw. der Staatsbürgschaft stand aber immer noch aus.[101] Deshalb wandte sich der IG-Metall-Bezirksleiter Erwin Essl am 13. März 1959 in einem dramatischen Appell per Telegramm an den bayerischen Finanzminister Rudolf Eberhard:

> Herr Dr. Seidel hat sich den Sorgen der Belegschaft sehr zugänglich gezeigt und wiederholt die Unterstützung der Staatsregierung zugesagt. Auch Sie, sehr verehrter Herr Staatsminister, haben des öfteren vor der Presse Ihre Bereitschaft zu erkennen gegeben, das Finanzierungsproblem bei BMW einer schnellen Lösung zuzuführen.
>
> Zu meiner großen Überraschung mußte ich hören, daß von Seiten des Finanzministeriums erneut Schwierigkeiten gemacht werden. Die weitere Verzögerung der Finanzierung bedroht die BMW mit zusätzlichen, unabsehbaren wirtschaftlichen Folgen. Für die dort beschäftigten 6.500 Arbeitnehmer und ihren Familien entstehen aus der Unsicherheit des Arbeitsplatzes wirtschaftliche, soziale und seelische Probleme, die allmählich unerwünschte Auswirkungen befürchten lassen. Belegschaftsvertreter sind erneut bei mir vorstellig geworden und haben mir ihre schweren Sorgen vorgetragen. Bitte Herr Staatsminister, helfen Sie schnell, wenn Hilfe überhaupt noch einen Sinn haben soll.[102]

Hier wurde nicht nur auf die immer gravierenderen Folgen der Situation für die Belegschaft verwiesen, sondern der Freistaat auch in die Pflicht genommen, endlich zu seinem öffentlich gegebenen Wort zu stehen. Damit verließen der Münchner Betriebsrat und die IG Metall endgültig den rein unternehmensbezogenen Kreis und drohten mit der Presse, um öffentlichen Druck aufzubauen. Sicherlich nicht unwichtig war hierbei, dass Essl auch für die SPD-Opposition im Landtag saß und deshalb BMW und seine Arbeitnehmerschaft nicht mehr nur ein gewerkschaftliches Thema waren. Das weitere Verschleppen der Bürgschaft bot eine Möglichkeit zur Attacke auf den politischen Gegner CSU.

Der Münchner Betriebsrat hatte am 13. März nicht nur Essl über den aktuellen Stand der Verhandlungen informiert, sondern Golda war auch am selben Tag beim persönlichen Referenten des Ministerpräsidenten Dr. Franz

---

101 Seidl, 2002, Die Bayerischen Motorenwerke (BMW) 1945–1969, S. 187–191.

102 Erwin Essl: Telegramm von Erwin Essl (IGM München) an bay. Finanzminister Dr. Rudolf Eberhard, 13.03.1959, BMW UA-2619-1.

Knöpfle vorstellig geworden. Dort schilderte er die abermaligen Schwierigkeiten, die vom Finanzministerium gemacht würden, und bat eindringlich darum, dass es noch vor der nächsten Betriebsversammlung, die entweder am 17. oder 19. März stattfinden sollte, zu einer Stellungnahme der Staatsregierung komme. Das sei wichtig, weil Golda schon zweimal eine Stellungnahme des Ministerpräsidenten in der Betriebsversammlung vorgetragen habe und bei der kommenden Betriebsversammlung auch Pressevertreter anwesend seien.[103] In einem Brief an Hoegner erläuterte Golda sein Beharren auf einer öffentlichen Stellungnahme genauer. Nachdem es nun schon zweimal zu Versprechen des Ministerpräsidenten gekommen sei, „[würde] eine erneute nichtssagende Erklärung der Staatsregierung die Unruhe [in der Belegschaft, M. R.] nur vertiefen [...]".[104] Aufgrund der anstehenden Betriebsversammlung wurde der Druck auf die öffentlichen Stellen erhöht. Knöpfle sicherte Golda zu, dass die Staatsbürgschaft ganz oben geklärt werden solle, „um eine Verschleppungstaktik der Bürokratie zu vermeiden". Außerdem arrangierte er noch für denselben Tag ein Gespräch mit dem persönlichen Referenten des Finanzministers Reis.[105] Auch dort machte Golda mit Verweis auf die Presse in der anstehenden Betriebsversammlung Druck. Er betonte, dass die Verzögerungen die Zukunft von BMW ernsthaft gefährden würden. Reis erklärte sich daraufhin zusammen mit dem Finanzminister Rudolf Eberhard bereit, eine sofortige Besprechung mit den verantwortlichen Personen herbeizuführen. Auch Eberhard versicherte, die Dinge schnell voranzutreiben.[106]

Drei Tage später, am 16. März 1959, traf sich Golda mit dem Staatssekretär im Wirtschaftsministerium Willi Guthsmuths. In diesem Gespräch konnte Golda schon die Früchte seines vorherigen Besuchs ernten, weil Eberhard seinem Kollegen Guthsmuths wohl sehr deutlich gemacht hatte, dass eine Gewährung der Staatsbürgschaft gewünscht sei. Guthsmuths bat Golda aber erfolgreich um eine Verschiebung der Betriebsversammlung in die 1. Aprilwoche, weil bis Ostern (29. März 1959) die Thematik endgültig entschieden sein dürfte. Diese Einschätzung teilte auch Reis, mit dem sich Golda ebenfalls am selben Tag traf. Beiden Herren drohte Golda damit, dass er zusammen mit Essl und Hoegner eine Pressekonferenz abhalten werde, auf der der Betriebsrat seine ehrliche Meinung dazu verkünde, wenn die Staatsbürgschaft nicht verabschiedet werde.[107]

103 Kurt Golda: Aktennotiz, Betr.: Staatsbürgschaft, 16.03.1959, BMW UA-2619-1.

104 Kurt Golda: Golda an Hoegner zur Vermeidung einer weiteren Verschleppung der Staatshilfen, 17.03.1959, IfZ ED 120/81.

105 Golda, Aktennotiz, Betr.: Staatsbürgschaft, 16.03.1959, BMW UA-2619-1.

106 Ebenda.

107 Ebenda.

Dass zu dieser Pressekonferenz auch Hoegner eingeladen werden sollte, um gemeinsam mit Golda und Essl die Position des Betriebsrates zu erläutern, zeigt einmal mehr, wie die Netzwerke zwischen Betriebsrat, Gewerkschaft und SPD genutzt wurden, um politischen Druck aufzubauen. Golda hielt Hoegner permanent auf dem Laufenden. Nur einen Tag nach seinem Besuch bei Guthsmuth bat er Hoegner in einem Brief darum, sich abermals bei Ministerpräsident Seidel für eine zügige Genehmigung der Staatsbürgschaft einzusetzen, weil sonst der geplante Anlauf der Produktion des neuen BMW 700 im Jahr 1959 gefährdet sei und sich die Unsicherheit und die Fluktuation in der Belegschaft noch weiter verstärke. Die Tatsache, dass Golda nochmals auf Hoegner zuging, zeigt, dass sein Vertrauen in die Zusagen der Staatssekretäre nicht besonders groß gewesen sein kann. Wie belastend auch für Golda und den Betriebsrat die Situation gewesen sein muss, wird durch Goldas Befürchtung klar, dass „die erhöhte[n] Anforderungen […] [an den Betriebsrat] […] zum Teil nicht mehr zu bewältigen sind“. Interessant ist aber besonders seine Einschätzung, wer die Bremser in den Ministerien seien: Golda wollte bei Guthsmuths eine „Antipathie“ gegen den BMW 700 wahrgenommen haben, aber das größte Problem sei der Ministerialdirektor Otto Barbarino aus dem Finanzministerium.[108] Leider führt Golda seine Gründe für diese Einschätzung nicht weiter aus.

Noch am selben Tag, dem 17. März 1959, antwortete Hoegner, der sich mit Finanzminister Eberhard besprochen hatte. Er konnte nur wiederholen, dass eine Entscheidung im Ministerrat noch vor Ostern fallen solle.[109] Dieses Versprechen wurde nicht eingehalten. Stattdessen beschloss der Ministerrat nach erheblichen Kontroversen, dass die Genehmigung von Staatshilfen an weitere Bedingungen geknüpft werden sollte; u. a. forderte er die Demission des Vorstandsvorsitzenden Richter-Brohms und die Einsetzung von zwei neuen Vorstandsmitgliedern im kaufmännischen und im technischen Bereich. Einer der Gründe dafür war, dass Richter-Brohm die Belegschaft von BMW so stark aufblähen wollte, dass eine Insolvenz durch die fehlende Staatsbürgschaft zu einem politischen Erdbeben geführt hätte.[110]

BMW erhielt diese neuen Bedingungen für Staatshilfen am 26. März. Inwiefern die mit dem gleichen Datum versehene Aktennotiz Goldas, in der er Strei-

108 Kurt Golda an Wilhelm Hoegner (SPD, MdL), 17.03.1959, BMW UA-2619-1; der gleiche Brief ist im Archiv des IfZ überliefert, vgl. Golda, Golda an Hoegner zur Vermeidung einer weiteren Verschleppung der Staatshilfen, 17.03.1959, IfZ ED 120/81.

109 Wilhelm Hoegner: Brief Wilhelm Hoegner (MdL, SPD) an Kurt Golda, 17.03.1959, BMW UA-2619-1; der gleiche Brief ist im Archiv des IfZ überliefert, vgl. Wilhelm Hoegner: Hoegner an Golda bzgl. Staatsbürgschaften, 17.03.1959, IfZ ED 120/81.

110 Seidl, 2002, Die Bayerischen Motorenwerke (BMW) 1945–1969, S. 194–197.

tigkeiten innerhalb des BMW-Vorstandes festhielt, damit zusammenhängt, ist nicht klar. Nichtsdestotrotz zeigt die Notiz, dass nicht nur die staatlichen Stellen mit dem aktuellen Vorstand unzufrieden waren, sondern auch innerhalb des Vorstandes Konflikte aufflammten. Der Vorstandsvorsitzende Richter-Brohm soll mit der Amtsführung des Verkaufsvorstands Ernst Hof nicht einverstanden gewesen sein, diesen regelrecht geschnitten und zu manchen Vorstandssitzungen nicht mehr eingeladen haben. Hof drohte damit, nachdem eine Aussprache nicht erfolgreich gewesen war, den Konflikt an den Aufsichtsrat zu eskalieren, weil er sich nicht einfach absägen lassen wolle. Zwar waren auch die Arbeitnehmervertreter mit Hof nicht glücklich, für Golda war jedoch entscheidender, dass Hof nichts unternahm, was BMW schaden könnte.[111] Für die Außendarstellung des Vorstandes und des Unternehmens war ein zerstrittener Vorstand nicht von Vorteil.

Da die Entscheidung über die Staatshilfen erneut vertagt worden war, geriet die Betriebsversammlung am 9. April 1959 zu einer Generalabrechnung Goldas mit dem Vorstand und der Staatsregierung. Ausführlich schilderte er die wirtschaftliche Entwicklung bei BMW, und warum diese nicht so verlief wie erhofft.[112] Er informierte die Belegschaft über seine Bemühungen bei den politischen Stellen und drückte sein Unverständnis dafür aus, dass die Politik zwar wortreich ihre Unterstützung kundtue, die Bürgschaft dennoch weiter verzögert werde:

> Es hat aber auch keinen Sinn, dass man andererseits die Notwendigkeit des Helfens einsieht und gleichzeitig mit so viel Misstrauen durch die Vergangenheit bei BMW behaftet ist, dass man die Entscheidung immer wieder von neuen Bedingungen abhängig macht. Das, was wir brauchen, ist eine schnelle Entscheidung der Staatsregierung und die Bereitschaft der Banken, wenn Hilfe überhaupt noch einen Sinn haben soll.[113]

Dem Vorstand gab er eindeutig die Schuld an der wirtschaftlichen Lage:

> Denn, dass das Schiff festgefahren und leck geworden ist, ist doch nicht die Schuld der Belegschaft, sondern die damaligen und heutigen Umstände spiel-

111 Kurt Golda: Aktennotiz über die Stellung des Herrn Hof gegenüber Herrn Dr. Richter-Brohm, 26.03.1959, BMW UA-2619-1.

112 Kurt Golda: Rede von Kurt Golda auf der Betriebsversammlung im Werk München im April 1959, 09.04.1959, BMW UA-510-1, hier S. 1–13.

113 Ebenda, S. 6.

> ten eine wesentliche Rolle mit, aber in erster Linie dürfte wohl der Vorstand dafür verantwortlich zeichnen.[114]

Insofern stimme der Betriebsrat den staatlichen Stellen in ihrer Einschätzung zu, dass der aktuelle Vorstand für die Sanierung von BMW ungeeignet sei. Insbesondere die langsame Reaktion auf die schlechter werdende wirtschaftliche Entwicklung erzürne ihn, dennoch blicke er mit dem neuen BMW 700 und dem geplanten Mittelwagen optimistisch in die Zukunft. Aber nur in einer gemeinsamen Anstrengung von Vorstand und Betriebsrat sei die Rettung von BMW zu schaffen.[115] Deshalb werde man sich auch in Zukunft in der Berichterstattung an die Belegschaft allein am Nutzen für das Werk zu orientieren.[116] Bemerkenswert ist Goldas Schlusssatz:

> Für den Betriebsrat darf ich deshalb nochmals zum Abschluss unterstreichen, wir werden uns nach wie vor mit ganzer Kraft einsetzen und jeden nur gangbaren Weg beschreiten, um nicht nur wie ich bereits einleitend erwähnte, den Namen BMW die Bedeutung wieder zu geben, den er heute noch unwiderlegbar besitzt, sondern vielmehr, um die zermürbende Unsicherheit wegen des Arbeitsplatzes von der Belegschaft endlich einmal auf Jahre hinaus wegzunehmen.[117]

Zwar war hier immer noch die Rede von der Bedeutung der Marke BMW, diese tritt jedoch hinter den Wunsch der Belegschaft zurück, ein wirtschaftlich stabiles Fundament zu schaffen, was nicht mehr zwangsläufig eine Selbstständigkeit von BMW voraussetzte. Das war ein Zeichen der zunehmenden Verzweiflung und Angst um das eigene Auskommen. Außerdem zeigte die Rede deutlich, dass dem Betriebsrat der Geduldsfaden mit den staatlichen Stellen, aber auch mit der Unternehmensführung riss.

Der Aufsichtsrat diskutierte die neuen Forderungen des Freistaats am 13. April und lehnte sie schließlich ab, allerdings ohne einen verbindlichen Beschluss zu fassen, weil mehrere Aufsichtsratsmitglieder nicht vor Ort waren. Der Aufsichtsrat vertagte sich deshalb auf den Tag der Hauptversammlung am 21. April 1959.[118] Die Arbeitnehmerseite bat darum, dass Wolfgang Ritscher als Finanzfachmann der Bank für Gemeinwirtschaft zu den Verhand-

---

114 Ebenda, S. 7.
115 Ebenda, S. 1–13.
116 Ebenda, S. 11.
117 Ebenda, S. 25.
118 Seidl, 2002, Die Bayerischen Motorenwerke (BMW) 1945–1969, S. 197.

lungen mit dem bayerischen Wirtschaftsministerium hinzugezogen werden sollte.[119] Das war ein weiterer Wink, dass die Arbeitnehmer der Verhandlungsführung des Vorstandes nicht vertrauten und nach Informationen aus erster Hand verlangten. Einig waren sich wiederum alle in ihrem Unmut darüber, dass die Forderung der Staatsregierung nach Veränderungen im Vorstand an die Presse durchgestochen worden war.[120] In einer Aktennotiz vom Ende des Monats sprachen Golda und Essl sogar von einem „lancierten Pressekrieg gegen BMW".[121]

Am Vortag der Hauptversammlung kam es zum großen Paukenschlag, als Ernst Mathiensen, der Vertreter der Dresdner Bank im Aufsichtsrat, seinen Rücktritt verkündete. Damit waren alle Finanzierungszusagen der Dresdner Bank hinfällig. Dies wiederum hatte zur Folge, dass die Bedingungen der Staatsregierung für Hilfen nicht erfüllt werden konnten. Richter-Brohm gab den Aktionären auf der Hauptversammlung daraufhin bekannt, dass BMW nach einem Sanierungspartner suche. Was den Aktionären allerdings verschwiegen wurde, war die Tatsache, dass noch am selben Tag sämtliche Aufträge zur Aufnahme der Produktion des BMW 700 gestoppt werden mussten.[122] Trotz alledem waren die parteipolitischen Freunde des Betriebsrates rund um Karl Weishäupl (SPD) immer noch von einer grundsätzlich positiven Einstellung der Staatsregierung BMW gegenüber überzeugt.[123]

Diese Einschätzung schienen die Arbeitnehmervertreter im Aufsichtsrat nicht zu teilen. Vielmehr sah sich Golda dazu veranlasst, mit seinem Rücktritt

---

119 Protokoll der Aufsichtsratssitzung vom 13.04.1959, 13.04.1959, BMW UA-100-2, hier S. 20.

120 Das Thema der Presse zieht sich durch das ganze Protokoll der Aufsichtsratssitzung, vgl. ebenda.

121 Kurt Golda: Aktennotiz, Betr.: Werkssituation, 29.04.1959, BMW UA-2619-1.

122 Seidl, 2002, Die Bayerischen Motorenwerke (BMW) 1945–1969, S. 198 f.

123 Karl Weishäupl: Brief Karl Weishäupl (MdL, SPD) an Kurt Golda, 25.04.1959, BMW UA-2619-1. Weißhäupl macht diese Einschätzung vor allem an der Ergänzung des Haushaltsentwurfs mit zusätzlichen 12,7 Mio. DM für Unternehmensbeteiligungen fest. Eine weitere Rolle dürfte die Reaktion des Staatsekretärs Dr. Lippert (Finanzministerium) auf eine „recht dumme Frage" (Zitat Weishäupl) des MdL Alfons Gaßner (Bayernpartei) im Landtag am 23. April 1959 sein. Gaßner kritisierte die geplante Kreditvergabe an BMW als Unternehmen mit permanentem Verlust und sah darin eine Ungleichbehandlung gegenüber anderen bayerischen Industriebetrieben. Lippert argumentierte vor allem mit der Bedeutung der Aufträge für die Triebwerkbau GmbH für die bayerische Wirtschaft und der großen sozialpolitischen Bedeutung von 7.000 Arbeitsplätzen. Weißhäupl vermutet hinter der Nachfrage Gaßners (Stimmkreis Vilshofen, Landau a. d. Isar) die Firma Glas, ohne es beweisen zu können. Auch der Verfasser selbst konnte hierzu keine genaueren Hinweise finden; zur genauen Wortwahl Gaßners im Landtag, vgl. Bayerischer Landtag: Stenographischer Bericht der 17. Sitzung des Bayerischen Landtags am 23.04.1959, 9 Uhr in München, 4. Wahlperiode, 23.04.1959.

aus dem Aufsichtsrat zu drohen.[124] In einem Gespräch mit Ritscher legte Golda Ende April 1959 die Gründe hierfür dar. Im Wesentlichen wollte er die Rücktrittsdrohung einsetzen, um Druck auf die Banken auszuüben. Um den Anlauf des BMW 700 noch 1959 schaffen zu können, benötigte BMW eine Summe von 1,8 bis 2 Mio. DM. Für die Belegschaft wären die Konsequenzen eines späteren Anlaufs dramatisch. Bereits jetzt spüre man eine Zurückhaltung der Käufer und Unruhe bei den Händlern, weil ohne den BMW 700 Massenentlassungen unumgänglich seien. Als weiteren Grund führte Golda an, dass auch die Leiter der Entwicklung von ihren Ämtern zurücktreten würden, wenn der Anlauf des BMW 700 nach hinten verschoben werden müsste. Diese Rücktrittsdrohung Goldas hatte auch innerhalb des Vorstandes Wellen geschlagen. Richter-Brohm hatte in diesem Falle nicht nur seinen eigenen Rücktritt angekündigt, allerdings bei Beibehaltung seines Vertrages mit BMW, er wollte auch weitere, in der Aktennotiz Goldas namentlich nicht genannte Vorstandsmitglieder dazu auffordern, es ihm gleichzutun. Die Konsequenzen daraus waren für Ritscher und Golda folgende:

> Beide Gesprächspartner [Ritscher und Golda, M. R.] sind sich darüber einig, nachdem der Vorstand die Verantwortung nicht mehr zu übernehmen bereit zu sein scheint, dass u. U. sämtliche Arbeitnehmer aus dem Aufsichtsrat zurücktreten werden. Es wurde in Erwägung gezogen, dass eine evtl. Aussprache des Aufsichtsrates und des Vorstandes mit den verantwortlichen Ministern der Staatsregierung durchgeführt wird.
>
> Die anschließend geführte Besprechung mit dem Bezirksleiter der IG Metall, Koll. Essl, hat ergeben, dass aufgrund der Anfrage des Abgeordneten Gassners [sic! Alfons Gaßner kritisierte die Kreditvergabe im Landtag, vgl. vorhergehende Fußnote, M. R.] von der Bayern Partei an die Staatsregierung die Frage der BMW bereits politischen Charakter angenommen hat.
>
> Wir sind uns deshalb einig, dass die Sozialdemokratische Partei ebenfalls zu dem Problem inform [sic!] einer Pressekonferenz Stellung nehmen muss. Die Pressekonferenz soll bewirken, dass
>
> a) die Staatsregierung unter öffentlichen Druck gesetzt,
>
> b) die Öffentlichkeit positiver für BMW beeinflusst wird.
>
> Bevor die Pressekonferenz durchgeführt wird, ist eine Zusammenkunft der Bayerischen Landtagsabgeordneten der SPD für 14.5. um 17 Uhr vorgesehen.

---

124 Golda, Aktennotiz, Betr.: Werkssituation, 29.04.1959, BMW UA-2619-1.

> Wir sind der Meinung, dass durch den lancierten Pressekrieg gegen BMW nichts mehr durch die von uns durchzuführende Pressekonferenz zerstört werden kann.[125]

Diese Quelle ist in mehrerlei Hinsicht bemerkenswert. Erstens zeigt sie den strategischen Einsatz der Rücktrittsdrohung, um ein den Arbeitnehmervertretern genehmes Ergebnis zu erzwingen. Obwohl als Ziele nur der öffentliche Druck und eine positive Beeinflussung der Öffentlichkeit für BMW genannt wurden, ging es hier noch um etwas anderes: Auch die Banken sollten zum Einlenken genötigt werden, denn von ihren Zusagen hingen die Staatshilfen letztlich ab. Diese Absicht wurde schließlich in der Zeitung der SPD-Betriebsgruppe zur Betriebsratswahl 1960 bestätigt.[126]

Zweitens wird hier der Vorstand als (handlungs-)unfähig skizziert. In diesem Vakuum präsentierten sich die Arbeitnehmervertreter selbstbewusst als die eigentlich entscheidenden und vor allem handelnden bzw. handlungsfähigen Personen. Damit kehrten sich die Machtverhältnisse innerhalb des Unternehmens deutlich um: Der Vorstandsvorsitzende und weitere Persönlichkeiten machten ihren Verbleib im Unternehmen von der Entscheidung der Arbeitnehmervertretung abhängig. Dieser Machtzuwachs des Betriebsrates sollte maßgeblichen Einfluss auf die betriebliche Sozialordnung haben.

Drittens zeigt die Aktennotiz, dass die Causa BMW nicht erst mit der Anfrage Alfons Gaßners im Landtag endgültig „politischen Charakter" angenommen hatte. Die enge Verflechtung von Betriebsrat und SPD führte dazu, dass die Interessen der Partei und der BMW-Arbeitnehmervertretung zwar nicht identisch waren, sich aber stark überschnitten: Für die BMWler war der Erhalt ihrer Arbeitsplätze und des Unternehmens vorrangig, die SPD konnte sich mit ihrer Unterstützung als Vertreter der Arbeitnehmerinteressen profilieren und dies in der parlamentarischen Auseinandersetzung nutzen. Die vor der Pressekonferenz angedachte interne Abstimmung der SPD-Landtagsfraktion unterstreicht das deutlich. Welche Rolle diese Planungen und Gedankenspiele der Arbeitnehmerseite bei den Entscheidungen der Kapitalseite in der Aufsichtsratssitzung am 11. Mai 1959 spielten, lässt sich nicht mehr rekonstruieren. Für die Arbeitnehmervertreter dürfte aber auch viel entscheidender gewesen sein, dass der neue Vertreter der Deutschen Bank im BMW-Aufsichtsrat Hans Feith, gleichzeitig Vorstandsmitglied der Deutschen Bank sowie Mitglied im Aufsichtsrat von Daimler-Benz und ab dem 26. Mai

---

125 Ebenda.

126 SPD-Betriebsgruppe BMW-Milbertshofen, die information: Betrachtungen zur Betriebsrätewahl, 1960, BMW UA-2646-1.

auch der Vorsitzende des BMW-Aufsichtsrates, zusagte, den notwendigen Kredit zusammen mit den anderen Banken nun doch zu genehmigen.[127] Das Ziel der Arbeitnehmervertreter war damit erreicht, der Produktionsanlauf des BMW 700 war gesichert.

Die Genehmigung der Staatsbürgschaft war jedoch immer noch nicht geklärt. Die Verhandlungen wurden erst im Juli wieder aufgenommen, gleichzeitig suchte BMW nach einem Investor. Allerdings wurde der Vorstand immer mehr in eine Statistenrolle gedrängt und das Präsidium des Aufsichtsrates führte die Gespräche. Die geringe Zahl von Vorstandssitzungen von nur sechs Stück im Zeitraum von August bis Anfang Dezember 1959 spricht dabei Bände.[128] Aber nicht nur die Kapitalseite im Aufsichtsrat drängte den Vorstand an die Seitenlinie, auch der Betriebsrat hatte jegliches Vertrauen in den Vorstand verloren und scheute sich nicht, in der Betriebsversammlung öffentlich von einem „[Riss] in der Vertrauensgrundlage zwischen Leitung und Belegschaft" zu sprechen.[129]

Die Suche nach einem Sanierungspartner konzentrierte sich ab Mitte Oktober 1959 auf die Daimler-Benz AG. Deren Angebot sah u. a. vor, dass das Aktienkapital zu 2:1 zusammengelegt werden sollte, um die vorhandenen Verluste auszugleichen. Im Anschluss sollte das Kapital wieder auf 85 Mio. DM erhöht werden, allerdings unter Ausschluss der Bezugsrechte der bestehenden Aktionäre. Die neu ausgegebenen Aktien sollten stattdessen an ein Konsortium bestehend aus der Deutschen Bank, der Bayerischen Staatsbank, der Bayerischen Landesanstalt für Aufbaufinanzierung und Daimler-Benz gehen.[130] Außerdem erklärte sich Daimler-Benz dazu bereit, Aufträge im Wert von 100 Mio. DM an BMW zu vergeben, um das Werk München auszulasten. Der BMW-Aufsichtsrat verhandelte dieses Angebot am 9. November 1959. Feith war als Vorstandsmitglied der Deutschen Bank und Mitglied der beiden Aufsichtsräte von Daimler-Benz und BMW bei den Verhandlungen mit Daimler-Benz federführend gewesen und stellte das Angebot vor. Er versicherte den Arbeitnehmervertretern, dass die Belegschaftsinteressen mit diesem Angebot gewahrt werden würden.[131] Feiths gleichzeitige Rollen bei der Deutschen Bank, Daimler-Benz und BMW lassen zumindest Zweifel daran aufkommen, dass er unvoreingenommen handelte. Parallel dazu diskutierte auch der Aufsichtsrat von Daimler-Benz das Sanierungsangebot, stimmte ihm zu und kün-

---

127 Protokoll der Aufsichtsratssitzung vom 11.05.1959, 11.05.1959, BMW UA-100-2, hier S. 10 f.

128 Seidl, 2002, Die Bayerischen Motorenwerke (BMW) 1945–1969, S. 201 f.

129 Kurt Golda: Rede von Kurt Golda auf der Betriebsversammlung im Werk München im Juli 1959, 21.07.1959, BMW UA-510-1, hier S. 28.

130 Protokoll der Aufsichtsratssitzung vom 09.11.1959, 09.11.1959, BMW UA-291-2, hier S. 3 f.

131 Ebenda, S. 21.

digte an, dieses Ergebnis auf einer Pressekonferenz noch am selben Tag um 18 Uhr zu verkünden. Damit stand der BMW-Aufsichtsrat unter massivem Zeitdruck. Auch aus Mangel an Alternativen stimmte er dem Angebot schließlich bei einer Enthaltung (kein Arbeitnehmervertreter) zu.[132] Die öffentlichen Reaktionen auf dieses Sanierungsangebot waren gemischt. Die Sanierungsbedürftigkeit war allgemein anerkannt, allerdings wurden die Zusammenlegung des Kapitals und der Ausschluss der Altaktionäre von der anschließenden Kapitalerhöhung kritisch gesehen.[133]

Richter-Brohm empfahl der Belegschaft auf der Betriebsversammlung am 17. November, sich mit dem Daimler-Angebot abzufinden, weil es eine wirtschaftlich gute Lösung sei. Den Kritikern hielt er entgegen, dass er eine Übernahme BMWs durch den Konzentrationsprozess in der Automobilindustrie für unausweichlich halte.[134] Golda stand dem Daimler-Angebot reservierter gegenüber. Er machte in seiner Rede deutlich, dass der Betriebsrat nur zustimme, wenn das Angebot die Belegschaft nicht schlechterstelle.[135] Die Belegschaft sei das eigentlich interessante Aktivum für Daimler, weniger die materiellen Werte von BMW, wie die Gebäude und der Werksgrund.[136] Was Golda besonders erregte, war seine Überzeugung, dass diese Entwicklung hätte vermieden werden können, wenn dem Unternehmen nur rechtzeitig die notwendigen finanziellen Möglichkeiten zur Verfügung gestellt worden wären:

> [D]er Aufsichtsrat hat sich in seiner zum Teil sehr lebhaften Sitzung am 9.11 mit dem Sanierungsplan der BMW zu beschäftigen gehabt. Hierbei mussten wir die Tatsache zur Kenntnis nehmen, dass durch das Nichtvorhandensein eines tragfähigen Fertigungsprogrammes die Bilanzverluste seit 1955 laufend gestiegen sind [...]. Die Feststellung, dass wir kein tragfähiges Programm haben [...], ist [...] uns nicht neu. Es bleibt nur die Frage an die eigentlich verantwortlichen Herren übrig, was haben sie bisher getan, um dem Werk ein tragfähiges Programm zu geben [...]. Dass man nach einem angeblich zu späten Erkennen den damaligen Vorstand abberufen und einen neuen eingesetzt hat, damit meine Herren [...] war den 6000 Mitarbeitern [...] und dem Werk nicht gedient. Sondern man hätte aus den Fehlern der Vergangenheit lernen müssen und vor

132 Seidl, 2002, Die Bayerischen Motorenwerke (BMW) 1945–1969, S. 203–207.

133 Ebenda, S. 210.

134 Richter-Brohm, Rede des Vorstandsvorsitzenden Richter-Brohm auf der Betriebsversammlung im Werk München im November 1959, 17.11.1959, BMW UA-510-1, S. 5.

135 Kurt Golda: Rede von Kurt Golda auf der Betriebsversammlung im Werk München im November 1959, 17.11.1959, BMW UA-510-1, hier S. 23.

136 Ebenda, S. 16 f; vgl. hierzu auch den Beschluss des Daimler-Benz-Aufsichtsrates: Seidl, 2002, Die Bayerischen Motorenwerke (BMW) 1945–1969.

> allem dem neu eingesetzten Vorstand, wenn er schon das Vertrauen der Kapitalseite besitzt, auch die Voraussetzung schaffen müssen, um zu einem tragfähigen Programm zu kommen. Hierbei greife ich nicht nur den Aufsichtsrat, sondern die im Aufsichtsrat vertretenen Hausbanken der BMW an. Dies deshalb, nachdem der Aufsichtsrat im Juni 57 einen einstimmigen Beschluss über den Bericht des Vorstandes über die BMW AG gefasst hat. [Gemeint ist das Zukunftsprogramm von Richter-Brohm, M. R.] In diesem Bericht wurde sehr deutlich festgestellt: Um die Ertragslage des Unternehmens nachhaltig zu verbessern, müssen einschneidende Maßnahmen ergriffen werden, und zwar sobald als möglich. [...] Das Werk muss unter allen Umständen ein zusätzliches tragfähiges Programm erhalten. Andere Programme glaube ich haben wir schon langsam genug.[137]

Die Banken und das Führungsversagen bei BMW galten ihm als die entscheidenden Punkte für die prekäre Lage der Firma. Diese Überzeugung brannte sich bei Golda nachhaltig ein: Er betonte diese Faktoren für die Zuspitzung der Krise noch 1982 in einem Beitrag in der Werkszeitung *bayernmotor*.[138] In einem Interview zwei Jahre nach Erscheinen des Artikels äußerte er die weitergehende Vermutung, dass es sich beim Verhalten der Banken um ein abgekartetes Spiel gehandelt habe, weil Feith im Aufsichtsrat von BMW als Vertreter der Deutschen Bank saß und diese auch Anteile von Daimler-Benz hielt.[139] Mit dem Zukunftsprogramm von Richter-Brohm hätte BMW zu einem echten Konkurrenten für Daimler-Benz werden können. Eine rechtzeitige Finanzierung zu verweigern, ermöglichte es hingegen, einen künftigen Konkurrenten einfach auszuschalten.[140] Golda empfand es dabei als besonders verletzend, dass den Banken das Schicksal der Belegschaft vollkommen gleichgültig war: „Drum lassen Sie mich bitte mit Bankenvertretern in Ruh, wo das zweimal einstimmig bejaht wurde und wo es um die Mittelbereitstellung ging, kam auf einmal der Knautsch. Und dann hat man sich einfach über die Menschen und ihre Schicksale hinweg gesetzt."[141]

---

137 Golda, Rede von Kurt Golda auf der Betriebsversammlung im Werk München im November 1959, 17.11.1959, BMW UA-510-1, S. 19–21.

138 her: Kurt Golda: Seit 25 Jahren Aufsichtsrat, bayernmotor 11/82, November 1982, BMW UI-2030-11.

139 Mönnich/Golda, 1984, Interview Horst Mönnich mit Kurt Golda, BMW UM-1268-10, ca. 1h Minute 22; Dieselbe These vertritt auch die KPD und schlug dagegen vor, dass man die Sanierung auch mit einer Steigerung des Ost-West-Handels schaffen könne, Flugblatt der KPD über die Sanierung von BMW, ca. 1959/60, BMW UA-2618-1.

140 Mönnich/Golda, 1984, Interview Horst Mönnich mit Kurt Golda, BMW UM-1268-10, ca. Minute 31.

141 Ebenda, ca. Minute 28.

Letztlich unterstützte auch Golda gegenüber der Belegschaft das Daimler-Angebot, weil er es aus der Perspektive der Aktionäre für alternativlos hielt und weil es endlich eine sorgenfreie Zukunft für die Mitarbeiter in Aussicht stellte.[142] Denn abgesehen von Daimler-Benz habe sich, wie Golda es später plakativ ausdrückte, „keine Sau [...] für BMW interessiert".[143] Dies ließ ihn auch über diverse ungeklärte Themen wie Verdienstabsicherung, Sozialleistungen und Anerkennung der Betriebszugehörigkeit[144] hinwegsehen. Dieser Wunsch, das wirtschaftliche Dahinsiechen zu beenden und langfristige Stabilität zu schaffen, drang auch in einer Presseerklärung der IG Metall München vom 27. November 1959 durch. Die Pressemitteilung war eine Reaktion auf einen Artikel in der *Frankfurter Allgemeinen Zeitung* vom selben Tag, in dem der Kleinaktionär Erich Nold für die Hauptversammlung von BMW am 9. Dezember 1959 Opposition gegen die Annahme des Daimler-Angebotes angekündigt hatte. Er forderte die Berufung eines Sonderprüfers und die Vertagung der Hauptversammlung.[145] Dies hätte das Angebot jedoch gefährdet, da es bis zum 9. Dezember 1959 befristet war.[146] Die IG Metall München positionierte sich gemeinsam mit dem Betriebsrat nachdrücklich gegen Nolds Plan, der BMW in der Existenz bedrohen könne. Nolds Absicht sei wohl, Unruhe zu schaffen, um die Position von BMW zu schwächen und seine eigenen Ziele durchzusetzen. Die Belegschaft von BMW stellte sich gegen Nold, weil man „sich [nicht, M. R.] auf Dauer zum Spielball fiskalischer und aktienpolitischer Manipulationen machen" lassen wolle.[147] Damit setzte sich die IG Metall München eindeutig für die Annahme des Daimler-Benz-Angebotes ein. Goldas spätere Darstellung, dass er eigentlich immer gegen das Angebot gewesen sei und es nur als letzten Strohhalm akzeptiert habe, lässt sich aus den zeitgenössischen Quellen so nicht belegen.[148]

Unter diesen Voraussetzungen fand am 9. Dezember 1959 die Hauptversammlung von BMW statt. Deren turbulenter Verlauf führte zu so plakativen

142 Golda, Rede von Kurt Golda auf der Betriebsversammlung im Werk München im November 1959, 17.11.1959, BMW UA-510-1, S. 25; 27.

143 Mönnich/Golda, 1984, Interview Horst Mönnich mit Kurt Golda, BMW UM-1268-10, ca. 1h Minute 22.

144 Kurt Golda: Memo über die Sichtweise des Betriebsrates auf die Geschehnisse rund um die Hauptversammlung 1959, o. D., nach dem 15.12.1959, BMW UA-2619-1.

145 b.: Nold vertritt 5 Prozent bei BMW, in: Frankfurter Allgemeine Zeitung vom 27.11.1959.

146 Seidl, 2002, Die Bayerischen Motorenwerke (BMW) 1945–1969, S. 221.

147 Erwin Essl: Presseerklärung der IG Metall Bezirksleitung München, 27.11.1959, BMW UA-2619-1.

148 Mönnich/Golda, 1984, Interview Horst Mönnich mit Kurt Golda, BMW UM-1268-10, ca. Minute 34; Mönnich/Golda, 1984, Interview Horst Mönnich mit Kurt Golda, BMW UM-1268-10, ca. Minute 20:50.

Schlagzeilen wie „Zehn-Stunden-Rennen um BMW"[149] oder „Aktionäre pfiffen den Vorstand aus! Ist BMW am Ende?".[150] Entgegen aller Erwartungen fand das Daimler-Benz-Angebot bei den anwesenden Aktionären keine Mehrheit. Die Unabhängigkeit von „Bayerns Gloria", wie der *Spiegel* in einer Rückschau auf die Hauptversammlung titelte, blieb erhalten.[151]

Widerstand entzündete sich insbesondere an dem fehlenden Bezugsrecht für die Altaktionäre, dem nicht genügend berücksichtigten Wert der Facharbeiter und der Tatsache, dass doch noch nicht alle Verhandlungsmöglichkeiten ausgeschöpft worden seien. Die Kleinaktionäre leisteten erbitterte Opposition gegen den Vorschlag, an Daimler zu verkaufen, angeführt von Nold und dem Rechtsanwalt Dr. Friedrich Mathern, der die Stimmen vieler BMW-Händler vertrat. Mathern konnte dem Vorstand nachweisen, dass es noch andere Sanierungspartner wie etwa MAN oder auch den britischen Automobilkonzern Rootes gebe. Er verlangte daher eine Vertagung und Prüfung dieser Möglichkeiten, was die Hauptversammlung allerdings ablehnte. Mit einem aktienrechtlichen Verfahrenstrick gelang es Mathern jedoch, die Bilanz für 1958 anzufechten und so eine Vertagung zu erzwingen. Dazu genügte die Zustimmung von 10 Prozent des anwesenden Aktienkapitals. Ohne eine Feststellung zum Geschäftsjahr 1958 war eine Abstimmung über das Daimler-Angebot nicht mehr möglich und die Hauptversammlung vertagte sich auf das nächste Geschäftsjahr.[152]

Die Arbeitnehmervertretung hatte während der Hauptversammlung das Wort nicht ergriffen. Golda gab später in einem rekapitulierenden Memo an, dass das zwar jederzeit möglich gewesen wäre, es ihm aber nicht darum gegangen sei, von der Öffentlichkeit oder der Presse bewundert zu werden, sondern die Arbeitsplätze für die Belegschaft zu erhalten und zukunftssicher zu machen. Öffentliche Unruhe durch Verlautbarungen des Betriebsrates hätten die noch mögliche Kreditbereitschaft mancher Banken beschädigen können. Ein aktives Eintreten für die Daimler-Benz-Option fand er nicht angemessen, weil Daimler-Benz keinerlei schriftliche Zusicherungen hinsichtlich einer Verdienstabsicherung, der Sozialleistungen und der Anerkennung der Betriebszugehörigkeit von BMW nach der Übernahme gegeben hatte.[153] Dies

149 Wolfgang Willmann: Das Zehn-Stunden-Rennen um BMW, in: Süddeutsche Zeitung vom 10.12.1959, S. 3.

150 Pressespiegel zur Unternehmenskrise 1958–1962, BMW UA-2712-1.

151 o. V.: Bayerns Gloria, in: Der Spiegel Nr. 3 vom 1960, S. 29.

152 Grunert/Triebel, 2019, Ein Jahrhundert BMW, S. 45–48; 103–104; Seidl, 2002, Die Bayerischen Motorenwerke (BMW) 1945–1969, S. 220–223.

153 Golda, Memo über die Sichtweise des Betriebsrates auf die Geschehnisse rund um die Hauptversammlung 1959, o. D., nach dem 15.12.1959, BMW UA-2619-1.

widerspricht jedoch Goldas öffentlicher Unterstützung für die Sanierung durch Daimler-Benz in der Betriebsversammlung als auch der Pressemitteilung der IG Metall vom November 1959. Außerdem erscheinen die fehlenden schriftlichen Zusicherungen doch marginal im Vergleich mit dem Erhalt der Arbeitsplätze durch das Sanierungsvorhaben. Insofern lässt sich das Memo als eine nachträgliche Rechtfertigung seines Handelns bzw. Nichthandelns auf der Hauptversammlung interpretieren. Ob Golda zu diesem Zeitpunkt schon Kontakt zu dem späteren Großaktionär Herbert Quandt hatte und das Memo deshalb widersprüchlich ist, muss offenbleiben. Zum Einstieg von Herbert Quandt bei BMW und seiner Rolle bei der Sanierung weiter unten mehr.

Eine Lösung für das wirtschaftliche Überleben von BMW hatte die Hauptversammlung vom 9. Dezember 1959 damit nicht geliefert. Im Gegenteil: Die Zukunft schien unsicherer als zuvor. Wie niederschmetternd sich dies auf die Gefühlslage von Golda auswirkte, wird aus diesem Interviewtranskript 20 Jahre später ersichtlich:

> Wir haben in jedem Strohhalm, den man uns hinhielt, die Rettung gesehen, haben an jeden geglaubt. Wir waren verzweifelt. Weihnachten, als Kämpfer [Finanzvorstand, M. R.] anrief: Was geben wir unseren Leuten in die Tüte? und Golda losging und bei den Banken bettelte ... Wir durften nicht laut sagen, dass wir jeden Tag vor dem Konkursgericht antreten konnten. Die hässlichsten Worte gehört und über mich ergehen lassen ... [...] [Golda] schildert die Zielsetzung: Überleben der Belegschaft. Rüstungsauftrag, egal, auch Regenschirme zu produzieren wäre willkommen gewesen. Man hat verdammt viel Stehvermögen haben müssen. So manchmal verzweifelt ins Bett, und so manchmal konnte man nicht in den Spiegel gucken ... In was für einer Art hat man mich aus dem Zimmer geschmissen, nur weil man um seine Belegschaft rang ... Betriebsmittelkredite verweigert und was weiss ich alles.[154]

Goldas Erinnerung ist zweifellos von der erfolgreichen Sanierung gefärbt. Von Bedeutung sind hier jedoch weniger die Fakten als vielmehr die Emotionen, und da schiebt sich vor allem Verzweiflung in den Vordergrund. Der Wunsch, der Belegschaft diese Erfahrung in Zukunft unter allen Umständen zu ersparen, wurde zu einer der entscheidenden Handlungsmaximen der Mitbestimmung bei BMW nach 1959. Wie sich das konkret auswirkte, wird weiter unten näher beleuchtet (vgl. Kap. 6).

---

154 Mönnich/Golda, 1979, Transkript Interview Horst Mönnich mit Kurt Golda, BMW UA-1274-1, S. 12.

Am Tag nach der Hauptversammlung tagte der Aufsichtsrat. Dem Protokoll zufolge ging es in dieser Sitzung vor allem darum abzuklären, inwiefern die Betriebsmittelkredite der Banken weiterhin Gültigkeit behielten. Außerdem sollten Verhandlungen mit anderen möglichen Sanierungspartnern wie MAN und Rootes aufgenommen werden. Auch eine abermalige Fühlungnahme mit Daimler-Benz sollte versucht werden, eventuell durch Vermittlung von Mathern oder einer anderen geeigneten Person. Feith konnte jedoch mitteilen, dass Daimler-Benz zu keiner Verbesserung des Angebotes im Sinne der Aktionäre bereit war. Dies bestätigte der Daimler-Benz-Vorstandsvorsitzende Fritz Könecke tags darauf per Fernschreiben.[155] Matherns Einbeziehung lehnte der Aufsichtsrat mit der Begründung ab, dass die Verhandlungshoheit beim Vorstand und Aufsichtsrat bleiben müsse. Außerdem sollte Albert Kalkert, ein hochrangiger Mitarbeiter aus dem Entwicklungsressort, dem Vorstand als technischer Berater beigestellt werden.[156]

Einen eher ungefilterten Eindruck der Sitzung gibt eine Aktennotiz Goldas.[157] Darin rekapitulierte er erstens die Aufsichtsratssitzung, die direkt vor der Hauptversammlung stattgefunden hatte und in der über die Zusammensetzung des Vorstandes und des Aufsichtsrates bei der Annahme des Daimler-Angebotes gesprochen worden war. Zweitens ging es auch um die Aufsichtsratssitzung vom 10. Dezember 1959. Bestätigt wird, dass der Vorstand zu Verhandlungen mit möglichen Sanierungspartnern beauftragt wurde. Allerdings war der Vorstand nicht befugt, selbstständig zu verhandeln. Vielmehr waren die Interessenten nach München einzuladen und die Verhandlungen hatten direkt unter Einbeziehung des Aufsichtsrates stattzufinden, weil „der Aufsichtsrat kein Vertrauen zu dem jetzigen Vorstand hat“. Auch die Argumentation, warum der Aufsichtsrat Mathern nicht als Mittelsmann für Verhandlungen einsetzen wollte, liest sich bei Golda anders. Würde man Mathern hinzuziehen, dann wäre das ein Eingeständnis der „Unfähigkeit der Verwaltung sowie des Vorstandes vor der Hauptversammlung“, kein besseres Verhandlungsergebnis erzielt zu haben. Kalkerts Berufung als technischer Berater des Vorstandes wurde mit dessen „technische[r] Unfähigkeit“ begründet.[158] Ganz im Gegensatz zu dem glatt gebügelten Protokoll zeigt diese Aktennotiz, dass die Aufsichtsratssitzung eine Generalabrechnung mit dem amtierenden Vor-

155 Seidl, 2002, Die Bayerischen Motorenwerke (BMW) 1945–1969, S. 223.

156 Protokoll der Aufsichtsratssitzung vom 10.12.1959, 10.12.1959, BMW UA-2630-1.

157 Kurt Golda: Aktennotiz Golda über die Aufsichtsratssitzungen am 09.12.1959 und 10.12.1959, 11.12.1959, BMW UA-2619-1.

158 Ebenda.

stand war. Gleichzeitig drückte sich darin die Ratlosigkeit des Aufsichtsrates aus, dem ein Plan B fehlte.

Golda selbst war nicht der Überzeugung, dass man keine Chance mehr bei Daimler-Benz habe. Auf Vermittlung von Alois Kottmair von der IG Metall München traf er sich am 15. Dezember 1959, also nur vier Tage nach der Absage von Daimler-Benz, mit dessen Konzernbetriebsratsvorsitzenden Schäfer. Ein früherer Austausch der beiden Arbeitnehmervertreter vor der Hauptversammlung war daran gescheitert, dass der Daimler-Benz-Vorstand dies für nicht angemessen gehalten hatte. Das war ein deutlicher Hinweis darauf, dass die Prärogative bei Daimler-Benz eindeutig beim Vorstand und nicht beim Betriebsrat lag – ein starker Kontrast zum BMW-Betriebsrat unter Golda als selbstständigem Akteur. Golda und Schäfer diskutierten, wie die Pläne des Vorstandes von Daimler-Benz nach der Hauptversammlung aussahen. Schäfer war, im Gegensatz zu Feith, der Meinung, dass man den Vorstand durchaus zu einem weiteren Angebot bewegen könne. Größeren Widerstand sah er vor allem bei den Großaktionären Friedrich Flick und Herbert Quandt. Insbesondere Flick soll aufgrund des Presseechos zur Hauptversammlung „sehr zurückhaltend" gewesen sein. Schäfer sicherte dennoch zu, sich mit seinem Vorstandsvorsitzenden Fritz Könecke auszutauschen und sich mit neuen Informationen wieder bei Golda zu melden.[159] Hier zeigte sich Golda abermals als unabhängiger, seine eigentlichen Kompetenzen überschreitender Akteur, der sich aus einer misstrauischen Haltung heraus nicht allein auf die Informationen aus dem Aufsichtsrat verlassen wollte. Stattdessen versuchte er selbst, an weitere Informationen zu gelangen, „damit die Tür im Notfall durch die Dussligkeit des Vorstandes nicht ganz zugeschlagen wird".[160]

In der Aufsichtsratssitzung am 28. Dezember äußerte Ritscher nach einem Gespräch mit Flick ebenfalls die Hoffnung, dass man vielleicht doch noch ein besseres Angebot von Daimler vorgelegt bekommen würde.[161] Und tatsächlich gelang es, die Verhandlungen wieder aufzunehmen. Im März 1960 wurde erneut versucht, einen gemeinsamen Sanierungsplan zu erstellen.[162] Ende März/Anfang April 1960 hatte sich Golda im Geheimen mit Könecke persönlich getroffen, um Informationen aus erster Hand zu bekommen. Er glaubte

159 Kurt Golda: Aktennotiz zu einem Gespräch mit dem Betriebsratsvorsitzenden Schäfer von Daimler-Benz und von der IG Metall Ortsverwaltung Kottmair, 15.12.1959, BMW UA-2619-1; vgl. hierzu ebenfalls, aber das Treffen nur sehr oberflächlich wiedergebend: Protokoll der Aufsichtsratssitzung vom 17.12.1959, 17.12.1959, BMW UA-291-2, hier S. 3.

160 Golda, Memo über die Sichtweise des Betriebsrates auf die Geschehnisse rund um die Hauptversammlung 1959, o. D., nach dem 15.12.1959, BMW UA-2619-1.

161 Protokoll der Aufsichtsratssitzung vom 28.12.1959, 28.12.1959, BMW UA-291-2, hier S. 9.

162 Protokoll der Aufsichtsratssitzung vom 24.03.1960, 24.03.1960, BMW UA-451-2, hier S. 14.

nicht daran, dass eine Sanierung von BMW ohne starken Partner möglich wäre.[163] In diesem Gespräch kam Könecke BMW entgegen: Er bot an, dass Daimler-Benz weniger Anteile von BMW erwerbe und der geplante Mittelwagen mit dem BMW-Markenzeichen produziert werden könne. Gerhard Wilcke, seit dem 1. Februar 1960 als Quandt-Vertreter im Aufsichtsrat von BMW, hatte mit Joachim Zahn, dem Finanzvorstand von Daimler-Benz, und Könecke gesprochen und dieselben Informationen erhalten.[164]

Endgültig gestorben war die Daimler-Option erst mit der Aufsichtsratssitzung von Daimler-Benz am 4. April 1960. Hier wurde eine gemeinsame Sanierung mit der Begründung abgelehnt, dass eine 51-Prozent-Beteiligung an BMW für die Daimler-Benz-Aktionäre zu gering sei. Durch das Hochlaufen der Produktion des BMW 700 wären nicht mehr genügend Fertigungskapazitäten vorhanden, um einen Erwerb von BMW für Daimler-Benz interessant zu machen.[165] Andere Partner aus der Automobilbranche hatten ebenfalls abgesagt, weil ihnen eine Mehrheitsbeteiligung von BMW selbst, aber auch von Großaktionär Quandt verweigert wurde. Daimler-Benz war hier die einzige Ausnahme, weil Quandt der zweitgrößte Anteilseigner der Stuttgarter war und auch hier Einfluss nehmen konnte.[166] In derselben Aufsichtsratssitzung, in der über dieses finale Scheitern der Verhandlungen mit Daimler-Benz berichtet wurde, kam dann auch zum ersten Mal eine konkrete Sanierung aus eigener Kraft zur Sprache.[167]

Bei dieser Sanierung in Eigenregie spielte Herbert Quandt eine entscheidende Rolle. Quandt stammte aus einer Industriellenfamilie und hatte zusammen mit seinem Bruder Harald Quandt das Firmenimperium des Vaters geerbt.[168] In den 1950er Jahren begann Herbert Quandt Aktien von Daimler-

163 Kurt Golda: Rede von Kurt Golda auf der Betriebsversammlung im Werk München im April 1960, 07.04.1960, BMW UA-510-1, hier S. 9 f; insofern erscheint Goldas Aussage von 1984, dass er in diesem Gespräch Könecke mitgeteilt habe, dass die BMW-Belegschaft eine Sanierung mit Daimler-Benz nicht mehr unterstützen würde, unglaubwürdig, vgl. Mönnich/Golda, 1984, Interview Horst Mönnich mit Kurt Golda, BMW UM-1268-10, ca. Minute 24:25.

164 Protokoll der Aufsichtsratssitzung vom 21.04.1960, 21.04.1960, BMW UA-451-2, hier S. 3.

165 Ebenda.

166 Seidl, 2002, Die Bayerischen Motorenwerke (BMW) 1945–1969, S. 237.

167 Protokoll der Aufsichtsratssitzung vom 21.04.1960, 21.04.1960, BMW UA-451-2, S. 5; vom 1975.

168 Zur Geschichte der Quandts und ihrem wirtschaftlichen Aufstieg vgl. Joachim Scholtyseck: Der Aufstieg der Quandts. Eine deutsche Unternehmerdynastie, München, 2011; Rüdiger Jungbluth: Die Quandts. Ihr leiser Aufstieg zur mächtigsten Wirtschaftsdynastie Deutschlands, Frankfurt/Main, 2002; Ein Teil dieses Vermögens wurde auch während der NS-Zeit durch Zwangsarbeit erarbeitet, vgl. hierzu David de Jong: Braunes Erbe. Die dunkle Geschichte der reichsten deutschen Unternehmerdynastien, Köln, 2022.

Benz zu erwerben und steigerte seinen Anteil auf 15 Prozent, ferner war er 20 Jahre im Aufsichtsrat des Unternehmens vertreten.[169] An BMW besaß Quandt spätestens ab Herbst 1957 einen Anteil von 7 Prozent.[170] 1958 brachte er im Zuge der Unternehmenskrise erstmals eine Sanierung durch Daimler-Benz ins Spiel. Obwohl sich Quandts Engagement von Quandt dann in eine vollkommen andere Richtung entwickelte, kam von ihm der ursprüngliche Anstoß, dass sich Daimler-Benz mit der Übernahme von BMW auseinandersetzte.[171] 1958 konnte er sich in Stuttgart jedoch noch nicht durchsetzen.[172]

Der genaue Zeitablauf für den Entschluss Quandts, in die Sanierung von BMW einzusteigen, und die Rolle Goldas in dieser Entscheidung lässt sich nur näherungsweise aus den Quellen rekonstruieren. Glaubhaft scheint, dass sich Quandt mit Flick vor der Hauptversammlung 1959 einig war, dass BMW von Daimler-Benz übernommen werden solle. Die Zusage für die Fortführung der Produktion des BMW 700 war wohl nur pro forma, wie Könecke Golda angeblich bestätigt haben soll.[173] Zur Bedeutung der BMW-Hauptversammlung 1959 gibt es widersprüchliche Überlieferungen. So berichtete Golda, dass er mit Quandt noch während der Versammlung gesprochen habe und einen ersten Denkanstoß zu einer eigenständigen Sanierung platzieren konnte.[174] An anderer Stelle sprach Golda von einem Treffen am Abend der Hauptversammlung, in dem Quandt seinen Entschluss zum Einstieg bei BMW verkündet habe.[175] Horst Mönnich schreibt, dass Golda schon vor der Hauptversammlung im Kontakt mit Quandt gestanden habe und ihn über die Vorkommnisse bei BMW unterrichtet habe.[176] Dass Quandts Entschluss, BMW zu sanieren, viel mit der Person Goldas zu tun hatte, ist sicherlich korrekt.[177] Dass er bereits am Tag der Hauptversammlung feststand, muss jedoch ins Reich der Legenden

---

169 Vgl. Biographie von Herbert Quandt, in: BMW UN-494-1,

170 Seidl, 2002, Die Bayerischen Motorenwerke (BMW) 1945–1969, S. 144.

171 Rede Dr. Pavel zum 60. Geburtstag Dr. Quandt, 1970, AGH HQ-6.

172 Seidl, 2002, Die Bayerischen Motorenwerke (BMW) 1945–1969, S. 149 f.

173 Mönnich/Golda, 1984, Interview Horst Mönnich mit Kurt Golda, BMW UM-1268-10, ca. Minute 7:20.

174 Ebenda; Mönnich/Golda, 1979, Transkript Interview Horst Mönnich mit Kurt Golda, BMW UA-1274-1, S. 2 f.

175 Kurt Golda: Gedenkrede zum Tode Herbert Quants, in: Altana Industrie-Aktien und Anlagen AG (Hrsg.), In Memoriam Herbert Quandt, 22. Juni 1910 – 02. Juni 1982. Gedenkfeier für Herbert Quandt, 1982, S. 21–22, hier S. 21. Mönnich, 2004, BMW, S. 866.

176 Mönnich, 2004, BMW, S. 850 f.

177 Zum 60. Geburtstag Goldas 1985 kolportierten der Aufsichtsratsvorsitzende von Goltz und der Vorstandsvorsitzende von Kuenheim sogar, dass Quandt nur eingestiegen ist, weil er Golda als verlässlichen Ansprechpartner hatte, vgl. Kurt Golda. Zur Vollendung des 60. Lebensjahres, 21.09.1985, BMW UI-14-1, S. 7.

verwiesen werden. Am wahrscheinlichsten ist, dass durch den Verlauf der Hauptversammlung der Samen einer Sanierung ohne Daimler-Benz, aber mit Quandt gepflanzt wurde.[178] Damit war aber der endgültige Entschluss noch keineswegs getroffen. So vertrat Quandt Ende Januar/Anfang Februar 1960 gegenüber Könecke noch eine „Pro-Daimler-Haltung".[179] Und er wollte erst dann selbst bei BMW eingreifen, wenn keine gemeinsame Lösung mit Daimler-Benz gefunden werden könne.[180] Bevor er diese Entscheidung dann fällte, ließ er sich auch erst über den Zustand des BMW-Werkes in München informieren:

> Er [Goergen] berichtete dann über seinen Besuch bei BMW. Die Gießerei und Härterei gefallen ihm sehr gut, sonst macht der Betrieb einen desolaten Eindruck in Bezug auf Organisation und Fluß. Der Maschinenpark ist sehr gut. Die Vorstandsmitglieder sind unmöglich, besonders Kämpfer [Finanzvorstand, M. R.], den ich ja noch als verhältnismäßig guten Mann bezeichnet hatte. Er, Goergen, habe Herrn Kämpfer [...] verschiedene Fragen gestellt, die er nicht zu beantworten in der Lage war. Die Arbeitsmoral wäre ‚unter aller Sau', wie überhaupt der Geist einer totalen ‚Aufnordung' bedürfe.[181]

BMW in die Erfolgsspur zurückzuführen, war also keineswegs risikofrei. Von einem spontanen Entschluss Quandts auf der Hauptversammlung im Anschluss an ein Gespräch mit Golda kann keine Rede sein. Die Entscheidung reifte vielmehr im Frühjahr 1960 langsam heran.[182] In dieser Zeit hat allerdings sehr wohl ein Austausch zwischen Golda und Quandt stattgefunden. An einem einzelnen Datum lässt sich das aber nicht festmachen. Quandt selbst sprach 1974 auf dem 25-jährigen Dienstjubiläum von Golda davon, dass er vor allem von dem Geist in der Belegschaft und dem Unternehmen beein-

---

178 Mönnich/Golda, 1984, Interview Horst Mönnich mit Kurt Golda, BMW UM-1268-10, ca. Minute 15; Wilhelm Treue: Herbert Quandt. Ein Unternehmer der dritten Generation, Bad Homburg vor der Höhe, 1980, S. 152–155; Consiqua GmbH: 100 Jahre Herbert Quandt. Facetten einer Persönlichkeit, Darmstadt, 2010, S. 72.

179 Aktenvermerk über einen Anruf von H. Quandt bei Könecke am 29.01.1960, 01.02.1960, AGH Ordner Sanierung BMW.

180 Aktennotiz, betr. Besprechung mit Herren der General Electric Company am 28.01.1960 in Frankfurt/Main, 28.01.1960, AGH Ordner Sanierung BMW.

181 Aktenvermerk über einen Anruf von Dr. Goergen am 28.01.1960, 28.01.1960, AGH Ordner Sanierung BMW, Goergen war auch Unternehmer und versuchte bei BMW einzusteigen. Er war vom 01. Februar bis zum 24. April 1960 im Aufsichtsrat von BMW, verlor aber die Wahl zum Aufsichtsratsvorsitzenden und schied kurz darauf wieder aus dem Aufsichtsrat aus.

182 Mönnich/Golda, 1984, Interview Horst Mönnich mit Kurt Golda, BMW UM-1268-10, ca. Minute 13.

druckt gewesen sei sowie dem nach wie vor guten Ruf der Marke BMW. Beides habe für ihn den Anstoß gegeben, sein Engagement auszuweiten. Erst dann

> ergab sich für mich die Notwendigkeit, die Voraussetzung zu schaffen, nämlich einen engen Kontakt mit Ihnen, Herr Golda, zu suchen. Wir beide erinnern uns [...] noch sehr genau an unsere intensive Begegnung in Hemmenhofen am Bodensee, wo wir nahezu den ganzen Tag lang über die schwierige Situation bei BMW [...] berieten. Wenig später sagten Sie mir selbst, daß Sie von diesem Gespräch beruhigt und zufrieden nach Milbertshofen zurückgekehrt seien. Dieser Kontakt [...] bedeutete die Grundsteinlegung für unsere Verbindung [...].[183]

Wann genau dieses Gespräch am Bodensee stattgefunden hat, lässt sich nicht rekonstruieren. Golda selbst berichtete auch von einem Gespräch mit Quandt, nachdem er keine Sorge mehr um die Zukunft von BMW gehabt habe, brachte dieses aber in den Zusammenhang mit der Hauptversammlung 1959.[184] Ende April 1960 wurde in der Aufsichtsratssitzung erstmals von einer Sanierung im Alleingang gesprochen. Aller Wahrscheinlichkeit nach war bis spätestens zu diesem Zeitpunkt der Entschluss von Quandt gefallen, diesen Weg einzuschlagen, da sowohl Wilcke als Quandt-Vertreter im Aufsichtsrat von BMW als auch Golda ihn nunmehr präferierten.[185] Wann und wie der Austausch von Golda und Quandt begonnen hat, ist weniger wichtig als die Tatsache, dass Quandt bewusst den Kontakt zu Golda gesucht hat, um die Belegschaft auf seiner Seite zu haben.[186] Das geht aus mehreren Quellen hervor.

Dieser Ablauf bedeutet auch, dass weder Golda noch Quandt ihre Partnerschaft von Beginn an geplant hatten. Ganz im Gegenteil spielte es für Golda Ende 1959 keine Rolle, wie die Arbeitsplätze der Belegschaft erhalten bleiben sollten – die eigenständige Existenz des Unternehmens Bayerische Motoren Werke stand in diesem Kalkül nicht mehr an erster Stelle. Quandt verfolgte auch nicht von Anfang an eine Sanierung von BMW unter seiner Ägide. Viel-

183 Herbert Quandt: Rede zum 25-jährigen Dienstjubiläum von Herrn Kurt Golda Betriebsratsvorsitzender von BMW, am 9. Oktober 1974 anläßlich der Aufsichtsratssitzung BMW in Paris, 07.10.1974, AGH HQ-112.

184 Mönnich/Golda, 1984, Interview Horst Mönnich mit Kurt Golda, BMW UM-1268-10, ca. Minute 15.

185 Protokoll der Aufsichtsratssitzung vom 21.04.1960, 21.04.1960, BMW UA-451-2, S. 6; BMW-Geschichte, Manuskript (AGH).

186 Mönnich/Golda, 1984, Interview Horst Mönnich mit Kurt Golda, BMW UM-1268-10, ca. Minute 7:20; Grunert/Triebel, 2019, Ein Jahrhundert BMW, S. 50; IG Metall Geschäftsstelle München/Horst Lischka: Gemeinsam für ein gutes Leben. (1)25 Jahre IG Metall München. (1891–2016), München, 2016, S. 18.

mehr war er derjenige, der zu Beginn der Sanierungsverhandlungen eine Übernahme durch Daimler befürwortete. Erst mit der Hauptversammlung im Dezember 1959 veränderten sich die Parameter für beide Seiten so, dass Golda und Quandt in Austausch traten und der Betriebsratsvorsitzende dem Großaktionär versicherte, bei einer Sanierung aus eigener Kraft den Rückhalt der Belegschaft zu haben. Diese gemeinsame Krisenerfahrung, aber auch die persönliche Sympathie zwischen Golda und Quandt prägten ihre Beziehung bis zum Tode Quandts 1982. Beides wurden wichtige Determinanten der Mitbestimmung bei BMW. In der Öffentlichkeit und im kollektiven Gedächtnis der Belegschaft verankerte sich vor allem Goldas entscheidende Rolle bei der Unternehmensrettung. Er galt bis weit in die 1970er Jahre als „Retter" der Selbstständigkeit von BMW.[187] Auch Hans-Jochen Vogel schilderte noch 2002 in seinem Kondolenzschreiben an Goldas Frau Rosa sein großes Ansehen in der Belegschaft.[188]

Golda präsentierte der Belegschaft die neuen Entwicklungen seit der Hauptversammlung in der Betriebsversammlung Anfang April 1960, also noch vor der genannten Aufsichtsratssitzung Ende des Monats. Er berichtete von den Verhandlungen mit den diversen potenziellen Sanierungsinteressenten und von seiner Überzeugung, dass eine Sanierung ohne einen Partner wahrscheinlich nicht möglich sei.[189] Wer dieser Partner sein werde, sei nicht von Bedeutung, allein die Arbeitsplatzsicherheit und die sozial- und tarifpolitischen Themen seien für die Entscheidung des Betriebsrates ausschlaggebend. Ob BMW nun komplett übernommen werde oder ein Partner mit einer Minderheitsbeteiligung einsteige, sei noch komplett offen, aber eine Sanierung als eigenständiges Unternehmen sei zu bevorzugen.[190] Um dieses Ziel endlich zu erreichen, werde der Betriebsrat sein Mandat wieder sehr großzügig auslegen und auch außerhalb des Rahmens des Betriebsverfassungsgesetzes gemeinsam mit dem Aufsichtsrat und dem Vorstand agieren.[191] Dieser Anspruch zur Mitwirkung fußte in Goldas Eigenwahrnehmung und besonders seinem großen Unwillen, zum „Spielball von Aktienspekulationen" zu werden. Zudem war er der festen Überzeugung, dass die Belegschaft selbst als der entscheidende Faktor in den Sanierungsverhandlungen Teil der Lösung für die Unternehmenskrise sein müsse:

187 Riederer, 2022, Gespräch mit Volkmar Rohrbach.

188 Brief Hans-Jochen Vogel an Rosa Golda, November 2002, AdsD 1/HJVA108122.

189 Golda, Rede von Kurt Golda auf der Betriebsversammlung im Werk München im April 1960, 07.04.1960, BMW UA-510-1, S. 9 f.

190 Ebenda, S. 11.

191 Ebenda, S. 22.

> Über die Forderung und den Begriff der Mitbestimmung kann man geteilter Auffassung sein, aber im Falle von BMW könnte man fast dazu neigen, dass sie zu begrüssen wäre; denn noch fester konnte man ein Schiff, wie es die Vergangenheit gezeigt hat, nicht mehr festfahren, als wie das bei BMW der Fall war.[192]

Hier zeigt sich Goldas Ansicht, dass die Krise hätte verhindert oder eingedämmt werden können, wenn die Mitbestimmung eine stärkere Rolle gespielt hätte. Das muss dahingestellt bleiben, schließlich hatten die Arbeitnehmervertreter im Aufsichtsrat, also auch Golda selbst, viele Entscheidungen mitgetragen. Aber Golda leitete aus seinen Aktivitäten außerhalb des eigentlichen Rahmens einer Betriebsratstätigkeit, wie z. B. Verhandlungen mit den staatlichen Stellen, die klare Forderung ab, dass die Arbeitnehmervertretung einen stärkeren Einfluss haben müsse. Es kann daher nicht überraschen, dass dieses Auftreten und dementsprechendes Agieren mit der Zeit auf die betriebliche Sozialordnung abfärbten und zu einem Teil davon wurden.

Erste konkrete Ansprüche stellte Golda im Juli und November 1960, als er forderte, dass die Leistungsbereitschaft der Belegschaft endlich in einer entsprechenden Bezahlung ihren Widerhall finden müsse. Der BMW 700 war ein kommerzieller Erfolg.[193] Es sei jedoch katastrophal, wenn BMW sich auf diesen Lorbeeren ausruhe, man müsse schnell zu einem langfristig tragfähigen Programm mit dem neuen Mittelwagen kommen.[194] Dazu hielt Golda die bisher vorgenommenen personellen Veränderungen im Vorstand noch nicht für ausreichend. Richter-Brohm war zum März 1960 zurückgetreten, Krafft von Dellmensingen (Verwaltung und Rechtswesen) zum August 1960. Ernst Hof, zuständig für den Verkauf, wechselte zurück in den Einkauf; Ernst Kämpfer übernahm statt des Einkaufs wieder den Verkauf. Kalkert schied als technischer Berater des Vorstandes aus. Robert Pertuss wurde ab November 1960 als Produktionsvorstand berufen. Außerdem sollte der Vorstand nach einem „kollegialen Prinzip“ geführt werden, um einen Kleinkrieg wie unter Richter-Brohm zu vermeiden.[195] „Intrigenspiel[e]“, wie sie sich rund um die Hauptversammlung 1959 ereignet hätten, dürften sich nicht wiederholen.[196] Fehlentscheidungen des Vorstandes könne sich BMW nicht mehr leisten, deshalb

---

192 Ebenda, S. 4 f.

193 Kurt Golda: Rede von Kurt Golda auf der Betriebsversammlung im Werk München im Juli 1960, 25.07.1960, BMW UA-510-1, hier S. 12.

194 Ebenda, S. 24.

195 Ebenda, S. 23.

196 Kurt Golda: Rede von Kurt Golda auf der Betriebsversammlung im Werk München im November 1960, 21.11.1960, BMW UA-510-1, hier S. 23.

nehme der Betriebsrat unter Golda die eigene Kontrollaufgabe durch den Aufsichtsrat sehr ernst.[197]

Goldas Aussagen fielen alle in Betriebsversammlungen. Dieses Publikum ist bei der Bewertung immer mitzudenken. Einige Äußerungen sollten sicherlich auch den „Gegensatz" zwischen Arbeitgeber und Arbeitnehmer bedienen. Dennoch waren hier schon erste Schritte hin zu einem stärker mitverantwortlich, aber auch machtbewusst agierenden Betriebsrat erkennbar. Golda beschäftigte sich eben nicht nur mit sozial- oder tarifpolitischen Themen. Aus einem Verantwortungsgefühl für die Belegschaft heraus behandelte er auch die Produktpolitik, und der Vorstand wurde, zumindest rhetorisch, an die Kandare genommen. Dieses Verhalten war auf die bisherigen Krisenerfahrungen zurückzuführen und ist ein erster Schritt hin zum mitverantwortlichen Betriebsrat als „Co-Manager".[198]

In der zweiten Hälfte der 1950er Jahre war die Entwicklung der Mitbestimmung bei BMW vor allem von Kurt Golda geprägt, der auch im restlichen Untersuchungszeitraum die zentrale Figur blieb. Das Jahr 1956 war für die Mitbestimmung bei BMW eine Wasserscheide. Inmitten der beginnenden Unternehmenskrise, die von rückläufigen Motorradverkäufen, dem Verlust der Mieteinnahmen aus Allach und der finanziell erfolglosen Automobilfertigung geprägt war, gelang der Arbeitnehmervertretung ein vollständiger Gestaltwandel. Während der Münchner Betriebsrat in der ersten Hälfte der 1950er Jahre von Parteipolitik gelähmt gewesen war, präsentierte sich die Arbeitnehmervertretung am Höhepunkt der Unternehmenskrise als geschlossene Einheit; auch ganz im Gegensatz zum Vorstand. Die Wahl 1956 stellte die Mitbestimmung bei BMW in München vom Kopf auf die Füße. Die genauen Hintergründe für diese neu gewonnene Geschlossenheit und Einheit sind nicht mehr exakt zu rekonstruieren. Gespeist haben dürften sie sich vor allem aus der Unzufriedenheit über den bisherigen Betriebsrat, den Veränderungen in der Belegschaft durch die Übernahme von Allacher Personal und vor allem aus dem (stärker gewordenen?) sozialdemokratischen Einfluss im Betrieb sowie der Person Goldas selbst.

Der 31-jährige Golda vollzog mit dieser neuen Geschlossenheit und seiner Erfahrung als stellvertretender Betriebsratsvorsitzender von Allach innerhalb kürzester Zeit einen spürbaren Kurswechsel. Der Betriebsrat erkämpfte sich

---

197 Ebenda, S. 26.

198 Ralph Greifenstein/Leo Kißler: Der Betriebsrat als Co-Manager: Chancen, Risiken, Perspektiven, 2012. http://denk-doch-mal.de/wp/ralph-greifensteinleo-kissler-der-betriebsrat-als-co-manager-chancen-risiken-perspektiven/, zuletzt aufgerufen: 30. November 2020, S. 3 f.

neben verlorenem Prestige Rechte zurück, die durch eigenes Fehlverhalten trotz des formalen Anspruchs ignoriert worden waren. Im Zuge der Unternehmenskrise übertrat Golda dann mehrfach und sehr bewusst die betrieblichen Grenzen seines Mandats und nutzte seine Kontakte zur Politik. Hier vermischten sich die politischen, sozialdemokratischen Interessen mit den betrieblichen Interessen zum beiderseitigen Vorteil. Durch seine direkten Kontakte in die Landtagsfraktion der SPD und zur IG Metall konnte Golda sehr viel selbstbewusster auftreten. Das ermöglichte es ihm, eine sehr viel glaubwürdigere öffentliche Drohkulisse gegenüber dem politischen Gegner CSU aufzubauen. Die regelmäßigen Besuche bei den staatlichen Stellen und der bewusste Einsatz der Öffentlichkeit sprechen hier genauso Bände wie die Drohung, vom Aufsichtsrat zurückzutreten. Von Vorteil war hier freilich, dass sich der Vorstand unter Richter-Brohm bei den staatlichen Stellen immer unmöglicher gemacht hatte und die Arbeitnehmervertretung mitunter als einzig verlässlicher Ansprechpartner erschien. Mit der Verschlechterung der wirtschaftlichen Lage veränderte sich auch das Verhalten und die Rhetorik des Betriebsrates gegenüber der Unternehmensleitung. Er begann, die leitenden Personen immer direkter anzugreifen, sicherlich auch, um von eigenen Fehlern im Aufsichtsrat abzulenken, aber vor allem, um die eigene Verhandlungsposition für die Belegschaft zu stärken.

Eine betriebliche Sozialordnung existierte zu diesem Zeitpunkt nicht mehr, sie war in Auflösung begriffen. Die permanente finanzielle Unsicherheit und das Missmanagement des Vorstandes untergruben dessen Autorität inner- und außerhalb des Unternehmens und führten zu einem Vertrauensverlust der Arbeitnehmervertreter. Ganz anders stellte sich der Betriebsrat unter Golda dar, er konsolidierte sich hinter ihm. Es kam zu einer Umkehr der Machtverhältnisse, weil sich der Vorstand als handlungsunfähig erwies und auch intern uneins war. Golda handelte von den akuten Umständen getrieben jenseits aller formellen und informellen Regeln, immer mit dem Ziel, die Arbeitsplätze der Belegschaft zu sichern. Mikropolitik bestimmte das Geschehen. Der Druck der Krise und Goldas großzügige, die betrieblichen Grenzen überschreitende Auslegung der Aufgaben des Betriebsrates erschütterten die bisherige betriebliche Sozialordnung und brachten sie letztlich zum Einsturz. Aus dieser chaotischen Zeit Ende der 1950er Jahre erwuchs in den nächsten 27 Jahren eine neue betriebliche Sozialordnung, die sich immer mehr verstetigte. 1987 sprach der Vorstandsvorsitzende Eberhard von Kuenheim anlässlich der Versetzung Goldas in den Ruhestand von einer „lange[n] Tradition vertrauensvoller Zusammenarbeit", die es unabhängig von personellen Wechseln fortzuführen gelte.[199] Goldas Nachfolger Manfred Schoch sprach auf Goldas Beisetzung sogar vom „Geist der ‚BMW Familie'" als „Erfolgsrezept" von BMW.[200] Was genau hinter diesen pathetischen Formulierungen steckte und wie sich daraus eine gegenseitige normative Erwartungs- und Zielsicherheit mit Fokus auf den unternehmerischen Erfolg im Verhältnis zwischen Arbeitgeber- und Arbeitnehmerseite entwickelte, soll in den nachfolgenden Kapiteln gezeigt werden.

Die unternehmerische Wende in der Krise lässt sich schließlich an verschiedenen Faktoren festmachen. Zum ersten ist hier der BMW 700 zu nennen, der dem Unternehmen eine kurz- bis mittelfristige Überlebensperspektive gab. Der langfristige Erfolg sollte schließlich mit den Plänen zur „Neuen Klasse", dem Mittelwagen, die schon lange in der Schublade lagen, erreicht werden. Nach dem Scheitern des Daimler-Angebotes und auch der Ablehnung anderer Sanierungspartner blieb nur noch die Sanierung in Eigenregie übrig. Um das zu erreichen, war, wenn man es stark vereinfacht zusammenfassen will, zweitens eine Zusammenarbeit zwischen BMW, dem Freistaat Bayern und dem Bundesverteidigungsministerium unter Franz Josef Strauß notwendig, um das kurzfristige Überleben der Firma zu gewährleisten. Kredite der staatlichen Landesanstalt für Aufbaufinanzierung konnten die akuten finanziellen Nöte lösen. MAN stieg in die Tochtergesellschaft BMW Triebwerkbau GmbH ein (also ins Werk Allach), was die Vergabe einer Lizenzfertigung von Triebwerken für das Bundesverteidigungsministerium ermöglichte. Eine langfristige positive Entwicklung von BMW war damit aber noch nicht gesichert. Das konnte erst, drittens, mit dem verstärkten finanziellen Einsatz von Herbert Quandt erreicht werden. Hierzu wurde, ähnlich wie bei dem Daimler-Benz-Angebot vorgesehen, ein Kapitalschnitt vollzogen, mit einer anschließenden Kapitalerhöhung auf 60 Mio. DM. Allerdings waren diesmal alle Aktionäre bezugsberechtigt; Quandt erklärte sich vorab dazu bereit, sämtliche nicht gezeichneten Aktien zu übernehmen. Zusammengenommen ermöglichten diese Maßnahmen BMW eine finanzielle Kehrtwende und man begann ab 1962, mit den Modellen der „Neuen Klasse" aus der Krise zu fahren.[201]

---

199 Eberhard von Kuenheim: Rede des Vorstandsvorsitzenden auf der Betriebsversammlung im Werk München im Juli 1987, Juli 1987, BMW UA-2605-1, hier S. 1.

200 Manfred Schoch: Rede des BMW Gesamtbetriebsratsvorsitzenden Manfred Schoch zur Trauerfeier Kurt Golda, 30.10.2002, BMW UA-2613-1.

201 Seidl, 2002, Die Bayerischen Motorenwerke (BMW) 1945–1969, S. 247–255; Grunert/Triebel, 2019, Ein Jahrhundert BMW, S. 48–53.

2 Zwischen Werkbank und Chefetage: Merkmale der Mitbestimmung im System Golda

2.1 Das „System Golda"

Glaubensbekenntnis eines Betriebsrates: das Primat des wirtschaftlichen Erfolgs

Die dramatischen Ereignisse am Ende der 1950er Jahre brannten sich ins kollektive Gedächtnis der Belegschaft und des Betriebsrates ein. Die Belegschaftsvertretung unter Kurt Golda blieb mit den daraus abgeleiteten Handlungsmaximen eine warnende Stimme. Sie wurde nicht nur das „soziale[...] Gedächtnis" des Betriebes, sondern insbesondere der Belegschaft.[202] In den folgenden Jahrzehnten agierte man nach den Parametern des wirtschaftlichen Erfolgs, der Mitverantwortung und vor allem der Arbeitsplatzsicherheit. Diese drei Faktoren wurden zur Basis sämtlichen Handelns des Betriebsrates, unabhängig von der jeweiligen Thematik, sei es Personalpolitik, Modellpolitik, Sozialpolitik oder Rationalisierung, um nur einige zu nennen. Für Golda war vor allem entscheidend, eine Wiederholung des „Trauma[s] Massenentlassung"[203] zu verhindern. Selbst im Ruhestand betonte er noch diese Triebfeder seines Handelns:

> Ich hab doch Kurzarbeit und Massenentlassungen bis zum Erbrechen gemacht in den 56er, 57er, 58er Jahren. Ich habe doch gesehen, wie die Menschen zu mir gekommen sind: Herr Golda, können Sie mich nicht halten? Ich habe eine kranke Frau und drei Kinder. Ich weiß, was das bedeutet. Was das für Ängste auf die Belegschaft, auf den einzelnen übertragen hat. Darum habe ich so gehandelt [...].[204]

Aus dieser Erfahrung heraus rückte besonders der Erhalt der Arbeitsplätze in den Vordergrund. Dem wurde alles andere untergeordnet. Bereits 1957 äußerte Golda, dass der Betriebsrat vor allem dazu da sei, die Arbeitsplätze

---

202 Kotthoff, 1995, Betriebsräte und betriebliche Reorganisation, S. 438.

203 her: Kurt Golda ist 25 Jahre Betriebsratsvorsitzender, bayernmotor 1/82, Januar 1982, BMW UI-2030-1.

204 Horst Mönnich/Kurt Golda: Interview Horst Mönnich mit Kurt Golda, BMW UM-1083-10, 22.06.1995, ca. Minute 47, 37 Sekunden bis Minute 49, 20 Sekunden.

zu sichern.[205] 15 Jahre später auf der Gründungsversammlung der SPD-Betriebsgruppe im BMW-Werk Dingolfing 1972 war dieses Motiv immer noch entscheidend; Golda stellte fest, dass die Hauptaufgabe eines Betriebsrates nicht die Sozialbelange seien, sondern der Erhalt der Arbeitsplätze.[206] Ihn prägte ein starkes Verantwortungsgefühl für die Sicherheit jedes einzelnen Arbeitsplatzes.[207] Dafür war er bereit, bewusst die eigenen Kompetenzen zu überschreiten.[208] Es sei unzureichend, wenn sich ein Betriebsrat nur mit Arbeitsrecht, Sozialpolitik usw., also den klassischen mitbestimmungspflichtigen Dingen beschäftige, er müsse sich aktiv über den gesetzlichen Rahmen hinwegsetzen und bei Finanzfragen, Investitionen, der Modellpolitik und der Langfristplanung einbringen.[209] In der Unternehmenskrise hatte sich der Betriebsrat unter Golda eine größere Mitsprache in der betrieblichen Sozialordnung erkämpft, die weit über das rechtliche Minimum hinausging. Diese Machtposition war Golda nicht mehr bereit aufzugeben. Ganz im Gegenteil leitete er daraus den Auftrag ab, dass der Betriebsrat nicht nur in schlechten Zeiten Verantwortung tragen sollte und wollte, sondern gerade auch dann, wenn es BMW wirtschaftlich besser ging.[210] Diese Mitverantwortung für das Unternehmen war man auch bereit, über den Aufsichtsrat mitzutragen – bis hin zu Entscheidungen zulasten der Belegschaft. Daraus leitete sich ein unbedingter Anspruch ab, die Beschlüsse des Vorstandes und Aufsichtsrates aufs Genaueste zu kontrollieren, um zu verhindern, dass infolge von Fehlentscheidungen wieder eine wirtschaftliche Krise entstehe.[211] Sich hinter den Entscheidungen des Vorstandes oder des Aufsichtsrates zu verstecken, war mit diesem Anspruch auf Mitverantwortung nicht vereinbar:

205 Golda, Geschäftsbericht des Betriebsrates zur Betriebsversammlung für das 1. Quartal 1957 am 11.04.1957, 11.04.1957, BMW UA-510-1, S. 23.

206 Dingolfinger Anzeiger: „Die Zukunft von BMW liegt in Dingolfing. SPD-Betriebsgruppengründung in Anwesenheit von BMW-Gesamtbetriebsratsvorsitzenden Kurt Golda, München“, 24.02.1972, BMW UA-2612-1.

207 Mönnich/Golda, 1995, Interview Horst Mönnich mit Kurt Golda, BMW UM-1083-10, ca. Minute 31, 40 Sekunden.

208 Kurt Golda: Rede von Kurt Golda auf der Betriebsversammlung im Werk München im November 1964, 23.11.1964, BMW UA-511-1, hier S. 19 f.

209 Kurt Golda: Rede auf der Betriebsversammlung im Werk München im April 1983, 25.04.1983, BMW UA-2674-1, hier S. 10.

210 Kurt Golda: Rede von Kurt Golda auf der Betriebsversammlung im Werk München im November 1961, 27.11.1961, BMW UA-511-1, hier S. 5 f.

211 Kurt Golda: Rede von Kurt Golda auf der Betriebsversammlung im Werk München im August 1961, 02.08.1961, BMW UA-511-1, hier S. 7–9.

> Natürlich ist es einfacher, dieses oft heisse Eisen bei BMW nicht selbst in die Hand zu nehmen und dem Vorstand zu überlassen [gemeint ist die Darstellung der wirtschaftlichen Situation des Unternehmens auf der Betriebsversammlung, M. R.]. Aber wir sind der Meinung, die Belegschaft hat ein Recht darauf, nicht nur durch den Vorstand der Gesellschaft, sondern in erster Linie durch ihren Betriebsrat zu erfahren, wie es mit der Sicherheit des Arbeitsplatzes steht.[212]

Auch hier findet sich wieder der Verweis auf die Arbeitsplatzsicherheit. Die logische Konsequenz war das Primat des wirtschaftlichen Erfolgs als Basis allen betriebsrätlichen Handelns. Der Handlungsauftrag an die Führungskräfte lautete, das Unternehmen so aufzustellen, dass es selbst, aber noch viel wichtiger die Arbeitsplätze nicht durch eine kurzfristige Verschlechterung des Absatzes gefährdet würden.[213] Selbst 20 Jahre nach der Unternehmenskrise, im Jahr 1980, warnte Golda immer noch davor, kurzlebiger „Erfolgshascherei" nachzulaufen, weil damit immer das Risiko von Massenentlassungen verbunden sei, wenn sich die wirtschaftliche Situation des Unternehmens eintrübe.[214] Aus diesem Denken heraus ergaben sich auf den ersten Blick paradoxe, für einen Betriebsrat untypische Verhaltensweisen, wie die Verweigerung von Neueinstellungen. In einer Aufsichtsratssitzung im Dezember 1980, zu der ein Wortprotokoll überliefert ist, kritisierte Golda die Personalplanungen des Vorstandes heftig. Der Betriebsrat „habe[...] mit sehr großen Bedauern [!] feststellen müssen, daß wir inzwischen 900 Angestellte mehr an Bord haben. Diese Entwicklung ist kein guter Begleiter in Richtung Zukunftssicherung."[215] Sich nur auf die Langfristplanung zu verlassen, ohne Alternativszenarien durchzuspielen, sei fahrlässig. Golda kritisierte, dass im Werk Dingolfing über 1.200 Neueinstellungen erfolgen sollten. „Der Betriebsrat wird 1981 Schwierigkeiten hinsichtlich dieser Aufstockung machen. Das gefällt mir nicht, wo es 1981 ganz klar darum geht, das Ergebnis zu verbessern. Wir müssen uns auch mit unseren Investitionen darauf vorbereiten, daß wir die Produktivität steigern."[216] Sicherlich spielte bei dieser Aussage aus

---

212 Ebenda, S. 3 f.

213 Kurt Golda: Rede auf der Betriebsversammlung im Werk München im März 1972, 21.03.1972, BMW UA-826-1, hier S. 3.

214 Kurt Golda: Rede auf der Betriebsversammlung im Werk München im Juli 1980, 28.07.1980, BMW UA-2673-1, hier S. 10–12.

215 Wortprotokoll über die Aufsichtsratssitzung am 09.12.1980, 09.12.1980, BMW UA-2622-1, hier S. 1 f.

216 Ebenda. Zum Vergleich hier der Wortlaut des offiziellen Protokolls zu diesem Punkt: „Einen weiteren Schwerpunkt der Aussprache bildet der überproportionale Personalanstieg im Gemeinkostenbereich von BMW in den letzten Jahren und der damit einhergehende Rückgang der Produktivität. Diese Themen werden von einzelnen Aufsichtsrats-

den 1980er Jahren auch eine Rolle, dass sich bei BMW ab den 1970er Jahren der Fokus verschoben hatte: Die Produktion sollte nicht durch eine größere Belegschaft, sondern erhöhte Rationalisierung gesteigert werden.[217] Dennoch würde man Goldas Worte sicherlich eher einem Vertreter der Arbeitgeberseite zuordnen und nicht dem Gesamtbetriebsratsvorsitzenden. Dessen Argumentationslinie blieb dieselbe: Im Sinne einer langfristigen Zukunftssicherung des Unternehmens und der Absicherung der bestehenden Arbeitsplätze sei es besser, in Rationalisierung zu investieren, anstatt zu viel Personal aufzubauen, deren Stellen in Krisenzeiten nicht zu halten wären. Nimmt man denselben Blickwinkel ein wie Frank Biess und Eckart Conze in ihren Geschichten der Bundesrepublik, dann lässt sich die Mitbestimmung unter Golda als von „Angst"[218] getrieben bzw. als „Suche nach Sicherheit"[219] lesen. Damit lässt sich die Geschichte der Mitbestimmung bei BMW auch als eine Emotionsgeschichte auffassen.

Resultat war ein spezifisches Selbstverständnis über die Aufgaben eines Betriebsrates und deren Erfüllung. Vor-Sorge anstatt Nach-Sorge war die Lehre aus 1959.[220] Deshalb „mach ich [Golda, M. R.] mir [vielleicht] […] zu viele Gedanken, aber ich glaube es ist besser sich mehr zu sorgen, als hinterher sich überraschen zu lassen […]".[221] Der infolge des „Wirtschaftswunders" in den 1960er Jahren verbreitete „wirtschaftliche[…] und soziale[…] Fortschrittsoptmismus"[222] der bundesdeutschen Gesellschaft wirkte hier nicht. Stattdessen agierte Golda defensiv und auf Sicherheit bedacht. Für den Vorstand bedeutete das, dass er einen „ewigen Mahner"[223] und „kritische[n] Begleiter" seiner Entscheidungen an der Seite hatte, „um den Betriebsrat und vor allem die Belegschaft vor solchen bitteren Stunden zu schützen".[224] Dass Golda seine Rede auf der Betriebsversammlung im November 1981 nicht als Rechenschafts-

mitgliedern namentlich bei den Überlegungen zu einer angemessenen Zukunftssicherung für das Unternehmen mit Sorge angesprochen." Protokoll der Aufsichtsratssitzung vom 09.12.1980, 09.12.1980, BMW UA-2622-1, hier S. 1.

217 Boccia, 2024, Krise im „Wirtschaftswunder", S. 84 f.

218 Vgl. Frank Biess: Republik der Angst, Reinbek bei Hamburg, 2019.

219 Vgl. Conze, 2009, Die Suche nach Sicherheit.

220 Mönnich/Golda, 1979, Transkript Interview Horst Mönnich mit Kurt Golda, BMW UA-1274-1, S. 12.

221 Kurt Golda: Rede von Kurt Golda auf der Betriebsversammlung im Werk München im April 1969, 28.04.1969, BMW UA-512-1, hier S. 18.

222 Herbert, 2023, Geschichte Deutschlands im 20. Jahrhundert, S. 799.

223 Kurt Golda: Rede von Kurt Golda auf der Betriebsversammlung im Werk München im April 1964, 20.04.1964, BMW UA-511-1, hier S. 21.

224 Kurt Golda: Rede auf der Betriebsversammlung im Werk München im November 1981, 23.11.1981, BMW UA-2673-1, hier S. 24 f.

bericht, sondern als Geschäftsbericht betitelte, unterstreicht dieses Selbstverständnis als mitdenkender Betriebsrat, als Co-Manager.[225] Das bedeutete aber auch, dass die Trennlinie zwischen Betriebsrats- und Managementposition immer mehr verwischte.

Um diesem eigenen Anspruch an eine vorausschauende Haltung gerecht werden zu können, sah er aber auch die Arbeitnehmer und deren Vertreter in der Pflicht. So vertrat er öffentlich auf den Betriebsversammlungen die Position, dass Mitbestimmung immer auch Mitverantwortung bedeute. Nicht immer sei der Schuldige bei den Arbeitgebern zu suchen. Stattdessen müssten auch die Arbeitnehmer unternehmerisch denken und den Arbeitgeber als Partner begreifen.[226] Es galt, den Gegensatz zwischen Kapital und Arbeit in den Köpfen aufzuheben:

> Tatsache ist, Kapital oder Wert ohne Menschen ist ein totgeborenes Kind, also wirtschaftspolitisch nicht diskutabel. Deshalb sollte man sich davor hüten, Fensterreden zu halten. Wir sind der Auffassung, statt dass oft um die Frage der Mitbestimmung dummes Zeug dahergesprochen [sic] wird, sollte man, […] wenn es sein muss hinter verschlossenen Türen ernsthaft im Interesse der Sache diskutieren, um einen vertretbaren Vorschlag zu unterbreiten. […] Wir wissen aber selbst über die Vor- und Nachteile der Mitbestimmung und es ist uns nicht unbekannt, dass die Mitbestimmung einen Umdenkungsprozess voraussetzt. Mitbestimmung kann man nicht durch Gesetz erlassen, sondern sie muss auf der Partnerschaftsbasis gesucht und gefunden werden. Und auf dieser Basis ist es nicht nur die Aufgabe der beiden Seiten einen gerechten Ausgleich anzustreben, sondern in erster Linie müssen beide Partner im Interesse der Zukunftssicherung des Unternehmens und damit der echten Sicherung der Arbeitsplätze der gesamten Belegschaft hierzu ihren Beitrag leisten.[227]

Die Mitbestimmung im Golda'schen Sinne übertrat aus ihrem eigenen Selbstverständnis heraus den gesetzlichen Rahmen und trug klar konsenskapitalistische Züge. Eine erfolgreiche Partnerschaft erforderte jedoch auch die Bereitschaft des Vorstandes, dieses Modell zu leben. Herbert Quandt war hier die entscheidende Figur. Die Bedeutung seines guten Verhältnisses zu Golda darf nicht unterschätzt werden. In der Vorstandsriege setzte sich nach der Unter-

225 Ebenda, S. 1.

226 Kurt Golda: Rede von Kurt Golda auf der Betriebsversammlung im Werk München im September 1969, 01.09.1969, BMW UA-512-1, hier S. 8.

227 Kurt Golda: Rede von Kurt Golda auf der Betriebsversammlung im Werk München im November 1968, 25.11.1968, BMW UA-512-1, hier S. 3.

nehmenskrise ebenfalls die Erkenntnis durch, dass man mit Kooperation mehr und langfristig größere Erträge einfahren würde. Ob dieser Wandel bewusst geschah oder „nur" durch die Person Quandts im Hintergrund, ist unklar. Einen Interessengegensatz zwischen Belegschaft und Unternehmen wollte Finanzvorstand Ernst Kämpfer bspw. bereits 1961 nicht mehr erkennen.[228] Eberhard von Kuenheim, Vorstandsvorsitzender von BMW zwischen 1970 und 1993 beschrieb das Verhältnis zwischen sich und Golda rückblickend als eines zwischen Gleichrangigen. Golda sei im regelmäßigen Austausch mit ihm gewesen und habe die Entscheidungen des Vorstandes immer kritisch hinterfragt, sei aber auch mit eigenen Ideen und Forderungen an den Vorstand herangetreten. Dieser Austausch sei nicht immer von Harmonie geprägt gewesen. Auf Sachebene habe es Auseinandersetzungen gegeben, aber nie auf persönlicher Ebene.[229] Auch Golda verstand Partnerschaft nicht als zwangsläufig harmonisch: „Partnerschaft erzwingt kontroverse Diskussionen, [...] ob dieser [...] Schritt auch für die Zukunftssicherung des Unternehmens von Vorteil ist."[230] Dieses Ringen um die beste Entscheidung war ein zentraler Punkt in Goldas Selbstverständnis als Betriebsrat, der für das Schicksal des Unternehmens mitverantwortlich war und der Belegschaft darüber Rechenschaft abzulegen hatte.

Der Zeitraum, den die hierzu zitierten Quellen abdecken, erstreckt sich von den 1960er Jahren bis in die 1980er Jahre. Daraus spricht eine Kontinuität der Handlungsmotive und des Selbstverständnisses, aber auch die starke Prägung durch die Erfahrung der Unternehmenskrise. Die zitierten Aussagen sind meist während einer Betriebsversammlung gefallen, waren also für die Ohren der Belegschaft bestimmt. Insofern könnte man sie auch als reine Spiegelfechterei interpretieren und ihren Gehalt in Zweifel ziehen. Anhand der nachfolgend zu analysierenden Beispiele (vgl. Kap. 6) wird zu zeigen sein, dass es sich dabei keineswegs um Floskeln handelte, sondern um eine weitgehend korrekte Darstellung der Mitbestimmung bei BMW. Zu betonen ist, dass die gleichbleibenden Aussagen auf den Betriebsversammlungen zeigen, dass die Belegschaft hinter diesem Kurs des Betriebsrates stand. Bei den Wahlen im Zeitraum von 1960 bis 1987 wurde dieser realpolitisch und unterneh-

---

228 Protokoll über die Betriebsversammlung 3/61 am 27. November 1961, 27.11.1961, BMW UA-511-1, hier S. 2.

229 Mario Riederer: Gespräch mit Eberhard von Kuenheim, 14.12.2022.

230 Horst Mönnich/Kurt Golda: Interview Horst Mönnich mit Kurt Golda, BMW UM-944-10, 24.09.1991, ca. Minute 3, 22 Sekunde; Ganz ähnlich äußerte sich Golda auch auf der Betriebsversammlung im September 1969, vgl. Golda, Rede von Kurt Golda auf der Betriebsversammlung im Werk München im September 1969, 01.09.1969, BMW UA-512-1, S. 11.

merisch agierende Betriebsrat immer wieder bestätigt. Bevor auf die konkreten Beispiele eingegangen wird, werden zunächst die wesentlichen Eckpfeiler und Charakteristika des „Systems Golda“[231] betrachtet, um ein vollständiges Bild zeichnen zu können.

2.2 Die graue Eminenz im Hintergrund: Herbert Quandt

Im Kräfteparallelogramm der Mitbestimmung bei BMW genügt es nicht, nur auf den Betriebsrat und den Vorstand zu blicken. Ein dritter Akteur muss immer mitgedacht werden: Herbert Quandt, auch wenn dieser keine formale Funktion in der betrieblichen Mitbestimmung hatte, sondern nur in der Unternehmensmitbestimmung über den Aufsichtsrat. Dass es die Arbeitnehmervertreter nach dem Tode Quandts 1982 als ihre Verpflichtung ansahen, die Kandidatur seiner Witwe Johanna Quandt für den BMW-Aufsichtsrat im Vorhinein zu unterstützen, ist nur eines der Beispiele, die auf die enge Partnerschaft des Betriebsrates mit Herbert Quandt und seiner Familie hinweisen.[232]

Zwar war es Quandt ein prinzipielles Anliegen, mit den Betriebsräten seiner Unternehmen ein gutes Einvernehmen zu haben, wie er auf seinem 70. Geburtstag selbst betonte,[233] aber das Verhältnis zwischen Golda und Quandt erreichte andere Dimensionen. Sie verband eine „Männerfreundschaft“, deren Grundstein beide in die schwierige Krisenzeit zurückdatierten.[234] Sie konnten gut miteinander: „[W]ir haben uns furchtbar mögen“, erklärte Golda 1995. Quandt selbst sprach im Aufsichtsrat offen von einem freundschaftlichen Verhältnis.[235] Für die Mitbestimmung ist das von Bedeutung, weil dieses besondere Verhältnis dem Vorstand bekannt war und bei Entscheidungen immer mitbedacht wurde. Insofern hebelte diese Konstellation bei BMW die formal festgelegten Entscheidungswege im Vergleich zu anderen Unternehmen stellenweise aus.

---

231 Riederer, 2022, Gespräch mit Dr. Thomas Klebe.

232 Wortprotokoll über die Aufsichtsratssitzung am 30.06.1982, 30.06.1982, in: BMW UA-2635-1, hier S. 2.

233 Treue (1980), Herbert Quandt, S. 14.

234 Quandt, Rede zum 25jährigen Dienstjubiläum von Herrn Kurt Golda Betriebsratsvorsitzender von BMW, am 9. Oktober 1974 anläßlich der Aufsichtsratssitzung BMW in Paris, 07.10.1974, in: AGH HQ-112; Mönnich/Golda (1979), Transkript Interview Horst Mönnich mit Kurt Golda, BMW UA-1274-1, S. 6.

235 Mönnich/Golda (1995), Interview Horst Mönnich mit Kurt Golda, BMW UM-1083-10, ca. 1h, 13 Minuten; Quandt, Rede zum 25jährigen Dienstjubiläum von Herrn Kurt Golda Betriebsratsvorsitzender von BMW, am 9. Oktober 1974 anläßlich der Aufsichtsratssitzung BMW in Paris, 07.10.1974, in: AGH HQ-112.

BMW hatte deshalb einen besonderen Wert für Quandt,[236] dieser sah es gar aufgrund der engen Beziehung zu Golda und dem „so entstandene[n] Zusammengehörigkeitsgefühl" als „Familienunternehmen".[237] Wie eng diese Beziehung war, zeigt auch, dass Quandt mehrfach die Aufsichtsratsmitglieder und den Vorstand zu Reisen auf seiner Yacht *Seebär* einlud.[238]

Golda und Quandt tauschten sich nicht nur in den Gremien aus, sondern auch außerhalb,[239] in regelmäßigen Abstanden von drei Monaten.[240] Es kam vor, dass sie stritten, woraufhin sie die Entscheidung vertagten, um beim nächsten Treffen eine gemeinsame Lösung zu finden.[241] Beide Männer entwickelten so mit der Zeit ein gegenseitiges Verständnis und Vertrauen füreinander und schätzten den Rat des anderen. Quandt hob mehrfach hervor, dass es Golda immer gelinge, eine unternehmerische Perspektive einzunehmen, und er deshalb ein geschätzter Ratgeber geworden sei.[242] In dieser Fähigkeit Goldas, den Blickwinkel zu wechseln, sah Quandt auch einen Grund für ihre gute Zusammenarbeit, wie er auf der Feier zum 25-jährigen Dienstjubiläums Goldas erklärte:

> Warum aber ist das so? [gemeint ist die Zusammenarbeit Golda/Quandt, M. R.] Nehmen Sie [gemeint ist Golda, M.R.] mir die Schlußfolgerung nicht übel! das [sic] ist so, weil Sie – obgleich Gewerkschaftsangehöriger – doch irgendwo Unternehmer sind. Sie treffen Ihre Entscheidungen nur nach dem Grundsatz: Was für das Unternehmen gut ist, ist auch für die Belegschaft gut und sichert Arbeitsplätze. [...] Der gleiche Unternehmer aber wird erkennbar und spürbar, wenn es darum geht, Beschlüsse durchzuführen, die Ihnen die Möglichkeit geben, gleichzeitig auch für die Belegschaft einen Vorteil daraus zu entwickeln. [...] Sie, lieber Herr Golda, haben manch guten, wertvollen Rat gegeben, der oft in sehr sinnvoller Weise ohne ‚viel Wind' in die Unternehmensentscheidung

---

236 Erwiderungsrede Herbert Quandt an seinem 60. Geburtstag am 22.06.1970, 22.06.1970, in: AGH HQ-5.

237 Treue (1980), Herbert Quandt, S. 173.

238 Schriftverkehr bzgl. Einladung Herbert Quandt an alle Aufsichtsratsmitglieder, Beirat und Vorstand von BMW zu einer Schiffsreise mit seinem Schiff Seebär, 15.03.1968, in: AGH HQ-192; Fotoalbum, Seebär, Juni 1970 mit BMW Herren, 6.6.–8.6.1970, Kiel-Kopenhagen-Travemünde, 1970.

239 Herbert Quandt: Brief mit Geburtstagswünschen von Herbert Quandt an Kurt Golda, 12.10.1977, in: AGH Ordner HQ/Varta, Gratulationen, Kondolenzen.

240 Mönnich/Golda (1979), Transkript Interview Horst Mönnich mit Kurt Golda, BMW UA-1274-1, S. 16.

241 Ebenda, S. 6.

242 Consiqua GmbH (2010), 100 Jahre Herbert Quandt, S. 74.

> und Unternehmensführung mit einbezogen wurde. [...] [A]uch mir haben Sie in meiner nicht alltäglichen Rolle als außenstehender Hauptaktionär damit sehr oft geholfen.[243]

Diese hier für Golda beschriebene Personalunion von Gewerkschaftler und Unternehmer zeigt wieder das Primat des wirtschaftlichen Erfolgs. Damit verfolgten der Großaktionär und der Betriebsratsvorsitzende das gleiche Ziel.

Quandt betonte in seiner Rede zudem, dass er Goldas Wunsch, immer etwas für die Belegschaft herauszuholen, nachvollziehbar fand. Diese Anerkenntnis war wiederum für Golda einer der Gründe für den Erfolg von BMW nach 1960.[244] Quandts sozialpolitisches Entgegenkommen ging dabei so weit, dass manche Neuerungen wie die Erfolgsbeteiligung nur mit seiner Unterstützung ermöglicht wurden.[245] Dazu weiter unten noch mehr. Bei diesen sozialpolitischen Leistungen galt für Quandt wiederum derselbe Maßstab wie für Golda: Die Sozialpolitik dürfe den Bestand von BMW und die Arbeitsplätze nicht gefährden.[246] In dieser Art des Wirtschaftens, die den langfristigen Ertrag vor den kurzfristigen Erfolg stellte, waren sich Golda und Quandt einig. Beide Seiten erkannten die jeweiligen Interessen als legitim an – ein Kennzeichen des Konsenskapitalismus.

Für Quandt war die Partnerschaft mit Golda äußerst wichtig. Er gratulierte Golda nicht nur persönlich zu Wahlerfolgen,[247] sondern er verstand diese Abstimmungen auch als Votum über seine Zusammenarbeit mit Golda. Nach der Betriebsratswahl 1978 tauschten sich beide über das Wahlergebnis und dessen Interpretation aus. Diese Wahl hatte die Besonderheit, dass sechs IG-Metall-Listen aufgestellt worden waren, fünf Listen türkischer Mitarbeiter und die offizielle IG-Metall-Liste unter Golda. 77 Prozent der Stimmen gingen an Goldas Liste. Nur zwei der restlichen Listen konnten weitere Kandidaten im Betriebsrat platzieren, die Liste 4 mit 16,2 Prozent und die Liste 2 mit 3,6 Prozent der Stimmen. Golda war der Meinung, dass der Wahlerfolg der Liste 4 weniger auf Unzufriedenheit mit dem bisherigen Betriebsrat zurückzuführen

---

243 Quandt, Rede zum 25jährigen Dienstjubiläum von Herrn Kurt Golda Betriebsratsvorsitzender von BMW, am 9. Oktober 1974 anläßlich der Aufsichtsratssitzung BMW in Paris, 07.10.1974, in: AGH HQ-112.

244 Mönnich/Golda (1979), Transkript Interview Horst Mönnich mit Kurt Golda, BMW UA-1274-1, S. 3 f.

245 Mönnich/Golda (1995), Interview Horst Mönnich mit Kurt Golda, BMW UM-1083-10, ca. 1h Minute 7 bis 1h 14 Minuten; Treue (1980), Herbert Quandt, S. 261.

246 Golda (1982), Gedenkrede gehalten von Kurt Golda, S. 22.

247 Herbert Quandt: Brief Herbert Quandts an Kurt Golda, 13.01.1970, in: BMW UA-2647-1.

sei als vielmehr auf „nationale Aspekte". Insofern kam er zu dem Fazit, „daß wir [!] für unsere Arbeit [...] durch die 77% aller abgegebenen Stimmen [...] eine breite Basis haben".[248] Quandt schloss sich dieser Einschätzung in seiner Antwort an und zeigte sich optimistisch,

> daß wir [!] [...] optimistisch sein können hinsichtlich der Zusammenarbeit innerhalb des Betriebes [...] und damit [...] auf eine weiterhin angenehme Zusammenarbeit rechnen können. Ich freue mich [...] sehr, daß die Liste 1 [Liste Golda, M. R.] eine so hervorragend starke Resonanz gefunden hat, so daß auch Sie völlig ungeschwächt aus dieser Vorwahl hervorgegangen sind und eine Bestätigung Ihrer bisherigen Arbeit darin uneingeschränkt erblicken können.[249]

Die Betonung des „Wir" in beiden Äußerungen spricht hier eine deutliche Sprache. Die Männer legten Wert darauf, ihre Zusammenarbeit fortzusetzen. Quandt war daran interessiert, sein gutes Ansehen in der Belegschaft zu wahren. Da sein enges Verhältnis zu Golda dort bekannt war, wurde jede Betriebsratswahl in gewisser Hinsicht eine Abstimmung über den Hauptaktionär. In den wirtschaftlich schwierigen Jahren zwischen 1974 und 1976 dankte er der Belegschaft nicht nur regelmäßig mit einer Floskel für deren Einsatz im Aufsichtsrat,[250] sondern forderte Golda auch dezidiert dazu auf, diesen Dank der Belegschaft auszurichten.[251]

Obwohl Quandt im Unternehmen selbst keine leitende Rolle innehatte, war sein Einfluss doch immens. Da war es nur konsequent, dass Golda ihn als „Spitze des Unternehmens" bezeichnete, und nicht den Vorstandsvorsitzenden.[252] Der exklusive Draht Goldas zu Quandt hatte freilich auch eine gewisse Machtverschiebung zwischen der Arbeitnehmervertretung und der eigentlichen Arbeitgeberseite, dem Vorstand, zur Folge. Dies musste der Vor-

---

248 Kurt Golda/Herbert Quandt: Briefwechsel Kurt Golda mit Herbert Quandt zur Betriebsratswahl im Werk München, 10.04.–14.04.1978, in: BMW UA-2659-1.

249 Ebenda.

250 Protokoll der Aufsichtsratssitzung vom 02.07.1975, 02.07.1975, in: BMW UA-1462-2, hier S. 2; Protokoll der Aufsichtratssitzung vom 03.12.1975, 03.12.1975, in: BMW UA-1462-2, hier S. 6; Protokoll der Aufsichtsratssitzung vom 08.12.1976, 08.12.1976, in: BMW UA-1508-2, hier S. 19.

251 Protokoll der Aufsichtsratssitzung vom 20.05.1976, 20.05.1976, in: BMW UA-1539-2, hier S. 4; Protokoll der Aufsichtsratssitzung vom 06.05.1975, 06.05.1975, in: BMW UA-2625-1, hier S. 14.

252 Kurt Golda: Brief mit Geburtstagsglückwünschen an Herbert Quandt, 21.06.1967, in: AGH HQ-205.

stand bei sämtlichen Entscheidungen mit einkalkulieren, denn es bestand immer die Möglichkeit, dass er über die Verbindung Quandt/Golda ausmanövriert wurde. Damit hatte sich Golda eine entscheidende zusätzliche Machtressource erschlossen, die Volkmar Rohrbach, Sohn des BMW-Betriebsrates Josef Rohrbach (Amtszeit: 1958–1984) und später selbst Betriebsrat bei BMW, als mitentscheidend dafür ansah, dass die Arbeitnehmervertretung Anliegen durchsetzen konnte, die woanders nicht möglich waren:

> Golda konnte damals schon mit dem Vorstand reden und konnte damals sagen, was ihr da macht, bin ich nicht einverstanden und im Zweifelsfall ist er halt zum Quandt gegangen und hat mit ihm das ausgekaspert. Da konnte er Entscheidungen beim Vorstand oder auch Vorstände theoretisch in Schwierigkeiten bringen.[253]

Franz Maget, 1977 bis 1979 Vorsitzender des SPD-Ortsvereins Milbertshofen-Ost und 1982 bis 1990 Referent beim DGB Bayern, bestätigte diese Beobachtung. Der Vorstand war immer dazu angehalten, dem Betriebsrat entgegenzukommen, größere Konflikte wären wohl eher zum Schaden des Vorstandes gewesen.[254] Quandt habe dies vor allem deshalb so gehandhabt, weil er in der Mitarbeit der Belegschaft einen entscheidenden Grund für den wirtschaftlichen Aufstieg nach 1960 sah. Golda konnte damit in einer höheren Gewichtsklasse spielen, „weil plötzlich im Vorstandsvorsitzendentelefon der Mehrheitsaktionär angerufen hat und gesagt hat, also wir machen jetzt folgendes".[255]

Abgesehen von dieser mündlichen Überlieferung gibt es auch schriftliche Quellen, die die herausgehobene Position Goldas zeigen. Ein prägnantes Beispiel hierfür ist die Berufung von Eberhard von Kuenheim zum neuen Vorstandsvorsitzenden 1969. In einer streng vertraulichen Aktennotiz vom 4. September 1969 rekapitulierte Golda ein Telefonat mit Hermann Karoli, dem Quandt-Vertreter im Aufsichtsrat und Aufsichtsratsvorsitzenden, der Golda darüber informierte, dass der amtierende Vorstandsvorsitzende Gerhard Wilcke Ende 1969 ausscheiden werde. Dass Kuenheim als Nachfolger vorgesehen war, sollte der restliche Aufsichtsrat und der Vorstand aber erst am 10. September erfahren.[256] Golda wurde über diesen geplanten Vorgang damit fast annähernd eine Woche vor allen anderen informiert, ein ungemein großer

253 Riederer (2022), Gespräch mit Volkmar Rohrbach.
254 Mario Riederer: Gespräch mit Franz Maget, 08.11.2022.
255 Ebenda.
256 Kurt Golda: Aktennotiz zu einem Gespräch mit Karoli, 04.09.1969, in: BMW UA-2666-1.

Wissensvorsprung in einer derart entscheidenden Frage. Außerdem hatte Golda schon vorab die Möglichkeit, Kuenheim persönlich kennenzulernen. Sein Urteil fiel dabei ausgesprochen negativ aus: „Herr v. K. ist von Figur aus klein, hat aber dafür ein selbstbewusstes Auftreten", das keine freundschaftlichen Beziehungen zulasse.[257] Im Zuge der Aufsichtsratssitzung am 10. September teilte er seine Einschätzung auch Quandt mit.

> Herr Dr. Quandt war über diese Äußerung [gemeint ist die negative Einschätzung durch Golda, M. R.] etwas erschrocken und entschuldigte sich, daß eine frühere Vorstellung nicht möglich war. Anschließend arrangierte er ein Dreiergespräch zwischen ihm, Herr von Kuenheim und mir. [...] Hierbei erklärte ich Herrn Dr. Quandt, wenn es zu einer harmonischen Zusammenarbeit nicht käme, muß er mit einem neuen Betriebsratsvorsitzenden rechnen. Herr Dr. Quandt versicherte mir, daß er alles tun werde, daß es zu der erwähnten harmonischen Zusammenarbeit kommt.[258]

Da es sich bei dieser Quelle um eine Aktennotiz für den eigenen Gebrauch handelt, ist nicht davon auszugehen, dass Golda hier die Unwahrheit niedergeschrieben hat. Auffallend ist dabei neben dem großen Selbstbewusstsein Goldas, der Quandt durch seine Rücktrittsdrohung unter Druck setzte, wie viel Quandt an einer Fortführung der bisher gelebten Mitbestimmung bei BMW gelegen war. Durch seine Versicherung, dass er über seinen Einfluss als Hauptaktionär alles tun werde, dass die Harmonie auch unter Kuenheim gewahrt blieb, wurde Kuenheim von Beginn an ein eindeutiger Handlungsauftrag mitgegeben: Fortführung der Mitbestimmung wie bisher. Damit stellte Quandt Golda in der informellen Unternehmenshierarchie über Kuenheim, weil er Goldas Verbleib als wichtiger einschätzte, als dem neuen Vorstandsvorsitzenden freie Hand zu geben. Diese Episode belegt, dass die Einschätzung Magets korrekt war: Golda war im Machtgefüge von BMW nach Quandt der zweitwichtigste Mann, und eben nicht der jeweilige Vorstandsvorsitzende.[259]

Ein weiteres, noch konkreteres Beispiel für dieses „Über-Bande-Spielen", aber auch für den Aushandlungsprozess hin zu einem für beide Seiten akzeptablen Kompromiss, war die Diskussion über die Einziehung der Gewerkschaftsbeiträge durch BMW. Zum ersten Mal tauchte das Thema 1963 auf.

257 Ebenda.

258 Kurt Golda: Aktennotiz über die Aufsichtsratssitzung in Frankfurt vom 9.–11.9.1969, 15.09.1969, in: BMW UA-2666-1.

259 Riederer (2022), Gespräch mit Franz Maget.

Der Betriebsrat wollte der Einführung der monatlichen Lohnzahlung zustimmen, weil man sich darauf geeinigt hatte, dass BMW von nun an die Gewerkschaftsbeiträge einziehen und direkt an die IG Metall überweisen sollte. Für die Firma hätte das auch den Vorteil, dass die Vertrauensleute nicht mehr 1,5 Stunden pro Monat ihrer Arbeitszeit mit dem Einsammeln der Beiträge beschäftigt waren.[260] Danach scheint das Thema zunächst versandet oder die Reform zumindest nicht umgesetzt worden zu sein. Erst auf der Betriebsversammlung im April 1965 wurde das Thema wieder auf die Tagesordnung gesetzt. Golda kritisierte, dass der Arbeitgeberverband Verband der bayerischen Metall- und Elektroindustrie (VBM) den Abzug der Gewerkschaftsbeiträge verhindere. Mit einem Verweis auf die Unternehmenskrise, in der die Gewerkschaften sich durch die Bank für Gemeinwirtschaft an der Sanierung von BMW beteiligt hatten und der VBM nicht, forderte er den Vorstand auf, der IG Metall hier entgegenzukommen.[261] Auch er, Golda, stelle im Zweifel BMW-Interessen vor IG-Metall-Interessen (vgl. Kap. 6.5). Im Hintergrund wurden die Diskussionen fortgesetzt. Um ihre Forderung durchsetzen zu können, wollte die IG Metall die Gewerkschaftsbeiträge mit der Arbeitgeberforderung nach Einführung der bargeldlosen Lohnauszahlung verknüpfen.[262] Golda spielte hier durchaus mit offenen Karten, hatte er den Vorstand doch über dieses gewünschte Junktim bereits informiert.[263] Im Vorstand war man sich aber wohl nicht einig und der Finanzvorstand Friedrich W. Pollmann verweigerte die Einbehaltung des Gewerkschaftsbeitrages vom Lohn mit dem Argument, dass er damit mehr oder weniger den nächsten Streik finanzieren würde.[264] Die Verhandlungen waren also in eine Sackgasse geraten.

Um diesen toten Punkt zu überwinden, entschloss sich Golda, direkt mit Quandt zu reden, Pollmann könne ihn mal „am Arsch lecken".[265] Zur großen Überraschung Goldas stimmte Quandt sofort und ohne Verhandlungen zu und gab dem Vorstand dementsprechende Anweisungen.[266] Ganz so selbst-

260 Kurt Golda: Schreiben an den Finanzvorstand Kämpfer bzgl. Änderung der Lohnzahlungstermine, 06.03.1963, BMW UA-2677-1.

261 Kurt Golda: Rede von Kurt Golda auf der Betriebsversammlung im Werk München im April 1965, 12.04.1965, BMW UA-511-1, hier S. 16.

262 Erwin Essl: Brief Erwin Essl (Bezirksleiter IG Metall München) an Kurt Golda, 20.12.1965, BMW UA-2614-1.

263 Niederschrift über die Vorstandssitzung vom 30.11.1965, 30.11.1965, BMW UA-409-1, hier S. 2.

264 Horst Mönnich/Kurt Golda: Interview Horst Mönnich mit Kurt Golda, UM-1269-10, 01.08.1984, ca. Minute 12:30.

265 Ebenda.

266 Ebenda.

los wie Golda hier im Gespräch mit Mönnich 1984 glauben machen mag, war Quandt dabei aber nicht. Diese Diskussion spielte sich nämlich vor dem Hintergrund der gerade erfolgten Übernahme der Hans Glas GmbH ab (vgl. Kap. 6.1.1). Anfang Oktober 1966 hatte Golda mit dem Vorstandsvorsitzenden Wilcke vereinbart, der Belegschaft von Glas zunächst keine BMW-Sozialleistungen zukommen zu lassen. Mit dieser Zusage wollte Wilcke den Aufsichtsratsvorsitzenden Hermann Karoli zur Einziehung der Gewerkschaftsbeiträge durch BMW überreden.[267] Etwa einen Monat später trafen sich Golda und Quandt persönlich und diskutierten das Thema. Golda erklärte sich dazu bereit, dass die Löhne, Gehälter und die Sozialleistungen bei Glas erst dann an das BMW-Niveau angepasst würden, wenn die dortige Fertigung rentabel geworden war. Quandt dagegen versprach, „[i]m Hinblick auf Ihre Leistung Herr Golda für die Bayerischen Motoren Werke […], trotzdem uns dieser Abzug Geld kostet, diesen zu genehmigen".[268] So konnten beide Seiten einen Vorteil daraus ziehen. Gegenüber der IG Metall wurde die Rolle Quandts betont, und Golda verkaufte diesen Entschluss als ein Ergebnis der guten Zusammenarbeit von Vorstand, Aufsichtsrat und Großaktionär.[269] Vonseiten des Vorstandes war man wohl ebenfalls erleichtert, dass der Stillstand in dieser Streitfrage durch die Intervention von Quandt überwunden wurde. So versicherte Wilcke Golda, dass die Verzögerung nur an „taktischen Gründen" gelegen habe und Golda hoffentlich erkenne, dass es „ihm nicht um leere Versprechungen oder das sogenannte auf den Tisch schlagen geht".[270] Nach außen hin war die Verbindung mit Glas nicht bekannt, es wurde ein „Kuhhandel" mit dem gewerkschaftlichen Junktim zur bargeldlosen Entgeltzahlung vermutet.[271] Diese wurde aber nur auf freiwilliger Basis eingeführt.[272]

Aus beiden Episoden geht hervor, dass die Beziehung Quandt/Golda für die Mitbestimmung bei BMW ein absolut prägendes Charakteristikum war. Sei es in Sachen Vorstandsbesetzung oder hinsichtlich der Gewerkschaftsbeiträge, Golda konnte sich gewiss sein, dass er in Quandt einen Ansprechpartner hatte, der seinen Anliegen oft positiv gegenüberstand. Das stärkte seine

267 Aktennotiz, betr. Abzug Gewerkschaftsbeitrag, 03.10.1966, BMW UA-2627-1.

268 Kurt Golda: Aktennotiz betr. Besprechung mit Herrn Dr. Quandt, 11.11.1966, BMW UA-2627-1.

269 Kurt Golda: Brief Kurt Golda an Norbert Fischer (2. Bevollmächtigter, IG Metall Verwaltungsstelle München) bzgl. Beitragsabzug, 14.11.1966, BMW UA-2614-1.

270 Kurt Golda: Aktennotiz über Freigabe des Gewerkschaftsabzuges, 14.11.1966, BMW UA-2627-1.

271 KPD: Betriebszeitung „Der Münchner Metaller", 2. Jahrgang, Nr. 3, 1967, BMW UA-2618-1.

272 Kurt Golda: Rede von Kurt Golda auf der Betriebsversammlung im Werk München im Juli 1967, 17.07.1967, BMW UA-512-1, hier S. 1.

Verhandlungsposition enorm.[273] Nach diesen Beispielen mag der Eindruck entstanden sein, dass diese Beziehung einseitig zugunsten Goldas war, aber das ist nicht der Fall. Auch Quandt profitierte davon, indem er sich bspw. sicher sein konnte, dass Golda es nie zu einer echten großen Eskalation in Form eines Streiks kommen lassen würde:

> Streik dergleichen und solche Mittel […] an solche Mittel habe ich nicht gedacht. […] Aber ich habe niemals mit dem Gedanken gespielt, wenn es hart auf hart kommt, dass ich Herrn … das widerspricht meinem Naturell. Schlussendlich hab ich eine Partnerschaft mit Herrn Dr. Quandt gehabt, dass hätte bedeutet, dass ich gegen Herrn Dr. Quandt losgehe. Absurd! […] Aber ich würde doch niemals auf die Idee kommen, dass ich gegen Herrn Dr. Quandt mit der Waffe des Streiks, das ist ja Utopie, das ist ja Wahnsinn, vorgehen würde! Das wäre ja Tatbestand der Erpressung.[274]

Mit dieser Partnerschaft, aus der beide Seiten Vorteile zogen, weil sie auf der gemeinsamen Gewissheit fußte, dass das Gegenüber am Ende dasselbe will, nämlich den wirtschaftlichen Erfolg von BMW, unterschied sich BMW stark von anderen Unternehmen.

Diese enge Verbindung von Kapital und Arbeit wurde nicht überall positiv gesehen. So gab es innerhalb der IG Metall Vermutungen, dass Golda von Quandt bezahlt werde. Man kritisierte ebenfalls die Rolle Goldas als Ohr an der Belegschaft für Quandt.[275] Die Folgen dieser verwischten Grenzen stellte 1971 sehr plakativ eine Karikatur in der linken BMW-Betriebszeitung *Arbeitersache* dar, die Golda während einer Rede auf einer Betriebsversammlung zeigt. Unter dem Redepult versteckt sich eine Person, die Golda die Rede schreibt und Quandt und den Vorstandsvorsitzenden Kuenheim symbolisiert. 1981 kritisierte die *Marxistische Arbeiter Zeitung* Goldas Agieren auf den Betriebsversammlungen, „weil er da wie ein Unternehmer daherreden kann".[276] Implizit wird damit auch infrage gestellt, ob Golda noch ein echter Vertreter der Arbeitnehmerinteressen sei.

---

273 Manfred Schoch: Der BMW-Betriebsrat als treibende Kraft, Innovator und Garant für gute Arbeit, in: Jörg Hofmann/Jürgen Wechsler (Hrsg.), Vom Wiederaufbau zur Arbeit 4.0. IG Metall Bayern: 70 Jahre Fortschritt durch Tarifpolitik, Hamburg, 2017, S. 105–107, hier S. 105 f.

274 Mönnich/Golda, 1984, Interview Horst Mönnich mit Kurt Golda, BMW UM-1268-10, ca. 1h 14:50 min bis ca. 1h 21 min.

275 Mario Riederer: Gespräch mit Peter Bock, 20.10.2022.

276 Marxistische Gruppe (MG): „Marxistische Arbeiter Zeitung" (MAZ), 03.12.1981, BMW UA-2617-1, hier S. 1.

Außerdem ist hier kritisch zu fragen, ob diese Partnerschaft auch ohne den wirtschaftlichen Wiederaufstieg von BMW ab 1960 so funktioniert hätte. Dadurch gab es genug zum beiderseitigen Vorteil zu verteilen, sodass keine Konflikte zwischen Quandt und Golda entstanden.[277] Andernfalls hätte sich die betriebliche Sozialordnung deutlich konfrontativer entwickeln können. Dann hätte sich der Betriebsratstypus nach Kotthoff unter Golda gegebenenfalls auch anders dargestellt. Er wäre ein standfester Betriebsrat geblieben oder zu einer aggressiven Gegenmacht für das Management geworden. Letzterer Typus zeichnet sich dadurch aus, dass die Unternehmensleitung Mitbestimmung ablehnt, weshalb sich der Betriebsrat seine Mitbestimmungsrechte durch konfrontatives Vorgehen erkämpfen muss.[278]

Unabhängig davon, wie man diese enge Partnerschaft zwischen Hauptaktionär und Betriebsratsvorsitzendem interpretiert, lässt sich doch festhalten, dass sie von eminenter Bedeutung für die Mitbestimmung bei BMW ist. In der Selbstwahrnehmung der damaligen Akteure nahm sie eine zentrale Rolle ein. Anlässlich des 20-jährigen Jubiläums der Hauptversammlung 1959 schrieb bspw. Quandt Golda einen entscheidenden Anteil an der erfolgreichen Entwicklung von BMW zu, weil er mit seinem Primat des wirtschaftlichen Erfolgs sowohl dem Unternehmen als auch der Belegschaft genutzt habe. Für ein großes Unternehmen sei es unabdingbar, „daß der Belegschaft ein Gespür vermittelt wird, welcher Geist die Führung beseelt. […] Das Zusammenwirken, das wir hier bei BMW in all' den Jahren erleben konnten, ist […] ohne Beispiel im Bundesgebiet."[279] Selbst der Vorstandsvorsitzende Kuenheim hob die Bedeutung dieser außergewöhnlichen Verbindung hervor, in der Golda immer die Belange Quandts, aber auch Quandt immer die von Golda vorgetragenen Wünsche der Belegschaft berücksichtige.[280] Zum Tode Quandts 1982 rekapitulierte Golda Quandts Engagement ebenfalls und betonte auf der Betriebsversammlung, dass es BMW ohne Quandt genauso wenig gäbe wie viele sozialpolitische Leistungen.[281]

In der internen Unternehmenskommunikation wurde dies 1982 intensiv kommuniziert und gipfelte zum Ruhestand Goldas 1987 in dem Vergleich,

---

277 Hierzu ebenfalls Mario Boccia, der die Vereinbarkeit der Belegschafts- und Unternehmensinteressen vor allem in der historisch-ökonomischen Gesamtsituation von BMW in den 1960er Jahren begründet sieht, Boccia, 2024, Krise im „Wirtschaftswunder", S. 232.

278 Kotthoff, 1994, Betriebsräte und Bürgerstatus, S. 297–304.

279 Herbert Quandt: Rede anläßlich der 20. Wiederkehr der historischen BMW-HV am 9. Dezember 1979 im Hotel Vier Jahreszeiten, München, 10.12.1979, AGH HQ-138.

280 Treue, 1980, Herbert Quandt, S. 27.

281 Kurt Golda: Rede auf der Betriebsversammlung im Werk München im Juli 1982, 26.07.1982, BMW UA-2674-1, hier S. 4–6.

dass mit Golda der Lotse von Bord gehe.[282] Das Verhältnis Golda/Quandt wurde immer mehr zu einem Teil der Firmenkultur aufgebaut. Auch über die Amtszeit Goldas hinaus spielte das Verhältnis Familie Quandt/Betriebsrat in der Selbstwahrnehmung und -darstellung des Betriebsrates eine wichtige Rolle, es galt als Voraussetzung für den Erfolg von BMW.[283] Der Nachfolger Goldas, Manfred Schoch, hob zum 50-jährigen Jubiläum der Hauptversammlung 1959 ebenfalls auf diese „einmalige Zusammenarbeit zwischen der Kapitalseite und den Arbeitnehmervertretern" ab, die das Unternehmen bis in die Gegenwart präge und ihre Wurzeln in der Unternehmenskrise hatte.[284] Abermals zehn Jahre später sprach Norbert Reithofer, der Aufsichtsratsvorsitzende von BMW, in einem Buch über die gesamte Unternehmensgeschichte ebenfalls davon, dass die Partnerschaft mit der Familie Quandt und die konstruktive Zusammenarbeit mit der Arbeitnehmervertretung eine Säule des Erfolgs von BMW sei.[285]

2.3 Der Betriebsrat und die SPD – Machtressource und Entfremdung

Insbesondere in den Anfangsjahren Goldas als Betriebsrat war die SPD ein wichtiger Machtfaktor innerhalb des Betriebes und mitentscheidend für die neue Stabilität in der Arbeitnehmervertretung nach 1956 (vgl. Kap. 5.1). Diese Verbindung in die Partei war eine wichtige Konstante, auch wenn sich das Verhältnis zwischen dem BMW-Betriebsrat und der örtlichen SPD im Lauf der Jahre veränderte. 1969 war der Betriebsrat komplett in sozialdemokratischer Hand.[286] Die meisten Betriebsräte dürften in den Ortsvereinen um das Werk herum Mitglieder gewesen sein, beispielsweise in Milbertshofen, wo es eine besondere Häufung gab.[287] Diese enge Verflechtung wurde auch von außen so wahrgenommen. Die linke Gruppierung der „Arbeitersache" sah Golda als den Exponenten für diese Entwicklung.[288] Vertreten sei jedoch

---

282 her, Kurt Golda ist 25 Jahre Betriebsratsvorsitzender, bayernmotor 1/82, Januar 1982, BMW UI-2030-1; Manfred Knappe: Zündfunken: Der Lotse geht von Bord?, bayernmotor 05/87, 05.1987, BMW UI-2035-5, hier S. 2.

283 „Zum Gedenken an Kurt Golda", in: Der Gesamtbetriebsrat informiert (04/2002), Zeitung des BMW Gesamtbetriebsrats, 04.2002, BMW UA-2613-1.

284 Manfred Schoch: „Vertrauen ist die Basis für Erfolg", BMW Group Zeitung, Extrablatt Dezember 2009, in:, BMW UI-3694-8, S. 3, hier S. 3.

285 Grunert/Triebel, 2019, Ein Jahrhundert BMW, S. 7.

286 Zschiesche, Brief von Fritz Zschiesche, Referat für Arbeitnehmerfragen (SPD), an Kurt Golda, 22.12.1969, BMW UA-2647-1.

287 Mario Riederer: Gespräch mit Franz Maget, 08.11.2022.

288 Arbeitsbericht der BMW-Gruppe / Sept. bis Dez. 1970, 1970–1971, AdMA, Bestand 451, Mappe „Arbeitersache BMW/MAN", S. 12.

vor allem der rechte SPD-Flügel, eine komplette Gleichsetzung mit der Partei sah man dagegen nicht.[289] Dennoch förderten sowohl Golda als auch die SPD-Parteiführung die Verbindungen aktiv.[290] Die Betriebsratswahlergebnisse galten als Erfolg für die Partei.[291] In der SPD hatte Golda selbst keine offizielle Rolle.[292] Trotzdem besuchte er gelegentlich als Referent Ortsvereine oder Betriebsgruppen, wie z. B. die Gründungsversammlung der SPD-Betriebsgruppe des BMW-Werks Dingolfing[293] oder den Ortsverein Milbertshofen-Olympiadorf.[294] Dabei scheint es sich um Ausnahmen gehandelt zu haben. Maget beschrieb Golda als „Arbeitnehmerfürst, der nicht herab steigt zu einem SPD-Ortsverein".[295]

Golda nutzte seine Kontakte in die Partei über seine ganze Amtszeit hinweg aktiv und auch oft im Sinne von BMW. Der Rede von Bundeskanzler Willy Brandt im März 1972 im BMW-Werk München war zum Beispiel eine Einladung Goldas vorausgegangen.[296] Auch pflegte Golda einen engen Kontakt zu Hans-Jochen Vogel, der mehrfach als Redner auf der Betriebsversammlung zugegen war, sowohl als Oberbürgermeister von München als auch als Bundesminister.[297] Insbesondere diese Verbindung zu Vogel nutzte Golda über mehrere Jahrzehnte für das Lobbying von BMW-Interessen. Es konnte dabei um BMW oder auch die Automobilindustrie allgemein gehen. Golda und Vogel tauschten sich über die Regelungen zur Haltepflicht von Belegschafts-

---

289 Ebenda, S. 15.

290 Golda, Brief Kurt Goldas an Eduard Meßthaler, SPD-Landesverband Bayern, 25.04.1972, BMW UA-2647-1.

291 Börner, Brief des Bundesgeschäftsführers der SPD, Holger Börner, an Kurt Golda, 08.05.1972, BMW UA-2647-1.

292 Riederer, 2022, Gespräch mit Peter Bock.

293 Dingolfinger Anzeiger: „Die Zukunft von BMW liegt in Dingolfing. SPD-Betriebsgruppengründung in Anwesenheit von BMW-Gesamtbetriebsratsvorsitzenden Kurt Golda, München", 24.02.1972, BMW UA-2612-1.

294 Kurt Golda/Hans-Jochen Vogel: Schriftverkehr bzgl. Goldas Referat „BMW – ein Großbetrieb in unserem Stadtteil" vor dem SPD-Ortsverein Milbertshofen-Olympiadorf, 02.01.1979–23.01.1979, AdsD 1/HJVA105682.

295 Riederer, 2022, Gespräch mit Franz Maget.

296 Protokoll der Aufsichtsratssitzung vom 15.03.1972, 20.03.1972, BMW UA-808-2, hier S. 4; Willy Brandt: Rede des Bundeskanzlers vor der Belegschaftsversammlung der Bayerischen Motoren Werke in München am 21.03.1972, 21.03.1972, BMW UA-826-1.

297 Brief Hans-Jochen Vogel an Rosa Golda, November 2002, AdsD 1/HJVA108122; Rede Hans-Jochen Vogel auf der Betriebsversammlung in München, 03.12.1973, AdsD 1/HJVA300251; Rede Hans-Jochen Vogel auf der Betriebsversammlung in München, 16.12.1975, AdsD 1/HJVA300270; Hans-Jochen Vogel: Rede Hans-Jochen Vogel auf der Betriebsversammlung 01.09.1969 in München, 01.09.1969, AdsD 1/HJVA300205.

wägen,[298] ein drohendes Anti-Dumping-Verfahren in Amerika gegen die deutsche Automobilindustrie[299] oder zur Debatte, ob das Herstellungsdatum eines Fahrzeuges in den KFZ-Brief kommen solle, aus.[300] Für Vogel hatten Goldas Anliegen vor allem deshalb Priorität, weil das BMW-Werk in seinem Wahlkreis lag. Als Minister fühlte er sich BMW auch aus seiner Oberbürgermeisterzeit heraus verbunden, wie er Bundeswirtschaftsminister Hans Friderichs erklärte.[301] Darüber hinaus versuchte Golda über Vogel zu erreichen, dass die türkische Regierung Landegenehmigungen für spezielle Flüge für die türkischen Mitarbeiter von BMW schneller gewähre[302] und dass die Ausgabe der Namensgewinnschuldverschreibungen für die Belegschaft von BMW, eine erste Form der Vermögensbildung, nicht an einem Einspruch des Bundesaufsichtsamtes für Kreditwesen scheiterte.[303] Von Unternehmensseite wurde dieser direkte Draht zu den politischen Schaltstellen natürlich gleichfalls gerne genutzt. Golda sei „vorgeschickt“ worden, wie z. B. bei einer geplanten Reform der beruflichen Ausbildung[304] oder beim anvisierten Kauf eines Grundstücks im Münchner Norden.[305] Die Meinung Goldas als sozialdemo-

---

298 Briefwechsel zwischen Golda, Vogel (Bundesminister für Raumordnung, Bauwesen und Städtebau), Ministerialdirektor Dr. Merkel (Bay. Finanzministerium), Konrad Porzner (Plt. Staatssekretär beim Bundesfinanzministerium) bzgl. Lohnsteuerliche Behandlung des geldwerten Vorteils aus der verbilligten Veräußerung von Personenkraftwagen durch Automobilwerke an ihre Belegschaftsmitglieder, 17.12.1973–20.02.1975, AdsD1/HJVA100723.

299 Brief Vogel an Golda bzgl. Anti-Dumping-Untersuchung gegen deutsche Automobilfirmen, 19.12.1975, AdsD 1/HJVA100525; Briefwechsel zwischen Kurt Golda (BMW), Eugen Loderer (IG Metall Vorsitzender) und Hans-Jochen Vogel (Bundesjustizminister) bzgl. Anti-Dumping-Verfahren in den USA, 06.11.1975, BMW UA-2615-1; Hans-Jochen Vogel: Schriftverkehr zwischen H. J. Vogel und Kurt Golda bzw. Hans Friderichs (Bundeswirtschaftsminister) bzgl. Anti-Dumping-Verfahren gegen die europ. Autoindustrie in den USA, 27.11.1975, AdsD 1/HJVA100525.

300 Schriftverkehr Golda–Bundeswirtschaftminister Hans Friderichs und Golda–Vogel bzgl. der Angabe des Herstellungsdatums im Kraftfahrzeugbrief, 20.01.1976–10.05.1976, AdsD 1/HJVA100724.

301 Ebenda.

302 Schriftverkehr Golda–Vogel bzgl. Gastarbeiterflüge in die Türkei, 03.05.1974–06.06.1974, AdsD 1/HJVA100735.

303 Schriftverkehr Vogel–Golda zu den Namensgewinnschuldverschreibungen, 14.04.1975–20.05.1975, AdsD 1/HJVA100735.

304 Protokoll der Aufsichtsratssitzung vom 18.03.1975, 18.03.1975, BMW UA-2625-1, hier S. 5–7.

305 Hans-Jochen Vogel: Vormerkung, Künftige Nutzung des nördlich der Stadtgrenze gelegenen Teiles des Bundeswehrübungsgeländes an der Heidemannstraße, 02.10.1978, AdsD 1/HJVA100185; Hans-Jochen Vogel: Briefverkehr bzgl. künftige Nutzung des nördlich der Stadtgrenze gelegenen Teiles des Bundeswehrübungsplatzes an der Heidemannstraße, 02.10.1978–23.01.1979, AdsD 1/HJVA100185; Vormerkung, Anruf von Hr. Seiler, Oberfinanzdirektion München, 11.11.1978, AdsD 1/HJVA100185; Hans-Jochen

kratischer Fachmann im Automobilbau hatte für Vogel ebenfalls Gewicht. Bei einem seiner Besuche im Werk München auf Einladung des Vorstandes bat er explizit darum, dass auch Golda teilnehme.[306] 1985 lud er Golda in die SPD-Bundestagsfraktion ein, um über die Gefahren einer Einführung von schadstoffärmeren Automobilen für die deutsche Automobilindustrie zu referieren.[307]

Dennoch entfremdeten sich der BMW-Betriebsrat und die SPD im Laufe der Zeit. Die lange gelebte Verquickung von Betriebsrat und SPD-Mitgliedschaft löste sich auf. Dies entsprach der gesamtgesellschaftlichen Entwicklung nach 1968, die u. a. zu einer Lösung des Arbeitermilieus von der SPD führte.[308] Vogel beschrieb diesen Wandel 1972 in seinem Buch *Die Amtskette*, wonach ein großer Teil der Neumitglieder nicht mehr aus dem klassischen proletarischen Milieu stamme. Dadurch verschoben sich die Gewichte innerhalb der Partei, insbesondere weil die Neumitglieder mit akademischem Hintergrund sich besser auszudrücken wussten und mehr Zeit investieren konnten.[309] In der Münchner SPD prallten so unterschiedliche Generationen und Kulturen aufeinander, was zu großen innerparteilichen Konflikten führte.[310]

Um diesen Abgrenzungs- und Abnabelungsprozess für den BMW-Betriebsrat konkret darzustellen, fehlt leider die Quellengrundlage. Anhand des Konfliktes über die Geruchsbelästigung durch die BMW-Lackiererei lässt er sich aber zumindest exemplarisch darstellen. Im Zuge der Olympischen Spiele 1972 in München wurde das Gelände rund um das Werk zunehmend mit Wohnungen bebaut, sodass die Abgase aus dem Industriebetrieb verstärkt zu Beschwerden der Bewohner führten. Laut Maget konnten die „alten“ SPD-Betriebsräte diese Beschwerden nicht nachvollziehen, weil sie stolz auf das Unternehmen waren und es als Grundlage ihres persönlichen Wohlstandes sahen. Im Zuge der Veränderungen in der Mitgliederstruktur entwickelten

Vogel: Brief Vogel an Golda, bzgl. künftige Nutzung des nördlich der Stadtgrenze liegenden Teils des ehemaligen Bundeswehrübungsgeländes Heidemannstraße, 23.01.1979, AdsD 1/HJVA100185.

306 Unterlagen zum Besuch von Hans-Jochen Vogel bei BMW am 31.10.1984, 05.10.1984–05.11.1984, AdsD 1/HJVA102436.

307 Brief Vogel an Golda bzgl. Einladung in die SPD-Bundestagsfraktion zu einem Gespräch bzgl. Einführung von abgasentgifteten PKW und die damit verbundene Gefährdung der deutschen Autoindustrie, 29.04.1985, AdsD 1/HJVA102034.

308 Raphael, 2019, Jenseits von Kohle und Stahl, S. 140.

309 Hans-Jochen Vogel: Die Amtskette. Meine 12 Münchener Jahre, München, 1972, S. 246.

310 Peter Lösche/Franz Walter: Die SPD. Klassenpartei – Volkspartei – Quotenpartei; zur Entwicklung der Sozialdemokratie von Weimar bis zur deutschen Vereinigung, Darmstadt, 1992, S. 339–345. Umfangreich zu diesen Konflikten in der Münchner SPD, S. 346–364.

sich nun aber auch innerhalb der SPD im Münchner Norden Kämpfe zwischen rechten und linken Flügeln, die sich geografisch festmachen lassen: Der Ortsverein Milbertshofen war „konservativ", während das neu erbaute Olympiadorf und dessen neuer Ortsverein „progressiver" war. Diese neuen Positionen teilten allerdings die alten BMW-Betriebsräte nicht mehr. Sie besuchten keine Ortsvereinstermine mehr, auch weil sich das Zusammensein innerhalb der Ortsvereine veränderte. Es war nun weniger gesellig, stattdessen wurden mehr politische Dinge besprochen und die Abstimmungen fanden teils so spät statt, dass es keine Opposition aus dem klassischen Arbeitermilieu mehr gab.[311]

Die Abluft der Lackiererei wurde im Laufe der 1970er Jahre zum Gegenstand der politischen Debatte. Auf Anregung einer nicht näher genannten Person – die Vermutung, dass es Golda war, liegt zumindest nahe –, wurde Vogel vorgeschlagen, BMW für seinen Einsatz im Umweltschutz beim Einbau neuer Nachverbrennungsanlagen für die Lackiererei zu danken. Vogel holte dazu bei Oberbürgermeister Georg Kronawitter die Einschätzung der Landeshauptstadt München ein.[312] Der städtische Umweltreferent bestätigte zwar „die nicht zu leugnende Geruchsbelästigung […] aus den Lackierbetrieben mit ca. 2,8 Millionen m^3/Std.", die „eine der schwierigsten Umweltaufgaben für München" sei. Dennoch stellte er BMW ein einwandfreies Zeugnis aus, weil sich das Unternehmen äußerst intensiv mit dieser Problematik beschäftige, bereits mehrere Nachverbrennungsanlagen installiert habe und seit 1973 über einen eigenen Umweltingenieur verfüge. Eine ähnlich gute Zusammenarbeit wünsche er sich auch mit anderen Betrieben.[313] Das Problem blieb aber virulent, weil die Geruchsbelästigung bestehen blieb, obwohl BMW laut Golda bis an die Grenzen des technischen Machbaren ging.[314] BMW befand sich zu diesem Thema im direkten Austausch mit dem SPD-Ortsverein und Vogel.[315] In diesem Zusammenhang ist dann auch das Referat Goldas über „BMW – ein Großbetrieb in unserem Stadtteil" beim SPD-Ortsverein Milbertshofen-Olympiadorf im Januar 1979 zu sehen.

---

311 Riederer, 2022, Gespräch mit Franz Maget.

312 Schriftverkehr Vogel/Kronawitter bzgl. Nachverbrennungsanlagen bei den Bayerischen Motorenwerken, 09.03.1976–30.04.1976, AdsD 1/HJVA100724.

313 Ebenda.

314 Golda/Vogel, Schriftverkehr bzgl. Goldas Referat „BMW – ein Großbetrieb in unserem Stadtteil" vor dem SPD-Ortsverein Milbertshofen-Olympiadorf, 02.01.1979–23.01.1979, AdsD 1/HJVA105682.

315 Schriftverkehr bzgl. der Geruchsbelästigung in Milbertshofen durch BMW, 16.10.1979–12.12.1980, AdsD 1/HJVA105718.

Ein weiteres großes Thema, das auf dieser Ortsvereinsversammlung besprochen werden sollte, war die Nachnutzung des Alabama-Depot-Geländes, das BMW erworben hatte, um die Entwicklung auslagern zu können.[316] In seiner Rede erklärt Golda, dass der Betriebsrat von BMW hinter dem Erwerb des Alabama-Geländes stecke. Auch habe der Betriebsrat sich dafür eingesetzt, dass das Werk München nicht zu einem Zulieferwerk für z. B. Motoren werde, und „erzwungen", dass auch in Zukunft das 3er-Modell in München gebaut werde. In seiner typischen Logik, aus den Erfahrungen der Unternehmenskrise heraus den Fokus auf den Erhalt der Arbeitsplätze zu legen, versuchte er den Kritikern von BMW den Wind aus den Segeln zu nehmen, indem er darauf verwies, dass eine Verlagerung nicht im Interesse der Bevölkerung und im Besonderen nicht der SPD sein könne.[317] Zwar seien mit einem Industriebetrieb in der Stadt immer Belastungen verbunden, aber die Arbeitsplätze wogen für ihn schwerer. Er schloss seinen Vortrag mit einem Appell an beide Seiten:

> So gesehen müssen beide Seiten, das Werk einerseits und die betroffenen Anwohner andererseits, aufeinander Rücksicht nehmen und nicht eine Forderung aufstellen, die nach heutigen Erkenntnissen, auch nicht mit viel Geld, lösbar ist oder im Falle der Erzwingung, Arbeitsplätze mit all den sich daraus ergebenden Problemen vernichtet. Unsere Partei, wenn auch manchmal nicht erkennbar, hat mit dazu beigetragen, daß BMW heute ein gesundes Unternehmen mit einem großen Weltruf ist. Diese Feststellung sollten wir in unsere Überlegungen mit einbeziehen. Vor allem sollten wir diese Tatsache keiner anderen Partei überlassen. […] Mit dieser kurzen Zusammenfassung wird eines zumindest sehr deutlich: Ihre Sorgen sind auch unsere Sorgen, ausgelöst durch unsere Belegschaft, mit dem Ziel einer endgültigen Bereinigung.[318]

Diese kurze Episode zeigt in geradezu exemplarischer Art und Weise das Dilemma der SPD zwischen Arbeit und Umwelt, wie es in der Partei diskutiert wurde.[319] Was Golda hinsichtlich der Rolle der SPD in der BMW-Geschichte meinte, wird leider nicht erläutert. Zu vermuten ist, dass er entweder seine Kontakte in die Politik meinte oder die Rolle der SPD-Betriebsgruppe bei der Stabilisierung des Betriebsrates.

---

316 Golda/Vogel, Schriftverkehr bzgl. Goldas Referat „BMW – ein Großbetrieb in unserem Stadtteil" vor dem SPD-Ortsverein Milbertshofen-Olympiadorf, 02.01.1979–23.01.1979, AdsD 1/HJVA105682.

317 Ebenda.

318 Ebenda.

319 Vgl. hierzu Felix Lieb: Arbeit und Umwelt? Die Umwelt- und Energiepolitik der SPD zwischen Ökologie und Ökonomie 1969–1998, Berlin/Boston, 2022.

2.4 Konstruktive Kritikpartnerschaft, um „das kranke Münchner Kindl wieder gesund zu machen"

Während die Rolle der SPD im „System Golda" im Laufe der Zeit abnahm, etablierten sich innerhalb des Betriebs bestimmte Muster, die dieses System kennzeichneten und stabilisierten.[320] Dazu zählte ein offener, kritischer Meinungsaustausch unter den Vorzeichen der Partnerschaft. Innerhalb kürzester Zeit etablierte sich nach der Unternehmenskrise und der Neubesetzung des Vorstandes eine neue Arbeitsbeziehung zwischen Betriebsrat und Unternehmensvertretern. Schon 1962 brüstete sich der damalige Vorstandsvorsitzende Karl-Heinz Sonne mit diesem neuen Verhältnis zum Betriebsrat. Nicht nur lobte er Golda für die Idee, Oberbürgermeister Hans-Jochen Vogel zur Betriebsversammlung einzuladen. Man wollte Vogels Anwesenheit auf der Betriebsversammlung dazu nutzen, um zu zeigen, „welche Ergebnisse, die in diesem Hause geübte echte Partnerschaft in menschlicher und sozialer Hinsicht gezeigt hat […] und welche wirtschaftlichen Ergebnisse in der beiderseitigen fruchtbaren Zusammenarbeit erzielt worden sind […]".[321] Diesen partnerschaftlichen Gedanken trugen sowohl Betriebsrat als auch Vorstand immer wieder gebetsmühlenartig vor und betonten ihn öffentlich. Golda thematisierte dies regelmäßig auf den Betriebsversammlungen, wobei für ihn vor allem der persönliche Umgang und das gemeinsame Ziel, dem Unternehmen und der Belegschaft zu helfen, vorrangig waren. Eine Partnerschaft, die sich nur nach den Vorgaben des Betriebsverfassungsgesetzes richtete, hielt er für wenig zielführend.[322] So hielt er auch nichts davon, dass die ritualisierte Spiegelfechterei, z. B. bei den Verhandlungen um Prämienzahlungen, ein Niveau erreichte, bei dem sowohl der Betriebsrat als auch der Vorstand vor der Belegschaft der Gesichtsverlust drohte. Aus einem derart unnötig aufgeladenen Konflikt würden beide Seiten als Verlierer herausgehen.[323] Gleichzeitig nutzte er die Begriffe Partnerschaft und Mit-

---

320 Beleg für das Zitat in der Überschrift: Protokoll über die Betriebsversammlung 3/62 am 19.11.1962, 19.11.1962, BMW UA-511-1, hier S. 2.

321 Ebenda.

322 Golda, Rede von Kurt Golda auf der Betriebsversammlung im Werk München im November 1964, 23.11.1964, BMW UA-511-1, S. 10–13; Rede von Kurt Golda auf der Betriebsversammlung im Werk München im November 1966, 28.11.1966, BMW UA-512-1, hier S. 2; Kurt Golda: Rede auf Betriebsversammlung im Werk München im November 1971, 22.11.1971, BMW UA-1532-1, hier S. 4.

323 Kurt Golda: Rede von Kurt Golda auf der Betriebsversammlung im Werk München im April 1966, 18.04.1966, BMW UA-512-1, hier S. 9.

verantwortung gezielt, wenn der Vorstand aus seiner Perspektive seiner partnerschaftlichen Verantwortung nicht nachkam.[324]

Der Vorstand selbst war sich ebenfalls der Vorteile dieser Zusammenarbeit mit dem Betriebsrat bewusst und betonte sie immer wieder. Das oberste Ziel des Vorstandes sei nicht nur ein wirtschaftlich gesundes Unternehmen, sondern auch sichere Arbeitsplätze für die Mitarbeiter, was wiederum verhindere, dass die Belegschaft sich von Polemik oder Propaganda verführen lasse.[325] Deshalb wurde der Vorstand auch nicht müde zu betonen, dass der wirtschaftliche Erfolg nur möglich gewesen sei, weil Belegschaft und Betriebsrat bereit gewesen seien, zugunsten des wirtschaftlichen Turnarounds über bisher maue Arbeitsbedingungen hinwegzusehen.[326] Über die Zeit wurde diese fast schon mythologische Überhöhung der partnerschaftlichen Mitbestimmung gar als entscheidendes Kriterium für den wirtschaftlichen Erfolg des Unternehmens ausgemacht, so auch vom Vorstandsvorsitzenden Eberhard von Kuenheim 1981:

> [Wir müssen] die Stärken, die BMW in höherem Maße als andere Hersteller [...] hat, verstärkt zu unserem eigenen Vorteil nutzen. Diese Vorteile sind in erster Linie eine höhere Flexibilität und große Einsatzbereitschaft unserer Belegschaften [gemeint ist hier die Bereitschaft des Betriebsrates, Sonderschichten zu genehmigen, als auch die Bereitschaft der Belegschaft zu diesen Sonderschichten, M. R.]. [...] Das was andere Hersteller bis heute nicht haben, über das was wir verfügen, ist Flexibilität, Mut und eine in dieser Form in der deutschen Wirtschaft sicherlich beispielsweisendes vertrauensvolles Verhältnis zwischen allen BMW-Beschäftigten. Dies sind unsere Stärken. Setzen wir weiter auf sie, werden wir auch 1982 besser dastehen als andere Automobilhersteller [...].[327]

Der Stolz auf die eigene, partnerschaftliche Mitbestimmung drang auch nach außen. Manfred Tögel, der Sprecher des BMW-Betriebsrates, stellte einem globalen Publikum die sozialpolitischen Erfolge durch diese Partnerschaft

---

324 Boccia, 2024, Krise im „Wirtschaftswunder“, S. 211–213.

325 Eberhard von Kuenheim: Rede des Vorstandsvorsitzenden auf der Betriebsversammlung im Werk München im November 1971, 22.11.1971, BMW UA-1532-1, hier S. 4.

326 Jetzt wirds besser in den Münchner BMW-Hallen, bayernmotor 06/74, Juni 1974, BMW UI-2021-6; die mangelhaften Arbeitsbedingungen resultierten aus dem ungeahnten Erfolg des Unternehmens in den 1960er Jahren, hierzu umfangreich: Boccia, 2024, Krise im „Wirtschaftswunder“.

327 Eberhard von Kuenheim: Rede des Vorstandsvorsitzenden auf der Betriebsversammlung im Werk München, 23.11.1981, BMW UA-2673-1, hier S. 11 f.

auf der internationalen Metallarbeiter-Konferenz 1976 in München vor.[328] Die werkseigene Zeitung machte diesen Vortrag einem breiteren Publikum bekannt und betonte die starke Stellung der Arbeitnehmervertretung, gegen deren Stimmen keine Entscheidung im Aufsichtsrat falle.[329] Dieses öffentliche Auf-die-Brust-Trommeln gilt es kritisch zu hinterfragen. Wie sehr sich der partnerschaftliche Gedanke aber wirklich in der betrieblichen Sozialordnung verankert hatte, zeigt etwa eine Passage aus einem Aufsichtsratsprotokoll von 1972. In diesem bestätigte der Vorstand „ausdrücklich [!], daß alle Kostensenkungsmaßnahmen, die mit Personalauswirkungen verbunden sind, wie üblich [!] erst nach Konsultation des Betriebsrates eingeleitet werden".[330] Hier wurde dezidiert festgehalten, dass Entlassungen nur in Kooperation mit dem Betriebsrat umgesetzt werden sollten. Der Vorstand war zu einer Konsultation bei Personalthemen zwar auch rechtlich gezwungen, aber die *ausdrückliche* Betonung, *wie üblich* den Betriebsrat bereits vorab einzubeziehen und nicht vor vollendete Tatsachen zu stellen, ist ein erstes Indiz, dass diese Partnerschaft auch so gelebt wurde, wie über sie gesprochen wurde. Im Vergleich zu den Ereignissen der ersten Hälfte der 1950er Jahre war das ein bemerkenswerter Wandel.

Noch viel deutlicher wird die Bedeutung des Betriebsrates in einem Rundschreiben des Personalvorstandes Eberhardt Sarfert aus dem Jahr 1983 an die oberen Führungskräfte des Unternehmens.[331] Darin rüffelte Sarfert die Adressaten: Trotz des aufkommenden Tarifkampfes um die 35-Stunden-Woche habe der Betriebsrat zwei Sonderschichten genehmigt, wofür man sehr dankbar sei. Es könne deshalb nicht sein, dass Führungskräfte den Betriebsrat zum Sündenbock machten, wenn es Beschwerden aus der Belegschaft über diese Sonderschicht gebe. Die Führungskräfte seien dafür verantwortlich, diese Unternehmensentscheidungen zu erklären und positiv zu kommunizieren. Den Betriebsrat hinzuhängen, sei inakzeptabel: „Ein derartiges Verhalten zeigt nicht nur Führungsschwäche, sondern ist als Zeichen von Illoyalität gegenüber dem Unternehmen zu werten."[332] Ein Vorstandsmitglied selbst stellte hier die Mitbestimmung auf eine Ebene mit der Loyalität zum Unternehmen und wies seine Führungskräfte an, die bisherige Zusammenarbeit

328 Tögel, Rede von Manfred Tögel, Sprecher BMW-Betriebsrat, auf der internationalen Metallarbeiter-Konferenz, 17.05.1976, BMW UA-1533-1, S. 9–15.

329 bm: „Keine Entscheidung im BMW-Aufsichtsrat gegen die Stimmen aus der Belegschaft", bayernmotor 04/76, Juni 1976, BMW UI-2024-6.

330 Protokoll der Aufsichtsratssitzung vom 06.07.1972, 10.07.1972, BMW UA-808-2, hier S. 11.

331 Eberhardt Sarfert: Schreiben an die Oberen Führungskräfte der Werke, 28.12.1983, BMW UA-2683-1.

332 Ebenda.

nicht nur nicht zu gefährden, sondern aktiv zu verteidigen. Unterschwellig schwang hier auch die Drohung mit, dass bei Nichtbefolgen diese Führungskräfte das Unternehmen verlassen müssten. Die Partnerschaft war inhärenter Bestandteil der betrieblichen Sozialordnung bei BMW geworden. Das Verhalten der Führungskräfte dem Betriebsrat gegenüber verletzte diese Spielregel, weshalb Sarfert so deutlich reagierte.

Aufgrund dieser Mitbestimmungserfahrungen verstanden sich sowohl der Betriebsrat als auch die Unternehmensseite als ein leuchtendes Beispiel. Eine Novellierung des Betriebsverfassungsgesetzes wurde für nicht notwendig erachtet.[333] Selbst Bundeskanzler Willy Brandt stimmte dieser Sichtweise auf einer Betriebsversammlung im März 1972 zu und hob hervor, dass viele der Neuerungen des Betriebsverfassungsgesetzes 1972 bei BMW bereits zuvor schon Usus gewesen seien.[334] Das Mitbestimmungsgesetz von 1976, das in den Gewerkschaften als „dunkles Kapitel“ der Mitbestimmung galt,[335] ging deshalb an BMW quasi unbemerkt vorüber. Rückblickend konnte der Vorstandsvorsitzende Eberhard von Kuenheim die Aufregung um die Einführung der fast paritätischen Mitbestimmung im Aufsichtsrat nicht mehr nachvollziehen:

> Nachträglich müssen wir heute fragen, warum hat man sich eigentlich so darüber aufgeregt. Bei uns im Hause ist die Mitbestimmung problemlos eingeführt worden. Wir haben es eigentlich fast nicht gemerkt, denn mitwirken, mithandeln, mitverantworten war bei uns eine Selbstverständlichkeit. Das Gesetz hat uns qualitativ nichts neues gebracht.[336]

Zu den hier von Kuenheim genannten Kennzeichen der Mitbestimmung gehörte im System BMW ein ganz wesentlicher zusätzlicher Baustein: Der Betriebsrat hinterfragte die Entscheidungen des Vorstandes permanent und kritisierte sie teilweise öffentlich. Die Betriebsversammlungen zeichneten sich durch eine regelmäßige Abrechnung mit den Vorhaben des Vorstandes aus, wobei die Kritikpunkte ein weites Feld abdeckten: fehlende sozialpoliti-

---

333 Protokoll über die Betriebsversammlung am 01.09.1969, 01.09.1969, BMW UA-512-1, hier S. 4; Kurt Golda: Rede auf der Betriebsversammlung im Werk München im Juli 1973, 23.07.1973, BMW UA-1532-1, hier S. 6 f.

334 Brandt, Rede des Bundeskanzlers vor der Belegschaftsversmmlung der Bayerischen Motoren Werke in München am 21.03.1972, 21.03.1972, BMW UA-826-1, S. 6.

335 Gotto, 2018, Enttäuschung in der Demokratie, S. 100.

336 Kurt Golda. Zur Vollendung des 60. Lebensjahres, 21.09.1985, BMW UI-14-1, S. 8 f.

sche Fortschritte, die man in Zukunft angehen werde,[337] die Missachtung des Betriebsrates durch höhere Führungskräfte,[338] eine verfehlte Jahresplanung und Unterschätzung der japanischen Konkurrenz,[339] das Zusammenstreichen von Investitionen mit möglichen langfristigen Folgen für das Unternehmen[340]. Ebenfalls bemängelt wurde fehlender Mut, trotz kurzzeitiger Schwierigkeiten an der eigenen Langfristplanung festzuhalten, um so zu verhindern, dass man nicht nur den Status quo verwalte, sondern zur Zukunftssicherung auch in ein gewisses unternehmerisches Risiko gehe.[341] Dieser schonungslos offene Umgang kam nicht bei allen Führungskräften gut an, und Golda sah sich zu Beginn der 1960er Jahre dazu genötigt, darauf hinzuweisen, dass die Herren doch nicht so empfindlich und mimosenhaft sein sollten.[342] Es waren eben noch nicht alle Führungskräfte in der neuen betrieblichen Sozialordnung angekommen. Diese kanonisierte Vorstandsschelte in den Betriebsversammlungen wurde fast zur Regel, sodass sich die Vorstände darauf einzurichten begannen und von unerwartetem Lob sogar überrascht wurden:

> So war es […] richtig, dass ich [Vertriebsvorstand Paul G. Hahnemann, M. R.] […] hier saß, wo der Vorstand hingehört, auf die Armesünderbank, um von Herrn Golda, Ihrem Sprecher, die harte Kritik oder Lob, meistens aber die gesalzenen und gepfefferte Schelte zu bekommen, die nun mal Ihr Sprecher für seine leitenden Herren übrig hatte. […] [E]s gibt ein altes Sprichwort, das heisst: wie man in den Wald schreit so liegt man und wie man sich bettet so schallt es heraus. So hatte ich mich für heute, da ich ja wiederum auf allerhand gefasst war, auch einiges als Antwort überlegt und ich muss sagen, unser aller Freund Golda hat mich maßlos enttäuscht. Viermal hörte ich Dank und Anerkennung und Zuspruch für die gute Haltung des Vorstandes und da frage ich Sie, wo bin ich mit meinem Konzept. Getreu dem zitierten Sprichwort will ich sagen, Herr Golda – und das ist mir ein echtes Anliegen und ein inneres Bedürfnis – auch Ihnen zu danken. Ihnen danken für die immer faire Art und Weise, mit der Sie

---

337 Kurt Golda: Rede von Kurt Golda auf der Betriebsversammlung im Werk München im November 1962, 19.11.1962, BMW UA-511-1, hier S. 22 f.

338 Kurt Golda: Rede von Kurt Golda auf der Betriebsversammlung im Werk München im Juli 1965, 19.07.1965, BMW UA-511-1, hier S. 8–10.

339 Kurt Golda: Rede auf der Betriebsversammlung im Werk München im Dezember 1980, 01.12.1980, BMW UA-2673-1, hier S. 3–7.

340 Ebenda, S. 11–13.

341 Kurt Golda: Rede auf der Betriebsversammlung im Werk München im Juli 1981, 27.07.1981, BMW UA-2673-1, hier S. 7–12.

342 Golda, Rede von Kurt Golda auf der Betriebsversammlung im Werk München im November 1960, 21.11.1960, BMW UA-510-1, S. 9 f; Golda, Rede von Kurt Golda auf der Betriebsversammlung im Werk München im November 1962, 19.11.1962, BMW UA-511-1, S. 2–4.

> mit uns verkehren, mit der Sie Ihre Forderungen untermauern und vor allen Dingen [...] für die grosse Liebe und das unverkennbare Herz, das mitschwingt, wenn Sie etwas für die Ihrigen fordern. Es ist das wohl der Schlüssel dafür, dass er letztens Endes auch immer die Herzen seiner Vorstandsgesprächpartner aufschließen kann [...]. Wir sitzen alle im Automobil, und das heisst BMW.[343]

Dieses Zitat ist nicht nur ein Beleg für den schon eingeübten Schlagabtausch rund um den Gegensatz von Arbeit und Kapital, sondern auch dafür, dass die Kritik eben nicht nur ein Stilmittel war, sondern auch auf der gegenseitigen Erkenntnis beruhte, dass man durch die sachliche Auseinandersetzung und ein Hineinversetzen in die Positionen des anderen wertvolle Kompromisse zum beiderseitigen Nutzen erreichen konnte. Die ernsthaften und konstruktiven Verhandlungen wollten aber beide Spieler lieber aus der Öffentlichkeit heraushalten, weil in diesem bilateralen Austausch ehrlich und offener verhandelt werden könne und es sich über die gegenseitigen Standpunkte besser austauschen lasse als in einer Betriebsversammlung.[344] Zu diesen Verhandlungen konnten leider keine Quellen gefunden werden. In den Protokollen der Aufsichtsratssitzungen lässt sich die Aussage Goldas, dass er den Vorstand im Aufsichtsrat durchaus kritisierte und überwachte, hingegen nachweisen.

Ein besonders prägnantes Beispiel hierfür ist die Aufsichtsratssitzung vom 19. März 1963, zu der nicht nur das offizielle Protokoll, sondern auch das Stenogramm überliefert ist. Auch im offiziellen Protokoll kritisierte Golda die Produktionsplanung, die nicht zu den „betrieblichen Möglichkeiten“ passe, die Einführung eines Zweischichtbetriebs, um sie kurz darauf wieder zurückzunehmen, den unzureichenden Personalstamm sowie das zu schnelle Hochlaufen der Produktion der Modelle der „Neuen Klasse“ zulasten der Qualität. Sowohl der Aufsichtsratsvorsitzende Karoli als auch der Vorstandsvorsitzende Sonne dankten für die offenen Worte und sahen darin „den Ausdruck einer echten, konstruktiven Mitarbeit“.[345] Schon in diesem geschönten Protokoll wird sichtbar, dass die konstruktive Partnerschaft nicht nur nach außen verkündet, sondern auch gelebt wurde.

---

343 Protokoll über die Betriebsversammlung Nr. 2/64 am 20. Juli 1964, 20.07.1964, BMW UA-511-1, hier S. 2.

344 Kurt Golda: Rede von Kurt Golda auf der Betriebsversammlung im Werk München im November 1963, 25.11.1963, BMW UA-511-1, hier S. 22–24; Karl-Heinz Sonne: Rede des Vorstandsvorsitzenden Karl-Heinz Sonne auf der Betriebsversammlung im Werk München im August 1962, 01.08.1962, BMW UA-511-1, hier S. 1.

345 Protokoll der Aufsichtsratssitzung vom 19.03.1963, 19.03.1963, BMW UA-731-2, hier S. 8–10.

Noch viel deutlicher wird das im Stenogramm. Der schnelle Wechsel zwischen der Einführung eines Zweischichtbetriebs,[346] der kurz darauf wieder zurückgenommen werden musste, wurde hier zu einem „Faschingsscherz“, der den Betriebsrat gegenüber der Belegschaft in ziemliche argumentative Schwierigkeiten gebracht habe. Golda betrachtete das Programm als viel zu ambitioniert, selbst mit Überstunden und dem vollen Einsatz der Belegschaft sei es nicht zu schaffen. Das bringe eine zusätzliche Erregung in die Belegschaft, die aufgrund der vielen Neueinstellungen von Migranten ohnehin schon unruhig sei. Karolis Reaktion auf diese Attacke fiel auch weniger dankbar aus, als das offizielle Protokoll glauben machen will: „Karoli: dankt H. Go. für die Ausführungen. Wir mussten das hören, ist allerdings enttäuschend. Diese scharfe Kritik.“[347] Das Qualitätsthema nimmt im Stenogramm deshalb auch einen größeren Raum ein. Golda war der festen Überzeugung, dass jedes Auto einwandfrei an die Händler gehen müsse, um neue Aufträge zu generieren. Er berichtete von Bedenken eines Stuttgarter Händlers, von Abweichungen bei Gummis, verlorenen Auspuffen, Schwierigkeiten oder sogar dem Versagen der Bremsen und Schlusslichtern, die im Kofferraum lägen. Hier müsse die Qualitätskontrolle unbedingt besser werden.[348] Deshalb halte er es für einen Fehler, dass man die Erreichung der Umsatzziele über die Qualität stelle, das Programm könne sowieso nicht erfüllt werden: „[D]as ist die große Gefahr, Einhaltung der Stückzahlen, koste es was es will. Kosten Qualität!“[349] Im offiziellen Protokoll ist zu dieser Diskussion nur vermerkt, dass die Aufsichtsratsmitglieder die Produktionsqualität für wichtiger als die Stückzahlen hielten, das müsse auch beim Produktanlauf immer gelten.[350] Hier wird aber komplett unterschlagen, dass sich die Aufsichtsratsmitglieder gegen die Ansicht des Vorstandsvorsitzenden Sonne durchsetzten und sich der Sichtweise Goldas anschlossen. Der für die Qualität zuständige Technikvorstand[351] Wilhelm

---

346 Hintergrund dieser Anpassung der Produktionsplanung war ein Mangel an Arbeitskräften in der Produktion, weshalb man die Fertigung des BMW 700 zugunsten der Modelle der Mittelwagenklasse zurückfuhr, vgl. Boccia, 2024, Krise im „Wirtschaftswunder“, S. 156 f.

347 Auf das Verhältnis des Betriebsrates zu Mitarbeitern mit Migrationshintergrund wird weiter unten noch genauer eingegangen. Stenogramm zur Aufsichtsratssitzung vom 19.03.1963, 19.03.1963, BMW UA-2632-1, hier S. 14 f.

348 Ebenda, S. 15 f.

349 Ebenda, S. 17.

350 Protokoll der Aufsichtsratssitzung vom 19.03.1963, 19.03.1963, BMW UA-731-2, S. 10.

351 Unter Technik waren damals Produktion und Entwicklung zusammengefasst. Dies ist der Grund dafür, dass bei BMW das Kurzzeichen des Produktionsvorstandes bis heute „T“ ist, während „P“ für Personal steht.

Gieschen fühlte sich durch diese Diskussion derart brüskiert, dass er erregt erklärte, man achte sehr wohl auf die Produktqualität.[352]

In der Aufsichtsratssitzung vom 8. Dezember 1981 wurde Goldas kritische Kontrolle der Unternehmensleitung ebenfalls sichtbar. So bemängelte er, dass es im Zusammenhang mit dem Facelift des 7er-BMW und dem Betriebsurlaub 1981 zu einer falschen Bevorratung gekommen sei, die wiederum für die noch nicht verkauften Modelle des Pre-Facelift 7er-BMW Verkaufshilfen notwendig machten. Außerdem erkundigte er sich über die Personalentwicklung in der Motorradsparte, deren Zuwachs er kritisch sah. „Wie ist dieser Personalstand zu erklären, der in den Produktionszahlen keine Entsprechung findet und wie steht es um den Gewinnbeitrag der Motorradsparte."[353] Der Vorstand musste sich darauf einstellen, dass sich die Arbeitnehmervertreter im Aufsichtsrat nicht nur als reines Aufsichtsorgan verstanden, sondern sich aktiv gestaltend einmischten und die Entscheidungen jederzeit kritisch auf den Prüfstand stellten. Zur Mitbestimmung gehörte bei BMW auch diese starke Rolle des Betriebsrates in der Unternehmensführung.

2.5 Der Betriebsratsvorsitzende als Sonnenkönig und als Büttel des Vorstandes

> „Für seine Mitstreiter […] ist er […] schon Legende geworden",[354] „der für ein Unternehmen einmalige, weit über BMW hinaus bekannte und anerkannte Arbeitnehmervertreter"[355], „Als Lotse der Mannschaft hat Kurt Golda entscheidend mitgewirkt, das Schiff BMW vor dem Untergang zu retten […]. Welcher Arbeitnehmervertreter in deutschen Unternehmen genoß je dieses Vertrauen, konnte je so selbstbewußt lenkend eingreifen? Das ist nur mit der Persönlichkeit Kurt Goldas zu erklären."[356]

In diesen Versatzstücken zum Ausscheiden aus dem Betriebsrat bzw. zum Ruhestand Goldas zeigt sich: Die Mitbestimmung nach 1956 war Golda und Golda war die Mitbestimmung. Er hatte durch sein Handeln in der Unternehmenskrise einen alles überstrahlenden Nimbus erreicht, war zur lebenden

352 Stenogramm zur Aufsichtsratssitzung vom 19.03.1963, 19.03.1963, BMW UA-2632-1, S. 19–21.

353 Wortprotokoll über die Aufsichtsratssitzung vom 08.12.1981, 08.12.1981, BMW UA-2624-1, hier S. 1–2; 10–11.

354 mkn: Golda – ein BMW Mann geht, bayernmotor 10/88, Oktober 1988, BMW UI-2036-10.

355 Knappe, Zündfunken: Der Lotse geht von Bord?, bayernmotor 05/87, 05.1987, BMW UI-2035-5, S. 2.

356 Ebenda.

Legende geworden, der unumstrittene Repräsentant der Arbeitnehmer von BMW. Diese Konzentration auf eine Person, wie unschwer an den bisher zitierten Unterlagen zu erkennen, zieht sich ebenfalls durch die überlieferten Quellen. Alle Zeitzeugen beschrieben Golda unisono als Gravitationszentrum, um das alles kreiste. Dass Peter Bock, Mitglied im selben SPD-Ortsverein wie Golda und ehemaliger Betriebsrat von Siemens in München, bei den monatlichen Sitzungen der Münchner Betriebsratsvorsitzenden im Gewerkschaftshaus Golda als „abgehoben" wahrnahm, passt ins Bild.[357] Der ehemalige BMW-Betriebsrat Volkmar Rohrbach erinnerte sich, dass Golda in der Belegschaft als „Retter von BMW" galt, er war der starke Mann und die unangefochtene Führungspersönlichkeit im Betriebsrat.[358] Diesen Eindruck Rohrbachs teilte auch der SPD-Politiker Franz Maget, der Golda als „uneingeschränkte[n] Arbeiterführer" charakterisierte, der den Betriebsrat mit autoritärer Hand lenkte.[359] Für den Vorstandsvorsitzenden Kuenheim galt Golda als der alleinige Kopf des Betriebsrates, der zwar sehr wohl Stellvertreter hatte und akzeptierte, ihnen aber keine echte Entscheidungsgewalt gewährte.[360] Der IG-Metall-Jurist Klebe brachte diese stark personenbezogene Entwicklung klar auf den Punkt: „Es war eben ein System Golda, also es war eben alles sehr stark auf Kurt Golda ausgerichtet."[361]

Diese vier Zeitgenossen als Vertreter des Betriebsrates, der Unternehmensführung, der SPD bzw. des DGB und der IG Metall beschrieben das „System Golda" aus vier verschiedenen Blickwinkeln identisch. Das ist für den Historiker Fluch und Segen zugleich. Es erleichtert den Gang der Untersuchung ungemein, wenn sich alles auf einen Fluchtpunkt konzentriert. Umgekehrt überstrahlt diese alles überragende Persönlichkeit andere wichtige Personen oder Meinungen, die nicht in das System passten. Es besteht also die Gefahr, die Entwicklung nur aus der Sichtweise von Golda zu beschreiben (bzw. beschreiben zu können). Umso wichtiger sind damit Quellen wie Zeitzeugeninterviews, Flugblätter oder andere Unterlagen von außerhalb des Betriebsrates. In diesem Sinne kommt der Gruppe „Arbeitersache" und der *Marxistischen Arbeiter Zeitung* eine wichtige korrigierende Funktion zu. Für die „Arbeitersache" war es zwar ebenfalls so, dass die Autorität des Betriebsrates auf seinen Leistungen in der Unternehmenskrise fußte. Dies war aber nicht positiv besetzt, vielmehr wurde die stetige Erinnerung an die früher drohende Gefahr,

357 Riederer, 2022, Gespräch mit Peter Bock.
358 Riederer, 2022, Gespräch mit Volkmar Rohrbach.
359 Riederer, 2022, Gespräch mit Franz Maget.
360 Riederer, 2022, Gespräch mit Eberhard von Kuenheim.
361 Riederer, 2022, Gespräch mit Dr. Thomas Klebe.

den Arbeitsplatz verlieren zu können, als „[w]ichtigstes Element der disziplinierenden Propaganda des Betriebsrates im Interesse des Betriebsfriedens" gesehen.[362]

Die *Marxistische Arbeiter Zeitung* polemisierte gegen Golda anlässlich der Betriebsratswahl 1981, durch die Konzentration aller Errungenschaften auf seine Person werde das Gefühl in der Belegschaft erweckt, dass die Arbeitnehmervertretung ohne ihren Leitstern Golda nicht in der Lage sei, ihre Interessen durchzusetzen.[363] Beide oppositionellen Äußerungen verkehrten damit den Nimbus des Retters ins Gegenteil, vielmehr wurde dieser nun zum Herrschafts- und Disziplinierungsinstrument der Belegschaft. Gleichermaßen kritisierte die „Arbeitersache" regelmäßig besonders in den 1970er und 1980er Jahren die Nähe von Betriebsrat und Geschäftsleitung,[364] der Betriebsrat galt als Organ der Geschäftsleitung.[365] Insbesondere der wirtschaftliche Ansatz des Betriebsrates und die fehlenden Alternativen bei den Betriebsratswahlen[366] brachten Golda die zweifelhaften Spitznamen als „Betriebsratsmanager" und „Kuenheim-Knecht" ein.[367] Diese Sichtweise war dabei eine Seite der Medaille, während die eingangs aufgeführten Versatzstücke die andere Seite darstellten. Diese Medaille hing allein um den Hals Goldas. Hier wurde also ein patriarchalisches Patronageverhältnis zwischen Betriebsratsvorsitzendem und Belegschaft beschrieben, in dem Ersterer für die Interessen der Letzteren beim Vorstand sorgt, dafür aber verlangt, dass sein Führungsanspruch nicht angegriffen wird.

---

362 Arbeitsbericht der BMW-Gruppe / Sept. bis Dez. 1970, 1970–1971, AdMA, Bestand 451, Mappe „Arbeitersache BMW/MAN", S. 12.

363 Marxistische Gruppe (MG): „Marxistische Arbeiter Zeitung" (MAZ), 19.01.1981, BMW UA-2617-1.

364 Flugblatt der BMW-Betriebsgruppe der Arbeiterbasisgruppen, ca. 1970, BMW UA-2618-1; BMW-Betriebszeitung Arbeitersache, Nr. 16, 04.04.1972, AdMA, Bestand 451, Mappe „Arbeitersache München allgemein II".

365 Arbeitsbericht der BMW-Gruppe / Sept. bis Dez. 1970, 1970–1971, AdMA, Bestand 451, Mappe „Arbeitersache BMW/MAN", S. 15.

366 Arbeiterbund für den Wiederaufbau der KPD: „Der Motor", 26.03.1975, BMW UA-2657-1; Betriebsgruppe des Arbeiterbundes für den Wiederaufbau der KPD: „Der Motor", März 1978, BMW UA-2658-1; Marxistische Gruppe (MG): „Marxistische Arbeiter Zeitung" (MAZ), 29.03.1978, BMW UA-2657-1; Betriebsgruppe des Arbeiterbundes für den Wiederaufbau der KPD: „Der Motor", 12.01.1980, BMW UA-2617-1; Betriebsgruppe des Arbeiterbundes für den Wiederaufbau der KPD: „Der Motor", März 1981, BMW UA-2617-1; Marxistische Gruppe (MG), „Marxistische Arbeiter Zeitung" (MAZ), 03.12.1981, BMW UA-2617-1, S. 1 f; Marxistische Gruppe (MG): „Marxistische Arbeiter Zeitung" (MAZ), 17.02.1982, BMW UA-2617-1.

367 Marxistische Gruppe (MG): „Marxistische Arbeiter Zeitung" (MAZ), 13.05.1982, BMW UA-2617-1.

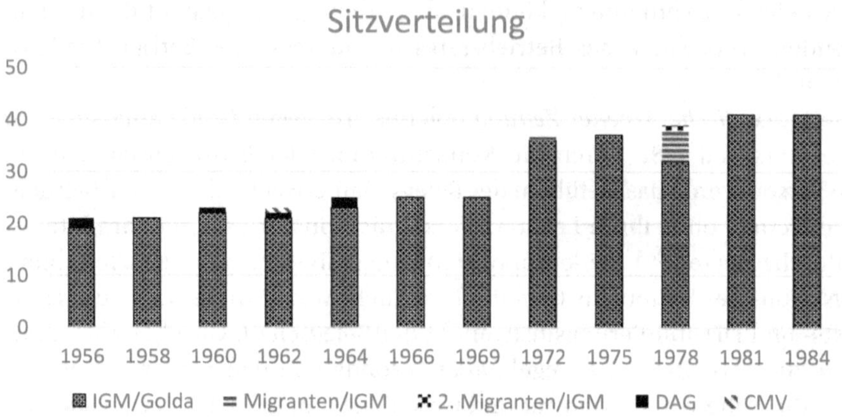

ABBILDUNG 5.2 Sitzverteilung im Betriebsrat München, 1956–1984

Goldas Kritikern gelang es nie, ihren Unmut in eine dementsprechende Zahl von Betriebsratsmandaten umzuwandeln, wie Abbildung 5.2 zeigt. Nur 1978 gelang es einer Gruppierung von migrantischen Arbeitnehmern, einen nennenswerten Stimmenanteil gegen Golda zu erringen. Die Hintergründe dieser Wahl werden weiter unten noch detaillierter dargestellt, sie haben aber mehr mit Animositäten zwischen den Migranten als mit dem Wunsch, das System Golda abzuwählen, zu tun. Volkmar Rohrbach, ehemaliger BMW-Betriebsrat, bestätigte den geringen Einfluss oppositioneller Gruppierungen, sie spielten innerhalb des Betriebsrates keine Rolle und waren auch inhaltlich keine Taktgeber.[368]

2.6 Die IG Metall und die Mitbestimmung bei BMW

Neben all diesen betrieblichen Faktoren ist eine Variable in der Mitbestimmung und im „System Golda“ bisher nur am Rande betrachtet worden: die Gewerkschaft IG Metall. Das Verhältnis zwischen der Gewerkschaft als Institution der überbetrieblichen Mitbestimmung und dem Betriebsrat als Institution auf der betrieblichen Ebene war und ist von einer gewissen Ambivalenz geprägt. Beide Seiten waren aufeinander angewiesen. Betriebsräte dienten der Gewerkschaft als Ohr an den Belegschaften, die Gewerkschaften versuchten Tarifverträge zu verhandeln, die den Belegschaften und Betriebsräten entgegenkamen. Außerdem stellten sie den Betriebsräten ihr Fachwissen zur Verfügung.[369] Die Machtverteilung ist dabei ungleich, weil Betriebsräte oft als

368 Riederer, 2022, Gespräch mit Volkmar Rohrbach.
369 Däubler/Kittner, 2020, Geschichte der Betriebsverfassung, S. 378.

Repräsentanten der Gewerkschaft im Betrieb agieren, wichtige Praxiserfahrung in die Gewerkschaft tragen, für die Werbung neuer Mitglieder verantwortlich sind und für eine Mobilisierung der Belegschaft im Tarifkonflikt benötigt werden.[370] Trotzdem ist es den Gewerkschaften gelungen, dass die Trennung der Mitbestimmung in eine betriebliche und überbetriebliche Ebene durch das Betriebsverfassungsgesetz nicht zu einem Konkurrenzdenken zwischen den beiden Institutionen geführt hat, sondern eine enge Kooperation etabliert wurde.[371]

Wie sich das Verhältnis zwischen Betriebsrat und Gewerkschaft entwickelte, war von den jeweiligen regionalen und individuellen Faktoren abhängig. Dazu gehören historische Erfahrungen, lokale Gegebenheiten wie z. B. die geografische Lage des Betriebs und damit einhergehend der kulturelle Hintergrund der Belegschaft, Einflüsse von Tarifpolitik und Parteipolitik und, für BMW ganz entscheidend, personelle Faktoren.[372] Dies hatte zur Folge, dass sich die betriebliche Mitbestimmungspraxis durch Betriebsräte und Vertrauensleute, das waren die gewerkschaftlichen Vertreter im Betrieb, von der in der Gewerkschaft unterscheiden konnte. Damit lagen gewerkschaftliche und betriebliche Interessen nicht immer zwangsläufig auf einer Linie.[373] Dieser mögliche Interessenskonflikt, der Betriebsegoismus, nahm durch die Veränderungen in der Arbeitswelt ab den 1970er Jahren zu und verschob die Gewichte in der Machtbalance auf die betriebliche Ebene. Der stärkere Fokus auf eine qualitative Tarifpolitik resultierte in einem Bedeutungszuwachs der Betriebsräte, da eine Umsetzung immer zu den genauen betrieblichen Gegebenheiten passen musste.[374]

Eine entscheidende Rolle im Verhältnis zwischen Betriebsrat und Gewerkschaft spielten die Vertrauensleute als ehrenamtliche Vertreter der Gewerkschaft im Unternehmen. Wichtig war außerdem der jeweilige Organisationsgrad im Betrieb. Die Anzahl der Gewerkschaftsmitglieder war ein Zeichen der potenziellen Konfliktfähigkeit und beeinflusste die Rolle des Betriebsrates innerhalb der Gewerkschaft, aber auch, wie die Belegschaft die Gewerk-

370 Haipeter, 2013, Arbeit und Kapital in der deutschen Automobilindustrie, S. 330; Däubler/Kittner, 2020, Geschichte der Betriebsverfassung, S. 492.

371 Schroeder, 2016, Die Rolle der Gewerkschaften im „Rheinischen Kapitalismus“, S. 108.

372 Owetschkin, 2016, Vom Verteilen zum Gestalten, S. 99.

373 Ebenda, S. 112.

374 Milert/Tschirbs, 2015, Die andere Demokratie, S. 498; Lutz Raphael: Flexible Anpassungen und prekäre Sicherheiten. Industriearbeit(er) nach dem Boom, in: Morten Reitmayer/Thomas Schlemmer (Hrsg.), Die Anfänge der Gegenwart. Umbrüche in Westeuropa nach dem Boom, München, 2014, S. 51–64, hier S. 63 f; Owetschkin, 2016, Vom Verteilen zum Gestalten, S. 112.

schaft und der Betriebsrat sich selbst wahrnahm.[375] Ein hoher gewerkschaftlicher Organisationsgrad ist aber nicht automatisch gleichzusetzen mit einer hohen Durchsetzungsfähigkeit der Arbeitnehmervertreter. Dabei spielten die Zusammensetzung und politischen Interessen des Betriebsrates, aber auch das Verhältnis zur Unternehmensführung ebenfalls eine große Rolle.[376]

Zu Beginn der 1960er Jahre lag der gewerkschaftliche Organisationsgrad bei BMW bei etwa 50 Prozent der Belegschaft.[377] Das scheint sich bis Ende des Jahrzehnts auch auf diesem Niveau gehalten zu haben.[378] Dabei konnte der Organisationsgrad durchaus erheblich zwischen Abteilungen schwanken. In der Gießerei waren etwa von 233 Mitarbeitern 163 organisiert, was 70 Prozent der Abteilung ausmachte.[379] Dass die Vertrauensleute – genauso wie die Gewerkschaftsarbeit – verstärkt werden müssten, war deshalb schon 1961 ein Ziel Goldas.[380] Ende der 1960er, Anfang der 1970er Jahre scheinen diese Bemühungen dauerhaften Erfolg gehabt zu haben. Olga Sparschuh berichtet von einem Organisationsgrad von 90 Prozent der Arbeiter zu diesem Zeitpunkt. Dieser Mitgliederzuwachs kann aber auch auf den gesellschaftlichen Wandel und eine allgemein höhere Bereitschaft zu gewerkschaftlichem/politischem Engagement zurückgeführt werden.[381]

In diesem Zeitraum scheint sich eine Art Automatismus etabliert zu haben, nämlich der, dass ein neuer Mitarbeiter bei Eintritt ins Unternehmen auch Mitglied bei der IG Metall wurde.[382] Damit verbunden war allerdings auch ein sozialer Anpassungsdruck, den Hans Haumer, später selbst in der IG Metall und im Münchner Betriebsrat aktiv, folgendermaßen schilderte:

> Am 3. März 1969 habe ich dort begonnen. […] Das Erste, was mich die Kollegen am Arbeitsplatz fragten, ob ich schon beim Betriebsrat und der Gewerkschaft gewesen sei? Das waren für mich zwei Fremdwörter. Da sagten die Kollegen

---

375 Owetschkin, 2016, Vom Verteilen zum Gestalten, S. 98 f.

376 Ebenda, S. 70.

377 KPD-Betriebsgruppe-BMW: „Der Motor", Juli 1961, BMW UA-2618-1.

378 So auf einer Betriebsversammlung durch eine Mitarbeiterin verkündet, vgl. Protokoll über die Betriebsversammlung am 22. Juli 1968, 22.07.1968, BMW UA-512-1, hier S. 7.

379 BMW UA-2614-1,

380 Kurt Golda: Brief an die Ortsverwaltung der IG Metall München, 12.01.1961, BMW UA-2614-1.

381 Olga Sparschuh: Fremde Heimat, fremde Ferne. Italienische Arbeitsmigration in Turin und München 1950–1975, Göttingen, 2021, S. 308; Milert/Tschirbs, 2016, Vom Wert der Mitbestimmung, S. 58.

382 Sparschuh, 2021, Fremde Heimat, fremde Ferne, S. 308; Riederer, 2022, Gespräch mit Peter Bock; IG Metall Geschäftsstelle München: Gespräche mit Hans Haumer. Gewerkschafter, Löwe, Mensch, München, 2011, S. 40.

> mir, dass ich beim Betriebsrat in die Gewerkschaft eintreten kann, weil ich sonst in der Abteilung nicht weiterarbeiten könne, da alle bei der Gewerkschaft seien. Also bin ich dann zum Betriebsrat gegangen und habe den Aufnahmeantrag unterschrieben. Somit bin ich seit meinem ersten Arbeitstag bei BMW auch Mitglied bei der IG Metall.[383]

Diese De-facto-Pflicht zur Gewerkschaftsmitgliedschaft (*Closed-Shop*-Prinzip) beschrieb auch Peter Bock. BMW hatte deshalb unter Golda einen sehr hohen Organisationsgrad, ein Arbeitsvertrag bei BMW war mehr oder minder gleichbedeutend mit der Mitgliedschaft bei der IG Metall. Im Vergleich zu anderen Unternehmen erschien dies Bock als „beneidenswerte Kultur".[384]

Dieses Beispiel zeigt den starken Einfluss des Betriebsrates und der Gewerkschaft auf das Sozialgefüge der Belegschaft. Dennoch bedeutete dies für die IG Metall bei BMW keinen beherrschenden Einfluss auf den Betriebsrat, ganz im Gegenteil galt dessen Loyalität unter Golda zuallererst dem eigenen Unternehmen, erst dann der Gewerkschaft. Franz Maget sah es von außen sogar so, dass die Betriebsräte bei BMW weniger aus gewerkschaftlicher Überzeugung, sondern mehr aus einem Gefühl der Verpflichtung, der gewerkschaftlichen „Hygiene" bei der IG Metall Mitglied waren. Klassenkämpferische Rhetorik wollte man aus dem Betrieb heraushalten. Deshalb folgte der BMW-Betriebsrat der Gewerkschaft auch nicht immer, sondern wollte bevorzugt eine interne Lösung finden. Diese Priorisierung war auch dem Vorstand bekannt[385] (vgl. Kap. 6.5). Der ehemalige Vorstandsvorsitzende Eberhard von Kuenheim bestätigte diese Sichtweise. Deshalb habe Golda Streiks immer angekündigt und sogar um Verständnis dafür gebeten, schließlich sei das auch Teil seiner Rolle. Für Kuenheim spielte die IG Metall bei BMW keine große Rolle.[386] Das scheint der hohen Durchdringung der Belegschaft zu widersprechen, aus der Sicht des Vorstandsvorsitzenden heißt es aber vor allem, dass der entscheidende Ansprechpartner in den betrieblichen Fragen der Betriebsrat war. Klebe, der während des 35-Stunden-Streiks 1984 Jurist der IG Metall für Bayern war, erinnerte sich, dass man bei BMW „sehr darauf geachtet [hätte, M. R], dass Betriebsräte stromlinienförmig zum Unternehmen standen". Bei BMW sei die „IG Metall ganz hintenangestellt" gewesen, es galt „erst BMW, dann BMW, dann BMW, dann IG Metall vielleicht".[387]

---

383 IG Metall Geschäftsstelle München, 2011, Gespräche mit Hans Haumer, S. 16 f.

384 Riederer, 2022, Gespräch mit Peter Bock.

385 Riederer, 2022, Gespräch mit Franz Maget.

386 Riederer, 2022, Gespräch mit Eberhard von Kuenheim.

387 Riederer, 2022, Gespräch mit Dr. Thomas Klebe.

Mit dieser eindeutigen Gewichtung in der Mitbestimmung bei BMW rückt die Stellung der Vertrauensleute im Werk in den Blick. Die gewerkschaftlichen Vertrauensleute gab es seit den 1950er Jahren, damit die Gewerkschaften auch eigene Vertreter, unabhängig vom Betriebsrat, im Betrieb hatten; sie sollten die Belegschaft an die Gewerkschaft binden, sie betreuen und ein Ausscheren des Betriebsrates kontrollieren.[388] Um Letzteres zu verhindern, arbeiteten die Vertrauensleute eng mit dem Betriebsrat zusammen und wurden damit auch zu einem Rekrutierungspool für kommende Betriebsräte.[389] Ihre zugedachte Kontrollfunktion konnten die Vertrauensleute aber nicht erfüllen. Die Betriebsräte konnten insbesondere in der Zeit des „Wirtschaftswunders" in der betrieblichen Mitbestimmung erhebliche, vor allem finanzielle Erfolge feiern, was ihre Position gegenüber den Vertrauensleuten erheblich stärkte.[390] Trotzdem wuchs die Bedeutung der Vertrauensleute in den 1960er Jahren in der Automobilindustrie durch den Zustrom in die IG Metall an. Gewünscht war eine engere Verzahnung zwischen der Arbeit der Betriebsräte und den Wünschen der gewerkschaftlichen Basis, außerdem sollten die Betriebsratslisten durch die Vertrauensleute nominiert werden.[391] Das führte in manchen Betrieben in den Jahren 1968 bis 1974 zu Konflikten zwischen den tendenziell älteren Betriebsräten und den jüngeren Vertrauensleuten, die einen Generationenwechsel anstrebten.[392] In Betrieben, in denen die Vertrauensleute in die Arbeit des Betriebsrates miteinbezogen wurden, war Ähnliches nicht in demselben Maße zu beobachten.[393] Im Laufe der 1980er Jahre ließen diese Konflikte jedoch nach und die Vertrauensleutebewegung wurde eingehegt, weil die jüngere Generation in die aktive Gewerkschafts- und Betriebsratsarbeit eingebunden worden war und nun in ihrer Amtsführung denselben Zwängen ausgesetzt war, die sie zuvor so heftig kritisiert hatte.[394] In der Gegenwart ist die Bedeutung der Vertrauensleute eher gering. Sie sind meist nur noch in größeren Betrieben als Unterbau und Unterstützung für die Betriebsräte von Bedeutung.[395]

---

388 Däubler/Kittner, 2020, Geschichte der Betriebsverfassung, S. 30; Owetschkin, 2016, Vom Verteilen zum Gestalten, S. 100.

389 Däubler/Kittner, 2020, Geschichte der Betriebsverfassung, S. 485.

390 Owetschkin, 2016, Vom Verteilen zum Gestalten, S. 100 f.

391 Ebenda, S. 113 f.

392 Roßmann, 2019, Akteure im Betrieb – Betriebspolitik als Basis von Organisationsentwicklung und Gewerkschaftsmacht, S. 374.

393 Owetschkin, 2016, Vom Verteilen zum Gestalten, S. 164 f.

394 Milert/Tschirbs, 2015, Die andere Demokratie, S. 479; zur IG Metall und ihrer Jugend vgl. Knud Andresen: Gebremste Radikalisierung. Die IG Metall und ihre Jugend 1968 bis in die 1980er Jahre, Göttingen, 2016.

395 Däubler/Kittner, 2020, Geschichte der Betriebsverfassung, S. 488.

Die Rolle der Vertrauensleute bei BMW lässt sich lediglich skizzieren, da nur bruchstückhaft Quellen zu ihnen überliefert sind. Aus diesen wird deutlich, dass der Betriebsrat unter Golda einen großen Einfluss auf die Vertrauensleute hatte. Einmal im Monat tagten die Vertrauensleute zusammen mit dem Betriebsrat, um Rückmeldung aus der Belegschaft zu bekommen und weil „ich [Golda, M. R.] vom grünen Tisch aus die Belegschaft nicht richtig vertreten kann". Außerdem waren sie dafür zuständig, der Belegschaft unpopuläre Entscheidungen des Betriebsrates zu erklären.[396] Diese monatlichen Runden soll es seit dem Amtsantritt Goldas gegeben haben. Dort berichtete der Betriebsrat, aktuelle Themen wurden diskutiert und die Vertrauensleute wurden in die Entscheidungen des Betriebsrates eingebunden. Der Betriebsrat soll auch keine Entscheidungen gegen die Vertrauensleute getroffen haben.[397] Vor den Betriebsratswahlen wurden bei diesen Treffen die Wahllisten verabschiedet.[398] Neutral überprüfen lassen sich diese Aussagen leider nicht. Die Vertrauensleute blieben dem Betriebsrat aber immer untergeordnet. Der Bericht der „Arbeitersache" über BMW beschrieb die Vertrauensleute als „betriebsratshörig", auch aufgrund der engen personellen Verflechtung (Betriebsräte waren meist auch gleichzeitig gewerkschaftliche Vertrauensleute) zwischen beiden Gremien.[399] Die *Zündung* degradierte die Vertrauensleute unter Golda zu „Zeitungsträgern".[400] Wie stark der Einfluss des Betriebsrates war, zeigt auch, dass es einerseits den Vorwurf der fehlenden Vertrauensleutewahl gab, andererseits aber z. B. 1973 die Wahl des Vorsitzenden der Vertrauensleute und seines Stellvertreters per Akklamation vollzogen wurde, weil es keine Gegenkandidaten gegen die Betriebsräte Georg Keil (Vorsitzender) und Golda (Stellvertreter) gab.[401] Aber auch bei der Aufstellung zu den Betriebsratswahlen wurde das deutlich. Im November 1960 wurden 62 Wahlvorschläge eingereicht, alle

396 Golda, Rede von Kurt Golda auf der Betriebsversammlung im Werk München im November 1963, 25.11.1963, BMW UA-511-1, S. 11.

397 Tögel, Rede von Manfred Tögel, Sprecher BMW-Betriebsrat, auf der internationalen Metallarbeiter-Konferenz, 17.05.1976, BMW UA-1533-1, S. 6 f.

398 KPD-Betriebsgruppe-BMW: „Der Motor", April 1963, BMW UA-2618-1; Protokoll der Vertrauensmännerversammlung der IGM in der Kantine Nord, 02.11.1960, BMW UA-2646-1.

399 Arbeitsbericht der BMW-Gruppe / Sept. bis Dez. 1970, 1970–1971, AdMA, Bestand 451, Mappe „Arbeitersache BMW/MAN", S. 13.

400 DKP-Betriebsgruppe: Die Zündung, Dezember 1970, AdMA, Bestand 32.10.4, DKP, Die Zündung 1969–1983.

401 DKP-Betriebsgruppe: Die Zündung, Nr. 2, 4. Jahrgang, März 1973, AdMA, Bestand 32.10.4, DKP, Die Zündung 1969–1983; DKP-Betriebsgruppe: Die Zündung, Nr. 3, 4. Jahrgang, April 1973, AdMA, Bestand 32.10.4, DKP, Die Zündung 1969–1983.

schlugen Golda vor.[402] Widerspruch aus der Gruppe der Vertrauensleute heraus ist nur durch einen anonymen Beschwerdebrief eines Vertrauensmannes an die IG Metall überliefert.[403] Der Schreiber charakterisierte Golda als „Diktator", der gemeinsam mit seinen Anhängern keine Opposition zulasse. Unliebsame Kollegen würden aus dem Betriebsrat gedrängt oder deren Kandidatur werde verhindert, angeblich soll es aufgrund eines vorherigen Beschwerdebriefes sogar schon zu Entlassungen gekommen sein. Golda lasse sich auch nicht mehr im Werk blicken, er sei „zu Arrogant, mit arbeitern will er nichts zu tun haben, aber wählen soll man Ihn er verkehrt lieber mit Direktoren und Betriebsleitern [sic]".[404] Deshalb sollte die IG Metall sich dieser Sache annehmen.[405]

Überprüfbar sind diese Vorwürfe nicht. Dass sie plausibel sind, zeigt die Episode mit den grafologischen Gutachten (vgl. Kap. 6.4), die Goldas ausgeprägten machtpolitischen Instinkt belegt. Da es aber im gesamten Untersuchungszeitraum keine IG-Metall-Liste gegen Golda gab – selbst die migrantischen Listen 1972 und 1978 richteten sich ja primär gegen die Unterrepräsentierung und nicht gegen die Politik Goldas oder die IG Metall (vgl. Kap. 6.4) –, ist es äußerst fraglich, wie groß diese Opposition unter den Vertrauensleuten wirklich war. Sichtbar und wirkmächtig wurde sie jedenfalls im Betriebsrat und bei den Vertrauensleuten nicht, was auch die Gruppe „Arbeitersache" von außen attestierte:

> Es gibt bei BMW kein aktives gewerkschaftliches Kampfbewußtsein. Gründe dafür sind die relativ hohen Löhne bei BMW, die Möglichkeit kampfloser individueller Lohnaufbesserungen in den letzten Jahren und die Erfahrungen der Arbeiter mit den Gewerkschaften im Betrieb, mit Betriebsrat und Vertrauensleutekörper, die keine reale Interessenvertretung darstellen.[406]

Im Endeffekt lobte die „Arbeitersache" damit die Durchsetzungsfähigkeit der Arbeitnehmervertretung bei BMW, wodurch für die Mehrheit der Belegschaft kein Grund zur Opposition bestand. Kritik kam nur aus kommunistischen

---

402 Protokoll der Vertrauensmännerversammlung der IGM in der Kantine Nord, 02.11.1960, BMW UA-2646-1.

403 Anonymer Beschwerdebrief eines Vertrauensmanns über Golda an die IG Metall, 15.11.1963, BMW UA-2614-1.

404 Ebenda. Orthografie wie im Original.

405 Ebenda.

406 Arbeitsbericht der BMW-Gruppe / Sept. bis Dez. 1970, 1970–1971, AdMA, Bestand 451, Mappe „Arbeitersache BMW/MAN", S. 7.

Kreisen durch Flugblätter und Betriebszeitungen; Wirkungsmacht erlangten sie aber nie.[407]

Ein oft kritisierter Punkt, nicht nur bei BMW, sondern auch in anderen großen Unternehmen war die zunehmende Professionalisierung des Betriebsrates und die Entstehung eines Berufsbetriebsrates.[408] Diese Professionalisierung war ein zweischneidiges Schwert. Sie war notwendig, um die Arbeitnehmerinteressen gut vertreten zu können, führte aber auch zu einer stärkeren Verkrustung der Gremien, weil sie eine regelmäßige Wiederwahl zum Erhalt des Erfahrungswissens notwendig machte.[409] Besonders ausgeprägt war das bei freigestellten Betriebsräten, die nicht mehr ihrem ursprünglichen Beruf nachgingen und sich nur noch der Betriebsratsarbeit widmeten. Dieses Phänomen wurde schon sehr früh, bereits in den 1920er Jahren, festgestellt, und man befürchtete eine Entfremdung zum Rest der Belegschaft.[410] Auch in den Gewerkschaften herrschte in den 1970er Jahren die Sorge, dass Erfahrungswelten auseinanderbrachen, da das Führungspersonal immer öfter einen akademischen und keinen Arbeiterhintergrund hatte. Tatsächlich spielte das aber in der täglichen Arbeit keine Rolle, weil sich auch die gewerkschaftliche Basis verändert hatte, von einer „lebensweltlichen Gemeinschaft" hin zu einem „arbeitsrechtlichen Interessenverband".[411]

Jenseits der IG Metall – die Mitglieder der Migrantenlisten verstanden sich selbst immer als IG-Metall-Listen – gab es bei BMW von 1956 bis 1987 nur sehr wenig Engagement für den Betriebsrat, das sich in einer Veränderung der Mehrheitsverhältnisse niedergeschlagen hätte (vgl. Abbildung 5.2). In den frühen 1960er Jahren existierten noch einzelne Listen der Deutschen Angestelltengewerkschaft (DAG) und des Christlichen Metallarbeiterverbands (CMV). Der DAG gelang es 1960 und 1962, jeweils einen Vertreter in den Betriebsrat zu entsenden, 1956 und 1964 sogar zwei. Der CMV konnte dagegen nur 1962 ein-

---

407 Beispielhaft hierfür, vgl. Flugblatt der BMW-Betriebsgruppe der Arbeiterbasisgruppen, ca. 1970, BMW UA-2618-1; Arbeiterbund für den Wiederaufbau der KPD, „Der Motor", 26.03.1975, BMW UA-2657-1; Marxistische Gruppe (MG), „Marxistische Arbeiter Zeitung" (MAZ), 19.01.1981, BMW UA-2617-1; Betriebsgruppe des Arbeiterbundes für den Wiederaufbau der KPD, „Der Motor", März 1981, BMW UA-2617-1; Rohrbach beschreibt den Einfluss dieser kommunistischen Gruppen als sehr gering, vgl. Riederer, 2022, Gespräch mit Volkmar Rohrbach.

408 Greifenstein/Kißler, Der Betriebsrat als Co-Manager: Chancen, Risiken, Perspektiven. http://denk-doch-mal.de/wp/ralph-greifensteinleo-kissler-der-betriebsrat-als-co-manag er-chancen-risiken-perspektiven/, zuletzt aufgerufen: 30. November 2020, S. 2.

409 Ebenda, S. 2 f.

410 Däubler/Kittner, 2020, Geschichte der Betriebsverfassung, S. 217.

411 Knud Andresen: Gewerkschaftsgeschichte. Version: 1.0, in: Docupedia-Zeitgeschichte, 26.08.2021 2021, zuletzt aufgerufen: 26. Oktober 2021.

malig einen Kandidaten platzieren. Die Vertreter der DAG und der IG Metall kooperierten eng. Beide Seiten versuchten gemeinsame Listen aufzustellen, was aber nicht immer gelang.[412] Ein Grund, warum es nach 1964 keine DAG-Liste mehr gab, dürfte sicherlich in diesem Wunsch nach Kooperation gelegen haben, aber vor allem darin, dass die DAG selbst den Einsatz der IG Metall für die Interessen der Angestellten lobend erwähnte.[413] Dem CMV wurde für 1962 angeboten, eine gemeinsame Liste in alphabetischer Reihung mit der IG Metall einzureichen, was er aber ablehnte.[414] Die kommunistische Betriebszeitung *Der Motor* positionierte sich diesbezüglich zwar gegen die „Spalterliste" der christlichen Gewerkschaft und unterstützte die IG-Metall-Liste unter Golda, aber man müsse „auch sehen, dass hier die Art und Weise in der Kollege Golda sein Amt als Betriebsratsvorsitzender ausübt diesen Bestrebungen der ‚christlichen Gewerkschafter' Wasser auf ihre Mühlen war".[415] Leider geht der Artikel nicht weiter ins Detail, was genau am Amtsgebaren Goldas auszusetzen war. Er verwies lediglich auf einen scheidenden Betriebsrat, der eine neuerliche Kandidatur mit der Begründung ablehnte, dass man mit Golda nicht zusammenarbeiten könne. Ein weiterer hatte sich wohl erst nach längerer Überzeugungsarbeit dazu entschließen können, nochmals anzutreten.[416]

Erst 1981 erhielt die IG-Metall-Liste wieder Konkurrenz. Dabei handelte es sich um die Ein-Mann-Liste „Unabhängige Mitarbeiter", die vor allem gegen die Hegemonie der IG Metall unter Golda opponierte. Kurioserweise forderte das Flugblatt dieser Liste auch die Persönlichkeitswahl, um allen Mitarbeitern dieselben Chancen zu geben.[417] Das lässt sich wiederum nicht mit der Einreichung einer eigenen Liste bei einer Gemeinschaftswahl vereinbaren. In so einem Fall fehlte laut Golda „jegliches Demokratieverständnis", weil nun eine Listenwahl notwendig war.[418] Der Zuspruch für diese Liste war aber zu gering, um den Kandidaten in den Betriebsrat zu wählen.

Vergleicht man die Wahlergebnisse im Werk München mit denen anderer Automobilhersteller, so fällt besonders die geringe Opposition auf, nicht nur gegen Golda, sondern auch gegen die IG Metall. Während der gesamten Amts-

---

412 Robert Huber/Kurt Golda: Briefwechsel zwischen Robert Huber, Deutsche Angestellten-Gewerkschaft Bezirk München, und Kurt Golda, 03./04.11.1960, BMW UA-2646-1.

413 Flugblatt der DAG zur BR-Wahl 1964, 12.1964, BMW UA-2647-1.

414 Golda, Rede von Kurt Golda auf der Betriebsversammlung im Werk München im November 1962, 19.11.1962, BMW UA-511-1, S. 17 f.

415 KPD-Betriebsgruppe-BMW: „Der Motor", Dezember 1962, BMW UA-2618-1.

416 Ebenda.

417 Flugblatt Liste 2 „Unabhängige Mitarbeiter", Betriebsratswahl 1981 München, Frühjahr 1981, BMW UA-2660-1.

418 Kurt Golda: Flugblatt „So wählen Sie richtig!", Frühjahr 1981, BMW UA-2660-1.

zeit Goldas von 1956 bis 1987 gab es, wenn man die Wahlen 1972 und 1978 mit den migrantischen IG-Metall-Listen außen vor lässt, nur vier Wahlen (von insgesamt zwölf), in denen es anderen Gruppierungen gelang, mit eigenen Listen maximal zwei Vertreter in den Betriebsrat zu entsenden. In anderen Unternehmen, aber auch BMW-Werken, gab es dagegen sehr wohl andere erfolgreiche Listen.[419] Bei den Betriebsratswahlen von Volkswagen 1978 waren, je nach Werk, Vertreter von bis zu fünf Listen erfolgreich.[420] Bei Opel wurden 1978 in Bochum sechs Listen in den Betriebsrat gewählt,[421] in Rüsselsheim ebenfalls.[422] Während der gesamten Amtszeit Goldas gab es im Vergleich bei Opel in Rüsselsheim nur 1963 und 1965 einen einheitlichen Betriebsrat, der aus einer Liste bestand. Ab 1972 waren durchweg mehr als zwei Listen in Rüsselsheim im Betriebsrat.[423] Bei Daimler-Benz in Untertürkheim waren 1984 sieben Listen im Betriebsrat vertreten,[424] bei Audi-NSU in Ingolstadt drei Listen.[425] Eine ähnlich prominente Gruppierung wie die „plakat"-Gruppe bei Daimler-Benz in Untertürkheim, die aus einer Ablehnung des bisherigen kooperativen Kurses des Betriebsrates entstanden war,[426] gab es bei BMW nicht.

Noch auffälliger wird dieses Fehlen der Gruppierungen abseits der IG Metall bei der nachfolgenden Übersicht zu den Betriebsratswahlen in der westdeutschen Automobilindustrie von 1981. Zwar handelt es sich dabei nur um eine Momentaufnahme, aber zusammen mit den bisher genannten Wahlergebnissen ergibt sich ein recht einheitliches Bild. BMW ist das einzige Unternehmen, bei dem nur IG-Metall-Betriebsräte gewählt worden waren. Das ist für 1981 nur in einzelnen Werken der anderen Unternehmen der Fall gewesen. Bei BMW

419 So gab es Ende 1980er Jahre im BMW Werk Berlin eine umfangreiche Auseinandersetzung, um den dortigen Betriebsrat Vollmer, vgl. BMW UA-2654-1,

420 IG Metall-Flugblatt „wir Metaller in den Volkswagenwerken" zu den Betriebsratswahlen bei VW im März 1978, März 1978, BMW UA-2659-1.

421 Petra-Monika Jander: Zeitungsartikel aus der Zeit, Nr. 24, 09.06.1978, „Chaotenwahl in Bochum", 09.06.1978, BMW UA-2659-1.

422 Betriebsrat der Adam Opel AG, Standort Rüsselsheim (Hrsg.), 2002, Betriebsratswahlen Opel Rüsselsheim 1945–2002.

423 Ebenda.

424 Helmut Funk/Gerhard Marte: Flugblatt „der betriebsrat informiert", Wahlergebnisse der Betriebsratswahl 1984 in Untertürkheim (Daimler-Benz), 19.03.1984, BMW UA-2663-1.

425 Betriebsratswahl 1984 – AUDI NSU Ingolstadt, März 1984, BMW UA-2663-1.

426 Gesamtbetriebsrat der Daimler AG (Hrsg.), 2011, 125 Jahre Arbeit und Leben in den Werken von Daimler und Benz, S. 168–167; Jörg Neuheiser: Postmaterialismus am laufenden Band? Mitbestimmung, Demokratie und die „Humanisierung der Arbeitswelt" in den Konflikten zwischen „plakat"-Gruppe und IG Metall bei Daimler-Benz in Untertürkheim, in: Knud Andresen/Michaela Kuhnhenne/Jürgen Mittag/Johannes Platz (Hrsg.), Der Betrieb als sozialer und politischer Ort. Studien zu Praktiken und Diskursen in den Arbeitswelten des 20. Jahrhunderts, Bonn, 2015, S. 99–114.

war die Integrationskraft der IG-Metall-Listen so hoch, dass es andere Listen nie schafften, sich auf Dauer im Betriebsrat zu etablieren. Und dass, obwohl Golda einen sehr kooperativen Kurs mit wirtschaftlichem Primat fuhr, der durchaus Angriffspunkte geboten hätte. Dass sich selbst in den 1970er und 1980er Jahren keine dauerhafte Opposition bei BMW in München gebildet hatte, kann auch nicht mehr mit der Integrations- und Bindungskraft des gemeinsamen Erlebens der Unternehmenskrise erklärt werden. Wahrscheinlicher ist hier eher eine Mischung aus geschicktem machtpolitischem Taktieren, dem Ansehen der Person Goldas und der grundsätzlichen Zufriedenheit der Belegschaft mit ihren Interessensvertretern.

Dass sich in anderen Betrieben neue Gruppierungen bildeten, war auch Ausdruck von Veränderungen infolge des Strukturwandels, der sich bei den Gewerkschaften und deren neuen Mitgliedern niederschlug. Diese sparten nicht mit Kritik an der Machtkonzentration beim Betriebsratsvorsitzenden und forderten eine stärkere Berücksichtigung der betrieblichen Interessen in der Tarifpolitik.[427] Im Allgemeinen werden die Gewerkschaften in der Forschung als Verlierer dieses Strukturwandels gesehen, weil sie meistens nur auf die wirtschaftlichen Entwicklungen reagierten, insbesondere um Arbeitsplätze abzusichern, und die tiefgreifenden Veränderungen durch die zunehmende Globalisierung und Automatisierung zu spät erkannten.[428] Dabei handelte es sich um ein globales Phänomen, wenn diese Entwicklung auch in Deutschland weniger ausgeprägt war als in Frankreich oder Großbritannien.[429] Diese Veränderungen begünstigten die Unternehmensseite, aber auch die betrieblichen Arbeitnehmervertreter. Der Wandel in den Betrieben wurde vor allem von Letzteren begleitet, dies aber sehr wohl unter tatkräftiger Unterstützung der Gewerkschaften. In Westdeutschland führte dies oft zu

---

427 Müller, 2017, Ende des „Wirtschaftswunders", erste Krisen und der Kampf um die 35-Stunden-Woche (1967–1989), S. 136; Milert/Tschirbs, 2015, Die andere Demokratie, S. 461.

428 Wolfgang Schroeder/Samuel Greef: Gewerkschaften und Arbeitsbeziehungen nach dem Boom, in: Anselm Doering-Manteuffel/Lutz Raphael/Thomas Schlemmer/Morten Reitmayer (Hrsg.), Vorgeschichte der Gegenwart. Dimensionen des Strukturbruchs nach dem Boom, Göttingen, 2016, S. 245–270, hier S. 249; Schroeder/Greef, 2016, Gewerkschaften und Arbeitsbeziehungen nach dem Boom, S. 249; Raphael, 2020, Gewinner und Verlierer in den Transformationen industrieller Arbeitswelten Westeuropas nach dem Boom, S. 73 f.

429 John Kelly: Labor Movements and Mobilization, in: Stephen Ackroyd/Rosemary Batt/Paul Thompson/Pamela S. Tolbert (Hrsg.), The Oxford Handbook of Work and Organization, Oxford, 2006, S. 283–304, hier S. 284; Raphael, 2019, Jenseits von Kohle und Stahl, S. 219.

Koll. Golda

Betriebsratswahl Automobilindustrie 1981

04/St/Mr Juni 1981

Betrieb	Angestellte					Arbeiter				Arbeiter und Angestellte				
	Gesamt	IGM	DAG	CMV	Andere	Gesamt	IGM	CMV	Andere	Gesamt	IGM	DAG	CMV	Andere
Ford-Werke														
Niehl/Deutz	10	7	3	-	-	31	20	1	10	41	27	3	1	10
Saarlouis	4	2	2	-	-	27	21	4	2	31	23	2	4	2
Düren	3	3	-	-	-	12	5	1	6	15	8	-	1	6
Wülfrath	9	9	-	-	-	2	2	-	-	11	11	-	-	-
Prod.Entwicklung	6	6	-	-	-	13	13	-	-	19	19	-	-	-
Teile-Motoren-Zub.	8	8	-	-	-	7	7	-	-	15	15	-	-	-
insgesamt	40	35	5	-	-	92	68	6	18	132	103	5	6	18
BMW														
Landshut x	2	2	-	-	-	13	13	-	-	15	15	-	-	-
Berlin	3	3	-	-	-	12	12	-	-	15	15	-	-	-
München x	13	13	-	-	-	28	28	-	-	41	41	-	-	-
Dingolfing x	5	5	-	-	-	30	30	-	-	35	35	-	-	-
insgesamt	23	23	-	-	-	83	83	-	-	106	106	-	-	-
VW-Werke														
Wolfsburg	15	11	3	1	-	50	40	8	2	65	51	3	9	2
Hannover	5	5	-	-	-	36	30	6	-	41	35	-	6	-
Kassel	5	4	1	-	-	32	29	3	-	37	33	1	3	-
Salzgitter	4	2	1	-	1	27	23	4	-	31	25	1	4	1
Braunschweig	4	4	-	-	-	25	22	3	-	29	26	-	3	-
Emden	4	4	-	-	-	27	24	1	2	31	28	-	1	2
insgesamt	37	30	5	1	1	197	168	25	4	234	198	5	26	5
Opel-Werke														
Bochum	5	3	1	-	1	34	23	1	10	39	26	1	1	11
Rüsselsheim x	12	11	-	1	-	37	31	3	3	49	42	-	4	3
Kaiserslautern	3	3	-	-	-	24	24	-	-	27	27	-	-	-
insgesamt	20	17	1	1	1	95	78	4	13	115	95	1	5	14
Daimler-Benz														
Untertürkheim	20	8	3	-	9	29	17	3	9	49	25	3	3	18
Mannheim	5	4	1	-	-	30	30	-	-	35	34	1	-	-
Gaggenau	6	6	-	-	-	27	27	-	-	33	33	-	-	-
Berlin	4	4	-	-	-	19	18	-	1	23	22	-	-	1
Sindelfingen	8	5	3	-	-	43	37	6	-	51	42	3	6	-
Wörth	7	5	2	-	-	26	26	-	-	33	31	2	-	-
Düsseldorf	5	3	2	-	-	24	24	-	-	29	27	2	-	-
Bremen	5	5	-	-	-	24	24	-	-	29	29	-	-	-
Hbg.-Harburg	3	3	-	-	-	16	11	1	4	19	14	-	1	4
Kassel	5	4	1	-	-	22	22	-	-	27	26	1	-	-
Bad Homburg	2	2	-	-	-	9	9	-	-	11	11	-	-	-
insgesamt	70	49	12	-	9	269	245	10	14	339	294	12	10	23
Audi-NSU														
Ingolstadt	7	4	3	-	-	32	26	6	-	39	30	3	6	-
Neckarsulm	5	5	-	-	-	28	23	5	-	33	28	-	5	-
insgesamt	12	9	3	-	-	60	49	11	-	72	58	3	11	-
insgesamt	202 (100%)	163 (80,7%)	26 (12,9%)	2 (1,0)	11 (5,5%)	796 (100%)	691 (86,8%)	56 (7,0%)	49 (6,2%)	998 (100%)	854 (85,6%)	26 (2,6%)	58 (5,8%)	60 (6,0%)

x gemeinsame Wahl

6.7.81 Dö.

ABBILDUNG 5.3 Betriebsratswahl Automobilindustrie 1981, eigene Hervorhebung[430]

430 Überblick Betriebsratswahl Automobilindustrie 1981, 06.07.1981, BMW UA-2660-1.

kooperativen Betriebsordnungen.[431] Diese Verbetrieblichung der Mitbestimmung nahm ab den 1970er Jahren Fahrt auf, und es wurden immer öfter Betriebsvereinbarungen jenseits des Tarifvertrages verhandelt.[432]

Befördert wurde diese Verbetrieblichung bei BMW durch die Unternehmenskrise. Während sich zunächst die bisherige betriebliche Sozialordnung auflöste, begann Golda selbstständig zu agieren und so neue Wegmarken für eine neue betriebliche Sozialordnung zu setzen, in der er für die Mitbestimmung die zentrale und mächtigste Figur wurde. Die Legitimation dafür zog er aus seiner Mission, die Arbeitsplätze abzusichern, und seiner Okkupation von Befugnissen während der Phase der aufgelösten betrieblichen Sozialordnung. Zusammengenommen lassen sich so mehrere Eckpfeiler für die neue betriebliche Sozialordnung ausmachen: 1. das Primat des wirtschaftlichen Erfolgs; 2. die Partnerschaft Quandt/Golda; 3. das „System Golda", bestehend aus einer Zentrierung auf die Person Goldas, der konstruktiven Konfliktpartnerschaft, sowie zu Beginn zumindest noch der SPD als weiterer Machtressource. Die IG Metall und ihre Vertrauensleute waren dagegen immer in einer subalternen Position gegenüber dem mächtigen Betriebsrat(-svorsitzenden). Zwar übernahm der Betriebsrat unter Golda durchaus die Ziele und Interessen der IG Metall und vertrat sie lautstark, wenn es aber zwischen den gewerkschaftlichen und unternehmerischen Interessen zu entscheiden galt, überwogen immer letztere. Dies sahen Teile der Belegschaft zwar durchaus kritisch, allerdings gelang es diesen Stimmen nie, sich mit einer alternativen Liste im Betriebsrat zu platzieren.

In der Typologie von Kotthoff lässt sich so in der direkten Krisenzeit bis 1960 ein Wandel vom standfesten Betriebsrat hin zu einem Betriebsrat als konsolidierte Ordnungsmacht feststellen.[433] Letzterer ist gekennzeichnet durch eine gemeinsam erlebte, krisenhafte Erfahrung, die nur durch eine enge Kooperation von Management und Betriebsratsvorsitzendem zu bewältigen war, im Falle von BMW die Unternehmenskrise der 1950er Jahre. Infolgedessen entwickelte sich ein enges kooperatives und korporatives Verhältnis zwischen beiden Seiten, mit starker Einbindung des Betriebsrates in den Managementprozess. Der BMW-Vorstand musste sich immer darauf einstellen, dass sich die Arbeitnehmervertreter im Aufsichtsrat nicht nur als reines Aufsichtsorgan verstanden, sondern sich aktiv gestaltend einmischten und die Entschei-

---

431 Raphael, 2020, Gewinner und Verlierer in den Transformationen industrieller Arbeitswelten Westeuropas nach dem Boom, S. 75 f.

432 Raphael, 2019, Jenseits von Kohle und Stahl, S. 213; Schroeder/Greef, 2016, Gewerkschaften und Arbeitsbeziehungen nach dem Boom, S. 260–264;268.

433 Vgl. Kotthoff, 1994, Betriebsräte und Bürgerstatus, S. 275–283 und 290–296.

dungen jederzeit kritisch auf den Prüfstand stellten. Diese starke Rolle des Betriebsrates in der Unternehmensführung ist nicht nur ein Kennzeichen der Mitbestimmung bei BMW ab 1960, sondern ein zentrales Kennzeichen eines Betriebsrates als konsolidierte Ordnungsmacht. Auch die untergeordnete Rolle der Gewerkschaft IG Metall im Betrieb zählt dazu. Diese starke Rolle Goldas hatte jedoch ein Preisschild: Die Belegschaft hatte den patriarchalischen Führungsanspruch Goldas zu akzeptieren, sodass er für die Mitarbeiter beim Vorstand sorgen konnte. All diese Punkte wurden im Laufe der Amtszeit Goldas zu ungeschriebenen Regeln, eine neue betrieblichen Sozialordnung war entstanden.

Diese neue betriebliche Sozialordnung sollte schließlich einen so starken strukturellen Einfluss haben, dass sie zu einem bestimmenden Faktor im betrieblichen Handeln wurde: dem „BMW-Geist".[434] Sie prägte auch die Erinnerungskultur der Mitbestimmung: Die Mitbestimmung vor der Ära Golda fiel dem Vergessen anheim, Golda galt von nun an als erster Betriebsratsvorsitzender[435] und als Personifikation des Modells der Mitbestimmung bei BMW. Wie sich diese Entwicklungen konkret auf bestimmte Entscheidungen auswirkten, soll im Folgenden beschrieben werden.

434 Schoch, Rede des BMW Gesamtbetriebsratsvorsitzenden Manfred Schoch zur Trauerfeier Kurt Golda, 30.10.2002, BMW UA-2613-1.

435 Maximilian Schöberl: Eine Ära geht zu Ende, in: BMW Group Zeitung Juli/August vom 2022.

KAPITEL 6

Mitbestimmung unter wirtschaftlichem Primat, 1960–1987

1 Entlassungen und Sonderschichten, die zwei Gesichter eines Betriebsrates: Strategische Entscheidungen

1966/67 übernahm BMW die Hans Glas GmbH mit Werken in Dingolfing, Landshut und Pilsting. Dies war bei der dramatischen Hauptversammlung sieben Jahre zuvor in keiner Weise abzusehen gewesen. Aber mit dem Produktionshochlauf des BMW 700 und dann ab 1962 mit dem BMW 1500, dem ersten Vertreter der Modell-Reihe der „Neuen Klasse", schaltete das Unternehmen nicht nur einen, sondern gleich mehrere Gänge höher.[1] Nur drei Jahre nach Produktionsstart lief bereits der 100.000ste Wagen der „Neuen Klasse" vom Band. Der Umsatz explodierte von 249 Mio. DM im Jahr 1961 auf 433 Mio. DM im Jahr 1963, allein getragen durch den Erfolg der neuen Automobilmodelle. 1961 machte BMW zum ersten Mal seit Kriegsende keinen Verlust mehr. 1963 konnte das Unternehmen wieder einen Gewinn erwirtschaften, sodass 1964 erstmals die Auszahlung einer Dividende an die Aktionäre auf der Tagesordnung der Hauptversammlung stand.[2] Von einer Unternehmenskrise war nichts mehr zu spüren, sogar die kleine Rezession 1966/67 ging ohne Folgen an BMW vorüber. Im Gegensatz zur restlichen deutschen Automobilindustrie, die mit sinkenden Absätzen zu kämpfen hatte, steigerte BMW sich hier sogar.[3] Von diesem unerwarteten Erfolg der eigenen Modelle selbst überrascht, fuhr BMW aus der Unternehmenskrise in eine, wenn man so will, „Erfolgskrise".[4] Mit der Einführung der neuen 02er-Reihe 1966, die sich unter der „Neuen

---

1 Grunert/Triebel, 2019, Ein Jahrhundert BMW, S. 53–59.

2 „Der 100.000ste Wagen der Neuen Klasse läuft vom Band", BMW Bilder Dienst, 9/1965, 1965, BMW AF-31384-1.

3 Protokoll der Aufsichtsratssitzung vom 25.01.1967, 25.01.1967, BMW UA-541-2, hier S. 4; Zur Entwicklung des westdeutschen Automobilmarktes in den 1950er und 1960er Jahren vgl. Köhler, 2018, Auto-Identitäten, S. 41–102; mit einem Fokus auf die Anfangsjahre vgl. Beckmann, 2006, Käfer, Goggos, Heckflossen.

4 Triebel/Grunert, 2006, Krisenerfahrung bei der BMW AG, S. 27 f; aufgrund dieser Erfolgskrise im Wirtschaftswunder wurden bei BMW Entwicklungen der 1970er Jahren teilweise bereits in den 1960er Jahren umgesetzt, hierzu umfangreich: Boccia, 2024, Krise im „Wirtschaftswunder".

 | HTTPS://DOI.ORG/10.1515/9783112223994-006

Klasse" ansiedelte, wurde endgültig klar, dass das Werk München an seine Kapazitätsgrenze stieß und die Nachfrage nicht mehr zu bedienen war.

Eine Erweiterung des Stammwerkes war aber nicht mehr möglich, weil die Stadt München mittlerweile bis an die Werkstore herangewachsen war, zusätzlich beschleunigt durch den Bau des Olympiaparks und des Olympischen Dorfs für die Sommerspiele 1972.[5] Ein weiteres Problem war der leergefegte Arbeitsmarkt im Großraum München. Bereits 1964 diskutierte der Aufsichtsrat über den Arbeitskräftemangel.[6] Golda warf dabei auch die Idee in den Raum, dass der Vorstand prüfen solle, inwiefern in Zukunft nicht eine Verlagerung der Produktion möglich sei.[7]

1.1 Die Übernahme der Hans Glas GmbH

Dass das in Dingolfing ansässige Automobilunternehmen Hans Glas GmbH Mitte der 1960er Jahre in wirtschaftliche Schwierigkeiten geraten war und nach einem solventen Partner suchte, war so ein willkommener Zufall für BMW. Glas war ursprünglich eine Landmaschinenfabrik, stieg aber infolge stagnierender Nachfrage Anfang der 1950er Jahre sehr erfolgreich in die Produktion von Motorrollern ein. Diesem ersten Schritt hin zu einem Mobilitätsunternehmen folgte 1955 mit dem Kleinstwagen Goggomobil der nächste. Das Goggomobil war ebenfalls sehr erfolgreich, es wurden bis 1969 über 280.000 Stück produziert. Der Entwicklung vom motorisierten Zweirad über den Kleinst-/Kleinwagen hin zu größeren und leistungsstärkeren Automobilen folgend, bot Glas ab 1958 mit der „Isar"-Reihe größere Modelle an und versuchte 1965 mit dem GLAS 2600 V8 in das Oberklasse-Segment des Automobilmarktes vorzustoßen. Diese umfangreiche Ausweitung in der Produktpalette und im Umsatz stand aber in keinem Verhältnis zu den stagnierenden Gewinnen. Gleichzeitig fehlte die finanzielle Schlagkraft, um die Investitionen zu stemmen, die notwendig gewesen wären, um die Erträge nachhaltig zu steigern. Für den Geschäftsführer Hans Glas kam es nicht infrage, dieses notwendige Geld durch Kredite oder den Verkauf von Geschäftsanteilen einzuwerben. Über kurz oder lang stand so ein Verkauf der gesamten Firma zur Disposition. Ab 1962 unterhielt sich Glas mit verschiedenen Partnern darüber.

5 Triebel/Grunert, 2006, Krisenerfahrung bei der BMW AG, S. 27 f.

6 Protokoll der Aufsichtsratssitzung vom 02.06.1964, 02.06.1964, BMW UA-732-2, hier S. 6 f; die Probleme des Arbeitskräftemangels und damit zusammenhängend die Personalfluktuation lösten sich erst mit dem Beginn der Ölpreiskrise in den 1970er Jahren auf, vgl. hierzu Boccia, 2024, Krise im „Wirtschaftswunder", S. 84 f.

7 Stenogramm zur Aufsichtsratssitzung vom 02.06.1964, 02.06.1964, BMW UA-2632-1, hier S. 10.

Glas legte dabei großen Wert darauf, dass die rund 4.000 Arbeitsplätze erhalten bleiben sollten.[8] Dieses Arbeitskräftepotential war für BMW das entscheidende Pfund, um sich mit einer Übernahme näher zu beschäftigen.[9] 1966 fiel der Entschluss, dass BMW, unter tatkräftiger finanzieller Mithilfe des Freistaates Bayern und der Landesanstalt für Aufbaufinanzierung (LfA), das niederbayerische Unternehmen erwerben sollte.[10]

Glas und seine Gründerfamilie hatten aufgrund der Größe einen bedeutenden Einfluss auf Dingolfing und seine Umgebung. Man engagierte sich in der Kommune mit Spenden für Schulen, Turnhallen usw., allerdings auch mit der Forderung nach dem dementsprechenden Einfluss in der Kommunalpolitik.[11] Dieses hier schon angedeutete patriarchale Verständnis herrschte auch im Betrieb. Die *Süddeutsche Zeitung* sah es gar als notwendige Voraussetzung, dass das „Kunststück" gelang, im Dingolfinger Werk überhaupt gute Autos zu bauen.[12] In zwei Zeitungsartikeln wurde dieses fürsorgliche Verhältnis zur Belegschaft gut sichtbar, welches auch ein Grund dafür gewesen sei, dass man sich letztlich für BMW als Partner entschieden habe, weil so die Arbeitsplätze erhalten blieben. Im Interview mit der *Abendzeitung* betonte der Juniorchef Andreas Glas, dass er als Chef für 4.000 Mitarbeiter verantwortlich sei und mit dem Verkauf an BMW diese Stellen erhalten werden könnten. Dass die Belegschaft in der Zeit der Übernahme keine Sondersitzungen einberufen und auch sonst keine Unruhe gezeigt habe, „das sind wirklich Beweise der Anhänglichkeit und des Vertrauens. Sie wissen, daß ich für sie da bin und für sie dableibe."[13] Ganz ähnlich beschrieb die *Osterhofener Zeitung*, dass Andreas Glas auf einer Betriebsversammlung der Belegschaft für die Treue zum Werk dankte. Der Seniorchef Hans Glas wurde mit „stürmischen Ovationen" begrüßt, als er sich von seinen Mitarbeitern verabschiedete. Der Betriebsratsvorsitzende Anton Reseneder (MdL, CSU) hob den Einsatz der Familie bei der

8 Zu dem gesamten Absatz zur Hans Glas GmbH vgl. Seidl, 2002, Die Bayerischen Motorenwerke (BMW) 1945–1969, S. 309–311.

9 Ebenda, S. 316.

10 Owetschkin, 2016, Vom Verteilen zum Gestalten, S. 88 f; einen umfangreichen und detaillierten Einblick über die Verhandlungen bei der Übernahme und die nachfolgenden Probleme bei der Integration liefert Seidl, vgl. Seidl, 2002, Die Bayerischen Motorenwerke (BMW) 1945–1969, S. 309–348; auf das Wesentliche beschränkt wird die Übernahme ebenfalls hier beschrieben, vgl. Grunert/Triebel, 2019, Ein Jahrhundert BMW, S. 58–59; 105–108; 177–179.

11 Arner Boyer: Abendzeitung: „Bua, du musst es besser wissen", 25.10.1966, BMW UA-2612-1.

12 Franz Thoma: Süddeutsche Zeitung: „Die weiß-blaue Zwangsehe", 20.10.1966, BMW UA-2612-1.

13 Boyer, Abendzeitung: „Bua, du musst es besser wissen", 25.10.1966, BMW UA-2612-1.

Suche nach einem Partner, der auch die Arbeitsplätze erhalten würde, dankend hervor.[14]

Wie die Mitbestimmung bei Glas vor 1966 gehandhabt wurde, kann hier auch aufgrund mangelnder Überlieferung und fehlenden Platzes nicht dargestellt werden. Die Kollision einer patriarchal geprägten Mitbestimmung mit der Mitbestimmung à la Golda ist aber sicherlich ein lohnendes Desiderat für kommende Arbeiten, noch dazu, weil Reseneder und Golda unterschiedliche politische Hintergründe hatten. Aus der *Glas Werkszeitung* von 1961 lässt sich zumindest entnehmen, dass innerhalb des Betriebsrates eine gewisse personelle Kontinuität herrschte. Dieses Führungsverständnis bei Glas drückte sich auch in der Tatsache aus, dass das Unternehmen bis 1961 tariflos war und dem Beitritt zum Verband der Bayerischen Metallindustrie und damit dem Tarifvertrag zähe Verhandlungen vorangingen.[15] Dass mit der Übernahme von Glas bei der Mitbestimmung Welten aufeinanderprallten, zeigt diese erschrockene Bestandsaufnahme Goldas:

> Wie ich mir das erstemal [sic] unsere neue Tochter angesehen habe, da bin ich doch sehr nachdenklich geworden. Ich bin zwar seit 1949 bei BMW nicht verwöhnt worden, aber dass man im 20. Jahrhundert in Montagehallen aus Holz arbeitet und dass von einem Arbeitsplatz oder echten Arbeitsbedingungen so gut wie gar nicht gesprochen werden kann, oder dass das Arbeitsrecht, vom Betriebsverfassungsgesetz ganz zu schweigen […], zum Teil unbekannte Gebiete sind, mit dem habe ich nicht gerechnet. Über die zum Teil unmögliche Lohn- und Gehaltspolitik möchte ich mich überhaupt nicht vertiefen. Nur so viel sei am Rande vermerkt, dass es im übertriebenen Sinne statt Geld Obst und Heizöl gab, oder wenn der Einzelne bessere Verbindungen zu Herrn Glas hatte, wurde der Stundenlohn deswegen erhöht und der neben ihm stehende wurde entlassen, wenn er mit seinem wesentlich kleinerem Stundenlohn bei gleicher Arbeit nicht einverstanden war. […] [A]us diesen wenigen Andeutungen ist ersichtlich bzw. verständlich, wenn ich ausführte, dass wir als Betriebsrat noch eine Menge in naher Zukunft zu tun bekommen werden. Der Betriebsrat von Glas durfte sich zwar wählen lassen, aber verhandeln und mitentscheiden durfte er nicht, das wäre des Guten zu viel gewesen. Entschieden hat nur einer und das war Herr Glas.[16]

---

14 Osterhofener Zeitung: „Goppel: Für BMW-Glas das Selbstverständliche getan“, 11.11.1966, BMW UA-2612-1.

15 Werks-Echo; Werkszeitung der Hans Glas GmbH, Dezember 1961, BayHStA MWi 25941.

16 Golda, Rede von Kurt Golda auf der Betriebsversammlung im Werk München im Juli 1967, 17.07.1967, BMW UA-512-1, S. 10–13.

Auch beim Produktionsfluss hatte das Unternehmen erhebliche Defizite und war kaum rationalisiert oder automatisiert.[17]

BMW wertete die Zusammenstellung und den ländlichen Hintergrund der Belegschaft sowie die patriarchale Prägung zu Beginn der Übernahmeverhandlungen noch als Negativpunkt.[18] Aus diesen wenigen Brotkrumen zur Mitbestimmung bei Glas erscheint der dortige Betriebsrat nach Kotthoff als Organ der Geschäftsführung.

Dementsprechend zögerlich war auch die Haltung der Arbeitnehmervertretung in München zu der Überlegung, Glas zu kaufen. Rückblickend hielt Golda die Übernahme zwar für unbedingt erforderlich, gestand aber auch ein, dass ihm „ängstlich ums Herz wurde".[19] Dieses Eingeständnis, dass der Vorstand mit dem Erwerb von Glas trotz der Bedenken des Betriebsrates richtig gehandelt hatte, vertrat Golda auch zwei Jahre nach dem Kauf offen in der Betriebsversammlung in München.[20] Seine Ängste bezogen sich vor allem auf die Sicherheit der Arbeitsplätze in München. In einer streng vertraulichen Aktennotiz zur Aufsichtsratssitzung am 28. September 1966 rekapitulierte Golda nochmals die Entscheidung zur Übernahme von Glas. Seine Sorgen waren derart groß, dass die Aufsichtsratssitzung um 45 Minuten nach hinten verschoben werden musste, damit sich Golda mit dem Aufsichtsratsvorsitzenden und Quandt-Vertreter Karoli in Ruhe vorab beraten konnte. Ein offener Austausch wäre in der eigentlichen Sitzung aufgrund der Anwesenheit des Präsidenten der LfA, Dr. Hans Peter, und des zweiten Arbeitnehmervertreters Justus Schmidt „aus Sicherheitsgründen" nicht möglich gewesen.[21] Damit ist diese Aktennotiz nicht nur Ausdruck der Vorrangposition von Golda für Quandt, sondern auch ein ausgesprochenes Misstrauensvotum gegenüber Peter sowie dem einzigen weiteren Vertreter der Arbeitnehmer im Aufsichtsrat.

---

17 Boccia, 2024, Krise im „Wirtschaftswunder", S. 153.

18 Seidl, 2002, Die Bayerischen Motorenwerke (BMW) 1945–1969, S. 316; diese negative Bewertung sollte sich mit der Zeit umkehren. Die bisherigen Nachteile der ländlichen Bevölkerung wurden zu Vorteilen, weil die Fluktuation geringer war und weniger Migranten angestellt waren. Beides reduzierte die Notwendigkeit, finanzielle Anreize zu geben, um bei BMW zu arbeiten, siehe: Boccia, 2024, Krise im „Wirtschaftswunder", S. 153.

19 Mönnich/Golda, 1984, Interview Horst Mönnich mit Kurt Golda, BMW UM-1268-10, ca. Minute 54:30.

20 Kurt Golda: Rede von Kurt Golda auf der Betriebsversammlung im Werk München im Juli 1968, 22.07.1968, BMW UA-512-1, hier S. 13.

21 Kurt Golda: Aktennotiz zur Aufsichtsratssitzung am 28.09.1966, 28.09.1966, BMW UA-2665-1, hier S. 1.

In der anschließenden Diskussion brachte Karoli Golda hinsichtlich der Verhandlungen mit Glas auf den neuesten Stand. Dass Golda trotz seines Zögerns die Dringlichkeit des Arbeitskräftemangels in München erkannte, zeigt sein Drängen, dass man nicht bis zur Insolvenz von Glas warten dürfe, um Geld zu sparen, weil sonst viele Fachkräfte das Unternehmen womöglich schon verlassen hätten.[22] Da er keine Unterlagen einsehen und weder das Werk oder die Händler selbst in Augenschein nehmen konnte, machte er seine Entscheidung von der Position Karolis abhängig. Für ihn war vor allem ein Punkt wichtig: Das Werk München und die BMW AG durften durch den Erwerb von Glas nicht gefährdet werden.[23] Die Sicherheit der Arbeitsplätze war also auch hier wieder im Fokus des Betriebsrates. Erst die Zusicherung von Quandt, dass die Münchner Arbeitsplätze durch die Übernahme nicht in Gefahr gerieten, konnte die Sorgen Goldas zerstreuen.[24] Diese Prämisse und noch ein Entgegenkommen der Arbeitnehmervertretung gegenüber der Kapitalseite unterstrich Golda öffentlich auf der kurz darauf stattfindenden Betriebsversammlung:

> Da ich gerade bei Glas bin, darf ich für den Betriebsrat feststellen, wir haben diese Entscheidung sehr nachdenklich und mit wenig Freude entgegengenommen; denn mit dieser Entscheidung sind weitere Beschlüsse erforderlich gewesen, die es erst zu verdauen gilt. So viel ist aber heute bereits ganz klar durch den Vorstand und Aufsichtsrat festgestellt worden, dass durch die Übernahme der Fa. Glas mit seinen rund 4 000 Belegschaftsangehörigen das Werk München weder heute noch in der Zukunft gefährdet werden darf. Wir sind selbstverständlich nach der jetzt vollzogenen Übernahme aus Selbsterhaltungsgründen bereit, mit unserer ganzen Kraft die Selbstständigkeit dieser GmbH zu unterstützen. Aber das möchte ich ebenfalls mit aller Deutlichkeit heute bereits aussprechen, diese Unterstützung geht nicht so weit, dass unsere eigenen Arbeitsplätze hier in Milbertshofen gefährdet werden dürfen. Ich habe deshalb den gesamten Betriebsrat in Dingolfing in der ersten gemeinsamen Sitzung auch darüber nicht im Unklaren gelassen, dass es uns in erster Linie darauf ankommt, durch ein echtes Fertigungsprogramm die Arbeitsplätze zu sichern und nicht, dass die verständlichen Überlegungen nach Lohn- bzw. Sozialangleichungsprozess an München vorrangig sind. Dieser Lohn- und Sozialangleichungsprozess

---

22 Ebenda.

23 Ebenda, S. 3.

24 Quandt, Rede anläßlich der 20. Wiederkehr der historischen BMW-HV am 9. Dezember 1979 im Hotel Vier Jahreszeiten, München, 10.12.1979, AGH HQ-138; Treue, 1980, Herbert Quandt, S. 171 f.

> zwischen der GmbH und München wird in dem Moment sehr ernst geprüft, sobald die Selbstständigkeit und die echten Voraussetzungen dazu gegeben sind; denn die Übertragung im Augenblick oder in naher Zukunft würde bedeuten, dass wir die bestehenden Leistungen bei uns nicht mehr halten können bzw. für BMW eine sehr ernste Situation eintreten würde. Und das Kolleginnen und Kollegen kann nicht der Sinn unserer eigenen Arbeit und Politik sein, dass wir das oft mühsam Erreichte aufgeben sollen. Deshalb muss alles getan werden, dass wir so schnell wie möglich bei der GmbH zu einem echten Fertigungsprogramm kommen, das zu einer nachhaltigen Rentabilität führt, um damit die anstehenden Fragen lösen zu können.[25]

Dieser umfangreiche Auszug aus der Rede Goldas auf der Betriebsversammlung im November 1966 ist geradezu paradigmatisch für das Primat des wirtschaftlichen Erfolgs und die Konzentration auf den Erhalt der vorhandenen Arbeitsplätze. Die Sorge um deren Sicherheit schien in der Belegschaft und bei Golda noch so ausgeprägt gewesen zu sein, dass Golda ganz eindeutig verkünden konnte, dass sowohl der Vorstand als auch der Aufsichtsrat den Erhalt der Münchner Arbeitsplätze garantierten. Im Rahmen dieser Zusicherung waren auch die Münchner Arbeitnehmervertreter dazu bereit, an der Sanierung der Hans Glas GmbH mitzuarbeiten. Auf die Sanierung selbst wurde ebenfalls die Logik des Primats des wirtschaftlichen Erfolgs angewandt: Zunächst müsse Glas wieder rentabel werden, erst dann sei überhaupt an eine Angleichung der Löhne und der Sozialleistungen zu denken. Dazu hatte Golda bereits vor der Betriebsversammlung seine Zustimmung im Aufsichtsrat gegeben, er sah dies als einen Beitrag der Arbeitnehmer zur Finanzierung des Erwerbs von Glas.[26] Außerdem nutzte Golda diese Zusage dazu, um in direkten Verhandlungen mit Quandt die Zustimmung dazu zu bekommen, dass die Gewerkschaftsbeiträge nicht mehr von den Vertrauensleuten im Betrieb persönlich eingesammelt werden mussten, sondern direkt vom Unternehmen an die Gewerkschaft überwiesen wurden. Derweil war sich Golda selbst wohl gar nicht so sicher, dass die Nichtangleichung der Leistungen in Dingolfing durchging. Zumindest notierte er sich in einer Aktennotiz zur Aufsichtsratssitzung vom 6. Dezember 1966, überrascht gewesen zu sein, dass die Betriebsräte von Glas dieser Regelung zustimmten.[27]

---

25 Rede von Kurt Golda auf der Betriebsversammlung im Werk München im November 1966, 28.11.1966, BMW UA-512-1, S. 15 f.

26 Protokoll der Aufsichtsratssitzung vom 28.09.1966, 28.09.1966, BMW UA-527-2, hier S. 13; Golda, Aktennotiz zur Aufsichtsratssitzung am 28.09.1966, 28.09.1966, BMW UA-2665-1, S. 3 f.

27 Kurt Golda: Aktennotiz zur Aufsichtsratssitzung 06.12.1966, 07.12.1966, BMW UA-2665-1.

Golda vertrat diesen Vorrang von München nicht nur in finanziellen Fragen, er galt auch in der Mitbestimmung. Im offiziellen Aufsichtsratsprotokoll zur gerade erwähnten Sitzung steht hierzu nur lapidar, dass Golda es für richtig und im Interesse des Unternehmens halte, wenn der Münchner Betriebsrat einen starken Einfluss auf die Dingolfinger Arbeitnehmervertretung und Belegschaft nehme.[28] In seiner persönlichen Aktennotiz werden seine Beweggründe hierfür deutlicher: Die Glas-Belegschaft habe bei einer Aufsichtsratswahl für die BMW AG ebenfalls ein Wahlrecht, deshalb sei die gewünschte Einflussnahme legitim. Außerdem war der Anspruch, dass die Dingolfinger Mitbestimmungsverhältnisse sich an die in München anzupassen hätten, sodass sie aus Münchner Perspektive „vertretbar und verantwortbar sind".[29] Golda wollte also durch seine beherrschende Stellung nicht nur eine Veränderung im Aufsichtsrat verhindern, sondern auch die bisherige Mitbestimmungskultur in Dingolfing radikal durch die Münchner ersetzen.

Zudem sollte ein Verfahrenstrick dazu beitragen, Dingolfing zu beherrschen, die eigene Position abzusichern und die Nichtangleichung von Dingolfing an München zu fixieren. Dieses Vorgehen zeigte den machtpolitischen Instinkt Goldas. Die Durchsetzung des eigenen Führungsanspruches ist dabei auch ein Kennzeichen des Betriebsrates als konsolidierte Ordnungsmacht.[30] Durch die Bildung eines Gesamtbetriebsrates noch vor der Übernahme von Glas sollte zum einen erreicht werden, dass Golda der Vorsitzende dieses Gesamtbetriebsrates wurde. Zum anderen wäre durch diese Wahl des Vorsitzenden sichergestellt gewesen, dass „der Gesamtbetriebsrat durch Beschluss das Begehren einzelner betr. Lohn- und Gehaltsbewegungen sowie Erhöhung der Sozialleistungen aus Ergebnisgründen ablehnen muss".[31] Aufgrund der Bestimmungen des Betriebsverfassungsgesetzes zur Bildung eines Gesamtbetriebsrates, welches vorsah, dass in einen Gesamtbetriebsrat pro Betrieb nur zwei Mitglieder entsandt wurden, wobei diese Mitglieder nach Möglichkeit ein Arbeiter und ein Angestellter zu sein hatten, und diese wiederum nur so viele Stimmen repräsentierten, wie Mitglieder ihrer Gruppe in dem jeweiligen Betrieb waren, musste die Wahl noch vor der Übernahme von Glas stattfinden.[32] Zwar war das Werk München sehr viel größer als die 4.000 Mitarbeiter der Hans Glas GmbH, aber Golda würde in einem solchen Gesamtbetriebsrat die 9.000 Arbeiter Münchens repräsentieren. Da er es jedoch, wahrscheinlich

28 Protokoll der Aufsichtsratssitzung vom 06.12.1966, 06.12.1966, BMW UA-527-2, hier S. 11.

29 Golda, Aktennotiz zur Aufsichtsratssitzung 06.12.1966, 07.12.1966, BMW UA-2665-1.

30 Kotthoff, 1994, Betriebsräte und Bürgerstatus, S. 290.

31 Golda, Aktennotiz zur Aufsichtsratssitzung am 28.09.1966, 28.09.1966, BMW UA-2665-1, S. 5 f.

32 Betriebsverfassungsgesetz vom 11. Oktober 1952, § 46–48.

aus machttaktischen Gründen, für „schwer zumutbar" hielt, für sich selbst zu stimmen, fallen diese 9.000 Stimmen aus der Gleichung heraus. Die übrigen Stimmen der Angestellten von München sowie der Niederlassungen von BMW hätten aber weniger als 4.000 Stimmen repräsentiert, hätten also von den Dingolfingern überstimmt werden können.[33] Diese theoretische Möglichkeit sollte von vornherein unmöglich gemacht werden.

Nach dem Kauf von Glas offenbarten sich gravierende Probleme in den niederbayerischen Werken. Die Qualität der produzierten Fahrzeuge ließ zu wünschen übrig, was viele Nacharbeiten und einen Rückgang beim Absatz zur Folge hatte. Eine rentable Fertigung von Glas-Automobilen erschien nicht mehr sinnvoll, sodass der Vorstand das Auslaufen aller Glas-Modelle bis Anfang 1968 beschloss.[34] Eine weitere Möglichkeit, die Kosten schnell zu reduzieren, waren die Sozialpolitik und das Personal. Der Münchner Betriebsrat schloss mit dem Vorstand ein öffentlich verkündetes, temporäres „Stillhalteabkommen" hinsichtlich neuer sozialpolitischer Forderungen, um die volle Konzentration der finanziellen Mittel auf Glas zu ermöglichen.[35] In der Aufsichtsratssitzung im April 1967 wurde schließlich umfangreich über die notwendigen Sanierungsmaßnahmen bei Glas diskutiert. Hier musste sich der Vorstand die Kritik von Golda gefallen lassen, das mögliche Einsparpotential einer Halbierung des Weihnachtsgeldes bei Glas trotz der Bereitschaft der Glas-Geschäftsführung und der dortigen Belegschaft nicht realisiert zu haben. In vertauschten Rollen forderte der Arbeitnehmervertreter Golda, die Sozialleistung zu reduzieren, während der Vorstandsvorsitzende Wilcke sich mit der Zahlung des Weihnachtsgeldes in der bisherigen Höhe einverstanden erklärt hatte.[36]

Als größter Hebel zur Kostenreduktion galt aber die Entlassung von Personal, weil es bei Glas ein enormes Missverhältnis von produktiven und unproduktiven Mitarbeitern gab. Deshalb beschloss man mit der Zustimmung Goldas, der ein Übergreifen der wirtschaftlichen Schieflage auf BMW unbedingt verhindern wollte, das Dingolfinger Personal noch 1967 um 700 bis 800 Personen zu reduzieren. Mit dieser Maßnahme sollten die übrigen

33 Golda, Aktennotiz zur Aufsichtsratssitzung am 28.09.1966, 28.09.1966, BMW UA-2665-1, S. 5 f.

34 Grunert/Triebel, 2019, Ein Jahrhundert BMW, S. 179; einen detaillierten Überblick über die Integration und Sanierung von Glas liefert Seidl, vgl. Seidl, 2002, Die Bayerischen Motorenwerke (BMW) 1945–1969, S. 331–343.

35 Kurt Golda: Rede von Kurt Golda auf der Betriebsversammlung im Werk München im April 1967, 18.04.1967, BMW UA-512-1, hier S. 12–14.

36 Protokoll der Aufsichtsratssitzung vom 26.04.1967, 26.04.1967, BMW UA-541-2, hier S. 21.

Arbeitsplätze abgesichert und eine langfristig stabile Entwicklung von Glas ermöglicht werden.[37]

Letztlich waren derart gravierende Maßnahmen doch nicht notwendig, weil man durch andere Möglichkeiten über 6 Mio. DM einsparen konnte, z. B. über den Nichtersatz der Fluktuation, Kurzarbeit von 1.000 Mitarbeitern und eine sehr viel kleinere Anzahl von 49 Entlassungen pro Monat. Erst ab 50 war eine behördliche Genehmigung vonnöten. Aber auch diese Eingriffe waren mitbestimmungspflichtig. Der Vertriebsvorstand Hahnemann bedankte sich explizit bei Golda für dessen Einflussnahme auf den Dingolfinger Betriebsrat, denn dieser habe die Notwendigkeit der Maßnahmen erkannt. Deren Durchsetzung sei ohne die Intervention Goldas nicht so geräuschlos möglich gewesen.[38] Golda unterstützte das ganze Vorgehen sogar öffentlich auf der Münchner Betriebsversammlung. Nur durch ein entschlossenes Handeln, so Goldas Überzeugung, sei es möglich, Glas wieder auf einen gesunden Pfad zu führen. Die Fehler lägen vor allem in einer verfehlten Modellpolitik, deshalb müsse man die Führungsschicht auswechseln, die Kurzarbeit einführen und die monatsweisen Entlassungen usw. vornehmen, um die restlichen 3.000 Arbeitsplätze zu sichern und eine Gefährdung Münchens zu verhindern.[39]

Vehement verteidigte Golda diese unpopulären Schritte gegen Dingolfinger Kritik. Er verbat es sich, dass die Dingolfinger Verantwortlichen den Münchnern den Schwarzen Peter zuschoben. Stattdessen sollten sie tatkräftig mitarbeiten, weil sie an der schwierigen Situation einen nicht zu geringen Anteil hätten.[40] Leider sind keine Quellen überliefert, die eine Einbeziehung des Dingolfinger Blickwinkels ermöglicht hätten. Golda bediente mit seinen Äußerungen und der Versicherung, dass man die angekündigten Einschnitte bereits eingeleitet habe, freilich auch das Münchner Publikum, welches die Entwicklungen bei Glas mit Sorge beobachtete. Der Vertriebsvorstand Hahnemann sah sich deshalb dazu veranlasst, in überheblicher Manier an das Selbstbewusstsein der „starken Männer" von BMW zu appellieren, um Glas zu retten:

> Die Glas-Tochter ist ja kein unartiges Kind, es ist nur ein kränkliches Mädchen und es verdient, dass wir ihm helfen. Und wir bei BMW, wir sind doch, um es wieder in den menschlichen Bereich zu übersetzen, doch schon sehr starke

37 Ebenda, S. 19–21.

38 Protokoll der Aufsichtsratssitzung vom 16.06.1967, 16.06.1967, BMW UA-541-2, hier S. 6 f.

39 Golda, Rede von Kurt Golda auf der Betriebsversammlung im Werk München im Juli 1967, 17.07.1967, BMW UA-512-1, S. 4.

40 Ebenda, S. 10–13.

> Männer und harte Burschen geworden, da wird es uns doch gelingen, diese rachitische Tochter über den Bach zu tragen.[41]

Zum Überschreiten dieses Baches war, wie beschrieben, entschieden worden, die Glas-Modelle nicht mehr weiter zu produzieren. Deshalb wurde eine vorübergehende Entlassung von 1.000 Mitarbeitern in Dingolfing als notwendig erachtet, bis die angedachte Verlagerung der Aggregate- und Motorenfertigung abgeschlossen war.[42] Allerdings sollte all diesen Glas-Mitarbeitern eine Stelle im Werk München angeboten werden, weil dort ein entsprechendes Defizit vorhanden war. Damit wollte man eine öffentliche Empörung vermeiden. Auch diese Entscheidung trug Golda im Aufsichtsrat mit.[43]

Die Hoffnung, einen öffentlichen Aufschrei zu verhindern, wurde enttäuscht. Sowohl der SPD-Landtagsabgeordnete Rudolf Eberle, der sogar eine Anfrage im Landtag stellte, als auch der niederbayerische Regierungspräsident Johann Riederer[44] reagierten empört auf die angekündigten Entlassungen. Die Staatssekretäre aus dem bayerischen Wirtschafts- bzw. Arbeitsministerium hatten jedoch mit so einem Schritt schon länger gerechnet. Das Angebot, bei BMW in München zu arbeiten, wurde aufgrund der Notwendigkeit zu pendeln als wenig hilfreich betrachtet.[45] Der SPD-Landrat Friedrich Gerstl schenkte dem Angebot des Vorstandsvorsitzenden Gerhard Wilcke und Goldas keinen Glauben, dass die entlassenen Mitarbeiter nach dem Abschluss der Verlagerung wieder in das Dingolfinger Werk zurückkehren können sollten.[46] Mit diesen harten Einschnitten in Dingolfing wurde also nicht nur BMW zur Zielscheibe, sondern auch Golda, der sogar direkt von seinen Parteigenossen kritisiert wurde:

> [W]o ich [Golda, M. R] damals ja auch von meinen eigenen Parteifreund und Bürgermeister von Dingolfing [Heinz Heininger (SPD), M. R.] da blöd angeredet worden bin, wo ich gesagt hab: Ja gut jetzt haben wir es aufgekauft, aber

41 Protokoll über die Betriebsversammlung am 17.07.1967, 17.07.1967, BMW UA-512-1, hier S. 5.

42 Grunert/Triebel, 2019, Ein Jahrhundert BMW, S. 179.

43 Protokoll der Aufsichtsratssitzung vom 14.09.1967, 14.09.1967, BMW UA-541-2, hier S. 11 f.

44 Die Namensgleichheit zum Autor ist reiner Zufall. Soweit dem Autor bekannt ist, bestehen keinerlei verwandtschaftliche Verbindungen.

45 Dingolfinger Anzeiger: „Massenentlassungen bei Glas. 1000 Arbeiter werden brotlos“, 12.10.1967, BMW UA-2612-1.

46 Hallertauer Zeitung: „Optimismus bei Glas – Sorgen bei Politikern“, 15.01.1968, BMW UA-2612-1.

> jetzt müssen wir schleifen, muss ma neu machen, damit man zu einer vernünftigen Fertigung kam. Wo der mich alles Mögliche geheißen hat […].[47]

Das Ausschlachten der Massenentlassungen in Öffentlichkeit und Politik erzürnte Golda ungemein. In der Betriebsversammlung holte er zu einer Generalabrechnung aus. BMW trage keine Schuld an der miserablen Situation bei Glas, sondern das verfehlte Programm von Glas. Die nun verordnete Rosskur für Glas und seine Beschäftigten sei unumgänglich, um wieder auf einen grünen Zweig zu kommen. Dazu müssten neue Gebäude gebaut und Gerätschaften erworben werden. Deshalb sei die Massenentlassung von 1.000 Mitarbeitern notwendig. Den einzigen Vorwurf, den Golda gelten ließ, war, dass BMW nicht schon viel früher so entschieden reagiert habe. Der Betriebsrat sei aktiver Teil der Sanierungsbemühungen, aber es müsse klar sein, dass München und seine Belegschaft keinen Schaden nehmen dürften. Deshalb sei der harte Schritt in Dingolfing im Sinne der Arbeitsplatzsicherheit notwendig. Die Fehlentwicklungen bei Glas nicht anzugehen, würde niemandem helfen.[48]

Die Mitarbeiterzahl in Dingolfing reduzierte sich vom 1. Januar 1967 bis zum 29. Februar 1968 von 3.721 auf 2.363 Personen. Von dieser Basis aus sollte das Werk neu entwickelt werden.[49] Aber bereits 1969 begann man wieder, neues Personal einzustellen.[50] Nachdem die ärgsten Gefahren im Laufe des Jahres 1968 überstanden waren, wechselte Golda wieder seine Rolle, trat vom sozialpolitischen Stillhalteabkommen zurück und wandte sich mit Verweis auf eben dieses Entgegenkommen der Arbeitnehmerseite an den Vorstandsvorsitzenden Wilcke, um diverse sozialpolitische Verbesserungen einzufordern.[51]

Das Verhalten Goldas bei der Übernahme der Hans Glas GmbH zeigt erneut, wie er das Primat des wirtschaftlichen Erfolgs mit der Forderung nach der Arbeitsplatzsicherheit für München verband. Dabei nahm er einen aktiven Part im Übernahme- und Sanierungsprozess ein. Nachdem seine größte Sorge, die Sicherheit der Münchner Arbeitsplätze, vom Tisch war, war er bereit, auch gegen Widerstände das unternehmerische Wagnis einzugehen und unbequeme, aber notwendige Maßnahmen mitzutragen, wie das Stagnie-

---

47 Mönnich/Golda, 1984, Interview Horst Mönnich mit Kurt Golda, BMW UM-1268-10, ca. 1h 12 Minute.

48 Kurt Golda: Rede von Kurt Golda auf der Betriebsversammlung im Werk München im November 1967, 13.11.1967, BMW UA-512-1, hier S. 1–10.

49 Seidl, 2002, Die Bayerischen Motorenwerke (BMW) 1945–1969, S. 349.

50 Bericht der Bayerischen Motoren Werke über das 54. Geschäftsjahr 1969, 10.07.1969, BMW UU-55-10.

51 Kurt Golda: Schreiben an den Vorstandsvorsitzenden Wilcke bzgl. Verbesserung der Sozialleistungen für Belegschaft, 12.09.1968, BMW UA-2677-1.

ren der Sozialleistungen in München und die Nichtangleichung von Glas an die Münchner Löhne, Gehälter und vorhandenen Sozialleistungen. Hier agierte er klar als Münchner Betriebsrat, der die Interessen „seines" Werkes eindeutig vor die Dingolfinger stellte. Golda opferte hier, zumindest zeitweise, die Interessen der Dingolfinger Arbeitnehmer für die in seinen Augen übergeordneten Münchner Interessen. Der Vorsatz, einen beherrschenden Einfluss auf den Dingolfinger Betriebsrat ausüben zu wollen, zeugt dabei einmal mehr von dem unbedingten Willen, die beschlossenen Maßnahmen auch durchsetzen zu können, aber vor allem von einem großen Machtwillen und dem Anspruch, in der Mitbestimmung bei BMW weiterhin die entscheidende Rolle zu spielen. Die „Personalunion" von Arbeitnehmervertreter und Unternehmer zeigt dabei deutlich, dass Golda so lange bereit war, diese unpopulären Maßnahmen mitzutragen, wie er sie für unternehmerisch notwendig hielt. Sobald das nicht mehr der Fall war, trat er wieder an den Vorstand heran, um Verbesserungen für die Arbeitnehmer einzufordern.

1.2 Mitbestimmung „nach dem Boom"

Das Ende des „goldenen Zeitalters"[52] nach dem Zweiten Weltkrieg um 1970 und die Veränderungen in Wirtschaft und Gesellschaft in den Jahren danach haben in der Forschung umfangreiche Diskussionen ausgelöst. Vor allem Lutz Raphael und Anselm Doering-Manteuffel haben zu diesen Debatten mit ihren Thesen des „Strukturbruchs" in der Wirtschaft und des „sozialen Wandels von revolutionärer Qualität" maßgeblich beigetragen.[53] Die pessimistische Einschätzung Eric Hobsbawms wird mittlerweile nicht mehr geteilt. Vielmehr betonen verschiedene Richtungen, dass die Jahre „nach dem Boom" durch die Gleichzeitigkeit von Krisen in bestimmten Branchen und Aufschwüngen in anderen Bereichen geprägt waren und sich die Wahrnehmung der Zeitgenossen erheblich von der Bewertung der Historiker aus der Retrospektive unterscheidet.[54] Besonderes Interesse haben in dieser Diskussion die Veränderungen in der Arbeitswelt gefunden, allen voran das entstehende Span-

52 Eric J. Hobsbawm: Das Zeitalter der Extreme. Weltgeschichte des 20. Jahrhunderts, München, 2012, S. 503.

53 Doering-Manteuffel/Raphael, 2011, Der Epochenbruch in den 1970er-Jahren, S. 30; Doering-Manteuffel/Raphael, 2012, Nach dem Boom.

54 Bösch, 2016, Boom zwischen Krise und Globalisierung, S. 355; Debatte. Die 1970er-Jahre in Geschichte und Gegenwart, in: Zeithistorische Forschungen / Studies in Contemporary History 3, 2006, H. 3, S. 422–438, hier S. 422; vgl. hierzu auch Sina Fabian, die sich umfangreich mit dem Verhältnis Automobil/Konsument in den 1970er und 1980er Jahren auseinandersetzt: Fabian, 2015, Boom in der Krise, S. 287–430.

nungsverhältnis zwischen der Industriegesellschaft und der neu entstehenden Dienstleistungsgesellschaft.[55] Das Produktionsmodell des Fordismus,[56] welches die westeuropäischen Länder und Gesellschaften nach 1945 geprägt hatte, geriet in eine Krise. Das führte nicht nur zu Veränderungen in der Industrie, sondern auch in der Art und Weise, wie gearbeitet wurde. Harte, schwere körperliche Arbeit trat in den Hintergrund, stattdessen wuchsen die Anforderungen an die Arbeitskräfte hinsichtlich Aus- und Weiterbildung. Als Paradebeispiel für diese Veränderungen gilt die Automobilindustrie.[57] Dennoch verschwand die Industriearbeit nicht, sondern sie veränderte sich durch zunehmende Automation und den Einsatz von EDV.[58] Wie dieser Wandel wahrgenommen wurde, war dabei höchst individuell.[59] Obwohl die meisten Westeuropäer nicht direkt von Arbeitslosigkeit betroffen waren, erhöhte sich doch indirekt der Druck auf sie, die Veränderungen in der Arbeitswelt zu akzeptieren.[60]

Als Teil der industriellen Arbeitswelt betraf dies natürlich in nicht unerheblichem Maße die Gewerkschaften und Arbeitnehmervertretungen. Hatten für sie bisher vor allem mehr Einkommen und eine geringere Arbeitszeit im Fokus gestanden, nahmen sie nun auch die Art und Weise, wie Arbeit geleistet wurde, in den Forderungskatalog auf.[61] Das bewährte Modell der Sozialpartnerschaft, der Konsenskapitalismus, der auf dem Fordismus basierte, war damit an ein Ende gelangt.[62] Zwar spielten die Institutionen Gewerkschaft

---

55 Raphael, 2019, Jenseits von Kohle und Stahl, S. 14.

56 Zur Entwicklungs- und Bedeutungsgeschichte des Begriffs des Fordismus, vgl. Rüdiger Hachtmann/Zentrum Für Zeithistorische Forschung Potsdam: Fordismus, 2011. http://docupedia.de/zg/hachtmann_fordismus_v1_de_2011, zuletzt aufgerufen: 19. Februar 2021.

57 Doering-Manteuffel/Raphael, 2012, Nach dem Boom, S. 118–121.

58 Bernhard Dietz: Der Aufstieg der Manager. Wertewandel in den Führungsetagen der westdeutschen Wirtschaft, 1949–1989, Berlin, 2020, S. 449 f.

59 Raphael, 2020, Gewinner und Verlierer in den Transformationen industrieller Arbeitswelten Westeuropas nach dem Boom, S. 77 f; trotz dieses Wandels der Arbeit verlor Arbeit keineswegs ihre herausragende Rolle für die Identität der Menschen, vgl. Jörg Neuheiser: Arbeit zwischen Entgrenzung und Konsum. Die Geschichte der Arbeit im 20. Jahrhundert als Gegenstand aktueller zeithistorischer und sozialwissenschaftlicher Studien, in: NPL 58, 2013, S. 421–448, hier S. 430.

60 Christian Marx: Gewinner und Verlierer der Multinationalisierung von Industrieunternehmen seit den 1960er Jahren, in: Christian Marx/Morten Reitmayer (Hrsg.), Gewinner und Verlierer nach dem Boom. Perspektiven auf die westeuropäische Zeitgeschichte, Göttingen, 2020, S. 27–56, hier S. 28.

61 Dieter Sauer: Von der „Humanisierung der Arbeit" zur „Guten Arbeit", in: Aus Politik und Zeitgeschichte 2011, H. 15, S. 18–24, hier S. 19.

62 Werner Plumpe: Kapital und Arbeit in Deutschland von der Mitte des 19. Jahrhunderts bis zur Gegenwart, in: Horst Steffens/Torsten Bewernitz/Gunnar Gawehn (Hrsg.), Durch Nacht zum Licht? Geschichte der Arbeiterbewegung 1863–2013; Katalog zur Großen

und Betriebsrat weiterhin eine wichtige Rolle, aber der bisherige Korporatismus lockerte sich, weil er als zu starr für die neuen Anforderungen der Wirtschaftswelt galt. Die Interessen der überbetrieblichen Mitbestimmung der Gewerkschaften und die der betrieblichen Mitbestimmung der Betriebsräte waren nicht mehr immer in Einklang zu bringen, sodass zunehmender Betriebsegoismus auf Seiten der Betriebsräte entstand.[63] In diesem Sinne kann man für einige Länder und Branchen davon sprechen, dass die Gewerkschaften zu Verlierern des Strukturwandels wurden, da sie nurmehr eine eher reaktive und defensive Rolle spielten, anstatt als gestaltende Akteure zu agieren.[64] Das Vorhandensein dieser Arbeitnehmervertreterinstitutionen trug dennoch dazu bei, dass die genannten Strukturbrüche in der Bundesrepublik weniger eklatant ausfielen und abgefedert wurden.[65]

Die Bedeutungszunahme der Betriebsräte im Vergleich zu den Gewerkschaften lag vor allem darin begründet, dass die konkreten Fragen zur Verbesserung der Arbeitsbedingungen oder die Rationalisierung der Produktion nicht überbetrieblich zu regeln waren.[66] Insbesondere hinsichtlich der Rationalisierung bzw. Erhaltung der eigenen Konkurrenzfähigkeit veränderte sich innerhalb der Unternehmen die Herangehensweise. Jetzt wurden, mitunter eine Reaktion auf lauter werdende gesellschaftliche Forderungen nach mehr Teilhabe, die Belegschaften und ihre Vertreter aktiver in die Unternehmensführung integriert. Anstatt den Betriebsrat als Antipoden zu behandeln, wurde er immer stärker mit in die Verantwortung für das Unternehmen und die Belegschaft miteinbezogen, er wurde zu einem Co-Manager.[67] Diese Entwicklung hatte bei BMW bereits sehr viel früher eingesetzt (vgl. Kap. 5.1). Die Führungsetagen wollten jetzt einen selbstständig denkenden und handelnden Mitarbeiter, der aus sich heraus am Erfolg des eigenen Unternehmens interessiert war und sich so in der Verantwortung sah.[68] Die bisherigen Leitbilder der Unternehmensleitung, „Elite, Schöpfungskraft, Wiederaufbau, Wirtschafts-

---

Landesausstellung Baden-Württemberg, Mannheim, 2013, S. 387–407, hier S. 403; Doering-Manteuffel, 1999, Wie westlich sind die Deutschen?, S. 97; Kotthoff, 1994, Betriebsräte und Bürgerstatus, S. 290.

63 Raphael, 2014, Flexible Anpassungen und prekäre Sicherheiten, S. 63 f.

64 Raphael, 2020, Gewinner und Verlierer in den Transformationen industrieller Arbeitswelten Westeuropas nach dem Boom, S. 73 f.

65 Doering-Manteuffel/Raphael, 2011, Der Epochenbruch in den 1970er-Jahren, S. 27.

66 Milert/Tschirbs, 2015, Die andere Demokratie, S. 498; die beiden Punkte Rationalisierung und Humanisierung mussten dabei nicht zwangsläufig im Widerspruch stehen. Zum Verhältnis von Humanisierung und Rationaliserung, vgl. Fuhrich, 2020, Humanisierung oder Rationalisierung?

67 Raphael, 2019, Jenseits von Kohle und Stahl, S. 406.

68 Dietz, 2020, Der Aufstieg der Manager, S. 451 f.

wunder", wurden öffentlich infrage gestellt und durch „korporative Führung, Partizipation, Mitbestimmung, gesellschaftliche Verantwortung" ersetzt.[69]

Die Automobilindustrie als das Paradebeispiel für das fordistische Produktionsmodell war von dessen Krise und Wandel mit am stärksten betroffen. Das Prinzip der Massenfertigung am Fließband war an seine Grenzen gekommen und man sah sich vermehrtem Wettbewerb ausgesetzt. Die „heile Welt" des Fordismus zerstob mit Massenentlassungen und neuer Organisation der Produktion.[70] Zusätzlich litt die Industrie besonders stark unter den Folgen der Ölpreiskrise von 1973 durch höhere Energiepreise, gestiegenen Benzinpreisen und der Zurückhaltung der Verbraucher.[71] Für die Automobilindustrie, aber auch deren Mitbestimmung begann damit eine „Phase der Herausforderungen".[72] Die deutsche Mitbestimmung gereichte dabei den deutschen Unternehmen zum Vorteil, weil diese aus eigenem Interesse an einer Zusammenarbeit mit der Belegschaft und deren Vertretern interessiert waren, um die notwendigen Rationalisierungen und die Erhöhung der Produktivität konfliktfrei umsetzen zu können. Davon profitierten Kapital und Arbeit langfristig.[73]

Für Volkswagen war diese Zeit ganz besonders turbulent. Man war zu Entlassungen gezwungen, und das bisher vom Fordismus geprägte Modell der Mitbestimmung erwies sich als nicht mehr praktikabel. Diese Probleme gipfelten 1975 in einem direkten Konflikt über die notwendigen Sanierungsmaßnahmen zwischen Betriebsrat und Vorstandsvorsitzendem, verschärft durch fehlende Krisenerfahrung beider Seiten. Als Folge davon rückte der Betriebsrat von seinem bisherigen Paradigma der Verteilungspolitik ab und war nun vor allem auf die Sicherheit der Arbeitsplätze fixiert.[74] Erst mit der Berufung eines neuen Vorstandsvorsitzenden wurde 1975 aus der bisher autoritär eingehegten Mitbestimmung eine unternehmerische Zusammenarbeit zwischen Vorstand und Betriebsrat.[75] So entwickelte Volkswagen 1975 eine „Personalpolitik der ‚mittleren Linie'",[76] d. h. bei vollen Auftragsbüchern griff man zunächst zum Mittel der Sonderschicht, anstatt sofort neue Mitarbeiter ein-

69 Ebenda, S. 459.
70 Doering-Manteuffel/Raphael, 2012, Nach dem Boom, S. 59.
71 Köhler, 2018, Auto-Identitäten, S. 64.
72 Owetschkin, 2016, Vom Verteilen zum Gestalten, S. 144.
73 Streeck, 1989, Successful Adjustment to Turbulent Markets: The Automobile Industry, S. 150; Raphael, 2019, Jenseits von Kohle und Stahl, S. 402.
74 Widuckel, 2004, Paradigmenentwicklung der Mitbestimmung bei Volkswagen, S. 17–19.
75 Grieger, 2008, Der neue Geist im Volkswagenwerk, S. 56–64.
76 Andresen, 2005, Mitbestimmen, S. 34 f.

zustellen. Neueinstellungen sollten erst dann erfolgen, wenn die Arbeitsplätze auch langfristig sicher waren.[77]

Dass sich diese kooperative Herangehensweise erst jetzt etablierte, war keineswegs ein Alleinstellungsmerkmal von Volkswagen. Von einer kooperativen Mitbestimmung war auch Daimler-Benz bis 1976 noch weit entfernt, im Gegenteil hatten die Arbeitnehmervertreter im Aufsichtsrat „zu keinem Zeitpunkt das Gefühl, wirklich mitreden zu können".[78] Opel litt in Rüsselsheim ebenfalls stark unter der Ölpreiskrise. Das Unternehmen reagierte mit massiven Personaleinsparungen und entließ 1974 rund 10.000 Beschäftigte. Der im folgenden Jahr einsetzende Aufschwung musste schließlich mit Neueinstellungen und Mehrarbeit bewältigt werden. Aus diesem Grund sowie aus Unmut über die zu kooperative Haltung des bisherigen Betriebsrates bildete sich innerhalb des Betriebes gegen das bisherige Mitbestimmungsmodell eine Opposition, die 1975 die Mehrheit im Betriebsrat erlangen konnte.[79] Hier ist also die gegenteilige Entwicklung zu beobachten: Anstatt kooperativer zu werden, wurde der Betriebsrat bei Opel in Rüsselsheim konfrontativer.[80] Dieser abrupte Bruch zwischen Entlassungen und wirtschaftlicher Erholung mit Sonderschichten, der nicht nur bei Opel so geschah, gab den Betriebsräten einen neuen Hebel in die Hand: Die Sonderschichten waren genehmigungspflichtig und wurden so zu einem Mittel, um Belegschaftsinteressen durchzusetzen.[81] All diese teils durchaus widersprüchlichen Entwicklungen – Entlassungen, Neueinstellungen, Sonderschichten, Rationalisierung, Automatisierung usw. – veränderten die Mitbestimmung in der Automobilindustrie weg von einer „Schutz- und Verteilungspolitik hin zur Beschäftigungs- und [...] Standortsicherung", wodurch die Betriebsräte Teil des Managementprozesses wurden.[82]

1.3 Die Ölpreiskrise 1973/75 – Arbeitsplätze sichern in der Krise

Wie stellte sich im Vergleich zu Unternehmen wie Volkswagen und Opel die Situation bei BMW dar? Nach diesem kurzen Ausblick über die Zeit „nach

77 Ebenda.

78 Gesamtbetriebsrat der Daimler AG (Hrsg.), 2011, 125 Jahre Arbeit und Leben in den Werken von Daimler und Benz, S. 163.

79 Owetschkin, 2015, Die Wandlungen der betrieblichen Mitbestimmung in der Automobilindustrie in den 1970er-Jahren, S. 117–123.

80 Ebenda, S. 123–129.

81 Owetschkin, 2016, Vom Verteilen zum Gestalten, S. 147 f.

82 Ebenda, S. 210 f.

dem Boom“ und die bisher beschriebenen Entwicklungsmuster bei BMW sollte bereits deutlich geworden sein, dass sich in München bestimmte Merkmale wie der Fokus auf die Arbeitsplatzsicherung und die Entwicklung des Betriebsrates zum Co-Manager bereits sehr viel früher ausgebildet hatten als bei den meisten Wettbewerbern. Ein weiterer nicht zu unterschätzender Unterschied war die Krisenerfahrenheit der Mitbestimmung bei BMW. Ein Bruch der betrieblichen Sozialordnung lässt sich deshalb bei BMW „nach dem Boom“ nicht feststellen. Deshalb unterschied sich die Herangehensweise an die Folgen der Ölpreiskrise, aber auch an den Strukturbruch ganz erheblich von der anderer Automobilhersteller.

Der Erfolg der BMW-Modelle hatte bis 1973 eine enorm hohe Nachfrage zur Folge, verbunden mit ehrgeizigen Produktionszielen: Das Unternehmen wollte 200.000 Einheiten pro Jahr bauen, plante gezielt mit Sonderschichten und versuchte die täglichen Produktionszahlen zu erhöhen.[83] Das Werk München arbeitete an der obersten Belastungsgrenze, was zumindest öffentlich die Kritik des Betriebsrates provozierte. Dieses fortwährende Fahren mit Überkapazität dürfe laut Golda nicht zum neuen Normalzustand werden.[84] Ein permanentes Problem blieb dabei der Personalmangel sowie die ungewöhnlich hohe Fluktuation und Abwesenheitsquote in der Belegschaft. Diese Problematik resultierte vor allem aus der Notwendigkeit, die Fertigungszahlen zu erhöhen, um die Nachfrage bedienen zu können, und dem gleichzeitigen Arbeitskräftemangel. Mario Boccia hat sehr gut ausgeleuchtet, wie diese „Krise im Wirtschaftswunder“ zur Ausdehnung der Arbeitszeit, der Erhöhung des Arbeitstempos und einem höheren Flexibilisierungsanspruch an die Belegschaft führte. Diese Maßnahmen ermöglichten einerseits die gewünschten höheren Produktionszahlen. Andererseits erhöhte sich dadurch die Belastung der Belegschaft, sodass Abwesenheiten und Fluktuation zunahmen, was wiederum zu einer erheblichen Belastung des Betriebsklimas führte.[85] Um diese Schwierigkeiten zu beheben, verabschiedete BMW im September 1973 Leitlinien für eine neue, langfristige Personalpolitik und war dafür bereit, erhebliche Summen in die Hand zu nehmen. „BMW wird sich zu diesem Mitteleinsatz bekennen müssen, zumal es sich hierbei um eine Nachholarbeit handelt, die im Zuge des Wiederaufbaus zwangsläufig vernachlässigt werden mußte.“[86]

83 Protokoll der Aufsichtsratssitzung vom 27.02.1973, 12.03.1973, BMW UA-856-2, hier S. 10.

84 Golda, Rede auf der Betriebsversammlung im Werk München im März 1972, 21.03.1972, BMW UA-826-1, S. 1 f.

85 Boccia, 2024, Krise im „Wirtschaftswunder“, S. 176.

86 Protokoll der Aufsichtsratssitzung vom 12.09.1973, 17.09.1973, BMW UA-856-2, hier S. 11 f.

Es galt, die Abwesenheitsquote und die Fluktuation zu reduzieren, stärker in die Aus- und Weiterbildung der Meister zu investieren, die migrantischen Arbeitnehmer besser zu betreuen, die Arbeitsbedingungen zu verbessern und ein komplett neues Konzept zur Personalbeschaffung zu entwickeln, um nur einige Punkte zu nennen.[87]

In diese Pläne platzte der Jom-Kippur-Krieg (6.–24. Oktober 1973) und die Ankündigung der OPEC-Länder, die Ölfördermenge zu reduzieren. Auch BMW spürte den Nachfrageeinbruch. Der Betriebsrat gab erste Schritte diesbezüglich schon im Dezember 1973 bekannt. Der Betriebsurlaub über die Feiertage wurde um zwei Tage verlängert. Um den Lagerbestand um 3.000 Fahrzeuge zu verringern, sollten die Überstunden und damit auch die vor kurzem noch fest eingeplanten Sonderschichten reduziert werden. Außerdem wurden indirekte Personalabbaumaßnahmen verabschiedet. Der Betriebsrat verhängte einen Einstellungsstopp. Ausnahmen gab es nur, wenn diese Jobs von besonderem Interesse für das Unternehmen waren. Damit wurde auch die Fluktuation nicht mehr ersetzt. Des Weiteren sollten die Verträge mit Leiharbeitsfirmen gekündigt sowie keine neuen migrantischen Arbeiternehmer mehr angeworben werden. Das übergreifende Ziel war es, die bestehenden Arbeitsplätze zu erhalten und die Produktion auf Halde zu verringern, um schlimmere Anpassungen wie Massenentlassungen möglichst zu verhindern.[88]

Das Motiv der Absicherung der Arbeitsplätze stand hier wieder im Vordergrund. In der Personalpolitik war das im Vergleich zu den verabschiedeten Zielen im September eine Vollbremsung. In der Aufsichtsratssitzung im Dezember 1973 wurde über die Folgen für BMW umfangreich diskutiert. Die Perspektiven waren nicht rosig. Die Mitglieder des Aufsichtsrates gingen davon aus, dass sich die Konjunktur weiter abschwächen würde, und rechneten für 1974 mit einem Einbruch der Zulassungszahlen in Deutschland um 40 Prozent. Der Export würde diesen Einbruch nicht komplett ausgleichen können, weshalb die Erwartung vorherrschte, dass sich maximal 150.000 bis 170.000 BMWs verkaufen lassen würden. Das war im Vergleich zu den Produktionszielen von 1973 ein dramatischer Einbruch von 30.000 bis 50.000 Einheiten, weshalb man ab Februar 1974 von Kurzarbeit ausging.[89] Kurzarbeit war bei anderen Herstellern schon eingeführt worden. Positiv sei die

87 Ebenda.

88 Kurt Golda: Rede auf der Betriebsversammlung im Werk München im Dezember 1973, 03.12.1973, BMW UA-1532-1, hier S. 6.

89 Protokoll der Aufsichtsratssitzung vom 13.12.1973, 19.12.1973, BMW UA-856-2, hier S. 8.

Personalsituation dagegen insofern zu bewerten, als dass man nun keinen Personalmangel, sondern sogar einen Überhang habe, „in allen Betrieben [waren, M. R.] zu viele Mitarbeiter anwesend".[90] Die negativen Folgen des rapiden Unternehmenswachstums in den 1960er Jahren waren damit mit einem Schlag verschwunden.[91] Als konkrete Maßnahmen wurde über den bereits laufenden Einstellungsstopp berichtet sowie das Ziel ausgegeben, dass unterdurchschnittliche Mitarbeiter in Zusammenarbeit mit dem Betriebsrat entlassen werden sollten.[92] In der Belegschaft selbst begann sich Unruhe auszubreiten, ob es auch bei BMW zu Kurzarbeit kommen würde.[93] Die Werkszeitung *bayernmotor* griff die Sorgen auf und auch die interne Kommunikation versuchte, die zehn Tage Kurzarbeit im Februar 1974 als Vorsorge und als Mittel gegen Entlassungen zu verpacken. Kündigungsängsten von migrantischen Mitarbeitern wurde ebenfalls entgegengetreten. Zwar würden die Verträge nicht mehr verlängert und die Fluktuation nicht mehr ersetzt, aber formelle Kündigungen sollte es nicht geben. Unterschiede zwischen deutschen und migrantischen Mitarbeitern sollten dabei angeblich keine gemacht werden.[94] In der Februar-Ausgabe des *bayernmotor* ergriff Golda selbst das Wort und präsentierte sich als zweite Kontrollinstanz, die die eingehenden Aufträge im Verhältnis zur Produktion und Auslieferung überwachte, um frühzeitig eine Lagerbildung zu erkennen und gegensteuern zu können. Momentan seien aber hier keine Probleme zu erkennen.[95] Deutlich wurde dabei der Ansatz „Lieber vorsorgen als nachsorgen". Man wollte sich nicht allein auf die Geschäftsführung verlassen. Die langfristigen Aussichten und die Personalpolitik waren auch in der Aufsichtsratssitzung im März 1974 Thema. Der Aufsichtsrat stimmte den Planungen des Vorstandes zu, dass das Unternehmen trotz des wirtschaftlichen Einbruches den aktuellen Personalstand halten sollte, weil man für 1975 von einer Erholung der Nachfrage ausging und ansonsten vor erheblichen Problemen stünde. Falls dadurch der wirtschaftliche Ertrag kurzzeitig sinken würde, dann müssten dies alle zum Wohle der langfristigen Perspektive in Kauf nehmen.[96] Ob und wie Golda schon vorab auf den

---

90 Ebenda, S. 6 f.

91 Boccia, 2024, Krise im „Wirtschaftswunder", S. 84 f.

92 Protokoll der Aufsichtsratssitzung vom 13.12.1973, 19.12.1973, BMW UA-856-2, S. 6 f.

93 DKP-Betriebsgruppe: Die Zündung, Nr. 2, 5. Jahrgang, Januar 1974, AdMA, Bestand 32.10.4, DKP, Die Zündung 1969–1983.

94 Dauert die BMW-Kurzarbeit nur zehn Tage?, bayernmotor 1/74, Januar 1974, BMW UI-2021-1.

95 „Ölkrise" ist das falsche Wort, bayernmotor 02/74, Februar 1974, BMW UI-2021-2.

96 Protokoll der Aufsichtsratssitzung vom 07.03.1974, 19.03.1974, BMW UA-1271-2, hier S. 15.

Vorstand einwirkte, muss dabei unklar bleiben. In der Retrospektive sah er es vor allem als sein Verdienst an, dass es bei BMW zu keinen aktiven Entlassungen gekommen ist (zur Nichtverlängerung von Verträgen aber sehr wohl):

> Oder wie [19]74, allgemein Automobilindustrie, plötzlich der Einbruch kam. Man hat große Abfindungen gezahlt an die Belegschaften, um die Belegschaft zu reduzieren, dass ich gesagt habe bei BMW: ‚Nein, das kommt nicht infrage! Jetzt müssen wir auch mal Geld in die Hand nehmen, müssen unternehmerisches Stehvermögen zeigen. Auch mit dem Risiko [...], dass der Personalaufwand von 21 auf 30 Prozent hochschnellt. Wir rechnen damit, spätestens [19]76, dass es bei uns wieder greift. [...] Wir haben es durchgehalten, wir haben es durchgezogen. Und mir ist es wurscht hinterher [...], wer sich dann hingestellt hat und hat gesagt: ‚Ok, wir haben damals in der Krise unternehmerisches Stehvermögen gezeigt.' Das ist mir wurscht. Aber das war die Politik, die wir verfolgt haben.[97]

Wenn bereits im März im Aufsichtsrat entschieden wurde, dass man das Personal halten wolle, muss Goldas Aussage auf der Betriebsversammlung im April 1974 hinterfragt werden, in der er sich als der alleinige Kämpfer gegen Kurzarbeit und Massenentlassungen präsentierte.[98] In die allgemeine Politik Goldas passt aber dieser Anspruch sehr wohl, genauso wie die Bekräftigung des Einstellungsstopps zur Absicherung der Arbeitsplätze.[99] Bei BMW herrschte also hinsichtlich der Personalpolitik in dieser kritischen Phase eine große Einigkeit zwischen Vorstand, Aufsichtsrat und Betriebsrat, die im Aufsichtsrat nochmals bekräftigt wurde:

> Aufsichtsrat und Vorstand [erklären] im Bewußtsein ihrer Verantwortung gegenüber der Belegschaft, daß der Sicherung der Arbeitsplätze und der Erhaltung des Besitzstandes der Mitarbeiter besondere Bedeutung beigemessen wird. Soweit es mit dem Gesamt-Unternehmensinteresse vereinbar sei, würden zu diesem Zweck auch die Reserven des Unternehmens eingesetzt.[100]

---

97 Horst Mönnich/Kurt Golda: Interview Horst Mönnich mit Kurt Golda, BMW UM-943-10, 24.09.1991, ca. Minute 47.

98 Kurt Golda: Rede auf der Betriebsversammlung im Werk München im April 1974, 29.04.1974, BMW UA-1533-1, hier S. 6 f.

99 Ebenda, S. 14.

100 Protokoll der Aufsichtsratssitzung vom 06.05.1974, 10.05.1974, BMW UA-1271-2, hier S. 3.

Die Einschränkung zum Schluss stand dabei nicht im Gegensatz zur Politik des Betriebsrates, sondern war eher Ausdruck des Primats des wirtschaftlichen Erfolgs. Die enge Einbindung Goldas in die Entscheidungen stand im deutlichen Gegensatz zu den Entwicklungen bei VW, Opel und Daimler. Besonders eindrücklich zeigte sich diese Zusammenarbeit im Protokoll der Vorstandssitzung vom Juni 1974, zu dem auch eine Gesprächsnotiz des Aufsichtsratsvorsitzenden Draeger, der ebenfalls an der Sitzung teilnahm, mit Golda gehört. In den Besprechungen des Vorstandes einigte man sich darauf, dass Anpassungen in der Planung unumgänglich seien. Als „Grundbedingungen" für eine Anpassung galt dem Vorstand einerseits eine ressortübergreifende Zusammenarbeit, aber ganz besonders, die Zusammenarbeit mit dem Betriebsrat zu intensivieren: „Alle relevanten Maßnahmen müssen vor ihrer Durchführung mit dem Betriebsrat abgestimmt werden."[101]

Während also bei VW ein Konflikt zwischen Betriebsrat und Vorstandsvorsitzendem eskalierte, suchte man in München die Kooperation. In der Diskussion wurde deutlich, dass der Vorstand nicht glaubte, dass Massenentlassungen genehmigt würden. Stattdessen entschied man sich für die Variante, 49 Mitarbeiter monatlich aufgrund von Arbeitsmangel oder Rationalisierung zu entlassen. Die Fluktuation sollte weiterhin nicht ersetzt werden. Kurzarbeit sollte so früh wie möglich und in Absprache mit dem Betriebsrat eingesetzt werden. Man ging davon aus, bis Ende des Jahres die Belegschaft um 1.000 Mitarbeiter senken zu können.[102]

Die Reaktion Goldas auf das direkt nach der Sitzung stattfindende Gespräch zwischen ihm und Draeger war Ausdruck des gemeinsamen Handelns zwischen Aufsichtsrat, Vorstand und Betriebsrat. Golda zeigte sich verständnisvoll und hatte schon von sich aus damit gerechnet, dass die bisherigen Planungen angepasst würden. Er zeigte sich hinsichtlich der Kurzarbeit einverstanden, auch die monatlichen Entlassungen hielt er für notwendig. Die geplanten Sparmaßnahmen in Höhe von 40 bis 50 Mio. DM ließ er ebenso durchgehen, selbst wenn das zu „persönliche[n] Härten" führe. Er bestand aber darauf, dass die Einsparungen gleichmäßig verteilt und, falls notwendig, ebenfalls Führungskräfte gekündigt würden, um zu viel Unruhe in der Belegschaft zu verhindern. Golda und Draeger einigten sich außerdem darauf, dass die Kommunikation dieser Maßnahmen zuvor zwischen dem Betriebsrat und dem Vorstand abgesprochen werden sollte.[103]

---

101 Niederschrift über die erweiterte Vorstandssitzung vom 12.06.1974 incl. Anlage über Gespräche Dr. Draeger mit Golda, 18.06.1974, BMW UA-852-3, hier S. 3.

102 Ebenda, S. 11.

103 Ebenda, S. 19 f.

Wenn es also der größeren Sache diente, das Überleben der Firma zu sichern, um dadurch zumindest einen Teil der Arbeitsplätze sichern zu können, war Golda bereit, sein Mantra der Sicherung der Arbeitsplätze hintanzustellen. Diese Maßnahmen wurden vom Aufsichtsrat bestätigt, ebenfalls mit der Bekräftigung, Personal halten zu wollen, um für eine Markterholung gerüstet zu sein.[104] Gegenüber der Belegschaft versuchten der Vorstandsvorsitzende Kuenheim und Golda herauszustreichen, dass BMW bisher besser durch die Krise komme als andere Unternehmen, und sich gleichzeitig als vorsorgende Kümmerer zu präsentieren. Golda verwies wiederum auf die genaue Kontrolle der Lagerbestände und der Aufträge durch den Betriebsrat,[105] und Kuenheim betonte, dass es bei BMW, im Gegensatz zu VW und Opel, keine Massenentlassungen und Abfindungen gebe. Kurzarbeit ebenfalls nicht, solange die Tagesproduktion auch verkauft werde.[106] Dennoch rechnete Golda damit, dass es im Oktober 1974 oder später dazu kommen könnte, zwischen den Jahren würde wahrscheinlich auch die Produktion eingestellt.[107]

Trotz all dieser Beteuerungen hieß das nicht, dass bei BMW das Mittel der Entlassung nicht eingesetzt wurde. Der Vorstand bekräftigte im September abermals das Ziel, die Belegschaft in München auf den Stand von 1972 abzusenken und dazu unzuverlässige und gering qualifizierte Mitarbeiter freizustellen.[108] Der Aufsichtsrat unterstützte die Planungen des Vorstandes für Kurzarbeit und die angedachten Personalreduzierungen unterhalb der Grenze von 50 Mitarbeitern im Monat. Gegen den Widerstand Goldas wurde der Vorstand auch beauftragt, eventuelle Szenarien für Massenentlassungen zu entwerfen, welche der Aufsichtsrat aber eigentlich vermeiden wollte.[109] Die geplante Kurzarbeit wurde mit drei Wochen im Zeitraum vom November 1974 bis Januar 1975 in München auch umgesetzt, was in Teilen der Belegschaft Ängste vor Entlassungen und einer Verlängerung der Kurzarbeit bis in

---

104 Protokoll der Aufsichtsratssitzung vom 03.07.1974, 29.07.1974, BMW UA-1271-2, hier S. 6–8.

105 Kurt Golda: Rede auf der Betriebsversammlung im Werk München im Juli 1974, 29.07.1974, BMW UA-1533-1, hier S. 13.

106 Eberhard von Kuenheim: Rede des Vorstandsvorsitzenden Kuenheim auf der Betriebsversammlung im Werk München im Juli 1974, 29.07.1974, BMW UA-1533-1, hier S. 3 f.

107 Golda, Rede auf der Betriebsversammlung im Werk München im Juli 1974, 29.07.1974, BMW UA-1533-1, S. 13.

108 Niederschrift über die Vorstandssitzung vom 25.09.1974, 30.09.1974, BMW UA-852-4, hier S. 4.

109 Protokoll der Aufsichtsratssitzung vom 09.10.1974, 09.10.1974, BMW UA-1271-2, hier S. 8 f.

den Mai schürte.[110] Die Versicherung Goldas, dass der Betriebsrat mit der Genehmigung der Kurzarbeit eben diese kolportierten Entlassungen verhindern wolle, zielte sicherlich auf jene Stimmen in der Belegschaft ab.[111] Alle Diskussionen der Gremien im Betrieb durchzog ein Dilemma: Entließ man nun Mitarbeiter, um Verluste zu minimieren, rannte man damit künftig möglicherweise in einen gravierenden Arbeitskräftemangel, wenn das erste Modell der 3er-Reihe einmal angelaufen sein und sich die Nachfrage besonders im Werk München wie erwartet erholt haben würde.[112]

Und wirklich waren 1975 Sonderschichten anstatt Kurzarbeit gefordert. Die Modelle der 02er-Reihe waren weiterhin äußerst gefragt und das neue Modell der 3er-Reihe, dessen Produktion im Juni 1975 in München aufgenommen wurde, übertraf sämtliche Erwartungen. Bis Ende 1975 wurden über 43.000 Einheiten produziert.[113] Kuenheim zeigte sich im Aufsichtsrat von dieser Entwicklung „in einem nicht annähernd vorhersehbaren Maße“ vollkommen überrascht. Hatten Ende 1974 noch 50.000 Fahrzeuge auf Halde gestanden, belief sich der Auftragsbestand im September 1975 auf 60.000.[114] Aus dem Schaubild der langfristigen Unternehmensplanung von 1977 (Abbildung 6.1) wird diese Nachfrage nach BMW-Fahrzeugen sehr anschaulich deutlich, und ebenso, wie gering der Absatzeinbruch bei BMW im Vergleich zu den anderen deutschen Herstellern ausgefallen ist. Mit der Ausnahme von Daimler-Benz hatten alle mit einem Nachfragerückgang zu kämpfen, der sich 1975 ins Positive umkehrte. In Relation zu den anderen Herstellern konnte BMW diese Krise am besten bewältigen. Die Trendumkehr begann sich bereits im Frühjahr 1975 anzukündigen. Zwar gab es noch Zweifel im Betriebsrat, wie nachhaltig diese Erholung der Nachfrage wirklich war, aber Golda erklärte sich im Aufsichtsrat bereits vorab dazu bereit, Sonderschichten und Überstunden zu genehmigen.[115] Als sich immer mehr zeigte, dass sich die Nachfrage als stabil erwies, schrieb Golda dies insbesondere dem Einstellungsstopp des Betriebsrates im Winter 1973 auf die Fahnen, dass BMW so gut durch die Krise gefahren war:

110 Andreas Hemmerle/Caroline Schulenberg: Das BMW Group Stammwerk München, München, 2015, S. 122; DKP-Betriebsgruppe: Die Zündung, 24.10.1974, AdMA, Bestand 32.10.4, DKP, Die Zündung 1969–1983.

111 Kurt Golda: Rede auf der Betriebsversammlung im Werk München im Dezember 1974, 09.12.1974, BMW UA-1533-1, hier S. 18 f.

112 Protokoll der Aufsichtsratssitzung vom 04.12.1974, 04.12.1974, BMW UA-1271-2, hier S. 17.

113 Hemmerle/Schulenberg, 2015, Das BMW Group Stammwerk München, S. 125 f.

114 Protokoll der Aufsichtsratssitzung vom 08.10.1975, 20.10.1975, BMW UA-1462-2, hier S. 3 f.

115 Protokoll der Aufsichtsratssitzung vom 18.03.1975, 18.03.1975, BMW UA-2625-1, S. 4.

> Es ist deshalb rückblickend aus der Sicht des Betriebsrates beruhigend feststellen zu können, daß wir ohne Aufforderung durch den Vorstand bereits im November 1973 einen allgemeinen Einstellungsstopp erlassen haben. Hätte der Betriebsrat diese Entscheidung nicht getroffen, dann wäre auch die Belegschaft von BMW ähnlich hart wie die Belegschaften anderer Automobilfirmen, wie mit Entlassungen größeren Umfanges bzw. Abfindungsverträgen [...] betroffen worden [sic!]. [...] Natürlich gebe ich zu, daß wir als Betriebsrat, wenn man an die 50-iger und 60-iger Jahre zurückdenkt, bei BMW, was die Sicherung des Unternehmens anbetrifft, nicht gerade verwöhnt wurden. Aber wir erwarten von einzelnen aus der Führungsschicht [...], etwas mehr Standfestigkeit als nur Vorschläge zur Massenentlassung oder Abfindungsangeboten, um damit vielleicht eigene Fehler zu kaschieren. Der Betriebsrat hat solchen Wünschen ein klares Nein entgegengesetzt, weil wir in der Vergangenheit bittere Erfahrungen mit Massenentlassungen und all ihrem menschlichen Leid sammeln mußten.[116]

Bemerkenswert ist auch hier wieder der Rückgriff auf die Erfahrungen der Vergangenheit und das Gespenst der Massenentlassungen aus den 1950er Jahren. Trotzdem ist festzustellen, dass Golda mit seiner Aussage auf der Betriebsversammlung übertrieb, sicherlich um die Belegschaft zu bedienen. Aber wie beschrieben war es keineswegs so, dass es nur aufgrund des Widerstandes des Betriebsrates nicht zu Massenentlassungen und Abfindungen kam. Von Beginn an herrschte auch auf der Arbeitgeberseite der Wunsch, das Personal nach Möglichkeit durch die Krise zu halten. Der Betriebsrat gab diesen vorsichtigen Ansatz, der sich in seiner Zustimmung zum Einstellungsstopp ausdrückte, mit der Trendumkehr nicht auf. Er blieb hinsichtlich Neueinstellungen auf dem Bremspedal. Diese sollten nur in Maßen erfolgen, stattdessen genehmigte er lieber Sonderschichten. Damit folgte er einem Muster aus den 1960er Jahren,[117] bereits 1968 hatte Golda genauso argumentiert.[118] Dadurch sollte einerseits die hohe Nachfrage bedient und andererseits einem etwaigen Personalüberhang vorgebeugt werden, um die vorhandenen Arbeitsplätze abzusichern.[119]

Die Sonderschichten sollten sich durch das ganze Jahr 1975 ziehen. Die Flexibilität der Belegschaft wurde im Aufsichtsrat sowohl von Quandt als

---

116 Kurt Golda: Rede auf der Betriebsversammlung im Werk München im April 1975, 11.04.1975, BMW UA-1533-1, hier S. 5 f.

117 Schmidhofer, 2000, Personalpolitik in Zeiten chronischen Arbeitskräftemangels, S. 74.

118 Kurt Golda: Rede von Kurt Golda auf der Betriebsversammlung im Werk München im April 1968, 22.04.1968, BMW UA-512-1, hier S. 7.

119 Golda, Rede auf der Betriebsversammlung im Werk München im April 1975, 11.04.1975, BMW UA-1533-1, S. 11.

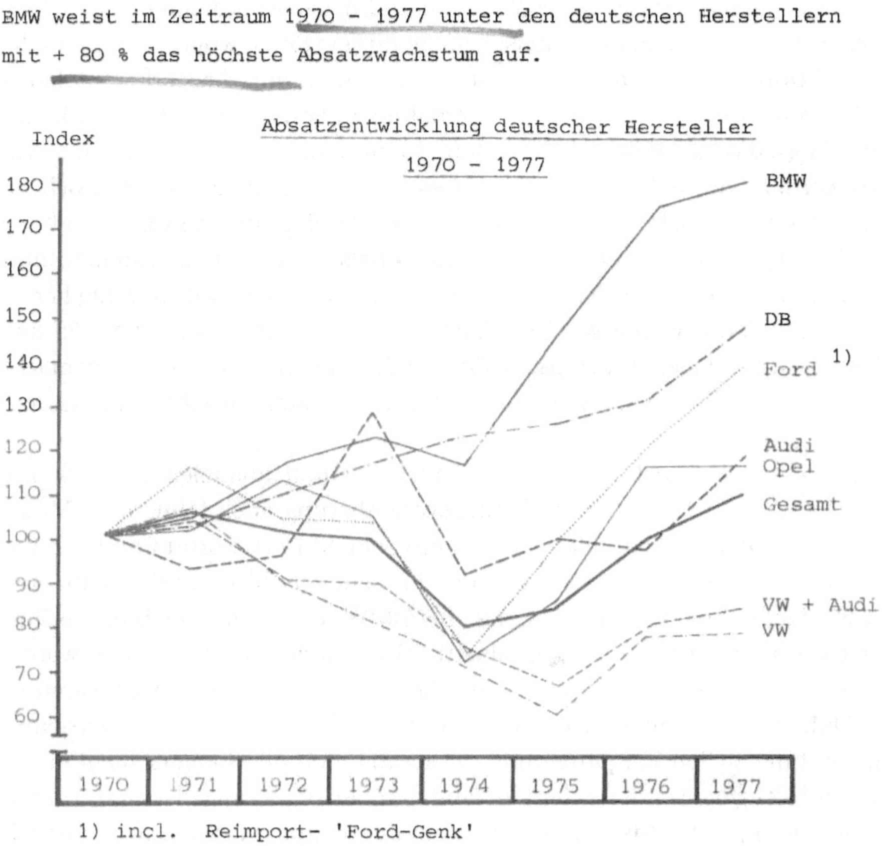

ABBILDUNG 6.1 Absatzentwicklung deutscher Hersteller, 1970–1977, Oktober 1977, BMW UA-2694-1[120]

auch vom Produktionsvorstand Hans Koch und auf der Betriebsversammlung vom Vertriebsvorstand Schönbeck lobend hervorgehoben.[121] Diese Mehrarbeit war für den Betriebsrat das Gegenstück zur Kurzarbeit und dem Einstellungsstopp von 1973/74. Zudem war sie ein Mittel zur vorsichtigen Personalpolitik und sollte erst durch Neueinstellungen abgefedert werden, wenn der

120 Langfristige Unternehmensplanung, 1978–1983 mit Anstreichungen Goldas, Oktober 1977, BMW UA-2694-1, hier S. 39.

121 Protokoll der Aufsichtsratssitzung vom 02.07.1975, 08.07.1975, BMW UA-1462-2, hier S. 2; Protokoll der Aufsichtsratssitzung vom 08.10.1975, 20.10.1975, BMW UA-1462-2, S. 9; Protokoll der Aufsichtratssitzung vom 03.12.1975, 15.12.1975, BMW UA-1462-2, hier S. 6; Hans-Erdmann Schönbeck: Ansprache Vertriebsvorstand Schönbeck zur Betriebsversammlung Werk München, 22.04.1976, BMW UA-1533-1, hier S. 1 f.

Aufschwung nachhaltig war.[122] Vorstand und Betriebsrat planten, dieses Vorgehen auch 1976 zunächst fortzusetzen. In diesem Sinne wollte Kuenheim die Produktionskapazitäten nicht zu stark ausbauen, um vorhandene Arbeitsplätze auch in einer erneuten Krise erhalten zu können. Der Preis dafür war allerdings, dass die Belegschaft auch in Zukunft zu Sonderschichten aufgerufen werden würde.[123] Dasselbe Argument vertrat Golda auch 1984 noch im *bayernmotor*.[124] Dabei unterschied sich nun die Begründung ganz erheblich zu derjenigen der 1960er Jahre. Bereits damals waren Sonderschichten notwendig gewesen, um die Nachfrage bedienen zu können, weil zu wenig Personal vorhanden gewesen war.[125] Während zu diesem Zeitpunkt die Stärkung des wirtschaftlichen Ergebnisses die Sonderschichten notwendig gemacht hatte, waren diese in späteren Jahren Ausdruck einer vorsichtigen Personalpolitik.

Für die Belegschaft waren die Sonderschichten finanziell sehr lukrativ und wurden durch eine neue Betriebsvereinbarung noch lohnender: Mitarbeiter erhielten ab dem 1. Januar 1976 pro Schicht 10 DM brutto und von der ersten Arbeitsstunde an noch extra 25 Prozent Zuschlag auf die tariflichen Zuschläge.[126] Konkret hieß das, dass bei BMW die Sonderschichten im Vergleich zur übrigen Automobilindustrie überdurchschnittlich teuer waren. Andere Hersteller zahlten 48 DM pro Stunde pro Kopf, bei BMW waren es 67 DM.[127] Dabei balancierte Golda auf dem schmalen Grat zwischen einer hohen finanziellen Vergütung und der Rentabilität der Sonderschichten. Im Dezember 1976 diskutierte der Vorstand darüber, ob die angedachten Sonderschichten 1977 bei den hohen Kosten überhaupt wirtschaftlich sinnvoll seien.[128] Auch die Belegschaft sah die Sonderschichten nicht uneingeschränkt positiv. *Die Zündung*, die Zeitung der Deutschen Kommunistischen Partei (DKP), sprach die körperlichen Strapazen der Sonderschichten an und kritisierte Goldas Argument, dass sie ein Instrument zur Absicherung von Arbeits-

122 BMW stockt kräftig auf / So sieht der Betriebsrat die Lage bei BMW jetzt, bayernmotor 05/75, Juni 1975, BMW UI-2023-6.

123 Eberhard von Kuenheim: Rede des Vorstandsvorsitzenden auf der Betriebsversammlung im Werk München im November 1975, 24.11.1975, BMW UA-1533-1, hier S. 4 f.

124 Kurt Golda: Voller Einsatz für Verbesserung der Arbeitsplätze, bayernmotor 3/84, März 1984, BMW UI-2032-3.

125 Boccia, 2024, Krise im „Wirtschaftswunder", S. 163 f.

126 Sammlung von Betriebsvereinbarungen (Stand 1978), 06.1978, BMW UU-3726-10.

127 Kurt Golda: Rede auf der Betriebsversammlung im Werk München im November 1979, 26.11.1979, BMW UA-2673-1, hier S. 19.

128 Niederschrift über die Vorstandssitzung am 21.12.1976, 22.12.1976, BMW UA-1446-2, hier S. 4.

ABBILDUNG 6.2 Protestgraffiti gegen Sonderschichten an der Westmauer des Werks München, ca. frühe 1970er Jahre, BMW UF-12292-1

plätzen seien.[129] Protest gegen die Sonderschichten wurde auch durch Graffiti an der Werksmauer sichtbar.

Rückblickend hat sich das frühzeitige Eingreifen des Betriebsrates in enger Kooperation mit dem Vorstand als vorteilhaft erwiesen. Durch den gemeinsamen Willen, Personal nach Möglichkeit halten zu wollen, konnte BMW schnell auf die sprunghafte Nachfrage reagieren.

Auch war BMW nicht darauf angewiesen, kürzlich freigestellte Mitarbeiter wieder anzuwerben.[130] 1975 war ein „Jahr der Widersprüche", in dem sich die Mitbestimmung bei BMW jedoch bewährte.[131] Dass die Sozialpartner bei BMW Krise konnten, war ein großer und vielleicht entscheidender Unterschied im Vergleich zur Mitbestimmung bei anderen Herstellern. Von Anfang an zogen Betriebsrat und Vorstand an einem Strang und stimmten sich eng ab. Konflikte wie in anderen Unternehmen gab es nicht. Dass beide Seiten von Beginn an dasselbe Ziel verfolgten, den Personalstand nach Möglichkeit zu halten und keine Massenentlassungen vorzunehmen, fußte sicherlich auf den Schwierigkeiten vor 1973, genügend Personal zu finden, wie in den neuen Leitlinien zur Personalpolitik vom September 1973 deutlich wurde. Für den Betriebsrat unter

129 DKP-Betriebsgruppe: Die Zündung, Juni 1975, AdMA, Bestand 32.10.4, DKP, Die Zündung 1969–1983; DKP-Betriebsgruppe: Die Zündung, Juli 1976, AdMA, Bestand 32.10.4, DKP, Die Zündung 1969–1983.

130 kommentar, bayernmotor 08/75, November 1975, BMW UI-2023-11.

131 Das Jahr der Widersprüche, bayernmotor 01/76, Januar/Februar 1976, BMW UI-2024-1.

Golda lässt sich festhalten, dass er seinem Credo, die Arbeitsplätze abzusichern, auch in der Krise treu geblieben war, genauso wie er im anschließenden Aufschwung vorsichtig agierte. Im Vergleich zum zuvor behandelten Fall, in dem der Betriebsrat Entlassungen bei Glas nachdrücklich unterstützte, scheint das widersprüchlich. Hinter beiden Entscheidungen verbarg sich jedoch das Primat des wirtschaftlichen Erfolgs und das Trauma der Massenentlassungen in den 1950er Jahren.

2 Von Humanisierung durch Rationalisierung und prestigeträchtigen Chromleisten: Produktions- und Modellpolitik

2.1 Investitionen in Humanisierung, Rationalisierung und Verweigerung von Neueinstellungen als Erfolgsrezept?

Auch für die Frage der Rationalisierung galt Goldas wirtschaftliches Primat in Verbindung mit der Absicherung der Arbeitsplätze. Hier vermischen sich so unterschiedliche Themen wie die klassische Rationalisierung zur Kostensenkung und Effizienzsteigerung, die Humanisierung der Arbeit, also die Verbesserung der Arbeit und ihrer Bedingungen,[132] die Automatisierung durch Roboter und die Einführung neuer Arbeitskonzepte, wie z. B. der Gruppenarbeit. Eine Detailstudie ist an dieser Stelle nicht möglich, vor allem weil es keine Überlieferung zu den Verhandlungen zwischen Betriebsrat und Vorstand hierzu gibt. Aus den Protokollen des Aufsichtsrates, des Vorstandes sowie der Betriebsversammlungen und den Beiträgen in den Werkszeitungen und einigen anderen Quellen werden die großen Leitlinien dennoch sehr deutlich. Zunächst wird auf die Entwicklung im Stammwerk in den 1960er und frühen 1970er Jahren eingegangen, um dann die grundsätzliche Sichtweise auf Rationalisierung im Unternehmen aufzuzeigen und exemplarisch an Robotern in der Produktion darzustellen.

Das Stammwerk litt zu Beginn der 1960er Jahre unter einem gewaltigen Investitionsstau, weil infolge der Unternehmenskrise die finanziellen Mittel

132 Die Verbesserung der Arbeitsbedingungen wurde bereits in der Rationalisierungswelle der 1920er Jahre verhandelt, das Thema war demnach also nicht komplett neu in der Industrie, vgl. Karsten Uhl: „Schafft Lebensraum in der Fabrik!". Betriebliche Kantinen und Speiseräume im deutschen Rationalisierungsdiskurs 1880–1945, in: Lars Bluma/Karsten Uhl (Hrsg.), Kontrollierte Arbeit, disziplinierte Körper? Zur Sozial- und Kulturgeschichte der Industriearbeit im 19. und 20. Jahrhundert, Bielefeld, 2012, S. 361–395, hier S. 365.

zur Modernisierung und Rationalisierung dünn gesät waren. Jürgen Seidl erkennt beispielsweise schon für die Mitte der 1950er Jahre ein erhebliches Rationalisierungsdefizit.[133] Dass diese Verzögerung von Investitionen BMW langfristig schaden würde, mahnte Golda bereits im März 1960 an, denn bereits damals gab es Mängel in der Produktion und bei den Arbeitsbedingungen, die sogar Mehrarbeit erforderlich machten. Der Rest des Aufsichtsrates unterstützte diese Sichtweise.[134] Die Rationalisierung der Produktion war deshalb eine der Hauptaufgaben des Technikvorstandes Wilhelm Gieschen. Er konnte erhebliche Erfolge verzeichnen.[135] Die Abteilung „Wertanalyse" konnte 1962/63 z. B. erfolgreich die Herstellungskosten senken, was eine bessere Preisstellung von BMW-Automobilen ermöglichte.[136] 1967 gelang es, die Vorgabezeiten in der Fertigung um 15 Prozent abzusenken, die Nutzfläche im Werk um 45,2 Prozent zu erhöhen, und der Produktionswert erreichte einen Wert von 256 Prozent (1961: 40,8 Prozent).[137] Insgesamt erhöhte sich im Zeitraum von 1961 bis 1969 der Pro-Kopf-Umsatz bei BMW von 35.400 DM auf 71.200 DM, mehr als eine Verdoppelung. Aufgrund der wachsenden Kosten für das Personal (sie stiegen pro Kopf von 9.900 DM im Jahr 1963 auf ca. 16.800 DM 1970) waren Rationalisierungsmaßnahmen unvermeidlich.[138] Dieser starke Anstieg der Personalkosten steht dabei im direkten Zusammenhang mit der verschleppten Rationalisierung der 1950er Jahre, den schlechten Arbeitsbedingungen und dem permanenten Arbeitskräftemangel: BMW versuchte durch monetäre Anreize als Arbeitgeber attraktiv zu bleiben[139] (vgl. Kap. 6.3).

Der Betriebsrat stand diesen Maßnahmen positiv gegenüber und forderte sie sogar aus eigenem Interesse ein. In klassisch fordistischer Manier verlangte Golda Kostensenkungen durch Rationalisierungen, um mit der Entwicklung der Löhne und Sozialleistungen Schritt zu halten.[140] Eine Verbesserung der Arbeitsbedingungen stand zu diesem Zeitpunkt aber noch nicht im Fokus. Exemplarisch sei hier der Karosseriebau erwähnt. Insbesondere aufgrund der dortigen Bleiarbeiten, so berichtete *der Motor*, die Werkszeitung

133 Seidl, 2002, Die Bayerischen Motorenwerke (BMW) 1945–1969, S. 126.

134 Protokoll der Aufsichtsratssitzung vom 04.03.1960, 04.03.1960, BMW UA-291-2, hier S. 12.

135 Biss, 2017, Die Internationalisierung der Bayerischen Motoren Werke AG, S. 257.

136 Seidl, 2002, Die Bayerischen Motorenwerke (BMW) 1945–1969, S. 279.

137 Protokoll der Aufsichtsratssitzung vom 06.12.1967, 06.12.1967, BMW UA-541-2, hier S. 10.

138 Protokoll der Aufsichtsratssitzung vom 04.09.1970, 08.09.1970, BMW UA-806-2, hier S. 3.

139 Boccia, 2024, Krise im „Wirtschaftswunder", S. 181.

140 Golda, Rede von Kurt Golda auf der Betriebsversammlung im Werk München im August 1961, 02.08.1961, BMW UA-511-1, S. 16; Kurt Golda: Rede von Kurt Golda auf der Betriebsversammlung im Werk München im Juli 1964, 20.07.1964, BMW UA-511-1, hier S. 13.

der KPD, gab es Forderungen nach einer vernünftigen Klimaanlage, einer besseren räumlichen Aufteilung und einer Ausweitung der Schmutzzulage auf die Kollegen an den Nachbarbändern, die zwar nicht im Karosseriebau arbeiteten, aber dennoch den gesundheitsgefährdenden Metallstaub einatmeten. Es soll sogar zu einem „wilden Streik“ von einer Stunde im Februar 1961 gekommen sein.[141]

Der Betriebsrat kritisierte die schlechten Arbeitsbedingungen allgemein immer wieder, indem er die Zustände in den Sanitäreinrichtungen und der Kantine, die unzureichenden Mitarbeiterparkplätze und Umkleideräume sowie die ungenügende Temperatur in den Produktionshallen immer wieder ansprach. Ebenso bemängelte er, dass es keine Anpassungen an die gewachsene Belegschaft gegeben habe.[142] Damit kümmerte sich der Betriebsrat um die „menschlich-sozialen Verhältnisse im Betrieb“ und sorgte dafür, dass „die reibungslose Bereitstellung der menschlichen Arbeitskraft“ gewährleistet war.[143] Dass der wirtschaftliche Aufstieg von BMW in den 1960er Jahren erfolgreich war, fußt deshalb auch wesentlich auf der Arbeit des Betriebsrates.[144]

Trotz dieser Rationalisierungserfolge stieß das Stammwerk an seine Produktionskapazitäten. BMW erwarb deshalb 1966/67 die Hans Glas GmbH (vgl. Kap. 6.1.1). Mit dem Entschluss, das so erstandene Werk Dingolfing in ein neues, vollständiges Fahrzeugwerk um- und auszubauen,[145] wurde überhaupt erst die Möglichkeit geschaffen, das Münchner Werk zu entlasten und eine Verbesserung der Arbeitsbedingungen in Angriff zu nehmen.[146] Die Rationalisierungsmaßnahmen in München waren darüber hinaus auch eine Notwendigkeit des angespannten Arbeitsmarktes. In München konnten nicht genug Mitarbeiter rekrutiert werden, auch weil die Fluktuation innerhalb der Belegschaft sehr hoch war.[147] Erst jetzt erhielten qualitative Themen mehr Raum in der innerbetrieblichen Diskussion. Erste Schritte zur Verbesserung der Arbeitsbedingungen folgten ab der zweiten Hälfte der 1960er Jahre, zunächst mit einem Schwerpunkt auf Arbeitsplatzsicherheit und dem Ziel, die Abwesenheitsquote durch einen zweiten Werksarzt zu senken.[148]

141 KPD-Betriebsgruppe-BMW: „Der Motor“, Anfang Februar 1961, BMW UA-2618-1; KPD-Betriebsgruppe-BMW: „Der Motor“, Februar 1962, BMW UA-2618-1.

142 Boccia, 2024, Krise im „Wirtschaftswunder“, S. 201–205.

143 Ebenda, S. 208.

144 Ebenda.

145 Hemmerle/Schulenberg, 2015, Das BMW Group Stammwerk München, S. 106.

146 Protokoll der Aufsichtsratssitzung vom 09.03.1971, 10.03.1971, BMW UA-807-2, hier S. 13.

147 Protokoll der Aufsichtsratssitzung vom 06.07.1971, 10.07.1971, BMW UA-807-2, hier S. 5.

148 Boccia, 2024, Krise im „Wirtschaftswunder“, S. 190.

Eine wirkliche Verbesserung der mangelhaften Arbeitsplatzgestaltung war aber erst mit dem Anlauf des neuen Werkes Dingolfing im Jahr 1973 zu erwarten. Bereits im Juli 1971 kündigte der Betriebsrat aber an, dass er sich für die geplanten Investitionen in München besonders auf eine Verbesserung des Arbeitsflusses und eine Erleichterung der Arbeit konzentrieren werde.[149] Diese langfristig notwendigen Investitionen dürften auf gar keinen Fall der momentanen „Kostenhysterie" zum Opfer fallen:

> Mir hängt es langsam zum Halse heraus, wenn ich vor jeder Frage oder Entscheidung auf die Ergebnisentwicklung hingewiesen werde. [...] Die notwendigen und vor allem richtigen Entscheidungen im Interesse der weiteren Sicherung zu treffen – nicht nur des Überlebens von BMW – ist Ihre Aufgabe meine Herren vom Vorstand. Zumindest ist Morgen keinem gedient, wenn notwendige Entscheidungen verschoben oder abgelehnt werden. Natürlich beinhaltet Ablehnung im Augenblick keine Ausgabe, aber diese Einsparung, eingedenk der Vergangenheit – kann uns 1972 das Fünf- oder Zehnfache kosten. [...] Fest steht, daß wir nicht die Absicht haben [...] einen BMW-Sparorden zu verleihen, sondern es kommt darauf an, die großen Löcher, in die Hunderttausende bzw. Millionen versickern, zu finden.[150]

Ähnlich wie bereits im Frühjahr 1960 im Aufsichtsrat waren Ausgaben zur Verbesserung der Produktion für Golda unumgänglich. Dabei stellte er langfristige Überlegungen über kurzfristige Profitinteressen. Dass der Vorstand bzw. der Aufsichtsrat diese Investitionen verweigerten, wie hier von Golda angedeutet, lässt sich nicht bestätigen. Ganz im Gegenteil wurden Verlagerungen nach Dingolfing, Rationalisierungsvorhaben und die Verbesserung der Arbeitsbedingungen verstärkt diskutiert. Für 1973 beantragte der Vorstand Investitionen von 170,8 Mio. DM. Allein 49,4 Mio. DM waren dabei für Ersatzbeschaffungen, Rationalisierung, Arbeitsschutz und zur Verbesserung der Arbeitsbedingungen in München eingeplant.[151] Die angedachten Rationalisierungen in München mussten allerdings im laufenden Betrieb ohne Reduzierung der Produktion umgesetzt werden.[152] Die widrigen Arbeitsverhältnisse waren 1973 der Hauptgrund für die Schwierigkeiten, für die Münchner

149 Kurt Golda: Rede auf der Betriebsversammlung im Werk München im Juli 1971, 19.07.1971, BMW UA-1532-1, hier S. 9 f; Golda, Rede von Kurt Golda auf der Betriebsversammlung im Werk München im April 1968, 22.04.1968, BMW UA-512-1, S. 7.

150 Golda, Rede auf der Betriebsversammlung im Werk München im Juli 1971, 19.07.1971, BMW UA-1532-1, S. 10 f.

151 Protokoll der Aufsichtsratssitzung vom 14.12.1972, 20.12.1972, BMW UA-808-2, hier S. 18 f.

152 Ebenda, S. 11.

Produktion neue Mitarbeiter zu finden. Deshalb sollten sogar finanziell unrentable Maßnahmen ergriffen werden, solange sie auf eine Verbesserung der Arbeitsbedingungen einzahlten.[153] Das langfristige Ziel für das Stammwerk war die Umstellung von einer lohnintensiven Fertigung auf eine kapitalintensive Fertigung, d. h. verstärkt auf Automatisierung, Rationalisierung und Humanisierung zu setzen, um den Standortnachteil des schwierigen Arbeitsmarktes auszugleichen.[154] Trotz des Nachfrageeinbruchs infolge der Ölpreiskrise bekräftigte der Produktionsvorstand Hans Koch im Frühjahr 1974 die geplanten Investitionen in eine Verbesserung der Kantinen und Sanitärräume, der ärztlichen Versorgung und der Arbeitsplatzbedingungen. Voraussetzung dafür war die Verlagerung der Produktion der 5er-Modellreihe nach Dingolfing.[155]

Ein umfangreicher Artikel in der Juni-Ausgabe 1974 des *bayernmotor* mit dem Titel „Das neue Werk Dingolfing machts möglich: Jetzt wirds besser in den Münchner BMW-Hallen" erläuterte die umfangreichen Maßnahmen. München werde in Zukunft nur noch zwei Modelle bauen anstatt drei. Während in Dingolfing die Belegschaft vergrößert werden sollte, sollte sie in München durch Fluktuation, also ohne Kündigungen, und durch freiwillige Versetzungen nach Dingolfing sinken. Mit dieser Entzerrung der Fertigung würden Verbesserungen für Sozialräume und bei Arbeitsplätzen möglich. Der überlastete Karosserierohbau würde komplett überarbeitet und sollte, genau wie die Montage, aufgelockert werden. Das Presswerk wechselte von einem Drei- auf einen Zweischichtbetrieb, die Gießerei stellte ihr Verfahren von Sandguss- und Kokillenguss- auf das sauberere und bessere Aluminium-Druckgussverfahren um. Die Motorenfertigung würde in München bleiben. All diese Maßnahmen hatten für das Personal umfangreiche Umsetzungen und Umgruppierungen zur Folge.[156] Auch nach 1974 blieb die Investitionsquote zur Verbesserung der Produktion(sbedingungen) auf überdurchschnittlichem Niveau:

Damit hatte BMW keine lohn-, sondern eine kapitalintensive Fertigung aufgebaut. Das zeigt auch die Aussage von Norbert Fischer, Vertreter der IG Metall im Aufsichtsrat, der 1980 feststellte, dass der Zuwachs in der BMW-Produktion vor allem durch Investitionen und nicht durch Personalaufbau

153 Protokoll der Aufsichtsratssitzung vom 03.05.1973, 07.05.1973, BMW UA-856-2, hier S. 9.

154 Protokoll der Aufsichtsratssitzung vom 11.07.1973, 16.07.1973, BMW UA-856-2, hier S. 6; Boccia, 2024, Krise im „Wirtschaftswunder", S. 83.

155 Hans Koch: Rede des Produktionsvorstandes Koch auf der Betriebsversammlung im Werk München im April 1974, 29.04.1974, BMW UA-1533-1, hier S. 4; 6.

156 Jetzt wirds besser in den Münchner BMW-Hallen, bayernmotor 06/74, Juni 1974, BMW UI-2021-6.

	Durchschnitt	BMW
1972	7,2 %	10,8 %
1973	5,4 %	9,6 %
1974	5,9 %	6,4 %
1975	3,8 %	5,1 %
1976	?	7,0 %

Der Branchendurchschnitt wurde errechnet aus den Zahlen von BMW, Daimler-Benz, VW, Audi, Ford und Opel.

ABBILDUNG 6.3 „BMW baut weiter aus: Ehrgeiziges Programm für die Zukunft", bayernmotor Dezember 1976.[157]

erreicht wurde.[158] 1984, zehn Jahre nach den umfangreichen Umbau- und Modernisierungsmaßnahmen in München und vor dem Hintergrund des 35-Stunden-Streiks, konnte der Vorstandsvorsitzende nunmehr verkünden, dass Rationalisierung für BMW nichts Neues sei. Automatisierung habe neue Arbeitsplätze geschaffen und Rationalisierung sichere diese auch für die Zukunft.[159] Diese Entwicklung wäre so nicht möglich gewesen, wenn der Betriebsrat unter Golda nicht ebenfalls die Notwendigkeit dazu gesehen hätte und sogar als aktiver Treiber von Rationalisierung und Automatisierung in Erscheinung getreten wäre. Gina Fuhrichs Schlussfolgerung, dass die erfolgreiche Einführung von Rationalisierungsmaßnahmen und neuen Technologien bei Volkswagen maßgeblich davon abhing, dass die Mitarbeiter aktiv miteinbezogen wurden und sowohl Arbeitnehmer als auch Arbeitgeber die Notwendigkeit dazu sahen, trifft deshalb auf BMW in demselben Maße zu.[160]

Golda bekräftigte seine 1960 erhobene Forderung nach mehr Investitionen in den 1970er Jahren. Er wollte einen „Denkmalschutz" für das Stammwerk verhindern und rief nach einem Plan für die Zukunft; das „permanent[e] vor-

157 br: BMW baut weiter aus: Ehrgeiziges Programm für die Zukunft, bayernmotor 09/76, Dezember 1976, BMW UI-2024-12.

158 Wortprotokoll über die Aufsichtsratssitzung vom 06.10.1980 in Dingolfing, 07.10.1980 [sämtliche anderen Unterlagen datieren die AR-Sitzung auf den 07.10], BMW UA-2622-1, hier S. 12.

159 Eberhard von Kuenheim: Rede des Vorstandsvorsitzenden auf der Betriebsversammlung im Werk München im Juli 1984, 30.07.1984, BMW UA-2674-1, hier S. 13; 15.

160 Fuhrich, 2020, Humanisierung oder Rationalisierung?, S. 335.

beimogeln" bei den Arbeitsbedingungen müsse ein Ende haben.[161] Seine prinzipielle Position zum Credo „Humanisierung durch Rationalisierung" erläuterte er bereits im Juli 1973, also noch vor Ausbruch der Ölpreiskrise:

> [I]st es nicht richtiger aus Arbeitsplatzsicherheitsgründen der vorhandenen Belegschaft weniger expandieren, d. h. sich *primär der Rationalisierung und Automation zu bedienen, um nicht unter allen Umständen immer mehr Menschen mit hohen Belastungen für ein Unternehmen erneut anwerben* zu müssen. Hier bei uns im Werk München stellt sich [...] nicht die Frage der Produktionssteigerung, sondern Senkung der täglichen Stückzahl und damit echte Erleichterungen für die Belegschaft am Arbeitsplatz zu erreichen. *Denn Tatsache ist, daß sich der größte Teil des menschlichen Lebens am Arbeitsplatz abspielt und der sollte so gestaltet sein, daß der einzelne nicht mit Unwillen, sondern mit Freude seine Arbeit verrichtet.* [...] Geld ist zwar ein entscheidender Faktor, aber er darf nicht das Ausschlaggebende sein. [...] Deshalb sind wir bereits heute dabei, für Ende 1974 die Weichen zu stellen. *Das Erreichen von Arbeitsplatzerleichterungen und der schrittweise Abbau der bestehenden Überbelastung setzen natürlich eine starke Investitionstätigkeit voraus*, um a) den generellen technischen Fortschritt dem Menschen dienbar zu machen und b) um die menschliche Arbeitskraft – soweit wie möglich – durch Maschinen abzulösen. [...] [D]ie Maschinen [sollen] Arbeitsoperationen der unteren Lohngruppen und die bis zu Verzweiflung gehende Eintönigkeit übernehmen [...]. Es ist doch in diesem Zusammenhang *absurd* [...] wenn ich da vor wenigen Tagen lese, *Rationalisierungsinvestitionen führen zwangsläufig zur Arbeitslosigkeit.* Bei so einer Prognose muss ich die Situation des Unternehmens und der allgemeinen Wirtschaft eines Landes [...] mittel- und langfristig [...] beurteilen können. [...] Ich würde deshalb der Meinung sein, der Vorstand ist gerade in der jetzigen Situation aufgerufen, *mehr zu investieren, um eine weitere Aufstockung der Belegschaft hier im Werk München zu verhindern.* Der Betriebsrat wird darauf deshalb besonders achten, weil es um die Sicherheit der jetzt 18 000 Belegschaftsangehörigen im Werk geht.[162]

Dieser umfangreiche Auszug aus einer Rede Goldas auf einer Betriebsversammlung kann als Manifest des BMW-Betriebsrates zur Rationalisierung und Humanisierung gelten. Golda war ein klarer Befürworter von Rationalisie-

161 Kurt Golda: Rede auf der Betriebsversammlung im Werk München im April 1973, 24.04.1973, BMW UA-1532-1, hier S. 3 f.

162 Golda, Rede auf der Betriebsversammlung im Werk München im Juli 1973, 23.07.1973, BMW UA-1532-1, S. 9–13. Eigene Hervorhebung.

rungsmaßnahmen und verfolgte damit mehrere Ziele parallel: 1. Die Sicherheit der vorhandenen Arbeitsplätze war wieder die entscheidende Triebfeder, 2. durch Investitionen in neue Maschinen sollten die Arbeitsbedingungen verbessert werden und schließlich 3. war es erklärtes Ziel und auch Aufforderung an den Vorstand, dass durch Rationalisierung einem Personalüberhang vorgebeugt werden sollte.

Besonders der letzte Punkt verdient besondere Beachtung. Hier setzte sich ein Arbeitnehmervertreter aktiv dafür ein, dass man nicht zu viele Mitarbeiter einstellen solle. Nicht zum ersten Mal: Wieder waren die Gründe, kein Personal zu akquirieren, welches man in Krisenzeiten nicht mehr halten könnte[163] (vgl. Kap. 6.1.3), und die potenziell höhere Arbeitsbelastung der Mitarbeiter durch den Einsatz von Maschinen abzufedern. Auch die Erfahrung des Booms der 1960er Jahre wird im letzten Argument sichtbar: In diesem Jahrzehnt litt BMW unter einem permanenten Personalmangel, wodurch die Produktionsziele nur durch eine Mehrarbeit der Mitarbeiter erreichbar waren.[164] Der erhöhte Einsatz von Maschinen reduzierte die Arbeitsbelastung und steigerte gleichzeitig die Produktivität. Investitionen in Maschinen trugen so direkt zur Konkurrenzfähigkeit des Unternehmens, aber auch zur Absicherung der vorhandenen Arbeitsplätze bei. Umgekehrt hätte der Weg einer lohnintensiven Fertigung anstatt dieser kapitalintensiven Fertigung das Risiko beträchtlich erhöht, in einer Krisensituation Personal entlassen zu müssen. Das sei auch der Grund gewesen, weshalb sich Golda im Nachfrageboom 1975 gegen einen raschen Personalaufbau gestemmt und gegenüber dem Vorstand auf stärkere Investitionen in die Produktivität und Verbesserung der Arbeitsplätze bestanden habe.[165] Das ging sogar so weit, dass Golda im Aufsichtsrat den Vorstand kritisierte und einen zu großen Personalaufbau bemängelte:

> Diese Entwicklung ist kein guter Begleiter in Richtung Zukunftssicherung. [...] 1981 strebt die Zentrale nur [!] eine Verminderung von 7 Belegschaftsmitgliedern an. In Dingolfing ist eine Aufstockung von 1221 Mitarbeitern geplant. Der Betriebsrat wird 1981 Schwierigkeiten hinsichtlich dieser Aufstockung machen.

163 In der *Marxistischen Arbeiterzeitung* wird 1981 ein Artikel des *manager magazins* zitiert, in dem Golda genau diese Argumentationslogik wiedergegeben hat, vgl. Marxistische Gruppe (MG), „Marxistische Arbeiter Zeitung" (MAZ), 03.12.1981, BMW UA-2617-1, S. 1.

164 Boccia, 2024, Krise im „Wirtschaftswunder", S. 69.

165 Mönnich/Golda, 1995, Interview Horst Mönnich mit Kurt Golda, BMW UM-1083-10, ca. 1h, Minute 25; ca. 1h, Minute 28; Mönnich/Golda, 1991, Interview Horst Mönnich mit Kurt Golda, BMW UM-943-10, ca. 1h 25 min.

> Das gefällt mir nicht, wo es 1981 ganz klar darum geht, das Ergebnis zu verbessern. Wir müssen uns auch mit Investitionen darauf vorbereiten, daß wir die Produktivität steigern.[166]

Insofern kam die aktive Forderung nach Rationalisierungsmaßnahmen dem Ziel der Arbeitsplatzsicherung durch das wirtschaftliche Primat zugute. Bemerkenswert ist, dass diese Politik des Betriebsrates öffentlich gegenüber der Belegschaft kommuniziert wurde und es dennoch zu keiner echten Opposition kam, obwohl diese Politik auch eine höhere individuelle Arbeitsbelastung bedeuten konnte. Die Erfahrungen der 1950er und 1960er Jahre, genauso wie die Aussicht auf einen dauerhaft sicheren Arbeitsplatz, scheinen auch in der Belegschaft noch fortgewirkt zu haben und wurden auch vonseiten des Betriebsrates immer wieder als mahnendes Beispiel genannt: Rationalisierung erhöhe die Produktivität, erleichtere die Arbeit und sei unumgänglich, um die Wettbewerbsfähigkeit des Unternehmens auf lange Sicht abzusichern, und damit auch die Sozialleistungen und die Arbeitsplätze. Als Folge würden notwendigerweise auch Arbeitsplätze verschwinden, aber dabei handele es sich vor allem um die gesundheitsgefährdenden Arbeitsplätze, die man durch zusätzliche Maschinen entlasten wolle. Wo eine Verweigerung dieser Entwicklung hinführe, habe man ja bereits in den 1950er Jahren erlebt.[167] Bei der Einführung dieser Technologien waren die jeweiligen Bereichsbetriebsräte direkt involviert, wie der *bayernmotor* berichtete.[168] Deshalb setzte Golda sich im Aufsichtsrat aktiv für Investitionen in die Fertigung ein:

> Die Frage, wie weit kann man die [Maschinen- und Werkzeug-, M. R.] Investitionen um mehr als 200 Mio DM drücken, ist sehr problematisch. In München bereitet uns die Stellenbesetzung zum Ausgleich der Fluktuation große Probleme. Ich bin deshalb der Meinung, daß wir bei der neuen Auflage der 3er-Reihe mehr Geld in die Hand nehmen müssen, um nicht die Belegschaft laufend voll ergänzen zu müssen. […] Wegen der Konkurrenzsituation von morgen ist es angezeigt, bei den Rationalisierungs- und Automatisierungsinvestitionen nicht zu sparen. […] Nehmen wir an, wir wollen die jetzige Stückzahl halten,

166 Wortprotokoll über die Aufsichtsratssitzung am 09.12.1980, 09.12.1980, BMW UA-2622-1, S. 1 f.

167 Kurt Golda: Rede auf der Betriebsversammlung im Werk München im Juli 1976, 19.07.1976, BMW UA-1533-1, hier S. 8–10.

168 br, Arbeitsplatzreport: Der lange Marsch des Hein Dietrich Kipp, bayernmotor 12/77, 27.07.1977, BMW UI-2025-18.

> dann müssen wir im Hinblick auf die Schwierigkeiten, die wir mit der Fluktuation und den Personalkosten haben, investieren.[169]

Gegenüber der Belegschaft wurde wiederholt die Einführung neuer Technologien eindeutig befürwortet, sei es, um die Kosten zu senken oder um die Arbeitsbedingungen zu verbessern und damit die Zukunft von BMW zu sichern.[170] Die kontrollierend bejahende Position gegenüber dem technologischen Wandel war für Golda alternativlos: „[E]s gab keinen anderen Weg zu überleben [...]. Und den Weg habe ich erkannt und darauf haben wir uns eingestellt. [...] Hätten wir uns diesen Weg nicht verschrieben, dann hätte Stillstand Tod bedeutet."[171] Die eiserne Prämisse war dabei immer, dass zwar durch Rationalisierung einzelne Arbeitsplätze verschwinden könnten, aber deshalb niemand die Anstellung bei BMW verliere. In einem solchen Fall müsse das Einkommen abgesichert werden und eine neue Aufgabe an anderer Stelle für den betroffenen Mitarbeiter gesucht werden.[172] Sehr treffend beschrieb der Personalvorstand Franz Köhne 1985 Goldas Einstellung zu neuen Technologien als „positiv-kritisch": Positiv in dem Sinne, dass er sie für den Erhalt der Konkurrenzfähigkeit notwendig hielt, kritisch in dem Sinne, dass man die sozialen Folgen für die Belegschaft abfedern müsse.[173] Anhand der Einführung von Robotern in der Produktion lässt sich diese positiv-kritische Herangehensweise besonders gut illustrieren.

2.2 „Die Roboter kommen!"

Aus einem Fragebogen der IG Metall zum Einsatz von Industrierobotern bei Automobilunternehmen lässt sich entnehmen, dass es bei BMW 1974 den

---

169 Wortprotokoll über die Aufsichtsratssitzung am 18.06.1980, 18.06.1980, BMW UA-2623-1, hier S. 4 f.

170 Kurt Golda: Rede auf der Betriebsversammlung im Werk München im April 1981, 27.04.1981, BMW UA-2673-1, hier S. 5 f; Golda, Rede auf der Betriebsversammlung im Werk München im Juli 1982, 26.07.1982, BMW UA-2674-1, S. 10–14; Kurt Golda: Rede auf der Betriebsversammlung im Werk München im April 1984, 24.04.1984, BMW UA-2674-1, hier S. 1; Kurt Golda: Rede auf der Betriebsversammlung im Werk München im Juli 1984, 30.07.1984, BMW UA-2674-1, hier S. 15.

171 Mönnich/Golda, 1995, Interview Horst Mönnich mit Kurt Golda, BMW UM-1083-10, ca. 1h, Minute 30.

172 Golda, Rede auf der Betriebsversammlung im Werk München im Juli 1982, 26.07.1982, BMW UA-2674-1, S. 10–14.

173 Kurt Golda. Zur Vollendung des 60. Lebensjahres, 21.09.1985, BMW UI-14-1, S. 19 f.

ersten Versuch mit einem Roboter im Karosserierohbau gab.[174] Wahrscheinlich wurde er infolge der massiven Umbaumaßnahmen 1974 installiert. Die Erfahrungen schienen aber noch unbefriedigend gewesen zu sein, weil ein großer Ausfall durch Reparatur vermerkt ist.[175] Im Vergleich zu den anderen auf diesem Fragebogen vermerkten Betrieben (Ford Köln, Daimler Stuttgart-Untertürkheim, Daimler Sindelfingen) war der Umfang und die Erfahrung mit Robotern noch sehr gering. In Untertürkheim waren 1974 bereits vier Roboter im Betrieb, in Köln zwölf und in Sindelfingen, je nach Zählweise, bis zu 40 Stück. Während bei den anderen Betrieben die Einschätzung der Mitarbeiter zu den Robotern „gleichgültig" war, ist im Fragebogen keine Einschätzung von BMW vermerkt. Dasselbe galt für die Frage, inwiefern der BMW-Betriebsrat einbezogen wurde. In den beiden Daimler-Werken war die Einführung mit Zustimmung des jeweiligen Betriebsrates erfolgt, der Ford-Betriebsrat war unterrichtet worden.[176] Mit der bereits beschriebenen nachhaltigen Unterstützung für die Rationalisierungsmaßnahmen in München 1974 ist aber davon auszugehen, dass der Versuch nicht ohne die Unterrichtung oder Zustimmung des Betriebsrates stattgefunden hat.

Wirklich Bewegung in die Roboter kam in den 1980er Jahren. Im Februar 1980 wurden bei BMW zwei Schweißroboter in Betrieb genommen. Die Werkszeitung *bayernmotor* pries insbesondere an, dass z. B. bei künftigen Modellwechseln nicht mehr die Maschinen, sondern nur noch die Programme ausgetauscht werden müssten.[177] Die linksorientierte Opposition in der Belegschaft griff die potenzielle Gefahr für die Arbeitsplätze schnell auf und stilisierte die Roboter zu „eisernen Sklaven".[178] Dieser kolportierte „Großangriff auf die Arbeitsplätze bei BMW" sorgte vor allem aufgrund der fehlenden bindenden Betriebsvereinbarung zum Erhalt der Arbeitsplätze für Unruhe in der Belegschaft.[179] Indes galt der Einsatz von Robotern dem Vorstand als „Gebot der Zukunft". Arbeitnehmervertreter und Vorstand waren sich einig, dass nur weitere Investitionen in Rationalisierungen die langfristige Konkurrenzfähigkeit

174 Beleg für das Zitat in der Überschrift: DKP-Betriebsgruppe: Die Zündung, September 1981, BMW UA-2617-1.

175 Fragebogen zum Einsatz von Industrierobotern, 1974, AdsD 5/IGMA151322.

176 Ebenda.

177 Das war 1980. Rückblick auf ein erfolgreiches BMW-Jahr, bayernmotor, 1-2/1981, Januar/Februar 1981, BMW UI-2029-1.

178 Marxistische Gruppe (MG): „Marxistische Arbeiter Zeitung" (MAZ), 28.11.1980, BMW UA-2617-1; Marxistische Gruppe (MG), „Marxistische Arbeiter Zeitung" (MAZ), 28.11.1980, BMW UA-2617-1; DKP-Betriebsgruppe: Die Zündung, Oktober/November 1980, BMW UA-2617-1.

179 DKP-Betriebsgruppe: Die Zündung, 13.02.1981, BMW UA-2617-1.

von BMW und die Arbeitsplätze sichern würden.[180] Auf der Betriebsversammlung im April 1981 versuchten Golda und Kuenheim die Belegschaft zu beruhigen und gleichzeitig auf die Notwendigkeit des Einsatzes von Robotern hinzuweisen. Golda stellte klar:

> Der Betriebsrat versperrt nicht den Weg für neue Technologien zur Sicherung und Festigung von BMW […]. Er sagt Ja zum Einsatz von Robotern dort, wo es um Arbeitsplätze geht, die auf Dauer für den einzelnen eine Gefahr für seine Gesundheit beinhalten. Der Betriebsrat sagt jedoch nicht mehr Ja dann, […] wenn mit der neuen Technologien Kündigungen oder Einkommensminderungen verbunden sind.[181]

Allerdings räumte er ein, dass die Kommunikation von Vorstand und Betriebsrat besser werden müsse, um Ängste vor dem Verlust des Arbeitsplatzes von Beginn an zu verhindern.[182] Kuenheim versuchte ebenfalls die Belegschaft zu beruhigen. Betroffene Mitarbeiter würden einen anderen Arbeitsplatz bei BMW bekommen, und durch den vermehrten Einsatz von Robotern entstünden auch neue Arbeitsplätze zur Wartung und Überwachung der Geräte.[183] Die Zweifel wurden dadurch nicht beseitigt. Dass das Unternehmen die Gesundheitsgefahren durch den Einsatz von Robotern reduzieren wollte, begrüßte die DKP-Betriebsgruppe zwar. Ein Versprechen von Kuenheim, dass niemand seinen Arbeitsplatz verliere, sei jedoch zu wenig, um die Gemüter zu beruhigen.[184]

Erst eine Betriebsvereinbarung über die personellen Auswirkungen von Robotern in der Fertigung räumte die Unklarheiten aus dem Weg.[185] Sie hielt einleitend fest, dass sowohl der Betriebsrat als auch der Vorstand den Einsatz von Robotern für unumgänglich hielten. Betroffene Mitarbeiter sollten eine gleichwertige Tätigkeit ohne Verdienstnachteil bekommen. War eine gleichwertige Tätigkeit nicht möglich, sollte der Verdienst dennoch für ein ganzes Jahr auf dem bisherigen Niveau abgesichert werden. Wenn nach die-

---

180 Eberhard von Kuenheim: Bericht des Vorstands über die Geschäftslage durch Herrn v. Kuenheim, AR-Sitzung 07.04.1981, 07.04.1981, BMW UA-2621-1, hier S. 16.

181 Golda, Rede auf der Betriebsversammlung im Werk München im April 1981, 27.04.1981, BMW UA-2673-1, S. 2 f.

182 Ebenda, S. 1.

183 Eberhard von Kuenheim: Rede des Vorstandsvorsitzenden auf der Betriebsversammlung im Werk München, 27.04.1981, BMW UA-2673-1, hier S. 5.

184 DKP-Betriebsgruppe: Die Zündung, Mai 1981, BMW UA-2617-1.

185 Vereinbarung über die Regelung personeller Auswirkungen beim Einsatz von Robotern in der Fertigung, 02.07.1981, BMW UA-2642-1.

sem Jahr eine Verdienstanpassung geschah, dann sollte dies nur in Beisein und mit Zustimmung des Betriebsrates und in Einzelfalllösungen geschehen, um soziale Härten zu vermeiden. Das Personalwesen sollte betroffene Mitarbeiter gezielt weiterbilden, damit sie ohne Nachteile versetzt werden konnten. Diesen Mitarbeitern sollten freie Stellen bevorzugt angeboten werden.[186] Die Betriebsvereinbarung versuchte, personalpolitische Verantwortung mit den wirtschaftlichen Realitäten zusammenzubringen. Oder in anderen Worten: Auch hier ging abermals das Primat des wirtschaftlichen Erfolgs Hand in Hand mit der Absicherung der bestehenden Arbeitsplätze.

Die Belegschaft war immer noch nicht vollständig beruhigt. *Die Zündung* thematisierte die Angst um den Arbeitsplatz abermals.[187] Im November 1981 nahm Golda die Führungskräfte explizit in die Pflicht, nicht nur in der Öffentlichkeit über die Roboter zu reden (eventuell ein Verweis auf eine Diskussionsrunde zur Internationalen Automobil-Ausstellung (IAA) im Vormonat mit Vertretern von BMW, Daimler-Benz und der IG Metall),[188] sondern sich auch intern für die Weiterbildung der Mitarbeiter einzusetzen, um deren Arbeit zukunftsfest zu machen.[189] Wie groß die Bedenken innerhalb der Belegschaft weiterhin blieben, darüber spricht die Zahl der Aufklärungsartikel im *bayernmotor* 1982 Bände. Ziel war, die Ängste vor den „arbeitsplatzfressenden Roboter[n]" zu nehmen und stattdessen als vorgebliches „Scheingespenst" zu enttarnen.[190] Die Roboter wurden als nützliche Maschinen für Arbeiten, die für einen Menschen auf Dauer zu belastend wären, angepriesen.[191] Der gleichermaßen notwendige Schulungs- und Weiterbildungsbedarf wurde ebenfalls thematisiert. So eine „praxisnahe Schulung [...] [i]st bei dieser neuartigen Technik einfach notwendig", ließ sich ein Mitarbeiter zitieren.[192] Die Einführung der Roboter habe den großen Vorteil einer erhöhten Flexibilität in der Produktion, griff der *bayernmotor* dies auf, erfordere jedoch gleichzeitig eine

186 Ebenda; verkündet wurde diese Betriebsvereinbarung noch im selben Monat auf der Betriebsversammlung, vgl. Golda, Rede auf der Betriebsversammlung im Werk München im Juli 1981, 27.07.1981, BMW UA-2673-1, S. 18–20.

187 DKP-Betriebsgruppe: Die Zündung, Oktober 1981, BMW UA-2617-1.

188 Vgl. hierzu: Roboter: Nicht der einzige Weg, bayernmotor 10/81, Oktober 1981, BMW UI-2029-10.

189 Golda, Rede auf der Betriebsversammlung im Werk München im November 1981, 23.11.1981, BMW UA-2673-1, S. 1 f.

190 Heinz Stupp: Supermann gibt's nur im Film. Industrieroboter sichern unsere Zukunft, bayernmotor 06/82, Juni 1982, BMW UI-2030-6.

191 Heinz Stupp: Prozessoren – Nichts mit was drin, bayernmotor, 01.07.1982, BMW UI-2030-7.

192 kr: Ganz ohne Menschen geht die (Roboter-)Chose nicht, bayernmotor, 07.07.1982, BMW UI-2030-7.

höhere geistige Flexibilität der Mitarbeiter, sich auf den technologischen Wandel einzulassen und sich weiterzubilden.[193] Das damit angesprochene Entstehen neuer Berufsbilder wie des „Fertigungsmechanikers" hatte Kuenheim im Frühjahr des Jahres 1982 ebenfalls als große Chance zur Weiterentwicklung für die Mitarbeiter dargestellt.[194]

Dieser Wandel in der täglichen Arbeit wurde 1984 im *bayernmotor* am Beispiel des Mitarbeiters Karl-Heinz Grunert beschrieben. Grunert war früher am Band gestanden und hatte im Akkord gearbeitet. Er wurde in einer sechswöchigen Schulung zum Maschinenführer an den Roboteranlagen zur Türmontage umgelernt. Körperlich sei die neue Arbeit zwar leichter, aber „[e]igentlich habe ich ja jetzt mehr Arbeit, vor allem Kopfarbeit, aber gerade deshalb macht's mir mehr Spaß". Während für ihn diese vermehrte Kopfarbeit und die damit verbundene Abwechslung ein Vorteil waren, teilten einige ebenfalls zitierte Kollegen diese Sichtweise nicht.[195] Der Artikel kann damit exemplarisch für die Veränderungen durch den Strukturwandel stehen: Die körperlich anstrengende Arbeit ging zulasten höherer geistiger Anforderungen zurück. Wie die jeweiligen Mitarbeiter diese Veränderungen wahrnahmen, war höchst individuell.[196]

Rationalisierungsmaßnahmen mit der Humanisierung der Arbeit zu verbinden, war kein Ergebnis einer speziellen Form der Mitbestimmung bei BMW, sondern eine Folge des gesellschaftlichen Wertewandels, aber auch der Veränderungen in der Wirtschaft allgemein. Im Laufe der 1970er Jahre verschoben sich die Themen der betrieblichen Mitbestimmung: weg von der einseitigen Konzentration auf Arbeitszeitverkürzungen und Entgelterhöhungen hin zu einem verstärkten Einsatz für die Arbeitsplatzsicherheit und einer Verbesserung der Arbeitsbedingungen.[197] Auch innerhalb der Gewerkschaften hatten sich die Positionen verändert, und während der 1970er Jahre, spätestens aber in den 1980er Jahren, wurden diese neuen Schwerpunkte auch

193 Heinz Stupp: Umstellung jederzeit möglich, bayernmotor 08/09/82, August/September 1982, BMW UI-2030-8.

194 Eberhard von Kuenheim: Rede des Vorstandsvorsitzenden auf der Betriebsversammlung im Werk München im April 1982, 26.04.1982, BMW UA-2674-1, hier S. 2;4.

195 Karin Friedrich: Menschen und Roboter: Mehr „Köpfchen-Arbeit", bayernmotor 05/84, Mai 1984, BMW UI-2032-5.

196 Raphael, 2020, Gewinner und Verlierer in den Transformationen industrieller Arbeitswelten Westeuropas nach dem Boom, S. 77 f; vgl. in diesem Zusammenhang auch Neuheiser, 2014, Leistungsdruck! Hetze! Stress?

197 Milert/Tschirbs, 2015, Die andere Demokratie, S. 484; Owetschkin, 2016, Vom Verteilen zum Gestalten, S. 145.

in der Tarifpolitik deutlich.[198] Die Betriebsräte selbst wurden mehr oder weniger gezwungenermaßen Teil einer „productivity coalition",[199] „strategische Alliierte" des Managements, um nicht nur passiver Teil dieses Wandels zu sein.[200] Das gemeinsame Interesse war dabei das Wohl des Betriebes. Die Folge war eine neue Arbeitsweise der Betriebsräte. Um die genannten Prozesse aktiv beeinflussen zu können, wurden sie zu Co-Managern, gingen in ihrer Arbeit über die Bestimmungen des Betriebsverfassungsgesetzes weit hinaus und wurden zu selbstständigen Gestaltern der Zukunft ihrer Betriebe.[201] Die schon genannte Janusköpfigkeit der Institution Betriebsrat, der gleichzeitig Arbeitnehmer- und Unternehmensinteressen beachten muss, wurde damit noch ausgeprägter, weil nun die Betriebsräte aktiver Teil der Rationalisierung wurden, um ihre Standorte profitabel zu halten und damit Arbeitsplätze langfristig zu sichern.[202]

Hier ist aber auch der entscheidende Unterschied in der Mitbestimmung bei BMW im Vergleich zu anderen Herstellern festzumachen, denn bei BMW mussten keine neuen Formen der Mitbestimmung gelernt werden. Der Betriebsrat als Co-Manager war in der Münchner Mitbestimmung schon seit der Unternehmenskrise präsent. Außerdem hatte BMW den Vorteil, Nachzügler zu sein. Als die Firma unternehmerisch wieder erfolgreich wurde, war insbesondere der Münchner Arbeitsmarkt leergefegt, sodass dem Unternehmen und damit dem Betriebsrat und der Belegschaft gar keine andere Wahl blieb, abgesehen von der Einstellung migrantischer Arbeiternehmer, als permanent zu Rationalisierungsmaßnahmen zu greifen. Neben diesen klassischen The-

---

198 Hannah Ahlheim: Der Betrieb und das Schlafzimmer. Die „Humanisierung" der Schicht- und Nachtarbeit in der Bundesrepublik der 1970er-Jahre, in: Knud Andresen/Michaela Kuhnhenne/Jürgen Mittag/Johannes Platz (Hrsg.), Der Betrieb als sozialer und politischer Ort. Studien zu Praktiken und Diskursen in den Arbeitswelten des 20. Jahrhunderts, Bonn, 2015, S. 213–230, hier S. 218; Haipeter, 2013, Arbeit und Kapital in der deutschen Automobilindustrie, S. 336; Müller-Jentsch, 2018, Seven Decades of Industrial Relations in Germany, S. 643.

199 Streeck, 1989, Successful Adjustment to Turbulent Markets: The Automobile Industry, S. 128.

200 Frick, 1997, Die Funktionsfähigkeit der bundesdeutschen Betriebsverfassung: quantitative und qualitative Evidenz im Überblick, S. 185 f.

201 Rainer Trinczek: Betriebliche Regulierung von Arbeitsbeziehungen, in: Fritz Böhle/G. Günter Voß/Günther Wachtler (Hrsg.), Handbuch Arbeitssoziologie, Wiesbaden, 2010, S. 841–872, hier S. 860–862; Triebel, Rezension zu: Owetschkin, Dimitrij: Vom Verteilen und Gestalten. https://www.hsozkult.de/publicationreview/id/reb-23870, zuletzt aufgerufen: 1. April 2020.

202 Haipeter, 2013, Arbeit und Kapital in der deutschen Automobilindustrie, S. 353; Juri Hälker: Betriebsräte in Rollenkonflikten. Betriebspolitisches Denken zwischen Co-Management und Gegenmacht, München/Mering, 2005, S. 21.

men der Arbeitnehmervertretung in Form der Rationalisierung mischte sich der Co-Manager Golda aber auch in andere produktionsrelevante Themen ein, im konkreten Fall in die Produktpolitik, und überschritt damit den rechtlichen Rahmen des Betriebsverfassungsgesetzes.

2.3 Zierleisten als „Scherzartikel" und rasselnde Motoren – der Einfluss des Betriebsrats auf die Produkte bei BMW

Golda nahm hinsichtlich der Produkte insbesondere auf zwei Bereiche Einfluss, die Qualität und die allgemeine Produktstrategie.[203] Im Betriebsverfassungsgesetz 1952 war rein rechtlich nur eine Unterrichtung des Wirtschaftsausschusses, also ausgewählter Mitglieder des Betriebsrates, über wirtschaftliche Angelegenheiten durch Unternehmensvertreter festgehalten.[204] Der schnelle Hochlauf der Modellreihe der „Neuen Klasse" ab 1962 führte zu erheblichen Qualitätsproblemen bei den ersten Modellen. Über die richtige Strategie im Angesicht dieses Problems – mehr Umsatz bei Inkaufnahme von Qualitätsmängeln oder doch im Zweifel weniger Umsatz und weniger Qualitätsmängel – wurde im Aufsichtsrat viel diskutiert. Golda vertrat letztere Position:

> Qualität leidet. Zwischenkontrolle, Endkontrolle sehr mangelhaft. Nicht so viel Fahrzeuge heraus unter allen Umständen, sondern an dem bisherigen Grundsatz festhalten, jedes herausgehende Fahrzeug muss uns Aufträge bringen. [...] Dem 1,5 l [gemeint ist der BMW 1500, das erste Modell der ‚Neuen Klasse', M. R.] haben wir, auch der AR, Vorschusslorbeeren erteilt. Hinterher doch Mängel. [...] Technik muss eingreifen, damit die Qualität (Kontrolle) besser wird.[205]

Um dieser Forderung nach mehr Qualität anstatt Umsatz Nachdruck zu verleihen, hat Golda wohl auch Quandt mit seinem Rücktritt gedroht.[206] Er stellte sich direkt gegen den Vorstandsvorsitzenden Karl-Heinz Sonne und konnte sich damit auch durchsetzen.[207] Aber er ging noch weiter und verschickte an die Meister der Produktion einen Brief mit einer Selbstverpflichtung, dass diese die Qualität besonders im Auge haben sollten; eine klare Überschreitung seiner Kompetenzen. Entscheidend war für Golda aber nicht das mangelnde Qualitätsbewusstsein der Belegschaft, sondern die enorm

---

203 Beleg für das Zitat in der Überschrift: Stenogramm zur Aufsichtsratssitzung vom 15.07.1963, 15.07.1963, BMW UA-2632-1, hier S. 18.

204 Betriebsverfassungsgesetz vom 11. Oktober 1952, § 67.

205 Stenogramm zur Aufsichtsratssitzung vom 19.03.1963, 19.03.1963, BMW UA-2632-1, S. 15 f.

206 Ebenda, S. 21.

207 Ebenda, S. 19.

hochgefahrenen Stückzahlen und das Fehlen einer vernünftigen Personalpolitik.[208] In einem Brief an den Vorstandsvorsitzenden erläuterte Golda noch genauer, wo seiner Meinung nach die Qualitätsprobleme ihren Ursprung hätten. „Problem Nr. 1" sei die Überlastung der Meister, die deshalb keine Zeit für die Einarbeitung und Integration der angeworbenen migrantischen Arbeitnehmer hätten. Außerdem machte Golda ein Missverhältnis zwischen End- und Zwischenkontrolle aus. Während Erstere sehr streng sei, würde bei den Zwischenkontrollen zu lasch kontrolliert. Das müsse genau umgekehrt sein, bei der Endkontrolle sei es schon zu spät, was umfangreiche Nacharbeiten notwendig mache, die viel Fachpersonal bänden. Die vielen Reklamationen hätten außerdem den Effekt, dass in bestimmten Bereichen zu wenig Personal vorhanden sei, um die Probleme zu beheben, was wiederum negativ auf andere Bereiche ausstrahle. Die Begründung für diese detaillierte betriebsrätliche Analyse der Qualitätsprobleme ist wiederum Ausdruck der schon bekannten größten Sorge Goldas: „Ich bitte, bei diesen kurzen Betrachtungen zu der augenblicklichen Situation des Betriebes bzw. der Qualität vor allem die Aufgabe des Betriebsrates zur Sicherung der gesamten Arbeitsplätze unserer Belegschaft zu sehen."[209]

Das Gespenst von 1959 saß dem Betriebsrat auch in der Qualitätspolitik im Nacken und verfolgte ihn in den nächsten Jahrzehnten permanent. 1969 forderte Golda etwa eine Reduzierung des Produktionssolls, um eine bessere Einarbeitung der neuen Belegschaftsmitglieder zu gewährleisten und so die Qualität zu halten.[210] Mit der Produktqualität stand und fiel für Golda der Erfolg von BMW. War sie ungenügend, wie beim „miserable[n] Anlauf der Siebenerreihe" 1980, kauften die Kunden ihre Automobile bei der Konkurrenz. Umgekehrt war „die hervorragende Qualität unserer BMW-Fahrzeuge in den letzten Jahren [gemeint sind hier die 1970er Jahre, M. R.]" der Grund, dass viele Daimler-Benz-Fahrer sich einen BMW gekauft hätten.[211] Deshalb stand Golda auch in engem Kontakt mit den Betriebsräten der BMW-Niederlassungen und ließ sich von dort über Qualitätsmängel und Beschwer-

---

208 Kurt Golda: Rede von Kurt Golda auf der Betriebsversammlung im Werk München im April 1963, 10.04.1963, BMW UA-511-1, hier S. 5 f; Zu den Hintergründen vgl. Kap. 4 in: Boccia, 2024, Krise im „Wirtschaftswunder".

209 Kurt Golda: Schreiben an den Vorstandsvorsitzenden Sonne bzgl. Qualitätsverbesserung des 1,5 bzw. 1,8, 01.10.1963, BMW UA-2677-1.

210 Golda, Rede von Kurt Golda auf der Betriebsversammlung im Werk München im April 1969, 28.04.1969, BMW UA-512-1, S. 7 f.

211 Wortprotokoll über die Aufsichtsratssitzung vom 06.10.1980 in Dingolfing, 07.10.1980 [sämtliche anderen Unterlagen datieren die AR-Sitzung auf den 07.10], BMW UA-2622-1, S. 2 f.

den der Kunden berichten, um diese dann an den jeweiligen Vorstand weiterzuleiten und auf Abhilfe zu drängen – wieder mit dem Argument, die Arbeitsplätze absichern zu wollen.[212]

Aus dem Jahr 1985 ist ein entsprechender Briefwechsel zwischen Golda und dem damaligen Verantwortlichen für die Produktionsqualität, Bernd Pischetsrieder, überliefert.[213] Damit auch der Vorstand über die Mängel informiert wurde, war dieses Schreiben über den Vorstandsvorsitzenden Kuenheim an Pischetsrieder gegangen und in Kopie an die anderen betroffenen Vorstandsmitglieder. Auf zwei Seiten listete Golda die Mängel verschiedenster Fahrzeuge auf. Aufgezeigt wurden diverse Motorfehler wie Ruckeln, Schütteln und Rasseln im Leerlauf, schlechte Gasannahme, aber auch zu schnelles Entladen der Batterie, heulende Benzinpumpen, Fehler bei Schiebedächern und am Tempomat, Öllecks, mangelnde Qualität der Schaltgetriebe, Störungen der Zentralverriegelung und dergleichen mehr. Die von Golda gewünschte Antwort Pischetsrieders war sehr detailliert und listete sämtliche Fehler und die vorgenommenen Gegenmaßnahmen auf. Die Motorfehler seien bspw. einerseits auf einer bisher zu hohen Fertigungstoleranz bei den Einspritzventilen und auf das Tanken von zu schlechten Kraftstoffqualitäten durch die Kunden zurückzuführen. Die Mängel der Batterie seien vor allem zu langen Standzeiten und einer damit einhergehenden Vorschädigung der Batterie zu verdanken, dies wolle man durch eine spezielle Batterieprüfung vor Auslieferung verhindern. Das Heulen der Benzinpumpen habe man versucht, durch eine niedrigere Drehzahl der Pumpen abzustellen, bisher mit überschaubarem Erfolg. Man werde dranbleiben. Ähnlich detailliert ging Pischetsrieder auch auf die anderen Mängel ein.[214] Diese Detailversessenheit war Ausdruck von Goldas Selbstverständnis als zweite Kontrollinstanz, um einer „Dussligkeit“[215] des Vorstandes wie 1959 vorzubeugen. Gleichzeitig zeigte die Antwort Pischetsrieders, wie sehr diese Art der Mitbestimmung und das Ausgreifen des Betriebsrates in Hoheitsbereiche des Managements ein selbstverständlicher Teil der betrieblichen Sozialordnung und der ungeschriebenen Regeln bei BMW wurde.

---

212 Mönnich/Golda, 1979, Transkript Interview Horst Mönnich mit Kurt Golda, BMW UA-1274-1, S. 16.

213 Kurt Golda/Bernd Pischetsrieder: Schriftwechsel bzgl. Produkt- bzw. Qualitätsmängeln, 07.11.1985/10.12.1985, BMW UA-2680-1.

214 Ebenda.

215 So Golda im Nachgang der Hauptversammlung 1959 über den damals amtierenden Vorstand, Golda, Memo über die Sichtweise des Betriebsrates auf die Geschehnisse rund um die Hauptversammlung 1959, o. D., nach dem 15.12.1959, BMW UA-2619-1.

In der Produktstrategie wird das ebenfalls deutlich. Im April 1962 baute BMW die letzten Isettas, den BMW 700, den neuen BMW 1500 und das neue Coupé, den BMW 3200 CS, nach der Designfirma auch Bertone genannt. In der Betriebsversammlung zerpflückte Golda nun das aktuelle Typenprogramm. Die Zielscheibe seiner Kritik war vor allem die Rentabilität bestimmter BMW-Fahrzeuge. Er forderte deshalb eine Konzentration auf die Typen, die auch wirklich einen Gewinn für das Unternehmen abwarfen.

> [W]enn wir hier nicht zu einer tragbaren Bereinigung [des Typenprogramms, M. R.] kommen, dann nützt uns das Sparen und Einschränken auf der anderen Seite auch nichts. Das, was ich jetzt sage, mag hart klingen, aber es muss einmal in aller Offenheit gesagt werden. Wir müssen uns von dem Gedanken, dass wir nicht Daimler-Benz, VW, Ford oder Opel sind, endlich einmal wegkommen. Was den Begriff ‚Maßschneiderei bei BMW' umgelegt betrifft, so möchte ich nur dazu folgendes unterstreichen. Es nützt mir gar nichts, wenn eine Maßschneiderei nur deshalb einen guten Anzug herstellt, um den bisherigen Ruf und alten Namen zu halten. Uns kommt es besonders auf die Kalkulation und damit den Gewinn an und nicht, dass es zu einer Preisfestlegung ohne eine gewissenhafte Kalkulation kommt.[216]

Mit dieser Aussage forderte Golda, dass BMW sich nicht weiter irgendwelchen Prestigeträumen hingeben dürfe, um einem wie auch immer gearteten BMW-Ruf gerecht zu werden. Das Unternehmen solle sich auch nicht mit den großen deutschen Automobilfirmen vergleichen, sondern nur das produzieren und verkaufen, was auch einen Ertrag abwerfe. Der Betriebsrat zog damit öffentlich die Fähigkeiten des Vertriebs zur Preisfestlegung in Zweifel. Die Schelte für den Vorstand war damit aber noch nicht vorüber, sondern ganz im Gegenteil. Golda verlangte vom Vorstand, dass sich dieser endlich zu einer betriebswirtschaftlich sinnvollen Fertigung durchringen möge, um den Mitarbeitern nicht nur jetzt, sondern auch in der Zukunft einen sicheren Arbeitsplatz bieten zu können:

> Ich glaube [...] wir sind noch weit von einer richtigen Automobilfirma und damit zur Findung einer echten Grundlage entfernt. Wir werden deshalb als Betriebsrat jede sich bietende Gelegenheit wahrnehmen, um die Probleme aufzugreifen [...], die nach unserer Meinung nicht dazu beitragen, die Arbeitsplätze auf Jahre hinaus zu sichern; denn wenn wir die Belegschaft auf über

216 Kurt Golda: Rede von Kurt Golda auf der Betriebsversammlung im Werk München im April 1962, 09.04.1962, BMW UA-511-1, hier S. 19 f.

> 8000 erhöhen wollen, dann haben wir auch die Verpflichtung, diese Arbeitsplätze ebenfalls auf Jahre hinaus zu sichern und dazu gehört nun einmal ein echter Gewinn. Ich darf deshalb den Vorstand nochmals dringend bitten, bereinigen Sie bitte die Typenfrage, damit wir überhaupt zu einer tragbaren und rationellen Fertigung kommen. Bei dieser Bereinigung darf es nicht nur um das Prestige von BMW gehen, sondern darum, ob dieses Produkt überhaupt noch tragbar ist. [...] Wenn ich mir allein das schnelle Aufblühen und Sterben des 507 und 503 [hochpreisiges und unrentables Coupé bzw. Roadster, M. R.] vergegenwärtige, ohne überhaupt von Gewinn zu reden, dann sollte man wenigstens, wenn man schon in das Pertoni-Coupe [sic, gemeint ist der BMW 3200 CS, M. R.] so verliebt ist, auch einen Preis verlangen, der dem Namen BMW auch wirklich gerecht wird. Denn die paar Leutchen, die diesen Wagen mit über 30.000,- DM kaufen, denen tun bestimmt ein paar Tausend Mark mehr nicht weh. [...] Diese Leute wollen standesgemäss [...] angeben, dann sollen sie aber auch – das ist meine Meinung – standesgemäss bezahlen, nicht dass es uns so geht wie jahrelang beim 2,6 bzw. 3,2, [Modelle der Baureihe BMW 502, M. R.] dass wir bei jedem Wagen vor Ehrfurcht, dass er überhaupt gefahren wurde, jedem Käufer 1.000.- Mark schenken mussten.[217]

Hinsichtlich Goldas Angst, dass BMW immer noch kein solides Fundament habe, ist zu bedenken, dass der Erfolg des gerade gestarteten BMW 1500 als erster Vertreter der „Neuen Klasse" noch nicht abzusehen war. Lässt man dieses Modell außer Acht, dann hatte BMW 1962 nur noch die Isetta und den BMW 700 im Angebot sowie den hier heftig kritisierten BMW 3200 CS „Bertone". Dessen schlechte Bewertung und die Befürchtung, dass er dasselbe Schicksal wie der BMW 507 oder BMW 503 erleiden und ein Minusgeschäft für das Unternehmen würde, muss insofern überraschen, weil er erst seit Februar 1962 gefertigt wurde. Er war zum Zeitpunkt von Goldas Rede also erst zwei Monate in der Produktion. Dass Golda mit seiner Befürchtung recht behalten würde, zeigte sich in den geringen Produktionszahlen der folgenden Jahre: Von 1962 bis 1965 wurden nur 603 Stück gebaut. Golda kritisierte dabei nicht die Produktion dieses Typs an sich, sondern nur den anscheinend nicht kostendeckenden Preis. Seine Bitte an den Vorstand, dass Prestige für BMW keine Rolle spielen dürfe, sondern nur, ob sich das Produkt überhaupt für das Unternehmen lohne, war also rein rechnerisch basiert. Er dachte bei diesem Modell betriebswirtschaftlicher als der Vorstand selbst. So ist auch der mahnende Appell an die wirtschaftliche Vernunft des Vorstandes zu verstehen:

217 Ebenda, S. 20 f.

> Nun Kolleginnen und Kollegen, jetzt könnte mancher von Euch sagen, was hat der Betriebsrat eigentlich heute. Erstens haben wir über 2 Monaze [sic] Lieferfristen beim BMW LS [ein Derivat des BMW 700, M. R.] und zweitens soll die Belegschaft auf über 8000 erhöht werden usw. Mir kommt es ohne Leidenschaft nur auf eines an und danach sehne ich mich langsam nach den vielen Tiefs in den ganzen Jahren bei BMW, dass wir endlich das Ufer erreichen und zu einer sicheren Grundlage kommen und nicht, dass wir vor lauter grünem Licht das rote dabei übersehen. Aus dieser letzten Feststellung bitte ich meine Kritik und Sorge zu sehen. Ich bin aber auch weit davon entfernt, damit kein falscher Eindruck entstehen kann, dass wir es nicht schaffen. Im Gegenteil, ich habe die Überzeugung, dass bei einer vertrauensvollen Zusammenarbeit BMW seinen Platz als Automobilfirma trotz harter Konkurrenz behaupten kann. Aber, und das ist ja die Problematik, wir sollten uns nicht überschätzen und daran krankt BMW von Beginn an.[218]

Die Einmischung des Betriebsrates in die Produktstrategie war damit schon in den frühen 1960er Jahren Usus und Ausdruck der Befürchtung, das Unternehmen könne wieder in eine wirtschaftliche Schieflage geraten und Arbeitsplätze könnten gefährdet werden.[219] Golda wiederholte seine Kritik am Typenprogramm auch in den nachfolgenden Betriebsversammlungen. Insbesondere der BMW 3200 CS als unnötig teures Experiment geriet bevorzugt ins Visier, bis er dann zur Freude Goldas 1965 eingestellt wurde.[220]

Der Vorstandsvorsitzende Sonne stimmte dieser Kritik an der aktuellen Modellpalette zu und plante neben den Fahrzeugen der „Neuen Klasse" einen Kleinwagen als zweites Standbein.[221] So harmonisch, wie Sonne dies in seiner Rede auf der Betriebsversammlung darstellte, waren die Diskussion über die zukünftige Ausrichtung und die Planungen für die kommende Modellgeneration im Aufsichtsrat aber keineswegs. Golda hatte eine besondere Abneigung gegen große, prestigeträchtige Automobile, deren wirtschaftlicher Nutzen für ihn zweifelhaft war. Deshalb stemmte er sich auch mit aller Kraft

---

218 Ebenda, S. 22 f.

219 Golda, Rede von Kurt Golda auf der Betriebsversammlung im Werk München im November 1964, 23.11.1964, BMW UA-511-1, S. 19 f.

220 Golda, Rede von Kurt Golda auf der Betriebsversammlung im Werk München im November 1962, 19.11.1962, BMW UA-511-1, S. 25 f; Golda, Rede von Kurt Golda auf der Betriebsversammlung im Werk München im Juli 1965, 19.07.1965, BMW UA-511-1, S. 25.

221 Sonne, Rede des Vorstandsvorsitzenden Karl-Heinz Sonne auf der Betriebsversammlung im Werk München im August 1962, 01.08.1962, BMW UA-511-1, S. 4 f; Protokoll über die Betriebsversammlung 3/62 am 19.11.1962, 19.11.1962, BMW UA-511-1, S. 4.

ABBILDUNG 6.4 Diapositiv „Die Neue Klasse – BMW 1800“, 1963–1971, BMW AF-12418-1

gegen die Weiter- bzw. Neuentwicklung einer neuen Staatslimousine auf Basis des BMW 3200 S, eines Ablegers des BMW 502:

> Prestige ist schön, aber nur, wenn ich einigermaßen über die Runden komme. [...] Experimente haben ganze 13 Millionen verschlungen. BMW ist nicht so weit, daß sie [sic] sich das leisten kann. Sehe nicht, daß dies eine Prestigefrage für BMW ist. [...] Was ich gesehen [habe, M. R.] kann ich nur sagen ‚Hände weg!‘.[222]

Golda interessierte sich nicht nur für die grundsätzliche Produktionsentscheidung über einzelne Automobile. Seine Detailversessenheit war hinsichtlich deren Erscheinungsbild ähnlich ausgeprägt wie bei den technischen Mängeln.

So zweifelte Golda an dem Wert des BMW LS Luxus, eines Ablegers des BMW 700, für das Unternehmen und war der Meinung, dass der Kunde den zwei Zierleisten auf der Fronthaube keinen besonderen Wert zumesse. Er könne sich auch einen normalen BMW 700 kaufen und ihn selbst mit Zubehör verschönern.[223] Ganz ähnlich verlief die Diskussion um das Styling des BMW 1800, das zweite Modell der „Neuen Klasse“, das sich vom BMW 1500 durch einen leistungsstärkeren Motor unterschied. Im Aufsichtsrat entspann sich eine Diskussion, ob und wie man den BMW 1800 optisch vom BMW 1500 unterscheidbar machen wolle. Hier herrschten geteilte Meinungen. Die Befür-

222 Stenogramm zur Aufsichtsratssitzung vom 15.07.1963, 15.07.1963, BMW UA-2632-1, S. 15 f.
223 Stenogramm zur Aufsichtsratssitzung vom 19.03.1963, 19.03.1963, BMW UA-2632-1, S. 3 f.

worter einer optischen Unterscheidung in Form einer horizontalen Chromleiste an der Fahrzeugseite argumentierten damit, dass der Käufer eines BMW 1800 sich von einem Käufer des BMW 1500 abheben wolle, der 500 DM billiger war. Davon hielt Golda nichts, weil damit „die elegante Linie" verloren gehen würde. Die Leiste passe nicht zum Styling: „Weg mit dem Scherzartikel."[224] Die Befürworter der Leiste setzten sich schließlich durch und der BMW 1800 erhielt als Unterscheidungsmerkmal die horizontale Chromleiste, wie auf Abbildung 6.4 gut zu erkennen ist.

Ein weiteres Beispiel, wie Golda sich im Aufsichtsrat in die Diskussion über die Produkteigenschaften einmischte, betraf die Motorisierung des Nachfolgers des BMW 700.[225] Die Frage war, ob es die richtige Entscheidung sei, dass man als Nachfolger für den BMW 700 einen kleinen Mittelwagen, die spätere 02er-Baureihe, und nicht wieder einen Kleinwagen bauen sollte. Golda befürchtete in diesem Fall einen Kundenstamm zu verlieren, der BMW in der Unternehmenskrise am Leben gehalten habe.[226] Ein anderes Mal behauptete er, dass er sich einem Konkurrenzkampf mit den großen Volumenherstellern immer verweigert habe, weil BMW hier preislich nicht konkurrenzfähig gewesen sei. Deshalb sah er den BMW 1502, eine von 1975 bis 1977 produzierte, motorseitig abgespeckte Version des BMW 1602 und letzter Vertreter der erfolgreichen 02er-Baureihe, als „Notmodell" in der Ölpreiskrise. Er war gegen den Einbau eines 1,2-Liter-Motors, der BMW „in eine tödliche Konkurrenz" gebracht hätte.[227]

Zusätzlich machte er dem Vorstandsvorsitzenden Kuenheim Vorschläge zur Kostenreduzierung bei den Fahrzeugen und auch in der Produktion selbst. Er schlug beispielsweise vor, dass man nicht immer alle Teile für neue Modelle ändern solle, sofern kein konstruktiver Anlass dazu bestehe, sondern mit bewährten Teilen Garantie- und Kulanzkosten gesenkt werden könnten. Zusätzlich schlug er neue Teile in der Produktion vor, wie z. B. andere Bremsen, weil die bisherigen quietschen würden; neue Hinterachsen, weil die alten undicht seien, was zu Reklamationen führe; oder er regte an, die Sinnhaftigkeit der Lagerung von Materialien außerhalb des Werkes zu überprüfen, weil man damit sowohl Personal- als auch Transportkosten sparen und das Risiko

224 Stenogramm zur Aufsichtsratssitzung vom 15.07.1963, 15.07.1963, BMW UA-2632-1, S. 18.

225 Ebenda, S. 12.

226 Stenogramm zur Aufsichtsratssitzung vom 14.04.1964, 14.04.1964, BMW UA-2632-1, hier S. 17.

227 Mönnich/Golda, 1984, Interview Horst Mönnich mit Kurt Golda, BMW UM-1268-10, ca. 1h.

einer Beschädigung reduzieren würde.[228] Die Reaktion Kuenheims auf diese Vorschläge spricht Bände. Er lobte Golda für die Anregungen und versprach, die Vorschläge in die nächste Vorstandssitzung mitzunehmen.[229]

Wie eng Betriebsrat und Unternehmen bei der langfristigen Produktionsplanung kooperierten, wird anhand der Frage deutlich, wie stark man die Produktionskapazitäten ausbauen solle. In der Betriebsversammlung im Juni 1976 lehnte Golda eine nachfrageorientierte Erhöhung der Produktionskapazität ab, um bei Marktschwankungen keine Arbeitsplätze zu gefährden.[230] Dieselbe Politik, zu der sich Golda handschriftlich „wichtig" notierte, fand sich in der Langfristigen Unternehmensplanung für die Jahre 1978–1983. Dort wurde festgehalten, dass man mit den Produktionskapazitäten mindestens 10 Prozent unterhalb des möglichen Absatzes sein wolle, bis 1983 sollte dieser Wert sogar auf 20 Prozent ansteigen.[231] Aber auch die Art und Weise, wie ein neues Produkt eingeführt wurde, konnte zum Ziel von Goldas Kritik werden. So bemängelte er 1981 aufgrund falscher Bevorratung notwendige Verkaufshilfen für den BMW 7er und die enormen Qualitätsprobleme beim Anlauf des 5ers, die unbedingt auch zulasten der Stückzahl behoben werden müssten.[232]

All diese Beispiele für Goldas Einflussnahme auf die Produkte zeigen ihn als minutiös-kritischen Begleiter der Unternehmensführung. Er hatte sich als Person nicht nur bei der Belegschaft einen gewissen Nimbus erarbeitet, sondern auch beim Management. Seine Einmischungen in die Produktpolitik wurden nicht nur toleriert, sondern sogar geschätzt. Sowohl das Prestige als auch das Co-Managertum sind Merkmale eines Betriebsrates als konsolidierte Ordnungsmacht. Die zugrunde liegende Motivation Goldas war auch hier das Primat des wirtschaftlichen Erfolgs und die Sicherung der Arbeitsplätze. Das war

---

228 Kurt Golda/Eberhard von Kuenheim: Schriftwechsel bzgl. Vorschläge zur Eindämmung der Kostenexplosion, 21.09.–29.09.1970, BMW UA-2677-1; in der langfristigen Unternehmensplanung 1978–1983 notierte sich Golda ebenfalls handschriftlich, dass die Senkung der Produktionskosten durch verstärkte Gleichteilnutzung „sehr wichtig" wäre, vgl. Langfristige Unternehmensplanung, 1978–1983 mit Anstreichungen Goldas, Oktober 1977, BMW UA-2694-1, S. 65 f.

229 Golda/Kuenheim, Schriftwechsel bzgl. Vorschläge zur Eindämmung der Kostenexplosion, 21.09.–29.09.1970, BMW UA-2677-1 Möglicherweise hatte Kuenheim aber auch noch die Aufforderung zur guten Zusammenarbeit von Quandt im Kopf, schließlich war Kuenheim 1970 noch ganz am Anfang seiner Zeit als Vorstandsvorsitzender bei BMW.

230 Golda, Rede auf der Betriebsversammlung im Werk München im Juli 1976, 19.07.1976, BMW UA-1533-1, S. 11.

231 Langfristige Unternehmensplanung, 1978–1983 mit Anstreichungen Goldas, Oktober 1977, BMW UA-2694-1, S. 87.

232 Wortprotokoll über die Aufsichtsratssitzung vom 08.12.1981, 08.12.1981, BMW UA-2624-1, S. 1–2; 10–11.

für ihn Legitimation genug, um sich in Belange des Managements einzumischen und Design, Motorisierung, Marktplatzierung und Qualität auf den Prüfstand zu stellen.

3 Verwaltung eines steten Mangels: Personal- und Sozialpolitik

Wie bereits in den vorangegangenen Kapiteln geschildert, war die Personalfrage ein großes und unentwegt vor sich hin schwelendes Thema für das Werk München. War es in den 1950er Jahren noch vor allem darum gegangen, wie man mit den personalpolitischen Folgen der Unternehmenskrise umgehen sollte, schwang das Pendel in den 1960er Jahren ins andere Extrem: Nun suchte das Unternehmen händeringend nach rarem Personal auf einem durch den wirtschaftlichen Boom leergefegten Arbeitsmarkt in München. Diesem die Produktion und damit den wirtschaftlichen Erfolg des Unternehmens behindernden „Engpaßfaktor"[233] versuchte BMW durch diverse Schritte gegenzusteuern. Die dabei ergriffenen Maßnahmen und die Rolle des Betriebsrates bei deren Umsetzung sollen im nächsten Kapitel beleuchtet werden. Da die Themen der Personal- und Sozialpolitik eng verflochten waren und sich teilweise gegenseitig bedingten, werden sie hier gemeinsam dargestellt.[234]

3.1 Munich first – Mitarbeiterbindung durch Bevorzugung und Treue-Bonus

Der Erfolg des BMW 700 führte schon im Februar 1960 zu der Erkenntnis, dass die geringe Personaldecke einen höheren Absatz verhinderte. Der Aufsichtsrat hielt es aber für sehr unwahrscheinlich, dass die Personalabteilung neben den dafür notwendigen zusätzlichen 400 neuen Mitarbeitern auch noch 120 Mitarbeiter, in Summe 520 Mitarbeiter, finden würde, um auch die Fluktuation in der Belegschaft auszugleichen.[235] Die Fluktuation war dabei eine Konstante, die nie zufriedenstellend behoben werden konnte und regelmäßig Thema in den Aufsichtsratssitzungen war. Deshalb stand dieser Aspekt schon sehr früh im Fokus der Personalpolitik bei BMW. Bereits 1962 gab es

233 Seidl, 2002, Die Bayerischen Motorenwerke (BMW) 1945–1969, S. 270.

234 Diese „Krise im Wirtschaftswunder" untersuchte auch Mario Boccia. Aufgrund seines kürzeren Untersuchungszeitraums war es ihm möglich stärker ins Detail zu gehen, als es hier möglich ist. Boccia, 2024, Krise im „Wirtschaftswunder".

235 Protokoll der Aufsichtsratssitzung vom 12.02.1960, incl. Bericht zur Lage der Gesellschaft, 12.02.1960, BMW UA-291-2, hier S. 7.

erste Versuche, den Ursachen für die Fluktuation auf den Grund zu gehen. Golda selbst hielt das Problem zu diesem Zeitpunkt jedoch für nicht gravierend und war der Überzeugung, dass in München noch genügend Personal zu finden sei.[236] Der Personalmangel wurde aber immer schlimmer, sodass für 1963 sogar das geplante Programm reduziert wurde, weil das Unternehmen nicht genügend Mitarbeiter einstellen konnte.[237] Im Juni 1963 zeigte sich das Problem sehr deutlich, weil erstmals die Fluktuation in der Belegschaft nicht mehr ausgeglichen werden konnte, diese also aus Unternehmenssicht ungewollt schrumpfte. Die Gründe lagen für Golda vor allem in den Arbeitsbedingungen, besonders im Bereich Rohkarosseriebau, und den großen Schwankungen im Verdienst. Um dem gegenzusteuern, schlug er vor, die Auszahlung der Weihnachtsgratifikation auf den 30. November vorzuziehen. Diese Auszahlung war nämlich mit einer Sperrfrist verbunden, sodass bei einer vorzeitigen Kündigung ein Anspruch auf Rückzahlung der Gratifikation bestand.[238] Die schlechten Arbeitsbedingungen resultierten vor allem aus den nicht getätigten Investitionen in der Unternehmenskrise[239] und der unternehmensseitig verlangten Leistungssteigerung und -verdichtung, was eine Folge des Nachfragebooms in Kombination mit einem leeren Arbeitsmarkt war.[240]

Ob dieser finanzielle Anreiz umgesetzt wurde oder nicht, ist unklar. Das Problem blieb dennoch virulent. Man entschloss sich im April 1964, eine Taskforce zu bilden, die sich mit der Fluktuation beschäftigen sollte, bestehend aus dem Betriebsrat Hans Winschin und dem Personaler Bartmann. Zusätzlich gab es Überlegungen, einen Betriebspsychologen einzustellen. Golda machte die Fluktuation an mehreren Punkten fest: 1. Die Personalabteilung sei unterbesetzt und habe keine Zeit und keine passenden Räumlichkeiten, um zu den Gründen der Kündigung nachfragen zu können; 2. unzureichende Schulung der Vorgesetzten; 3. schlechte Personalplanung des Vorstandes, die zur Überforderung der Vorgesetzten führe mit dementsprechend negativen Folgen für die Belegschaft; 4. der Zuwachs an migrantischen Arbeitern sei zu stark, sodass die deutschen Mitarbeiter Verdiensteinbußen hätten, da im Gruppenakkord gezahlt wurde.[241] Besonders der letzte Punkt, die Schmäle-

---

236 Protokoll der Aufsichtsratssitzung vom 17.04.1962, 17.04.1962, BMW UA-731-2, hier S. 6–8.

237 Protokoll der Aufsichtsratssitzung vom 14.06.1963, 14.06.1963, BMW UA-731-2, hier S. 2.

238 Stenogramm zur Aufsichtsratssitzung vom 14.06.1963, 14.06.1963, BMW UA-2632-1, hier S. 11.

239 Boccia, 2024, Krise im „Wirtschaftswunder“, S. 206.

240 Ebenda, S. 65; 69.

241 Protokoll über die Aufsichtsratssitzung vom 14.04.1964 + Ergänzungen, 14.04.1964, BMW UA-732-2, hier S. 4; Stenogramm zur Aufsichtsratssitzung vom 14.04.1964, 14.04.1964, BMW UA-2632-1, S. 8 f; Sparschuh, 2021, Fremde Heimat, fremde Ferne, S. 295.

rung der Verdienste infolge des Gruppenakkords, scheint innerhalb der Stammbelegschaft zu Unruhe geführt zu haben, sodass Golda dies auf der Betriebsversammlung thematisierte.[242] Die Kosten der Fluktuation waren dabei für das Unternehmen nicht unerheblich und wurden im Aufsichtsrat konservativ auf 400.000 DM im Jahr geschätzt.[243] Trotz verschiedener finanzieller Maßnahmen blieb das Thema auch in den 1970er und 1980er Jahren ungelöst. Die unattraktiven Arbeitsbedingungen und die hohe Arbeitsbelastung wurden nun ebenfalls als Grund für die Fluktuation erkannt.[244] Der Entschluss zu einer neuen Personalpolitik und zur Humanisierung durch Rationalisierung der Arbeitsbedingungen zu Beginn der 1970er Jahre[245] war also nicht nur ein Mittel zur Kostenreduzierung, sondern personalpolitische Notwendigkeit.[246]

Der Betriebsrat beschäftigte sich schon früh intensiv mit der Anpassung der Löhne, zunächst aber nicht wegen der Fluktuation, sondern um Zulagen je nach Schwere der Arbeit durchzusetzen.[247] Außerdem waren aufgrund der Unternehmenskrise die Löhne bei BMW nicht in demselben Maße gestiegen wie im Rest der Automobilindustrie.[248] Zwischen dem Durchschnittsverdienst von BMW mit 7.045 DM und dem von VW von 8.400 DM betrug die Differenz im Jahr 1961 1.355 DM.[249] Diesen Argumenten gegenüber zeigte sich die Werksleitung sicherlich auch aufgrund des Personalmangels sehr offen. Sie stimmte sowohl für den Akkord- als auch für den Zeitlohn einer Erhöhung

---

242 Golda, Rede von Kurt Golda auf der Betriebsversammlung im Werk München im April 1964, 20.04.1964, BMW UA-511-1, S. 7 f.

243 Ebenda.

244 Protokoll der Aufsichtsratssitzung vom 09.03.1971, 10.03.1971, BMW UA-807-2, S. 3–4; 6–7; Protokoll der Aufsichtsratssitzung vom 05.05.1971, 06.05.1971, BMW UA-807-2, hier S. 4; Protokoll der Aufsichtsratssitzung vom 06.07.1971, 10.07.1971, BMW UA-807-2, S. 5; Protokoll der Aufsichtsratssitzung vom 16./17.12.1971, 20.12.1971, BMW UA-807-2, hier S. 6 f; Protokoll der Aufsichtsratssitzung vom 26.04.1972, 28.04.1972, BMW UA-808-2, hier S. 5; Protokoll der Aufsichtsratssitzung vom 14.12.1972, 20.12.1972, BMW UA-808-2, S. 4 f; Protokoll der Aufsichtsratssitzung vom 27.02.1973, 12.03.1973, BMW UA-856-2, S. 5 f; Protokoll der Aufsichtsratssitzung vom 11.07.1973, 16.07.1973, BMW UA-856-2, S. 3 f; Wortprotokoll über die Aufsichtsratssitzung am 18.06.1980, 18.06.1980, BMW UA-2623-1, S. 4 f; Wortprotokoll über die BMW Aufsichtsratssitzung am 20.10.1981, 20.10.1981, BMW UA-2621-1, hier S. 2.

245 Protokoll der Aufsichtsratssitzung vom 12.09.1973, 17.09.1973, BMW UA-856-2, S. 11 f.

246 Vgl. hierzu das Kapitel 7.2 in Boccia, 2024, Krise im „Wirtschaftswunder", S. 181–196.

247 Kurt Golda: Gesprächsnotiz Offenstehende Punkte, 28.04.1960, BMW UA-2627-1.

248 Kurt Golda: Rede von Kurt Golda auf der Betriebsversammlung im Werk München im März 1961, 29.03.1961, BMW UA-511-1, hier S. 1.

249 Golda, Rede von Kurt Golda auf der Betriebsversammlung im Werk München im August 1961, 02.08.1961, BMW UA-511-1, S. 15.

von 21 Pfennig die Stunde zu.[250] Trotzdem blieb das Thema akut. Golda forderte weiterhin hartnäckig Erhöhungen.[251] Das erklärte Ziel war, auf denselben Stand wie der Rest der Automobilindustrie zu kommen.[252] Der zu geringe Verdienst in Kombination mit dem Personalmangel führte wohl auch zu der kuriosen Situation, dass neu eingestellte Mitarbeiter mehr Geld verdienten wie langjährige, weil erstere sofort mit der höchsten Zulage eingestuft wurden. Es soll wohl auch vorgekommen sein, dass Mitarbeiter gekündigt haben, um sich dann wieder einstellen zu lassen und mehr Geld zu erhalten.[253]

Bei einem 1964 erfolgten Abgleich der Löhne mit anderen Unternehmen kam heraus, dass die Bezahlung bei BMW weiterhin unterdurchschnittlich war.[254] Diese Unterschiede waren für Golda auf Dauer untragbar, befeuerten sie doch die Fluktuation und kosteten das Unternehmen unnötiges Geld. Man solle doch die Löhne und Sozialleistungen aktiv dazu nutzen, die Mitarbeiterbindung zu erhöhen.[255] Golda war der Überzeugung, dass eine Reduzierung der Fluktuation Geld einsparen würde, das für Lohnverbesserungen zur Verfügung stehen würde:

> Wir [der Betriebsrat, M. R.] werden deshalb in den nächsten Wochen und Monaten die Abteilungen besonders im Auge behalten, in denen die Fluktuation das normale Maß übersteigt; denn ich bin davon überzeugt, dass diese nicht nur eine Frage des Arbeitsplatzes und der Arbeitsbedingungen ist, sondern nicht selten die Kündigung die Folge der Ablehnung der Lohnerhöhung von beispielsweise nach einem Jahr in Höhe von 10 Pfg. [...] Ich habe deshalb eine ganz einfache Rechnung aufgemacht, um die Situation einmal klar in den Raum zu stellen. Die Aufbesserung des Stundenlohns von 10 Pfg. beinhaltet ein monatliches Mehreinkommen von rd. 20 DM mit Überstunden, das sind im Jahr 240 DM. Demgegenüber kostet uns ein Belegschaftsangehöriger nach der Einstellung bis zum vollen Einsatz gut und gerne 3.000 DM, und wenn dies ein

---

250 Golda, Rede von Kurt Golda auf der Betriebsversammlung im Werk München im November 1961, 27.11.1961, BMW UA-511-1, S. 1 f.

251 Kurt Golda: Rede von Kurt Golda auf der Betriebsversamlung im Werk München im August 1962, 01.08.1962, BMW UA-511-1, hier S. 14.

252 Kurt Golda: Rede von Kurt Golda auf der Betriebsversammlung im Werk München im Juli 1963, 30.07.1963, BMW UA-511-1, hier S. 6.

253 Golda, Rede von Kurt Golda auf der Betriebsversamlung im Werk München im August 1962, 01.08.1962, BMW UA-511-1, S. 7 f; Rohrbach berichtet hiervon ebenfalls, vgl. Riederer, 2022, Gespräch mit Volkmar Rohrbach.

254 Sparschuh, 2021, Fremde Heimat, fremde Ferne, S. 315.

255 Golda, Rede von Kurt Golda auf der Betriebsversammlung im Werk München im April 1966, 18.04.1966, BMW UA-512-1, S. 3–7.

> paarmal der Fall ist, dann frage ich mich, wo ist da der Witz oder wo bleibt hier eigentlich das unternehmerische Denken […].[256]

Die Fluktuation durch Mehrbezahlung zu verringern, galt Golda als unternehmerische Notwendigkeit. Geschickt verknüpfte er die lohnpolitischen Interessen der Arbeitnehmer mit denen des Unternehmens zum beiderseitigen Vorteil. Im Laufe der 1960er Jahre gelang es dem Betriebsrat, die Löhne bei BMW zu verdoppeln. Zu Beginn der 1970er Jahre lagen sie über dem Tarif.[257] Diese Lohnentwicklung sah die linke Gruppe „Arbeitersache" als Grund dafür, dass es „bei BMW kein aktives gewerkschaftliches Kampfbewußtsein" gebe.[258]

Ein Faktor dieser Lohnentwicklung war der BMW-Bonus, der direkt auf Initiative des Betriebsrates eingeführt wurde, um die Fluktuation einzudämmen.[259] Zum ersten Mal vorgebracht hatte Golda diese Idee des Treuebonus schon 1962 in einem Brief an den Vorstandsvorsitzenden Sonne, in dem es um die Rolle von Sozialleistungen und Löhnen zur Erhöhung der Attraktivität als Arbeitgeber ging.[260] Konkrete Verhandlungen wurden 1965 aufgenommen, 1966 erfolgte die Einführung. Die Höhe des Bonus richtete sich nach der jeweiligen Lohngruppe und schwankte zwischen 14 und 20 Pfennigen die Stunde.[261] Eine ähnliche Regelung wurde 1967 auch bei Ford eingeführt.[262] Für die 1966 von BMW übernommene Hans Glas GmbH galt die freiwillige Bonuszahlung explizit und mit Zustimmung des Betriebsrates nicht.[263] Die Fluktuation nahm leicht ab,[264] aber nicht genug, wie das obige wörtliche Zitat Goldas aus dem Jahr 1968 belegt. Deshalb wurde 1969 ein zweiter BMW-Bonus eingeführt. Dieser betrug 40 Pfennig pro Arbeitsstunde und wurde

---

256 Golda, Rede von Kurt Golda auf der Betriebsversammlung im Werk München im April 1968, 22.04.1968, BMW UA-512-1, S. 1 f.

257 Boccia, 2024, Krise im „Wirtschaftswunder", S. 168 f.

258 Arbeitsbericht der BMW-Gruppe / Sept. bis Dez. 1970, 1970–1971, AdMA, Bestand 451, Mappe „Arbeitersache BMW/MAN", S. 7.

259 Riederer, 2022, Gespräch mit Volkmar Rohrbach; zur Einführung des BMW-Bonus I und II, vgl. ebenfalls Boccia, 2024, Krise im „Wirtschaftswunder", S. 173–176.

260 Kurt Golda: Golda an den Vorstandsvorsitzenden Dr. Sonne bzgl. Sozialleistungen, 23.02.1962, BMW UA-81-1.

261 Kurt Golda: Rede von Kurt Golda auf der Betriebsversammlung im Werk München im Juli 1966, 18.07.1966, BMW UA-512-1, hier S. 4; Protokoll über die Betriebsversammlung Nr.2/66 am 18.07.1966, 18.07.1966, BMW UA-512-1, hier S. 5.

262 Betriebsrat der Ford-Werke Köln (Hrsg.), 2006, 60 Jahre Betriebsrat Ford Werke Köln, S. 12–14.

263 Protokoll der Aufsichtsratssitzung vom 28.09.1966, 28.09.1966, BMW UA-527-2, S. 13.

264 Protokoll über die Betriebsversammlung am 18.04.1967, 18.04.1967, BMW UA-512-1, hier S. 5.

einmal pro Quartal ausbezahlt.[265] Dieser Rhythmus, den Golda vorgeschlagen hatte,[266] verursachte zwar einen Mehraufwand für das Unternehmen, der aber in Kauf genommen wurde, da man einen zusätzlichen Anreiz zur Betriebstreue schaffen wollte.[267] Die Bewertung dieses zweiten Bonus im Aufsichtsrat war ausgesprochen positiv, die Fluktuation sank von 26 Prozent auf 10,8 Prozent.[268]

Auch dieser Bonus war zunächst nur für das Werk München und seinen speziellen Arbeitsmarkt vorgesehen. In den Werken Dingolfing und Berlin sei es laut Golda und dem Gesamtbetriebsrat nicht notwendig, den Bonus zu zahlen, weil man dort nicht dieselben Probleme mit der Fluktuation habe.[269] Dass diese Sonderbehandlung Münchens zu Unmut in den beiden anderen Werken führen könnte, war auch Golda klar, weshalb er auf der Betriebsversammlung im April 1969 in München explizit die Mitarbeiter ansprach, die auch in Dingolfing arbeiteten. Er bat darum, dass man den München-Bonus nicht immer wieder erwähnen solle, weil das eine Sonderleistung sei, die mit dem speziellen Münchner Arbeitsmarkt zusammenhänge.[270] Der Betriebsrat unterstützte damit sehr bewusst die Ungleichbehandlung zwischen den Werken mit der Begründung, dass die beiden anderen Werke nicht unter denselben personalpolitischen und damit betriebswirtschaftlichen Zwängen wie München stünden. Durch die Verlagerungen einzelner Produktionszweige nach Dingolfing und Berlin wurden diese Münchner Zulagen dennoch alsbald in den anderen Werken bekannt. Der Berliner Betriebsratsvorsitzende Willy Fritz beschwerte sich deshalb bei Golda und forderte, dass auch in Berlin diese Bonuszahlungen eingeführt werden sollten. Es sei an der Zeit, den besonderen West-Berliner Umständen Rechnung zu tragen, bei allem Verständnis für die Einführung des Bonus in München.[271] Der Versuch, diese unterschiedlichen Bezahlungen nicht an die große Glocke zu hängen, war also sehr schnell gescheitert. Wahrscheinlich war das auch der Grund, weshalb Golda seine

265 Golda, Rede von Kurt Golda auf der Betriebsversammlung im Werk München im April 1969, 28.04.1969, BMW UA-512-1, S. 8 f.

266 Protokoll der Aufsichtsratssitzung vom 04.03.1969, 06./07.03.1969, BMW UA-548-2, hier S. 4 f.

267 Protokoll über die Betriebsversammlung am 28.04.1969, 28.04.1969, BMW UA-512-1, hier S. 5.

268 Protokoll der Aufsichtsratssitzung vom 08.05.1969 incl. Anlagen, 20.05.1969, BMW UA-548-2, hier S. 4 f.

269 Protokoll der Aufsichtsratssitzung vom 04.03.1969, 06./07.03.1969, BMW UA-548-2, S. 4 f.

270 Golda, Rede von Kurt Golda auf der Betriebsversammlung im Werk München im April 1969, 28.04.1969, BMW UA-512-1, S. 9 f.

271 Briefwechsel zur Einführung BMW-Bonus in Berlin, 05.06.1969–23.06.1969, BMW UA-2677-1.

Position aus dem April 1969 überdachte und nun die Einführung des BMW-Bonus II auch für Berlin verlangte. Der Vorstandsvorsitzende Wilcke bat Golda jedoch um Zurückstellung bis zum Ende des Jahres.[272] In seiner nächsten Sitzung blieb der Vorstand bei dem Entschluss, dass der BMW-Bonus II nur in München gezahlt werde. Für die niederbayerischen Werke wollte man einen Bonus von 15 Pfennig die Stunde ab dem 1. Januar 1970 zahlen.[273] Damit wurde zumindest dort die Unzufriedenheit in der Belegschaft aufgelöst.[274] Im September 1972 erhielten alle Werke den BMW-Bonus II von 60 Pfennigen.[275]

Der Umgang mit der Lohnpolitik und der Einführung des BMW-Bonus ist ebenfalls ein Beleg für das wirtschaftliche Primat des Betriebsrates unter Golda. Dass Golda selbst der Unternehmensführung fehlendes unternehmerisches Denken in der Personalfrage attestierte, unterstreicht dies zusätzlich. Hier verbinden sich exemplarisch die beiden Gesichter eines Betriebsrates, der dem Unternehmen wie auch der Belegschaft verpflichtet ist. Der Personalmangel in München bei gleichzeitig überquellenden Auftragsbüchern gab dem Betriebsrat gegenüber dem Unternehmen eine äußerst starke Verhandlungsposition. Die Erhöhung der finanziellen Leistungen, um die Attraktivität als Arbeitgeber zu steigern, war im beiderseitigen Interesse. So ermöglichte es die besondere wirtschaftliche Situation, dass der Betriebsrat sich nicht zwischen Belegschafts- und Unternehmensinteressen entscheiden musste.[276] Das wirtschaftliche Primat des Betriebsrates sticht besonders bei der Einführung des BMW-Bonus II heraus. Mit dem Vorschlag, den Bonus nur alle drei Monate auszuzahlen, konnte man finanzielle Anreize effektiv mit einer stärkeren Bindung an das Unternehmen verknüpfen. Dasselbe gilt auch für die anfängliche Verweigerung der Bonuszahlungen an den anderen Standorten. Dort gab es nicht die wirtschaftliche Notwendigkeit, deshalb sah auch der Betriebsrat keinen Grund, sie dort einzuführen. Erst der Aufschrei aus den anderen Werken führte zu einem Umdenken. Das ist Ausdruck dafür, dass das unternehmerische Mitdenken des Betriebsrates als Co-Manager bei BMW bereits in den 1960er Jahren Alltag war.

---

272 Ebenda.

273 Niederschrift über die Vorstandssitzung vom 07.07.1969, 07.07.1969, BMW UA-412-2, hier S. 3.

274 Kurt Golda: Monatsbericht Nr. 8 – Juni/Juli 1969, 23.07.1969, BMW UA-2677-1.

275 Boccia, 2024, Krise im „Wirtschaftswunder“, S. 176.

276 Ebenda, S. 232.

3.2 Partizipation und Wirtschaftlichkeit – betriebliche Sozialpolitik bei BMW

Dieser unternehmerische Grundsatz galt ebenso für die sozialpolitischen Leistungen bei BMW, sehr bildlich von Golda in der Retrospektive selbst auf den Punkt gebracht: „Und eines kann man mir ja nicht nachwerfen oder vorwerfen, dass ich nur meine einseitigen Interessen der Belegschaft über sozialpolitische Leistungen erreicht habe und das andere übersehen habe, das wäre Selbstmord gewesen.“[277] Das Abwägen zwischen sozialpolitischen Forderungen für die Belegschaft und der wirtschaftlichen Tragfähigkeit des Unternehmens war die Konstante von Goldas Sozialpolitik. Damit agierte er ähnlich wie Konrad Adenauer, der in den Anfangsjahren der Bundesrepublik ebenfalls den wirtschaftlichen Aufschwung gegenüber dem Aufbau des Sozialstaates priorisierte.[278]

Golda reagierte immer wieder auf die wirtschaftliche Entwicklung des Unternehmens und stellte Forderungen in schlechteren Zeiten zurück, um sie dann in wirtschaftlich erfolgreicheren Phasen umso energischer nachzufragen. 1962 rechnete man bei BMW mit einem Verlust, deshalb hielt sich der Betriebsrat mit neuen Forderungen zurück, sofern auch im Bereich der Führungskräfte Einsparungen vorgenommen würden.[279] Besonders bezeichnend war das bereits behandelte Stillhalteabkommen im Zusammenhang mit der Übernahme von Glas 1966/67 und die anschließende Einforderung der noch ausstehenden Sozialleistungen, nachdem die Integration von Glas abgeschlossen war.[280] Diesen grundsätzlichen Standpunkt hatte Golda bereits 1962 in einem Schreiben an den Vorstandsvorsitzenden betont, in welchem er diesen darüber unterrichtete, dass der Betriebsrat einstimmig entschieden habe, zunächst von Forderungen nach neuen Sozialleistungen abzusehen. Stattdessen wolle er „die bestehenden Leistungen *selbstverständlich* unter dem Gesichtspunkt der wirtschaftlichen Situation ausbauen“.[281] Dass Golda in die-

---

277 Mönnich/Golda, 1991, Interview Horst Mönnich mit Kurt Golda, BMW UM-944-10, ca. Minute 6, 55 Sekunden.

278 Hans-Peter Schwarz: Anmerkungen zu Adenauer, München, 2007, S. 59; 209.

279 Golda, Rede von Kurt Golda auf der Betriebsversammlung im Werk München im April 1962, 09.04.1962, BMW UA-511-1, S. 2; Golda, Rede von Kurt Golda auf der Betriebsversamlung im Werk München im August 1962, 01.08.1962, BMW UA-511-1, S. 19.

280 Golda, Rede von Kurt Golda auf der Betriebsversammlung im Werk München im April 1967, 18.04.1967, BMW UA-512-1, S. 12–14; Golda, Schreiben an den Vorstandsvorsitzenden Wilcke bzgl. Verbesserung der Sozialleistungen für Belegschaft, 12.09.1968, BMW UA-2677-1.

281 Kurt Golda: Schreiben an den Vorstandsvorsitzenden Sonne, 30.10.1962, BMW UA-2677-1, hier S. 3. Hervorhebung wie im Original.

sem Schreiben das Wort „selbstverständlich“ hervorhob, macht diesen Ansatz sehr deutlich. In weiteren öffentlichen Äußerungen konkretisierte er weiter, dass der Anspruch des Betriebsrates an die Sozialpolitik war, sie wirtschaftlich tragbar und krisensicher zu gestalten.[282] Dazu passt auch der Beschluss des Aufsichtsrates 1973, dass die Sozialleistungen der BMW AG nicht in den Beteiligungen und Tochtergesellschaften gelten sollten.[283]

Ein wichtiges Mittel, um, wie Golda es selbst beschrieb, sozialpolitische Forderungen „eiskalt nach kaufmännischem Prinzip“[284] verhandeln zu können, war dabei seine Rolle im Aufsichtsrat. Das dort mitgeteilte Wissen über den wirtschaftlichen Zustand des Unternehmens erleichterte die Verhandlungen über Entlohnung und Sozialleistungen erheblich.[285] Deshalb konnte Golda auch 1963 ankündigen, dass der Betriebsrat einen Sozialplan in Höhe von 10 Mio. DM aufgestellt habe, was viel erscheinen möge. Das Gremium könne aufgrund des Wissens aus dem Aufsichtsrat mit dieser Summe aber auch vernünftig umgehen.[286] Über die konkreten Verhandlungen sind nur Bruchstücke überliefert. Vorstand und Betriebsrat versuchten sie bewusst aus der Öffentlichkeit herauszuhalten, um den gegenseitigen Verhandlungsspielraum zu bewahren.[287] Aus einem Schreiben von 1965 an den Vorstandsvorsitzenden Wilcke lässt sich aber zumindest die Verhandlungsstrategie des Betriebsrats ansatzweise rekonstruieren. Nach einleitenden Worten über die rückläufige Entwicklung hinsichtlich der Entgelte und der Sozialpolitik wurden die Wünsche des Betriebsrates aufgelistet. Dazu zählten eine Erhöhung der Zahlungen des BMW-Unterstützungsvereins, der Beihilfen bei Tod oder Arbeitsunfähigkeit abhängig von den Dienstjahren zahlte, eine Erhöhung des Urlaubsgeldes, ebenfalls gestaffelt nach Betriebszugehörigkeit, sowie eine

---

282 Golda, Rede auf der Betriebsversammlung im Werk München im Juli 1980, 28.07.1980, BMW UA-2673-1, S. 10–12; Flugblatt des Betriebsrats Werk München (Gemeinschaftsliste IG Metall) zum Wahlergebnis der Wahl 1978, 30.03.1978, BMW UA-2657-1; Kurt Golda: Rede auf der Betriebsversammlung im Werk München im November 1976, 22.11.1976, BMW UA-1533-1, hier S. 18 f; Golda, Rede auf der Betriebsversammlung im Werk München im März 1972, 21.03.1972, BMW UA-826-1, S. 3.

283 Protokoll der Aufsichtsratssitzung vom 12.09.1973, 17.09.1973, BMW UA-856-2, S. 10.

284 Golda, Rede von Kurt Golda auf der Betriebsversammlung im Werk München im November 1964, 23.11.1964, BMW UA-511-1, S. 5 f; Golda, Rede von Kurt Golda auf der Betriebsversammlung im Werk München im November 1963, 25.11.1963, BMW UA-511-1, S. 22–24.

285 Golda, Rede von Kurt Golda auf der Betriebsversamlung im Werk München im August 1962, 01.08.1962, BMW UA-511-1, S. 1.

286 Golda, Rede von Kurt Golda auf der Betriebsversammlung im Werk München im Juli 1963, 30.07.1963, BMW UA-511-1, S. 13.

287 Golda, Rede von Kurt Golda auf der Betriebsversammlung im Werk München im November 1963, 25.11.1963, BMW UA-511-1, S. 22–24.

Verbesserung der Weihnachtsgratifikation und der allgemeinen Entgeltpolitik.[288] Als Begründung für diese Forderungen wurde die Vermeidung von Unruhe in der Belegschaft angegeben, die dem Unternehmen sicherlich teurer zu stehen kommen würde. Das Schreiben schloss mit dem Hinweis auf die Betriebsversammlung in 14 Tagen, auf der der Betriebsrat zu den obigen Punkten Stellung nehmen müsse. Golda setzte das Unternehmen damit also unter Zugzwang. Schließlich wäre es ihm ein Leichtes gewesen, in der kommenden Betriebsversammlung die angesprochene Unruhe in der Belegschaft zu befeuern, wenn die Forderungen nicht erfüllt würden. Wenn die Sozialleistungen dann eingeführt würden, könnte das den Eindruck entstehen lassen, es wäre nur wegen des Drucks der Belegschaft geschehen, was man doch eigentlich vermeiden wolle.[289]

Sehr geschickt konstruierte Golda hier eine hypothetische Drohkulisse. Die goldene Brücke, die er dem Unternehmen baute, waren die drei Anlagen zu dem Schreiben. Hier wurden die Wünsche des Betriebsrates beispielhaft durchgerechnet. Golda kam dabei zu dem Schluss, dass sie sich für 1965 auf maximal 2,5 Mio. DM summieren würden. Eine allgemeine Erhöhung der Entgelte um 3 Prozent würde dagegen 3 Mio. DM kosten und wäre hinsichtlich der Fluktuation nicht so wirksam wie die vorgeschlagenen Zahlungen, die an die Betriebszugehörigkeit gekoppelt wären, weshalb man die eigenen Vorschläge bevorzugen würde.[290] Das Prinzip „Zuckerbrot und Peitsche“ wird hier deutlich: Golda stellte für den Betriebsrat einerseits eine finanzielle Forderung, verkaufte sie jedoch als günstiger und betriebswirtschaftlich sinnvoller für das Unternehmen als eine andere. Das Ganze verargumentierte er dann auch noch mit dem Kampf gegen das stete Problem der Fluktuation. Für die Mitarbeiter würden die Boni gleichfalls immer höher, je länger sie im Unternehmen blieben. Der selbstgesetzte Anspruch, etwas für die Mitarbeiter zu erreichen und gleichzeitig die finanziellen Möglichkeiten des Unternehmens zu beachten, findet sich hier klar umgesetzt.

Dass Golda in Verhandlungen um die Sozialleistungen trotzdem immer an einem partnerschaftlichen, konzilianten Umgang interessiert war, zeigt ein Schreiben von 1966, in dem es um die Definition der freiwilligen Sozialleistungen ging.[291] Im Aufsichtsrat war es wohl zu Unklarheiten gekommen, was unter freiwilligen Sozialleistungen zu verstehen sei und was nicht. Deshalb

288 Kurt Golda: Golda an den Vorstandsvorsitzenden Wilcke bzgl. Sozialpaket des Betriebsrates vom 04.07.1963, 29.03.1965, BMW UA-81-1.

289 Ebenda.

290 Ebenda.

291 Kurt Golda: Golda an Dr. Schneidler bzgl. freiwillige Sozialleistungen, 07.06.1966, BMW UA-81-1.

war dem Betriebsrat eine Auflistung der aus Unternehmensperspektive 20 freiwilligen Sozialleistungen, zusammen eine Summe von 12.460.000 DM, zugegangen. Auf dieses Schreiben bezugnehmend antwortete Golda, welche der aufgelisteten Maßnahmen der Betriebsrat ebenfalls als eine freiwillige Sozialleistung einschätzte, und erkannte davon nur elf an. Diese elf Maßnahmen hatten einen Wert von 8.129.000 DM. Über die übrigen 4,3 Mio. DM war man sich also uneins.[292] Diese Differenz ist aber weniger von Bedeutung als der folgende Satz: „Abschließend dürfen wir noch bemerken, dass es uns bei den freiw. Soz. L. intern um eine Konkretisierung geht. Nach aussen sind wir gerne bereit, im Interesse von BMW die von Ihnen dargelegten und ausgewiesenen Zahlen zu akzeptieren."[293] Ein öffentlich ausgetragener Konflikt darüber, was denn eine freiwillige Sozialleistung sei und was nicht, war also auch nicht im Sinne des Betriebsrates. Über die Gründe dafür kann nur spekuliert werden. Es ist davon auszugehen, dass auch der Betriebsrat von der öffentlichen Bekanntgabe einer höheren Summe als Erfolg seiner Politik profitierte. Außerdem wird die Personalpolitik eine Rolle gespielt haben, weil sich eine engagiertere Sozialpolitik positiv auf die Fluktuation und allgemein die Mitarbeiterwerbung auswirkte.[294] Zusammenfassend lässt sich festhalten, dass sich die bisherigen Handlungsmaximen auch in diesem Bereich fortsetzten.

Die Umsetzung des Primats des wirtschaftlichen Erfolgs im Bereich der Sozialpolitik erzeugte aber auch Kritik. Besonders ab den 1970er Jahren musste sich Golda immer wieder dafür verteidigen, dass er den wirtschaftlichen Erfolg vor mögliche monetäre Interessen der Mitarbeiter setzte. Golda erklärte deshalb immer wieder seinen langfristigen Weg der wirtschaftlichen Tragfähigkeit.[295] Dass dieser Weg sich für die Mitarbeiter auch rechnete, wurde ab den

---

292 Bei diesen Leistungen handelte sich um die folgenden (mit x gekennzeichneten stimmte auch der Betriebsrat zu): 1. Weihnachtsgratifikation (x), 2. Mitarbeiterrabatt beim Fahrzeugkauf; 3. Fahrtzulage für Pendler (x); 4. Werksverpflegung (x); 5. Schichtzulage; 6. Zuschuss für Werkswohnungen; 7. Übernahme der Reinigungskosten von Arbeitskleidung; 8. Übertariflicher Sonderurlaub (x); 9. Rohbau- und Bleizulage; 10. Gesundheitspflege; 11. Jubiläumszahlungen (x); 12. Haus Ammerwald, einem Erholungsheim von BMW in Österreich (x); 13. Zuwendungen an den BMW-Unterstützungsverein und sein Guthaben (x, x); 14. Freie Verpflegung (unklar was gemeint, auch für Golda unklar); 15. Treueprämie/BMW-Bonus (x); 16. Zusätzliche Unfallversicherung; 17. Hausstandszulage für Ledige (x); 18. BMW-Kalender/BMW-Journal; 19. Weihnachtsfeier für Jubilare; 20. Sonderzahlung für Invalidisierung (x). Eine genaue Analyse der Sozialleistungen leistet Boccia, vgl. Boccia, 2024, Krise im „Wirtschaftswunder", S. 173–181.

293 Golda, Golda an Dr. Schneidler bzgl. freiwillige Sozialleistungen, 07.06.1966, BMW UA-81-1.

294 Boccia, 2024, Krise im „Wirtschaftswunder", S. 181.

295 Kurt Golda: Rede von Kurt Golda auf Betriebsversammlung im Werk München im Juli 1970, 20.07.1970, BMW UA-512-1, hier S. 11; Kurt Golda: Rede von Kurt Golda auf der

1980er Jahren in Rückblicken auf Goldas bisherige Arbeit hervorgehoben.[296] Das mussten auch die Kritiker dieser Politik aus der Gruppe „Arbeitersache" anerkennen, weil „[d]er Betriebsrat in weiten Teilen der Belegschaft als eine Art Sozialabteilung der Betriebsleitung angesehen wird".[297] Goldas Durchsetzungskraft hinsichtlich der Sozialleistungen beruhte aber nicht alleine auf seinem unternehmerischen Ansatz, sondern auch ganz wesentlich auf seiner Verbindung zu Herbert Quandt. Kuenheim referierte über diese Interessenkongruenz der beiden Männer anlässlich Quandts 70. Geburtstag, dass beide in ihren grundsätzlichen Positionen zu Unternehmensentscheidungen ähnliche Meinungen gehabt hätten. Quandt verschloss sich nicht der „ewige[n] Sorge" Goldas um die Arbeitsplätze und der Einführung von Sozialleistungen, umgekehrt war Golda bereit, die finanziellen Interessen Quandts zu akzeptieren.[298] Die Rolle Quandts bei der Einführung von Sozialleistungen betonte auch Golda, der insbesondere die Möglichkeit der Belegschaft, direkt am Unternehmenserfolg zu partizipieren, mit der Person Quandts verknüpfte.[299] Goldas Nachfolger Manfred Schoch sah 2016 rückblickend die Einführung der Erfolgsbeteiligung bei BMW 1973 als Beleg für den „Spirit", der zwischen Golda und Quandt herrschte.[300]

Die 1973 erstmals gezahlte Erfolgsbeteiligung, deren Höhe sich an der Dividende orientierte, war zum Zeitpunkt ihrer Einführung keine neue Idee des Betriebsrates. Vielmehr hatte Golda schon zehn Jahre zuvor auf einer Betriebsversammlung gefordert, dass „spätestens im Zeitpunkt eines echten Gewinns

---

Betriebsversammlung im Werk München im November 1970, 18.11.1970, BMW UA-512-1, hier S. 2–3; 7; Golda, Rede auf der Betriebsversammlung im Werk München im Juli 1971, 19.07.1971, BMW UA-1532-1, S. 7 f; Golda, Rede auf der Betriebsversammlung im Werk München im April 1975, 11.04.1975, BMW UA-1533-1, S. 1 f; Kurt Golda: Rede auf der Betriebsversammlung im Werk München im Juli 1983, 25.07.1983, BMW UA-2674-1, hier S. 7–9; Golda, Rede auf der Betriebsversammlung im Werk München im Juli 1980, 28.07.1980, BMW UA-2673-1, S. 10–12.

296 her, Kurt Golda ist 25 Jahre Betriebsratsvorsitzender, bayernmotor 1/82, Januar 1982, BMW UI-2030-1; Kurt Golda. Zur Vollendung des 60. Lebensjahres, 21.09.1985, BMW UI-14-1, S. 8–10; mkn, Golda – ein BMW Mann geht, bayernmotor 10/88, Oktober 1988, BMW UI-2036-10.

297 Arbeitsbericht der BMW-Gruppe / Sept. bis Dez. 1970, 1970–1971, AdMA, Bestand 451, Mappe „Arbeitersache BMW/MAN", S. 13.

298 Treue, 1980, Herbert Quandt, S. 27.

299 Mönnich/Golda, 1995, Interview Horst Mönnich mit Kurt Golda, BMW UM-1083-10, ca. 1h Minute 7 bis 1h 14 Minuten; Golda, 1982, Gedenkrede zum Tode Herbert Quants, S. 22; Golda, Rede auf der Betriebsversammlung im Werk München im Juli 1973, 23.07.1973, BMW UA-1532-1, S. 4–7.

300 IG Metall Geschäftsstelle München/Lischka, 2016, Gemeinsam für ein gutes Leben. (1)25 Jahre IG Metall München, S. 52.

de[r] uns zustehende[…] Anteil für die Belegschaft, da ohne uns die Sanierung von BMW nicht möglich ist", ausgezahlt werde.[301] Die Kopplung an die Dividende tauchte erstmals 1965 im Forderungskatalog des Betriebsrates auf, allerdings noch auf die Höhe des Urlaubsgeldes bezogen.[302] Diese Idee ist wohl fallengelassen worden, denn sie taucht in anderen Unterlagen nicht mehr auf. Die ersten Schritte zu einer an die Dividende für Aktionäre geknüpften Gewinnbeteiligung erfolgten 1966.[303] Für dieses Jahr wollte der Betriebsrat eine Erfolgsbeteiligung erreichen und gab auf der Betriebsversammlung bekannt, sofern die finanzielle Lage des Unternehmens es zulasse, solle es entsprechende Rücklagen bilden. Dabei verfolgte Golda zwei Ziele: einmal die Personalfluktuation zu reduzieren, aber auch eine echte Beteiligung der Belegschaft am selbst erarbeiteten Erfolg zu erreichen. Es könne schließlich nicht sein, dass nur die Aktionäre durch die Dividende vom neuen Erfolg nach den Krisenjahren profitierten und die Belegschaft, die genauso darunter gelitten habe, nichts davon habe.[304] Diese Gleichsetzung der Aktionäre mit der Belegschaft zeigt auch, dass Golda die Mitarbeiter ebenfalls als Teilhaber an BMW verstand.[305] Dass diese Forderung schließlich nicht weiterverfolgt wurde, muss im Zusammenhang mit den Problemen infolge der Übernahme der Hans Glas GmbH und dem Stillhalteabkommen zwischen Betriebsrat und Vorstand gesehen werden. Nachdem die Integration von Glas erfolgreich abgeschlossen war, wurde das Thema vom Betriebsrat wieder auf die Agenda gesetzt. Eventuell waren die Verhandlungen über eine Gewinnbeteiligung für Jubilare 1968 der erste Versuch, den Faden von 1966 wieder aufzunehmen.[306] Ab 1969 gab es schließlich eine nach Betriebszugehörigkeit gestaffelte Erfolgsbeteiligung, deren Umfang sukzessive erweitert wurde, ebenso wie die Zahl der Bezugsberechtigten.[307]

Konkrete Taten, die in die Einführung einer dividendenabhängigen Erfolgsbeteiligung mündeten, sind ab 1970 nachzuweisen. Anfang 1970 wandte sich Golda an die IG Metall, um Informationen zu Gewinnausschüttungen bzw. Abschlusszahlungen in der deutschen Autoindustrie zu erhalten. Laut

---

301 Golda, Rede von Kurt Golda auf der Betriebsversamlung im Werk München im August 1962, 01.08.1962, BMW UA-511-1, S. 20.

302 Golda, Golda an den Vorstandsvorsitzenden Wilcke bzgl. Sozialpaket des Betriebsrates vom 04.07.1963, 29.03.1965, BMW UA-81-1.

303 Golda, Rede von Kurt Golda auf der Betriebsversammlung im Werk München im April 1966, 18.04.1966, BMW UA-512-1, S. 9 f.

304 Ebenda.

305 Boccia, 2024, Krise im „Wirtschaftswunder", S. 216.

306 Golda, Rede von Kurt Golda auf der Betriebsversammlung im Werk München im November 1968, 25.11.1968, BMW UA-512-1, S. 10.

307 Boccia, 2024, Krise im „Wirtschaftswunder", S. 178.

Angaben der IG Metall hatten 1969 Volkswagen, Daimler-Benz und Audi/NSU derartige Zahlungen geleistet. Volkswagen zahlte einen Acht-Prozent-Anteil des Jahresverdienstes oder etwa 1.100 DM. Bei Daimler-Benz erhielten die Beschäftigen 500 DM zusammen mit dem Weihnachtsgeld in Höhe von 230 DM. Audi/NSU plante für 1970, der Belegschaft 6,5 Prozent des Jahresverdienstes zu bezahlen sowie 10 DM pro Dienstjahr. In Summe würde das einen Betrag von 900 DM ergeben, was etwa 80 bis 86 Prozent des monatlichen Durchschnittsverdienstes entsprechen würde. Dass das Interesse an einer solchen Zahlung nicht nur beim BMW-Betriebsrat sehr groß war, zeigt die Tatsache, dass die Antwort der IG Metall auch den Betriebsräten von Opel und Ford zugeschickt wurde.[308] Allen diesen hier genannten Modellen war gemein, dass die Höhe der Zahlungen an die Belegschaft fix war, eine Kopplung an einen volatilen Wert wie die Dividende gab es nicht. Dieser flexible, vom wirtschaftlichen Erfolg des Unternehmens abhängige Wert war aber Golda ein Anliegen, um die Rechte der Mitarbeiter an die der Aktionäre anzunähern. Nicht nur, dass er diese Idee schon in den 1960er Jahren aufgeworfen hatte, er brachte diese Verbindung zwischen Dividende und Erfolgsbeteiligung auch wieder im Frühjahr 1970 ins Gespräch, als er betonte, dass der Betriebsrat das Ziel einer Erfolgsbeteiligung als Äquivalent zur Aktionärsdividende weiterhin verfolge.[309]

Die bisherige Regelung einer an die Betriebszugehörigkeit gekoppelten Zahlung blieb für Golda deshalb nur ein Schritt „in Richtung einer echten Gewinnbeteiligung der gesamten Belegschaft".[310] Eine unflexible Festlegung der Erfolgsbeteiligung, wie bei anderen Unternehmen, war nicht sein erstrebtes Ziel. Er wollte eine Verknüpfung mit dem Unternehmenserfolg. 1973 löste eine Erfolgsbeteiligung mit Dividendenkopplung die Abschlusszahlung ab.[311] Der Vorstandsbeschluss für die Verhandlung einer solchen Beteiligung fiel im April 1973. Dort wurde festgehalten, dass sich die Beteiligung der Belegschaft in zwei Teile (A + B) gliedern sollte. Der erste Teil sollte sich an der Dauer der Zugehörigkeit zum Betrieb orientieren, der zweite am Unterneh-

308 Briefwechsel Kurt Golda – Willi Rathert (IGM) bzgl. Gewinnausschüttung und Sozialpolitik in der Automobilindustrie / Rather an Peter Epkens (Betriebsrat Ford) und Rudi Hahn (Betriebsrat Opel), 30.01.1970–04.02.1970, AdsD 5/IGMA151197.

309 Kurt Golda: Rede von Kurt Golda auf der Betriebsversammlung im Werk München im April 1970, 20.04.1970, BMW UA-512-1, hier S. 16.

310 Kurt Golda: Rede auf der Betriebsversammlung im Werk München im April 1972, 26.04.1971, BMW UA-1532-1, hier S. 15 f.

311 Betriebsvereinbarung zwischen der Bayerischen Motoren Werke AG und dem Gesamtbetriebsrat über die Erfolgsbeteiligung A und B, 15.05.1973, BMW UA-2691-1.

menserfolg.[312] Zunächst konnte Golda aber auf der Betriebsversammlung im April 1973 verkünden, dass es für das Geschäftsjahr 1972 eine „Erfolgsprämie“ für die gesamte Belegschaft, unabhängig von der Betriebszugehörigkeit, gebe, und zwar in Höhe von 2,5 Prozent des Jahresverdienstes. Dieser Wert war volatil je nach Höhe der Dividende.[313] Eine dauerhafte Regelung stellte Golda dann im Mai 1973 auf der Betriebsversammlung vor.[314]

Der neue Aufbau der Erfolgsbeteiligung wurde in einem Flugblatt des Betriebsrates aus dem Juni 1973 erläutert. Der erwähnte Teil A der Beteiligung richtete sich nach der Betriebszugehörigkeit und hatte einen Umfang von 30 bis 173 Stundenverdiensten. Der zweite Teil B war dagegen an der Dividende orientiert,[315] weil der Betriebsrat „zu Recht [die] Auffassung [vertritt], daß die gesamte Belegschaft an dem jeweils erzielten Jahresüberschuß in Form eines spürbaren Rückflusses beteiligt werden muß“.[316] Diese Zahlung an die Belegschaft sei, so Golda auf der nächsten Betriebsversammlung, ein wichtiges Zeichen der Anerkennung für die Leistungsbereitschaft der Belegschaft und in der heutigen Zeit auch notwendig.[317] Die Rolle Quandts bei der Einführung der Beteiligung hob Golda explizit lobend hervor, um das immer wieder gezeichnete Bild „eines permanenten Ausbeuters zu unterbrechen“.[318] Wie sehr dieser veränderte Blick auf die Mitarbeiter[319] auch einem veränderten Zeitgeist entsprang, der nach einer echten Partizipation der Belegschaft verlangte,[320] zeigte auch die erboste Reaktion Goldas auf die Kritik eines Aktionärs:

> Ich empfinde diese Aussage [Kritik an der Verabschiedung der Erfolgsprämie vor der Hauptversammlung, ohne Genehmigung durch Hauptversammlung,

---

312 Niederschrift über die Vorstandssitzung vom 10.04.1973, 16.04.1973, BMW UA-851-2, hier S. 3 f.

313 Golda, Rede auf der Betriebsversammlung im Werk München im April 1973, 24.04.1973, BMW UA-1532-1, S. 16–19.

314 Betriebsvereinbarung zwischen der Bayerischen Motoren Werke AG und dem Gesamtbetriebsrat über die Erfolgsbeteiligung A und B, 15.05.1973, BMW UA-2691-1.

315 Die genaue Formel lautete [(Dividende + Bonus)-6]/4. Für 1972 machte das [16 % -6] / 4 = 2,5 %. Dieses Rechenbeispiel ist aus der Betriebsvereinbarung dazu entnommen. Die Ausschüttungssumme war bei 25 % der Dividendensumme gedeckelt.

316 Information des Betriebsrates der Bayer. Motoren Werke AG – Werk München - bzw. des Gesambetriebsrates der Bayer. Motoren Werke AG, Betrifft: Erfolgsbeteiligung, Juni 1973, BMW UA-2683-1.

317 Golda, Rede auf der Betriebsversammlung im Werk München im Juli 1973, 23.07.1973, BMW UA-1532-1, S. 1–4.

318 Ebenda, S. 4–7.

319 Grunert/Triebel, 2019, Ein Jahrhundert BMW, S. 110.

320 Raphael, 2019, Jenseits von Kohle und Stahl, S. 406.

> M. R.] als eine Beleidigung deshalb, weil wir es doch waren, die BMW zu dem gemacht haben, was BMW überhaupt heute ist. Wo war dieser Aktionär eigentlich, frage ich mich, als unter schlechten Arbeitsbedingungen, permanenten Überstunden und 9 Sonderschichten im Jahre 1972, diese 16% Dividende durch die Belegschaft erwirtschaftet wurden.[321]

Für Golda kann man allerdings sagen, dass dieser Blick auf die Mitarbeiter nichts Neues war, schließlich hatte er bereits 1962 erstmals derartige Überlegungen geäußert. Dass sich die Vereinbarung zur Erfolgsbeteiligung A + B für die Mitarbeiter durchaus lohnte, zeigen nicht nur nachfolgende Tabellen aus dem Jahr 1977. Aus ihnen wird zum einen deutlich, wie der Teil B äquivalent zur Dividende schwankte und sich deshalb für das Jahr 1974 reduzierte, aber danach umso stärker anstieg. In nur vier Jahren hatte sich die Ausschüttungssumme an die Belegschaft von 12,9 Mio. DM auf mehr als 26,1 Mio. DM verdoppelt. Ähnliches lässt sich auch für den Teil A feststellen, wenn auch ohne den negativen Ausschlag 1974. Der ausgeschüttete Betrag erhöhte sich von 31,6 Mio. DM auf 53,8 Mio. DM. Dieser enorme Anstieg der Auszahlungen geschah gleichzeitig bei einem sehr moderaten Personalzuwachs von etwa 2.500 Beschäftigten. Umso spürbarer müssen die individuellen finanziellen Verdienste gewachsen sein. Zur Rolle Quandts bei der Einführung der Erfolgsbeteiligung waren keine weiterführenden Quellen zu finden.

Eindeutig nachweisbar ist Quandts Rolle jedoch bei der Einführung der Namens-Gewinnschuldverschreibungen (NGS) für die Belegschaft 1974, einer Möglichkeit der Vermögensbildung für die Arbeitnehmer.[322] Mit diesem Angebot lieh sich das Unternehmen bei den eigenen Mitarbeitern Geld für den weiteren Ausbau, während diese wiederum eine gute Verzinsung garantiert bekamen.[323] Die Verhandlungen hierzu liefen fast zeitgleich mit denen über die Erfolgsbeteiligung. Anfang Mai 1973 hatten sich Golda und Quandt unter vier Augen getroffen, um sich über die Einführung einer Beteiligung der Mitarbeiter am Unternehmen auszutauschen. Das Ergebnis des Gesprächs war, dass BMW für 1974 Anteilsscheine in Höhe von 5 Prozent des Grundkapitals des Unternehmens ausgeben wollte. Diese Scheine sollten dividendenberechtigt sein und die Zuteilung sollte sich wiederum an der Dauer der Betriebszugehörigkeit orientieren.[324] Dieses Gespräch ist in einer Aktennotiz

321 Golda, Rede auf der Betriebsversammlung im Werk München im Juli 1973, 23.07.1973, BMW UA-1532-1, S. 19 f.

322 Treue, 1980, Herbert Quandt, S. 261.

323 Grunert/Triebel, 2019, Ein Jahrhundert BMW, S. 110.

324 Kurt Golda: Aktennotiz über Gespräch Goldas mit Quandt vom 02.05.1973, 04.05.1973, BMW UA-2691-1.

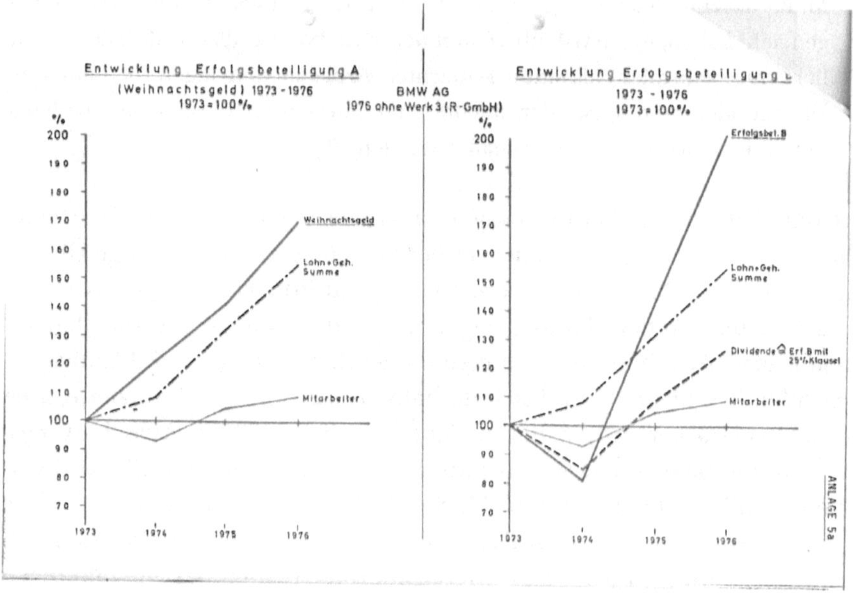

08..

ENTWICKLUNG: Mitarbeiterzahl, Lohn- und Gehaltssumme, Erfolgsbeteiligung A + B, Dividende 1973 bis 1976 (1976 ohne Werk 3 - R-GmbH)

	Mitarbeiter (31.12.)		Lohn- und Gehaltssumme		Erfolgsbeteiligung A (Weihnachtsgeld)		Erfolgsbeteiligung B		Dividende	
	Anzahl	%	Mio DM	%	Mio DM	%	Mio DM	%	Mio DM	%
1973	27.737	100	585,8	100	31,6	100	12,9	100	49,5	100
1974	25.805	93	635,0	108	38,3	121	10,5	81	42,0	85
1975	28.989	105	775,8	132	44,6	141	18,6	144	54,0	109
1976	30.192	109	908,4	155	53,8	170	26,1	202	63,0	127

Basis für Prozentangaben: 1973 = 100 %

ANLAGE 5b

ABBILDUNG 6.5 PZ-3 (Personalabteilung), Kritische Betrachtung der Erfolgsbeteiligung bei BMW, 15.06.1977[325]

325 PZ-3: Kritische Betrachtung der Erfolgsbeteiligung bei BMW, 15.06.1977, BMW UA-2692-1.

Goldas festgehalten und wiederum ein Beleg für das besondere Verhältnis zwischen dem Betriebsratsvorsitzenden und dem Hauptanteilseigner, weil es am Vortag der Aufsichtsratssitzung vom 3. Mai 1973 stattfand. Erst auf dieser Sitzung informierten beide den Vorstandsvorsitzenden und die anderen Kapitalvertreter im Aufsichtsrat über diese Absicht und veranlassten, eine mögliche Umsetzung bis Juni 1973 zu prüfen.[326]

Das Interesse Quandts an der Einführung von Beteiligungsmöglichkeiten für die Belegschaft zeigte sich in seinem persönlichen Engagement dafür. Im Juli 1973 zitierte er einer Aktennotiz Goldas zufolge hochrangige Vertreter des Unternehmens, wie den Leiter des Personal- und Sozialwesens Eberhardt Sarfert und den Vorstandsvorsitzenden von Kuenheim, zu sich nach Bad Homburg, „da er [Quandt] den Eindruck habe, daß wir nicht gewissenhaft und schnell genug an dieses Problem herangehen".[327] Ob Golda über Quandt hier indirekt Druck ausübte, muss unklar bleiben. In diesem Gespräch wurde vereinbart, dass man sich im September 1973 dazu nochmals treffen wollte. Das Ziel sollte sein, sich bis Ende des Jahres zu einigen, sodass man der Belegschaft Anfang 1974 Bescheid geben könne. Erste Eckpunkte wurden ebenfalls festgehalten: Man wollte eine Unternehmensanleihe herausgeben, deren Zinssatz sich an der Dividende orientierte, mit einer Mindestverzinsung von 6 Prozent. Das enge Zusammenspiel zwischen Arbeit und Kapital wird aber nicht nur durch den Druck Quandts unterstrichen, sondern vor allem dadurch, dass der Aufsichtsratsvorsitzende Draeger diese Idee nur acht Tage später auf der Hauptversammlung für das Geschäftsjahr 1972 andeuten sollte, um Golda wiederum die Möglichkeit zu geben, den Faden bei der nächsten Betriebsversammlung aufzunehmen.[328] Das wirtschaftliche Primat war für Golda auch in dieser Thematik oberste Maxime. Denn in derselben Aktennotiz schrieb er, dass der Sinn und Zweck der Anteilsscheine nicht in erster Linie der Vermögensbildung der Mitarbeiter zu dienen habe, sondern der Bindung derselben ans Unternehmen:

> Der Sinn der Beteiligung der Belegschaft am Unternehmen dürfte dann nicht mehr gegeben sein, wenn es sich hier um eine reine Vermögensbildung und die zu erwartende Dividenden-Ausschüttung handelt. Uns kommt es auf das Wecken des Interesses des Belegschaftsangehörigen an seinem Unternehmen

326 Ebenda.

327 Kurt Golda: Aktennotiz über Gespräch Quandts mit Kuenheim, Sarfert und Kalthegener vom 02.07.1973, 04.07.1973, BMW UA-2691-1.

328 Ebenda. Auch Sarfert hat sich eine Aktennotiz zu diesem Treffen mit den Eckpunkten für die Obligation geschrieben, vgl. Konvolut Einführung Namens-Gewinnschuldverschreibung, 30.04.1973–11.12.1973, BMW UA-2691-1.

mit dem Ziel der persönlichen Bindung (Fluktuationseindämmung) und seines Engagements in Richtung Rentabilität, damit Wirtschaftlichkeit an.[329]

Die Verbindung zwischen den wirtschaftlichen Interessen des Unternehmens und Verbesserungen für die Arbeitnehmer wurde auch hier wieder hergestellt. Die Intervention Quandts brachte tatsächlich Bewegung in die Verhandlungen. Beim nächsten Treffen in Bad Homburg im September 1973 wurden als Form der Anteilsscheine die NGS gewählt sowie weitere Parameter wie die Kopplung des Zinssatzes an die Dividende (Mindestverzinsung 6 Prozent), Laufzeit (6 Jahre) und die Ausgabemodalitäten vereinbart.[330] Im Nachgang zu diesem Treffen klärten Golda und Kuenheim weitere Details. In der dazu verfassten Aktennotiz ist ein weiterer Beweggrund Goldas festgehalten, der sicherlich eine Rolle dabei spielte, warum man Mitarbeitern mit langer Unternehmenszugehörigkeit mehr Zeichnungsrechte zugestehen wollte als Mitarbeitern, die erst kürzlich bei BMW angefangen hatten. Im Frühjahr 1972 hatte es einen „wilden Streik" von migrantischen Arbeitnehmern bei BMW gegeben, der von linken Gruppierungen unterstützt worden war (vgl. Kap. 6.4).[331] Es ist anzunehmen, dass Golda aufgrund dieser Erfahrung eine zu breite Streuung der NGS vermeiden und deshalb langjährigen Mitarbeitern mehr Zeichnungsmöglichkeiten geben wollte, damit diese „einen echten Belegschaftskern darstellen, der im Falle von Unruhen positive Ausstrahlung hat. Primär geht es mir [Golda, M. R.] darum, daß die Mehrheit der Belegschaft unseres Gesamtunternehmens in diesem Papier das eigene Unternehmen sieht."[332] Die Motivlage erweiterte sich dadurch um einen erhofften Stabilitätsfaktor innerhalb der Belegschaft. Über das vorgeschlagene Modell der NGS holte sich Golda Meinungen von externen Experten ein. Dazu zählten der Wirtschaftsprüfer und ehemalige Aufsichtsratsvorsitzende von BMW Hermann Karoli, Eduard Priller von der Bank für Gemeinwirtschaft und Norbert Fischer von der IG Metall. Karoli war der Meinung, dass das Modell mit den NGS sehr gut sei.[333] Auch die IG-Metall-Wirtschaftsabteilung stellte dem

329 Golda, Aktennotiz über Gespräch Quandts mit Kuenheim, Sarfert und Kalthegener vom 02.07.1973, 04.07.1973, BMW UA-2691-1.

330 Bernd Kalthegener: Betr.: BMW-Vermögensbildungs-Modell, 17.09.1973, BMW UA-2691-1.

331 Simon Goeke: Aufstand der Gastarbeiter. „Wilde Streiks" der italienischen Belegschaft bei BMW in München 1972, in: Hinterland – Magazin des Bayerischen Flüchtlingsrates 2009, H. 9, S. 46–51; Simon Goeke: Wir sind alle Fremdarbeiter! Gewerkschaften, migrantische Kämpfe und soziale Bewegungen in der Bundesrepublik Deutschland der 1960er und 1970er Jahre, Paderborn, 2020, S. 306–319.

332 Kurt Golda: Aktennotiz, 21.09.1973, BMW UA-2691-1.

333 FF-3/Kurt Golda/Hermann Karoli/Norbert Fischer/Eduard Priller: Vertrauliche Unterlagen der Abteilung FF-3 zur Ausgabe von Namens-Gewinnschuldverschreibungen und

NGS ein positives Zeugnis aus, weil die Mitarbeiter bei dieser Form kein Kurs- und Zinsrisiko wie bei einer normalen Belegschaftsaktie hätten. An der Verzinsung hatte die Gewerkschaft allerdings auszusetzen, dass sie nur attraktiv sei, wenn die Dividende bei BMW weiterhin so hoch bliebe. Die vorgeschlagene Mindestverzinsung von 6 Prozent hielt man für zu gering.[334] Letztlich wurde die Mindestverzinsung sogar auf 7 Prozent angehoben.[335]

Der Aufsichtsrat stimmte der Einführung der NGS am 14. November 1973 zu, die Belegschaft wurde im Februar 1974 über die genauen Modalitäten per Aushang informiert.[336] Zwar gab es einige wenige kritische Stimmen aus der Belegschaft, zumeist aus dem Umkreis kommunistischer Gruppen, die die geringe Mindestverzinsung kritisierten,[337] aber das kann nicht als repräsentativ für die gesamte Belegschaft gelten. Interviewte Mitarbeiter äußerten sich zumindest in der Werkszeitung *bayernmotor* sehr positiv über das Modell.[338] In absoluten Zahlen hielt sich der Zuspruch der Mitarbeiter zwar in Grenzen, stieg aber immerhin von 11,3 Prozent der Belegschaft 1974 auf 24,8 Prozent 1978. Dabei lassen sich starke Unterschiede zwischen Arbeitern und Angestellten feststellen. Angestellte zeichneten die NGS sehr viel häufiger. 1978 waren es 57,7 Prozent. Ihnen standen 13,1 Prozent der Arbeiter gegenüber. Allerdings wuchs der Anteil der Arbeiter im Zeitraum von 1974 bis 1978 relativ gesehen stärker an. Die Bevorteilung der langjährigen Mitarbeiter ließ sich allerdings nicht in den Zeichnungszahlen ausmachen, weil Mitarbeiter mit kürzerer Firmenzugehörigkeit öfter zeichneten. Der Anteil der migrantischen Arbeitnehmer, die sich für die NGS interessierten, blieb in diesem Zeitraum gering, wenn er auch von 8,9 Prozent auf 9,94 Prozent anstieg.[339] Die NGS können also als Erfolg gelten und wurden von den Mitarbeitern zunehmend besser

---

Briefwechsel Goldas mit Karoli, Priller (Bank für Gemeinwirtschaft), Fischer (IGM) dazu, 26.10.1973–09.11.1973, BMW UA-2691-1. Eine Antwort Prillers ist nicht überliefert, Fischer selbst antwortete nicht persönlich, sondern der Vertreter der IGM Wirtschaftsabteilung Klaus Bernhardt.

334 Klaus Bernhardt: Schreiben von Klaus Bernhardt (IGM, Wirtschaftsabteilung) an Kurt Golda, 09.11.1973, BMW UA-2691-1.

335 Eberhardt Sarfert: Aktennotiz betr. Namensgewinnschuldverschreibung, 13.11.1973, BMW UA-2691-1.

336 Protokoll der Aufsichtsratssitzung vom 14.11.1973, 19.11.1973, BMW UA-856-2, hier S. 3 f; Kurt Golda: Information des Gesamtbetriebsrates zur Einführung der Namens-Gewinnschuldvereinbarung, Februar 1974, BMW UA-2691-1.

337 DKP-Betriebsgruppe: Die Zündung, April 1974, AdMA, Bestand 32.10.4, DKP, Die Zündung 1969–1983.

338 Das BMW-Gewinnpapier zahlt sich jetzt bereits aus: 14 Prozent für 1974 / Eine lohnende Sache – das sagen sie alle!, bayernmotor 05/75, Juni 1975, BMW UI-2023-6.

339 Notiz für Herrn Golda: Überlegungen zur Namens-Gewinnschuldverschreibung, 12.10. 1978, BMW UA-2693-1.

angenommen. Auch das Ziel, die Fluktuation zu reduzieren und eine stärkere Bindung an das Unternehmen zu schaffen, wurde erreicht.[340] Dass Quandt hieran einen entscheidenden Anteil hatte, ist nicht nur aus den zitierten Quellen deutlich geworden, sondern wurde auch dadurch unterstrichen, dass sich Quandt und Golda in einer Aufsichtsratssitzung 1980 beim jeweils anderen für die gemeinsame Einführung von Vermögensbildungsmaßnahmen für die Mitarbeiter bedankten.[341]

Bei der Einführung der dividendenabhängigen Erfolgsbeteiligung und der NGS zeigte sich erneut, wie geschickt der Betriebsrat unter Golda Unternehmens- und Mitarbeiterinteressen verknüpfte. Es ging dabei nie nur um höhere monetäre Zahlungen an die Belegschaft, sondern es spielten auch immer weitergehende Ziele eine Rolle, wie die Reduzierung der Fluktuation und eine stärkere Mitarbeiterbindung. So konnte auch die Kapitalseite den Nutzen dieser finanziellen Belastung erkennen. Im Zentrum der betrieblichen Sozialordnung bei BMW stand das gemeinsame Ziel des wirtschaftlichen Erfolgs. Quandts Rolle in der Mitbestimmung wurde hier ebenfalls klar sichtbar. Er war nicht nur ein stiller Teilhaber, sondern griff aktiv in das Unternehmen ein. Die Einführung der NGS zeigt nicht nur die herausgehobene Position Goldas – schließlich besprachen Quandt und er die Einführung der NGS, bevor der Rest des Aufsichtsrats informiert wurde. Deutlich wurde auch, dass Quandt selbst diesen Schritt wünschte, da er den Vorstandsvorsitzenden und weitere hochrangige Unternehmensvertreter einbestellte, ob nun auf Veranlassung Goldas oder nicht.

4 Von der widerwilligen Akzeptanz zur Integration – Betriebsrat und migrantische Arbeiternehmer

Die Sozialpolitik war vor allem ein Instrument zur Mitarbeiterbindung. Darüber hinaus versuchte man bei BMW in München, die Personalknappheit durch Anwerbung von migrantischen Arbeitnehmern zu beheben. Das Verhalten des Betriebsrates unter Golda war dabei ein Spiegelbild der Entwicklung in der Bundesrepublik und allgemein in den Institutionen der Arbeitnehmervertretung. Es wandelte sich von einer Distanz zur Anwerbung in den 1960er Jahren hin zu dem Versuch, die angeworbenen Menschen langfristig an das Unternehmen zu binden und zu integrieren. Als eigenständige Akteure

340 Protokoll der Aufsichtsratssitzung vom 23.04.1980, 23.04.1980, BMW UA-2634-1, hier S. 3 f.

341 Ebenda.

wurden die migrantischen Arbeitnehmer erst ab 1972 bei BMW sichtbar, einmal durch einen „wilden Streik" und zweitens durch die Aufstellung eigener Kandidaten und Listen bei den Betriebsratswahlen. Hervorzuheben sind dabei insbesondere die Wahlen 1972 und 1978. Unterschiede in der Entwicklung im Vergleich zu anderen Automobilunternehmen waren nur in einzelnen Aspekten festzustellen, die Grundzüge ähneln sich jedoch.

Einer der Gründe für die rasante wirtschaftliche Entwicklung im „Wirtschaftswunder" war das Überangebot an gut ausgebildeten Arbeitskräften, zusätzlich bis 1961 durch den Zustrom aus der DDR befeuert.[342] Als im Laufe der 1960er Jahre dieses Reservoir ausgeschöpft war, gingen die Unternehmen einerseits zu einer verstärkten Rationalisierung sowie zur Anwerbung von Arbeitnehmern aus dem europäischen Ausland über.[343] Bei den nun ausgehandelten Anwerbeabkommen galt das Inländerprimat, d. h. deutsche Arbeitnehmer hatten stets Vorrang vor ausländischen. Dadurch wurden die migrantischen Kollegen von Beginn als eine Art Manövriermasse für den Aufschwung, aber auch im Abschwung betrachtet.[344] Eingesetzt wurden die meist ungelernten Kräfte sehr oft für Arbeiten, die entweder unangenehm oder schwer waren und kein Facharbeiterwissen benötigten.[345] Der Nachteil dieser günstigen Arbeitskräfte war, dass sie ein Verschleppen der Investitionen in eine höhere Produktivität verhinderten, was besonders in der kleinen Rezession von 1966/67 sichtbar wurde.[346] Dies trifft jedoch nicht auf BMW

342 Ralf Ahrens/André Steiner: Wirtschaftskrisen, Strukturwandel und internationale Verflechtung, in: Frank Bösch (Hrsg.), Geteilte Geschichte. Ost- und Westdeutschland 1970–2000, Bonn, 2015, S. 79–115, hier S. 81.

343 Rüdiger Hachtmann: Rationalisierung, Automatisierung und Digitalisierung. Arbeit im Wandel, in: Frank Bösch (Hrsg.), Geteilte Geschichte. Ost- und Westdeutschland 1970–2000, Bonn, 2015, S. 195–237, hier S. 199; ein neues Phänomen war diese Anwerbung allerdings nicht, sondern schon seit Beginn der Industrialisierung in Deutschland kam es zur Anwerbung von Arbeitskräften aus dem Ausland, vgl. Nihat Öztürk/Oliver Trede: Migrations- und Integrationsarbeit – wie „Gastarbeiter" gleichberechtigte Kolleg*innen wurden, in: Jörg Hofmann/Christiane Benner (Hrsg.), Geschichte der IG Metall. Zur Entwicklung von Autonomie und Gestaltungskraft, Frankfurt am Main, 2019, S. 465–484, hier S. 466.

344 Öztürk/Trede, 2019, Migrations- und Integrationsarbeit – wie „Gastarbeiter" gleichberechtigte Kolleg*innen wurden, S. 467; Barbara Sonnenberger: Nationale Migrationspolitik und regionale Erfahrung. Die Anfänge der Arbeitsmigration in Südhessen 1955–1967, Darmstadt, 2003, S. 286–288; Foerster, 2021, Hochofen, Maloche und „Gastarbeiter", S. 160.

345 Franziska Dunkel/Gabriella Stramaglia-Faggian: Zur Geschichte der Gastarbeiter in München. „Für 50 Mark einen Italiener", München, 2000, S. 135.

346 Abelshauser, 2011, Deutsche Wirtschaftsgeschichte, S. 324; Dunkel/Stramaglia-Faggian, 2000, Zur Geschichte der Gastarbeiter in München, S. 39 f; Herbert, 2023, Geschichte Deutschlands im 20. Jahrhundert, S. 790 f.

zu, da das Unternehmen durch seinen Boom in den 1960er Jahren sowohl zur Rationalisierung als auch zur Anwerbung von Migranten gezwungen war.

Die deutsche Automobilindustrie war aufgrund der hohen Löhne attraktiv, deshalb stieg der Anteil von Arbeitnehmern mit Migrationshintergrund dort über einen Zeitraum von zehn Jahren von 6,5 Prozent (1961) auf 25,7 Prozent (1970) an.[347] Die Verteilung unterschied sich zwischen den Unternehmen als auch zwischen einzelnen Werken. Während bei Daimler-Benz 1972 etwa ein Drittel der Mitarbeiter Migrationshintergrund hatte (1963: 6,7 Prozent), stellten sie im Werk Untertürkheim sogar fast die Hälfte der Belegschaft.[348] Opel beschäftigte Ende 1966 5.000 Migranten, was 17 Prozent der Arbeiter entsprach. VW hatte in Wolfsburg Ende 1965 5.600 Migranten (20 Prozent der Arbeiter) und Ford Köln wies 1966 mit 9.200 den höchsten Anteil auf, was 45 Prozent der Arbeiter entsprach.[349]

Die Einstellung der Gewerkschaften zu dieser Praxis lässt sich als „distanziert kritisch bis offen ablehnend" beschreiben. Das war allerdings nie eine offizielle Position, sondern trat eher auf der unteren Ebene im Betrieb und individuell zutage.[350] Diese ambivalente Haltung fußte vor allem auf der Angst, dass die Arbeitsmigranten den Lohn drücken und als Streikbrecher eingesetzt würden, womit wiederum die Tariffähigkeit der Gewerkschaft untergraben worden wäre. Deshalb setzten sich die Gewerkschaften nachdrücklich für eine rechtliche Gleichstellung ein, um dieses Szenario zu verhindern.[351] Das bedeutete jedoch nicht, dass sie die Interessen dieser Arbeitnehmergruppe aufgriffen, sie ignorierten sie auf betrieblicher und überbetrieblicher Ebene zunächst.[352] Zwar gab es schon in den 1950er und 1960er Jahren erste Anlaufstellen und mehrsprachige Flugblätter beim DGB und der IG Metall, aber eine wirkliche Wende in der gewerkschaftlichen Politik ist erst im Zuge der 1970er Jahre festzustellen. Mit Verspätung wurden erste Schritte zur Integration unternommen.[353] Hier machte sich vor allem der Generationenwechsel

---

347 Abelshauser, 2011, Deutsche Wirtschaftsgeschichte, S. 324.

348 Gesamtbetriebsrat der Daimler AG (Hrsg.), 2011, 125 Jahre Arbeit und Leben in den Werken von Daimler und Benz, S. 140–143.

349 Sonnenberger, 2003, Nationale Migrationspolitik und regionale Erfahrung, S. 291.

350 Raphael, 2019, Jenseits von Kohle und Stahl, S. 152.

351 Öztürk/Trede, 2019, Migrations- und Integrationsarbeit – wie „Gastarbeiter" gleichberechtigte Kolleg*innen wurden, S. 468; Hans-Christoph Seidel: Die Bergbaugewerkschaft und die „Gastarbeiter". Ausländerpolitik im Ruhrbergbau vom Ende der 1950er bis in die 1980er Jahre, in: Vierteljahrshefte für Zeitgeschichte 62, 2014, H. 1, S. 35–68, hier S. 67 f.

352 Owetschkin, 2016, Vom Verteilen zum Gestalten, S. 124; Foerster, 2021, Hochofen, Maloche und „Gastarbeiter", S. 160 f.

353 Öztürk/Trede, 2019, Migrations- und Integrationsarbeit – wie „Gastarbeiter" gleichberechtigte Kolleg*innen wurden, S. 468–471.

in den Arbeitnehmervertretungen bemerkbar.[354] Eine spezifisch bundesrepublikanische Entwicklung war dies aber keineswegs, wie Oliver Trede in seiner vergleichenden Studie über die deutschen und britischen Gewerkschaften nachweisen kann. Denn „in beiden untersuchten Ländern schwankten [die Gewerkschaften] in den 1950er bis frühen 80er Jahren im Umgang mit Arbeitsmigranten zwischen Misstrauen, Regulation und Integration".[355] Ein grundsätzliches Problem bei der Bewertung des Miteinanders zwischen deutschen und ausländischen Kollegen ist die Tatsache, dass in der Regel in den Quellen nur die Konflikte dokumentiert sind, harmonische Zusammenarbeit jedoch nicht.[356]

Der Betriebsrat bei BMW in München fügt sich in dieses allgemeine Bild ein. Die Notwendigkeit der Anwerbung war im Erfolg der „Neuen Klasse" begründet, weil keine inländischen Arbeitnehmer mehr verfügbar waren.[357] Die Zahl der migrantischen Arbeitnehmer stieg dabei rasant von 1.709 Personen 1962 auf 5.668 im Jahr 1969.[358] Der schnelle Hochlauf der Produktion führte in Verbindung mit diesem enormen Anstieg neuer Belegschaftsmitglieder zunächst zu Qualitätsproblemen, die erst durch eine verstärkte Zwischen- und Endkontrolle behoben werden konnten[359] (vgl. Kap. 6.2). Dabei griff man verstärkt auf griechische und türkische Mitarbeiter zurück. Ohne sie wäre der Erfolg des BMW 1500 nicht in demselben Maße möglich gewesen.[360] Eingesetzt wurden die migrantischen Arbeitnehmer vor allem für ungelernte Arbeiten, wie in der Lackiererei und im Presswerk, wo sie Ende der 1960er Jahre mehr als die Hälfte der Mitarbeiter stellten.[361] Die Position des Betriebsrates zur Anwerbung lässt sich am ehesten als distanziert und ablehnend beschreiben, weil er befürchtete, dass die notwendige Einarbeitung zulasten der Stammbelegschaft gehen würde.[362]

---

354 Süß, 2003, Kumpel und Genossen, S. 349; Raphael, 2019, Jenseits von Kohle und Stahl, S. 167.

355 Oliver Trede: Zwischen Misstrauen, Regulation und Integration. Gewerkschaften und Arbeitsmigration in der Bundesrepublik und in Großbritannien in den 1960er und 70er Jahren, Paderborn, 2015, S. 375.

356 Foerster, 2021, Hochofen, Maloche und „Gastarbeiter", S. 277.

357 Biss, 2017, Die Internationalisierung der Bayerischen Motoren Werke AG, S. 265.

358 Nitsche, 2012, „Geräuschlose Integration?", S. 45.

359 Seidl, 2002, Die Bayerischen Motorenwerke (BMW) 1945–1969, S. 280.

360 Ebenda, S. 271; 273.

361 Sparschuh, 2021, Fremde Heimat, fremde Ferne, S. 296.

362 Nicole Bergmann: „Gastarbeit" bei BMW in den 1960er und 1970er Jahren. Zur historischen Entwicklung und Quellenlage im BMW Group Archiv, 20.07.2010, S. 6; Nitsche, 2012, „Geräuschlose Integration?", S. 90 f.

Im Frühjahr 1963 diskutierte der Aufsichtsrat umfassend über das Thema. Golda berichtete von der Unzufriedenheit in der Belegschaft darüber, dass die Minderleistung der neuen Mitarbeiter aufgrund der ungenügenden Einarbeitung von der deutschen Stammbelegschaft ausgeglichen werden müsse, um den Gruppenakkord halten zu können: „Warum soll sich der Deutsche gegenüber dem ausländischen anstrengen, wenn kein Ausgleich [sic]".[363] Konsequenterweise forderte er deshalb ein langsameres Anwachsen der Belegschaft, um das Anlernen zu erleichtern.[364] In der nachfolgenden Betriebsversammlung im April 1963 verlangte er gar einen kompletten Einstellungsstopp für Migranten, um die Neueinstellungen überhaupt einarbeiten zu können. Dass man diesen nur zwei Wochen Einarbeitung im Stundenlohn gewähren und bereits dann auf den Akkordverdienst umstellen würde, sei zu kurz und gehe zulasten der deutschen Belegschaft. Zusätzlich müsse man die Betreuung mit Dolmetschern verbessern, nur der Betriebsrat allein könne das nicht leisten.[365] Vor allem mit der letzten Forderung nach mehr Betreuung unterschied er sich von der IG Metall, die damals noch die Hilfe zur Selbsthilfe präferierte.[366] Den Wunsch nach einem Einstellungsstopp wiederholte Golda im November 1963 und hatte dabei auch Unterstützer im Vorstand. Nachdem der Vorstandsvorsitzende Sonne die geplante Aufstockung um 400 bis 500 Personen für 1964 ankündigte, hakte Golda ein:

> Golda: von den 400 Mann mehr in 1964 bitte keine Ausländer mehr anwerben. [...] Dr. Sonne: [...] Wir wollen tunlichst keine Ausländer einstellen, es sei denn, daß die Produktion hinterher hinkt. Nur wenn der Betrieb dies wünscht. Gieschen [Technikvorstand, M. R.]: wir haben in der Produktion ein ungünstiges Verhältnis: etwas über 33% = 2:1 Inländer/Ausländer. Golda: wir sollten zur Erkenntnis kommen, keine Ausländer mehr hereinzunehmen. Herr Dr. Sonne, ich bin der Meinung, der Vorstand sollte sich mit der personalpolitischen Frage mehr beschäftigen.[367]

All diese Ablehnung änderte nichts daran, dass der Arbeitskräftemangel nicht durch Überstunden behoben werden konnte. Die Anwerbung zusätzlicher

363 Stenogramm zur Aufsichtsratssitzung vom 19.03.1963, 19.03.1963, BMW UA-2632-1, S. 15 f.
364 Ebenda.
365 Golda, Rede von Kurt Golda auf der Betriebsversammlung im Werk München im April 1963, 10.04.1963, BMW UA-511-1, S. 6 f.
366 Nitsche, 2012, „Geräuschlose Integration?", S. 81.
367 Stenogramm zur Aufsichtsratssitzung vom 21.11.1963, 21.11.1963, BMW UA-2632-1, hier S. 20 f.

Arbeitnehmer aus dem Ausland musste fortgeführt werden.[368] Die im Vergleich zu anderen Betrieben besonders hohe Fluktuation der Migranten verschärfte den Handlungsdruck zusätzlich.[369]

Das „Ausländerproblem“, wie es in einer Aufsichtsratssitzung benannt wurde, blieb durchweg die ganzen 1960er Jahre auf der Tagesordnung.[370] Unausgesprochen waren sich im Aufsichtsrat alle einig, dass so wenig Migranten wie möglich eingestellt werden sollten.[371] 1966 und 1968 positionierte sich der Betriebsrat abermals gegen die Einstellung neuer Migranten.[372] Und das, obwohl sich die Sichtweise auf deren Arbeit verändert hatte, die mangelnde Qualität kein Problem mehr war und es mittlerweile langjährige Mitarbeiter und sogar Vertrauensleute unter ihnen gab.[373]

Hier erwiesen sich Betriebsrat und Vorstand geradezu als schizophren. In ein und derselben Aufsichtsratssitzung wurde vom „Ausländerproblem“ gesprochen, also dem unterwünscht hohen Anteil von Migranten an der Belegschaft in München, und gleichzeitig angemerkt, dass man bisher sehr gute Erfahrungen mit ihnen gemacht habe.[374] Dieses widersprüchliche Verhalten hielt bis 1973 an und trat regelmäßig im Aufsichtsrat zutage,[375] während gleichzeitig der Migrantenanteil die ganzen 1970er Jahre hoch blieb.[376] Willkommen waren die migrantischen Arbeitnehmer freilich als Konjunktur-

---

368 Sparschuh, 2021, Fremde Heimat, fremde Ferne, S. 281; Biss, 2017, Die Internationalisierung der Bayerischen Motoren Werke AG, S. 266; Protokoll der Aufsichtratssitzung vom 16.03.1965, 16.03.1965, BMW UA-732-2, hier S. 10; Protokoll der Aufsichtsratssitzung vom 18.05.1965, 18.05.1965, BMW UA-732-2, hier S. 7.

369 Prinzipiell war die Fluktuation von migrantischen Arbeitnehmern auch in anderen Unternehmen im Bundesdurchschnitt höher als bei Deutschen, Boccia, 2024, Krise im „Wirtschaftswunder“, S. 103 f.

370 Protokoll der Aufsichtsratssitzung vom 18.12.1968, 18.12.1968, BMW UA-542-2, hier S. 5–5a.

371 Boccia, 2024, Krise im „Wirtschaftswunder“, S. 116.

372 Rede von Kurt Golda auf der Betriebsversammlung im Werk München im November 1966, 28.11.1966, BMW UA-512-1, S. 13 f; Golda, Rede von Kurt Golda auf der Betriebsversammlung im Werk München im Juli 1968, 22.07.1968, BMW UA-512-1, S. 15.

373 Protokoll der Aufsichtsratssitzung vom 08.11.1968, 14.11.1968, BMW UA-542-2, hier S. 4 f.

374 Protokoll der Aufsichtsratssitzung vom 18.12.1968, 18.12.1968, BMW UA-542-2, S. 5.

375 Vgl. Protokoll der Aufsichtsratssitzung vom 06.05.1970, 08.05.1970, BMW UA-806-2, hier S. 3; Protokoll der Aufsichtsratssitzung vom 04.09.1970, 08.09.1970, BMW UA-806-2, S. 4; Protokoll der Aufsichtsratssitzung vom 09.03.1971, 10.03.1971, BMW UA-807-2, S. 3–4; 6–7; Protokoll der Aufsichtsratssitzung vom 06.07.1971, 10.07.1971, BMW UA-807-2, S. 3; Protokoll der Aufsichtsratssitzung vom 24.09.1971, 01.10.1971, BMW UA-807-2, hier S. 2 f; Protokoll der Aufsichtsratssitzung vom 16./17.12.1971, 20.12.1971, BMW UA-807-2, S. 7; Protokoll der Aufsichtsratssitzung vom 14.12.1972, 20.12.1972, BMW UA-808-2, S. 10; Protokoll der Aufsichtsratssitzung vom 27.02.1973, 12.03.1973, BMW UA-856-2, S. 5 f.

376 Nitsche, 2012, „Geräuschlose Integration?“, S. 48; Dunkel/Stramaglia-Faggian, 2000, Zur Geschichte der Gastarbeiter in München, S. 122; 136.

puffer, weil es relativ leicht war, ihre Zahl durch das Auslaufen ihrer Verträge wieder zu reduzieren.[377] Dass der Betriebsrat dies genauso sah, wird durch eine Aktennotiz von 1968 zur Personalplanung deutlich, in der Golda festhielt, ob man nicht die Verträge der anzuwerbenden griechischen Arbeiter auf ein halbes Jahr beschränken könne. In einer Debatte im Aufsichtsrat im Dezember 1970 schlug er vor, dass man die Verträge von 450 Jugoslawen als Möglichkeit zur Kosteneinsparung auslaufen lassen könnte.[378]

Die deutsche Stammbelegschaft betrachtete die neuen Mitarbeiter nicht als vollwertige Kollegen und lehnte insbesondere die hohe Arbeitsbereitschaft der Migranten ab.[379] Diese standen bei BMW zwischen allen Stühlen. Während die deutschen Mitarbeiter die hohe Arbeitsleistung kritisierten, weil so Akkordbremsen sichtbar wurde, bemängelte der Vorstand die hohe Fluktuation und die zu Beginn mangelnde Qualität der Arbeit. Gleichzeitig führte die hohe Fluktuation zu den vielfältigen finanziellen Leistungen, die wiederum auch der deutschen Belegschaft zugutekamen.[380]

Nichtsdestotrotz ist ebenfalls festzuhalten, dass für Golda die Nationalität keine Rolle spielte, wenn es um den Erhalt von Arbeitsplätzen ging: Die nichtdeutschen Mitarbeiter waren auch Werksangehörige.[381] So stellte er sich 1967 gegen den Wunsch der bayerischen Politik, dass BMW in München aktiv 1.000 ausländische Arbeitnehmer entlassen sollte, um so deutsche Arbeitnehmer einzustellen zu können, die im Zuge der Sanierung von Glas entlassen worden waren.[382] Wie sich nachfolgender Abbildung entnehmen lässt, waren 1966 etwas mehr als 3.500 Migranten bei BMW in München beschäftigt. Wenn man davon ausgeht, dass diese Zahl bis 1967 nochmals angestiegen ist, dann wäre rund ein Viertel der Migranten von obigem Wunsch betroffen gewesen.

Das Eigenlob in der Werkszeitung *bayernmotor*, dass im Zuge der Ölpreiskrise keine ausländischen Kollegen entlassen worden seien, sondern man „nur" die Fluktuation nicht mehr ersetzt, die Neuanwerbung gestoppt und ansonsten keine Unterschiede zwischen der Stammbelegschaft und den Migranten gemacht habe, kann dagegen nicht bestätigt werden.[383] In der Auf-

377 Sparschuh, 2021, Fremde Heimat, fremde Ferne, S. 286; Bergmann, 2010, „Gastarbeit" bei BMW in den 1960er und 1970er Jahren, S. 4.

378 Aktennotiz zur Personalplanung gemäß Programm 223, 03.04.1968, BMW UA-2627-1; Protokoll der Aufsichtsratssitzung vom 08.12.1970, 09.12.1970, BMW UA-806-2, hier S. 9.

379 Boccia, 2024, Krise im „Wirtschaftswunder", S. 121.

380 Ebenda, S. 125.

381 Ebenda, S. 239 f.

382 Golda, Rede von Kurt Golda auf der Betriebsversammlung im Werk München im November 1967, 13.11.1967, BMW UA-512-1, S. 1–10.

383 Dauert die BMW-Kurzarbeit nur zehn Tage?, bayernmotor 1/74, Januar 1974, BMW UI-2021-1.

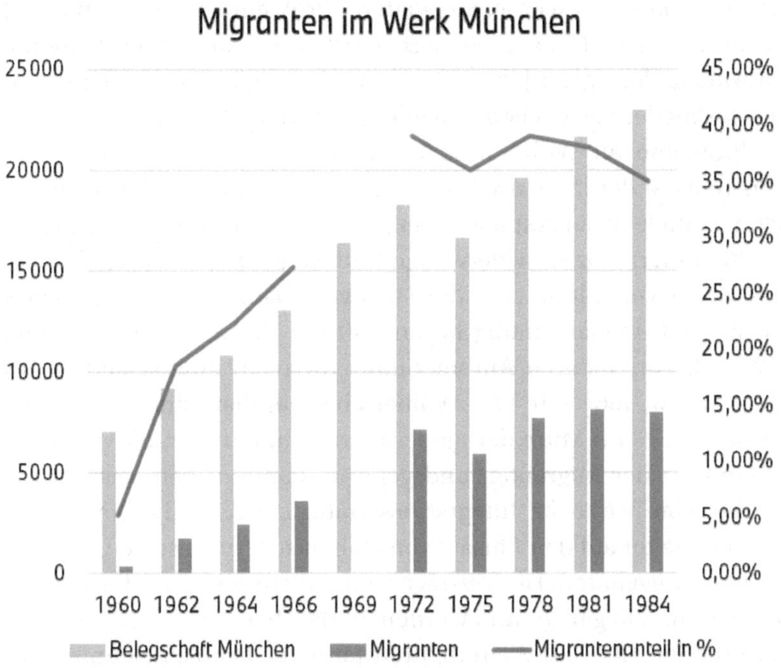

ABBILDUNG 6.6 Migranten im Werk München[384]

sichtsratssitzung im Mai 1975 wurde nämlich festgehalten, dass BMW 1974 die Anzahl der Arbeiter im Werk München um 20 Prozent reduzieren konnte und der Anteil der Migranten über diesem Wert lag. Für die geplanten Neueinstellungen 1975 wollte man Deutsche bevorzugen.[385]

Die Sichtweise auf die Migranten war von rassistischen Stereotypen geprägt. Diese wurden nicht nur aus der Formulierung „Ausländerproblem" in den Aufsichtsratsprotokollen deutlich, sondern auch in einem Brief eines ungenannten BMW-Vorstandsmitglieds an die IG Metall aus dem Dezember 1964. Der Brief ist eine Antwort auf ein Schreiben der IG Metall bzgl. etwaiger Missstände bei der Unterbringung von griechischen Mitarbeitern. Nachdem den Vorwürfen, dass die Wohnheime unhygienisch und unsozial seien, widersprochen worden war, wurden die Sichtweisen des BMW-Vorstandes und Goldas erläutert. Beide sähen die Schwierigkeiten eher darin, dass es immer Leute gebe, die sich nicht an Regeln hielten und „keinen Sinn für Ordnung und Reinlichkeit haben" würden, was auf das „zivilisatorisch einfach[ere] [Herkunfts]Milieu"

384 Zahlen siehe BMW UA-440-1; BMW UA-2220-1.

385 Protokoll der Aufsichtsratssitzung vom 06.05.1975, 06.05.1975, BMW UA-2625-1, hier S. 7; vgl. hierzu ebenfalls Boccia, 2024, Krise im „Wirtschaftswunder", S. 105 f.

der Griechen zurückgeführt wurde. Ein weiteres Problem sei der Alkohol und die geringe Bereitschaft, Deutsch zu lernen.[386] Diese Stereotype bediente Golda noch Anfang der 1970er Jahre, als er eine Beschäftigung von Griechen oder Türken im niederbayerischen Dingolfing mit dem Argument ablehnte, dass dann „Probleme im Wohnungsbau, in der Freizeitgestaltung und in Sexualfragen [entständen]".[387] Auch diese Denkweise dürfte eine nicht zu unterschätzende Rolle dabei gespielt haben, dass die Anwerbung von migrantischen Arbeitnehmern nur als widerwillige Notlösung umgesetzt wurde.

Nichtsdestotrotz veränderte sich die Sichtweise langsam. Ein wirkliches Umdenken in der Personalplanung begann ab der Mitte der 1960er Jahre, womit BMW sich von anderen Automobilunternehmen unterschied.[388] Bis dahin hatte es bspw. 1963 nur fünf Dolmetscher gegeben, drei griechische und zwei türkische.[389] Ab Mitte der 1960er Jahre bemühte sich BMW stärker um die Einbindung der Migranten und gehörte damit zu den Ausnahmen in der Branche. Eine wirkliche Integrationsstrategie gab es allerdings noch nicht.[390] Anstatt weiter auf den Einsatz von Dolmetschern zu setzen, wurden erste Sprachkurse angeboten. Die Verträge galten nicht mehr nur für ein halbes Jahr, sondern für ein ganzes und wurden oft darüber hinaus verlängert.[391] Zusätzlich wurde die Aus- und Weiterbildung ausgebaut, um einen unternehmensinternen Aufstieg zu ermöglichen; den ersten Meister mit Migrationshintergrund gab es 1968.[392] Dennoch blieb das Verhältnis zwischen den deutschen und den migrantischen Mitarbeitern mehr von einem Nebeneinander als einem Miteinander geprägt.[393]

Ein wirklicher Wandel begann sich diesbezüglich erst in den 1970er Jahren durchzusetzen, als das Unternehmen verstärkt versuchte, auf eine Integration

386 Brief eines unbekannten BMW-Vorstandsmitglied an Erwin Essl (IG Metall Bezirksleitung München), 10.12.1964, BMW UA-2614-1.

387 Dingolfinger Anzeiger: „Die Zukunft von BMW liegt in Dingolfing. SPD-Betriebsgruppengründung in Anwesenheit von BMW-Gesamtbetriebsratsvorsitzenden Kurt Golda, München", 24.02.1972, BMW UA-2612-1.

388 Schmidhofer, 2000, Personalpolitik in Zeiten chronischen Arbeitskräftemangels, S. 35.

389 Stenogramm zur Aufsichtsratssitzung vom 03.05.1963, 03.05.1963, BMW UA-2632-1, hier S. 10.

390 Nitsche, 2012, „Geräuschlose Integration?", S. 91 f; vgl. hierzu den Aufsatz über die gegenseitige Integrationsbereitschaft von Volkswagen und den dort arbeitenden italienischen Migranten, Oswald, 2002, Volkswagen, Wolfsburg und die italienischen „Gastarbeiter" 1962–1975.

391 Grunert/Triebel, 2019, Ein Jahrhundert BMW, S. 105; Bergmann, 2010, „Gastarbeit" bei BMW in den 1960er und 1970er Jahren, S. 5; Dunkel/Stramaglia-Faggian, 2000, Zur Geschichte der Gastarbeiter in München, S. 132.

392 Bergmann, 2010, „Gastarbeit" bei BMW in den 1960er und 1970er Jahren, S. 7.

393 Biss, 2017, Die Internationalisierung der Bayerischen Motoren Werke AG, S. 269.

hinzuwirken, analog zur Neuausrichtung der gesamten Personalpolitik.[394] 1973 wurde die sogenannte Lernstatt gegründet, um Integration zu fördern und die Sprachbarriere zu überwinden. 1975 erweiterten sich ihre Aufgaben auch auf Verbesserungsvorschläge für die Produktion und Vernetzung innerhalb des Betriebes.[395] Insbesondere bei der Sprachvermittlung wählte BMW einen sehr praxisorientierten Ansatz, um jeglichen Anschein von Schulunterricht zu vermeiden:

> Die Lernstatt kennt weder Grammatik noch Abzählreime. Sie vermittelt nur ein paar, aber die wichtigsten Wörter aus der Fachsprache und aus der Umgangssprache. ‚Wir vermitteln Fach- und Umgangssprache so', sagt Jürgen Laber in der Personalverwaltung, ‚wie sie im Werk gesprochen wird. [...] Das ganze Gewicht verlagern wir auf arbeitsplatzbezogene Probleme.'[396]

Zusätzlich entstand auf dem Werksgelände eine Moschee und in der Werkszeitung erschienen die wichtigsten Beiträge in Türkisch, Griechisch, Serbokroatisch und Italienisch.[397]

Dieser neue Ansatz ging Hand in Hand mit der veränderten Sichtweise der IG Metall auf migrantische Arbeitnehmer. Die IG Metall München gründete zu dieser Zeit auch einen Arbeitskreis für Migranten. Er bestand aus 15 Mitgliedern mit insgesamt fünf Nationalitäten, zwei der Mitglieder arbeiteten bei BMW.[398] Auch der Betriebsrat bemühte sich stärker um die Migranten. Golda setzte sich bei Vogel dafür ein, auf die türkischen Behörden einzuwirken, damit direkten Charterflügen zwischen München und der Türkei für die türkischen BMW-Mitarbeiter alsbald eine Landegenehmigung durch die Türkei genehmigt werde.[399] Zu Problemen zwischen Deutschen und Migranten sei es im Betrieb nicht gekommen, das bestätigten sowohl Rohrbach als auch der ehemalige Personalvorstand Sarfert im Gespräch mit Laura Mattern.[400] Sar-

394 Protokoll der Aufsichtsratssitzung vom 12.09.1973, 17.09.1973, BMW UA-856-2, S. 11 f.

395 Grunert/Triebel, 2019, Ein Jahrhundert BMW, S. 109.

396 Ich heiße Giovanni, Ali ..., bayernmotor 02/74, Februar 1974, BMW UI-2021-2.

397 Biss, 2017, Die Internationalisierung der Bayerischen Motoren Werke AG, S. 429.

398 Ausländer reden jetzt mit, bayernmotor 02/74, Februar 1974, BMW UI-2021-2.

399 Schriftverkehr Golda–Vogel bzgl. Gastarbeiterflügen in die Türkei, 03.05.1974–06.06.1974, AdsD 1/HJVA100735.

400 Riederer, 2022, Gespräch mit Volkmar Rohrbach; Laura Mattern: Zwischen Exklusion und Integration: Berufsqualifizierung von ausländischen Jugendlichen der 2. Generation in den 1970er und 1980er Jahren. Inaugural-Dissertation zur Erlangung des Doktorgrades der Philosophie an der Ludwig-Maximilians-Universität München, München, 2022, S. 303.

fert konnte sich an keine besonderen Spannungen erinnern.[401] Zwar bestätigte er, dass BMW vor größeren Integrationsschwierigkeiten gestanden habe, weil man vor allem Griechen und Türken anwarb,[402] trotzdem sei dies nicht problematisch gewesen. Nur die große Anzahl habe die sprachlichen Verständigungsschwierigkeiten virulent werden lassen, weshalb man Sprachschulungen während der Arbeitszeit angeboten habe.[403]

Eine Ausnahme ist allerdings zu nennen, der „wilde Streik" italienischer Arbeiter im Jahr 1972. Dieser Streik war jedoch Ausdruck des bundesweiten, zunehmenden Widerstands der migrantischen Arbeitnehmer gegen ihre Benachteiligung. Er gehörte zu einer Welle von „wilden Streiks", die Ende der 1960er und Anfang der 1970er Jahre in der Bundesrepublik stattfanden und oft von und mit Migranten getragen wurden. Begründet waren diese Streiks oftmals darin, dass im Zuge der Rezession von 1966/67 langfristige Tarifverträge mit niedrigen Entgelterhöhungen geschlossen wurden. Mit der rasch einsetzenden wirtschaftlichen Erholung stiegen die Unternehmensgewinne stark an, während die Löhne und Gehälter stagnierten. Aus dem Unmut über diese Diskrepanz heraus entstanden die „wilden Streiks", außerdem wurden Verbesserungen der Arbeitsbedingungen gefordert.[404]

Ob diese Streiks als direkte Kritik an den Gewerkschaften einzuordnen sind, wird in der Forschung noch diskutiert. Während Philipp Gassert und Felix Heinrichs argumentieren, dass die Streiks Ausdruck der Kritik an der Zentralisierung der Tarifpolitik gewesen seien und sich deshalb die betrieblichen

---

401 Mattern, 2022, Zwischen Exklusion und Integration: Berufsqualifizierung von ausländischen Jugendlichen der 2. Generation in den 1970er und 1980er Jahren, S. 303; diese geringen Konflikte dürfen aber nicht darüber hinwegtäuschen, dass es dennoch Ungerechtigkeiten im Betrieb gegeben haben kann, vgl. hierzu grundsätzlich Kelly, 2006, Labor Movements and Mobilization, S. 286.

402 Mattern, 2022, Zwischen Exklusion und Integration: Berufsqualifizierung von ausländischen Jugendlichen der 2. Generation in den 1970er und 1980er Jahren, S. 296.

403 Ebenda, S. 298 f.

404 Felix Heinrichs: Kontrollverlust der Gewerkschaften? Der „Pierburg-Streik" 1973 in historischer Perspektive, in: Knud Andresen/Michaela Kuhnhenne/Jürgen Mittag/Johannes Platz (Hrsg.), Der Betrieb als sozialer und politischer Ort. Studien zu Praktiken und Diskursen in den Arbeitswelten des 20. Jahrhunderts, Bonn, 2015, S. 137–156, hier S. 143 f; Bernhard Weßels: Die Entwicklung des deutschen Korporatismus, in: Aus Politik und Zeitgeschichte 2000, 26–27; Roßmann, 2019, Akteure im Betrieb – Betriebspolitik als Basis von Organisationsentwicklung und Gewerkschaftsmacht, S. 371; Müller/Wentzel, 2019, Die Verhältnisse klären, das Handeln stärken, S. 450; Raphael, 2019, Jenseits von Kohle und Stahl, S. 166; Öztürk/Trede, 2019, Migrations- und Integrationsarbeit – wie „Gastarbeiter" gleichberechtigte Kolleg*innen wurden, S. 471–473.

Repräsentanten nicht vertreten gefühlt hätten,[405] erklärt Michael Kittner, dass es sich dabei um einen „historisch singuläre[n] Vorgang" gehandelt habe, ohne dass die Streikenden an der grundsätzlichen tarifpolitischen Verantwortung der Gewerkschaften Zweifel gehabt hätten.[406] Die Rolle der Migranten in diesen Streiks ist erst in den letzten Jahren verstärkt in den Blick geraten, insbesondere Simon Goeke forderte, dass diesen migrantischen Protesten mehr Raum gegeben werden sollte.[407] Besonders die Streiks im Frühjahr und Sommer 1973 zeigten die Migranten als eigenständige Akteure.[408] Der bekannteste Streik ist der „Türkenstreik" bei Ford 1973.[409] Über 8.000 hauptsächlich türkische Arbeitsmigranten legten die Arbeit für eine Woche nieder. Die Gründe hierfür bildeten der niedrige Lohn, Leistungsverdichtung und Willkür der Vorgesetzten. Der konkrete Auslöser war die Entlassung von 300 türkischen Arbeitern, weil diese zu spät aus dem Urlaub zurückkamen. Unterstützung der deutschen Belegschaft oder des Betriebsrates blieb aus. Infolge des Streiks wurden 100 Arbeiter fristlos entlassen, weitere 600 wurden quasi zur Kündigung gezwungen, die am Streik beteiligten Aktivisten und Streikführer wurden sogar inhaftiert und ausgewiesen.[410] Jörg Huwer und Hans-Günter Kleff sehen als weiteren Grund für den Streik das sich langsam wandelnde Selbstbild bei den türkischen Arbeitern. Ihnen sei klar geworden, dass die ursprüngliche Idee einer Rückkehr in die Türkei immer unwahrscheinlicher wurde, weil sich ihr Lebensmittelpunkt nach Deutschland verlagert hatte. Deshalb

405 Philipp Gassert: Bewegte Gesellschaft. Deutsche Protestgeschichte seit 1945, Stuttgart, 2018, S. 174 f; Heinrichs, 2015, Kontrollverlust der Gewerkschaften?, S. 155.

406 Michael Kittner: Autonome Handlungs- und Konfliktfähigkeit von DMV und IG Metall: Mitglieder, Tarifbindung, Arbeitskampf, in: Jörg Hofmann/Christiane Benner (Hrsg.), Geschichte der IG Metall. Zur Entwicklung von Autonomie und Gestaltungskraft, Frankfurt am Main, 2019, S. 101–226, hier S. 196.

407 Neuheiser, 2013, Arbeit zwischen Entgrenzung und Konsum, S. 445; Goeke, 2020, Wir sind alle Fremdarbeiter!, S. 11.

408 Roßmann, 2019, Akteure im Betrieb – Betriebspolitik als Basis von Organisationsentwicklung und Gewerkschaftsmacht, S. 373.

409 Goeke, 2009, Aufstand der Gastarbeiter, S. 46; zur Bedeutung dieses Streiks für die Gewerkschafts- und Protestgeschichte der Bundesrepublik vgl. Ein kurzer historischer Augenblick von Widerstand, Selbstbewusstsein und unverhoffter Anarchie. Eine WDR-Reportage zum Fordstreik 1973, in: Jan Motte/Rainer Ohliger (Hrsg.), Geschichte und Gedächtnis in der Einwanderungsgesellschaft. Migration zwischen historischer Rekonstruktion und Erinnerungspolitik, Essen, 2004, S. 237–249, hier S. 237; Karin Hunn: „Nächstes Jahr kehren wir zurück ... ". Die Geschichte der türkischen „Gastarbeiter" in der Bundesrepublik, Göttingen, 2005, S. 243.

410 Öztürk/Trede, 2019, Migrations- und Integrationsarbeit – wie „Gastarbeiter" gleichberechtigte Kolleg*innen wurden, S. 472.

lohnte sich nun auch der Kampf für eine Gleichstellung mit den deutschen Arbeitern. Die Ziele glichen sich an, wie z. B. hinsichtlich Arbeitsplatzsicherheit und Arbeitsbedingungen.[411]

Die Vorgeschichte des Streiks bei BMW begann im Herbst 1969, als sich die linke Münchner Gruppe „Arbeitersache" dafür entschied, im BMW-Werk aktiv zu werden.[412] Das Ziel war es, migrantische Arbeitnehmer zu politisieren. Dazu gab man eine eigene mehrsprachige Betriebszeitung heraus.[413] Im Mittelpunkt der Kritik stand insbesondere die kooperative Haltung des Betriebsrates unter Golda und der IG Metall. Im Tarifkampf 1970/71 wurde die Gruppe zusätzlich durch Flugblätter aktiv, die unter Migranten auch eine gewisse Resonanz hervorriefen. Es gab spontane Arbeitseinstellungen. Die Folge davon waren Entlassungen mit Zustimmung des Betriebsrates, wodurch sich die „Arbeitersache" als Gegenspieler des Betriebsrats zu positionieren versuchte. Allerdings kam es zu keinen weiteren Arbeitsniederlegungen.[414] Die „Arbeitersache" kooperierte ab 1970/71 mit Lotta continua, einer außerparlamentarischen Gruppe der italienischen Linken, und versuchte so die Agitation im Betrieb zu stärken sowie in den Wohnheimen mit den Migranten in Kontakt zu kommen.[415] Im Herbst 1971 verschärfte sich die Stimmung und man wollte im Oktober 1971 einen Streik während der Tarifverhandlungen provozieren. Dazu agitierte die „Arbeitersache" auf der Betriebsversammlung mit Transparenten über höhere Lohnforderungen. Nachdem sie das Wort hatte, wurde die Betriebsversammlung allerdings durch den Werksschutz gewaltsam aufgelöst. Betriebsräte zerrissen die Transparente. Die Folge davon waren zwei Entlassungen. Die Gruppen beratschlagten über radikalere Methoden wie ein Verprügeln der Betriebsräte durch Externe. Letztlich wurde Goldas Haus beschmiert, die Fenster wurden eingeworfen.[416] Zu den Vorfällen auf der Betriebsversammlung waren im Betriebsratsarchiv keine Quellen überliefert. Die Radikalisierung und Agitation der „Arbeitersache" war auch Thema im Aufsichtsrat. Man wollte die Fluktuation innerhalb der Belegschaft durch weitere sozialpolitische Maßnahmen reduzieren, um so ein Einsickern weiterer

---

411 Huwer, 2007, „Gastarbeiter" im Streik, S. 247–249; Kleff, 2004, Täuschung, Selbsttäuschung, Enttäuschung und Lernen, S. 257.

412 Goeke, 2020, Wir sind alle Fremdarbeiter!, S. 310 f; zum theoretischen Hintergrund und dem Vorgehen der Arbeitersache und Lotta Continua, vgl. ebenfalls Boccia, 2024, Krise im „Wirtschaftswunder", S. 241–261.

413 Goeke, 2020, Wir sind alle Fremdarbeiter!, S. 312.

414 Ebenda, S. 313.

415 Goeke, 2009, Aufstand der Gastarbeiter, S. 47.

416 Goeke, 2020, Wir sind alle Fremdarbeiter!, S. 315; Kurt Golda: Rede auf der Betriebsversammlung im Werk München im August, 07.08.1972, BMW UA-1532-1, hier S. 16–18.

Aktivisten zu verhindern und die Aktivitäten so gut wie möglich einzudämmen.[417]

Den Höhepunkt dieser innerbetrieblichen Auseinandersetzung bildete im Mai 1972 ein „wilder Streik" italienischer Arbeiter.[418] Die Italiener waren mit dem Versprechen eingestellt worden, dass sie nach einer Probezeit entsprechend ihrer Qualifikation als Facharbeiter bezahlt würden. Dieses Versprechen ließ BMW platzen, außerdem waren die Arbeiter mit ihrer Unterbringung unzufrieden. Bitten der Italiener um Gespräche mit der Personalabteilung oder dem Betriebsrat wurden entweder nicht beantwortet oder es wurden nur Einzelgespräche angeboten. Unklar muss bleiben, warum sich der Betriebsrat dieser Beschwerden nicht angenommen hat. Boccia nimmt aufgrund der Darstellung der Ereignisse in den Aushängen des Betriebsrates an, dass Golda zwar über die Vorgänge informiert gewesen sei, sie aber ignoriert habe, weil er mit der Unternehmensposition einverstanden gewesen sei.[419] Am 29. Mai 1972 kam es zu einem Zug von 26 italienischen Arbeitern durch das Werk, die zum Streik aufforderten, außerdem waren Flugblätter vor den Werkstoren verteilt worden. Letztere hatten keine große Aufmerksamkeit beim Rest der Belegschaft erzeugt, die den Konflikt erst durch den Streikzug wahrnahm. Zu einer Solidarisierung kam es nicht. Zum Schichtwechsel bildete sich eine große Menschenansammlung von 2.000 Mitarbeitern auf dem Werksgelände, die die Hintergründe der Geschehnisse wissen wollten. Nach rund 20 Minuten löste sich die Menge wieder auf und die Arbeit wurde fortgesetzt. Gravierende Folgen für die Produktion hatte dieser Vorfall nicht. Weder Vorstand noch Betriebsrat noch IG Metall gingen auf die Forderungen der Streikenden ein. Stattdessen wurden 28 Personen mit Zustimmung des Betriebsrates wegen Störung des Betriebsfriedens entlassen.[420]

In der Betriebsversammlung im August 1972 sprachen Golda und Norbert Fischer von der IG Metall die Vorfälle nochmals an. Golda argumentierte, dass sich die Arbeiterbasis mit der Aktion vollkommen disqualifiziert habe, weil sie ihre Forderungen ohne Rücksicht auf den Rest der Belegschaft oder das Unternehmen stelle. Setze man diese Politik um, müsse BMW zum Ende des Jahres schließen. Der Betriebsrat sei nur der BMW-Belegschaft Rechenschaft schuldig. Man werde deshalb weiterhin „konservativ" handeln, also das Erreichte

417 Protokoll der Aufsichtsratssitzung vom 15.03.1972, 20.03.1972, BMW UA-808-2, S. 4.

418 Die nachfolgende Schilderung des Ablaufs des Streiks basiert vor allem auf: Goeke, 2020, Wir sind alle Fremdarbeiter!, S. 316; Goeke, 2009, Aufstand der Gastarbeiter, S. 48; Sparschuh, 2021, Fremde Heimat, fremde Ferne, S. 322–331.

419 Boccia, 2024, Krise im „Wirtschaftswunder", S. 304.

420 Goeke, 2009, Aufstand der Gastarbeiter, S. 49.

bewahren und vorsichtig erweitern, um die Arbeitsplatzsicherheit gewährleisten zu können.[421] Indirekt sagte Golda damit, dass er die betroffenen migrantischen Arbeitnehmer nicht als echten Teil der BMW-Belegschaft wahrnahm. Auf die konkreten Forderungen der Migranten ging er nicht ein, genauso wenig wie Fischer. Dieser betrachtete die Vorfälle als politisch gesteuert, um eine bewusste Konfrontation zwischen Deutschen und Migranten zu provozieren. Hinsichtlich der Frage, wer die Interessen der Italiener vertrete, nahm er einen streng legalistischen Standpunkt ein; die IG Metall sei nicht dafür zuständig, Probleme von Nichtorganisierten zu lösen. Die Kollegen hätten sich nie an die IG Metall wegen Unterstützung gewandt, sodass man überhaupt nie eine Möglichkeit gehabt habe zu helfen. Die IG Metall stehe für eine nicht konfrontative, legale Art und Weise der Vertretung der Arbeitnehmerinteressen und außerdem an der Seite des gewählten Betriebsrates, der das vollkommene Vertrauen der Gewerkschaft, aber auch der Belegschaft genieße.[422] Eine Unterstützung für die Migranten blieb also auch von gewerkschaftlicher Seite aus. Insofern ist Sparschuh zuzustimmen: Der Streik scheiterte auch deswegen, weil die Streikenden mit ihrem konfrontativen Vorgehen die innerbetrieblichen Spielregeln zur Austragung von Konflikten verletzten und so niemanden aus dem Arbeitnehmervertretungs-„Establishment“ gewinnen konnten.

Dass dieser Streik Anlass gewesen sei, „die agitierten und anspruchsvollen italienischen Arbeitsmigranten […] noch umfassender als zuvor durch Griechen, Türken und Jugoslawen zu ersetzen“, lässt sich so nicht bestätigen.[423] Die Italiener stellten schon 1972 die kleinste Migrantengruppe in München dar. Nach 1972 sank ihr Anteil sogar noch etwas ab, erhöhte sich danach wieder, blieb aber im Vergleich zu den anderen drei Herkunftsländern konstant niedrig. Von einem Ersetzen kann also nicht die Rede sein (vgl. Abbildung 6.7). Mario Boccia sieht in dem Streik „eine grundlegende Unzufriedenheit mit der Betriebspolitik der Unternehmensleitung“[424] und begründet dies mit der zunehmenden Fluktuation und der lauter werdenden Kritik linker Gruppen.[425] Zwar ist nicht in Abrede zu stellen, dass es einen unzufriedenen

421 Golda, Rede auf der Betriebsversammlung im Werk München im August, 07.08.1972, BMW UA-1532-1, S. 16–18.

422 Norbert Fischer: Rede des Kollegen Fischer, IG Metall München, auf der Betriebsversammlung im Werk München, 07.08.1972, IfZ ED 740/2, hier S. 1–3.

423 Sparschuh, 2021, Fremde Heimat, fremde Ferne, S. 329 f.

424 Boccia, 2024, Krise im „Wirtschaftswunder“, S. 319.

425 Ebenda, S. 284 f.

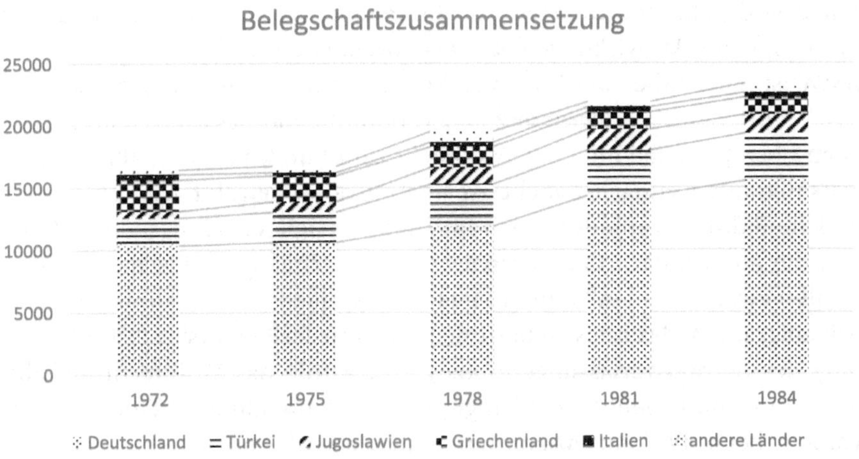

ABBILDUNG 6.7 Herkunftsländer der Mitarbeiter im Werk München[426]

Teil in der Belegschaft gab, jedoch ist unklar, ob dieser Teil auch die Mehrheit der Belegschaft repräsentierte. Denn die Gruppe „Arbeitersache" analysierte selbst, dass viele Mitarbeiter das Vorgehen des Unternehmens und des Betriebsrates befürworteten.[427] Ebenfalls bekannte die Gruppe, dass es vom Rest der Belegschaft zu keiner Solidarisierung mit den Streikenden gekommen sei.[428] Ein weiteres Indiz für die fehlende Unterstützung der Gruppe „Arbeitersache" ist die fehlende dauerhafte (migrantische) Opposition im Betriebsrat. Selbst bei der Betriebsratswahl 1978, die sich durch die Vielzahl von Listen und ein starkes migrantisches Engagement auszeichnete und weiter unten noch genauer analysiert wird, spielte die Unzufriedenheit mit dem Betriebsrat zwar auch eine Rolle, im Vergleich zu den internen Streitereien und Animositäten innerhalb der Migranten blieb dies jedoch untergeordnet. Darüber hinaus gelang es in der gesamten Amtszeit Goldas (1956–1987) keiner Gruppierung, sich dauerhaft als Alternative im Betriebsrat zu etablieren, was ebenfalls dafür spricht, dass seine Art der Mitbestimmung dementsprechenden Rückhalt in der Belegschaft fand (vgl. Kap. 5.2 und Abbildung 5.2). Insofern ist dieser Streik mit Blick auf die Mitbestimmung sicherlich ein Ausdruck für Unzufriedenheit in Teilen der Belegschaft, man kann jedoch nicht davon aus-

426 Die Zahlen basieren auf den Angaben, die zu den jeweiligen Betriebsratswahlen an die Gewerkschaft gemeldet wurden, vgl. BMW UA-2647-1; BMW UA-2656-1; BMW UA-2657-1; BMW UA-2659-1; BMW UA-2663-1,

427 Ebenda, S. 289.

428 Ebenda, S. 310–312.

gehen, dass dies für den Großteil der Mitarbeiter zutraf. Deshalb hatte dieser Streik auch keine Auswirkungen auf die betriebliche Sozialordnung.

BMW ist hinsichtlich der Rolle von Migranten im Betriebsrat kein Sonderfall. Das Betriebsverfassungsgesetz 1952 verknüpfte das passive Wahlrecht für die Betriebsratswahlen mit dem Wahlrecht zum Bundestag, deshalb konnten Arbeitsmigranten zunächst nicht zu Betriebsräten gewählt werden. Dieser rechtliche Rahmen veränderte sich im Laufe der 1960er Jahre, sodass Mitarbeiter, die aus Ländern der Europäischen Wirtschaftsgemeinschaft kamen, ebenfalls gewählt werden konnten. Das einzige klassische Herkunftsland von Arbeitsmigranten, das hiervon betroffen war, war Italien. Erst mit der Novellierung des Betriebsverfassungsgesetzes 1972 wurde das Wahlrecht auf alle Arbeitnehmer ausgedehnt, unabhängig von der Nationalität.[429] Trotzdem gab es vor 1972 bei BMW keine Migranten im Betriebsrat, was sicherlich auch mit der geringen Zahl von Italienern in der Belegschaft zusammenhing, und die Migranten blieben auch danach unterrepräsentiert, wie nachfolgende Grafik zeigt. Auf die Daten zu „1972 alternativ“ wird weiter unten genauer eingegangen.

Die Unterrepräsentanz der Migranten im Betriebsrat war ein Phänomen der gesamten westdeutschen Wirtschaft und ein Grund dafür, dass diese mit eigenen Listen kandidierten.[430] Daraus ist aber nicht zu schließen, dass sich der BMW-Betriebsrat für die Arbeitsmigranten bei den Wahlen nicht interessiert hätte. Ganz im Gegenteil versuchte man schon zu Beginn der 1960er Jahre, die Migranten zur Wahl zu bewegen. 1962 ging Golda explizit auf die griechischen und türkischen Kollegen zu und versuchte für die eigenen Ziele zu werben.[431] Das Interesse war beiderseitig. So schrieb Norbert Fischer von der IG Metall 1964 an Golda, vom Vorstand der griechischen Kultusgemeinde angesprochen worden zu sein, dass die griechischen Kollegen gerne eine

---

429 Dunkel/Stramaglia-Faggian, 2000, Zur Geschichte der Gastarbeiter in München, S. 257; Hinken, 2004, Vom „Gastarbeiter“ aus der Türkei zum gestaltenden Akteur, S. 265; Nitsche, 2012, „Geräuschlose Integration?“, S. 77; Rundschreiben G 18/64 der IGM: Wählbarkeit ausländischer Arbeitnehmer in die Betriebsräte, 13.05.1964, BMW UA-2646-1; deshalb kam auch der erste ausländische Betriebsrat in Deutschland aus Italien, vgl. hierzu seine Autobiografie: Lorenzo Annese: Vita da Gastarbeiter: Von Apulien zu VW in Wolfsburg. Die Geschichte des ersten ausländischen Betriebsrates in Deutschland, Bonn, 2022.

430 Owetschkin, 2016, Vom Verteilen zum Gestalten, S. 125; Milert/Tschirbs, 2015, Die andere Demokratie, S. 480; Foerster, 2021, Hochofen, Maloche und „Gastarbeiter“, S. 276 f; mit Bezug auf die deutsche Konkurrenz von BMW, vgl. hierzu Hinken, 2004, Vom „Gastarbeiter“ aus der Türkei zum gestaltenden Akteur, S. 261; 263; 267; 268; Hunn, 2005, „Nächstes Jahr kehren wir zurück … “, S. 237–240.

431 Kurt Golda: Aufruf von Kurt Golda an die türkischen und griechischen Kollegen, 03.12.1962, BMW UA-2646-1.

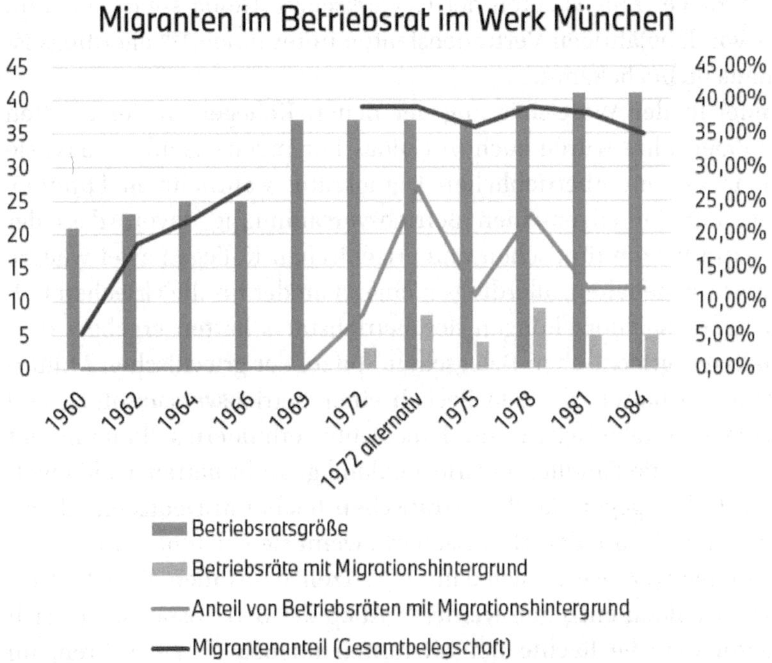

ABBILDUNG 6.8 Migranten im Betriebsrat im Werk München

Versammlung abhalten würden. Fischer unterstützte dieses Anliegen, weil die Kollegen wahlberechtigt seien und man dieses Wählerpotential nutzen wolle. Außerdem bat er Golda, den Lohnstreifen auf Griechisch übersetzen zu lassen.[432] Erste kleine Schritte der Integration wurden also schon relativ früh gegangen. Die IG Metall konnte auch bald erste Mitglieder unter den Migranten werben. 1965 lag der Organisationsgrad unter den griechischen Mitarbeitern bei 34,95 Prozent.[433] Für 1965 wurde außerdem eine Gewerkschaftsversammlung für die türkischen Mitarbeiter geplant. Zur Betriebsratswahl gab es türkischsprachige Flugblätter und später auch griechische.[434] Nach Verena Nitsche hat es allerdings bis 1966 gedauert, bis Betriebsversammlungen auf Türkisch und Griechisch abgehalten wurden.[435] Migranten

---

432 Norbert Fischer: Brief Norbert Fischer (IG Metall München) an Betriebsrat der BMW AG, 20.10.1964, BMW UA-2614-1.

433 Die Zahlen hierzu siehe BMW UA-2614-1.

434 Kurt Golda: Brief Kurt Golda an Norbert Fischer (IG Metall München), 12.03.1965, BMW UA-2614-1; türkisches Flugblatt, 1965, BMW UA-2647-1; Griechischer Wahlaufruf für die Wahl 1969, 1969, BMW UA-2655-1.

435 Nitsche, 2012, „Geräuschlose Integration?“, S. 64 f.

wurden auch zu Vertrauensleuten der Gewerkschaft. Golda sprach 1968 im Aufsichtsrat von langjährigen Vertrauensleuten unter ihnen,[436] allerdings ist darüber hinaus nichts bekannt.

Der Wandel in der Wertschätzung der neuen Kollegen in der zweiten Hälfte der 1960er Jahre wurde auch in Goldas Fürsprache deutlich, dass sie ihre Rechte in der innerbetrieblichen Demokratie wahrnehmen konnten. Er berichtete auf der allgemeinen Betriebsversammlung davon, dass der Betriebsrat extra für die türkischen und griechischen Kollegen zwei weitere Versammlungen abgehalten, allerdings niemand an der für die Griechen teilgenommen habe. Nachforschungen des Betriebsrates hätten ergeben, dass sich innerhalb der griechischen Belegschaft Spitzel der griechischen Militärdiktatur befunden hätten, die den Besuch einer Betriebsversammlung und die Gewerkschaftsmitgliedschaft ihrer Landsleute verhindern sollten und mit Repressalien gegen die Familien in Griechenland gedroht hätten. Golda hielt es für unerhört, dass gegen die demokratischen Rechte in Deutschland verstoßen werde, und drohte den Drahtziehern, wenn sie bekannt würden, mit sofortiger Entlassung. Er werde sich dafür einsetzen, dass ihnen die Arbeitserlaubnis in Deutschland entzogen werde.[437] Auch der Betriebsrat setzte sich nunmehr dafür ein, die Rechte der Migranten im Betrieb zu wahren. Im Betriebsrat selbst wurden sie allerdings bis 1972 nicht sichtbar.

Bei der Betriebsratswahl 1972 wurden erstmals zwei Türken und ein Grieche in den Betriebsrat gewählt, je ein Türke und ein Grieche über Goldas Liste.[438] Bemerkenswert ist vor allem der türkische Betriebsrat D.[439] Er trat mit einer Ein-Mann-Liste an, verstand sich allerdings als eine IG-Metall-Liste. Damit gab es neben der offiziellen IG-Metall-Liste unter Golda noch eine zweite, außerdem eine Angestelltenliste. Eine Persönlichkeitswahl war damit nicht mehr möglich. Dies kritisierten Golda und die IG Metall öffentlich in einem Flugblatt, gaben aber keine näheren Hintergründe an. Sie verwiesen lediglich darauf, dass auch die offizielle IG-Metall-Liste je vier türkische und griechische Kollegen aufweise und man bereit gewesen sei, den Kollegen

436 Protokoll der Aufsichtsratssitzung vom 08.11.1968, 14.11.1968, BMW UA-542-2, S. 4 f.

437 Golda, Rede von Kurt Golda auf der Betriebsversammlung im Werk München im September 1969, 01.09.1969, BMW UA-512-1, S. 1 f.

438 Aufgrund fehlender Alternativen wurde die Nationalität allein an den Namen der aufgestellten Personen festgemacht. Soweit nicht anders angegeben bezieht sich der nachfolgende Abschnitt auf die Unterlagen zur Wahl 1972 in: BMW UA-2647-1.

439 Aus Datenschutz- und Persönlichkeitsgründen werden die Namen der jeweiligen Personen nicht genannt.

D. auf der IG-Metall-Liste zu platzieren.[440] D. war vermutlich mit der angebotenen Platzierung unzufrieden und wollte seine persönlichen Chancen mit der Listenwahl erhöhen. Kritik an der „Spalterliste“ äußerten nicht nur Golda und die IG Metall, auch die DKP plädierte im Vorfeld der Wahl für eine Einheitsliste der IG Metall.[441] Trotz dieses Gegenwinds gelang D. ein sehr gutes Wahlergebnis. Er vereinigte 1.515 Stimmen (bei 2.213 türkischen Mitarbeitern im gesamten Werk!) auf sich und hätte damit Anspruch auf acht Plätze gehabt. Da D. mit seiner Liste die restlichen sieben Plätze nicht ausfüllen konnte, wurden diese an Kandidaten der IG Metall vergeben. Hätte D. diese Plätze besetzen können, dann wären mehr als ein Viertel der Mitglieder des Betriebsrates Migranten gewesen (vgl. Abbildung 6.8, 1972 alternativ). Ein ähnliches Phänomen gab es im selben Jahr auch bei Ford in Köln, dort hätten einer türkischen Ein-Mann-Liste zehn Plätze zugestanden. Auch dort wurden die restlichen Plätze unter den anderen Listen verteilt.[442] Wie sich D. in den Betriebsrat einbrachte, muss unklar bleiben, es fehlen hierzu Quellen. Bei der nächsten Wahl 1975 kandidierte er erfolgreich auf der Gemeinschaftsliste der IG Metall.[443]

Ein Dokument Goldas gibt Einblick in die Aufstellung der Kandidatenliste zur Wahl 1975. Die Planungen sahen nach den Erfahrungen von 1972 vor, dass bei einer Betriebsgröße von 15.000 Mitarbeitern 35 Betriebsräte gewählt würden, d. h. es kam ein Betriebsratsmitglied auf 450 Mitarbeiter. Hier muss ein Rechenfehler vorliegen, weil das 1972 novellierte Betriebsverfassungsgesetz bei einer Betriebsgröße von 15.000 Mitarbeitern 37 Betriebsräte vorsah,[444] der Betriebsrat von 1975 hatte schließlich auch 37 Mitglieder. Um den Proporz in der Belegschaft auch im Betriebsrat abzubilden, sollten drei Griechen und vier Türken einen Platz im Betriebsrat erhalten. Auf der gesamten IG-Metall-Liste, die mehr Kandidaten umfasste, als es verfügbare Plätze gab, sollten insgesamt 15 migrantische Kandidaten platziert werden, analog zu dem obigen Proporz sieben unter den ersten 35 Plätzen. Die Auswahl der Kandidaten sollte aufgrund von Vorschlägen der Belegschaft erfolgen und die Vertrauensleute hatten über die genaue Platzierung zu entscheiden.[445] Vergleicht man diese

---

440 Norbert Fischer/Kurt Golda: die information: An die gesamte Belegschaft von BMW – Werk München, 03./04.1972, BMW UA-2647-1.

441 DKP-Betriebsgruppe: Die Zündung, Nr. 2, 1972, AdMA, Bestand 32.10.4, DKP, Die Zündung 1969–1983.

442 Hinken, 2004, Vom „Gastarbeiter“ aus der Türkei zum gestaltenden Akteur, S. 265.

443 Vgl. Wahlergebnis 1975, in: BMW UA-2656-1.

444 Betriebsverfassungsgesetz vom 15. Januar 1972. BetrVG 1972.

445 Betrachtungen zur Kandidatur von ausländischen Arbeitnehmern bei der Betriebsratswahl 1975, 31.01.1975, BMW UA-2656-1.

Aussagen mit der Kandidatenauflistung in der Wahlkampfzeitung Goldas zur Betriebsratswahl 1975, fällt auf, dass unter den nun korrekten ersten 37 Kandidaten nur fünf Migranten aufgeführt wurden, u. a. auch D.[446] Der Proporz wurde demnach nicht wie vorgeschlagen eingehalten. Die Hintergründe sind unklar. Es ist durchaus möglich, dass sich die Migranten von den deutschen Betriebsratsmitgliedern gut vertreten fühlten. Da die Wahl 1975 eine Persönlichkeitswahl war, wäre es möglich gewesen, dass migrantische Kandidaten nach vorne gewählt werden. Dies ist aber nicht geschehen, ganz im Gegenteil sind sogar nur vier Migranten (drei Türken und ein Grieche) gewählt worden, obwohl unter den ersten 37 Kandidaten noch ein weiterer Grieche vertreten war. Die Unterrepräsentierung blieb damit auch in dieser Legislatur erhalten und sollte sich im gesamten Untersuchungszeitraum nicht mehr entscheidend verändern.

Einen absoluten Sonderfall stellte die Betriebsratswahl vom 29. März 1978 dar. Sie gibt einen Hinweis, dass eine größere Repräsentanz von Migranten womöglich auch an internen Streitereien und Animositäten in dieser Gruppe gescheitert sein könnte. Die Wahl war eine Gemeinschaftswahl und eine Listenwahl mit einer Rekordzahl von sechs eingereichten Listen, alle verstanden sich als IG-Metall-Liste. Neben der großen Liste 1 „Gemeinschaftsliste der IG Metall" unter Golda kandidierten noch fünf weitere Listen. Erwähnenswert sind hier aber nur zwei, die Liste 2 „Liste der türkischen Mitarbeiter" und die Liste 4 „Gemeinschaftsliste". Die restlichen drei Listen hatten nur einen bzw. zwei Kandidaten, fanden auch nur sehr geringen Zuspruch bei der Wahl und konnten keinen Kandidaten im Betriebsrat platzieren; auch fehlen Quellen, die ihre Hintergründe erklären könnten. Von besonderem Interesse ist insbesondere die Liste 4, weil sie letztlich sechs Personen in den Betriebsrat entsenden konnte, unter ihnen auch drei Kandidaten mit Betriebsratserfahrung: Kollege K. und Kollege D. waren bereits seit 1972 im Betriebsrat vertreten, Kollege P. seit 1975. Zusätzlich zu diesen drei Personen wurden von der Liste 4 noch ein weiterer türkischer Arbeiter sowie je ein griechischer und ein türkischer Angestellter gewählt. Die Liste 2 konnte einen türkischen Mitarbeiter in den Betriebsrat schicken. Die Liste 1 unter Golda entsandte keinen einzigen Kandidaten mit Migrationshintergrund in den Betriebsrat, alle sieben migrantischen Betriebsräte kamen von den beiden anderen Listen.[447]

---

446 Golda, Extrablatt zur BMW Betriebsratswahl April 1975, Werk München, März/April 1975, BMW UA-2656-1.

447 Alle Angaben zur Wahl selbst beziehen sich auf die Unterlagen zu dieser Wahl in BMW UA-2657-1.

Die Hintergründe dieses Wahlergebnisses lassen sich nicht nur auf die Unzufriedenheit der migrantischen Mitarbeiter mit ihrer Repräsentanz im Betriebsrat zurückführen. Mitte Februar 1978 wurden auf der Vertrauenskörpersitzung die IG-Metall-Listen (je eine für Persönlichkeitswahl sowie Listenwahl) aufgestellt und einstimmig angenommen. Die Kollegen D., K. und P. waren ebenfalls anwesend.[448] Dieser Listenvorschlag erzeugte Unmut unter den türkischen Kollegen und es wurde eine zusätzliche Liste, die Liste 2, eingereicht. Mit Vertretern dieser Liste traf sich Golda zwei Tage nach der Vertrauenskörpersitzung, um die Hintergründe zu erfahren. Nach ihrer Aussage hatte eine Versammlung von türkischen Belegschaftsangehörigen stattgefunden, auf der prinzipiell die verabschiedete Liste 1 für gut befunden worden sei. Als Begründung für die eingereichte Liste 2 hieß es, dass „sonst die Gefahr einer eigenen Liste bestanden hätte und die 5 Leute der Liste 1 auf jeden Fall für eine Persönlichkeitswahl sind".[449] Diese Formulierung lässt Raum für Spekulation, hier könnte gemeint sein, dass es sonst eine zusätzliche Liste gegeben hätte, die nicht zur IG Metall gehört hätte. Der Stein des Anstoßes, eine zweite Liste einreichen zu wollen, war der Kollege D. Nach Aussage der Listenvertreter habe D. u. a. erklärt, dass er von deutschen Kollegen ins Amt gewählt worden sei, außerdem habe er damit Wahlkampf gemacht, dass er seinen Arbeitsplatz verlieren werde, wenn er nicht wieder gewählt werde, er sei in einer schwierigen finanziellen Lage. Die angebliche Angst D.'s vor dem Verlust des Arbeitsplatzes war dabei unbegründet, weil er durch das Betriebsverfassungsgesetz geschützt war, wie sich auch Golda notierte. Vor dem Hintergrund dieser Vorgänge erklärte Golda, dass die Vertrauensleute „über die Person D[…] und seine Kandidatur auf unserer Liste nochmals beraten [müssten, M. R.], weil hier der Eindruck besteht, daß es sich nur um seine Person handelt, nicht aber um die Vertretung seiner türkischen Kollegen und deren Sorgen und Probleme". Die Vertreter der Liste 2 betonten außerdem, dass sie von der Einreichung einer eigenen Liste absehen würden, um doch eine Persönlichkeitswahl zu ermöglichen, „[a]ber die türkische Belegschaft wird gegen Koll. D[…] auf jeden Fall Konsequenzen ziehen".[450]

Insofern spielten bei dieser Wahl auch persönliche Animositäten innerhalb der türkischen Belegschaft eine Rolle. Es ist davon auszugehen, dass in einer nachfolgenden Sitzung der Vertrauensleute die Kandidatur D.'s auf der Liste 1

---

448 Vorlage für die Sitzung des Vorstandes am 13.02.1979 in Frankfurt am Main, Betr.: Untersuchungsverfahren nach § 11 der Satzung, 17.01.1979, AdSD 5/IGMA170188.

449 Kurt Golda: Aktennotiz über ein Gespräch Goldas mit Vertretern der Liste 2, 17.02.1978, BMW UA-2659-1.

450 Ebenda.

abgeändert wurde, weil sich aus einem Flugblatt Goldas von Anfang März erschließen lässt, dass nun auch die Liste 4 unter D. eingereicht wurde.[451] In diesem Flugblatt griff Golda besonders die drei Kandidaten der Liste 4, D., K. und P., als bereits amtierende Betriebsräte scharf an. Nur die Liste 4 verhindere eine Persönlichkeitswahl, andere Listen erwähnt er hier nicht.

> Der Vertrauenskörper hat diesen Kandidaten [...] nicht nur auf der alphabetischen Liste, sondern auch im Fall der Einreichung einer Spalterliste einen sicheren Platz deshalb eingeräumt, damit auch die Interessen unserer ausländischen Belegschaft bei den Entscheidungsfindungen des Betriebsrates, wie bisher, und zwar zu Recht, Berücksichtigung finden. Die Kandidaten, besonders aber die noch amtierenden ausländischen Betriebsratsmitglieder, wie D[], K[] und P[], haben nicht den Mut, sich der Persönlichkeitswahl zu stellen. Deshalb suchen sie ihr Glück in einem Teilungsschlüssel, den das Betriebsverfassungsgesetz bei einer Listenwahl vorschreibt, in der Einreichung einer eigenen Liste. Damit haben sie allein das Nichtzustandekommen der Persönlichkeitswahl, vor der sie aus persönlichen Gründen Angst haben, gegenüber der gesamten Belegschaft des Werkes München zu verantworten.[452]

Als Beispiel für die Gleichberechtigung der Interessen aller Mitarbeiter führte Golda die Weihnachtsgratifikation an, die ihm als Beleg dafür galt, dass bei den Sozialleistungen keine Unterschiede in der Belegschaft gemacht würden. Das Flugblatt schloss mit einem Appell an die Migranten in der Belegschaft, sich nicht spalten zu lassen und keine nationalen Interessen zu berücksichtigen, sondern allein die Interessen der Gesamtbelegschaft zum Wohle der Arbeitsplatzsicherheit zu beachten. Außerdem werde sich der Vertrauenskörper mit etwaigen Konsequenzen für die Kandidaten der Liste 4 auseinandersetzen.[453]

Der Ton hatte sich damit deutlich verschärft. Den Kollegen D., K. und P. wurde öffentlich der Schwarze Peter zugeschoben, sogar gewerkschaftliche Konsequenzen standen im Raum. Einen näheren Einblick in die Sichtweise Goldas ermöglicht ein Briefwechsel zwischen ihm und dem ehemaligen Betriebsrat Georg „Schorsch" Keil (Betriebsrat ab 1956, 1977 aus Altersgründen ausgeschieden). Golda berichtete ihm von der Listenwahl, den fünf zusätzlich angemeldeten Listen, dass sich D. „selbstständig" gemacht habe und die türki-

451 IG Metall: die information; An die gesamte Belegschaft der Bayer. Motoren Werke AG, Anfang März 1978, BMW UA-2657-1.

452 Hervorhebung wie im Original. ebenda.

453 Ebenda.

sche Belegschaft dagegen in den Widerstand gegangen sei. Golda selbst blickte aufgrund der Reaktion der Belegschaft allerdings zuversichtlich auf die Wahl. Keil antwortete Golda, dass „[d]ie Türken [...] sich nun wieder einmal etwas geleistet [haben,] aber durch die vielen Listen spalten sie sich unter sich". Deshalb war auch er sehr optimistisch hinsichtlich der Wahl.[454]

Eine Reflexion, ob die Opposition womöglich mit der Platzierung der Migranten zu tun hatte, fand also nicht statt. Im Gegenteil wurde die Aufsplitterung in fünf verschiedene Listen als eine Schwächung der Interessen der türkischen Belegschaft interpretiert. Die Eskalation aufgrund des die Liste 4 anklagenden Flugblattes führte neben Artikeln in kommunistischen Werkszeitungen auch zu einer öffentlichen Stellungnahme dieser Liste. Darin verwahrten sich die Mitglieder gegen die Kritik an der Listenwahl, schließlich sei diese vom Gesetzgeber auch so vorgesehen, um Minderheiten zu schützen. Der Kernpunkt ihrer Kritik an Golda war die mangelnde Repräsentanz der Migranten im Betriebsrat, nur drei Betriebsräte mit Migrationshintergrund seien zu wenig für ca. 7.000 Mitarbeiter aus dem Ausland. Deshalb müsse man dafür sorgen, dass „mehr ausländische Arbeitnehmer in den Betriebsrat kommen, [dass] neue Gesichter in den Betriebsrat kommen",[455] Betriebsrat sei kein Beruf auf Lebenszeit. Dem Vorwurf, dass die Kollegen D., K. und P. nicht den Mut für eine Persönlichkeitswahl hätten, wurde entgegengehalten, dass alle drei bei der Persönlichkeitswahl 1975 gewählt worden seien und insofern davor keine Angst zu haben bräuchten. Das Argument von Golda hinsichtlich der Sozialleistungen und der Arbeitsplatzsicherheit wurde ebenfalls zurückgewiesen:

> Mit dem von Herrn Golda gebrachten Beispiel einer Weihnachtsgratifikation sollen die Mitarbeiter wohl für dumm verkauft werden. Sozialleistungen nur für deutsche oder nur für ausländische Arbeitnehmer würden einen schweren Verstoß gegen das Gleichbehandlungsprinzip darstellen. Herr Golda kann nicht als ein Verdienst des Betriebsrats hinstellen was lt. [...] des Betriebsverfassungsgesetztes der erste Grundsatz für die Behandlung von Betriebsangehörigen ist. Herr Golda versucht den Arbeitnehmern Angst zu machen, indem er den Eindruck erweckt, daß nur durch die Persönlichkeitswahl die Arbeitssicherheit gewährleistet ist. Beides hat nichts miteinander zu tun. Er unterstellt den Kandidaten der Liste 4, daß sie sich nicht für die Belange der Arbeitnehmer einsetzen wollen. [...] Wir, die Kandidaten der Liste 4 hoffen trotz der Unterstellun-

454 Kurt Golda/Georg Keil: Briefwechsel Kurt Goldas mit Georg Keil, ehemaliger BMW Betriebsrat, 19.03.–31.03.1978, BMW UA-2659-1.

455 Stellungnahme der Liste 4 zur Information des Herrn Golda, 28.03.1978, BMW UA-2657-1.

> gen und Diffamierungen des Herrn Golda auf eine faire Wahl und für den Fall unserer Wahl zum Betriebsrat auf eine gute Zusammenarbeit […].[456]

Während Golda also den Kandidaten der Liste 4 vorwarf, dass sie ihre Liste allein aus persönlichen Gründen aufgestellt hätten, widersprachen diese ihm energisch und führten vor allem die Unterrepräsentierung der Migranten und die oligarchische Tendenz des Systems Golda als Hauptgründe an. Blickt man auf andere Quellen, so sind die Gründe in einer Kombination aus beidem zu finden. Volkmar Rohrbach erinnerte sich, ganz ähnlich wie in der Gesprächsnotiz Goldas wiedergegeben, dass die Unzufriedenheit mit der eigenen Platzierung zur Aufstellung einer eigenen Liste geführt habe, was wiederum andere türkische Kollegen verärgert habe. Eine Rolle könnten nach seiner Erinnerung auch nationale Konflikte z. B. zwischen Türken und Kurden gespielt haben.[457] In zwei KPD-nahen Betriebszeitungen wurden weitere Hintergründe genannt. Der *Vorwärtsgang* äußerte allgemeine Kritik an Goldas wirtschaftlichem Primat, dass er Opposition auf Betriebsversammlungen verhindere und die Vertrauensleute „an die kurze Leine genommen" habe. Als Hauptgründe für die zusätzlichen Listen wurden aber die Unterrepräsentierung der Migranten und die Unzufriedenheit mit Goldas Arbeit genannt. Golda habe angeblich bewusst darauf gesetzt, die migrantische Opposition in mehrere Listen aufzusplittern. Deutsche Betriebsräte hätten Stützunterschriften für die anderen Listen, jenseits der Liste 4, gesammelt.[458] *Der Motor* vertrat eine gespaltene Position zu den vielen Listen, weil man am liebsten eine Persönlichkeitswahl mit nur einer IG-Metall-Liste wolle. Auch hier wurde das Amtsgebaren Goldas mit dem „ständige[n] Verlangen nach ‚guter Ertragslage'" und die Unterrepräsentierung von Migranten auf der IG-Metall-Liste kritisiert, trotzdem vermutete man auch persönliche Motive bei den Listenführern der Liste 4:

> Wir haben allerdings die Befürchtung, daß die Führer der Liste 4 – auch bisher schon im Betriebsrat vertreten – das nur zum Vorwand nehmen [gemeint ist die niedrige Zahl der Migranten auf der IG Metall Liste, M. R.], weil sie als

456 Ebenda.

457 Riederer, 2022, Gespräch mit Volkmar Rohrbach.

458 Betriebszeitung der KPD für die Kollegen bei BMW: Betriebszeitung „Vorwärtsgang" – Betriebszeitung der KPD für die Kollegen bei BMW, 28.03.1978, BMW UA-2657-1; In der *Marxistischen Arbeiter Zeitung* (MAZ) wird dagegen überhaupt nicht auf die Rolle der Migranten eingegangen, sondern nur das wirtschaftliche Primat Goldas kritisiert, vgl. Marxistische Gruppe (MG), „Marxistische Arbeiter Zeitung" (MAZ), 29.03.1978, BMW UA-2657-1.

> Listenführer auf Freistellung spekulieren. Denn gegen Golda's Sozialpartnerschaft haben sie nichts einzuwenden. Was für sie gilt, gilt aber nicht für alle Kollegen auf dieser Liste. Dennoch, sie alle haben einen schweren Fehler gemacht. Statt um die Aufstellung einer gemeinsamen Liste zu kämpfen, [...] ist ihre Liste ebenso im stillen Kämmerlein beschlossen worden, wie die Liste der IG Metall.[459]

Hier schwang der Vorwurf mit, den die Vertreter der Liste 2 gegenüber Golda angedeutet hatten, dass die Aufstellung der Liste 4 eben nicht nur aufgrund der Unterrepräsentierung, sondern vor allem aus persönlichen Motiven erfolgt sei. Prinzipiell wurde das Scheitern einer Einheitsliste der IG Metall angeprangert. Weil keine der fünf Listen bisher ein Programm oder ihre Ziele geäußert habe und die Liste Goldas nur alles beim Alten lassen wolle, gab der *Motor* zunächst auch keine Wahlempfehlung ab,[460] entschloss sich später aber dennoch dazu. Um eine Veränderung des Betriebsrates weg vom wirtschaftlichen Primat zu erreichen, sei eine echte Opposition im Betriebsrat notwendig. Darum solle die Belegschaft vor allem die Liste 4 wählen und keine anderen Listen. Auch die deutschen Kollegen sollten das tun, um zu zeigen, dass es nicht um Nationalitäten, sondern um die gemeinsamen Interessen der Arbeiter gehe. Zwar wurde auch hier die geringe Zahl der Migranten auf der IG-Metall-Liste angesprochen, aber das Argument war vor allem, eine Opposition gegen Golda aufzubauen.[461] In der Wahl scheint sich also eine Gemengelage von Interessen manifestiert zu haben, die zur Aufstellung der vielen Listen führte.

In einem weiteren Brief an Keil rekapitulierte Golda das Wahlergebnis und äußerte sich zufrieden, dass sowohl deutsche als auch die migrantischen Kollegen mehrheitlich seine Liste gewählt hätten. Zu den restlichen Wahlergebnissen äußerte er sich folgendermaßen:

> Nicht überraschend war für uns, daß sich leider die von uns zwar nicht gewünschte, so aber doch tolerierte Liste 2 plazieren [sic] konnte. Ebenso war es abzusehen, daß die Liste 4 mit D[] durchkommen wird. Aber 2.332 Stimmen von rd. 7.000 ausländischen Belegschaftsangehörigen ist doch ein relativ mageres Ergebnis. Damit haben wir nun statt bisher 4 ausländische Betriebsräte in

459 Betriebsgruppe des Arbeiterbundes für den Wiederaufbau der KPD, „Der Motor", März 1978, BMW UA-2658-1.

460 Ebenda.

461 Betriebsgruppe des Arbeiterbundes für den Wiederaufbau der KPD: „Der Motor" (mehrsprachig), 29.03.1978, BMW UA-2657-1.

> der neuen Legislaturperiode 7. Es läßt sich im Augenblick noch wenig darüber sagen, wie sich die Zusammenarbeit im Betriebsrat gestalten wird; einfacher wird sie aber sicher nicht.[462]

Für Golda war es also kein Problem, dass keiner der sieben migrantischen Betriebsräte auf seiner Liste war. Insofern ist durchaus zu fragen, wie wichtig ihm die Interessen der Migranten wirklich waren. Vielmehr befürchtete er durch diese zweite Kraft im Betriebsrat eine Belastung für die Zusammenarbeit innerhalb des Gremiums.

An einer Konfrontation innerhalb des Betriebsrates schienen die Betriebsräte der Liste 4 nicht interessiert zu sein. Sie regten zwei Wochen nach der Wahl konkrete Verbesserungen an, um das Verhältnis zwischen Betriebsrat und Migranten zu verbessern. Aus diversen, heute nicht mehr zu überprüfenden Gründen sei deren Vertrauen in den Betriebsrat „besonders erschüttert". Aufgezählt wurden hier u. a. Abmahnungen bei Krankheit und Besuch des Werksarztes als Druckmittel, Passkontrollen der Personalabteilung bei Krankheit sowie zu geringe Entlohnung der Arbeitsleistung aufgrund der Abrechnung im Gruppenakkord.[463] Besonders Letzteres ist hervorzuheben, weil Golda diese Kritik an der Abrechnung des Gruppenakkords zu Beginn der 1960er Jahre in Bezug auf die zusätzliche Anwerbung von Arbeitsmigranten ebenfalls genutzt hatte. Um all diese Missstände zu beheben und das Verhältnis zwischen Betriebsrat und Belegschaft zu verbessern, schlugen die Betriebsräte der Liste 4 vor allem vor, dass die Migranten im Betriebsrat mehr Verantwortung bekommen sollten. Konkret wollte man, dass in den Betriebsratsbüros auch immer ein Betriebsrat mit Migrationshintergrund anwesend sein müsse; eine Freistellung von migrantischen Betriebsräten in den Bereichen, wo die Anzahl der Migranten besonders hoch war; eine verpflichtende monatliche Sprechstunde in den Wohnheimen; eine Ausdehnung des Betriebsurlaubs auf mindestens vier Wochen, um eine Heimreise zu ermöglichen; bei Personalangelegenheiten mit Migranten müsse immer auch ein migrantischer Betriebsrat dabei sein; Erhöhung der Zahl der Migranten unter den Vertrauensleuten; die migrantischen Betriebsräte und Vertrauensleute sollten Fortbildungen besuchen dürfen.[464] Die Kernforderung war, dass die Interessen der nicht deutschen Kollegen sehr viel stärker in

462 Golda/Keil, Briefwechsel Kurt Goldas mit Georg Keil, ehemaliger BMW Betriebsrat, 19.03.–31.03.1978, BMW UA-2659-1.

463 Anregungen der ausländische Betriebsräte (Liste 4) für die Betriebsratswahl 1978 im Werk München, 17.04.1978, BMW UA-2659-1.

464 Ebenda.

den Fokus gerückt und vertreten werden sollten. Ob und wie diese Vorschläge umgesetzt wurden, ist nicht bekannt.

Sehr viel stärker als dieser Forderungskatalog dürfte etwas anderes die Beziehungen innerhalb des Betriebsrates beeinflusst haben: Es stand im Raum, dass die Liste 4 ihre Stützunterschriften gefälscht hatte. Erste Bedenken kamen dem Wahlvorstand, kurz nachdem die Liste eingereicht worden war. D. bestätigte dem Wahlvorstand jedoch am 2. März 1978, also noch vor der Wahl, dass alle Stützunterschriften eigenhändig geleistet wurden.[465] Im April und im Mai, also erst *nach* der Wahl, wurden zwei grafologische Gutachten beim selben Grafologen in Auftrag gegeben, um zu überprüfen, ob eine Person mehrere Stützunterschriften geleistet hatte. Daraus ging hervor, dass einige der Unterschriften tatsächlich von derselben Person stammten. Warum diese Untersuchungen erst nach der Wahl vorgenommen wurden, obwohl der Wahlvorstand bereits direkt nach Einreichung der Liste Bedenken hatte, geht aus dem überlieferten Material nicht mehr hervor. Hier könnten auch politisch-taktische Gründe eine Rolle gespielt haben.

Für Golda war nun zu entscheiden, wie er damit umgehen wollte und sollte. Eine Wahlanfechtung zog er nicht in Betracht, weil die Frist dazu verstrichen war. Nur ein Antrag auf Nichtigkeit der Wahl wäre möglich gewesen, was aber wohl vor Gericht nicht erfolgreich gewesen wäre, weil der Wahlvorgang an sich korrekt verlaufen war. Um die Zusammenarbeit im Betriebsrat nicht unnötig zu belasten, wollte Golda auch keine Klage wegen Urkundenfälschung einreichen. Er entschied sich in Abstimmung mit der IG Metall, die Kandidaten der Liste 4 mit den Ergebnissen der Gutachten im Juli zu konfrontieren, „mit dem Ziel der Bereinigung dieses sehr ernsten Problems [...], damit es zu einer sauberen und echten Zusammenarbeit für diese Legislaturperiode kommt".[466] In diesem Gespräch erklärten die Kandidaten der Liste 4, daß „man mit Zustimmung des einzelnen Belegschaftsangehörigen dessen Eintrag vorgenommen hat, wie dies auch bei Behörden oft üblich ist, wenn der Betreffende Analphabeth [sic] ist". Urkundenfälschung sei nicht ihre Absicht gewesen und es sei ihnen auch nicht bewusst gewesen, dass jede Unterschrift persönlich erfolgen müsse.[467]

Durch dieses nachgewiesene Fehlverhalten, über das auch die IG Metall informiert wurde, hatte Golda freilich ein potentielles Druckmittel in der Hand, um die gewünschte Zusammenarbeit im Betriebsrat zu erreichen. Ob

465 Konvolut Graphologisches Gutachten Betriebsratswahl 1978, 15.02.–03.07.1978, BMW UA-2659-1.

466 Ebenda.

467 Ebenda.

er das eingesetzt hat, bleibt aber unklar. Angreifbar waren die Kandidaten der Liste 4 damit auf jeden Fall, vor allem weil der Sachverhalt gegenüber der Belegschaft bewusst nicht verkündet wurde. Aus dem IG-Metall-Verfahren gegen P., D. und K. wegen ihrer Kandidatur auf einer gegnerischen Liste geht allerdings hervor, dass alle drei viele Mitglieder geworben hatten und sehr engagiert in der Gewerkschaft waren. Insofern erscheint es zumindest unwahrscheinlich, dass auf die Kollegen Druck ausgeübt wurde.[468] Die Untersuchungskommission der IG Metall empfahl, die drei Männer zu rügen und ein zweijähriges Funktionsverbot auszusprechen. Von schärferen Maßnahmen wollte sie aufgrund der Verdienste der drei Männer absehen.[469] Geschadet hat diese Episode den Kollegen D. und K. nicht, beide wurden sowohl 1981 als auch 1984 als Kandidaten der IG-Metall-Gemeinschaftsliste wieder in den Betriebsrat gewählt, was auch für ihren Rückhalt unter den Vertrauensleuten spricht. P. schied bereits 1980 wieder aus dem Betriebsrat aus.

BMW unterschied sich hinsichtlich der Rolle der Migranten im Betrieb als auch in der Mitbestimmung nicht merklich von anderen Unternehmen aus der Branche. In Übereinstimmung mit der allgemeinen gewerkschaftlichen Sichtweise auf die Arbeitsmigranten sträubte sich der Betriebsrat in den 1960er Jahren noch gegen eine zu schnelle Zunahme dieser Gruppe im Betrieb. Aufgrund der hohen Nachfrage nach BMW-Automobilen und des Arbeitskräftemangels in München war eine weitere Anwerbung jedoch alternativlos. Insofern entsprangen die beginnenden Integrationsbemühungen in den 1960er Jahren weniger echter Überzeugung als wirtschaftlicher Notwendigkeit, waren aber dennoch der erste Anstoß zu einem Umdenken im Betriebsrat und Unternehmen. Erst dann begann man sich auch stärker für die Interessen der Migranten einzusetzen und nicht nur um ihre Stimmen zu werben. Mit der neuen Personalpolitik 1973 und der Novellierung des Betriebsverfassungsgesetzes 1972 wurden die Migranten endgültig gleichberechtigt. Ab den 1970er Jahren werden die Arbeitsmigranten in den Quellen auch als Aktivum mit eigener Agenda sichtbar.

Hinsichtlich der Rolle der Migranten im Betriebsrat lässt sich festhalten, dass die Listenwahl das präferierte Mittel war, um die eigenen Interessen sichtbar zu machen. Diese Interessen konnten dabei persönlicher Natur sein, aber auch grundsätzlicher, um gegen die Unterrepräsentierung vorzugehen. Insbesondere die Wahl 1975 als Persönlichkeitswahl wirft jedoch die Frage auf, inwiefern die geringe Zahl von Migranten im Betriebsrat für die ausländi-

468 Vorlage für die Sitzung des Vorstandes am 13.02.1979 in Frankfurt am Main, Betr.: Untersuchungsverfahren nach § 11 der Satzung, 17.01.1979, AdSD 5/IGMA170188.

469 Ebenda.

sche Belegschaft überhaupt ein Thema war. Schließlich hätten sie in dieser Wahl die Möglichkeit gehabt, migrantische Kandidaten nach vorne zu wählen. Das ist aber nicht geschehen, im Gegenteil sind nur vier Kandidaten gewählt worden, obwohl unter den vorderen Listenplätzen sogar fünf Kandidaten mit Migrationshintergrund gelistet waren. Diese Möglichkeit ist auch bei der Wahl 1984 nicht genutzt worden. Bei der Wahl waren 14 Kandidaten mit Migrationshintergrund gelistet, gewählt wurden aber jeweils nur die fünf Kandidaten, die auf den vorderen Listenplätzen standen.[470] Hier könnten, wie bei der Wahl 1978, auch persönliche Gründe eine Rolle gespielt haben, die eine größere Zustimmung für diese Kandidaten bei den Migranten verhinderten. Die Wahl 1978 mit den fehlerhaften Stützunterschriften zeigte erneut den machtpolitischen Instinkt Goldas. Die Entscheidung, die Unterschriftenliste erst nach der Wahl zu überprüfen, obwohl dem Wahlvorstand schon bei Einreichung der Liste Zweifel gekommen waren, kann auch eine bewusste machpolitische Finte gewesen sein, um nach der Wahl ein potentes Druckmittel für konformes Verhalten zu haben. Hier zeigte sich abermals der absolute Führungsanspruch, der eines der Merkmale des Betriebsrates als konsolidierte Ordnungsmacht ist.

Diese neuen oppositionellen Stimmen zeigen aber auch, wie sicher Golda im Sattel saß und wie stark er selbst schon Teil der betrieblichen Sozialordnung geworden war. Für viele Belegschaftsmitglieder war der Vorsitzende des Betriebsrates selbst zu einer Institution geworden. Umso mehr fallen die Stimmen der Migranten auf, weil sie an diesen Grundfesten der betrieblichen Sozialordnung bei BMW rüttelten: Konkret wurde nun das wirtschaftliche Primat des Betriebsrat kritisiert, da es durch Sonderschichten und Überstunden auf Kosten der Mitarbeiter erwirtschaftet würde.[471] Dass auch der IG-Metall-Betriebsrat unter Golda nun scheinbar einen stärkeren Fokus auf die Interessen der Migranten legte und gleichzeitig versuchte, deren Vertreter in das bisher eingeübte System der Mitbestimmung zu integrieren, ob freiwillig oder mit taktischen Tricks, lässt sich auch als eine Abwehrreaktion des Systems Golda lesen. So konnten die Kritiker die grundsätzliche Ausrichtung der

470 Golda, Information zur BMW Betriebsratswahl, 3. April 1984, März 1984, BMW UA-2663-1 Die Wahlergebnisse befinden sich in derselben Akte.

471 Betriebsgruppe des Arbeiterbundes für den Wiederaufbau der KPD, „Der Motor", März 1978, BMW UA-2658-1; Betriebszeitung der KPD für die Kollegen bei BMW, Betriebszeitung „Vorwärtsgang" – Betriebszeitung der KPD für die Kollegen bei BMW, 28.03.1978, BMW UA-2657-1; Betriebsgruppe des Arbeiterbundes für den Wiederaufbau der KPD, „Der Motor" (mehrsprachig), 29.03.1978, BMW UA-2657-1; Marxistische Gruppe (MG), „Marxistische Arbeiter Zeitung" (MAZ), 29.03.1978, BMW UA-2657-1.

Mitbestimmung bei BMW nicht mehr anzweifeln, waren sie doch nun ebenfalls „Systemvertreter“.

5 BMW, BMW, BMW, dann IG Metall – der 35-Stunden-Streik bei BMW 1984

Wie in Kapitel 5.2.6 beschrieben, gehörte die IG Metall zum System der Mitbestimmung bei BMW. Für den Betriebsrat überwogen jedoch immer die betrieblichen Interessen. Wie sich dies konkret auswirkte, lässt sich besonders anhand des 35-Stunden-Streiks 1984 nachzeichnen, denn er zeigte das ambivalente Verhältnis zwischen Golda und seiner Gewerkschaft.

Infolge des Strukturwandels kam es nicht nur zu einer stärkeren Verbetrieblichung der Mitbestimmung mit einer zunehmenden Zahl von Betriebsvereinbarungen,[472] sondern es veränderten sich auch die Forderungen in den Tarifkämpfen. Für die IG Metall war 1973 die „Wegmarke“, weil die Gewerkschaft sich in diesem Jahr erstmals in einem Tarifvertrag nicht nur um die Verkürzung der Arbeitszeit und mehr Lohn bemühte, sondern auch Arbeitsbedingungen und -intensität in den Fokus rückte.[473] Langfristig gesehen führte diese Entwicklung zu den Entgelt-Rahmentarifverträgen der Gegenwart.[474] Die Forderung nach einer weiteren Verkürzung der Arbeitszeit wurde in den 1970er Jahren bei der IG Metall immer stärker Thema, jedoch nicht, um den Belegschaften mehr Freizeit zu ermöglichen, sondern um mehr Arbeitsplätze zu erhalten und neue zu schaffen.[475] Die Automobilbranche war dabei für die Gewerkschaft der wichtigste Wirtschaftszweig.[476] Weil bei Automobilherstellern der Organisationsgrad recht hoch war, wurden diese oft für Pilotprojekte genutzt. Dazu gehörte auch der Streik 1984 für die Reduzierung der Arbeitszeit auf 35 Wochenstunden.[477] Dabei wurden die Werke von BMW gar nicht selbst bestreikt, sondern Zuliefererunternehmen, sodass bei BMW die Produktion aufgrund fehlender Teile eingestellt werden musste.

---

472 Raphael, 2019, Jenseits von Kohle und Stahl, S. 213; Schroeder/Greef, 2016, Gewerkschaften und Arbeitsbeziehungen nach dem Boom, S. 260–264;268.

473 Ahlheim, 2015, Der Betrieb und das Schlafzimmer, S. 218.

474 Hartmut Meine: Vom Wandel des Konflikts um Lohn und Leistung – der Kampf um Leistungsregulierung und Personalbemessung, in: Jörg Hofmann/Christiane Benner (Hrsg.), Geschichte der IG Metall. Zur Entwicklung von Autonomie und Gestaltungskraft, Frankfurt am Main, 2019, S. 298–330, hier S. 319.

475 Haipeter, 2013, Arbeit und Kapital in der deutschen Automobilindustrie, S. 336.

476 Roßmann, 2019, Akteure im Betrieb – Betriebspolitik als Basis von Organisationsentwicklung und Gewerkschaftsmacht, S. 379.

477 Haipeter, 2013, Arbeit und Kapital in der deutschen Automobilindustrie, S. 330.

Der Streik der IG Metall 1984 für die Einführung der 35-Stunden-Woche bei vollem Lohnausgleich war in vielerlei Hinsicht für die Geschichte der Mitbestimmung von enormer Bedeutung. Die Forderung nach einer Reduzierung der Arbeitszeit war prinzipiell nichts Neues, schließlich hatte man in den 1950er und 1960er Jahren die Einführung der 40-Stunden-Woche erkämpft.[478] Dass man die 35-Stunden-Woche langfristig erreichen wollte, wurde bereits 1977 auf einem Gewerkschaftstag der IG Metall beschlossen, vor allem, um die Massenarbeitslosigkeit zu bekämpfen.[479] Die Durchsetzung dieser Forderung blieb zunächst erfolglos. Der Konflikt zwischen Arbeitnehmern und Arbeitgebern kumulierte schließlich im Streik 1984. Verschärft wurde er durch Bundeskanzler Helmut Kohl, der sich öffentlich gegen die IG Metall stellte.[480] Konkret wurde in der Metallindustrie in Nordwürttemberg/Nordbaden und Hessen vom 14. Mai bis zum 27. Juni 1984 gestreikt.[481]

Aus der Rückschau urteilte der damalige Jurist der IG Metall in Bayern, Dr. Thomas Klebe, dass der Streik „brutal hart[…]" und „ideologisch wahnsinnig überfrachtet[…]" gewesen sei. Die öffentliche Wirkung der Arbeitsniederlegungen wurde durch den zeitgleichen Streik der IG Medien für dieselbe Forderung noch weiter verstärkt.[482] Einen besonderen, über den eigentlichen Tarifbezirk hinausreichenden Effekt hatte der Streik durch die Entscheidung der IG Metall, bewusst Zulieferer der Automobilindustrie zu bestreiken. Dadurch brachen innerhalb kürzester Zeit die Produktionsketten zusammen. Es kam, auch bei BMW, zu „kalten Aussperrungen", d. h. die Mitarbeiter der Betriebe, die aufgrund des Streiks nicht mehr produzieren konnten, wurden unbezahlt nach Hause geschickt. Ganz entscheidend war dabei, dass diese Mitarbeiter keinen Anspruch auf Streikgeld durch die IG Metall hatten und es gleichzeitig rechtlich unklar war, ob die Bundesanstalt für Arbeit Kurzarbeitergeld zahlen würde.[483] Der Präsident der Bundesanstalt Heinrich Franke beschied dies im „Franke-Erlaß" abschlägig, der

478 Kay Ohl: Wem gehört die Zeit? Arbeitszeit als Kampfterrain in der Metall- und Elektroindustrie, in: Jörg Hofmann/Christiane Benner (Hrsg.), Geschichte der IG Metall. Zur Entwicklung von Autonomie und Gestaltungskraft, Frankfurt am Main, 2019, S. 268–297, hier S. 281.

479 Ebenda, S. 285.

480 Raphael, 2019, Jenseits von Kohle und Stahl, S. 186.

481 Legendärer Streik: So hart lief der Kampf für die 35-Stunden-Woche. https://www.igmetall.de/ueber-uns/geschichte/der-kampf-um-die-35-stunden-woche, zuletzt aufgerufen: 30. September 2025.

482 Riederer, 2022, Gespräch mit Dr. Thomas Klebe.

483 Kittner, 2019, Autonome Handlungs- und Konfliktfähigkeit von DMV und IG Metall: Mitglieder, Tarifbindung, Arbeitskampf, S. 188–192.

jedoch kurz vor der Tarifeinigung und dem Streikende gerichtlich aufgehoben wurde. Bis dahin war der Unmut in den Betrieben mit „kalter Aussperrung“ sehr groß und es kam die Forderung auf, dass dort auch Streikunterstützung zu zahlen sei.[484]

Beendet wurde der Streik durch einen Vermittlungsvorschlag, der eine Reduzierung der Arbeitszeit auf 38,5 Stunden vorsah. Die konkrete Ausgestaltung sollte den jeweiligen Unternehmen und Betriebsräten überlassen werden.[485] Insbesondere diese Delegierung an die betrieblichen Parteien durch Öffnungsklauseln führte zu einer zunehmenden Verbetrieblichung der Mitbestimmung, und die Betriebsräte mussten immer öfter in die Rolle eines „Co-Managers“ schlüpfen.[486] Ihr daraus resultierender Bedeutungsgewinn war ein Dammbruch und hat seitdem stetig zugenommen.[487] Besonders deutlich wurde dies in der neuen Schulungsstrategie der IG Metall, die einen stärkeren Fokus „in Richtung der Übernahme von Co-Managementaufgaben“ vorsah.[488] Der Streik 1984 war aber auch für die Unternehmen „eine Wendemarke, insofern als er die bundesrepublikanischen Unternehmen angesichts verkürzter Arbeitszeiten auf einen Weg kontinuierlicher Produktivitätssteigerungen und technologischer Innovationen festlegte“.[489]

BMW musste insbesondere mit der Frage der Bezahlung der „kalt ausgesperrten“ Mitarbeiter umgehen. Golda hatte sich schon sehr früh zur Forderung der Arbeitszeitreduktion öffentlich positioniert, die er als notwendig betrachtete, um die Mitarbeiter in der Produktion zu entlasten. Allerdings wollte er nicht die Arbeitszeit als solche reduzieren, sondern den Mitarbeitern mehr Pausen gewähren.[490] Diese von der IG-Metall-Linie abweichende Haltung vertrat er auch in reichweitenstarken Medien wie der *Bild*-Zeitung. Dieser sagte er in einem Interview, dass er die Forderung der 35-Stunden-Woche zwar für grundsätzlich richtig halte, sie jedoch zu früh komme: 1. Bereits jetzt könne BMW den Arbeitskräftebedarf für das Werk Dingolfing nicht decken; 2. 35 Stunden bei vollem Lohnausgleich würden BMW-Fahrzeuge teurer

484 Ebenda.

485 Ebenda.

486 Schroeder/Greef, 2016, Gewerkschaften und Arbeitsbeziehungen nach dem Boom, S. 260–264;268; Milert/Tschirbs, 2016, Vom Wert der Mitbestimmung, S. 81.

487 Raphael, 2019, Jenseits von Kohle und Stahl, S. 223.

488 Marco Bonaldo: „Alles außer Hochdeutsch“? Die Region Stuttgart im wirtschaftlichen Anpassungsprozess nach dem Boom, in: Christian Marx/Morten Reitmayer (Hrsg.), Gewinner und Verlierer nach dem Boom. Perspektiven auf die westeuropäische Zeitgeschichte, Göttingen, 2020, S. 83–103, hier S. 92.

489 Raphael, 2019, Jenseits von Kohle und Stahl, S. 190.

490 Kurt Golda: Rede auf der Betriebsversammlung im Werk München im November 1983, 28.11.1983, BMW UA-2674-1, hier S. 4 f.

machen, was der Verbraucher nicht mehr bereit sei zu bezahlen, was Arbeitsplätze gefährden würde; 3. die Einführung der 35-Stunden-Woche bei gleichzeitigem Lohnverzicht würde wiederum die Kaufkraft senken, was ebenfalls zur Reduzierung der Nachfrage führen würde; 4. die 35-Stunden-Woche würde zu einer weiteren Zunahme des Einsatzes von Robotern führen, was wiederum Arbeitsplätze vernichten würde.[491] Ganz ähnlich äußerte er sich 1983 auf einer Weihnachtsfeier, auf der er an beide Tarifpartner appellierte, „den emotional geladenen Weg der Verkürzung der Wochenarbeitszeit" zu verlassen und sich der Verantwortung für die gesamte Wirtschaft bewusst zu werden, um den sozialen Frieden zu erhalten.[492] Aus seiner Erfahrung bei BMW heraus riet er den Tarifparteien dazu, keine konfrontative Linie zu verfolgen, auch wenn sie viel Zustimmung bei den eigenen Anhängern erzeuge, sondern stattdessen „eine vorsichtige und abgesicherte Politik so als Zielsetzung zu verfolgen, daß sie den Menschen gerecht wird, die einem das Vertrauen ausgesprochen haben".[493]

Dass die IG Metall diese Querschüsse aus München kritisch sah, zeigte ein Schreiben der Pressestelle an Golda, dem sowohl die gerade besprochene Weihnachtsfeierrede als auch der *Bild*-Artikel beilagen. Die Gewerkschaft fragte nach, warum denn kein BMW-Delegierter gegen die 35-Stunden-Woche auf dem Gewerkschaftstag gesprochen habe, wenn sie bei BMW keiner wolle. In der IG-Metall-Pressestelle interpretierte man die Aussagen Goldas so, dass er BMW aus einem etwaigen Streik für die 35-Stunden-Woche heraushalten wolle, und zweifelte sein Argument an, dass die Arbeitszeitverringerung zu noch mehr Robotereinsätzen und damit Arbeitsplatzvernichtung führen würde. Schließlich habe die 40-Stunden-Woche die Einführung von Robotern auch nicht verhindert.[494] Golda war mit seiner ablehnenden Haltung aber keineswegs alleine. Auch der BMW-Mitarbeiter und spätere Betriebsrat Volkmar Rohrbach bestätigte rückblickend, dass es innerhalb der BMW-Belegschaft große Zweifel an dieser Forderung gegeben habe.[495] Der BMW-Vertrauensmann Hans Haumer berichtete aus der Rückschau ebenfalls von Bedenken in der Belegschaft.[496] Außerhalb von BMW sei dies dem damaligen IG-Metall-Juristen für Bayern Klebe zufolge aber nicht der Fall gewesen.

491 Brief von Jörg Sarczynski (IG Metall Pressestelle) an Kurt Golda incl. Kopien von einer Rede Goldas auf einer Betriebsversammlung bzw. Weihnachtsfeier sowie eines *Bild*-Interviews Goldas, 30.12.1983, AdsD 5/IGMZ210054.

492 Ebenda.

493 Ebenda.

494 Ebenda.

495 Riederer, 2022, Gespräch mit Volkmar Rohrbach.

496 IG Metall Geschäftsstelle München, 2011, Gespräche mit Hans Haumer, S. 30.

Die Skepsis gegen die 35-Stunden-Woche sei „eine ganz vereinzelte Meinung" gewesen.[497]

Diese Diskrepanz zwischen der IG Metall und Golda brachte eine Karikatur aus der *Zündung* sehr anschaulich auf den Punkt. Darin fordert der erste Vorsitzende der IG Metall, Hans Mayr, lautstark die 35-Stunden-Woche, während Golda trotz eines Hörrohrs nur seinen eigenen Vorschlag hinsichtlich der Verlängerung der Pausenzeiten versteht.[498] In einem nur einen Monat nach dem Streik geführten Zeitzeugeninterview bekräftigte Golda seine ablehnende Haltung gegen die sofortige Einführung der 35-Stunden-Woche, weil dies zu einer Reduzierung von Umsatz und Gewinn führen würde. Dass er damit gegen die Interessen der IG Metall stand, war für ihn kein Problem, weil er sich primär seiner eigenen Belegschaft gegenüber verantwortlich sah.[499] Diese Priorisierung von BMW gegenüber der IG Metall bestätigte im Rückblick auch der damalige Vorstandsvorsitzende Eberhard von Kuenheim, ebenso Thomas Klebe.[500] Klebe sah BMW unter Golda gar als eine „Insel" im Verhältnis zur IG Metall.[501]

Golda und die Unternehmensführung von BMW standen geschlossen gegen die 35-Stunden-Woche. Welche Folgen deren Einführung für BMW haben würde, erläuterte Kuenheim in der Aufsichtsratssitzung Anfang Dezember 1983. Die gleichzeitige Verschärfung von Abgasgesetzen und die Forderung nach einer Reduzierung der Arbeitszeit drohe die wirtschaftliche Entwicklung des Unternehmens negativ zu beeinflussen.[502] Die Vorstellung der IG Metall, die Verkürzung der Arbeitszeit führe zu weniger Arbeitslosen, wies er rundheraus zurück. Die Maßnahme sei „volkswirtschaftlich untragbar", denn durch die steigenden Lohnkosten würden keine neuen Arbeitsplätze geschaffen, eher komme es zu einem Abbau.[503] Um die Arbeitslosigkeit zu senken, forderte er stattdessen ein Zusammenspiel von Politik und Tarifpartnern, um zu flexiblen Lösungen zu kommen, die auf den jeweiligen Betrieb genau zugeschnitten sein sollten:

---

497 Riederer, 2022, Gespräch mit Dr. Thomas Klebe.

498 DKP-Betriebsgruppe: Die Zündung, Dezember 1983, AdMA, Bestand 32.10.4, DKP, Die Zündung 1969–1983.

499 Mönnich/Golda, 1984, Interview Horst Mönnich mit Kurt Golda, UM-1269-10, ca. Minute 12:30.

500 Riederer, 2022, Gespräch mit Eberhard von Kuenheim; Riederer, 2022, Gespräch mit Dr. Thomas Klebe.

501 Riederer, 2022, Gespräch mit Dr. Thomas Klebe.

502 Eberhard von Kuenheim: Bericht zur Lage durch Herrn von Kuenheim, AR-Sitzung 01.12.1983, 01.12.1983, BMW UA-2637-1, hier S. 1.

503 Ebenda, S. 6.

> Was wir brauchen, sind flexible Lösungen, die auf die betriebsindividuellen Gegebenheiten Rücksicht nehmen. Allerdings: Ich [v. Kuenheim] will nicht verkennen, gerade hierbei kommt auf die Betriebsräte eine erhebliche Last zu, aber damit auch eine erhebliche (unternehmerische) Verantwortung – Mitbestimmung im eigentlichen Sinne des Wortes. Dazu gehört auch die Auseinandersetzung mit den Vorschlägen der Arbeitgeber wie z. B. alternative Verkürzung der Lebensarbeitszeit durch entsprechende Vorruhestandsregelungen.[504]

Ob bewusst oder unbewusst, Kuenheim bediente mit dieser Argumentation genau den ewigen Alptraum Goldas, den Arbeitsplatzverlust. Er appellierte zudem an das unternehmerische Bewusstsein des Betriebsrates, indem er ihn in die Verantwortung für das Unternehmen miteinbezog. Das offizielle Protokoll der Aufsichtsratssitzung hielt schließlich fest, dass der Aufsichtsrat die Arbeitszeitverkürzung mit vollem Lohnausgleich wegen der steigenden Kosten und dem daraus resultierenden Verlust der Wettbewerbsfähigkeit ablehne. Die Mitglieder waren sich darüber einig, dass „[e]s wichtig [sei], daß die Belegschaft sachlich und emotionslos, so wie dies in der letzten Betriebsversammlung geschehen ist, unter Darstellung der relevanten Fakten und Daten darüber unterrichtet wird, welche Auswirkungen die Arbeitszeitverkürzung auf BMW haben wird“.[505] Im Aufsichtsrat herrschte also Einigkeit. Insofern offenbarte Golda eine gewisse Janusköpfigkeit, wenn er zwei Monate später in einer Presseerklärung zu Warnstreiks bei BMW die Tarifpartner für den nicht vorhandenen Verhandlungsfortschritt hinsichtlich der 35-Stunden-Woche kritisierte.[506]

Kurz vor dem Streik schlug Golda auf einer Betriebsversammlung im April 1984 folgenden Kompromiss vor, vor allem mit dem Ziel, einen Streik zu vermeiden: Neben einer Erhöhung der Löhne und Gehälter und einer begrenzten Verkürzung der Lebensarbeitszeit sollten die IG Metall und der Arbeitgeberverband Gesamtmetall eine Kommission bilden, die bis zum Ende des Jahres einen Kompromissvorschlag für die Einführung der 35-Stunden-Woche für 1985 erarbeiten sollte. Als schlichtenden Vorsitzenden stellte er sich Alt-Bundeskanzler Helmut Schmidt vor.[507] Auch hier zeigte sich Goldas ambivalente Haltung: Prinzipiell trug er zwar das Ziel der Arbeitszeitverkürzung mit, hielt aber eine sofortige Einführung für verfrüht. Einen Streik zu verhindern,

---

504 Ebenda, S. 10.

505 Protokoll der Aufsichtsratssitzung vom 01.12.1983, 01.12.1983, BMW UA-2649-1, hier S. 2.

506 Kurt Golda: Presseerklärung, 23.03.1984, BMW UA-2685-1.

507 Golda, Rede auf der Betriebsversammlung im Werk München im April 1984, 24.04.1984, BMW UA-2674-1, S. 29 f.

blieb bis zum eigentlichen Streikbeginn sein größtes Anliegen. Über verschiedene Wege (Kuenheim, Gewerkschaft und andere Konzerne) suchte er eigenen Angaben zufolge nach einem Kompromiss.[508] Mit diesem Ziel scheiterte er jedoch und der Tarifkonflikt gipfelte in der Arbeitsniederlegung. Bereits ein paar Tage vor Streikbeginn hatte der BMW-Vorstand über die Folgen einer Bestreikung der Zulieferindustrie diskutiert. Insbesondere die Teileversorgung stand dabei im Fokus. Der Vorstand ging davon aus, dass bereits nach zwei bis drei Tagen nicht mehr genug Teile vorhanden sein würden, sodass BMW die Produktion würde einstellen müssen.[509] Dies hätte auch Folgen für die Belegschaft:

> Da die Produktionsunterbrechung auf höhere Gewalt zurückzuführen ist, erhalten die betroffenen Mitarbeiter keine Vergütung, sie haben auch keinen Anspruch auf Unterstützung durch das Arbeitsamt, da die Voraussetzungen für Kurzarbeit nicht gegeben sind. Die Mitarbeiter werden zu gegebener Zeit über diese materiellen Auswirkungen informiert.[510]

Der Vorstand nahm demnach die „kalte Aussperrung" und die Entgeltausfälle zumindest billigend in Kauf. Interessant ist auch die Feststellung, dass die Unternehmensführung der Meinung war, es bestehe kein Anspruch auf Kurzarbeitergeld. Brisant ist, dass der Vorstand wohl gegenüber dem Betriebsrat eine andere Position vertrat. Laut Golda und auch Haumer habe sich der Betriebsrat mit der Personalabteilung im Vertrauen auf die bisherigen Erfahrungen mit der Mitbestimmung bei BMW auf eine Beantragung von Kurzarbeitergeld geeinigt, allerdings habe dann das Personalwesen doch seine Unterschrift auf dem Antrag verweigert.[511] Die Folge war, dass die BMW-Mitarbeiter keinerlei finanzielle Ansprüche hatten; nicht gegenüber der Bundesanstalt für Arbeit, weil kein Antrag auf Kurzarbeit gestellt worden war, und auch nicht auf Streikunterstützung durch die IG Metall.[512] Ein paar Tage nach Streikbeginn stellte BMW tatsächlich die Produktion in München wegen

508 Kurt Golda: Rede zur Kundgebung Dostlerstraße am 17. Mai 1984, 09:30 Uhr, 17.05.1984, BMW UA-2685-1.

509 Niederschrift über die Vorstandssitzung am 08. Mai 1984, 08.05.1984, BMW UA-1438-1, hier S. 1 f.

510 Ebenda.

511 Golda, Rede auf der Betriebsversammlung im Werk München im Juli 1984, 30.07.1984, BMW UA-2674-1, S. 10–12; IG Metall Geschäftsstelle München, 2011, Gespräche mit Hans Haumer, S. 30.

512 IG Metall Geschäftsstelle München, 2011, Gespräche mit Hans Haumer, S. 30; insgesamt waren 60.000 Mitarbeiter bei BMW kalt ausgesperrt, Müller, 2017, Ende des „Wirtschaftswunders", erste Krisen und der Kampf um die 35-Stunden-Woche (1967–1989), S. 148.

Teilemangels ein. Auf der darauffolgenden Streikkundgebung am 17. Mai vor den Münchner Werkstoren mit rund 8.000 Teilnehmern war dementsprechend die Stimmungslage sehr gemischt.[513] Der Bezirksleiter der IG Metall, Eduard Schleinkofer, und Golda versuchten die BMW-Belegschaft für die Streikziele zu begeistern. Schleinkofer kritisierte die Arbeitgeberseite für ihre „nicht mehr zu überbietende[...] Arroganz und Kaltschnäuzigkeit", mit der sämtliche Einigungsversuche abgelehnt worden seien, und für ihre „Angstkampagne", dass bei Produktionsausfällen kein Kurzarbeitergeld gezahlt würde.[514] Golda griff die Arbeitgeberseite ebenfalls hart an und verbat sich, dass diese den Arbeitnehmern fehlende Kompromissbereitschaft vorwerfe. Er selbst habe sich sehr aktiv für Kompromisse eingesetzt. Auch wies er den Vorwurf einer Gefährdung der Volkswirtschaft zurück. In den letzten Jahren hätten immer die Arbeitnehmer zurückgesteckt und eine Reduzierung ihres Nettoeinkommens hingenommen, jetzt sei es an den Arbeitgebern, sich zu bewegen. Wenn diese aber weiterhin versuchen würden, die IG Metall zu schwächen und eine Einigung zu verzögern, dann „werden wir Gesamtmetall eine Antwort geben, die sie in den nächsten 10 Jahren nicht vergessen wird".[515] Mit diesen markigen Worten zeigte Golda ebenfalls, dass er sich trotz aller Kritik am Streikziel und dem Zeitpunkt dafür nicht gegen seine eigene Gewerkschaft stellte. Sie mögen auch ein Ausdruck der Wut über den Wortbruch des Unternehmens hinsichtlich des Kurzarbeitergeldes gewesen sein.

Trotzdem gab es auch sorgenvolle Stimmen. Der von der *Abendzeitung* interviewte 27-jährige Instandhalter Robert Riederer berichtete von den Sorgen der unorganisierten Mitarbeiter, „hinter denen niemand steht, wenn sich die Bundesanstalt für Arbeit am Freitag gegen die Zahlung von Kurzarbeitergeld entscheidet. [...] ‚[D]ie haben Angst.'"[516]

Auch der Vorstand wurde aktiv. Am selben Tag verschickte er ein Schreiben an alle Mitarbeiter und nannte als Grund für den Produktionsstopp den Streik in der Zulieferindustrie. Darüber hinaus legte er seine Ablehnung der 35-Stunden-Woche dar: Diese würde zu 57.000 weniger produzierten Autos gleich Kunden führen; eine Preissteigerung wäre so notwendig, wodurch BMW

513 Thomas Münster: Gewerkschaft spricht von „kalter Aussperrung", in: Süddeutsche Zeitung vom 18.05.1984.

514 Ebenda.

515 Golda, Rede zur Kundgebung Dostlerstraße am 17. Mai 1984, 09:30 Uhr, 17.05.1984, BMW UA-2685-1.

516 Hier vermischen sich die eigene Familiengeschichte des Autors mit dem Untersuchungsgegenstand, Robert Riederer ist der Vater des Autors. Umso schöner war es, dass dieses Zitat hier sinnvoll verwendet werden konnte. Peter Kleim: Der Mut und die Angst der Arbeiter, in: Abendzeitung München vom 18.05.1984.

ausländische Kunden wegbrechen würden; Deutschland habe bereits die niedrigsten Arbeitsstunden; die 35-Stunden-Woche würde die Erfolgsbeteiligung und die Sozialleistungen gefährden; BMW habe insbesondere im Bereich der IT bereits jetzt einen Personalmangel und hätte auch mit der 40-Stunden-Woche viele neue Arbeitsplätze geschaffen.[517]

Trotz dieser gegenseitigen Anschuldigungen und rhetorischen Scharmützel verhandelten Betriebsrat und Vorstand hinter den Kulissen, um die finanziellen Folgen für die Mitarbeiter abzufedern. In der Vorstandssitzung am 29. Mai wurde die Situation der Belegschaft besprochen. Der Vorstand war davon überzeugt, dass die IG Metall den Mitarbeitern kein Streikgeld zahlen werde. Der Betriebsrat unter Golda hatte deshalb vorgeschlagen, dass BMW den betroffenen Mitarbeitern in der Produktion einen Vorschuss zahlen solle. Diesem Vorschlag stimmte der Vorstand zu und genehmigte eine Zahlung von 400 DM unter der Voraussetzung, dass der Streik nicht noch weiter eskaliert werde. Die Streikfolgen zogen mittlerweile größere Kreise und beeinträchtigten nicht nur die Produktionsbereiche. Um dies auszugleichen, wurde der Personalvorstand angewiesen, mit dem Betriebsrat über eine Verkürzung des Betriebsurlaubs im Sommer auf drei Wochen zu verhandeln.[518] Obwohl BMW nicht direkt bestreikt wurde, beteiligte sich der Vorstand an der öffentlichen Auseinandersetzung. In der Presse kritisierte Kuenheim die Folgen des Streiks: Abgesehen von den wirtschaftlichen Schäden würden die Forderungen auch die eigene Marktposition bedrohen. Ob BMW die Produktionsausfälle mit Sonderschichten wieder aufholen könne, sei noch unklar. Der Ball liege jetzt bei den überbetrieblichen Tarifpartnern, bei BMW habe der Vorstand gemeinsam mit Golda alles versucht, um die gegenwärtige Eskalation zu vermeiden.[519]

Kuenheim versuchte erneut, die Allianz zwischen Betriebsrat und Unternehmen nach außen zu transportieren. Auch gegenüber den Mitarbeitern ging der Vorstand in die Offensive, zunächst allein. In einem Schreiben an alle Mitarbeiter trieben Kuenheim und der Personalvorstand Franz Köhne das „Schwarze-Peter-Spiel" weiter. Dass die IG Metall abermals ein Angebot der Arbeitgeber abgelehnt habe, sei unverständlich. Dadurch würde die Tarifauseinandersetzung nur unnötig in die Länge gezogen, und zwar zulasten der BMW-Mitarbeiter, die schon drei Wochen ohne Arbeit seien. Zur Abkürzung

---

517 Eberhard von Kuenheim/Franz Köhne: Brief an alle Mitarbeiter zur Tarifsituation in der Metallindustrie, 17.05.1984, BMW UA-2685-1.

518 Niederschrift über die Vorstandssitzung am 29. Mai 1984, 29.05.1984, BMW UA-1438-1, hier S. 3 f.

519 wl: Kuenheim: Der Streik bedroht Marktpositionen, in: Süddeutsche Zeitung vom 30.05.1984.

des Arbeitskampfes „werden deshalb von den Arbeitgeberverbänden weitere Aussperrungen in Erwägung gezogen werden müssen“. Den Vorwurf der „kalten Aussperrung“ wiesen Kuenheim und Köhne von sich, schließlich liege es nicht in ihrer Macht, wenn Teile fehlten.[520] Diese Argumentation wies die Schuld für die aktuelle Situation klar der Gewerkschaft zu, um die Unterstützung für die IG Metall zu untergraben. Laut Rohrbach gab es sogar Meister, die Stapel von kopierten Austrittsformularen bei sich gehabt hätten, und im Buch zum 100-jährigen Jubiläum der Gewerkschaft Metall München ist davon die Rede, dass die Unternehmensseite bei BMW „bewußte[...] Falschinformationen“ gestreut habe, um die Belegschaft gegen die IG Metall aufzubringen.[521] Mit der gemeinsam mit dem Betriebsrat vereinbarten 400-DM-Zahlung, über die die Belegschaft in dem Schreiben ebenfalls unterrichtet wurde – und die zudem als Gegenbeispiel für die konfrontative überbetriebliche Mitbestimmung diente –, wurde zusätzlich versucht, die Skepsis in der Belegschaft zu verschärfen und die eigene Art der Mitbestimmung zu idealisieren.[522]

Diese gemeinsame Phalanx von Betriebsrat und Unternehmen, die mit der 400-DM-Zahlung begann, wurde freilich in der IG Metall sehr kritisch gesehen. Klebe erlebte das Abweichen von der IG-Metall-Linie und die Zusammenarbeit des Betriebsrates mit dem Unternehmen als „extrem unsolidarisch, feindlich“. Golda sei der IG Metall „in den Rücken gefallen“.[523] Bei dem Vorschuss blieb es jedoch nicht. In mehreren gemeinsamen Schreiben wandten sich Golda und Köhne an die Belegschaft und informierten über die aktuellen Maßnahmen und Beschlüsse. So hatten sich Vorstand und Betriebsrat Anfang Juni wie gesagt darauf geeinigt, dass der Betriebsurlaub im August um eine Woche gekürzt werde und für die Mitarbeiter in der Produktion die Zeit vom 4. Juni bis 8. Juni Betriebsurlaub sei. Dadurch würden sich die Einbußen für die Belegschaft in Grenzen halten.[524] Golda wandte sich auch direkt an die Belegschaft und erklärte die gemeinsam mit dem Vorstand getroffenen Beschlüsse. Die Reduzierung des Betriebsurlaubs von vier auf drei Wochen

520 Eberhard von Kuenheim/Franz Köhne: Schreiben an alle Mitarbeiter zur Verschärfung der Tarifsituation, 04.06.1984, BMW UA-2685-1.

521 Riederer, 2022, Gespräch mit Volkmar Rohrbach; IG Metall Verwaltungsstelle München/Harald Flassbeck (Hrsg.): 100 Jahre Gewerkschaft Metall München 1891–1991, München, 1991, S. 126.

522 Kuenheim/Köhne, Schreiben an alle Mitarbeiter zur Verschärfung der Tarifsituation, 04.06.1984, BMW UA-2685-1; die 400-DM-Zahlung wurde auch im bayernmotor erklärt: BMW läßt seine Mitarbeiter nicht im Stich – Vorschuß soll soziale Härten mindern, bayernmotor 06/84, Juni 1984, BMW UI-2032-6.

523 Riederer, 2022, Gespräch mit Dr. Thomas Klebe.

524 Franz Köhne/Kurt Golda: Mitteilung an alle BMW Mitarbeiter bzgl. Betriebsurlaub 1984, 07.06.1984, BMW UA-2685-1.

sollte sowohl für die betroffenen Mitarbeiter als auch für das Unternehmen die finanziellen Folgen reduzieren. Insbesondere für die Mitarbeiter in der Produktion, die von der Produktionseinstellung natürlich am stärksten betroffen waren, wollte Golda durch den Zwangsurlaub vom 4. bis 8. Juni 1984 die Folgen abfedern, weil

> so [...] diese Woche für Sie finanziell als Urlaubswoche, einschließlich des Feiertages Pfingstmontag, abgesichert ist. Diese Entscheidung [...] dient nicht nur der Unterbrechung der 21-Tage-Frist des Versicherungsschutzes gegenüber den Krankenkassen, sondern letztendlich auch dazu, um Ihr Urlaubsgeld für den vorgesehenen Betriebsurlaub im August, das auf der Basis der letzten 13 Wochen berechnet wird, etwas aufzubessern.[525]

Dieses Jonglieren mit dem Betriebsurlaub setzte sich auch später fort, sollte aber letztendlich dem Betriebsrat auf die Füße fallen. Trotz all dieser Maßnahmen wuchs in der Belegschaft die Unruhe. Kritische Stimmen gegenüber der IG Metall wurden wohl lauter. Dem versuchte Golda gegenzusteuern und verwies auf die bisher erreichten Erfolge der IG Metall:

> So sehr ich Verständnis für Ihren Unmut und Ihre Verärgerung über das Andauern des Arbeitskampfes habe, der auch mich beeindruckt, möchte ich Sie insbesondere als Gewerkschaftsmitglied bei BMW bitten, die Gewerkschaft nicht als Ganzes im Hinblick auf die bisher erreichten Leistungen für die Arbeitnehmer mit Ihrem Austritt nicht zu schwächen.[526]

Recht viel deutlicher lässt sich die eigentümliche Ambivalenz der Institution Betriebsrat mit ihrer doppelten Loyalität gegenüber Unternehmen und Gewerkschaft nicht benennen. Noch dazu, weil Golda abermals auf seinen Kompromissvorschlag aus der letzten Betriebsversammlung im April hinwies, zunächst eine Arbeitszeitreduzierung auf 38 Stunden in der Produktion anzustreben, um dann schrittweise die 35-Stunden-Woche zu erreichen.[527]

Keine ganze Woche später wandten sich Köhne und Golda abermals an die Mitarbeiter „[i]n gemeinsamer Sorge um die Zukunft des Unternehmens und der Arbeitsplätze der Belegschaft" und unterstrichen „in dieser sehr kritischen Situation ihre Entschlossenheit, alles zu tun, den Schaden für Mitarbeiter und

---

525 Kurt Golda: Schreiben des Gesamtbetriebsratsvorsitzenden Golda an alle Mitarbeiter, 08.06.1984, BMW UA-2685-1.

526 Ebenda.

527 Ebenda.

Unternehmen zu begrenzen".[528] Deshalb habe man sich darauf geeinigt, die Belegschaft die kommende Woche vom 18. Juni bis zum 22. Juni 1984 per Betriebsurlaub in den „Zwangsurlaub" zu schicken, den bisher geplanten dreiwöchigen Betriebsurlaub im August aber zunächst unangetastet zu lassen.[529] In der Öffentlichkeit bröckelte der Rückhalt für den Tarifkampf mittlerweile ebenfalls. Goldas Vorschläge galten der *Süddeutschen Zeitung* dagegen als gute Ausgangsbasis für eine mögliche Vermittlung unter Alt-Bundeskanzler Helmut Schmidt.[530] Besonders im Vergleich zur deutlichen Kritik der Zeitung an den gewerkschaftlichen Forderungen erschien Golda so als „besonnener Gewerkschaftler":[531]

> Ein Lohnkonflikt ist das nicht mehr. Die monatelangen Auseinandersetzungen der beiden Tarifparteien sind vielmehr zum Machtkampf geworden. Keiner der Kontrahenten kann – und soll – ihn ganz gewinnen. Die Gewerkschaft muß dabei erkennen, daß sie den größten Teil der Öffentlichkeit nicht auf ihrer Seite hat. Jeder muß damit rechnen, der in der Forderung maßlos ist.[532]

Am 20. Juni begannen die Tarifpartner, per Schlichtung über eine Einigung zu verhandeln. Am selben Tag besprach der Vorstand von BMW ebenfalls die aktuellen Konsequenzen des Streiks und wie die Produktion schnell wieder hochgefahren werden könnte. Trotz der Schlichtung glaubte der Vorstand nicht, dass die Produktion vor dem 9. Juli wieder würde beginnen können.[533] Aufgrund der Produktionsausfälle hielt er es für nicht angebracht, im August wie geplant den Betriebsurlaub durchzuziehen. Deshalb wollte er an die Belegschaft und den Betriebsrat herantreten und hoffte auf deren Entgegenkommen. Die Belegschaft wollte man darum bitten, dass sie ihren Urlaub bereits in der jetzigen Produktionsunterbrechung nehme. Golda wollte man dafür ebenfalls gewinnen. Dafür spielte der Vorstand geschickt auf der Klaviatur des mitverantwortlichen Betriebsrates und informierte diesen darüber, dass BMW durch den Streik 1,4 Mrd. DM Umsatzeinbußen habe und deshalb sämtliche Planungen hinsichtlich Investitionen und Personalaufbau in Mitlei-

---

528 Franz Köhne/Kurt Golda: Mitteilung an alle BMW Mitarbeiter bzgl. Betriebsurlaub in der Woche vom 18.06.–22.06.1984, 14.06.1984, BMW UA-2685-1.

529 Ebenda.

530 Th.: Teurer Machtkampf, in: Süddeutsche Zeitung vom 16.06.1984.

531 wl: Die Streiksorgen wachsen, in: Süddeutsche Zeitung vom 26.06.1984.

532 Th., Teurer Machtkampf.

533 Niederschrift über die Vorstandssitzung am 19. Juni 1984 fortgesetzt am 20. Juni 1984, 20.06.1984, BMW UA-1438-1, hier S. 1–3.

denschaft gezogen würden.[534] Ein weiteres Schreiben von Kuenheim und Köhne an die gesamte Belegschaft griff dann auch genau diese Argumente auf: Es betonte das gemeinsame Interesse am Erfolg des Unternehmens und wies darauf hin, dass der Betriebsurlaub direkt nach dem Neustart der Produktion bei dem hohen Produktionsausfall nicht tragbar sei.[535] Golda wandte sich mit einem eigenen Schreiben an die Mitarbeiter, in dem er an beide Tarifpartner appellierte, endlich zu einer Einigung zu kommen, weil der Streik BMW mittlerweile immer stärker schade; er bediente sich also der gleichen Argumente wie der Vorstand. Allerdings lehnte der Betriebsrat den Komplettausfall des Betriebsurlaubs ab, genehmigte jedoch den Ein-Schicht-Betrieb, was für Golda der beste Kompromiss hinsichtlich Firmen- und Belegschaftsinteressen war.[536] Dieses „Herumschieben" des Urlaubs und Goldas Appelle für eine baldige Beendigung des Streiks waren in der Presse mehrfach Thema.[537] Aber auch die enge Zusammenarbeit zwischen Betriebsrat und Unternehmen sowie die öffentliche Ablehnung der gewerkschaftlichen Forderungen durch Golda fanden ihren Widerhall und zeigen das ambivalente Verhältnis deutlich:

> Das Lob [des Vorstands, M. R.] für Golda und die harte Kritik an der IG Metall [...] spiegeln das ‚besondere Verhältnis' wider, das bei BMW zwischen Management und Betriebsrat auf der einen und Betriebsrat und Gewerkschaft auf der anderen Seite besteht. Die Fronten verlaufen hier anders als in der deutschen Automobilindustrie üblich. [...] Damit [gemeint ist Goldas Kompromissvorschlag von der Betriebsversammlung im April, M. R.] erntete Golda bei manchen Funktionären nur Hohn und Spott. Der Sprecher der IG Metall, Jörg Barczynski, tönte aus Frankfurt forsch, das sei ‚nicht ernst zu nehmen'. Golda sei ‚nichts weiter als ein einfaches zahlendes Mitglied der IG Metall', ein ‚Einzelgänger ohne Amt und Funktionen' in der Gewerkschaft. Kurt Golda empfand die Attacke als ‚Flegelei', als Symptom für den Verfall der Sitten in gewissen Funktionärskreisen, in denen Leute das große Wort führen, die noch nie richtig in einen Betrieb hineingerochen haben. Sie hätten eben auch keine Ahnung davon, ‚wie wir hier das Unternehmen aus einem Trümmerhaufen aufgebaut haben' und wie BMW vor fast 25 Jahren nur um Haaresbreite vor dem Untergang gerettet wurde. Golda ist schon damals mit dabeigewesen [sic]: ‚Deshalb

---

534 Ebenda.

535 Eberhard von Kuenheim/Franz Köhne: Schreiben an alle Mitarbeiter bzgl. weitere Regelungen wegen des andauernden Arbeitskampfes, 20.06.1984, BMW UA-2685-1.

536 Kurt Golda: Schreiben des Gesamtbetriebsratsvorsitzenden Golda an alle Mitarbeiter, 22.06.1984, BMW UA-2685-1.

537 def: Weitere 14 Tage Zwangsurlaub bei BMW?, in: Süddeutsche Zeitung vom 23.06.1984; wl, Die Streiksorgen wachsen.

bin ich jetzt auch gegen den Strom der Gewerkschaft geschwommen.' Die kritische, immer um einen Kompromiß bemühte Partnerschaft zwischen einem exzellenten Management und einem erfahrenen Betriebsrat bewährte sich auch in der extremen Situation der Tarifauseinandersetzung, als BMW gezwungen war [...] die Bänder stillzulegen, weil der Nachschub aus den bestreikten Zulieferbetrieben in Baden-Württemberg stockte. [...] Die Lehren aus der langen und harten Auseinandersetzung bestärken den alten Fahrensmann Golda in seiner Auffassung, daß künftig der ‚Informationsfluß' zwischen der Gewerkschaftszentrale und den großen Unternehmen verbessert werden muß. Die Funktionäre müssten erkennen, daß hier die eigentliche ‚Basis' sitzt: Betriebsratspraktiker mit Augenmaß, die Mitbestimmung als ‚Verantwortung mit Fachwissen' (Golda) verstehen. [...] [T]rotz aller Differenzen mit der Gewerkschaftszentrale – auch Golda kämpft für eine starke IG Metall.[538]

Auch wenn die Zusammenarbeit zwischen Betriebsrat und Vorstand keineswegs so reibungslos funktioniert hat, wie dieser Artikel aus der *Zeit* glauben machen möchte, hob er doch die entscheidenden Punkte hervor. Golda war durch und durch überzeugter IG Metaller, jedoch stand für ihn die wirtschaftliche Stabilität von BMW immer an erster Stelle, auch wenn das hieß, sich gegen die eigene Gewerkschaft zu stellen.

Der Streik endete nach erfolgreicher Schlichtung am 27. Juni.[539] Für BMW galt es nun, die Ausfälle in der Produktion aufzufangen, indem man die Belegschaft darum bat, den Ein-Schicht-Betrieb im August umzusetzen und Sonderschichten zu fahren.[540] Mit dieser Mehrleistung der Mitarbeiter gelang es, die gesamten Produktionsausfälle zu kompensieren.[541] Ende November 1984 betrug der Produktionsrückstand bereits nur noch 25.000 Fahrzeuge von insgesamt 60.000 durch den Streik nicht gefertigten Autos.[542]

Allerdings hatten der Streik und das Verhalten des Unternehmens doch erhebliche Spuren hinterlassen. Auf der Betriebsversammlung rund einen Monat nach Streikende kritisierte Golda die Führung in der Rückschau deut-

538 Bö.: Ein ganz besonderes Verhältnis. Im Arbeitskampf hat sich die Sozialpartnerschaft bei BMW bewährt, in: Die Zeit Nr. 29 vom 13.07.1984.

539 Legendärer Streik: So hart lief der Kampf für die 35-Stunden-Woche. https://www.igmetall.de/ueber-uns/geschichte/der-kampf-um-die-35-stunden-woche, zuletzt aufgerufen: 30. September 2025.

540 Franz Köhne/Kurt Golda: Schreiben an alle Mitarbeiter bzgl. Produktion im August 1984, 06.07.1984, BMW UA-2685-1; Niederschrift über die Vorstandssitzung am 09./10. Juli 1984, 10.07.1984, BMW UA-1438-1, hier S. 4–6.

541 Protokoll der Aufsichtsratssitzung vom 03.05.1985, 03.05.1985, BMW UA-2638-1, hier S. 3.

542 Eberhard von Kuenheim: Rede des Vorstandsvorsitzenden zur Betriebsversammlung im Werk München im November 1984, 26.11.1984, BMW UA-2605-1, hier S. 2 f.

lich. Der Streik galt ihm als „härteste[r] Tarifkampf der Nachkriegszeit“, von dessen Heftigkeit der Betriebsrat selbst überrascht gewesen sei. Golda hatte geglaubt, dass diese Gangart aufgrund der bisherigen Mitbestimmungserfahrungen in der Bundesrepublik der Vergangenheit angehörte.[543] Beiden Tarifparteien warf er Kompromisslosigkeit vor und hinterfragte sogar, ob das bisherige Modell der Mitbestimmung so noch zeitgemäß sei. Besonders hart ging er mit den Arbeitgebern ins Gericht, weil diese gar nicht erst versucht hätten, einen Arbeitskampf zu verhindern.[544] Nach dieser Generalabrechnung ging er auf die Ereignisse bei BMW selbst ein. Insbesondere die Wortbrüchigkeit des Vorstandes beim Kurzarbeitergeld habe „Wunden hinterlassen“. Zwar werde sich das Verhältnis wieder kitten lassen, aber „die Narben werden uns an diese Zeit stets erinnern“. Mit der viel gelobten Partnerschaft zwischen Betriebsrat und Unternehmen habe das überhaupt nichts zu tun. Denn wenn schon immer von Partnerschaft gesprochen werde, dann hätten Betriebsrat und Vorstand gerade hier zusammenarbeiten müssen, um die Belegschaft vor Schaden zu bewahren. Insofern könne er diese Verweigerung der Unternehmensführung nicht nachvollziehen.[545]

Diese Wortwahl zeigt deutlich, wie sehr Golda durch das Verhalten des Vorstandes die ungeschriebenen Spielregeln der Mitbestimmung verletzt sah, was er als eine Art Kulturbruch empfand. Verschärft wurde dies durch die Kurzarbeitergeldproblematik. Nachdem juristisch festgestellt worden war, dass „kalt Ausgesperrte“ einen Anspruch auf Kurzarbeitergeld hatten, stand der BMW-Betriebsrat vor dem Problem, dass ihm die Verschiebungen des Betriebsurlaubs nachteilig ausgelegt wurden. Aufgrund des Zwangsurlaubs der Belegschaft hatten die BMWler keinen Anspruch auf Kurzarbeitergeld, die genommenen Urlaubstage waren aber bereits weg.[546] Hierüber ist es wohl auch zu erheblichen Misstönen zwischen dem BMW-Betriebsrat und der IG Metall gekommen. Der Betriebsrat versuchte, die IG Metall zu einer finanziellen Entschädigung für die BMWler zu bewegen, was die Satzung nicht erlaubte. Dabei war es auch zu Austrittsdrohungen aus der Gewerkschaft gekommen, wie Klebe schilderte:

> Und das mit den 3.000 Mitgliedsbüchern, das war ja genau die Drohung gewesen, wenn ihr jetzt unseren Leuten nicht zahlt, dann schmeißen die die Bücher,

543 Golda, Rede auf der Betriebsversammlung im Werk München im Juli 1984, 30.07.1984, BMW UA-2674-1, S. 1–4.

544 Ebenda.

545 Ebenda, S. 10–12.

546 Riederer, 2022, Gespräch mit Dr. Thomas Klebe.

> die bringen wir euch alle in die Geschäftsstelle, so haben mir die Betriebsräte bei BMW dann versucht Druck zu machen und ein paar andere auch. Das ist so eine klassische Geschichte, [...] wenn die sich nicht so verhalten hätten, sondern darauf vertraut hätten und solidarisch gewesen wären, die IG Metall wird das regeln, und das nicht mit dem Urlaub gemacht hätten, dann hätten sie die Nachteile gar nicht gehabt. Die Nachteile sind durch Betriebsratshandeln entstanden und nicht durch die IG Metall. Das war natürlich dramatisch, klar. Das war bei diesem Treffen in München nach dem Streik [...]. Das ist ja das gleiche Strickmuster, das ist ja alles ein Ablenken von eigenem Versagen und eigenen Fehler und ein Umlenken auf die IG Metall.[547]

Schriftliche Quellen zu diesen Vorgängen nach dem Streik waren nicht zu finden, jedoch berichtete auch Haumer davon, dass es zu einer Austrittswelle von rund 3.000 Mitgliedern aus der IG Metall kam, weil man „sich von der Gewerkschaft ungerecht behandelt fühlte[...]".[548] Die Unternehmensseite tangierte diese Problematik freilich nicht. Insofern ist es nicht überraschend, dass Kuenheim, der auf derselben Betriebsversammlung im Juli 1984 ebenfalls sprach, der Ansicht war, dass die Partnerschaft während des Streiks nicht gelitten habe. Vielmehr hätten Betriebsrat und Vorstand im beiderseitigen Bewusstsein für die Verantwortung für Mitarbeiter und Unternehmen schon vor dem Streik Lösungen vorgeschlagen.[549] Aber auch er bemängelte die Härte und Länge des Tarifkampfes, was ihm im Rückblick „nicht ganz verständlich" sei. Trotz aller Differenzen müsse doch eigentlich das gemeinsame Ziel sein, dass man den „angerichtete[n] Schaden möglichst begrenzt" halte.[550]

Auch wenn der Streik von 1984 im *bayernmotor* 1987 in einer Rückschau auf die gesamte Amtszeit Goldas als dessen Erfolg ausgelegt wurde, weil er Gewerkschafts- und Unternehmensinteressen zusammengebracht habe,[551] muss man doch festhalten, dass hier eine erhebliche Menge Sand ins Getriebe der Mitbestimmung bei BMW geriet. Langfristige Schäden im Verhältnis zwischen Betriebsrat und Unternehmen lassen sich zwar nicht ausmachen, allerdings zeigt der Streik doch andere Charakteristika der Mitbestimmung von BMW sehr deutlich. Zum einen ist da die kritische, ambivalente, aber stets loyale Haltung Goldas zur IG Metall zu nennen, die ganz klar im Primat des wirtschaftlichen Erfolgs ihre Wurzeln hat. Golda sah in der sofortigen Einfüh-

547 Ebenda.

548 IG Metall Geschäftsstelle München, 2011, Gespräche mit Hans Haumer, S. 30.

549 Kuenheim, Rede des Vorstandsvorsitzenden auf der Betriebsversammlung im Werk München im Juli 1984, 30.07.1984, BMW UA-2674-1, S. 10.

550 Ebenda.

551 mkn, Eine Ära mitgestaltet: Kurt Golda, bayernmotor, 5/87, 05.1987, BMW UI-2035-5, S. 2.

rung der 35-Stunden-Woche eine Gefahr für die wirtschaftliche Stabilität von BMW und stellte sich deshalb gegen diese Forderung, ohne dabei jedoch die grundsätzliche Notwendigkeit der Arbeitszeitreduzierung infrage zu stellen. Aus dieser Sichtweise als „Co-Manager" heraus erklärt sich ebenfalls die Allianz von Vorstand und Betriebsrat in der gemeinsamen Ablehnung der 35-Stunden-Woche. Auch wenn sich das Schieben des Betriebsurlaubs in der Retrospektive als Fehler herausstellte, so wurde auch hier der Versuch des Betriebsrates deutlich, den wirtschaftlichen Schaden für die Belegschaft abzufedern. Dass diese Maßnahmen überhaupt erst notwendig wurden, liegt vor allem darin begründet, dass der Vorstand die Beantragung des Kurzarbeitergeldes verwehrte. Warum er sich für einen derart eklatanten Vertrauensbruch entschied – schließlich war er sich über die finanziell möglichen Folgen für die Mitarbeiter bereits vor Streikbeginn im Klaren –, ging aus den gesichteten Quellen nicht hervor. Die heftige Reaktion Goldas darauf, aber auch die Schilderung Haumers, dass eine derartige Entscheidung des Vorstandes „niemand für möglich gehalten hätte",[552] zeigt klar, wie sehr der partnerschaftliche Gedanke mittlerweile zum ungeschriebenen Gesetz geworden war. Dieser Vertrauensbruch wog umso schwerer, weil Golda diesen Gedanken im Zweifel höher bewertete als die Loyalität zur IG Metall. Damit wurden die bisherigen Regeln der betrieblichen Sozialordnung verletzt. Deutlich wird, dass die IG Metall für den Betriebsrat nur eine untergeordnete Rolle im Vergleich zu den Interessen des eigenen Unternehmens spielte, ein Kennzeichen eines Betriebsrates als konsolidierte Ordnungsmacht.

552 IG Metall Geschäftsstelle München, 2011, Gespräche mit Hans Haumer, S. 30.

KAPITEL 7

Schluss: Mitverantwortlicher Betriebsrat als Wettbewerbsvorteil „nach dem Boom"

> Vielleicht sind wir unter Bezug auf die eigene Vergangenheit den übrigen [Automobilherstellern, M. R.] etwas voraus, weil wir die Schwierigkeiten früher erkennen und die Flexibilität unseres Hauses erlaubt, in Form rechtzeitiger Weichenstellung Schaden von der Belegschaft fernzuhalten.[1]

Hatte Kurt Golda 1982 mit dieser Aussage recht, dass die krisenhafte Vergangenheit BMW mittlerweile zum Vorteil gereichte? Sicherlich lässt sich festhalten, dass die Mitbestimmung bei BMW nicht in denselben Bahnen verlaufen ist wie bei anderen Automobilherstellern. Orientiert man sich an der Phaseneinteilung zur Entwicklung der betrieblichen Mitbestimmung von Dimitrij Owetschkin, so wird schnell deutlich, dass sich BMW rasch von seinen Konkurrenten entfernt hatte. Was für die anderen Hersteller stimmig ist, lässt sich nicht auf BMW übertragen.[2] Die Zäsuren verliefen hier anders. Entscheidend dafür war die Krisenerfahrung der Nachkriegszeit.

Zwar gab es auch bei BMW eine Phase des Wiederaufbaus und der Konstituierung. Danach rückte jedoch auch in der Mitbestimmung schnell die wirtschaftliche Schieflage des Unternehmens in den Vordergrund. In der direkten Nachkriegszeit verlief die Entwicklung im Werk München noch äquivalent zu der in anderen Betrieben. Das Werk Allach unterschied sich von dem in München durch die amerikanische Besatzung und die unklare rechtliche Lage beträchtlich. Dort wurde die Keimzelle der späteren Mitbestimmung unter Kurt Golda gelegt.

Während Owetschkin als zweite Phase der Mitbestimmung unter den Schlagwörtern „Wirtschaftswunder" und „Fordismus" den Zeitraum von Mitte der 1950er bis Anfang der 1970er Jahre definiert, sind die 1950er Jahre bei BMW von einem zerstrittenen und ideologisch gelähmten Betriebsrat sowie der Unternehmenskrise geprägt. Dies stand in einem starken Kontrast zur Situation in anderen Unternehmen und prägte auch die Mitbestimmung.

1 Golda, Rede auf der Betriebsversammlung im Werk München im Juli 1982, 26.07.1982, BMW UA-2674-1, S. 4.

2 Vgl. Owetschkin, 2016, Vom Verteilen zum Gestalten.

 | HTTPS://DOI.ORG/10.1515/9783112223994-007

Bei Owetschkin schließt an die lange Phase der Prosperität das Zeitalter der „Interessenvertretung in Zeiten der Krise“ an, welches die gesamten 1970er Jahre abdeckt. Zwar bekam auch BMW die Folgen des wirtschaftlichen und gesellschaftlichen Strukturwandels zu spüren, allerdings in weitaus geringerem Ausmaß und teilweise sogar schon in den 1960er Jahren. Gleichzeitig blieben die entscheidenden Handlungsmotive der Mitbestimmung hier bis 1987 weitgehend unverändert. Sie hatten sich in der Unternehmenskrise herauskristallisiert und waren zu Konstanten geworden: der Betriebsrat als selbstständig handelnder Akteur, der bewusst die rechtliche Grenzen überschritt; das Primat des wirtschaftlichen Erfolgs; die besondere persönliche Beziehung zwischen Kurt Golda und Herbert Quandt; die Rolle der SPD bei der Etablierung des Betriebsrates unter Golda; die konstruktive Konfliktpartnerschaft sowie die Fokussierung der Mitbestimmung auf den Betriebsratsvorsitzenden Golda. All diese Charakteristika bildeten sich in der Phase nach der Unternehmenskrise heraus. Das soll nicht heißen, dass BMW von den Entwicklungen der letzten Phase nach Owetschkin, die von zunehmender Flexibilisierung, Internationalisierung sowie einer stärker gestaltenden Rolle der Betriebsräte geprägt war, nicht betroffen war. Allerdings veränderten sie nicht die Funktionsweise der Mitbestimmung bei BMW. Insofern liegt die Geschichte der Mitbestimmung bei BMW quer zum Rest der deutschen Automobilbranche.

Deutlich wird dieser andere Weg auch am Wandel der betrieblichen Sozialordnung(en) im Laufe der Zeit. Zu Beginn agierten die BMW-Betriebsräte als klassische Nachkriegsbetriebsräte gemäß der Interessenkongruenz zwischen Arbeitgebern und Arbeitnehmern. Nach dieser ersten Phase wandelte sich das Verhältnis jedoch massiv, die betriebliche Sozialordnung bildete in der ersten Hälfte der 1950er Jahre konfrontative Züge aus. Während in anderen Unternehmen das „Wirtschaftswunder“ Einzug hielt und so die Mitbestimmung prägte, geriet BMW immer stärker in den Strudel falscher Unternehmensstrategien und fehlender finanzieller Mittel. Erschwerend kam hinzu, dass sich Arbeitnehmervertreter und Arbeitgeber zunehmend feindlich gegenüberstanden und die Unternehmensseite den Betriebsrat ignorierte oder sogar schnitt. Kooperation fand keine statt, stattdessen wurden die Arbeitnehmervertreter mehrfach vor vollendete Tatsachen gestellt: Kurzarbeit und Massenentlassungen waren an der Tagesordnung. Der Betriebsrat konnte dem nicht geschlossen und entschlossen entgegentreten, weil sich die Arbeitnehmervertreter in parteipolitischen Grabenkämpfen verloren. Damit setzte sich der Betriebsrat als Faktor in der betrieblichen Mitbestimmung selbst schachmatt.

Dies veränderte sich mit der Zäsur der Betriebsratswahl 1956 und Kurt Goldas Aufstieg zum Betriebsratsvorsitzenden. Während die Unternehmenskrise nahte, konsolidierte sich der Betriebsrat. Das Unternehmen hatte den

Betriebsrat bis 1956 als gesetzlich vorgeschriebenen Teil der Arbeitnehmervertretung lediglich hingenommen. Doch nun präsentierte sich der Betriebsrat als selbstbewusster und aktiver Akteur inner- und außerhalb des Unternehmens. Unter Golda erkämpfte er sich seine Rechte zurück und wurde nach dem Modell von Kotthoff zu einem standfesten Betriebsrat. Die bisherige konfrontative betriebliche Sozialordnung geriet ins Wanken. In der akuten Krise der zweiten Hälfte der 1950er Jahre schwang sich Golda in der Perspektive der Belegschaft zu einer Retterfigur auf, deren Nimbus bis zu seinem Ausscheiden anhalten sollte. Durch sein Vorgehen in der Krise, mit dem er bewusst die gesetzlichen Kompetenzen des Betriebsrates überschritt, verließ er nicht nur den betrieblichen Raum, sondern stellte sich auch außerhalb der bisherigen betrieblichen Sozialordnung und trug sie so durch sein mikropolitisches Agieren zu Grabe. Der Vorstand konnte dem nichts entgegensetzen, weil er das Vertrauen der staatlichen Stellen und der Belegschaft verloren hatte, und hielt das Heft des Handelns nicht mehr in der Hand. Der Betriebsrat war bei BMW zur wichtigsten Institution des Unternehmens in der Krise geworden. Deshalb muss eine Geschichte von BMW ohne eine Berücksichtigung der betrieblichen Mitbestimmung immer unvollständig bleiben. Gleichzeitig okkupierte Golda durch sein Handeln Einflussmöglichkeiten, die er auch in der Zeit nach den 1960er Jahren nicht mehr bereit war aufzugeben. Während also die alte betriebliche Sozialordnung verschwand, deutete sich gleichzeitig bereits die neue an. Dass sich diese gewandelte, auf Kooperation und den wirtschaftlichen Erfolg ausgerichtete betriebliche Sozialordnung etablieren konnte, war dabei keineswegs ausgemacht, sondern beruhte vor allem auf dem besonderen Verhältnis zwischen dem Großaktionär Herbert Quandt und Golda.

Golda nutzte die Inszenierung als der entscheidende „Lotse"[3] in der Unternehmenskrise bewusst. Er vertrat einen ausgesprochen starken Führungsanspruch und duldete kein zweites Machtzentrum in der Arbeitnehmervertretung bei BMW neben sich. Deutlich wurde dies insbesondere bei der Übernahme der Firma Glas 1966/67. Goldas Prestige, das sich im Nachgang der Unternehmenskrise entwickelte, trug letztlich dazu bei, die Belegschaft zu disziplinieren, sichtbar an der fehlenden Opposition im Betriebsrat jenseits der IG Metall. Damit hatte die Krisenerfahrung weitreichende Folgen, die über die Entwicklung einer hohen Motivation und eines starken Teamgeistes unter den Mitarbeitern hinausgingen.[4] In dieser Zeit wandelte sich

---

3 Knappe, Zündfunken: Der Lotse geht von Bord?, bayernmotor 05/87, 05.1987, BMW UI-2035-5, S. 2.

4 Hemmerle/Schulenberg, 2015, Das BMW Group Stammwerk München, S. 112.

der Betriebsratstyp abermals, er entsprach dem Typus der konsolidierten Ordnungsmacht.

Auch in anderen deutschen Automobilunternehmen hing die Stellung der Betriebsräte im Unternehmen in der Praxis weniger vom rein rechtlichen Rahmen ab. Vielmehr waren lokale Faktoren, wie die jeweilige betriebliche Sozialordnung, der Rückhalt bei den Mitarbeitern oder die Unternehmensentwicklung von entscheidender Bedeutung für die tatsächliche Position im Betrieb.[5]

Das war bei BMW nicht anders. Durch die Erfahrungen der Unternehmenskrise verschob sich die Selbstwahrnehmung des BMW-Betriebsrates unter Golda von einem Instrument der Mitbestimmung zu einem Organ der Mitverantwortung. Im Sinne der „Sicherung des Arbeitsplatzes der gesamten Belegschaft" verstand sich Golda als „ewige[r] Mahner" des Vorstandes.[6] Entscheidend war hierbei der Fokus des Betriebsrates auf den wirtschaftlichen Erfolg des Unternehmens, der als unbedingte Basis allen Handelns gesehen wurde. In diesem Sinne veränderte sich auch das konkrete Agieren des Betriebsrates. Bildlich gesprochen wurde der Betriebsrat unter Golda vom Feuerwehrmann zum Brandschutzbeauftragten: Es galt von nun an, einen ähnlichen Großbrand wie 1959 schon im Keim zu ersticken und durch dementsprechende Vorsorge unmöglich zu machen. Daraus leitete sich das selbstgegebene Mandat des Betriebsrates ab, auch die nichtmitbestimmungspflichtigen Bereiche (z. B. die Produktgestaltung) mitzuverantworten.

Dass die Kapitalseite dieses Einbrechen des Betriebsrates in ihre Angelegenheiten akzeptierte, ist vor allem auf das Verhältnis zwischen Quandt und Golda zurückzuführen. Beide hatten erkannt, dass sie in einer konsequenten Partnerschaft mehr gewinnen konnten. In diesem Sinne lässt sich bei BMW auch kein Bruch in der Mitbestimmung nach dem Ende des „Goldenen Zeitalters" in den 1970er Jahren feststellen. Von „massiv[en]" Veränderungen wie im Rest der Branche kann keine Rede sein.[7] Sicherlich half hierbei auch der enorme Aufholbedarf infolge der Unternehmenskrise, sodass sich bei BMW bis zur Ölpreiskrise keine hinderlichen Pfadabhängigkeiten gebildet hatten. Im Zuge der 1960er Jahre veränderten sich die Belegschaft, die Produktions- und Unternehmensstrukturen, u. a. durch den Zukauf von Glas, massiv. Das Unterneh-

5 Owetschkin, 2016, Vom Verteilen zum Gestalten, S. 324 f.

6 Golda, Rede von Kurt Golda auf der Betriebsversammlung im Werk München im April 1964, 20.04.1964, BMW UA-511-1, S. 21.

7 Owetschkin, 2016, Vom Verteilen zum Gestalten, S. 139; vgl. hierzu auch Widuckel, 2004, Paradigmenentwicklung der Mitbestimmung bei Volkswagen, S. 17–19.

men befand sich im permanenten Umbruch, sodass sich keine Verkrustungen bilden konnten, die Hindernisse im Strukturwandel gewesen wären.

Außerdem sollte sich nun die Krisenerfahrung von Betriebsrat, Belegschaft und Management als Vorteil erweisen: Während sich bei anderen Unternehmen das Modell des Betriebsrates als Co-Manager erst unter enormen Anpassungsschwierigkeiten ab den 1970er Jahren etablierte,[8] existierte es bei BMW schon seit dem Ende der Unternehmenskrise. BMW hatte hier einen enormen institutionellen Erfahrungsvorsprung, der, zusammen mit den Nachholeffekten nach der Krise, dem Unternehmen tatsächlich zum Vorteil gereichte, wie Golda im Eingangszitat vermutete. Eine Neukonstituierung der Mitbestimmung fand nicht statt, weshalb auch die Novellierung der Betriebsverfassung in den 1970er Jahren für BMW keine Veränderung in der gelebten Praxis bedeutete.

Zu diesem Zeitpunkt hatte sich bereits das „System Golda", zu dessen wesentlichen Eckpfeilern die Partnerschaft mit Quandt und das wirtschaftliche Primat gehörten, etabliert. Zwischen Arbeitgeber- und Arbeitnehmerseite hatte sich eine gegenseitige normative Erwartungssicherheit herauskristallisiert. Beide Seiten waren sich im übergeordneten Ziel des wirtschaftlichen Erfolgs einig. Diese Übereinstimmung reduzierte die Reibungsverluste und erstickte grundsätzliche Konflikte bereits im Keim. Ebenfalls wurden die Einmischungen Goldas in Belange des Managements akzeptiert, ja sogar geschätzt. Golda stützte sich dabei auf sein persönliches Verhältnis zu Herbert Quandt, über das er sich eine zusätzliche Machtressource erschloss, die außerhalb des institutionellen Kräfteparallelogramms der Mitbestimmung stand. Der Vorstand von BMW musste diese Verbindung stets mit einkalkulieren, um zu verhindern, dass sich die Waagschale zu seinen Ungunsten neigte.

Die mitverantwortliche Partnerschaft war sowohl für den Betriebsrat als auch für das Unternehmen von Vorteil. Ein kooperatives Miteinander verschiebt die Schwerpunkte der Mitbestimmung weg von einer reinen Schutzfunktion hin zu einer Beteiligung am Betrieb. Während die Arbeitgeberseite von höheren Gewinnen profitiert, haben die Arbeitnehmer langfristig sichere Arbeitsplätze,[9] was dem sakrosankten Handlungsantrieb von Golda entsprach. Diesem Ziel wurden dann auch Interessen von marginalen Gruppen im Betrieb untergeordnet, wie die Ungleichbehandlung der Glas-Mitarbeiter oder der Umgang mit den migrantischen Arbeitnehmern zeigen. Auch die Verbesserung der Arbeitsbedingungen in den 1960er Jahren zugunsten des

---

8 Raphael, 2019, Jenseits von Kohle und Stahl, S. 406.

9 Vollmer, 2013, Montanmitbestimmung und Unternehmenskultur während der Bergbaukrise 1958–1968, S. 291 f.

wirtschaftlichen Erfolgs zurückzustellen, gehört hierzu. Die „Janusköpfigkeit“[10] der Institution Betriebsrat wird dabei sehr augenfällig. Bei BMW war sie durch das Primat der Wirtschaftlichkeit besonders ausgeprägt. Dieses Primat war die Grundlage der Partnerschaft bei BMW und bot Vorteile, aber auch Nachteile, sowohl für die Arbeitnehmer- als auch die Arbeitgeberseite. BMW kann deshalb als ein Beispiel dafür gesehen werden, dass der alleinige Blick auf den rechtlichen Rahmen und die Branchenentwicklung im Hinblick auf die betriebliche Mitbestimmung zu kurz greift. Erst die Analyse der betrieblichen Situation zeigt Gemeinsamkeiten, aber auch die Unterschiede.

Die bei BMW praktizierte Mitbestimmung wurde Teil des Selbstverständnisses des Unternehmens. Arbeitgeber und Arbeitnehmervertreter trugen sie wie eine Monstranz vor sich her. Ihre Partnerschaft wurde zum unhinterfragten Teil der betrieblichen Sozialordnung und prägte so die Unternehmenskultur. Das zeigt sich auch in diversen Rückblicken, die die Rolle Goldas, Quandts und der Unternehmenskrise immer wieder ins Zentrum rückten.[11] Umso stärker war die Empörung im Betriebsrat über das Verhalten des Vorstandes während des Streiks 1984, das als Verletzung der Partnerschaft betrachtet wurde. Das kooperative Modell war zu einem Fluchtpunkt der historischen Selbstvergewisserung von BMW geworden. Dass die *BMW Group Zeitung* noch im Juli/August 2022 fälschlicherweise meinte, Golda sei der erste Betriebsratsvorsitzende von BMW gewesen sei, belegt dies zusätzlich.[12] Damit wird aber auch deutlich, dass die Entwicklung der Mitbestimmung bei BMW nicht einfach von den wirtschaftlichen und politischen Entwicklungen der Zeit abhängig war, sondern auch maßgeblich von den jeweiligen Akteuren geprägt wurde: „Zum Schluss war die betriebliche Mitbestimmung einzelne Menschen“, fasste der langjährige Vorstandsvorsitzende Eberhard von Kuenheim seine Erfahrungen zusammen.[13] Dem ist für BMW sicherlich zuzustimmen.

Mit diesen Erkenntnissen lässt sich fragen, inwiefern das Modell der Mitbestimmung bei BMW als repräsentativ für andere Unternehmen und die bundesrepublikanische Entwicklung gelten kann. Dagegen sprechen die spezifischen Erfahrungen der Unternehmenskrise bei BMW, deren langfristige

---

10 Müller-Jentsch, Der Betriebsrat – Karriere einer janusköpfigen Institution. http://denk-doch-mal.de/wp/walther-mueller-jentsch-der-betriebsrat-karriere-einer-januskoepfigen-institution/, zuletzt aufgerufen: 30. November 2020.

11 Trauer um Kurt Golda, BMW Group Zeitung Nr. 11, 2002, BMW UA-2613-1, hier S. 13; Schoch, „Vertrauen ist die Basis für Erfolg“, BMW Group Zeitung, Extrablatt Dezember 2009, S. 3; Stefan Quandt: „Von der Stärke des Unternehmens überzeugt“, BMW Group Zeitung, Extrablatt Dezember 2009, in:, BMW UI-3694-8, S. 3, hier S. 3.

12 Schöberl, Eine Ära geht zu Ende.

13 Riederer, 2022, Gespräch mit Eberhard von Kuenheim.

Folgen sowie die Tatsache, dass nachteilige Auswirkungen des Strukturwandels weitgehend ausblieben. Eine vergleichbare „Nach dem Boom"-Erfahrung wie etwa bei VW gab es bei BMW nicht. Der Strukturwandel hatte das Unternehmen nicht so hart getroffen, auch weil das Co-Management des Betriebsrates bereits etabliert war. Hier hat also eher eine Angleichung der Branche an die mitverantwortlichen Praktiken der Mitbestimmung bei BMW stattgefunden, ohne hierbei die zweifellos immer noch vorhandenen, individuellen Unterschiede der einzelnen Werke und Unternehmen in Abrede stellen zu wollen. Ein schwer vergleichbares Charakteristikum ist daneben die besondere Stellung der Familie Quandt und ihr Verhältnis zu den Arbeitnehmervertretern.

Allerdings ist festzuhalten, dass die Mitbestimmung bei BMW, obwohl sie nicht als Archetyp der Mitbestimmung in der Automobilindustrie, sofern es einen solchen überhaupt gibt, tauglich ist, unzweifelhaft bundesrepublikanische Züge trägt und sich in ihr viele gesellschaftliche Entwicklungen widerspiegeln. So kann BMW ab 1960 sicherlich als eine Art verspätetes „Wirtschaftswunder" gesehen werden. Mit der Formel „erst das Wirtschaftswunder, dann erst der Wohlfahrtsstaat", mit der Hans-Peter Schwarz Konrad Adenauers Politik ab 1949 charakterisiert, lässt sich auch das Verhältnis von wirtschaftlichem Erfolg und betrieblicher Sozialpolitik bei BMW beschreiben.[14] Eine weitere Parallele: Die positive Konjunktur zusammen mit der Ausweitung des Sozialstaates stabilisierte das politische System der Bundesrepublik[15] – eine ebensolche Konjunktur und sozialpolitische Errungenschaften bei BMW waren auch eine Voraussetzung dafür war, dass sich das „System Golda" festigen konnte. In beiden Fällen finanzierte der wirtschaftliche Erfolg Sozialleistungen. Zwar ist es höchst spekulativ darüber nachzudenken, wie sich die Mitbestimmung bei BMW entwickelt hätte, wenn es ab 1960 nicht zu einem derartigen Erfolg der neuen Modelle gekommen wäre; dennoch macht dieser Gedankengang darauf aufmerksam, dass die wirtschaftliche Lage von BMW überhaupt erst die Spielräume für den Betriebsrat geschaffen hat, um die betriebliche Sozialpolitik zu erweitern. Bei einer erneuten wirtschaftlichen Krise wäre es keineswegs ausgemacht gewesen, dass die partnerschaftliche Mitbestimmung zwischen Quandt und Golda erhalten geblieben wäre.

Dagegen wäre es falsch davon auszugehen, dass der Aufschwung von BMW bei Golda zu einem ähnlichen Zukunftsoptimismus geführt hätte wie das

---

14 Schwarz, 2007, Anmerkungen zu Adenauer, S. 59; 209.

15 Zur Bundesrepublik vgl. Herbert, 2023, Geschichte Deutschlands im 20. Jahrhundert, S. 656–657; 780.

„Wirtschaftswunder“ in der westdeutschen Gesellschaft.[16] Sicherlich kann Golda als ein Vertreter der neuen Sozialdemokratie gelten, die die Partei mit dem Godesberger Programm reformierte, die Marktwirtschaft akzeptierte und an den gesellschaftlichen Fortschritt glaubte. Dennoch blieb die Erfahrung der Unternehmenskrise derart präsent, dass seine Politik immer darauf ausgerichtet blieb, das Erreichte für die Arbeitnehmer bei BMW zu bewahren und abzusichern: Die Maxime für Golda blieb, auch und gerade in Erfolgsjahren, dass BMW so aufgestellt sein müsse, dass auch eine Krise keine sofortige Gefährdung der Arbeitsplätze bedeutete. Dieses vorsichtige, von einer hypothetischen Krise her gedachte Agieren ist auch der Grund, dass der Ölpreisschock eben nicht „gleichsam über Nacht“ die Parameter der Mitbestimmung veränderte, wie es in Politik, Gesellschaft und Wirtschaft der Bundesrepublik der Fall war.[17] Hier unterscheidet sich der BMW-Weg in der Mitbestimmung vom Rest der westdeutschen Automobilindustrie.

1987 ging Kurt Golda nach 31 Jahren an der Spitze des Betriebsrates von BMW in den Ruhestand. Ihm folgte Manfred Schoch nach, der diese Stellung 35 Jahre lang bis in das Frühjahr 2022 innehaben sollte. Neben dieser auffälligen Parallele in der langen Amtsdauer wurde der Mitbestimmung unter Schoch in der *BMW Group Zeitung* ebenfalls die „konstruktive Zusammenarbeit“ mit dem Unternehmen und der partnerschaftliche Umgang attestiert.[18] Das System Golda scheint also in den Grundzügen konstant geblieben zu sein. Die Unterschiede und Gemeinsamkeiten dieser beiden langjährigen Betriebsratsvorsitzenden herauszuarbeiten, muss aber Aufgabe einer anderen Untersuchung sein. Denn bei aller möglichen Kontinuität wandelte sich BMW in der Amtszeit des Gesamtbetriebsratsvorsitzenden Schoch von einem deutschen Hersteller zu einem global agierenden Unternehmen mit Werken in den USA und China. Neben der zunehmend globaleren Ausrichtung des Produktionsnetzwerkes veränderte sich auch das Produktportfolio von BMW, indem man ab 1999 das Segment der Sports Utility Vehicle mit dem BMW X5 begründete. Mittlerweile steht die X-Modellreihe für rund die Hälfte des Absatzes aller BMW-Automobile. Dadurch befinden sich die deutschen Werke mehr denn je im globalen Wettbewerb, was zweifellos Rückwirkungen auf die Mitbestimmung gehabt haben muss.

---

16 Ebenda, S. 808 f.

17 Alexander Gallus: Zäsuren in der Geschichte der Bundesrepublik, in: Hans-Peter Schwarz (Hrsg.), Die Bundesrepublik Deutschland. Eine Bilanz nach 60 Jahren, München, 2008, S. 35–56, hier S. 52 f.

18 Schöberl, Eine Ära geht zu Ende.

In die Amtszeit von Schoch fällt ebenfalls die Übernahme des britischen Herstellers Rover 1994. Mit dieser Entscheidung versuchte sich BMW als Volumenhersteller zu etablieren.[19] Dabei wird für künftige Forschungen nicht nur die Rolle des BMW-Betriebsrates bei der Zustimmung zum Kauf von Interesse sein,[20] sondern vor allem auch beim Verkauf von Rover im Jahre 2000, der zum ersten Mal seit 1959 dazu führte, dass BMW einen Verlust ausweisen musste.[21] Manfred Grunert und Florian Triebel benennen als Gründe für den Verkauf „Modellwechsel sowie negative Markt- und Währungseinflüsse wegen des überaus starken britischen Pfund", wodurch Rover die gehegten Erwartungen nicht erfüllen konnte.[22] Warum gelang in den 1990er Jahren nicht, was in den 1960er Jahren mit der Übernahme der Hans Glas GmbH so erfolgreich geglückt war? Spielten neben diesen von Grunert und Triebel genannten Faktoren möglicherweise auch andere eine Rolle, wie zum Beispiel komplett unterschiedliche Unternehmens- und Mitbestimmungskulturen? Schließlich ist das britische Äquivalent des deutschen Betriebsrates, der *Shop Steward*, nur den Interessen seiner Arbeitnehmervertreter verpflichtet.[23] Hier wird sich künftigen Arbeiten nicht nur ein lohnenswertes Forschungsfeld zur transnationalen Mitbestimmung von Unternehmen eröffnen. Auch aus wirtschaftshistorischer Sicht ist die Episode mit Rover von Interesse, da sich an diesem Beispiel die Entwicklung einer gescheiterten Fusion zweier Unternehmen aus unterschiedlichen Ländern vom Kauf bis zum letztlichen Verkauf in Gänze nachvollziehen lässt.

Unter Schoch wurden außerdem die ersten Schritte zur Elektromobilität in Serienfahrzeugen von BMW gegangen. 2013 präsentierte BMW mit dem i3 das erste vollelektrische Großserienfahrzeug seiner Unternehmensgeschichte.[24] Damit wurde ein komplett neues Kapitel aufgeschlagen. Wie verhielten sich die Arbeitnehmervertreter zu dieser grundlegenden strategischen Neuausrichtung? Unterstützten sie den Kurs der Unternehmensführung oder verhielten sie sich eher defensiv und fokussierten sich auf den Erhalt der Jobs in der Entwicklung und Fertigung von Verbrennerfahrzeugen? Das Ende des Motorenbaus im Stammwerk München 2024 nach 75 Jahren im Zuge des Umbaus

---

19 Grunert/Triebel, 2019, Ein Jahrhundert BMW, S. 71.

20 Vgl. zur Rolle von Betriebsräten bei Fusionen: Lorenz Strittmatter: Mitbestimmung bei Fusionen. Die Einbindung der Betriebsräte bei Zusammenschlüssen im Automobilsektor, München, 2013.

21 Grunert/Triebel, 2019, Ein Jahrhundert BMW, S. 73 f.

22 Ebenda, S. 72.

23 Milert/Tschirbs, 2015, Die andere Demokratie, S. 165.

24 Grunert/Triebel, 2019, Ein Jahrhundert BMW, S. 382 f.

in ein Werk für rein vollelektrische Fahrzeuge bei gleichzeitiger Umschulung der Mitarbeiter des Motorenbaus deutet auf Ersteres hin.[25]

Dieser Wandel vom Verbrennungsmotor zum vollelektrischen Antrieb bedeutet jedoch nicht nur einen Einschnitt für das BMW-Werk München, sondern verändert das globale Automobilgeschäft grundlegend. Ob sich das unter Golda etablierte und augenscheinlich auch unter Schoch fortgeführte Modell der Mitbestimmung unter diesen Auspizien halten kann, wird die Zukunft zeigen müssen.

Mit der zunehmenden Bedeutung von vollelektrischen Automobilen stehen die Bayerischen Motoren Werke genau wie Ende der 1950er und Anfang der 1960er Jahre an einem Scheideweg. Ein entscheidender Unterschied ist allerdings, dass das Unternehmen nicht mehr von den anderen deutschen Wettbewerbern abweicht: Sie alle müssen den Wandel vom Verbrennungsmotor zu anderen Antriebsarten moderieren und gleichzeitig die eigene Profitabilität wahren. Im Angesicht neuer Konkurrenten aus Amerika, wie Tesla, oder aus China, die allein auf batterieelektrische Fahrzeuge setzen und deshalb keine strukturellen Pfadabhängigkeiten wie ältere Hersteller besitzen, ist die Rolle des Betriebsrates als Mittler zwischen den Interessen der Arbeitnehmer und des Unternehmens von größerer Bedeutung als jemals zuvor.

---

25 BMW Group Presse- und Öffentlichkeitsarbeit/Jochen Diernberger: Pressemitteilung: Transformation zur E-Mobilität: BMW Group Werk München fertigt bereits ab Ende 2027 ausschließlich vollelektrische Modelle, 10.01.2024.

Personenverzeichnis

Aufgaben und Funktionen der genannten Personen werden nur in Bezug auf diese Arbeit genannt. Darüberhinausgehendes wird aus Gründen der Übersichtlichkeit hier nicht berücksichtigt.

zu erhöhen. Quandts Ehrenwort veranlasste die skeptischen Banken, die Aktienemission durchzuführen. Er versprach, alle Aktien von den Banken zu übernehmen, die bei der Kapitalerhöhung keine Käufer finden würden. Außerdem bot er BMW noch einen Betriebsmittelkredit von 10 Mio. DM an. 1960 übernahm Quandt die Aktienmehrheit an BMW. 1974 bis 1982 Mitglied des Aufsichtsrates der BMW AG. 1974 bis 1980 Vorsitz im Aufsichtsrat der BMW AG als Nachfolger Dr. Rolf Draegers, anschließend stellv. Vorsitzender bis zu seinem Tod am 02.06.1982. – S. 1, 4, 11, 28, 170, 172–177, 186–198, 226, 232–234, 252, 271, 291, 294f., 297f., 300, 348–353

Quandt, Johanna: Nach dem Tod ihres Mannes Herbert Quandt 1982 zum Mitglied des Aufsichtsrates der BMW AG bestellt und als stellvertretende Aufsichtsratsvorsitzende gewählt. 1997 Rückzug zugunsten ihrer Kinder Susanne Klatten und Stefan Quandt. – S. 188

Reithofer, Norbert: 2006 bis 2015 Vorstandsvorsitzender der BMW AG, 2015 bis 2025 Aufsichtsratsvorsitzender der BMW AG. – S. 198

Reseneder, Anton: Zwölf Jahre Betriebsratsvorsitzender des Glas-Werkes Dingolfing, Mitglied des Bay. Landtagess 1962 bis 1966 (CSU). – S. 230f.

Richter-Brohm, Heinrich: 1957 bis 1960 Vorstandsvorsitzender der BMW AG. Von der Deutschen Bank mit der Reorganisation von BMW beauftragt. Auf seine Initiative hin wurde erstmals nach dem Zweiten Weltkrieg ein langfristiges Produktionsprogramm ausgearbeitet. – S. 100f., 148f., 151–154, 159f., 162f., 166f., 178, 180

Ritscher, Wolfgang: 1955 bis 1961 als Vertreter der IG Metall im Aufsichtsrat der BMW AG, Bank für Gemeinwirtschaft. – S. 148f., 161f., 172

Sarfert, Eberhardt C.: Seit 1972 Leitung des Personal- und Sozialwesens der BMW AG. 1974 bis 1989 Generalbevollmächtigter Personal- und Sozialwesen. 1976 bis 1977 stellvertr. Vorstandsmitglied, Ressort Personal- und Sozialwesen. 1977 bis 1983 ord. Vorstandsmitglied, Ressort Personal- und Sozialwesen. – S. 206f., 297, 309

Schäfer, Ernst: Gesamtbetriebsratsvorsitzender von Daimler-Benz, 1952–1971. – S. 107, 172

Schelle, Nikolaus: Betriebsrat des Werks München 1948 bis 1949 und 1951 bis 1955; 1953 bis 1955 stellv. Vorsitzender. – S. 119f., 125f.

Schleinkofer, Eduard: 1975 bis 1988 Bezirksleiter der IG Metall für den Bezirk München. – S. 337

Schletzbaum, Anton: Mai 1947 bis Mai 1948, Mai 1949 bis Mai 1950 und 1951 bis 1953 Betriebsrat im Werk München; kommunistischer Hintergrund; wurde entlassen und während der Verhandlung seiner Kündigung 1953 wiedergewählt. – S. 113–117, 133

Schmid, Chlodwig: Lehre zum Mechaniker in München. Tätigkeit im Luftschiffbau, dann in der Waffen-Fabrik Mausser. 1914 zum Militär eingezogen. 1931 Eintritt in die NSDAP, im Spruchkammerverfahren 1946 als Hauptschuldiger eingestuft. Bei

Quellen- und Literaturverzeichnis

Archiv des BMW-Betriebsrates München

BMW UA-2601-1
BMW UA-2612-1
BMW UA-2613-1
BMW UA-2614-1
BMW UA-2615-1
BMW UA-2617-1
BMW UA-2618-1
BMW UA-2619-1
BMW UA-2620-1
BMW UA-2627-1
BMW UA-2630-1
BMW UA-2632-1
BMW UA-2642-1
BMW UA-2645-1
BMW UA-2646-1
BMW UA-2647-1
BMW UA-2655-1
BMW UA-2656-1
BMW UA-2657-1
BMW UA-2658-1
BMW UA-2659-1
BMW UA-2660-1
BMW UA-2663-1
BMW UA-2665-1
BMW UA-2677-1
BMW UA-2680-1
BMW UA-2683-1
BMW UA-2685-1
BMW UA-2688-1
BMW UA-2689-1
BMW UA-2691-1
BMW UA-2692-1
BMW UA-2693-1
BMW UA-2694-1

BMW Group Archiv

BMW UA-100-2
BMW UA-103-1
BMW UA-104-2
BMW UA-1232-1
BMW UA-1271-2
BMW UA-142-1
BMW UA-142-2
BMW UA-143-2
BMW UA-1438-1
BMW UA-1446-2
BMW UA-1462-2
BMW UA-1533-1
BMW UA-155-2
BMW UA-156-1
BMW UA-209-1
BMW UA-2220-1
BMW UA-2605-1
BMW UA-2621-1
BMW UA-2622-1
BMW UA-2623-1
BMW UA-2624-1
BMW UA-2625-1
BMW UA-2634-1
BMW UA-2637-1
BMW UA-2638-1
BMW UA-2649-1
BMW UA-2654-1
BMW UA-2673-1
BMW UA-2674-1
BMW UA-2712-1
BMW UA-291-2
BMW UA-409-1
BMW UA-412-2
BMW UA-424-2
BMW UA-438-1
BMW UA-440-1
BMW UA-449-1
BMW UA-451-2

BMW UA-510-1
BMW UA-511-1
BMW UA-512-1
BMW UA-527-2
BMW UA-541-2
BMW UA-542-2
BMW UA-548-2
BMW UA-731-2
BMW UA-732-2
BMW UA-741-1
BMW UA-806-2
BMW UA-807-2
BMW UA-808-2
BMW UA-81-1
BMW UA-826-1
BMW UA-851-2
BMW UA-852-3
BMW UA-852-4
BMW UA-856-2
BMW UA-96-1
BMW UF-3290-1
BMW UF-3291-1

BMW Druckschriften

BMW Group Presse- und Öffentlichkeitsarbeit/Jochen Diernberger: Pressemitteilung: Transformation zur E-Mobilität: BMW Group Werk München fertigt bereits ab Ende 2027 ausschließlich vollelektrische Modelle, 10.01.2024.
BMW AF-31384-1
BMW UI-14-1
BMW UI-2021-1
BMW UI-2021-2
BMW UI-2021-6
BMW UI-2023-11
BMW UI-2023-6
BMW UI-2024-1
BMW UI-2024-12
BMW UI-2024-6
BMW UI-2025-18

BMW UI-2027-14
BMW UI-2029-1
BMW UI-2029-10
BMW UI-2030-1
BMW UI-2030-11
BMW UI-2030-6
BMW UI-2030-7
BMW UI-2030-8
BMW UI-2032-3
BMW UI-2032-5
BMW UI-2032-6
BMW UI-2035-5
BMW UI-2036-10
BMW UI-3694-8
BMW UU-182-10
BMW UU-183-10
BMW UU-2399-10
BMW UU-32-10
BMW UU-3726-10
BMW UU-55-10
Stefan Quandt: „Von der Stärke des Unternehmens überzeugt", BMW Group Zeitung, Extrablatt Dezember 2009, in:, BMW UI-3694-8, S. 3.
Tanja Schmidhofer: Personalpolitik in Zeiten chronischen Arbeitskräftemangels. BMW in den sechziger Jahren, 2000.
Maximilian Schöberl: Eine Ära geht zu Ende, in: BMW Group Zeitung Juli/August vom 2022, S. 4.
Manfred Schoch: „Vertrauen ist die Basis für Erfolg", BMW Group Zeitung, Extrablatt Dezember 2009, in:, BMW UI-3694-8, S. 3.

Datenbank des BMW Group Archivs

BMW RN-615-1
BMW UA-1532-1
BMW UG-23-1
BMW UN-1016-1
BMW UN-186-1
BMW UN-188-1
BMW UN-201-1
BMW UN-236-1

BMW UN-278-1
BMW UN-280-1
BMW UN-494-1
BMW UW-11-1

Archiv der sozialen Demokratie (AdsD)

AdsD 1/ARAA002798
AdsD 1/ARAA002799
AdsD 1/ARAA002827
AdsD 1/ARAA002831
AdsD 1/HJVA100185
AdsD 1/HJVA100185
AdsD 1/HJVA100525
AdsD 1/HJVA100525
AdsD 1/HJVA100723
AdsD 1/HJVA100724
AdsD 1/HJVA100735
AdsD 1/HJVA100735
AdsD 1/HJVA102034
AdsD 1/HJVA102436
AdsD 1/HJVA105682
AdsD 1/HJVA105718
AdsD 1/HJVA108122
AdsD 1/HJVA300205
AdsD 1/HJVA300251
AdsD 1/HJVA300270
AdsD 1/SNAA000020
AdsD 2/KSAA000049
AdsD 2/KSAA000310
AdsD 5/IGM160103
AdsD 5/IGMA151197
AdsD 5/IGMA151322
AdSD 5/IGMA170188
AdsD 5/IGMA280042
AdsD 5/IGMZ210054
AdsD Sammlung Personalia 6SAMP006800 Eduard Meßthaler

Archiv der Münchner Arbeiterbewegung (AdMA)

AdMA, Bestand 32.10.4, DKP, Die Zündung 1969–1983,
AdMA, Bestand 451, Mappe „Arbeitersache BMW/MAN“
AdMA, Bestand 451, Mappe „Arbeitersache München allgemein II“
AdMA, Bestand 451, Mappe „Arbeitersache München Allgemein“

Archiv des Günther-Quandt-Hauses (AGH)

AGH HQ-112
AGH HQ-138
AGH HQ-6
AGH Ordner Sanierung BMW

Staatsarchiv München

StAM SpKa Karton 1341, Popp F.J.
StAM SpKa Karton 1631, Chlodwig Schmid
StAM SpKa Karton 2012, Wrba Max
StAM SpKa Karton 4589, Hille Fritz

Bayerisches Hauptstaatsarchiv

BayHStA MF 79874
BayHStA MWi 13326
BayHStA MWi 13327
BayHSta MWi 13328
BayHStA MWi 13329
BayHStA MWi 13330
BayHStA MWi 25941
BayHStA StK 14557

Institut für Zeitgeschichte München

IfZ ED 120/81
IfZ ED 740/2

Zeitzeugeninterview

Horst Mönnich/Kurt Golda: Transkript Interview Horst Mönnich mit Kurt Golda, BMW UA-1274–1, 30.01.1979.

Horst Mönnich/Kurt Golda: Interview Horst Mönnich mit Kurt Golda, BMW UM-1268-10, 01.08.1984.

Horst Mönnich/Kurt Golda: Interview Horst Mönnich mit Kurt Golda, UM-1269-10, 01.08.1984.

Horst Mönnich/Kurt Golda: Interview Horst Mönnich mit Kurt Golda, BMW UM-943-10, 24.09.1991.

Horst Mönnich/Kurt Golda: Interview Horst Mönnich mit Kurt Golda, BMW UM-944-10, 24.09.1991.

Horst Mönnich/Kurt Golda: Interview Horst Mönnich mit Kurt Golda, BMW UM-1083-10, 22.06.1995.

Mario Riederer: Gespräch mit Peter Bock, 20.10.2022.

Mario Riederer: Gespräch mit Dr. Thomas Klebe, 27.10.2022.

Mario Riederer: Gespräch mit Franz Maget, 08.11.2022.

Mario Riederer: Gespräch mit Volkmar Rohrbach, 06.12.2022.

Mario Riederer: Gespräch mit Eberhard von Kuenheim, 14.12.2022.

Zeitungsartikel

b.: Nold vertritt 5 Prozent bei BMW, in: Frankfurter Allgemeine Zeitung vom 27.11.1959, S. 28.

Bö.: Ein ganz besonderes Verhältnis. Im Arbeitskampf hat sich die Sozialpartnerschaft bei BMW bewährt, in: Die Zeit Nr. 29 vom 13.07.1984.

BVE: BMW-Betriebsrat zum Offenen Brief der SED. „Mit ganzer Kraft für die Aktionseinheit der Arbeiterklasse“, in: Bayerisches Volksecho vom 27.09.1951.

BVE: Was geht in den BMW-München-Milbertshofen vor sich?, in: Bayerisches Volksecho vom 20.03.1952.

BVE: Gg. Biberger „fristlos“ und mit „Kündigungsfrist“ von der BMW-Leitung entlassen, in: Bayerisches Volksecho vom 30.06.1952.

def: Weitere 14 Tage Zwangsurlaub bei BMW?, in: Süddeutsche Zeitung vom 23.06.1984, S. 3.

EB: BMW-Betriebsratsmitglied auf die Straße gesetzt, in: Bayerisches Volksecho vom 20.03.1953.

EB: Gemaßregelter KPD-Betriebsrat wiedergewählt! Glänzende Antwort der Belegschaft der BMW auf willkürliche Entlassung des Kollegen Schletzbaum, in: Bayerisches Volksecho vom 15.05.1953.

EB: BMW-Arbeiter leisten Widerstand!, in: Bayerisches Volksecho vom 24.02.1954.
EB: Hexenjagd bei BMW Allach. Gesinnungsschnüffelei a la McCarthy soll Belegschaft weich machen, in: Bayerisches Volksecho vom 27.02.1954.
EB: McCarthy wütet in BMW, in: Bayerisches Volksecho vom 08.03.1954.
EB: Amis jagen Betriebsräte davon. Erst kamen die Kommunisten dran, jetzt Terror gegen alle, in: Bayerisches Volksecho vom 12.03.1954.
EB: BMW Allach – aufgepaßt!, in: Bayerisches Volksecho vom 23.04.1954.
EB: BMW bereitet Urabstimmung vor. „Wir wollen nicht länger Bittsteller sein und nicht ewig verhandeln, sondern aktiv um die Erfüllung der Gewerkschaftsforderungen kämpfen.“, in: Bayerisches Volksecho vom 20.07.1954.
Max Hägler: Auslaufmodell. Der Käfer, der Golf, der Bulli, der Passat: Volkswagen hatte für jede Generation das passende Auto, in: Die Zeit vom 05.09.2024.
Peter Kleim: Der Mut und die Angst der Arbeiter, in: Abendzeitung München vom 18.05.1984.
Christina Kunkel: Hinter der roten Linie, in: Süddeutsche Zeitung vom 04.09.2024.
Thomas Münster: Gewerkschaft spricht von „kalter Aussperrung“, in: Süddeutsche Zeitung vom 18.05.1984, S. 9.
o. V.: Chlodwig im Arbeitslager. Die Spruchkammer urteilt, in: Süddeutsche Zeitung vom 27.09.1946, S. 6.
o. V.: Georg Biberger klagte vor dem Arbeitsgericht gegen die Werksleitung, in: Bayerisches Volksecho vom 21.10.1952.
o. V.: Kollege Schletzbaum muss wieder eingestellt werden. Die Belegschaft der BMW-Milbertshofen kämpft um ihren Betriebsrat, in: Bayerisches Volksecho vom 27.03.1953.
o. V.: BMW-Allach unter dem Besatzerstiefel, in: Bayerisches Volksecho vom 15.05.1954.
o. V.: Die entschleierten Gewinne der BMW, in: Bayerisches Volksecho vom 04.02.1955.
o. V.: Aus den Betriebszeitungen, in: Bayerisches Volksecho vom 15.03.1955.
o. V.: Bayerns Gloria, in: Der Spiegel Nr. 3 vom 1960, S. 20–30.
Pol.: Theorie und Praxis, 5. Folge unserer zeitgemäßen Betrachtungen. Der harmlose Clodwig, in: Süddeutsche Zeitung vom 20.06.1946, S. 4.
-spitz: Theorie und Praxis, Dritte Folge unserer Rubrik für gerechte Säuberung und ehrlichen Wiederaufbau. Fromm und Popp, in: Süddeutsche Zeitung vom 24.05.1946, S. 4.
Th.: Teurer Machtkampf, in: Süddeutsche Zeitung vom 16.06.1984, S. 5.
Volkskor: Unfaßbarer Beschluß des Betriebsrates der BMW Allach. Vertreterversammlung IG Metall München verteidigt Beschluß der DGB-Landesdelegiertenkonferenz vom 10.2., in: Bayerisches Volksecho vom 15.03.1952.
Volkskor: Entlassung von 500 BMW-Arbeitern bevorstehend, in: Bayerisches Volksecho vom 28.06.1952.

Wolfgang Willmann: Das Zehn-Stunden-Rennen um BMW, in: Süddeutsche Zeitung vom 10.12.1959, S. 3.
wl: Kuenheim: Der Streik bedroht Marktpositionen, in: Süddeutsche Zeitung vom 30.05.1984, S. 34.
wl: Die Streiksorgen wachsen, in: Süddeutsche Zeitung vom 26.06.1984, S. 5.

Protokolle des bayerischen Landtages

Bayerischer Landtag: Stenographischer Bericht der 17. Sitzung des Bayerischen Landtags am 23.04.1959, 9 Uhr in München, 4. Wahlperiode, 23.04.1959.

Gesetzestexte

Bayerisches Betriebsrätegesetz vom 25. Oktober 1950, 1950.
Betriebsrätegesetz vom 04. Februar 1920,
Betriebsverfassungsgesetz vom 11. Oktober 1952. BetrVG 1952.
Betriebsverfassungsgesetz vom 15. Januar 1972. BetrVG 1972.
Gesetz Nr. 22 des Kontrollrats in Deutschland, Betriebsräte, 10.04.1946,

Internetquellen

Ralf Ahrens/Friedericke Sattler: Clio-Guide: Unternehmensgeschichte, 2023–2024. https://guides.clio-online.de/guides/themen/unternehmensgeschichte/2023, zuletzt aufgerufen: 3. Oktober 2025.
Paul Hoser: Entnazifizierung, 2013. https://www.historisches-lexikon-bayerns.de/Lexikon/Entnazifizierung, zuletzt aufgerufen: 9. November 2021.
Legendärer Streik: So hart lief der Kampf für die 35-Stunden-Woche. https://www.igmetall.de/ueber-uns/geschichte/der-kampf-um-die-35-stunden-woche, zuletzt aufgerufen: 30. September 2025.
Walther Müller-Jentsch: Der Betriebsrat – Karriere einer janusköpfigen Institution, 2012. http://denk-doch-mal.de/wp/walther-mueller-jentsch-der-betriebsrat-karriere-einer-januskoepfigen-institution/, zuletzt aufgerufen: 30. November 2020.
Klaus Schubert/Martina Klein: Das Politiklexikon. Korporatismus 2020. https://www.bpb.de/kurz-knapp/lexika/politiklexikon/17752/korporatismus/, zuletzt aufgerufen: 8. September 2024.

Literaturverzeichnis

Werner Abelshauser: Deutsche Wirtschaftsgeschichte. Von 1945 bis zur Gegenwart, Bonn, 2011.

Stephen Ackroyd/Rosemary Batt/Paul Thompson/Pamela S. Tolbert (Hrsg.): The Oxford Handbook of Work and Organization, Oxford, 2006.

Hannah Ahlheim: Der Betrieb und das Schlafzimmer. Die „Humanisierung“ der Schicht- und Nachtarbeit in der Bundesrepublik der 1970er-Jahre, in: Knud Andresen/Michaela Kuhnhenne/Jürgen Mittag/Johannes Platz (Hrsg.), Der Betrieb als sozialer und politischer Ort. Studien zu Praktiken und Diskursen in den Arbeitswelten des 20. Jahrhunderts, Bonn, 2015, S. 213–230.

Ralf Ahrens/André Steiner: Wirtschaftskrisen, Strukturwandel und internationale Verflechtung, in: Frank Bösch (Hrsg.), Geteilte Geschichte. Ost- und Westdeutschland 1970–2000, Bonn, 2015, S. 79–115.

Altana Industrie-Aktien und Anlagen AG (Hrsg.): In Memoriam Herbert Quandt, 22. Juni 1910 – 02. Juni 1982. Gedenkfeier für Herbert Quandt, 1982.

Knud Andresen: Mitbestimmen. Die Entwicklung der Interessenvertretung bei Volkswagen in Braunschweig 1945–2002, Braunschweig, 2005.

Knud Andresen: Gebremste Radikalisierung. Die IG Metall und ihre Jugend 1968 bis in die 1980er Jahre, Göttingen, 2016.

Knud Andresen: Moralische Ökonomie. Bundesdeutsche Automobilunternehmen und Apartheid, in: Zeithistorische Forschungen / Studies in Contemporary History 13, 2016, H. 2, S. 231–253.

Knud Andresen: Gewerkschaftsgeschichte. Version: 1.0, in: Docupedia-Zeitgeschichte, 26.08.2021 2021, zuletzt aufgerufen: 26. Oktober 2021.

Knud Andresen/Ursula Bitzegeio/Jürgen Mittag (Hrsg.): „Nach dem Strukturbruch“? Kontinuität und Wandel von Arbeitsbeziehungen und Arbeitswelt(en) seit den 1970er-Jahren, Bonn, 2011.

Knud Andresen/Ingo Köhler: Sozial- Unternehmensgeschichte. Ein (un-)gleiches Paar, in: Nina Kleinöder/Christian Marx/Boris Gehlen/Juliane Czierpka (Hrsg.), Neue Perspektiven der Unternehmensgeschichte, Paderborn, 2024, S. 19–36.

Knud Andresen/Michaela Kuhnhenne/Jürgen Mittag/Johannes Platz (Hrsg.): Der Betrieb als sozialer und politischer Ort. Studien zu Praktiken und Diskursen in den Arbeitswelten des 20. Jahrhunderts, Bonn, 2015.

Julia Angster: Konsenskapitalismus und Sozialdemokratie. Die Westernisierung von SPD und DGB, München, 2003.

Julia Angster/Eckart Conze/Fernando Esposito/Silke Mende/Anselm Doering-Manteuffel (Hrsg.): Konturen von Ordnung. Ideengeschichtliche Zugänge zum 20. Jahrhundert, Berlin, Boston, 2019.

Lorenzo Annese: Vita da Gastarbeiter: Von Apulien zu VW in Wolfsburg. Die Geschichte des ersten ausländischen Betriebsrates in Deutschland, Bonn, 2022.

Johannes Bähr: Staatliche Schlichtung in der Weimarer Republik. Tarifpolitik, Korporatismus und industrieller Konflikt zwischen Inflation und Deflation 1919–1932, Berlin, 1989.

Frank Bajohr/Michael Wildt (Hrsg.): Volksgemeinschaft. Neue Forschungen zur Gesellschaft des Nationalsozialismus, Frankfurt am Main, 2009.

Stina Rike Barrenscheen-Loster: Neue Arbeitswelten, alte Führungsstile? Das mittlere Management in westdeutschen Großunternehmen (1949–1989), Frankfurt am Main, 2023.

Frank Becker/Daniel Schmidt: Einleitung – Das „Dritte Reich" als Arbeitsgesellschaft. Forschungsperspektiven auf das Verhältnis von „Betriebs-" und „Volksgemeinschaft", in: Frank Becker/Daniel Schmidt (Hrsg.), Industrielle Arbeitswelt und Nationalsozialismus. Der Betrieb als Laboratorium der „Volksgemeinschaft" 1920–1960, Essen, 2020, S. 7–12.

Frank Becker/Daniel Schmidt (Hrsg.): Industrielle Arbeitswelt und Nationalsozialismus. Der Betrieb als Laboratorium der „Volksgemeinschaft" 1920–1960, Essen, 2020.

Jens Beckert/Christoph Deutschmann (Hrsg.): Wirtschaftssoziologie. Kölner Zeitschrift für Soziologie und Sozialpsychologie, Sonderheft 49/2009, Wiesbaden, 2010.

Nils Beckmann: Käfer, Goggos, Heckflossen. Eine retrospektive Studie über die westdeutschen Automobilmärkte in den Jahren der beginnenden Massenmotorisierung, Vaihingen/Enz, 2006.

Martin Behrens/Heiner Dribbusch (Hrsg.): Industrial Relations in Germany. Dynamics and Perspectives, Baden-Baden, 2019.

Johannes Berger: Warum arbeiten die Arbeiter? Neomarxistische und neodurkheimianische Erklärungen?, in: Zeitschrift für Soziologie 24, 1995, H. 6, S. 407–421.

Stefan Berger/Andrea Hohmeyer (Hrsg.): Betriebsräte in deutschen Unternehmen von der Weimarer Republik bis heute, Köln, 2024.

Stefan Berger/Wolfgang Jäger/Ulf Teichmann (Hrsg.): Gewerkschaften im Gedächtnis der Demokratie. Welche Rollen spielen soziale Kämpfe in der Erinnerungskultur?, Bielefeld, 2022.

Hartmut Berghoff: The End of Long-Established Certainities: The Transformation of Germany Inc. since the Late 1980s, in: Sebastian Voigt (Hrsg.), Since the Boom. Continuity and Change in the Western Industrialized World after 1970, Toronto, Buffalo, London, 2021, S. 237–265.

Nicole Bergmann: „Gastarbeit" bei BMW in den 1960er und 1970er Jahren. Zur historischen Entwicklung und Quellenlage im BMW Group Archiv, 20.07.2010.

Betriebsrat der Adam Opel AG, Standort Rüsselsheim (Hrsg.): Betriebsratswahlen Opel Rüsselsheim 1945–2002, Rüsselsheim, 2002.

Betriebsrat der Ford-Werke Köln (Hrsg.): 60 Jahre Betriebsrat Ford Werke Köln, Köln, 2006.

Hans-Joachim Bieber: Zwischen Kasernenhof und Rätesystem. Der schwierige Weg zu gesetzlichen Regelung industrieller Mitbestimmung in Deutschland vom 19. Jahrhundert bis 1933, in: Hans G. Nutzinger (Hrsg.), Perspektiven der Mitbestimmung. Historische Erfahrungen und moderne Entwicklungen vor europäischem und globalem Hintergrund, Marburg, 1999, S. 11–125.

Frank Biess: Republik der Angst, Reinbek bei Hamburg, 2019.

Peter Birke/Heiner Dribbusch: Bewegtes „Wirtschaftswunder“, in: Horst Steffens/Torsten Bewernitz/Gunnar Gawehn (Hrsg.), Durch Nacht zum Licht? Geschichte der Arbeiterbewegung 1863–2013; Katalog zur Großen Landesausstellung Baden-Württemberg, Mannheim, 2013, S. 239–267.

Annika Biss: Die Internationalisierung der Bayerischen Motoren Werke AG. Vom reinen Exportgeschäft zur Gründung eigener Tochtergesellschaften im Ausland 1945–1981, Berlin, 2017.

Annika Biss: BMW in Südafrika. Unternehmerische Aktivität im Spannungsfeld der südafrikanischen Apartheidpolitik und des Kalten Krieges, in: Christian Kleinschmidt/Dieter Ziegler (Hrsg.), Dekolonisierungsgewinner. Deutsche Außenpolitik und Außenwirtschaftsbeziehungen im Zeitalter des Kalten Krieges, Berlin, 2018, S. 171–188.

Fritz Blaich: Staat und Verbände in Deutschland zwischen 1871 und 1945, Wiesbaden, 1979.

Lars Bluma/Karsten Uhl (Hrsg.): Kontrollierte Arbeit, disziplinierte Körper? Zur Sozial- und Kulturgeschichte der Industriearbeit im 19. und 20. Jahrhundert, Bielefeld, 2012.

BMW Group, Konzernkommunikation und Politik: Stationen einer Entwicklung, München, 2011.

Mario Boccia: Krise im „Wirtschaftswunder“. Fordistische Betriebspolitik und Produktionsarbeit bei BMW von 1960 bis 1973, Berlin, 2024.

Chaja Boebel/Frank Heidenreich/Lothar Wentzel (Hrsg.): Neuanfang 1945. Belegschaften und Betriebsräte setzen die Produktion in Gang, Hamburg, 2019.

Chaja Boebel/Lothar Wentzel: Einleitung, in: Chaja Boebel/Frank Heidenreich/Lothar Wentzel (Hrsg.), Neuanfang 1945. Belegschaften und Betriebsräte setzen die Produktion in Gang, Hamburg, 2019, S. 7–23.

Fritz Böhle/G. Günter Voß/Günther Wachtler (Hrsg.): Handbuch Arbeitssoziologie, Wiesbaden, 2010.

Marco Bonaldo: „Alles außer Hochdeutsch“? Die Region Stuttgart im wirtschaftlichen Anpassungsprozess nach dem Boom, in: Christian Marx/Morten Reitmayer (Hrsg.), Gewinner und Verlierer nach dem Boom. Perspektiven auf die westeuropäische Zeitgeschichte, Göttingen, 2020, S. 83–103.

Hubert Bonin/Yannick Lung/Steven Tolliday (Hrsg.): Ford, 1903–2003. The European History, Paris, 2003.

Frank Bösch (Hrsg.): Geteilte Geschichte. Ost- und Westdeutschland 1970–2000, Bonn, 2015.

Frank Bösch: Geteilte Geschichte. Plädoyer für eine deutsch-deutsche Perspektive auf die jüngere Zeitgeschichte 12, 2015, H. 1, S. 98–114.

Frank Bösch: Boom zwischen Krise und Globalisierung. Konsum und kultureller Wandel in der Bundesrepublik der 1970er und 1980er Jahre, in: Geschichte und Gesellschaft 42, 2016, S. 354–376.

Robert Boyer/Michel Freyssenet: Produktionsmodelle. Eine Typologie am Beispiel der Automobilindustrie, Berlin, 2003.

Klaus Busch: Strukturwandlungen der westdeutschen Automobilindustrie. Ein Beitrag zur Erfassung und Deutung einer industriellen Entwicklungsphase im Übergang vom produktionsorientierten zum marktorientierten Wachstum, Berlin, 1966.

Roy Anthony Church: The Rise and Decline of the British Motor Industry, Cambridge, 1995.

Consiqua GmbH: 100 Jahre Herbert Quandt. Facetten einer Persönlichkeit, Darmstadt, 2010.

Eckart Conze: Die Suche nach Sicherheit. Eine Geschichte der Bundesrepublik Deutschland von 1949 bis in die Gegenwart, München, 2009.

Wolfgang Däubler/Michael Kittner: Geschichte der Betriebsverfassung, Frankfurt am Main, 2020.

Wolfgang Däubler/Michael Kittner/Josef Cerny: Geschichte und Zukunft der Betriebverfassung, Frankfurt am Main, 2022.

Debatte. Die 1970er-Jahre in Geschichte und Gegenwart, in: Zeithistorische Forschungen / Studies in Contemporary History 3, 2006, H. 3, S. 422–438.

Bernhard Dietz: Von der Humanisierung zur Flexibilisierung der Arbeit. Der „Wertewandel“ in der Wirtschaft der 1980er-Jahre am Beispiel von BMW, in: Nina Kleinöder/Stefan Müller/Karsten Uhl (Hrsg.), „Humanisierung der Arbeit“. Aufbrüche und Konflikte in der rationalisierten Arbeitswelt des 20. Jahrhunderts, Bielefeld, 2019, S. 185–211.

Bernhard Dietz: Der Aufstieg der Manager. Wertewandel in den Führungsetagen der westdeutschen Wirtschaft, 1949–1989, Berlin, 2020.

Anselm Doering-Manteuffel: Wie westlich sind die Deutschen? Amerikanisierung und Westernisierung im 20. Jahrhundert, Göttingen, 1999.

Anselm Doering-Manteuffel: Dimensionen von Amerikanisierung in der deutschen Gesellschaft, in: Julia Angster/Eckart Conze/Fernando Esposito/Silke Mende/Anselm Doering-Manteuffel (Hrsg.), Konturen von Ordnung. Ideengeschichtliche Zugänge zum 20. Jahrhundert, Berlin, Boston, 2019, S. 306–356.

Anselm Doering-Manteuffel/Lutz Raphael: Der Epochenbruch in den 1970er-Jahren. Thesen zur Phänomenologie und den Wirkungen des Strukturwandels „nach dem Boom", in: Knud Andresen/Ursula Bitzegeio/Jürgen Mittag (Hrsg.), „Nach dem Strukturbruch"? Kontinuität und Wandel von Arbeitsbeziehungen und Arbeitswelt(en) seit den 1970er-Jahren, Bonn, 2011, S. 25–40.

Anselm Doering-Manteuffel/Lutz Raphael: Nach dem Boom. Perspektiven auf die Zeitgeschichte seit 1970, Göttingen, 2012.

Anselm Doering-Manteuffel/Lutz Raphael: Nach dem Boom. Neue Einsichten und Erklärungsversuche, in: Anselm Doering-Manteuffel/Lutz Raphael/Thomas Schlemmer/Morten Reitmayer (Hrsg.), Vorgeschichte der Gegenwart. Dimensionen des Strukturbruchs nach dem Boom, Göttingen, 2016, S. 9–34.

Anselm Doering-Manteuffel/Lutz Raphael/Thomas Schlemmer/Morten Reitmayer (Hrsg.): Vorgeschichte der Gegenwart. Dimensionen des Strukturbruchs nach dem Boom, Göttingen, 2016.

Reinhard Doleschal/Rainer Dombois: Wohin läuft VW? Die Automobilproduktion in der Wirtschaftskrise, Reinbek bei Hamburg, 1982.

Franziska Dunkel/Gabriella Stramaglia-Faggian: Zur Geschichte der Gastarbeiter in München. „Für 50 Mark einen Italiener", München, 2000.

Heidrun Edelmann: Vom Luxusgut zum Gebrauchsgegenstand. Die Geschichte der Verbreitung von Personenkraftwagen in Deutschland, Frankfurt am Main, 1989.

Sören Eden: Die Verwaltung einer Utopie. Die Treuhänder der Arbeit zwischen Betriebs- und Volksgemeinschaft 1933–1945, Göttingen, 2020.

Barry Eichengreen/Albrecht Ritschl: Understanding West German Economic Growth in the 1950s, in: Cliometrica 3, 2009, H. 3, S. 191–219.

Ein kurzer historischer Augenblick von Widerstand, Selbstbewusstsein und unverhoffter Anarchie. Eine WDR-Reportage zum Fordstreik 1973, in: Jan Motte/Rainer Ohliger (Hrsg.), Geschichte und Gedächtnis in der Einwanderungsgesellschaft. Migration zwischen historischer Rekonstruktion und Erinnerungspolitik, Essen, 2004, S. 237–249.

Anna Engbert: Industrielle Beziehungen in der Automobilindustrie. Die Daimler-Benz AG 1949–1966/67, in: Stephanie Tilly/Florian Triebel (Hrsg.), Automobilindustrie 1945–2000. Eine Schlüsselindustrie zwischen Boom und Krise, München, 2013, S. 285–299.

Ute Engelen: Demokratisierung der betrieblichen Sozialpolitik? Das Volkswagenwerk in Wolfsburg und Automobiles Peugeot in Sochaux 1944–1980, Baden-Baden, 2013.

Dirk Erb: Gewerkschafter bauen das Benzwerk wieder auf: das Beispiel Gaggenau, in: Chaja Boebel/Frank Heidenreich/Lothar Wentzel (Hrsg.), Neuanfang 1945. Belegschaften und Betriebsräte setzen die Produktion in Gang, Hamburg, 2019, S. 85–92.

Sina Fabian: Boom in der Krise. Konsum, Tourismus, Autofahren in Westdeutschland und Großbritannien 1970–1990, Göttingen, 2015.

Marcus Falke/Wenzel Matiaske: Betriebliche Sozialordnungen und Mitarbeiterverhalten, Mering, 2018.

Wilfried Feldenkirchen: „Vom Guten das Beste". Von Daimler und Benz zur Daimler-Chrsyler AG. Die ersten 100 Jahre 1883–1983, München, 2003.

Thomas Fetzer: Walking out of the National Workplace. Industrial Disputes and Trade Union Politics at Ford in Britain and Germany in the 1970s and 1980s, in: Hubert Bonin/Yannick Lung/Steven Tolliday (Hrsg.), Ford, 1903–2003. The European History, Paris, 2003, S. 393–415.

Thomas Fetzer: Reversing Gear: Trade Union Responses to Economic Crises at Opel (1974–1985), in: Business History 59, 2017, H. 1, S. 141–157.

Fichter/Michael: Von der Volksgemeinschaft zur Sozialpartnerschaft: Betriebe und Betriebsvertretung im Raum Stuttgart, 1945–1950, in: 1999. Zeitschrift für die Sozialgeschichte des 20. und 21. Jahrhunderts 5, 1990, H. 3, S. 80–97.

Reiner Flik: Automobil-Konsum in der Bundesrepublik Deutschland in den 1950er-Jahren, in: Rolf Spilker (Hrsg.), Richtig in Fahrt kommen. Automobilisierung nach 1945 in der Bundesrepublik Deutschland, Bramsche, 2012, S. 162–173.

Lena Foerster: Hochofen, Maloche und „Gastarbeiter". Ausländerbeschäftigung in Unternehmen der Eisen- und Stahlindustrie des Ruhrgebiets in den 1950er bis 1980er Jahren, Stuttgart, 2021.

Etienne Francois/Hagen Schulze (Hrsg.): Deutsche Erinnerungsorte. Bd. 1, München, 2001.

Matthias Frese: Betriebspolitik im „Dritten Reich". Deutsche Arbeitsfront, Unternehmer und Staatsbürokratie in der westdeutschen Großindustrie 1933–1939, Paderborn, 1991.

Matthias Frese: Nationalsozialistische Vertrauensräte. Zur Betriebspolitik im „Dritten Reich", in: Gewerkschaftliche Monatshefte 43, 1992, 4–5, S. 281–297.

Bernd Frick: Die Funktionsfähigkeit der bundesdeutschen Betriebsverfassung: quantitative und qualitative Evidenz im Überblick, in: Industrielle Beziehungen: Zeitschrift für Arbeit, Organisation und Management 4, 1997, H. 3, S. 172–195.

Gina Fuhrich: Humanisierung oder Rationalisierung? Arbeiter als Akteure im Bundesprogramm „Humanisierung des Arbeitslebens" bei der VW AG, Stuttgart, 2020.

Alexander Gallus: Zäsuren in der Geschichte der Bundesrepublik, in: Hans-Peter Schwarz (Hrsg.), Die Bundesrepublik Deutschland. Eine Bilanz nach 60 Jahren, München, 2008, S. 35–56.

Philipp Gassert: Bewegte Gesellschaft. Deutsche Protestgeschichte seit 1945, Stuttgart, 2018.

Boris Gehlen/Sibylle Lehmann-Hasemeyer: Über sieben Brücken musst Du gehen? Zum Verhältnis von Unternehmens- und (quantitativer) Wirtschaftsgeschichte, in: Nina Kleinöder/Christian Marx/Boris Gehlen/Juliane Czierpka (Hrsg.), Neue Perspektiven der Unternehmensgeschichte, Paderborn, 2024, S. 1–18.

Karl-Ulrich Gelberg: Entnazifizierung und Wiedergutmachung, in: Alois Schmid/Max Spindler (Hrsg.), Handbuch der bayerischen Geschichte, München, 2003, S. 725–737.

Dominik Geppert: Die Ära Adenauer, Darmstadt, 2022.

Gesamtbetriebsrat der Daimler AG (Hrsg.): 125 Jahre Arbeit und Leben in den Werken von Daimler und Benz. Die Geschichte der Beschäftigten und ihrer Interessenvertretung, Ludwigsburg, 2011.

Marcel Glaser/Alexander Kraus: Von der „Volksgemeinschaft" zur „Schicksalsgemeinschaft von Werk und Stadt". Wolfsburg und das Volkswagenwerk 1945–1963, in: Frank Becker/Daniel Schmidt (Hrsg.), Industrielle Arbeitswelt und Nationalsozialismus. Der Betrieb als Laboratorium der „Volksgemeinschaft" 1920–1960, Essen, 2020, S. 241–260.

Simon Goeke: Aufstand der Gastarbeiter. „Wilde Streiks" der italienischen Belegschaft bei BMW in München 1972, in: Hinterland – Magazin des Bayerischen Flüchtlingsrates 2009, H. 9, S. 46–51.

Simon Goeke: Wir sind alle Fremdarbeiter! Gewerkschaften, migrantische Kämpfe und soziale Bewegungen in der Bundesrepublik Deutschland der 1960er und 1970er Jahre, Paderborn, 2020.

Kurt Golda: Gedenkrede zum Tode Herbert Quants, in: Altana Industrie-Aktien und Anlagen AG (Hrsg.), In Memoriam Herbert Quandt, 22. Juni 1910 – 02. Juni 1982. Gedenkfeier für Herbert Quandt, 1982, S. 21–22.

Bernhard Gotto: Enttäuschung in der Demokratie. Erfahrung und Deutung von politischem Engagement in der Bundesrepublik Deutschland während der 1970er und 1980er Jahre, Berlin, Boston, 2018.

Ralph Greifenstein/Leo Kißler: Mitbestimmung im Spiegel der Forschung. Eine Bilanz der empirischen Untersuchungen 1952–2010, Berlin, 2010.

Ralph Greifenstein/Leo Kißler: Der Betriebsrat als Co-Manager: Chancen, Risiken, Perspektiven, 2012. http://denk-doch-mal.de/wp/ralph-greifensteinleo-kissler-der-betriebsrat-als-co-manager-chancen-risiken-perspektiven/, zuletzt aufgerufen: 30. November 2020.

Manfred Grieger: Volkswagen. Das Erfolgsunternehmen am Mittellandkanal, in: Niedersächsisches Ministerium für Inneres und Sport (Hrsg.), Das Niedersachsenbuch 2005, Wolfsburg, Hameln, 2005, S. 107–122.

Manfred Grieger: Der neue Geist im Volkswagenwerk. Produktinnovation, Kapazitätsabbau und Mitbestimmungsmodernisierung 1968–1976, in: Morten Reitmayer/Ruth Rosenberger (Hrsg.), Unternehmen am Ende des „goldenen Zeitalters". Die 1970er Jahre in unternehmens- und wirtschaftshistorischer Perspektive, Essen, 2008, S. 31–66.

Manfred Grieger: Kleine Geschichte des Automobils in Deutschland, in: Aus Politik und Zeitgeschichte 69, 2019, H. 43, S. 12–18.

Manfred Grunert/Florian Triebel: Ein Jahrhundert BMW. Das Unternehmen seit 1916, Berlin, 2019.

Isaf Gün/Benedikt Hopmann/Reinhold Niemerg (Hrsg.): Gegenmacht statt Ohnmacht. 100 Jahre Betriebsverfassungsgesetz: der Kampf um Mitbestimmung, Gemeineigentum und Demokratisierung, Hamburg, 2020.

Rüdiger Hachtmann: Rationalisierung, Automatisierung und Digitalisierung. Arbeit im Wandel, in: Frank Bösch (Hrsg.), Geteilte Geschichte. Ost- und Westdeutschland 1970–2000, Bonn, 2015, S. 195–237.

Rüdiger Hachtmann/Zentrum Für Zeithistorische Forschung Potsdam: Fordismus, 2011. http://docupedia.de/zg/hachtmann_fordismus_v1_de_2011, zuletzt aufgerufen: 19. Februar 2021.

Thomas Haipeter: Arbeit und Kapital in der deutschen Automobilindustrie. Kontinuität und Wandel der industriellen Beziehungen, in: Stephanie Tilly/Florian Triebel (Hrsg.), Automobilindustrie 1945–2000. Eine Schlüsselindustrie zwischen Boom und Krise, München, 2013, S. 329–361.

Thomas Haipeter: Interessenvertretung bei Volkswagen. Neue Konturen einer strategischen Mitbestimmung, Hamburg, 2019.

Juri Hälker: Betriebsräte in Rollenkonflikten. Betriebspolitisches Denken zwischen Co-Management und Gegenmacht, München/Mering, 2005.

Markus J. Heibler: Unternehmens- und Arbeitsstrukturen von Automobilkonzernen im Wandel. Die Beispiele Daimler, Volkswagen und General Motors, Bamberg, 2010.

Frank Heidenreich: Nach Krieg und Faschismus: Arbeiterpolitik und Betriebsräte 1945, in: Chaja Boebel/Frank Heidenreich/Lothar Wentzel (Hrsg.), Neuanfang 1945. Belegschaften und Betriebsräte setzen die Produktion in Gang, Hamburg, 2019, S. 24–57.

Felix Heinrichs: Kontrollverlust der Gewerkschaften? Der „Pierburg-Streik“ 1973 in historischer Perspektive, in: Knud Andresen/Michaela Kuhnhenne/Jürgen Mittag/Johannes Platz (Hrsg.), Der Betrieb als sozialer und politischer Ort. Studien zu Praktiken und Diskursen in den Arbeitswelten des 20. Jahrhunderts, Bonn, 2015, S. 137–156.

Andreas Hemmerle/Caroline Schulenberg: Das BMW Group Stammwerk München, München, 2015.

Ulrich Herbert: Geschichte Deutschlands im 20. Jahrhundert, München, 2023.

Ulrike Herrmann: Deutschland, ein Wirtschaftsmärchen. Warum es kein Wunder ist, dass wir reich geworden sind, Bonn, 2020.

Jan-Otmar Hesse (Hrsg.): Kulturalismus, neue Institutionenökonomik oder Theorienvielfalt. Eine Zwischenbilanz der Unternehmensgeschichte, Essen, 2002.

Jan-Otmar Hesse/Christian Kleinschmidt/Karl Lauschke: Einleitung. Herausforderungen und Perspektiven der Unternehmensgeschichte, in: Jan-Otmar Hesse (Hrsg.),

Kulturalismus, neue Institutionenökonomik oder Theorienvielfalt. Eine Zwischenbilanz der Unternehmensgeschichte, Essen, 2002, S. 9–15.

Jan-Otmar Hesse/Sebastian Teupe: Wirtschaftsgeschichte. Entstehung und Wandel der modernen Wirtschaft, Frankfurt am Main, 2019.

Martina Heßler: Die Halle 54 bei Volkswagen und die Grenzen der Automatisierung. Überlegungen zum Mensch-Maschine-Verhältnis in der industriellen Produktion der 1980er-Jahre, in: Zeithistorische Forschungen / Studies in Contemporary History 11, 2014, H. 1, S. 56–76.

Susanne Hilger: Zwischen Demontage und Wiederaufbau. Unternehmen und alliierte Besatzungspolitik nach dem Zweiten Weltkrieg am Beispiel der Firma Henkel, Düsseldorf, in: Zeitschrift für Unternehmensgeschichte 46, 2001, H. 2, S. 198–220.

Günter Hinken: Vom „Gastarbeiter“ aus der Türkei zum gestaltenden Akteur. Mitbestimmung und Integration von Arbeitsmigranten bei Ford in Köln, in: Jan Motte/Rainer Ohliger (Hrsg.), Geschichte und Gedächtnis in der Einwanderungsgesellschaft. Migration zwischen historischer Rekonstruktion und Erinnerungspolitik, Essen, 2004, S. 259–272.

Hartmut Hirsch-Kreinsen/Heiner Minssen (Hrsg.): Lexikon der Arbeits- und Industriesoziologie, Baden-Baden, 2017.

Eric J. Hobsbawm: Das Zeitalter der Extreme. Weltgeschichte des 20. Jahrhunderts, München, 2012.

Hans Günter Hockerts: Konrad Adenauer – ein „Rheinischer Kapitalist“?, in: Hans Günter Hockerts/Günther Schulz (Hrsg.), Der „Rheinische Kapitalismus“ in der Ära Adenauer, Paderborn, 2016, S. 187–202.

Hans Günter Hockerts/Günther Schulz (Hrsg.): Der „Rheinische Kapitalismus“ in der Ära Adenauer, Paderborn, 2016.

Jörg Hofmann/Christiane Benner (Hrsg.): Geschichte der IG Metall. Zur Entwicklung von Autonomie und Gestaltungskraft, Frankfurt am Main, 2019.

Jörg Hofmann/Jürgen Wechsler (Hrsg.): Vom Wiederaufbau zur Arbeit 4.0. IG Metall Bayern: 70 Jahre Fortschritt durch Tarifpolitik, Hamburg, 2017.

Karin Hunn: „Nächstes Jahr kehren wir zurück …“. Die Geschichte der türkischen „Gastarbeiter“ in der Bundesrepublik, Göttingen, 2005.

Jörg Huwer: „Gastarbeiter“ im Streik. Die spontane Arbeitsniederlegung bei Ford Köln im August 1973, in: Geschichte im Westen 22, 2007, S. 223–249.

IG Metall Geschäftsstelle München: Gespräche mit Hans Haumer. Gewerkschafter, Löwe, Mensch, München, 2011.

IG Metall Geschäftsstelle München/Horst Lischka: Gemeinsam für ein gutes Leben. (1)25 Jahre IG Metall München. (1891–2016), München, 2016.

IG Metall Verwaltungsstelle München/Harald Flassbeck (Hrsg.): 100 Jahre Gewerkschaft Metall München 1891–1991, München, 1991.

IG Metall Verwaltungsstelle München/Alois Laus (Hrsg.): 90 Jahre Gewerkschaft Metall München 1891–1981, München, 1981.

Harald Jähner: Wolfszeit. Deutschland und die Deutschen 1945–1955, Bonn, 2019.

David de Jong: Braunes Erbe. Die dunkle Geschichte der reichsten deutschen Unternehmerdynastien, Köln, 2022.

Rüdiger Jungbluth: Die Quandts. Ihr leiser Aufstieg zur mächtigsten Wirtschaftsdynastie Deutschlands, Frankfurt/Main, 2002.

Rainer Kalbitz: Der Metallarbeiterstreik in Bayern 1954, in: Gewerkschaftliche Monatshefte 55, 2004, H. 9, S. 559–569.

Rainer Karlsch/Johannes Bähr: Die Sowjetischen Aktiengesellschaften (SAG) in der SBZ/DDR. Bildung, Struktur und Probleme ihrer inneren Entwicklung, in: Karl Lauschke/Thomas Welskopp (Hrsg.), Mikropolitik im Unternehmen. Arbeitsbeziehungen und Machtstrukturen in industriellen Großbetrieben des 20. Jahrhunderts, Essen, 1994, S. 214–255.

Peter J. Katzenstein (Hrsg.): Industry and Politics in West Germany. Toward the Third Republic, Ithaca, N.Y, 1989.

Peter J. Katzenstein: Stability and Change in the Emerging Third Republic, in: Peter J. Katzenstein (Hrsg.), Industry and Politics in West Germany. Toward the Third Republic, Ithaca, N.Y, 1989, S. 307–353.

John Kelly: Labor Movements and Mobilization, in: Stephen Ackroyd/Rosemary Batt/Paul Thompson/Pamela S. Tolbert (Hrsg.), The Oxford Handbook of Work and Organization, Oxford, 2006, S. 283–304.

Frank Keuper/Tom Sommerlatte (Hrsg.): Vertrauensbasierte Führung. Devise und Forschung, Heidelberg, 2016.

Michael Kittner: Autonome Handlungs- und Konfliktfähigkeit von DMV und IG Metall: Mitglieder, Tarifbindung, Arbeitskampf, in: Jörg Hofmann/Christiane Benner (Hrsg.), Geschichte der IG Metall. Zur Entwicklung von Autonomie und Gestaltungskraft, Frankfurt am Main, 2019, S. 101–226.

Horst Klaus: Die Entwicklung von Grundsätzen zur Aufstellung von Tarifforderungen, in: Jörg Hofmann/Jürgen Wechsler (Hrsg.), Vom Wiederaufbau zur Arbeit 4.0. IG Metall Bayern: 70 Jahre Fortschritt durch Tarifpolitik, Hamburg, 2017, S. 98–104.

Hans-Günter Kleff: Täuschung, Selbsttäuschung, Enttäuschung und Lernen. Anmerkungen zum Fordstreik im Jahre 1973, in: Jan Motte/Rainer Ohliger (Hrsg.), Geschichte und Gedächtnis in der Einwanderungsgesellschaft. Migration zwischen historischer Rekonstruktion und Erinnerungspolitik, Essen, 2004, S. 251–257.

Nina Kleinöder/Christian Marx/Boris Gehlen/Juliane Czierpka (Hrsg.): Neue Perspektiven der Unternehmensgeschichte, Paderborn, 2024.

Nina Kleinöder/Stefan Müller/Karsten Uhl (Hrsg.): „Humanisierung der Arbeit“. Aufbrüche und Konflikte in der rationalisierten Arbeitswelt des 20. Jahrhunderts, Bielefeld, 2019.

Christian Kleinschmidt/Florian Triebel (Hrsg.): Marketing. Historische Aspekte der Wettbewerbs- und Absatzpolitik, Essen, 2004.

Christian Kleinschmidt/Dieter Ziegler (Hrsg.): Dekolonisierungsgewinner. Deutsche Außenpolitik und Außenwirtschaftsbeziehungen im Zeitalter des Kalten Krieges, Berlin, 2018.

Christoph Kleßmann: Betriebsparteigruppen und Einheitsgewerkschaft. Zur betrieblichen Arbeit der politischen Parteien in der Frühphase der westdeutschen Arbeiterbewegung 1945–1952, in: Vierteljahrshefte für Zeitgeschichte 31, 1983, H. 2, S. 272–307.

Ingo Köhler: Das Automobil in der Wirtschaftsgeschichte der Bundesrepublik Deutschland 1945–1960, in: Rolf Spilker (Hrsg.), Richtig in Fahrt kommen. Automobilisierung nach 1945 in der Bundesrepublik Deutschland, Bramsche, 2012, S. 18–33.

Ingo Köhler: Auto-Identitäten. Marketing, Konsum und Produktbilder des Automobils nach dem Boom, Göttingen, 2018.

Christopher Kopper: Der Durchbruch des PKW zum Massenkonsumgut 1950–1964, in: Jahrbuch für Wirtschaftsgeschichte / Economic History Yearbook 2010, S. 19–36.

Till Kössler: Abschied von der Revolution. Kommunisten und Gesellschaft in Westdeutschland 1945–1968, Düsseldorf, 2005.

Till Kössler: Arbeiter und Demokratiegründung in Westdeutschland nach 1945. Das Beispiel der kommunistischen Bewegung, in: Zeithistorische Forschungen / Studies in Contemporary History 3, 2006, H. 2, S. 188–209.

Hermann Kotthoff: Betriebsräte und Bürgerstatus. Wandel und Kontinuität betrieblicher Mitbestimmung, München, 1994.

Hermann Kotthoff: Betriebsräte und betriebliche Reorganisation. Zur Modernisierung eines ‚alten Hasen', in: Arbeit 4, 1995, H. 4, S. 425–447.

Hermann Kotthoff: Mitbestimmung in Zeiten interessenpolitischer Rückschritte: Betriebsräte zwischen Beteiligungsofferten und „gnadenlosem Kostensenkungsdiktat", in: Industrielle Beziehungen: Zeitschrift für Arbeit, Organisation und Management 5, 1998, H. 1, S. 76–99.

Hermann Kotthoff: „Betriebliche Sozialordnung" als Basis ökonomischer Leistungsfähigkeit, in: Jens Beckert/Christoph Deutschmann (Hrsg.), Wirtschaftssoziologie. Kölner Zeitschrift für Soziologie und Sozialpsychologie, Sonderheft 49/2009, Wiesbaden, 2010, S. 428–446.

Hermann Kotthoff: Betriebliche Mitbestimmung im Spiegel der jüngeren Forschung, in: Industrielle Beziehungen / The German Journal of Industrial Relations 20, 2013, H. 4, S. 323–341.

Hermann Kotthoff: Betriebliche Sozialordnung, in: Hartmut Hirsch-Kreinsen/Heiner Minssen (Hrsg.), Lexikon der Arbeits- und Industriesoziologie, Baden-Baden, 2017, S. 91–95.

Patrick Kresse: Finanzierung von Wiederaufbau und Expansion. Cashflows westdeutscher Automobilhersteller zwischen 1948–1960, in: Jahrbuch für Wirtschaftsgeschichte / Economic History Yearbook 2010, S. 65–88.

Ulrich Krystek/Mischa Lentz: Unternehmenskrise: Beschreibung, Ursachen, Verlauf und Wirkungen überlebenskritischer Prozesse in Unternehmen, in: Ansgar Thießen (Hrsg.), Handbuch Krisenmanagement, Wiesbaden, 2014, S. 31–53.

Peter Kurze: Die Automobilproduktion der Carl F.W. Borgward GmbH um 1950, in: Rolf Spilker (Hrsg.), Richtig in Fahrt kommen. Automobilisierung nach 1945 in der Bundesrepublik Deutschland, Bramsche, 2012, S. 132–151.

Karl Lauschke: Die Hoesch-Arbeiter und ihr Werk. Sozialgeschichte der Dortmunder Westfalenhütte während der Jahre des Wiederaufbaus 1945–1966, Essen, 2000.

Karl Lauschke: Mehr Demokratie in der Wirtschaft. Die Entstehung des Mitbestimmungsgesetzes von 1976, Düsseldorf, 2006.

Karl Lauschke: Vom Wiederaufbau zur Wiedervereinigung – Bedingungen in der Gewerkschaftsentwicklung in der Bundesrepublik, in: Jörg Hofmann/Christiane Benner (Hrsg.), Geschichte der IG Metall. Zur Entwicklung von Autonomie und Gestaltungskraft, Frankfurt am Main, 2019, S. 89–97.

Karl Lauschke: Vom Meilenstein demokratischer Neuordnung zum Auslaufmodell. Erinnerungsgeschichte der Montanmitbestimmung, in: Stefan Berger/Wolfgang Jäger/Ulf Teichmann (Hrsg.), Gewerkschaften im Gedächtnis der Demokratie. Welche Rollen spielen soziale Kämpfe in der Erinnerungskultur?, Bielefeld, 2022, S. 459–479.

Karl Lauschke/Thomas Welskopp: Einführung. Mikropolitik im Unternehmen: Chancen und Voraussetzungen beziehungsanalytischer Ansätze in der Industrie- und Arbeitergeschichte, in: Karl Lauschke/Thomas Welskopp (Hrsg.), Mikropolitik im Unternehmen. Arbeitsbeziehungen und Machtstrukturen in industriellen Großbetrieben des 20. Jahrhunderts, Essen, 1994, S. 7–15.

Karl Lauschke/Thomas Welskopp (Hrsg.): Mikropolitik im Unternehmen. Arbeitsbeziehungen und Machtstrukturen in industriellen Großbetrieben des 20. Jahrhunderts, Essen, 1994.

Hanne Leßau: Entnazifizierungsgeschichten. Die Auseinandersetzung mit der eigenen NS-Vergangenheit in der frühen Nachkriegszeit, Göttingen, 2020.

Peter Leßmann-Faust: „Wenig zu bestellen in Wolfsburg?". IG Metall und Betriebsrat im Volkswagenwerk (1945–1975), Frankfurt, New York, 2024.

Felix Lieb: Arbeit und Umwelt? Die Umwelt- und Energiepolitik der SPD zwischen Ökologie und Ökonomie 1969–1998, Berlin/Boston, 2022.

Werner Link: Deutsche und amerikanische Gewerkschaften und Geschäftsleute 1945–1975. Eine Studie über transnationale Beziehungen, Düsseldorf, 1978.

Till Lorenzen: BMW als Flugmotorenhersteller 1926–1940. Staatliche Lenkungsmaßnahmen und unternehmerische Handlungsspielräume, München, 2008.

Peter Lösche/Franz Walter: Die SPD. Klassenpartei – Volkspartei – Quotenpartei; zur Entwicklung der Sozialdemokratie von Weimar bis zur deutschen Vereinigung, Darmstadt, 1992.

Alf Lüdtke: Eigen-Sinn. Fabrikalltag, Arbeitererfahrungen und Politik vom Kaiserreich bis in den Faschismus, Hamburg, 1993.

Markus Lupa: Spurwechsel auf britischen Befehl. Der Wandel des Volkswagenwerks zum Marktunternehmen 1945–1949, Wolfsburg, 2010.

Christian Marx: Gewinner und Verlierer der Multinationalisierung von Industrieunternehmen seit den 1960er Jahren, in: Christian Marx/Morten Reitmayer (Hrsg.), Gewinner und Verlierer nach dem Boom. Perspektiven auf die westeuropäische Zeitgeschichte, Göttingen, 2020, S. 27–56.

Christian Marx/Sabine Pitteloud: Zeitgeschichte und Unternehmensgeschichte. Un dialogue manqué?, in: Nina Kleinöder/Christian Marx/Boris Gehlen/Juliane Czierpka (Hrsg.), Neue Perspektiven der Unternehmensgeschichte, Paderborn, 2024, S. 124–150.

Christian Marx/Morten Reitmayer (Hrsg.): Gewinner und Verlierer nach dem Boom. Perspektiven auf die westeuropäische Zeitgeschichte, Göttingen, 2020.

Laura Mattern: Zwischen Exklusion und Integration: Berufsqualifizierung von ausländischen Jugendlichen der 2. Generation in den 1970er und 1980er Jahren. Inaugural-Dissertation zur Erlangung des Doktorgrades der Philosophie an der Ludwig-Maximilians-Universität München, München, 2022.

Hartmut Meine: Vom Wandel des Konflikts um Lohn und Leistung – der Kampf um Leistungsregulierung und Personalbemessung, in: Jörg Hofmann/Christiane Benner (Hrsg.), Geschichte der IG Metall. Zur Entwicklung von Autonomie und Gestaltungskraft, Frankfurt am Main, 2019, S. 298–330.

Klaus Merten: Krise, Krisemanagement und Krisenkommunikation, in: Ansgar Thießen (Hrsg.), Handbuch Krisenmanagement, Wiesbaden, 2014, S. 155–174.

Werner Milert: Der steinige Weg in die Konfliktpartnerschaft. Die Sozialbeziehungen bei Siemens in den ersten beiden Nachkriegsjahrzehnten, in: Knud Andresen/Michaela Kuhnhenne/Jürgen Mittag/Johannes Platz (Hrsg.), Der Betrieb als sozialer und politischer Ort. Studien zu Praktiken und Diskursen in den Arbeitswelten des 20. Jahrhunderts, Bonn, 2015, S. 159–184.

Werner Milert: Fluides Gedächtnis. Betriebsräte in der gewerkschaftlichen Erinnerungskultur, in: Stefan Berger/Wolfgang Jäger/Ulf Teichmann (Hrsg.), Gewerkschaften im Gedächtnis der Demokratie. Welche Rollen spielen soziale Kämpfe in der Erinnerungskultur?, Bielefeld, 2022, S. 431–457.

Werner Milert/Rudolf Tschirbs: Die andere Demokratie. Betriebliche Interessenvertretung in Deutschland, 1848 bis 2008, Essen, 2015.

Werner Milert/Rudolf Tschirbs: Vom Wert der Mitbestimmung. Betriebsräte und Aufsichtsräte in Deutschland seit 1945, Düsseldorf, 2016.

Horst Mönnich: BMW. Eine deutsche Geschichte, München, 2004.
Jan Motte/Rainer Ohliger (Hrsg.): Geschichte und Gedächtnis in der Einwanderungsgesellschaft. Migration zwischen historischer Rekonstruktion und Erinnerungspolitik, Essen, 2004.
Philipp Müller: Zeit der Unterhändler. Koordinierter Kapitalismus in Deutschland und Frankreich zwischen 1920 und 1950, Hamburg, 2019.
Stefan Müller/Lothar Wentzel: Die Verhältnisse klären, das Handeln stärken. Die Bildungsarbeit des Deutschen Metallarbeiter-Verbandes und der IG Metall, in: Jörg Hofmann/Christiane Benner (Hrsg.), Geschichte der IG Metall. Zur Entwicklung von Autonomie und Gestaltungskraft, Frankfurt am Main, 2019, S. 438–464.
Tim B. Müller: Demokratie und Wirtschaftspolitik in der Weimarer Republik, in: Vierteljahrshefte für Zeitgeschichte 62, 2014, H. 4, S. 569–601.
Wolfgang Müller: Ende des „Wirtschaftswunders", erste Krisen und der Kampf um die 35-Stunden-Woche (1967–1989), in: Jörg Hofmann/Jürgen Wechsler (Hrsg.), Vom Wiederaufbau zur Arbeit 4.0. IG Metall Bayern: 70 Jahre Fortschritt durch Tarifpolitik, Hamburg, 2017, S. 132–148.
Walther Müller-Jentsch: Theorien Industrieller Beziehungen, in: Industrielle Beziehungen / The German Journal of Industrial Relations 3, 1996, H. 1, S. 36–64.
Walther Müller-Jentsch: Konfliktpartnerschaft und andere Spielarten industrieller Beziehungen, in: Industrielle Beziehungen 23, 2016, H. 4, S. 518–531.
Walther Müller-Jentsch: Seven Decades of Industrial Relations in Germany. Stability and Change through Joint Learning Processes, in: ER 40, 2018, H. 4, S. 634–653.
Walther Müller-Jentsch: Mitbestimmung. Arbeitnehmerrechte im Betrieb und Unternehmen, Wiesbaden, 2019.
Walther Müller-Jentsch: Tarifautonomie. Über die Ordnung des Arbeitsmarktes durch Tarifverträge, Wiesbaden, 2022.
Walther Müller-Jentsch/Peter Ittermann: Industrielle Beziehungen, Daten, Zeitreihen 1950–1999, Frankfurt am Main, 2000.
Walther Müller-Jentsch/Beate Seitz: Betriebsräte gewinnen Konturen: Ergebnisse einer Betriebsräte-Befragung im Maschinenbau, in: Industrielle Beziehungen: Zeitschrift für Arbeit, Organisation und Management 5, 1998, H. 4, S. 361–386.
Jörg Neuheiser: Arbeit zwischen Entgrenzung und Konsum. Die Geschichte der Arbeit im 20. Jahrhundert als Gegenstand aktueller zeithistorischer und sozialwissenschaftlicher Studien, in: NPL 58, 2013, S. 421–448.
Jörg Neuheiser: Leistungsdruck! Hetze! Stress? Daimler-Werkszeitungen und die auffällige Unauffälligkeit des Stress-Begriffs in der betrieblichen Kommunikation, in: Zeithistorische Forschungen / Studies in Contemporary History 11, 2014, H. 3, S. 462–471.
Jörg Neuheiser: Postmaterialismus am laufenden Band? Mitbestimmung, Demokratie und die „Humanisierung der Arbeitswelt" in den Konflikten zwischen „plakat"-

Gruppe und IG Metall bei Daimler-Benz in Untertürkheim, in: Knud Andresen/Michaela Kuhnhenne/Jürgen Mittag/Johannes Platz (Hrsg.), Der Betrieb als sozialer und politischer Ort. Studien zu Praktiken und Diskursen in den Arbeitswelten des 20. Jahrhunderts, Bonn, 2015, S. 99–114.

Christopher Neumaier/Andreas Ludwig: Individualisierung der Lebenswelten. Konsum, Wohnkultur und Familienstrukturen, in: Frank Bösch (Hrsg.), Geteilte Geschichte. Ost- und Westdeutschland 1970–2000, Bonn, 2015, S. 239–282.

Klaus Neumann: Freiheit am Arbeitsplatz. Betriebsdemokratie und Betriebsräte in Deutschland und Schweden (1880–1950), Frankfurt, 2015.

Niedersächsisches Ministerium für Inneres und Sport (Hrsg.): Das Niedersachsenbuch 2005, Wolfsburg, Hameln, 2005.

Lutz Niethammer: Die Mitläuferfabrik. Die Entnazifizierung am Beispiel Bayerns, Berlin, 1982.

Lutz Niethammer/Ulrich Borsdorf (Hrsg.): Arbeiterinitiative 1945. Antifaschistische Ausschüsse und Reorganisation der Arbeiterbewegung in Deutschland, Wuppertal, 1976.

Verena Nitsche: „Geräuschlose Integration?“. Zur Situation der „Gastarbeiter“ bei BMW von 1955 bis 1973, 19.03.2012.

Hans G. Nutzinger (Hrsg.): Perspektiven der Mitbestimmung. Historische Erfahrungen und moderne Entwicklungen vor europäischem und globalem Hintergrund, Marburg, 1999.

Kay Ohl: Tarifpolitik als Kernelement autonomer Gewerkschaftsmacht, in: Jörg Hofmann/Christiane Benner (Hrsg.), Geschichte der IG Metall. Zur Entwicklung von Autonomie und Gestaltungskraft, Frankfurt am Main, 2019, S. 229–267.

Kay Ohl: Wem gehört die Zeit? Arbeitszeit als Kampfterrain in der Metall- und Elektroindustrie, in: Jörg Hofmann/Christiane Benner (Hrsg.), Geschichte der IG Metall. Zur Entwicklung von Autonomie und Gestaltungskraft, Frankfurt am Main, 2019, S. 268–297.

Anne von Oswald: Volkswagen, Wolfsburg und die italienischen „Gastarbeiter“ 1962–1975, in: Archiv für Sozialgeschichte 42, 2002, S. 55–79.

Dimitrij Owetschkin: Die Wandlungen der betrieblichen Mitbestimmung in der Automobilindustrie in den 1970er-Jahren. Das Beispiel Opel Rüsselsheim, in: Knud Andresen/Michaela Kuhnhenne/Jürgen Mittag/Johannes Platz (Hrsg.), Der Betrieb als sozialer und politischer Ort. Studien zu Praktiken und Diskursen in den Arbeitswelten des 20. Jahrhunderts, Bonn, 2015, S. 115–135.

Dimitrij Owetschkin: Vom Verteilen zum Gestalten. Geschichte der betrieblichen Mitbestimmung in der westdeutschen Automobilindustrie nach 1945, Bielefeld, 2016.

Nihat Öztürk/Oliver Trede: Migrations- und Integrationsarbeit – wie „Gastarbeiter“ gleichberechtigte Kolleg*innen wurden, in: Jörg Hofmann/Christiane Benner

(Hrsg.), Geschichte der IG Metall. Zur Entwicklung von Autonomie und Gestaltungskraft, Frankfurt am Main, 2019, S. 465–484.

Mathias Pfaffel: Vom selbständigen Unternehmen zum integrierten Konzernstandort. Die AUDI NSU AUTO UNION AG in Neckarsulm 1969–1984, Stuttgart, 2019.

Adrian Pielken/Ulrich Krystek: Unternehmenskrise und Vertrauenskrise. Konzeptionelle Abgrenzung, Vertrauensbrüche und Wiederherstellungsmechanismen, in: Frank Keuper/Tom Sommerlatte (Hrsg.), Vertrauensbasierte Führung. Devise und Forschung, Heidelberg, 2016, S. 117–141.

Christian Pierer: Die Bayerischen Motoren Werke bis 1933. Eine Unternehmensgründung in Krieg, Inflation und Weltwirtschaftskrise, München, 2011.

Theo Pirker: Die blinde Macht. Erster Teil 1945–1952. Die Gewerkschaftsbewegung in Westdeutschland, München, 1960.

Theo Pirker: Die blinde Macht. Zweiter Teil 1953–1960. Die Gewerkschaftsbewegung in Westdeutschland, München, 1960.

Werner Plumpe: Betriebliche Mitbestimmung in der Weimarer Republik. Fallstudien zum Ruhrbergbau und zur Chemischen Industrie, München, 1999.

Werner Plumpe: Industrieland Deutschland 1945 bis 2008, in: Hans-Peter Schwarz (Hrsg.), Die Bundesrepublik Deutschland. Eine Bilanz nach 60 Jahren, München, 2008, S. 379–404.

Werner Plumpe: Kapital und Arbeit in Deutschland von der Mitte des 19. Jahrhunderts bis zur Gegenwart, in: Horst Steffens/Torsten Bewernitz/Gunnar Gawehn (Hrsg.), Durch Nacht zum Licht? Geschichte der Arbeiterbewegung 1863–2013; Katalog zur Großen Landesausstellung Baden-Württemberg, Mannheim, 2013, S. 387–407.

Werner Plumpe: Das kalte Herz. Kapitalismus: die Geschichte einer andauernden Revolution, Bonn, 2019.

Lutz Raphael: Flexible Anpassungen und prekäre Sicherheiten. Industriearbeit(er) nach dem Boom, in: Morten Reitmayer/Thomas Schlemmer (Hrsg.), Die Anfänge der Gegenwart. Umbrüche in Westeuropa nach dem Boom, München, 2014, S. 51–64.

Lutz Raphael: Jenseits von Kohle und Stahl. Eine Gesellschaftsgeschichte Westeuropas nach dem Boom, Bonn, 2019.

Lutz Raphael: Gewinner und Verlierer in den Transformationen industrieller Arbeitswelten Westeuropas nach dem Boom, in: Christian Marx/Morten Reitmayer (Hrsg.), Gewinner und Verlierer nach dem Boom. Perspektiven auf die westeuropäische Zeitgeschichte, Göttingen, 2020, S. 57–81.

Britta Rehder: Legitimitätsdefizite des Co-Managements. Betriebliche Bündnisse für Arbeit als Konfliktfeld zwischen Arbeitnehmern und betrieblicher Interessenvertretung, in: Zeitschrift für Soziologie 35, 2006, H. 3, S. 227–242.

Andrea Rehling: Konfliktstrategie und Konsenssuche in der Krise. Von der Zentralarbeitsgemeinschaft zur Konzertierten Aktion, Baden-Baden, 2011.

Morten Reitmayer: Das ökonomische Feld. Sozialraumanalyse und Betrieb, in: Knud Andresen/Michaela Kuhnhenne/Jürgen Mittag/Johannes Platz (Hrsg.), Der Betrieb als sozialer und politischer Ort. Studien zu Praktiken und Diskursen in den Arbeitswelten des 20. Jahrhunderts, Bonn, 2015, S. 53–72.

Morten Reitmayer/Ruth Rosenberger (Hrsg.): Unternehmen am Ende des „goldenen Zeitalters“. Die 1970er Jahre in unternehmens- und wirtschaftshistorischer Perspektive, Essen, 2008.

Morten Reitmayer/Thomas Schlemmer (Hrsg.): Die Anfänge der Gegenwart. Umbrüche in Westeuropa nach dem Boom, München, 2014.

Ralf Richter: Ivan Hirst. Britischer Offizier und Manager des Volkswagen Aufbaus, Wolfsburg, 2013.

Bernhard Rieger: The People's Car. A Global History of the Volkswagen Beetle, Cambridge, Mass., 2013.

Witich Roßmann: Akteure im Betrieb – Betriebspolitik als Basis von Organisationsentwicklung und Gewerkschaftsmacht, in: Jörg Hofmann/Christiane Benner (Hrsg.), Geschichte der IG Metall. Zur Entwicklung von Autonomie und Gestaltungskraft, Frankfurt am Main, 2019, S. 331–386.

Michael Ruck: Weimarer Republik: Aufstieg und Absturz – Konsolidierung und Untergang der Gewerkschaften, in: Jörg Hofmann/Christiane Benner (Hrsg.), Geschichte der IG Metall. Zur Entwicklung von Autonomie und Gestaltungskraft, Frankfurt am Main, 2019, S. 55–77.

Dieter Sauer: Von der „Humanisierung der Arbeit“ zur „Guten Arbeit“, in: Aus Politik und Zeitgeschichte 2011, H. 15, S. 18–24.

Thomas Schlemmer: Vier Ringe für Ingolstadt. Die Auto Union zwischen Neubeginn und Krise 1945 bis 1958, in: Rolf Spilker (Hrsg.), Richtig in Fahrt kommen. Automobilisierung nach 1945 in der Bundesrepublik Deutschland, Bramsche, 2012, S. 86–101.

Alois Schmid/Max Spindler (Hrsg.): Handbuch der bayerischen Geschichte, München, 2003.

Rudi Schmidt: Die Nachkriegszeit (1945–1949), in: Jörg Hofmann/Jürgen Wechsler (Hrsg.), Vom Wiederaufbau zur Arbeit 4.0. IG Metall Bayern: 70 Jahre Fortschritt durch Tarifpolitik, Hamburg, 2017, S. 22–51.

Rudi Schmidt: Restauration und neue Ordnung (1950–1966), in: Jörg Hofmann/Jürgen Wechsler (Hrsg.), Vom Wiederaufbau zur Arbeit 4.0. IG Metall Bayern: 70 Jahre Fortschritt durch Tarifpolitik, Hamburg, 2017, S. 52–90.

Kurt Thomas Schmitz: Die IG Metall nach dem Boom. Herausforderungen und strategische Reaktionen, Bonn, 2020.

Manfred Schoch: Der BMW-Betriebsrat als treibende Kraft, Innovator und Garant für gute Arbeit, in: Jörg Hofmann/Jürgen Wechsler (Hrsg.), Vom Wiederaufbau zur

Arbeit 4.0. IG Metall Bayern: 70 Jahre Fortschritt durch Tarifpolitik, Hamburg, 2017, S. 105–107.

Joachim Scholtyseck: Der Aufstieg der Quandts. Eine deutsche Unternehmerdynastie, München, 2011.

Halwart Schrader/Jean Pierre Bardou/Jean-Jacques Chanaron/Patrick Fridenson/James M. Laux: Die Automobilrevolution. Analyse eines Industrie-Phänomens, Gerlingen, 1989.

Wolfgang Schroeder: Die Rolle der Gewerkschaften im „Rheinischen Kapitalismus", in: Hans Günter Hockerts/Günther Schulz (Hrsg.), Der „Rheinische Kapitalismus" in der Ära Adenauer, Paderborn, 2016, S. 97–120.

Wolfgang Schroeder/Samuel Greef: Gewerkschaften und Arbeitsbeziehungen nach dem Boom, in: Anselm Doering-Manteuffel/Lutz Raphael/Thomas Schlemmer/Morten Reitmayer (Hrsg.), Vorgeschichte der Gegenwart. Dimensionen des Strukturbruchs nach dem Boom, Göttingen, 2016, S. 245–270.

Erhard Schütz: Volkswagen, in: Etienne Francois/Hagen Schulze (Hrsg.), Deutsche Erinnerungsorte. Bd. 1, München, 2001, S. 352–369.

Michael Schwab: Alle Kraft für den Aufbau. Gewerkschaften in München 1945/46, München, 2021.

Hans-Peter Schwarz: Anmerkungen zu Adenauer, München, 2007.

Hans-Peter Schwarz (Hrsg.): Die Bundesrepublik Deutschland. Eine Bilanz nach 60 Jahren, München, 2008.

Hans-Christoph Seidel: Die Bergbaugewerkschaft und die „Gastarbeiter". Ausländerpolitik im Ruhrbergbau vom Ende der 1950er bis in die 1980er Jahre, in: Vierteljahrshefte für Zeitgeschichte 62, 2014, H. 1, S. 35–68.

Jürgen Seidl: Die Bayerischen Motorenwerke (BMW) 1945–1969. Staatlicher Rahmen und unternehmerisches Handeln, München, 2002.

Barbara Sonnenberger: Nationale Migrationspolitik und regionale Erfahrung. Die Anfänge der Arbeitsmigration in Südhessen 1955–1967, Darmstadt, 2003.

Olga Sparschuh: Fremde Heimat, fremde Ferne. Italienische Arbeitsmigration in Turin und München 1950–1975, Göttingen, 2021.

Rolf Spilker (Hrsg.): Richtig in Fahrt kommen. Automobilisierung nach 1945 in der Bundesrepublik Deutschland, Bramsche, 2012.

Jörg Sprengelmeyer: „DKW ist wieder da!". Die Fahrzeuge der Auto Union 1949 bis 1958, in: Rolf Spilker (Hrsg.), Richtig in Fahrt kommen. Automobilisierung nach 1945 in der Bundesrepublik Deutschland, Bramsche, 2012, S. 102–131.

Horst Steffens/Torsten Bewernitz/Gunnar Gawehn (Hrsg.): Durch Nacht zum Licht? Geschichte der Arbeiterbewegung 1863–2013; Katalog zur Großen Landesausstellung Baden-Württemberg, Mannheim, 2013.

Bernd Stöver: Der Kalte Krieg 1947–1991. Geschichte eines radikalen Zeitalters, München, 2011.

Wolfgang Streeck: Successful Adjustment to Turbulent Markets: The Automobile Industry, in: Peter J. Katzenstein (Hrsg.), Industry and Politics in West Germany. Toward the Third Republic, Ithaca, N.Y, 1989, S. 113–156.

Wolfgang Streeck: Von Konflikt ohne Partnerschaft zu Partnerschaft ohne Konflikt: Industrielle Beziehungen in Deutschland, in: Industrielle Beziehungen 23, 2016, H. 1, S. 47–60.

Ralf Stremmel: Von der „Treue" zum „Vertrauen"? Friedrich Alfred Krupp und seine Beschäftigten (1887 bis 1902), in: Zeitschrift für Unternehmensgeschichte 51, 2006, H. 1, S. 70–92.

Lorenz Strittmatter: Mitbestimmung bei Fusionen. Die Einbindung der Betriebsräte bei Zusammenschlüssen im Automobilsektor, München, 2013.

Dietmar Süß: Mikropolitik und Spiele. zu einem neuen Konzept für die Arbeiter- und Unternehmensgeschichte, in: Jan-Otmar Hesse (Hrsg.), Kulturalismus, neue Institutionenökonomik oder Theorienvielfalt. Eine Zwischenbilanz der Unternehmensgeschichte, Essen, 2002.

Dietmar Süß: Kumpel und Genossen. Arbeiterschaft, Betrieb und Sozialdemokratie in der bayerischen Montanindustrie, 1945 bis 1976, München, 2003.

Dietmar Süß: „Ein Volk, ein Reich, ein Führer". Die deutsche Gesellschaft im Dritten Reich, München, 2017.

Hans Jürgen Teuteberg: Geschichte der industriellen Mitbestimmung in Deutschland. Ursprung und Entwicklung ihrer Vorläufer im Denken und in der Wirklichkeit des 19. Jahrhunderts, Tübingen, 1961.

Ansgar Thießen (Hrsg.): Handbuch Krisenmanagement, Wiesbaden, 2014.

Malte Thießen: Schöne Zeiten? Erinnerungen an die „Volksgemeinschaft" nach 1945, in: Frank Bajohr/Michael Wildt (Hrsg.), Volksgemeinschaft. Neue Forschungen zur Gesellschaft des Nationalsozialismus, Frankfurt am Main, 2009, S. 165–187.

Malte Thießen: In der Leistungsdiktatur: Arbeiten, Anderssein und Bessersein in der „Volksgemeinschaft", in: Frank Becker/Daniel Schmidt (Hrsg.), Industrielle Arbeitswelt und Nationalsozialismus. Der Betrieb als Laboratorium der „Volksgemeinschaft" 1920–1960, Essen, 2020, S. 13–27.

Stephanie Tilly: „Die guten Zeiten … sind vorbei". Zum Verhältnis von Automobilindustrie, Politik und Automobilverband in den 1970er Jahren, in: Morten Reitmayer/Ruth Rosenberger (Hrsg.), Unternehmen am Ende des „goldenen Zeitalters". Die 1970er Jahre in unternehmens- und wirtschaftshistorischer Perspektive, Essen, 2008, S. 209–232.

Stephanie Tilly/Florian Triebel (Hrsg.): Automobilindustrie 1945–2000. Eine Schlüsselindustrie zwischen Boom und Krise, München, 2013.

Stephanie Tilly/Florian Triebel: Einführung, in: Stephanie Tilly/Florian Triebel (Hrsg.), Automobilindustrie 1945–2000. Eine Schlüsselindustrie zwischen Boom und Krise, München, 2013, S. 1–21.

Oliver Trede: Zwischen Misstrauen, Regulation und Integration. Gewerkschaften und Arbeitsmigration in der Bundesrepublik und in Großbritannien in den 1960er und 70er Jahren, Paderborn, 2015.

Frank Trentmann: Empire of Things. How We Became a World of Consumers, from the Fifteenth Century to the Twenty First, London, 2016.

Wilhelm Treue: Herbert Quandt. Ein Unternehmer der dritten Generation, Bad Homburg vor der Höhe, 1980.

Florian Triebel: Marktforschung bei BMW 1957–1967, in: Christian Kleinschmidt/Florian Triebel (Hrsg.), Marketing. Historische Aspekte der Wettbewerbs- und Absatzpolitik, Essen, 2004, S. 67–83.

Florian Triebel: Vom „Marketingloch" zur Wiederentdeckung der sportlichen Mittelklasse – vom Produktionsregime zur Marketingorientierung bei BMW, in: Jahrbuch für Wirtschaftsgeschichte / Economic History Yearbook 2010, H. 1, S. 37–63.

Florian Triebel: Die Bayerischen Motoren Werke während der Rezession 1966/67 und der Ölpreiskrise 1973/74, in: Stephanie Tilly/Florian Triebel (Hrsg.), Automobilindustrie 1945–2000. Eine Schlüsselindustrie zwischen Boom und Krise, München, 2013, S. 111–153.

Florian Triebel: Rezension zu: Owetschkin, Dimitrij: Vom Verteilen und Gestalten. Geschichte der betrieblichen Mitbestimmung in der westdeutschen Automobilindustrie nach 1945, 2017. https://www.hsozkult.de/publicationreview/id/reb-23870, zuletzt aufgerufen: 1. April 2020.

Florian Triebel/Manfred Grunert: Krisenerfahrung bei der BMW AG. Zur Typologie des Phänomens Unternehmenskrise, in: Jahrbuch für Wirtschaftsgeschichte / Economic History Yearbook 2006, H. 2, S. 19–30.

Rainer Trinczek: Betriebliche Regulierung von Arbeitsbeziehungen, in: Fritz Böhle/G. Günter Voß/Günther Wachtler (Hrsg.), Handbuch Arbeitssoziologie, Wiesbaden, 2010, S. 841–872.

Karsten Uhl: „Schafft Lebensraum in der Fabrik!". Betriebliche Kantinen und Speiseräume im deutschen Rationalisierungsdiskurs 1880–1945, in: Lars Bluma/Karsten Uhl (Hrsg.), Kontrollierte Arbeit, disziplinierte Körper? Zur Sozial- und Kulturgeschichte der Industriearbeit im 19. und 20. Jahrhundert, Bielefeld, 2012, S. 361–395.

Hans-Peter Ullmann: Interessenverbände in Deutschland, Frankfurt am Main, 1988.

Stefanie van de Kerkhof: Krisen als Chance oder Gefahr für das Überleben von Unternehmen? Zur Einführung, in: Jahrbuch für Wirtschaftsgeschichte / Economic History Yearbook 2006, H. 2, S. 9–18.

Vergangene Zeiten und zukünftige Aufgaben. Vom „Wilden Streik" bei Ford zur gleichberechtigten Teilhabe in Betrieb und Gesellschaft?, in: Jan Motte/Rainer Ohliger (Hrsg.), Geschichte und Gedächtnis in der Einwanderungsgesellschaft.

Migration zwischen historischer Rekonstruktion und Erinnerungspolitik, Essen, 2004, S. 273–285.

Hans-Jochen Vogel: Die Amtskette. Meine 12 Münchener Jahre, München, 1972.

Sebastian Voigt (Hrsg.): Since the Boom. Continuity and Change in the Western Industrialized World after 1970, Toronto, Buffalo, London, 2021.

Walter Vollmer: Montanmitbestimmung und Unternehmenskultur während der Bergbaukrise 1958–1968, Essen, 2013.

Vorstand der Industriegewerkschaft Metall (Hrsg.): 100 Jahre Industriegewerkschaft. 1891 bis 1991; vom Deutschen Metallarbeiter-Verband zur Industriegewerkschaft Metall; ein Bericht in Wort und Bild, Köln, 1991.

Mirja Wagner: Die BMW-Werke 1945–1949 unter den drei Besatzungsmächten USA, UdSSR und Großbritannien. Magisterarbeit, München, 2005.

Sybille Wankel: Sind Warnstreiks wirksam?, in: Jörg Hofmann/Jürgen Wechsler (Hrsg.), Vom Wiederaufbau zur Arbeit 4.0. IG Metall Bayern: 70 Jahre Fortschritt durch Tarifpolitik, Hamburg, 2017, S. 247–249.

Petra Weber: Gescheiterte Sozialpartnerschaft – gescheiterte Republik. Industrielle Beziehungen, Arbeitskämpfe und der Sozialstaat – Deutschland und Frankreich im Vergleich (1918–1933/39), München, 2010.

Hans-Ulrich Wehler: Deutsche Gesellschaftsgeschichte 1914–1949. Vom Beginn des Ersten Weltkriegs bis hin zur Gründung der beiden deutschen Staaten, München, 2008.

Thomas Welskopp: Arbeit und Macht im Hüttenwerk. Arbeits- und industrielle Beziehungen in der deutschen und amerikanischen Eisen- und Stahlindustrie von den 1860er bis zu den 1930er Jahren, Bonn, 1994.

Thomas Welskopp: Der Betrieb als soziales Handlungsfeld. Neuere Forschungsansätze in der Industrie- und Arbeitergeschichte, in: Geschichte und Gesellschaft 22, 1996, H. 1, S. 118–142.

Thomas Welskopp: Produktion als soziale Praxis. Praxeologische Perspektiven auf die Geschichte betrieblicher Arbeitsbeziehungen, in: Knud Andresen/Michaela Kuhnhenne/Jürgen Mittag/Johannes Platz (Hrsg.), Der Betrieb als sozialer und politischer Ort. Studien zu Praktiken und Diskursen in den Arbeitswelten des 20. Jahrhunderts, Bonn, 2015, S. 29–52.

Udo Wengst: Weichenstellungen in der Besatzungszeit, in: Hans-Peter Schwarz (Hrsg.), Die Bundesrepublik Deutschland. Eine Bilanz nach 60 Jahren, München, 2008, S. 121–134.

Constanze Werner: Kriegswirtschaft und Zwangsarbeit bei BMW, München, 2006.

Bernhard Weßels: Die Entwicklung des deutschen Korporatismus, in: Aus Politik und Zeitgeschichte 2000, 26–27.

Werner Widuckel: Paradigmenentwicklung der Mitbestimmung bei Volkswagen, Wolfsburg, 2004.

Heinrich August Winkler: Der lange Weg nach Westen. Deutsche Geschichte II. Vom „Dritten Reich“ bis zur Wiedervereinigung, München, 2014.

Andreas Wirsching/Margit Ksoll-Marcon: Die Protokolle des Bayerischen Ministerrats, 1945–1962. Das Kabinett Ehard III, 18. Dezember 1950 bis 14. Dezember 1954, Berlin, Boston, 2023.